U0153143

興大法學叢書 10

醫療過失
刑事判決選集（中）

蔡蕙芳、蘇宜成、陳惠芬、丁才育、鄭重淇————————編著

五南圖書出版公司 印行

中冊前言

　　本書中冊選錄之醫療過失刑事判決是來自第一審法院為被告有罪判決後，被告不服，經上訴程序後已有罪判決確定或無罪判決確定之案例。相較於本書上冊收錄之一審判決後未上訴之案例，中冊所收錄案例因歷經上訴審法院為維持原審判決，駁回上訴，或撤銷原審判決，自為判決或發回更審之過程，導致同一案例有多個判決。中冊雖延續上冊介紹法院判決方式，但因訴訟當事人（檢察官、自訴人及被告）開啓上訴救濟程序導致存在多個歷審判決之特色而有所調整。

　　中冊所選錄之41則案例歷審判決編排方式是以該案之地方法院判決為中心，此係考量第一審法院是開啓審判歷程之初始，第一審判決也是上訴審法院審理對象。第二審判決後之歷審判決另合述於「歷審判決概述」。關於醫療過失判斷成立至關重要之鑑定意見，由於無法取得原始資料，僅能轉錄法院判決中引述之鑑定意見。

　　關於判決內容呈現方式，本書採用兩種引述方式。一種是以第三人觀點之摘述，如：「第二審法院認為……」。另一種是直接以法院第一人稱表示。如，「本院……」。關於判決文中之「被告」、「被害人」稱呼改以「醫師甲」、「醫師乙」，對「被害人」取代以「病患C（姓氏之英譯）」。

目　錄

第一部分

診斷階段之醫療失誤：
診斷失誤

一、刑事判決中診斷失誤

　　醫療行為是由「診斷」與「治療」行為所組成。為能於事後確認醫師之醫療處置過程，醫師應製作病歷，記載病患就診日期、主訴、檢查項目及結果、診斷或病名、治療、處置或用藥等情形[1]。再者，醫師根據病情需要作指示之醫囑亦應以書面記載[2]。判斷醫師是否有違反醫療常規之過失，自應依醫療行為之診斷、處置程序，如法院所指出：先探討該案病患之病症徵兆，及醫師相關檢查診治情形，再審視醫師有無依專業之醫療常規而為診斷、處置[3]。

　　司法實務上有少數法院會於判決理由使用「延誤診斷治療」與「診斷失誤」[4]等相類似概念，作為認定刑法上醫療過失之論證基礎。雖然診斷失誤通常也會導致治療失誤，但法院著重於判斷「未作出」「任何醫療處置」或「適當之醫療處置」是否違反醫療常規。

　　某些判決理由中提及「誤診」、「延誤治療」、「延誤診斷」、「錯誤診斷」，但沒有進一步闡釋。例如，上冊有罪判決第一案【急性心肌梗塞誤診案】，病患求診後，發生死亡結果，最後確認死因是蜘蛛膜下腔出血，然而醫療行為當時醫師卻是診斷為心肌梗塞、暫時性腦缺血。法院判決引據「確有誤診情事」鑑定結果作為有罪判決之理由。

　　再如，上冊有罪判決第四案【診所產後大出血誤診案】，病患最終因子宮

---

[1] 醫師法第12條規定：「（第1項）醫師執行業務時，應製作病歷，並簽名或蓋章及加註執行年、月、日。（第2項）前項病歷，除應於首頁載明病人姓名、出生年、月、日、性別及住址等基本資料外，其內容至少應載明下列事項：一、就診日期。二、主訴。三、檢查項目及結果。四、診斷或病名。五、治療、處置或用藥等情形。六、其他應記載事項。（第3項）病歷由醫師執業之醫療機構依醫療法規定保存。」

[2] 醫療法第68條第3項規定：「醫囑應於病歷載明或以書面為之。但情況急迫時，得先以口頭方式為之，並於二十四小時內完成書面紀錄。」

[3] 引自臺灣高等法院高雄分院102年度醫上訴字第4號刑事判決。

[4] 「診斷失誤」一詞即文獻上討論「醫療錯誤」（medical error）下之「診斷錯誤」（diagnostic error），詳見下文對「醫療失誤」與「診斷失誤」之說明。

頸右側裂傷死亡，判決理由先指出醫師沒有實施探查手術，然而，「病徵重疊或可能誤診，難以避免」。同樣是上冊有罪判決，其第十九案【診所剖腹產大出血案】，醫師雖有施行探查手術，法院採用鑑定意見認為醫師「確有延誤治療之疏失」。

　　本書所收錄案例，有些法院使用了診斷失誤相關概念，例如第十一案【子宮頸癌延誤診斷案】，一審、二審法院判決理由均出現「延誤診斷及未為適當之處理」一詞。本書第十七案【車禍空腸破裂案】，更一審法院表示，醫師診斷、處置空腸破裂延宕，病況迅速於一天半內惡化，由腹膜炎導致敗血症、休克，雖經手術仍無法挽救生命，從而醫師診治病患過程以及在病患住院後確有延宕醫療診治之疏失。

　　而在第二十一案【腹膜炎延誤治療案】中，一審與二審法院判決理由均引據「似有延誤病情之嫌」鑑定意見。再者，第三十八案【肺腫瘤延誤治療案】，一審、二審法院於判決內表示：醫師「延誤醫治」、「未為此鑑別診斷，亦未轉診胸腔內科醫師診治」，更因此「延誤病患即時就診之時機」。

　　有些判決理由內出現關於「延誤」、「錯失」診斷或治療之間接式表達，可參本書收錄之二個案例：第三十三案【心肌梗塞併左心室破裂案】之維持一審有罪判決之二審法院指出：「若被告當時確有依循醫療常規，正確診斷」，「即能及時發現，而適時施以必要之救護措施，降低死亡結果發生之可能」、「而非在不知情的情況下，任由病情惡化」、「致錯失即時發現」病況，「致其無法獲得適當之治療」。第三十九案【子宮外孕未為必要處置案】，更二審法院表示，醫師「輕忽病患症狀，未為必要之醫療行為，致錯失適時給予病患正確妥適治療機會」。

　　涉及錯誤診斷或遲延診斷之診斷失誤案例，有些因醫療過程較短、醫療行為較為簡單，事證較為明確，一審判決有罪後，即未上訴，具有此類特質之典型案例是車禍等意外事故後送醫，如上冊有罪判決第七案【酒後跌倒誤診案】、第十一案【鋼筋撕裂傷延誤治療案】、第十四案【車禍腹痛延誤治療案】。反之，若醫療過程較為複雜，則可能會引起冗長訴訟，誤診為急性肝炎，最後病理診斷為急性心肌炎致死案，例如本書第一案【幼童持續腹痛治療

案】即是經典案例[5]。

　　值得進一步討論的問題是，錯誤診斷是否是指依據某個被認爲是「正確」標準來認定，究是依據實際上醫療處置是否對病患病情有效來認定？或者依據各專門醫學會編寫之指引來判斷？又經鑑定意見認定爲錯誤診斷，與醫療過失之注意義務違反要件之判斷，有何關係？下文將先從醫療過程、醫療失誤開始，而至診斷失誤作進一步說明。

二、疾病之診斷過程

　　臨床診斷是爲了釐清病患疾病原因，以作爲後續治療基礎。當診斷是「正確」與「及時」時，病患有最佳機會得到積極健康結果。然而，受限於複雜、變動的醫療現場環境、不完整資訊與時間壓力，對病患疾病問題之正確診斷與治療上判斷與決定無疑是困難，需要醫師臨床推理能力（clinical reasoning）與團隊合作。

　　診斷過程分成以下三個步驟：疾病徵象與症狀（sign/symptom）、鑑別診斷（differential diagnosis）、確定診斷（true diagnosis）。診斷需要蒐集資訊，此爲作出診斷前之診察過程。透過病患徵象與症狀[6]之臨床觀察與問診，蒐集病患主訴、個人既往醫療史、家族醫療史、系統檢查、醫療紀錄與各種檢查結果（X光片、CT、MRI、超音波等影像診斷檢查與基礎心電圖判讀），並在必要時轉介與諮詢專業。當病例屬複雜或罕見時，則需要多科會診，進行分析式與綜合式解釋與推理判斷。當資料蒐集告一段落後，釐清病患問題，找尋條

---

[5]　本案評釋，參盧映潔、梁興禮，醫療法規中醫師責任與刑事過失責任之關連與區別——評台灣高等法院97年度重醫上更（三）字第207號刑事判決，台灣法學雜誌，214期，2012年12月，頁68-87。

[6]　「徵象」（Sign）一詞，亦有翻譯為「徵候」、「徵兆」。「症狀」也稱為「病徵」，是描述疾病的重要參數之一，代表是「來自病人的主觀感受」，常見症狀包括發燒、頭痛、局部痛楚或腫脹等。

件相符之疾病，排除屬於其他疾病之可能性，並辨識出最可能的一種或可能的數種疾病，然後依據此初期診斷結果，擬定初步治療計畫，並將此結果告知病患或其家屬，經其同意給予嘗試性對應處置。然後，觀察所爲處置對病患產生之反應與變化，從病況惡化或緩解中修正治療方法，直到最初假設確認爲最正確結果，診斷才得以最終確立[7]。

三、醫療失誤與診斷失誤之意義與類型

（一）關於人類失誤之研究

失誤（errors）可說是人類行爲之一部分，屬於心理學研究領域之主題。失誤的最簡單定義可以理解爲，想要做對卻做錯了之作爲（commission），或沒有做對的事之不作爲（omission）[8]。廣被引用的是James Reason教授之定義：按計畫順序進行之精神或體力活動未能達到預期結果，如果這些不如預期不能歸因於某些偶然之介入[9]。

將失誤之討論依據人類判斷模式，自動化思考模式（automatic mode）與問題解決模式（problem solving mode）以及失誤發生在行動或執行任務層面或規劃層面爲以下說明[10]：

---

[7] 以上關於診斷過程之說明，主要參考以下文獻：謝博生等主編，臨床內科學：疾病篇上冊，2版，1993年，頁1-5；王慰慈、崔德華譯，臨床診斷手冊，頁1-7、609-626；楊義明，臨床推理教學的理論與實務，台灣醫學，20卷3期，2016年5月，頁259-272；陳景祥、林碩芳、周志宏、徐金雲、楊義明，臨床診斷真的需要初步假設嗎？台灣醫學，20卷3期，2016年5月，頁273-280。

[8] 參Bill Runciman, Alan Merry & Merrilyn Walton, Safety and Ethics in Healthcare: A Guide to Getting it Right 158 (CRC Press 2007)。

[9] James Reason (eds.), Human Error 9 (Cambridge University Press 1990).

[10] 主要參考：James Reason, Understanding Adverse Events: Human Factors, 4(2) Quality in Health Care, 80-89(1995); James Reason, Human Error: Models and Management, 320(7237) BMJ, 768-770(2000)。

　　首先，在自動化思考模式中，人們作出判斷並不需要有意識的努力，可能在行動時因疲倦、被打斷、焦慮中導致之注意力一時欠缺，此可稱為差錯（slips），例如例行工作之操作儀器設備時，不小心按錯按鈕。再者，在採取行動可能發生遺忘，此可稱為疏漏（lapses），屬於一種不能從記憶回想起之記憶缺失（memory failure），從而導致沒有採取行動，例如忘了給病患發藥。這種失誤通常是較難被發現，即使富有經驗者在執行例行工作時也可能發生差錯或疏漏之失誤。

　　其次，在問題解決模式中，因不完整知識與適用規則簡化問題解決之傾向而犯錯（mistakes）。此種與知識規則運用之規劃有關，因為是出於行為人自己之判斷與計畫進行，自己相信是對的，未能預見未來所有可能產生的變數。犯錯時不容易發現。此類失誤可以透過教育與監督措施來降低。

（二）醫療失誤之定義

　　失誤雖是人類正常行為之一部分，但當發生於醫療高風險領域，產生重大危害時，即成為重要議題。Lucian Leape 引入飛航安全領域重視標準化與檢查過程而非追究個人過錯模式，為醫療失誤（medical errors）研究提出指引方向[11]。

　　在此領域具有里程碑意義研究的是美國醫學研究院（Institute of Medicine, IOM）下之美國醫療品質委員會（Committee on Quality of Health Care in America）於 1999 年 11 月發表名為「孰能無過：建構更安全之健康照護體系」（To Err is Human: Building a Safer Health System）報告。該報告指出，醫療人員是免不了會犯罪之凡人，提倡從醫療失誤過程中學習，藉以預防失誤以及因此失誤產生傷害之不幸事件（adverse events），並建立非懲罰性事件通報系統以確保病人安全。

　　1999 年 IOM 這份報告雖然大量使用醫療失誤用語，卻沒有明確加以定義，只是引用 Reason 教授提出之差錯、疏漏、錯誤三種人類失誤類型，並接

---

[11] Lucian Leape, Error in Medicine, 272(23) JAMA 1851-1857 (1994).

著說明，本報告之失誤（errors）指計畫行動之實行沒有如所想要的完成，亦即執行上失誤（error of execution）；或者使用錯誤計畫去完成目標，亦即計畫上失誤（error of planning）[12]。2004 年 IOM 接續發表名為「病人安全：實現新醫療照護標準」（Patient Safety: Achieving a New Standard for Care）報告，重述 1999 年報告中有關執行上失誤與計畫上失誤之定義，並新加入失誤可能是作為或不作為 [13] 之敘述。

　　民國 92 年衛生福利部委託財團法人醫院評鑑暨醫療品質策進會規劃台灣病人安全通報系統（Taiwan Patient-safety Reporting system, TPR），以匿名、自願、保密、不究責及共同學習之五大原則，即不具強制性，且無任何究責機制，純粹以共同學習避免錯誤為出發點，是全國性的病人安全外部通報系統 [14]。TPR 的推動，不僅可藉此發覺機構間常發生的異常事件與錯誤類型、分析錯誤的本質與原因，進而建立預防錯誤發生的機制，避免同樣的錯誤反覆發生於不同的機構或個人。同時亦可經由鼓勵異常事件的通報，改變一般人員面對錯誤的態度。

　　我國亦採用病人安全領域上醫療失誤觀點，依據衛生福利部台灣病人安全資訊網，對「醫療錯誤」名詞釋義，指：未正確的執行原定的醫療計畫之行為（即「執行的錯誤」）；採取不正確的醫療計畫去照護病人（即「計畫的錯誤」）。

　　醫療失誤概念亦受到醫療過失刑事責任問題研究者之重視，有文獻採用 Reason 提出 slips 與 lapses、mistakes 之人類失誤，加上 violation 之分類，分析

---

[12] INSTITUTE OF MEDICINE (US) COMMITTEE ON QUALITY OF HEALTH CARE IN AMERICA, TO ERR IS HUMAN: BUILDING A SAFER HEALTH SYSTEM 54 (Linda T. Kohn, Janet M. Corrigan & Molla S. Donaldson eds. 2000).

[13] INSTITUTE OF MEDICINE, PATIENT SAFETY: ACHIEVING A NEW STANDARD FOR CARE 30 (Philip Aspden, Janet M. Corrigan, Julie Wolcott & Shari M. Erickson eds. 2004).

[14] 台灣病安通報系統簡介-台灣病人安全通報系統沿革，取自衛生福利部台灣病人安全網：https://www.patientsafety.mohw.gov.tw/xmdoc/cont?xsmsid=0M097408002133216079，最後瀏覽日：2023/12/15。

由各新聞來源所蒐集到涉及 1795 年至 2005 年英國非故意致死罪醫療刑事起訴
案件，22 件定罪與 3 件認罪協商判決中，牽涉 slips 與 lapses，有 4 件；涉及
mistakes，有 10 件；violation 有 10 件，另一件因資訊不足無法判斷[15]。英國實
務上亦有相類似案例，兩名實習醫師因沒有檢查藥盒中裝有不同藥物之兩管注
射筒，也沒有檢查注射筒上之藥劑標籤下，將 vincristine 注入骨髓內，但原應
由靜脈注射，致該病患死亡。但該案第一審法院判決成立非有意致死罪，上訴
後被宣告緩刑。學者認為此案之失誤可歸類為一時差錯[16]。

（三）醫療失誤之類型

　　早期醫療刑事裁判研究，將醫療過失分為診斷錯誤、治療錯誤、給藥錯
誤、延誤醫療時間、引起病人過敏反應類型[17]。有文獻從比較法觀點研究各國
對醫療過失分類，介紹英美法醫療行為過失之分類方式，分別為：未為診療、
診斷上失誤、治療上失誤、建議及溝通不良、精神疾病。其中，「診斷上失
誤」再分成：未詳細問診、診斷錯誤、未發現嚴重徵兆、未檢視初始診斷、檢
查相關之錯誤、未照會或轉介專科醫師。「治療上失誤」下再分成：手術相
關、感染相關、錯估藥物反應、注射相關、未監控治療狀況、欠缺資源之抗
辯[18]。

　　除了上述法學文獻對司法實務案例之分類，下文將就病人安全領域之醫療
失誤與診斷失誤為較詳細說明，首先說明醫療失誤，之後再深入就診斷失誤之
意義與分類加以說明。

　　2005 年 IOM 報告引用醫學界研究醫療失誤專家 Leape 等人 1993 年合著

---

[15] Robin E. Ferner & Sarah E. McDowell, Doctors Charged with Manslaughter in the Course of Medical Practice, 1795-2005: A Literature Review, 99 J R SOC MED, 309-314 (2006).

[16] Robin E. Ferner, Medication Errors that Have Led to Manslaughter Charges, 321(7270) BMJ 1212, 1214 (2000).

[17] 蔡墩銘，醫療糾紛裁判選集（刑事篇），初版，1994年，頁8。

[18] 吳振吉，醫療侵權責任之過失判定，2020年，頁219-266。

論文[19]，將醫療失誤分成診斷方面（diagnostic）、治療方面（treatment）、預防方面（preventive）、其他（other）等四類。報告內所列出診斷方面之失誤，包括錯誤或延遲診斷、未實施對應症狀之檢查、使用過舊的檢查或治療方法、未依據監測或檢查結果而作爲。治療方面之失誤，包括執行手術、程序或檢查之失誤、在實施治療之失誤、使用藥物劑量或方法之失誤、可再治療、在回應不正常檢驗結果上有可避免的遲延、不適當（非對應症狀所需）之照護。預防方面包括未提供預防性治療、不適當監控或追蹤治療。其他則指溝通不良、設備故障、其他系統失誤[20]。前述分類被廣泛採用。

（四）診斷失誤之意義與類型

前引 1999 年 IOM 報告相較於用藥失誤（medication error）在報告中被提及 70 次之重要性，診斷失誤只被提及 2 次。雖然如何衡量診斷失誤較少研究，但其卻是預防不幸醫療事件之重要來源，因此改進臨床上診斷失誤問題因此逐漸受到重視，成爲研究病患安全之新領域[21]。茲於下就診斷失誤作進一步討論。

2014 年 Hardeep Singh 將「診斷失誤」界定爲喪失診斷機會（missed opportunities），其定義如下：事後判斷顯示，當時存在其他決策或行動，可能會導致更及時的診斷。其內涵：病例研究時證據呈現喪失作出正確或及時的診斷之機會。喪失機會是從動態診斷過程之事實情境說明，可適用於醫療提供者、照護團隊與（或）病患。Singh 用喪失機會來定義診斷失誤之目的在於將注意力與資源由歸責移轉到醫療場景[22]。在特定情況下，做或考慮不同的事時可能可以作出更迅速的診斷。舉例而言。若當時有對病患進行攝影或接受某項切片

---

[19] Lucian Leape, Ann G. Lawthers, Troyen A. Brennan & William G. Johnson, Preventing Medical Injury, 19(5) QRB QUAL. REV. BULL. 144-149 (1993).

[20] INSTITUTE OF MEDICINE, supra 6, at 36.

[21] David E. Newman-Toker & Peter J. Pronovost, Diagnostic Errors-The Next Frontier for Patient Safety, 301(10) JAMA 1060-1062 (2009).

[22] Hardeep Singh, Editorial: Helping Health Care Organizations to Define Diagnostic Errors as Missed Opportunities in Diagnosis, 40(3) JT. COMM. J. QUAL. PATIENT SAF. 99 (2014).

檢查，或許當時便可作出癌症診斷。

2015 年，美國國家醫學院（National Academy of Medicine, NAM）[23] 發布名為「改進臨床診斷」（Improving Diagnosis in Health Care）報告 [24]。NAM 在此報告中以下兩方面定義「診斷失誤」，亦即未能對病患健康問題提出正確與及時的解釋，或是未能將此解釋向病患溝通。

對診斷應「及時」與「正確」之要求，NAM 於 2015 年報告從事後觀點看醫療個案，將診斷失誤分成以下三種類型：延遲診斷（delayed diagnosis）、錯誤診斷（misdiagnosis/wrong diagnosis）與未診斷出（missed diagnosis/failure to diagnose）。延遲診斷與錯誤診斷是分別對應於診斷應「及時」與「正確」之要求。導致未為後續之治療、處置或用藥難以「正確」，很可能使病患無法得到或遲延得到適當治療，或者得到沒有必要的或損害性治療，對病患身心狀態產生不利影響。

第一種類型是延遲診斷，此係指從病患安全觀點而言，應該更早一些診斷出來，而且是可以這樣期待。延遲診斷在較早階段已經有可取得之資訊，代表並非不可預防，然而實際上並沒有正確診斷出，以致於影響治療正確性。

第二類型的錯誤診斷，是指最初的診斷沒有正確地診斷出疾病，之後才發現真正原因。例如，病患確實心臟病發，但卻告訴醫師痛是來自胃酸過多消化不良，醫師據此診斷。症狀是疼痛，但被錯誤歸因。

錯誤診斷帶給病患的影響是治療延誤。因錯誤診斷病患為健康，或診斷為錯的疾病，有時會使疾病有足夠時間惡化到超出治療範圍。且未能正確診斷某疾病，或未能及時使用某方法治療患者，或未能將患者轉到院接受進一步治療。

---

[23] 美國國家醫學院（National Academy of Medicine）前身為美國醫學研究院（Institute of Medicine）。

[24] NATIONAL ACADEMY OF MEDICINE, IMPROVING DIAGNOSIS IN HEALTH CARE 31-48 (Erin P. Balogh, Bryan T. Miller & John R. Ball eds. 2015).

　　第三類型爲未能作出診斷或未診斷出，是指醫師一直無法提出診斷結論以解釋病患之主訴（chief complaints）或症狀。例如，許多病患患有慢性疲倦或慢性疼痛，卻診斷爲健康。病患同時患有多種疾病，醫師只有診斷出某幾種，卻漏診其他疾病。或者是完全漏診，將有病診斷成無病。

　　漏診本身是錯失正確、及時診斷機會，延遲作出正確診斷。延遲診斷與未作出診斷之區別在於最後還是有診斷出來，但卻未能及時，不僅未能早期發現、早期治療，錯過最佳治療時機，也可能進行不適當之醫療處置，造成不必要忍受之痛苦與財務支出，甚至可能造成嚴重或無法彌補的傷害。有些診斷錯誤（即使）可以透過較晚的正確診斷來糾正，仍屬於延遲診斷、診斷晚了。遲延實施或未實施積極治療，導致治療延誤或治療失誤沒有達到目的，特別是，診斷失誤或延遲可能會讓癌症、感染或其他疾病擴展，以致嚴重削弱或無可挽救、徹底破壞病患的存活機會，導致發生原本可以避免的後果。

　　如前文所引述，關於診斷失誤是從「事後」觀點來討論，亦即從更多確定性資訊所爲之最終理解來評斷，從病患安全觀點分析之診斷失誤，主要目的並不在於以後見之明追究責任，而是在於減少醫療診斷失誤。既然失誤是從事後將診斷結果與事後調查原因相比較之結果。經常是事後才知。沒有人是知道一切，可以完全正確診斷。關鍵是，能否預防。而這取決於原因之研究。

　　最後說明的是，在病人安全領域文獻對如醫療失誤、診斷失誤等相關概念之用語並不一致[25]。由於多數病情複雜，許多病程發展不可預見，診斷失誤定義本身與分類間之區別難有固定分隔線，並不能完全適用於醫療領域判斷。然而，原因探究對病例之醫療過程初步瞭解具有參考價值。

---

[25] 關於各類名詞，可參考William Runciman et al., Towards an International Classification for Patient Safety: Key Concepts and Terms, 21(1) Int. J. Qual. Health Care 18-26 (2009).

四、診斷失誤、醫療疏失和醫療過失之關係

　　診斷失誤與醫療過失責任並沒有必然之前提關係。如前文所提，在病人安全領域，研究診斷失誤之目的在瞭解醫療行為，畢竟失誤是人類本質。至於醫療行為法律責任之追究，特別是刑事追訴尤應謹慎，以免因迴避責任追究隱藏失誤，使得失誤無法被發現與改正，產生不安全醫療系統。因此，在論及醫療行為之刑事責任時，應瞭解診斷失誤並不等於醫療疏失或醫療過失。診斷失誤未必被認為違反醫療常規或未達醫療水準，而可被認為是違反注意義務。再者，診斷失誤未必會產生傷害，可能是及時被發現之倖免發生（near miss）。本書使用「失誤」即有別於現行醫事鑑定所使用之「疏失」，以及刑法上之「過失」。

　　某個醫療行為是否成立刑法上過失致死罪之判斷必然要適用醫學知識。涉及此種專業領域啓動鑑定。鑑定意見針對委請鑑定之個案，得作出有無「違反醫療常規」、有無「疏失」之判斷，此為臨床醫療、醫學觀點。

　　診斷失誤可能導致治療失誤，進而成立醫療過失刑事責任之關鍵在於是否給予必要處置，是否已盡醫療常規上之注意義務。若在醫療過程中，醫師在此中間不斷會同其他科醫師為診斷且繼續予以檢查與治療，卻未能及時在短時間依其病情而為正確之判斷，其醫療水準雖然可議，但從醫療過程以觀，並無不當[26]。學者曾指出，大多數之診斷錯誤莫不由來於醫師未盡其問診義務或其未完全盡問診義務有關。醫師完全不盡其問診義務，亦不令病人接受應有之檢查或檢驗，因而造成診斷錯誤，導致病人死傷者，應對其診斷錯誤負過失責任[27]。反之，若醫師已盡診療義務，即可不負過失致死罪責。

　　最高法院 98 年度台上字第 610 號刑事判決指出：「再以醫療糾紛事件而言，起因多為病患之身心已非健康或良好，而求助於醫方予以治療，卻發生原

---

[26] 蔡墩銘，前揭註17，頁255-256。
[27] 蔡墩銘，醫事刑法要論，2版，2005年，頁176。

未預期之傷亡結果，醫方是否應負刑責，自當就醫方本身所具之專業素養、設備情形、診療作爲，與病人己身之身心狀況、自述或家屬告知（即病歷上所載之「主訴」）之血型、特殊體質、重大病史、家族遺傳基因等資料正確性，暨治療當時之一般醫療水準等主、客觀條件，予以綜合判斷，現今醫學縱已發達，但人體發病原因，仍有諸多謎團無解，倘醫方業依當時之一般正常治療作業程序予以處理，即難苛責，不能憑事後之檢驗結果，遽謂先前係誤診，尤不能因病家不滿其服務態度，逕認醫方負有業務過失相關刑責。」

　　癌症診斷是容易發生錯誤診斷或延遲診斷之典型案例，茲於下舉雖有誤診但獲判無罪判決。某自訴人起訴指，其母於 77 年 6 月 22 日至醫院求診而由被告甲負責診察，竟被誤診爲骨刺，經服藥後病況並未見好轉，同年 6 月 29 日再次前往複診，期間曾做「核醫檢驗診斷」，檢查結果爲「脊椎腫瘤」，始知病情。由於被告甲誤診而延醫治療，至病情惡化於 12 月 1 日手術治療，其後死亡，涉犯業務過失致死罪。第一審法院指出，被告甲已安排病患住院檢查，入院經詳問始知其曾於五年前因子宮頸癌而於他醫院接受鈷 60 治療，於是安排會診婦產科及做全身骨骼核子掃描，經婦產科會診後，懷疑是子宮癌復發，乃做骨盆電腦斷層及症狀治療，但尚未做進一步檢查，病患即堅持要出院回家，乃囑咐她須繼續門診及婦產科內診治療。病患之死亡乃是因癌症轉移之自然病程，子宮頸癌之脊椎轉移爲漸進侵犯之骨病變，早期不易明確診斷，雖經檢查，仍不易發現，故於門診時診斷爲骨刺，尚難認爲不當，醫師並無過失。第二審法院維持此無罪判決 [28]。

　　對於診斷階段與治療階段應有之注意義務，臺灣高等法院 93 年度醫上訴字第 1 號刑事判決有較明確說明。其中寫到：

　　「按刑法過失之概念，係由『預見可能性』、與『注意義務之違反』所組成。亦即，行爲人先有預見危險之義務，預見危險後，採取安全措施或捨棄危險行爲的義務。是如行爲人有預見危險之可能性，該危險具有避免可能性，而

---

[28] 詳參臺北地方法院79年度自字第1177號刑事判決、臺灣高等法院80年度上訴字第4065號刑事判決，轉引自蔡墩銘，前揭註17，頁169-175。

未依一般醫療水準，採取適當之安全措施，即製造了不容許風險的行為，自應予以歸責。又醫師從事管理人之生命、健康之業務，在診斷階段，須具有一定水準之學問及技術能力，避免誤診或因警覺性不足，而忽略併發症狀中一部分之問題，於治療階段，有依常規診療之義務，對預見可能之危險性，不能不同時採取迴避危險之措施，此即迴避結果之注意義務，申言之，須以積極行為防止危險之發生或擴大，並設法排除或減少已經發生之危險，否則，不能謂為已盡迴避醫療危險之義務。」

「病患最後確認之死因雖與被告醫師之診斷或臆斷『確有落差』，被告醫師雖未能及時、正確診斷病因，致未能為適時、適當之治療，而引致本案之遺憾，然本案案例確有如上所述診斷不易之情形，被告於醫療過程中亦已為必要之診察、檢驗或救治，該等作為且不違醫療常規，實不能以被告未能及時做出正確之臆斷或診斷，推認被告之醫療行為必有疏失。」本案上訴至最高法院，最高法院 97 年度台上字第 2905 號刑事判決認為：高院前述見解並無違誤，維持此判決，最高法院對該案表示：「病患之直接死亡原因為腹主動脈瘤破裂合併出血性休克，與醫師診斷或臆斷之急性心肌梗塞併發心因性休克，雖有落差，然有無過失應審酌病患之死亡與甲之醫療行為有無因果關係，即是否盡到一般醫師在醫療常規上之注意義務及有無違反醫療學術上公認之規則而定。」

誤診或延誤診斷除了與是否盡注意義務，是否違反醫療常規有關外，要成立過失致死或致傷罪，還必須判斷違反醫療常規行為與結果間之因果關係與客觀歸責性，如下冊第三案【紫斑症幼童外傷案】，最後確定之更一審判決認該案醫師確有准許病人出院，病歷又無醫囑記載之醫療疏失，但與病患之死亡結果間無相當因果關係，因此諭知無罪判決。

五、Graber等三人診斷失誤原因之分析

目前探討醫療過失刑事責任之文獻中，可見到關於診斷失誤之分類與原因之討論，例如有文獻將「誤診」分成「完全誤診」、「延誤診斷」、「部分漏

診及部分誤診」三種類型，並分析誤診發生的原因，分別爲：病人因素、醫師因素與醫療制度因素[29]。

在減少與增進病人安全上，診斷失誤之原因探討具有預防不幸醫療事件功能。Graber、Gordon 與 Franklin 三人於 2002 年發表〈減少醫療診斷失誤：目標是什麼？〉一文，參考過往文獻所提出診斷失誤（diagnostic error）之三種類型，將之分爲不可歸責之失誤（no-fault errors）、系統失誤（system-related errors）與認知失誤（cognitive errors），並討論各自產生的原因。他們認爲，雖然失誤永遠無法被消除，但透過方法，可以實質上降低[30]。

上述 Graber 等三人又於 2005 年發表〈內科領域之診斷失誤〉，延續 2002 年該文之研究，著眼於診斷失誤原因學（etiology of diagnostic error），採用澳洲病患安全基金會（Australian Patient Safety Foundation）對「診斷失誤」所採之定義與分類，討論減少診斷失誤之策略。該文依據從更確定資訊所爲最終理解來評斷（judged from the eventual appreciation of more definitive information），診斷失誤是指以下三種：一、延遲診斷（delayed diagnosis）：診斷被非故意的遲延（在較早階段已經有可取得之充足資訊）；二、錯誤診斷（wrong diagnosis）：在正確診斷之前，作出其他的診斷；三、未能作出診斷（missed diagnosis）[31]。

再者，該文以預防觀點探討原因與對策並開始努力改進，減少造成失誤的方法。茲於下轉述該論文關於診斷失誤原因之分析：首先，不可歸責之失誤是指失誤源自醫師或醫療系統控制外之因素，包括：疾病隱藏或不尋常表現與病患有關因素（如不合作而違反醫囑或提供醫師誤導性資訊）。其次，系統有關原因導致失誤之下，可區分成技術上與組織瑕疵。技術方面可再區分爲二種，

---

[29] 盧映潔、梁興禮，前揭註5，頁65-90，以及參盧映潔等，醫療行爲與刑事過失責任，3版，2018年，頁93-102。

[30] Mark Graber, Ruthanna Gordon & Nancy Franklin, Reducing Diagnostic Errors in Medicine: What's the Goal? 77(10) ACAD MED 981, 982-990 (2002).

[31] Mark Graber, Ruthanna Gordon & Nancy Franklin, Diagnostic Error in Internal Medicine, 165 (13) ARCH INTERN MED. 1494-1497 (2005).

一種為技術上失誤，另一種為檢驗設備瑕疵、錯誤或無法使用；組織方面之失誤是與醫療機構系統相關之失誤。最後，認知上因素所導致之失誤，此係指醫師本身之認知錯誤包括：不足或錯誤知識、不完善資料蒐集、不完善綜合分析[32]。

為了有助於能較深入瞭解本書即將研究之個案，因此於下文先介紹 Graber 等三人文中之分類的定義與例示，並嘗試以本書上、中、下冊所蒐集之其他我國實務案例討論。

（一）系統方面原因

依據 Graber 等三人之研究，導致內科領域診斷失誤之組織、系統方面原因，涵蓋十二種類型之原因，茲於下轉引該文（Table1. System-Related Contributions to Diagnostic Error）內之說明與所附之例示[33]。

第一種原因是組織內部重複發生相同類型錯誤。例如，在急診部門由代班醫師多次進行不正確解讀 X 光，沒有配置放射線專科醫師，而行政部門對此知悉。

第二種原因是組織之「政策與程序」，此係指政策無法涵蓋某些狀況，或者政策積極地創造容易產生失誤的情境。例如，沒有診斷出病患結腸癌復發，因為組織沒有制定能確保病患接受結腸癌手術後定期被追蹤之政策。

第三種原因是組織內部「低效率之流程」，指依循組織所訂之標準作業程序會產生沒有必要之遲延，缺乏便捷的行動步驟。例如，延遲九個月才診斷出結腸癌，反映出安排臨床訪視、程序與手術各方面之累積性遲延。

第四種原因是組織內部「團隊工作與溝通」，此係指各部門間無法分享所需之資訊或技術。例如，某病患前列腺抗原增加到達應警覺程度，但卻沒有將此訊息提供給變更門診地點之醫師。

第五種原因是「忽視病患」，此係指沒有提供病患必要醫療照護。例如，

---

[32] *Id.* at 1494.

[33] *Id.* at 1495.

組織切片之癌症報告沒有告知錯過門診預約之病患。

　　第六種原因是組織「管理」方面，此係指系統問題沒有被適當監督。例如，重複多次 X 光檢查沒有被及時解讀，照片重複多次被遺失或放錯位置。

　　第七種原因是組織內部「照護工作之協調」。例如，病患肺部結節被遲延處置，遺漏病患關於詢問請求，而當發現時也沒有及時處理。

　　第八種原因是「監督」，此係指實習醫師沒有被監督。例如，在重新插入餵食胃管時，沒有被適當地指導，而後延遲診斷出腹膜炎。

　　第九種原因是「缺乏專業」，此係指當需要專家時，無法及時提供。例如，假日傍晚沒有放射線科醫師解讀關鍵的照片。

　　第十種原因是「訓練與培訓」方面，此係指臨床醫師沒有被教導正確的步驟、政策或程序。例如，延遲診斷出病患之威格納肉毒桿菌，醫療團隊不知道白血球抗體檢查需要申請許可。

　　第十一種原因是「人員」，此係指臨床醫師懶散、輕率行為、重複發生溝通或團隊合作之問題。例如，臨床醫師通常會省略掉身體檢查步驟，而沒有診斷出病患腳指頭壞死。

　　第十二種原因是「外部干預」，此係指組織或政府機構干預醫療照護。

（二）醫師認知上原因

　　Graber 等三人文中，將來自醫師認知上之原因產生的診斷失誤，再區分三種：不足或錯誤的知識或技術（inadequate or faulty knowledge or skills）、不完善的資料蒐集（faulty data gathering）與不完善的綜合分析／驗證（faulty synthesis）。不完善的綜合分析／驗證下再區分成不完善的資料處理（faulty information processing）與不適當的驗證（faultyverification）。茲於下轉引該文（Table2. Cognitive Contributions to Diagnostic Error）說明與所提出之例示。

1. 不足或錯誤的知識或技術

　　Graber 等三人文中，對因不足或錯誤知識或技術導致之診斷失誤，分成

以下兩種類型 [34]。第一種類型是「不足或有缺陷知識基礎」，此係指醫師對相關情況缺乏足夠認識，例如醫師並不知道福耳尼埃氏壞疽症（Fournier Gangrene）。第二種類型是「技術不足或有缺陷」，此係醫師指對相關情況欠缺足夠技術，例如誤讀心電圖導致未能診斷出心臟傳導完全阻滯。

2. 不完善的資料蒐集

　　Graber 等三人文中對「不完善的資料蒐集」方面原因，再區分成五類原因。前三種類型是與檢查蒐集資訊有關。茲於下介紹該文內定義與該文所附之例示 [35]：

　　第一種類型是「低效率、不完整或錯誤的檢查」，此係指在組織或協調病患檢查與諮詢病患上產生問題。例如，沒有查看病患過去醫療紀錄而延遲診斷出與用藥有關之紅斑性狼瘡。

　　第二種類型是「低效率、不完整或錯誤的病史詢問與身體檢查」，此係指無法從最初問診與檢查中蒐集適當資訊。例如，不完整的病史詢問導致延遲診斷腹部大動脈瘤。

　　第三種是「錯誤的檢驗或程序技術」，此係指標準化的檢查或程序沒有被正確執行。例如，記錄心電圖的導程顛倒導致錯誤診斷為心肌梗塞。

　　第四種是「假說前未經篩檢」，此係指沒有進行臨床上顯示出是適應的（indicated）必要篩檢程序。例如，因為沒有對一名 55 歲男性進行直腸檢查與前列腺特異抗原測試，導致沒有診斷出前列腺癌。

　　第五種是「禮節不佳導致不良資料品質」，此係指與病患不佳的互動導致無法蒐集所需資訊。例如，極省略之病史詢問或輕蔑詢問，導致沒有診斷出中樞神經系統挫傷。

3. 不完善資料處理

　　Graber 等三人文中，對「不完善資料處理」方面原因，區分為以下十種類

---

[34] *Id.* at 1495-1496.

[35] *Id.* at 1496-1497.

型，茲於下介紹該文內說明與該文所附之例示[36]。

第一種是「形成錯誤脈絡」（faulty context generation），亦即對與診斷有關之病患各方面情況缺乏認知與考慮。例如，病患呈現胸痛並已有實驗室心肌梗塞證據下，沒有診斷出消化性潰瘍穿孔。

第二種是「過度或不足評估某項發現之有用性或顯著性」，此係指臨床醫師注意到某個症狀，但是過度聚焦於此，以致於排除其他，或者無法察覺其相關性。例如，在有骨髓化生不良症候群情況下，病患穩定的白血球增加，卻錯誤診斷為敗血症。

第三種是「有缺陷的檢測或察覺」，此係指應該注意到某些症狀、徵象或發現，但臨床醫師卻遺漏了。例如，雖有胸部 X 光照相，但沒有診斷出氣胸。

第四種是「不成功運用捷思法（heuristics）」，此係指未能適當運用臨床經驗要領法則，或者過度適用經驗要領法則於不適合或非典型情況。例如，錯誤診斷為支氣管炎，導致較晚才發現是肺栓塞。

第五種是「未能較快採取行動」，此係指遲延進行適當的資料分析活動。例如，對已 12 週腹瀉有血便之病患，沒有診斷出缺血性腸炎。

第六種是「錯誤的推論」，此係指在現有資料基礎上作出不適當的結論，或沒有從資料得出合理的結論。例如，對有咳血病患，錯誤診斷為肺炎，從未考慮過最後確診之血管炎。

第七種是「錯誤辨識症狀或徵象」，此係指某一症狀被誤為另一症狀。例如，將蔓延至背部之疼痛歸因於胃食道逆流，而沒有診斷出胰臟癌。

第八種是「因其他目標或問題而分心」，此係指對病患所為其他方面治療（例如處置早期出現病況）使得現在病況診斷過程變得困難。例如，病患錯誤診斷為恐慌症，其有知覺失調病史，有不正常身心狀態與被發現有中樞神經轉移。

第九種是「錯誤解釋檢驗結果」，此係指檢驗結果被正確辨讀，但作出不

---

[36] *Id.*

正確結論。例如，病患糞便測試是陰性，但卻沒有診斷出困難梭狀芽孢桿菌腸炎。

第十種是某些發現雖經通報或記載，但卻是不存在，此係指有些症狀或徵象典型出現於病患被懷疑罹患疾病中，然而這些實際上不存在。

4. 不完善的綜合分析／驗證

Graber 等三人文中對「不完善的綜合分析／驗證」之原因，再分成以下八類，茲介紹該文內定義與該文所附之例示於下[37]：

第一種是「過早診斷定案」，此係指當初始診斷作出後，就沒有考慮其他可能性。例如，病患遭車禍撞擊後被錯誤診斷為肌肉與骨骼方面之疼痛，而最後被確診為脾臟破裂。

第二種是「沒有下醫囑或安排後續檢查」，此係指沒有利用適當檢查去確認診斷，或在做了檢查後，沒有採取適當的下一步。例如，沒有對病患進行床邊驗尿，錯誤診斷為尿膿毒病。

第三種是「沒有諮詢專家」，此係指沒有聯繫適當的專家。例如，在沒有詢問下，將病患之低血鈉症不適當地歸因於利尿劑，導致該病患較晚才被診斷肺癌。

第四種是「沒有定期審視情況」，此係指在初始診斷作出後，沒有蒐集新的資料以判斷情況是否已改變。例如，將病患紅血球密度逐漸降低歸因於胃炎，沒有診斷出結腸癌。

第五種是「沒有蒐集其他有用資訊去驗證診斷」，此係指沒有採取適當步驟去驗證診斷。例如，病患被錯誤診斷為關節炎，但在抗核抗體檢測後才發現是藥物引起的狼瘡。

第六種是「過度依賴他人發現或意見」，此係指沒有使用現有的發現去核驗前一位醫師之診斷。例如，門診病患呼吸逐漸急促，被診斷為心臟衰竭，後來才發現是肺癌。

---

[37] *Id.*

　　第七種是「沒有向病患驗證發現」類型，此係指臨床醫師沒有向病患查詢能確認或否定診斷之額外症狀。例如，病患被誤診為癌症骨轉移，而其本身有很多根先前斷掉之肋骨。

　　第八種是確認偏誤（confirmation bias），此係指醫師傾向於以支持先前診斷之方式解釋新的結果。例如，病患被錯誤診斷為罹患肺栓塞，醫師用二聚體測試之陽性結果支持此診斷，但病患呼吸困難是由急性呼吸窘迫症候群與革蘭氏陰性敗血症所引起。

（三）對醫療過失注意義務判斷之參考價值

　　以上 Graber 等三人之診斷失誤原因分析中，「失誤」一詞並不是指對失誤產生之結果不在意或不在乎，不是故意違規（violation），使用了認知上相關因素，如錯誤（faulty）、有瑕疵（defective）、無效的、不完整的（ineffective, incomplete）、忽視病患（patient neglect）、分心（distraction）、不足夠的或有瑕疵的（inadequate or defective）、沒有採取（failure to）、無可用的（unavailable）、不成功的（failed）、錯誤辨認（misidentification）、沒有被教導正確的（correct）步驟、政策或程序、過早定案（premature closure）、過度或不足評估（over estimating or under estimating）、過度依賴（over reliance）、沒有定期審視情況（failure to periodically review the situation）、不良的（poor）、偏誤（bias）等概念。這些關於醫療行為之討論，對醫療過失構成要件之注意義務違反具有參考價值。

六、我國實務醫療診斷失誤案例之討論

　　以下舉我國實務案例，醫療個案前述發生診斷失誤原因分類，加以對照。必須先說明雖所參考主要為內科，但以下案例涵蓋有手術或侵入性醫療案例。

（一）組織方面原因案例

　　本書第六案【診所剖腹產麻醉藥劑誤裝案】執行剖腹之婦產科專科被告甲於指示麻醉護士乙取藥時，未親自核對藥劑之容器外觀，或口頭詢問乙準備藥劑是否無誤，致護士乙誤用藥劑，歷審法院均認為被告甲顯有未盡監督責任之過失，不得因乙係專業護士，即認被告甲並無過失。此例應屬於上述組織方面第八種原因之「監督」失誤。

　　下冊第二十一案【健檢中心 Inderal 藥物案】涉及病患（受檢者）服用「思特來錠」（Inderal）後發生氣喘，不幸死亡之自訴案。該案之六個被告，分別為健檢中心所屬醫院之院長、醫院健檢中心之主治醫師、醫院放射線科主任醫師、醫院之加護病房主任、醫院急診科醫師、護理人員，涉及多個從事醫療業務之專業人員。雖然所有被告均獲得無罪判決確定，但從病人安全觀點看，對於氣喘患者服用 Inderal 後產生之不適，屬於可預防不幸事件，應可認為存在院長監督上組織失誤有關。由本件第一審與第二審法院所表示之「除能證明有重大過失外，實難認定其係行為人而遽以刑事責任相繩」可推知，法院並非否認院長應盡督導管理之責，只是尚未達到刑法上應罰程度之重大過失。

　　下冊第三十三案【實習醫師置放鼻胃管案】涉及實習醫師於病患 Z 拔除置放鼻胃管後之處置。檢察官起訴主張，甲未重新評估有無再行置放鼻胃管之需要，亦未取得主治醫師或值班醫師開立之醫囑單，即擅自強行對病患 Z 插回鼻胃管，且於置放鼻胃管之過程，因不當刺激病患之氣管，造成其氣管嚴重痙攣收縮，致病患於數分鐘後心跳、呼吸瞬間停止。經急救無效後死亡。本件第一審法院與第二審法院認為，依據衛福部確曾製作函文，表示被告甲得獨立重新置放鼻胃管，且其評估病患有置放鼻胃管之必要，及其置放鼻胃管之行為，均無不當，亦合於醫療常規，最後為無罪判決確定。雖然如此，但本件實習醫師醫學系 7 年級學生，尚處於正在努力學習技能之生涯初期，經驗不足之實習醫師仍需要適當指導與監督，從病人安全觀點而言，屬於上述組織方面第八種原因「監督」失誤。

　　關於實習醫師之監督，尚有一例。實習醫師未進行電腦斷層檢查，導致延

遲診斷之案例。該案中，某病患車禍倒地，經送往醫院急診室就診，當時急診室甲醫師值班，即以聽診器做身體檢查，並做頭部 X 光檢查，尚無異狀。當日中午 12 時許，由甫至該院急診外科實習第一天之實習醫師乙接任急診室值班，負責接手就診傷患之急救診療工作，其係實習醫師，如有疑問應向指導醫師請示處置方式，而仍未向院內指導醫師請示，然病患家屬一再要求做電腦斷層檢查，被告身為實習醫師理應向指導醫師報告卻未報告，擅自判斷無庸做電腦斷層檢查，足見其有醫療行為之過失。上訴後，第二審法院審理結果，認為不能證明實習醫師乙犯罪，而撤銷第一審法院論處被告甲業務上過失致人於死罪刑之判決，改判諭知無罪。經第三審上訴發回後，更一審法院、更二審法院均認為成立業務過失致死罪[38]。相類似情況，有醫界人士曾指出，教學醫院住院醫師未將觀察到病患的特殊情況向主治醫師報告，致主治醫師無法作出正確的判斷之問題[39]。

再舉一則屬於組織方面原因導致診斷失誤之第四種類型「團隊工作與溝通」案例，供參考。此案之急診室值班醫師進行臨床診斷，並安排住院後，追加心肌酵素之檢測，在該檢測報告尚無結果出現前復由住院醫師與巡房醫師接手作相關之醫療行為，由於「疏於查看」已上傳之心肌酵素檢驗報告，而未能診斷病患患有急性心肌梗塞[40]。在此案中，沒有察看報告以致於未能使病患得到治療。本件第一審判決有罪後，醫師並未上訴，一審判決即確定[41]。

另外，可於此附帶說明，我國案例中曾有案例雖未直接涉及診斷疏失，但

---

[38] 詳參臺灣臺中地方法院85年度訴字第708號刑事判決、臺灣高等法院臺中分院86年度上訴字第1011號刑事判決、最高法院89年度台上字第6522號刑事判決、臺灣高等法院臺中分院89年度重上更(一)字第139號刑事判決、最高法院90年度台上字第7388號刑事判決、臺灣高等法院臺中分院90年度重上更(二)字第226號刑事判決、最高法院91年度台上字第3497號刑事判決。

[39] 邱永仁，醫療法修正醫師免除無過失責任，臺灣醫界，47卷5期，2004年5月，頁44。

[40] 詳參臺灣桃園地方法院94年度醫訴字第2號刑事判決。

[41] 本案評釋，參盧映潔、梁興禮，由醫療分工下的誤診探討醫師刑事過失責任──評台灣桃園地方法院94年度醫訴字第2號刑事判決，台灣法學雜誌，212期，2012年11月，頁65-81。

仍可認爲是組織「政策與程序」與組織「管理」方面原因導致醫療失誤。

第一案：關於某大型醫學中心爲六名病患電腦斷層攝影機掃描前，以自動注射機爲受檢病患注射顯影劑時，因注射導管與顯影劑受瘧疾原蟲污染，致隨後受檢病患得到瘧疾最終導致四人死亡案例。法院審理重點在於醫院放射線部主任甲指示以消毒方式重複使用注射導管、奉令負責規劃使用程序的主治醫師乙，以及負責顯影劑注射作業與操作電腦斷層攝影機住院醫師丙、丁等人，是否成立業務上過失致死罪[42]。在此案中，最後確定之更三審判決強調，醫療行爲執行作業一連串之疏失所造成，苟其中一個環節已盡到注意義務均不致釀成此一不幸事件，甲、乙有「醫療行政管理之過失」，第一線執行醫療行爲之醫師丙有「醫療行爲過失」，甲、乙應爲執行第一線醫療作業之住院醫師過失行爲負責。此爲組織管理失誤導致醫療失誤之監督過失案例[43]。

第二案：某 F 醫院護士甲誤將肌肉鬆弛劑當成 B 型肝炎疫苗直接施打進新生兒體內，造成七名新生兒一死六傷，該護士成立過失傷害罪外，另亦牽涉引起事故的醫院組織管理問題，針對肌肉鬆弛劑爲麻醉科管制用藥竟與嬰兒室使用的 B 型肝炎疫苗放在同一個冰箱一事之醫療業務督導責任，檢察官另案起訴擔任院長、負責醫師並兼任小兒科主任職務之丙與醫院嬰兒房護理長之丁涉犯業務過失致死部分。對此，一審法院判決均無罪，至於被訴業務過失傷害部分均公訴不受理。檢察官不服提起上訴，臺灣高等法院維持原判決，駁回上訴[44]。雖然院長並不成立業務過失傷害。但從病人安全觀點而言，屬於可以預

---

[42] 經過漫長訴訟，一名醫師不幸過世，另三名醫師最終成立業務上過失致死罪，各處有期徒刑一年，均緩刑三年。詳參臺灣士林地方法院85年度訴字第251號刑事判決、臺灣高等法院85年度上訴字第5409號刑事判決、最高法院89年度台上字第6155號刑事判決、臺灣高等法院89年度上更(一)字第1135號刑事判決、最高法院91年度台上字第3279號刑事判決、臺灣高等法院91年度上更(二)字第513號刑事判決、最高法院94年度台上字第5332號刑事判決、臺灣高等法院94年度重上更(三)字第184號刑事判決、最高法院96年度台上字第4631號刑事判決。

[43] 有文獻指出，本案屬於監督過失，詳參蔡振修，醫事過失犯罪專論，增訂版，2005年，頁193。

[44] 詳參臺灣新北地方法院92年度矚訴字第2號刑事判決、臺灣高等法院93年度矚上訴字第5號刑事判決。

防之不幸事件，原因在於組織上「政策與程序」未足夠。

綜上各案例可知，產生醫療失誤原因來自組織系統本身瑕疵。醫療法第18條第1項規定：「醫療機構應置負責醫師一人，對其機構醫療業務，負督導責任。私立醫療機構，並以其申請人為負責醫師。」負責醫師應確保醫療機構有完善政策與程序，減少醫療疏失之產生。政策是指，組織內之是一組規則或指引讓組織人員遵守，內容說明組織應該做什麼與如何去完成。程序是指，具體指示政策如何被執行之步驟。例如，前述案例中，對尚未取得專科執照，執行第一線醫療作業之住院醫師、剛到院服務約一個月之醫師而言，若有顯影劑注射標準作業程序，則可以避免再次發生。目前已有「台灣放射線檢查之病人安全流程與作業指引」之類程序指引，以從組織層面進行改善。

（二）醫師認知上原因案例

1. 上冊有罪案例

上冊第一案【急性心肌梗塞誤診案】，病患 X 主訴暈眩、噁心、嘔吐及冒冷汗等症狀，臨床表現並無明顯證據顯示心肌梗塞發作，甲雖有留院觀察之處置，後續同醫院亦作 X 光檢查及開立促進末稍血管循環之藥劑，但卻沒有發現病患未達臨床診斷上心肌梗塞標準。法院認為被告甲「確有誤診情事」。此案應可歸類為「錯誤診斷」，造成失誤原因是「不完善綜合分析／驗證」之「沒有蒐集其他有用資訊去驗證診斷」。

先有意外事故外傷治療之案例常涉及診斷與處置失誤。首先是上冊第二案【車禍頭痛誤認案】，病患 L 因車禍而由他院轉至被告甲任職醫院就診。法院審理結果認為，被告甲僅以病患僅主訴頭痛，未見嘔吐等現象，即謂其小腦部位並未有任何受壓迫病變，未免率斷，再如被告甲「比較第一、二次電腦斷層時，並非絕對無法發現該病患小腦之水腫漸有嚴重現象，且可能進而壓迫腦幹而危及性命」，竟未注意致僅採取施以止痛劑及繼續觀察之消極作為，因此延誤病患之救治時機。被告甲主張病患 L 無任何神經學指數異常之狀況出現，當然無法採取任何侵入性之治療手段。此案或可歸類為「錯誤診斷」，原因是「不完善資料蒐集」之「低效率、不完整或錯誤的檢查」。

　　上冊第七案【酒後跌倒誤診案】。該案牽涉病患 W 酒後騎乘機車，因不詳原因跌倒，最後確認之死因是前額葉挫傷性腦內傷及嚴重蜘蛛網膜下出血。最初醫師檢查有傷口處肌腱斷裂現象，但因病患有酒後躁動不配合醫療之動作，未予立即施行縫合，而予紗布覆蓋傷口，並留院觀察。昏睡屢喚不醒且對疼痛刺激皆無反應之際，誤認爲昏睡，未再作何醫療處置。間隔數小時後，醫師始指示護士前往探視，此時病患已臉色發紫呈昏迷狀態。此例可歸同時爲「錯誤診斷」與「未作出診斷」。由在留院觀察期間，醫師未注意觀察，而當病患不配合，無法進行進一步檢查與治療時，醫師只是消極處置可知，發生失誤原因在於「不完善資料蒐集」之「低效率、不完整或錯誤的病史詢問與身體檢查」，以及「不完善資料處理」之「未能較快採取行動」。

　　也是牽涉病患因頭痛就診之案例是上冊第九案【診所頭痛昏迷未轉診案】。該案病患 L 因頭痛、精神不濟求診，就診時幾近昏厥，最後確認死因是蜘蛛膜下腔出血。被告甲僅爲病患測量血壓、脈搏後，並僅施以點滴（葡萄糖加生理食鹽水）治療，沒有進行其他檢查。法院表示，診所當日上午連同病患 L 在內，共僅九名病患看診，依當時情形並無不能注意之情事在內，並認爲倘能詳細檢查其病因並注意其病情發展，應可及早查知病患蜘蛛網膜下腔出血之症狀，並得及時發覺病患昏迷之事實，施以適當之治療或予以轉診，以避免死亡結果之發生。此案或可被歸類爲「未作出診斷」，其原因是「不完善資料蒐集」之「低效率、不完整或錯誤的病情檢查」[45]。

　　上冊第三案【酒精成癮併發症未早期診斷案】中之法院審理結果認爲：被告甲看診時獲家屬告知病患 U 爲酒精成癮，多日無法進食，且發現病患兩

---

[45] 則可供對照研究之相類似案例。此案確認死因是蜘蛛膜下腔出血案例，一審法院爲無罪判決，該案第二審法院引鑑定意見改判無罪，主要理由由一般外科醫師雖無神經外科醫師深入判讀電腦斷層能力，但仍應有簡單判斷能力，而應根據病情參考底片而爲適當處置，醫師乙雖有判讀疏失但並未影響主治醫師甲對病情判斷與處置，病患仍不免於死，難認有相當因果關係，詳參臺灣嘉義地方法院79年度訴字第326號刑事判決、臺灣高等法院臺南分院80年度上訴字第715號刑事判決，轉引自蔡墩銘，前揭註17，頁159-167。

眼發黃，虛弱不堪，未立即安排必要之檢查，病患 U 主訴及醫師診斷均未於病歷表上紀錄，又探視病患時，亦未於病歷表上記錄病患狀況及生命徵候等各項數值，「倘能因早期診斷或轉介使能接受加護醫療，則本案病患具有百分之八十四之存活機會」，依其醫師專業知識，對診斷、追蹤及處置上之疏失，導致轉診延誤」。此案或可被歸類為「未作出診斷」，原因是「不完善資料蒐集」之「低效率、不完整或錯誤的病史詢問與身體檢查」。

　　上冊第五案【酮酸中毒延誤治療案】之病患 C 確認的死因是糖尿病併發滲出性腦出血。判決引據「被告二人確有延誤治療病患糖尿病酮酸中毒之失誤」之鑑定意見。病患 C 有糖尿病酮酸中毒病史，且已告知其本身罹患糖尿病已二年多，平日皆用胰島素注射，當時已停打胰島素二日。病患多次表示血糖過高身體不適及家屬多次要求下，醫師仍未積極觀測病情變化，並及時予以胰島素之施打。本案或可歸為「延遲診斷」，在較早階段就有充足證據是糖尿病症狀，原因是「不完善資料處理」之「錯誤的探查或察覺」，醫師應該注意到已存在之檢驗結果，但遺漏了。

　　上冊第四案【診所產後大出血誤診案】中產婦 H 最後確認之死因是子宮頸右側裂傷，延至子宮體，導致骨盆腔、腹腔和後腹腔出血致死。生產後，產婦 H 嗜睡，惡露量持續增加，血液不凝，係羊水栓塞之臨床表徵，醫師懷疑是子宮收縮不良，致產後大出血，且懷疑合併瀰漫性血管內凝集症候群（DIC），然而，當時並無進一步進行驗證。法院表示「病徵重疊或可能誤診，難以避免，固不論，縱診斷為羊水栓塞之處置，亦需要立即快速之反應，且由於係急性大量出血，若未即時止血、緊急輸血，死亡率極高」。醫師直到病況惡化始進行轉院。本案醫師未能診斷出原因在於「不完善資料處理」下之「未能較快採取行動」。

　　同樣涉及產婦產後出血死亡，可作為對照理解是上冊第八案【產後大出血誤診案】。該案產婦最後確認之死因是肝裂傷，該案法院表示：醫師在產婦 S 血壓、血紅素之數值已屬大量出血之狀態，且以當時產婦 S 產後子宮收縮良好之狀況，自應加以注意是否尚有其他出血點、「疏未注意對出血原因詳細檢查」。最初，醫師僅依一般產後出血症狀為備血、輸血之處理，之後並以婦產

科醫師處理產後出血狀況之方式進行子宮內刮除術止血，此代表醫師已經作出診斷子宮問題導致流血之診斷。在為病患切除子宮後，因出血狀況仍未改善，才電召該院外科醫師會診，此時才發現肝臟左側有較為嚴重之裂傷出血。雖將肝臟稍加縫合後，仍因持續性失血過多死亡。

在本案應可歸類為「錯誤診斷」，原因在於「不完善資料處理」分類下之「錯誤的症狀或徵兆辨識」，也在於「不完善綜合分析／驗證」分類下之沒有安排或進行後續檢查，沒有使用適當檢查去確認診斷，同時，超出婦產科醫師專業，太晚聯繫適當的專家之「沒有諮詢專家」。

上冊第六案【疝氣手術併胸痛未轉診案】之病患 C 確認的死因是急性心肌梗塞死亡。本案雖先有疝氣手術，但爭議並非在疝氣手術過程中失誤，而是手術後之胸痛。醫師針對疝氣手術後之胸痛，曾給予抗心絞痛藥治療後，後又診斷為胃食道逆流，病患雖持續胸痛，但忽視急性冠狀動脈徵候群之表現，未照會心臟科醫師或轉診心臟科，應可歸類為「錯誤診斷」。產生此種失誤原因在於「不完善資料蒐集」之「錯誤的探查或察覺」，也在於「錯誤的知識」，亦即，知識庫不足或有缺陷導致錯誤診斷。

上冊第十案【診所上呼吸道感染誤診案】之病患 K 因有咳嗽、發燒、嘔吐及抽搐脫水等症狀而求診，最後確認的死因是心肌炎至病情惡化。醫師一開始診斷為上呼吸道感染，給予上呼吸道感染之治療藥物後，任由病患沉睡。之後護士反應病患不適症狀時，醫師沒有前往病床密切觀察病患。

本案中，病患 K 咳嗽、發燒、嘔吐及抽搐脫水是很多疾病之臨床表徵，醫師沒有追蹤治療效果以驗證之前診斷是否正確，也沒有透過適當檢查進一步探究病患不適症狀原因。本案應屬於「錯誤診斷」類型，造成診斷失誤原因是「不完善綜合分析／驗證」之過早診斷定案與沒有定期審視病況。

其次，上冊第十一案【鋼筋撕裂傷延誤治療案】之病患 L 因鋼筋撕裂傷尋求治療，最後確認的死因是腹腔穿透傷，終至敗血性休克死亡。法院審理後認為：「確有於醫療過程中，有疏忽未及早尋求出原因，而此疏忽進一步導致延誤診斷及後續可行的救命治療無誤。」被告甲最初對病患外傷處置後，病患仍抱怨腹痛時，甲因僅懷疑為腹膜炎變化，而僅安排抽血檢查血液、實施腹部

超音波檢查，並僅給予止痛藥及降血壓藥物等措施，而忽視病患 L 之腹痛情形並未獲得有效治療，且有逐漸加劇情形。被告甲因未繼續積極探究原因，進行最後確認診斷，導致病患 L 穿刺傷造成腹壁嵌頓性疝氣對生命形成之危險一直未被發現。因此，本案可歸類為「未作出診斷」。原因是「不完善綜合分析／驗證」下之「沒有蒐集其他有用資訊去驗證診斷」。

再次，上冊第十四案【車禍腹痛延誤治療案】之病患 T 最後確認的死因是腹膜炎、敗血症及多重器官衰竭。醫師忽視明顯腹膜炎症狀，未到院探究腹內出血來源，延遲進行手術治療，判決引鑑定意見上表示「即難謂無延誤之嫌」。此案例或可歸類為「未作出診斷」。腹膜炎症狀已明顯，但醫師忽視之，因此發生失誤的原因是「不完善資料處理」之「錯誤的探查或察覺」。

另有非涉及外傷案例，亦屬類似意外事故後之就醫案例，如上冊第十三案【安眠藥物自殺誤認案】之病患 X 因服用安眠藥而被送至區域醫院之急診科，最後確認死因是因安眠藥物中毒引發中毒性休克而死亡。醫師忽視家屬到院時即已告知病患服用安眠藥急診與護理紀錄內容。忽略明顯可知之病患歷史（依據急診護理紀錄內容，病患 X 家屬到院時即已告知病患 X 約係於當日 16、17 時許服用安眠藥，距診療時尚難認確已超過 1 小時），誤認因無法確定病患 X 何時服藥，且病患 X 神智不清，遂未對 X 進行洗胃。從僅對病患進行抽血檢驗、打點滴即繼續留院觀察沒有進行洗胃可知，醫師沒有作出診斷安眠藥物中毒，應屬於「錯誤診斷」。造成失誤原因是「不完善資料處理」分類下之「形成錯誤脈絡」，對與診斷有關之病患情況缺乏認知與考慮。

最後是關於癌症診斷案例，上冊第十二案【肺部軟組織延誤治療案】之病患 L 最後確認的死因是第四期肺癌合併惡性肋膜積液、骨及腦轉移。病患因久咳不癒而求診，醫師雖開立處方箋進行胸部 X 光攝影、肝功能、抽血及上消化道攝影等必要檢查，但忽視同醫院放射線科醫師判讀胸部 X 光片之診斷結果，須配合臨床資料研判且須進一步做影像學相關檢查之建議，逕自診斷胸部 X 光攝影檢查結果正常，僅針對其認有上消化道胃酸逆流症狀予以用藥，直到至同醫院腸胃內科門診安排進行腹部超音波檢查後，始確認第四期肺癌。因此，可歸類為「錯誤診斷」。又由於較早時期已有充足證據（胸部 X 光片

之診斷結果），可以更早發現，也應被認爲「延遲診斷」。造成診斷失誤原因是「不完善綜合分析／驗證」分類下之「沒有安排或進行後續檢查」，以及「沒有蒐集其他有用資訊去驗證診斷」。

2. 本書案例

　　本書第十一案【子宮頸癌延誤診斷案】中之被告甲（婦產科主治醫師）爲病患 H 診治。H 已經同院前醫師乙檢查爲陰道內有含血的分泌物，子宮頸變大且有乳突狀糜爛，子宮前傾且變大，並爲超音波檢查，而疑有子宮內膜組織異位或子宮肌瘤等病症。第一審、第二審法院均認爲，被告甲對於此等危險（即指子宮之症狀已非屬輕症）及診治療程業已熟知，然其並未對病患 H 爲進一步之內診診斷，卻僅以雌激素及黃體素之更年期荷爾蒙療法，「其治療已有延誤之疏失」。此案應可歸類爲其實可以更早診斷出來之「延誤診斷」，發生失誤的原因是「不適當資料蒐集」下之「低效率、不完整或錯誤的檢查」。

　　與上例相類似癌症案例之本書第三十八案【肺腫瘤延誤治療案】之第一審、第二審法院均於判決理由表示：被告甲「延誤醫治」、「未爲此鑑別診斷，亦未轉診胸腔內科醫師診治」，「延誤病患即時就診之時機」。此案應可歸類爲「延誤診斷」，發生失誤的原因是「不適當資料蒐集」之「低效率、不完整或錯誤的檢查」。原因是，未爲鑑別診斷，亦未轉診胸腔內科醫師診治，與「不完善綜合分析／驗證」之「沒有諮詢專家」。

　　本書選錄與意外事故後送醫有關亦有三案之醫師被判定有罪確定。首先，本書第十四案【跌倒腹傷併腸穿孔延誤診斷案】之病患 Y 因騎乘機車在路上跌倒而就醫，被告甲爲緩和 Y 之疼痛，而使用鴉片類止痛藥物（Demerol）。該案之第一審、第二審法院採用鑑定意見所認「不應在觀察期間使用止痛劑延誤了正確的診斷，且採用了錯誤的手術及小腸對端吻合術，致使病患發生不幸結果，其醫療過程是有不妥」。因錯誤藥物使用導致「錯誤診斷」，發生失誤是因不足或錯誤知識或技術所導致。

　　再有，本書第十七案【車禍空腸破裂案】更一審判決表示：被告甲已實際就該電腦斷層掃描結果進行判讀，然疏未診斷出病患具有腹部游離氣之症狀，

失去重新評估，及早診斷與手術搶救之先機，以致空腸破裂處置延宕，導致腹膜炎引發敗血症，進而造成病患死亡，是其針對病患電腦斷層掃描所爲之判讀顯有過失甚明。從前述法院指出之「疏未診斷出」、「失去重新評估，及早診斷與手術搶救之先機」，以及醫師其實已經對電腦斷層掃描結果進行判讀等可知，可歸類本案例爲應可以更早診斷出來之「延遲診斷」。此失誤原因爲「不完善資料處理」下之「形成錯誤脈絡」（faulty context generation），對與診斷有關之病患情況缺乏認知與考慮，以及「未能較快採取行動」。

　　還有，本書第二十八案【車禍內出血延誤診斷案】之第一審、第二審法院均認爲，據急診專科醫師自身急診專業知識及 J 醫院現有之醫療設備，病患 C 肇事當時身體所出現的外傷、所測得之血壓、脈搏、尿量排放等徵兆，因未注意，致未及早診斷病患內出血的原因。特別提及，急診專科醫師，有能力對以腹部超音波檢查找出病患 C 可能休克原因。本案或可歸類爲「延誤診斷」，原因應是「不完善資料處理」之「形成錯誤脈絡」，亦即，對與診斷有關之病患各方面情況缺乏認知與考慮。

　　本書選錄與心肌梗塞有關有三案之醫師被判定有罪確定。首先是本書第二十五案【心肌梗塞未依常規處置案】，該案中被告甲坦承未對病患 T 施以心臟電擊，僅指示護理人員給予心臟用藥，及施以心臟按摩。更一審法院認定被告甲成立業務過失致死罪之其中一個理由爲：無論在被告甲服務醫院之客觀環境或被告甲主觀之注意能力，在病患 T 發生心室頻脈時，應施以心臟電擊始符醫療常規。以此爲。被告甲以心臟電擊爲對病患強烈的侵入性治療，非到萬不得已應不予使用，以及如發生大範圍之心肌梗塞，縱施以電擊也沒有用等加以辯解。本案或可歸類爲「延誤診斷」，原因應是「不完善資料處理」之「形成錯誤脈絡」，亦即，對與診斷有關之病患各方面情況缺乏認知與考慮。

　　其次是本書第三十三案【心肌梗塞併左心室破裂案】。該案病患 C 於民國 95 年 5 月 21 日下午 5 時許，因胸痛症狀，接受被告甲之診斷，當時病患 C 意識清醒，呼吸正常，血壓爲 117/61 毫米汞柱，心跳每分鐘 84 次，呼吸每分鐘 20 次，經甲問診及身體理學檢查後，診斷爲肌肉筋膜發炎，給予一劑消炎止痛藥，並安排其進行胸部 X 光攝影及心電圖檢查，之後同意病患於同日下

午 5 時 35 分許出院，返家後，於當年 5 月 23 日倒臥在田邊溝渠猝死。歷審法院均認定被告甲疏於注意心電圖顯現 V2-V5ST 節段上升，已有急性心肌梗塞之可能性，率爾排除病患 C 係急性心肌梗塞之可能，而未再安排抽血檢測心肌酶素等血清指標，或留院觀察以確定病況，更未安排心臟科專科醫師會診，或囑咐病患 C 應往心臟科門診追蹤檢查等，致使病患 C 不知自己已有急性心肌梗塞，終因急性心肌梗塞導致心臟破裂死亡。本案應可歸類為「錯誤診斷」，原因應是「不完善綜合分析／驗證」下之「過早診斷定案」。

同屬心肌梗塞類型尚有本書第三十五案【心肌梗塞治療不合醫療常規案】。病患 C 因胸痛、肩痠、冒冷汗、暈眩而急診，經被告甲檢查後發現其心電圖復有 T 波異常狀況，且有高血壓之病史。雖因血液生化檢查結果，其心肌酶數值均呈現正常值，尚不能確診為心肌梗塞，但仍屬危險之不穩定型心絞痛病人。被告甲身為急診醫師，如無能力處理此類病人，應即會診心臟內科醫師，但竟在作完第一次檢查及給予硝化甘油舌下片 1 片後，僅於 15 時 30 分許解釋病情，在病人移至留觀室後，完全未依醫療常規予以迴診，亦未檢視護理人員所為之紀錄，以致於未能及時發現病患 C 至遲在 16 時 20 分許，已有胸痛復發的情形，並及時進行第二次的 12 導程心電圖、血液生化檢查，以提早發現病患 C 的心肌梗塞病情已經發生，迨於 19 時 40 分許病患 C 出現抽搐等症狀時，始知事態嚴重，通知心臟內科醫師會診，但為時已晚。被告甲消極不為必要之會診、迴診等醫療作為，致錯失即時發現病患 C 心肌梗塞之病況，致其無法獲得適當之治療，最後因心肌梗塞而死亡，本案應可歸類為「遲延診斷」，原因應是「不完善資料處理」之「未能較快採取行動」。

最後，本書第三十九案【子宮外孕未為必要處置案】之歷審法院均表示，被告甲「錯失適時給予病患正確妥適治療機會」，醫師並未為任何問診或醫療檢查，未告知須至大型醫院緊急為子宮外孕手術，亦未為病患轉診大型醫院緊急手術之醫療處置。本案應可歸類為「遲延診斷」，原因應是「不完善資料處理」之「形成錯誤脈絡」，對與診斷有關之病患各方面情況缺乏認知與考慮。

3. 其他

回顧過去司法實務時，可以發現為數不少幼兒病患案例可能涉及醫師診斷

失誤，原因可歸類爲「不適當資料蒐集」之「低效率、不完整或錯誤的病情檢查」。

　　首先，嘔吐甚劇之一歲九月餘幼兒，醫師僅診斷爲急性胃炎，而以治療急性胃炎方式予以治療。後經法醫鑑定結果病患患有胃腸炎、支氣管炎。最後因心臟衰竭引起休克而死。該案第二審法院表示，當從求診到死亡時間爲五小時可知求診當時已相當嚴重，然醫師診斷當時，「漫不注意其嚴重性」、「僅將處方記載於收入帳，而無詳細病歷資料」、「診斷程序顯非正常」。若能發現予以治療，則病患不致因心臟衰竭引起休克而死亡。醫師對此不服上訴後，經最高法院駁回而確定[46]。由此可知，醫師發生「診斷失誤」。

　　又有一案相類似。某八個月大幼兒至某小兒科診所就診時，臉色發白、呼吸急促、煩躁不安、肚子脹氣，至診所前，已發燒 15 天之久，從接受治療未及二小時即因上呼吸道感染引發心肺衰竭致死。第二審法院認定成立業務過失致死罪，理由是，醫師未建議家長將病患轉診至可以給予適當檢驗、治療之醫療處所繼續接受醫治，而僅施打止吐及消炎劑之注射針劑，及開給整腸、消氣之成藥予以病患服用，而致於服藥後，病情轉劇，而於送醫途中因上呼吸道感染引發心肺衰竭而死[47]。此案應可歸類於「低效率、不完整或錯誤的病情檢查」。

　　相類似情況還可見於以下案例：某男嬰因蜜餞哽塞就醫，由於蜜餞體積小，難由 X 光檢查發現，被告甲採行 X 光檢查未發現異物，而未採取其他檢查手段。嬰兒食道較幼童或成年人狹小，吞嚥蠕動能力較弱，醫師既知男嬰是因蜜餞哽塞就醫，竟未採取電腦斷層或內視鏡檢查，輕率信任緊急醫療紀錄表記載及 X 光片檢查結果，認定蜜餞已完全取出或滑落胃部，未及早發現殘餘蜜餞梗在食道[48]。

---

46 詳參最高法院59年度台上字第3380號刑事判決，同前註，頁49-53。

47 詳參臺灣高等法院79年度上訴字第4536號刑事判決，轉引自蔡墩銘，前揭註17，頁43-47。

48 法院因告訴人撤回告訴而為不受理判決，詳參臺灣臺中地方法院101年度醫易字第1號刑事判決。

　　日本司法實務亦有相類似幼兒案例可供對照理解。第一案例事實略以：一位男孩在吃繞在一次性筷子上之棉花糖時不小心摔倒，筷子刺中喉嚨處之軟顎，男孩自行將筷子拔出後被送往醫院急救。甲為耳鼻喉科醫師在醫院急診中心值班而對男孩進行視診與觸診，雖有輕微嘔吐症狀，但意識與呼吸正常，傷口深度不深、沒有出血症狀，清洗傷口後即讓其回家。沒有懷疑筷子刺入頭蓋骨內造成損傷，最後是因此傷害而死。沒有向男孩母親問診，也沒有安排 CT 檢查以查明腦內情況，經東京地方法院判決成立過失致死罪[49]。第二案例事實略以：外科被告甲為一名男孩治療時，根據該男孩之腹痛膨脹、嘔吐、腸鳴音亢進與便秘等症狀，判斷為腸梗阻，實施了高壓灌腸。灌腸後，男孩症狀仍很嚴重，沒有得到改善，但甲沒有考慮內臟可能重大損傷，仍一直採用高壓灌腸、點滴治療，事實上，該男孩於交通事故中受傷之腹腔出血、引起腹膜炎死亡，經高松地方法院判決成立過失致死罪[50]。

　　意外事故後送醫治療也可見可能涉及「低效率、不完整或錯誤的病情檢查」案例。此案中，某病患因車禍受傷送醫，經被告甲急救後，繼而住院觀察，但被告甲於當日晚上最後一次查房後，即未至病患病房查房。翌日凌晨，病患因血壓偏低，病情嚴重，被告甲雖趕抵為病患急救，仍因外傷性迴腸破裂引起腹膜炎休克而死。本案鑑定意見表示，「腹部鈍性挫傷引起小腹破裂，早期症狀並不明顯，診斷不易」，然而，「一般腹膜炎在二十四小時以內不會造成死亡」，本案病患於當日 14 時 20 分發生車禍，至翌日 4 時 50 分死亡，「其間不超過十五小時，其病情發展過程頗為急遽，被告甲如能密切觀察病人病情之變化，即時採取適當之診治措施，或可使病人免於死亡之結果」，據此，一審、二審法院均認定醫師未注意住院觀察之病人病情變化而即時採取適當之診治措施，致病患因外傷性迴腸破裂引起腹膜炎休克而死，成立業務過失致死罪[51]。

---

[49] 參于佳佳，醫療過失犯罪的比較法研究，2017年，頁39-42。

[50] 同前註，頁37-38。

[51] 詳參嘉義地方法院79年度訴字第54號刑事判決、臺灣高等法院臺南分院79年度上訴字第1772號刑事判決，轉引自蔡墩銘，前揭註17，頁19-25。

　　另有一案，病患 S 於民國 95 年 12 月 2 日 7 時 21 分許因上腹痛至醫院急診室急診後，交由被告甲主治，甲初步診斷病患 S 罹患為膽結石及膽囊炎，病患 S 最後不幸於民國 95 年 12 月 3 日 10 時 50 分因主動脈瘤破裂出血合併心包囊阻塞死亡。此案一審、二審皆判定醫師消極不為必要之醫療作為確有過失，且與病患死亡具有相當因果關係存在，成立業務過失致死罪案例，本案二審法院維持一審有罪判決，駁回上訴，其理由略以：被告甲對於病患 S 當時之臨床徵狀，以 S 之心電圖、X 光檢查結果均有異常，S 之血壓更有異常起伏之情況，未依醫療常規，對 S 再做一次 X 光檢查或超音波檢查，以評估 S 上腹部是否有其他異常，或會診心臟科醫師，以求正確診斷及治療，其復明知 H 醫院之 B9 病房於夜間並沒有醫師值班，只有專科護理師乙負責照護病人，乙不能亦無能力獨自負責照護病患 S，其應主動關懷、詢問 S 病情狀況，其竟於當日 14 時 30 分許診視 S 後，即未曾再迴診 S，亦未主動向查詢 S 病情狀況，致錯失及時發現 S 主動脈瘤破裂出血之病況，使 S 無法獲得適當之治療，S 最後並因主動脈瘤破裂出血而死亡 [52]。

七、新型診斷議題：臨床決策支援系統

　　未來可能發生新型診斷是運用醫療臨床決策支援系統（clinical decision support system, CDSS），此系統本身是為了協助醫師與（或）病人作成醫療決策，整合個別病患特徵資訊與電腦化知識基礎，以產生針對病人評估或推薦之

---

[52] 詳參臺灣臺北地方法院98年度醫訴字第6號刑事判決、臺灣高等法院100年度醫上訴字第7號刑事判決。關於本案之評論，參見葛謹，勿以結果論斷過程——臺灣臺北地方法院98年度醫訴字第6號刑事判決讀後心得，台北市醫師公會會刊，56卷1期，2012年1月，頁17-22。

軟體[53]。運用此類系統之醫師應如何履行醫師法第12條之1告知說明義務[54]？

臨床上，有時醫師必須透過醫學文獻、臨床報告之實證醫學概率，推算成功率，以作爲決策依據。這類系統是透過知識工程專家系統方法，將實證醫學資料轉化成演算法，採用「若則」規則（if-then rules）之形式表示專家知識。利用這類專家系統，能縮短診斷時間或提高診斷正確性目的。醫師雖利用這類具有輸入、輸出結果功能之軟體系統，但仍是醫師作出最終診斷，由醫師承擔醫療決策責任，但產生的問題是，如果醫師所爲診斷和醫療決策是來自此類軟體系統之預測與推薦，現行說明告知義務規定中雖只規定應告知「病情」，但病情來自「診斷」，因此，醫師應告知臨床決策支援系統所爲診斷，而系統本身之風險亦應告知與說明。特別是，軟體系統本身故障導致醫師醫療決策失誤之風險，是否也在醫師告知範圍內？

相關問題還有，對於如何使用此類臨床支援決策系統之相關使用指引是由系統開發者提供，還是由各醫學團體制定？再者，使用這類醫療決策支援系統將會蒐集與處理個人資料，如何認定病患是否，或在何時，就其個人資料蒐集、處理與利用已經行使同意權？

在醫療與資訊科技日新月異下，運用人工智慧機器學習技術建構臨床決策支援系統是未來發展趨勢。醫學影像判讀與分析是疾病診斷之重要依據，而影像診斷正是目前人工智慧最能發揮其長，運用最多之領域[55]。再者，診斷用途機器可以運載微型診斷裝置進入人體內部，配合人體外部診斷設備完成疾病病況的深入檢查。未來，個人配戴各種感測裝置及時資料處理，以利監測，此類

---

[53] Reed T. Sutton et al., An Overview of Clinical Decision Support Systems: Benefits, Risks, and Strategies for Success, 6(3) NPJ DIGIT MED 17 (2020).

[54] 醫師法第12條之1規定：「醫師診治病人時，應向病人或其家屬告知其病情、治療方針、處置、用藥、預後情形及可能之不良反應。」

[55] 在放射科、病理科、皮膚科、眼科、心臟科醫師等高度依賴視覺辨識領域有明顯進展。參黃鈺閔等譯，Eric Topol著，AI醫療DEEP MEDICINE，2020年，頁154以下、181以下、199以下。介紹性英文文獻，參見William G. Baxt, Application of Artificial Neural Networks to Clinical Medicine, 346(8983) Lance, 1135-1138 (1995)。

個人化臨床決策系統得以作出最適合個人之診斷與治療建議。

　　導入人工智慧技術輔助診斷系統是利用深度學習演算法產出診斷結果，例如，分析腦部電腦斷層掃描判定是否出現中風跡象，以及何種型態之中風，而作出是否介入治療以及治療方式之決策，或者對病患病程發展進行預測。隨著深度學習帶來訓練模型重大突破，技術成長達更高水準，許多基於醫療用途機器學習模型之醫療診斷系統已達臨床上實際運用階段[56]。未來將會看到，醫師須學習與 AI 醫療系統一起工作（Working with AI diagnostic systems）[57]。

　　然而，由於機器學習本身所具有自主學習特質[58]，特別是深度學習使用階層數龐大的神經網路，使其產出決策過程如黑盒子般之不透明[59]，對醫療重大決策形成風險。立法規範有其必要性。例如，在立法政策上如何納入可解釋AI（Explainable Artificial Intelligence, XAI）設計，課以系統開發業者發展可解釋模型，或於每次決策時產生解釋之義務[60]。

　　醫療器材管理法第 3 條第 1 項明列軟體，若能達成診斷、治療、緩解或直

---

[56] 例如，中國醫藥大學附設醫院人工智慧中心開發數項醫療診斷系統，包括：腦中風AI快速診斷平台、癌症骨轉移輔助系統、骨齡AI輔助判讀與身高預測系統、膝關節MRI半月板損傷AI輔助偵測系統等。

[57] 高軒楷，迎向人工智慧時代的醫學教育，長庚醫院林口總院醫教電子報，168期，2019年9月30日發行，取自：https://www1.cgmh.org.tw/intr/intr2/ebmlink/36100/enews/me_epaper_108-09.htm，最後瀏覽日：2023/12/15。

[58] 機器學習是1980年開始發展，機器學習之定義在於使電腦能夠在沒有明確程式指令情況下自己學習之研究，其重點在於研究如何讓電腦從經驗與在一些初始結構上自己編寫程式，最後形成自己的判斷規則。在自己學習過程中，機器自己從資料中尋找特點，對資料特徵進行學習，並且自己生成演算法，機器自己改變他們自己的決策邏輯。

[59] 深度學習基於2010年開始發展之深度神經網路，屬於機器學習之一種，深度學習演算法訓練人工神經網路，分層演算法是藉由多層隱藏層（於輸入層與輸出層中間所增加）之非線性變換而實現目標輸出。影像辨識藉由賦予每一像素（代表資料特徵）一個二進位值（0或1）進行計算，由數值輸入與數值輸出構成。

[60] 為解決神經網路深度學習過程之不透明性，人工智慧研究領域發展可解釋AI技術（Explainable Artificial Intelligence, XAI）。

接預防人類疾病功能等，而且其設計及使用係以藥理、免疫、代謝或化學以外之方法作用於人體者，屬於醫療器材。2022 年 9 月修正公告醫用軟體分類分級參考指引[61] 進一步提供判定參考原則，藉以界定何種「醫用軟體」始為醫療器材管理法之「醫療器材軟體」。目前已經通過以 AI 技術為主的醫療器材取得國內許可證，為醫用軟體中之電腦輔助診斷（Computer-Assisted Diagnosis, CADx）類軟體，屬於風險性之第等二級醫療器材[62]。

　　若宣稱能取代專業醫事人員決策，直接進行疾病診斷、治療功能，屬於醫療器材分類分級管理辦法第 3 條所列高風險性之第三等級醫療器材。此類高風險性醫用軟體，未來仍可能成為合法之醫療器材。在由輔助醫師決策往取代醫師決策之全自動化決策發展路程上，仍有許多技術挑戰與值得關注之風險。一旦通過核准許可使用，該風險為合法風險，告知說明義務內容即成為重要問題。

---

[61] 本指引原於104年公告，配合110年5月1日醫療器材管理法施行，產品現今臨床應用發展及參考國際醫用軟體管理趨勢，修訂本指引相關內容。

[62] 吳亮儀等，96件取得許可、百餘件申請中AI醫材進入軍備競賽／送審多屬中風險性醫材衛福部強調禁用生成式病歷（2023年10月9日），取自自由時報網：https://news.ltn.com.tw/amp/news/life/paper/1608972，最後瀏覽日：2023/12/15。

第二部分

案例研究

第一案　幼童持續腹痛治療案

1
法院／裁判日期
臺灣桃園地方法院 88.08.18
案號
87 年度訴字第 17 號判決

甲、乙從事業務之人，因業務上之過失致人於死，甲處有期徒刑參月，乙處拘役伍拾日。

2
法院／裁判日期
臺灣高等法院 89.02.18
案號
88 年度上訴字第 3941 號判決

原判決撤銷。
甲、乙從事業務之人，因業務上之過失致人於死，甲處有期徒刑伍月，乙處有期徒刑參月。

3
法院／裁判日期
最高法院 91.05.16
案號
91 年度台上字第 2763 號判決

原判決撤銷，發回臺灣高等法院。

4
法院／裁判日期
臺灣高等法院 92.05.01
案號
91 年度上更 (一) 字第 450 號判決

原判決撤銷。
甲、乙從事業務之人，因業務上之過失致人於死，甲處有期徒刑伍月，乙處有期徒刑參月，如易科罰金，均以參佰元折算壹日。

5
法院／裁判日期
最高法院 92.10.02
案號
92 年度台上字第 5480 號判決

原判決撤銷，發回臺灣高等法院。

6
法院／裁判日期
臺灣高等法院 96.09.20
案號
92 年度醫上更 (二) 字第 3 號判決

原判決撤銷。
甲、乙從事業務之人，因業務上之過失致人於死，甲處有期徒刑肆月，減為有期徒刑貳月；乙處有期徒刑貳月，減為有期徒刑壹月，如易科罰金，均以銀元參佰元即新台幣玖佰元折算壹日。

7
法院／裁判日期
最高法院 97.11.28
案號
97 年度台上字第 6176 號判決

原判決撤銷，發回臺灣高等法院。

8
法院／裁判日期
臺灣高等法院 100.08.23
案號
97 年度重醫上更 (三) 字第 207 號判決

原判決撤銷。
甲、乙均無罪。

9
法院／裁判日期
最高法院 101.01.18
案號
101 年度台上字第 311 號判決

上訴駁回。

圖 1　幼童持續腹痛治療案歷審圖
資料來源：作者繪製。

一、第一審判決

(一) 公訴事實與起訴意旨

　　醫師甲與醫師乙均為桃園縣中壢市 Z 醫院（下稱 Z 醫院）之醫師。民國 85 年 4 月 9 日上午 10 時 30 分許，G 氏夫妻之獨子病患 G 有嘔吐（已嘔吐 2、3 天未見好轉）及腹痛之症狀，由其母陪同至桃園縣中壢市 L 醫院（下稱 L 醫院）求診，由醫師 S（另行處分）擔任主治醫師，於胃鏡、超音波檢查及抽血檢驗後，以病患 G 血清 SGOT(180) 數值，判斷其係急性肝炎及胃炎，要求病患 G 住院檢查治療，但以 L 醫院無病床，要求轉院至友院 Z 醫院（事實上為同家醫院，醫師互相支援）繼續治療。

　　病患 G 於民國 85 年 4 月 9 日中午 12 時 30 分許轉院至 Z 醫院。至同年月 10 日凌晨 1 時 35 分許，病患 G 病情急遽惡化，經值班護士 L（另行處分）通知醫師乙。凌晨 2 時 05 分許，病患 G 面部僵硬，雙唇發紺，無呼吸、心跳、血壓，醫師乙趕至開始心外按摩、電擊、氧氣面罩、強心藥物急救等急救，至當日凌晨 3 時 50 分死亡。

　　案經檢察官起訴指出：

　　病患 G 於民國 85 年 4 月 9 日中午 12 時 30 分許轉院至 Z 醫院，由其母掛急診，辦妥住院手續。病患 G 住院後（其母皆時刻在旁照料），於當日下午 2 時許，有 H 姓助理來問病症，填些資料，其後病患 G 腹痛加劇，且嘔吐不止，當日下午 4 時許病患 G 之母請護士叫醫師來，護士稱醫師在忙；病患 G 之主治醫師甲（下稱被告甲）當日下午在 L 醫院看門診，下午 6 時 30 分起在 Z 醫院看門診，下午 10 時許下班、下午 5 時起之值班醫師乙（下稱被告乙）均明知醫師非親自診察，不得施行治療、開給方劑或交付診斷書；醫師對於危急之病症，不得無故不應招請，或無故遲延；醫院、診所遇有危急病人，應即依其設備予以救治或採取一切必要措施，不得無故拖延；醫院、診所因限於設備及專長，無法確定病人之病因或提供完整治療時，應建議病人轉診。

　　被告乙並未於當日下午 8 時 45 分許親自為病患 G 診療，竟囑護士 K 於當日下午 8 時 30 分注射 Buscopan 2Amp.，下午 9 時注射 Valium 1Amp.，被告兩人自病患 G 住院後迄當日晚上 10 時 30 分許之前均疏未注意親自診察病患 G 之病情，僅給予急性肝炎之支持性療法，未再給予進一步檢查（包括驗血、X 光檢查及心電圖等），追蹤病情探究病因，任令病患 G 持續腹痛、嘔吐，被告甲、乙能注意病患 G 持續腹痛、嘔吐無法確定病因或提供完整治療，應能注意建議病人轉診，竟均疏未注意未予建議適當之轉診處置。嗣後，病患 G 病情加劇，嘔吐很厲害，其母乃要求護士 K（另行處分）通知醫師診治，至晚上 10 時 30 分許時刻在旁照料病患 G 之母見被告乙經過，乃央求其為病患 G 檢查診治，被告乙診視後，發現病患 G 右上腹部壓痛及肝腫大，認病患 G 血壓、心跳、呼吸穩定，亦仍給予支持性療法並觀察之，其母雖請求進一步檢查，被告乙答稱沒有人手……。至同年月 10 日凌晨 1 時 35 分許，病患 G 病情急遽惡化，經值班護士 L（另行處分）通知被告乙，被告乙疏未注意親自對病患 G 診療，即囑 L 於凌晨 1 時 35 分對病患 G 注射 Vena 1Amp.，至凌晨 2 時 05 分許，病患 G 面部僵硬，雙唇發紺，無呼吸、心跳、血壓，被告乙趕至開始心外按摩、電擊、氧氣面罩、強心藥物急救等急救，至當日凌晨 3 時 50 分宣布死亡。

(二) 被告回應

　　訊據被告甲對於其為病患 G 之主治醫師之事實供承不諱，被告乙對於其為當日下午 5 時以後之值班醫師之事實坦承不諱，惟被告甲、被告乙均矢口否認有業務過失致死犯行，被告甲辯稱：

　　病患 G 解剖結果仍有急性肝炎及胃炎，並無誤診，病患 G 自下午 2 時至 8 時，經醫師 T 看過後病情並無急速惡化，當日下午 8 時其有去看過病患 G，因已在 L 醫院做過大部分檢驗時，最後病患 G 係因心肌炎死亡，其無法從外觀察出來，其並無過失誤診。

　　被告乙辯稱：其下午 5 時接班至隔日上午 8 時、下午 10 時多，其有

去看過病患 G 一次，這一件非重症，故無交班，其原來不知有此病人，其後來有去看病人，其去看時，病患 G 情況還好，病情並無急遽變化，且急性肝炎是會嘔吐、腹痛，間歇性的。

(三) 鑑定意見

1.醫審會鑑定意見

　　本案有台灣桃園地方法院檢察署檢察官三度送請行政院衛生署醫事審議委員會（下稱醫審會）鑑定醫療過程有無疏失：

　　第一次鑑定：認此病人因腹痛及嘔吐至 L 醫院急診，由於是右上腹痛，故醫師即給予胃鏡及腹部超音波檢查，其結果顯現有疑似急性肝炎及表皮胃炎的現象，待病人轉至 Z 醫院住院後，雖曾照腹部 X 光一張，但在病歷中並無提到此項檢查結果，惟病歷記載病人腹部柔軟，右上腹及上腹胸骨下部有壓痛之狀況，肝臟略腫大，且可聽到腸蠕動音，認為和急性肝炎的診斷吻合；病人於住院仍持續有腹痛、嘔吐之現象，雖經藥物注射治療仍無效，值班醫師前往診視，發現有右上腹壓痛及肝腫大的現象，在血壓、心跳、呼吸穩定的狀況下，則給予支持性療法並觀察之，及至病人突發意識不清及發紺之現象亦給予緊急處置；就探討病因診治過程而言，前後三位醫師均按病徵逐步檢查，並無延誤之處，惟對於急性肝炎的診斷，僅根據超音波的結果及血清 SGOT(180) 數值，略嫌武斷。

　　此病人既無發燒、黃疸、褐色尿、倦怠等急性肝炎之典型症狀，亦無慢性肝炎之病史（根據以往體檢結果），其肝腫大疼痛之原因可能並不單純，需考慮轉至設備較周全之醫院進一步診治；惟認三位醫師，因病人有消化系統病症狀卻毫無心臟方面症狀而全力探討診治消化系方面疾病，病人卻於二十四小時內因急性心肌炎而猝死，其診治過程實難認有疏失。

　　第二次鑑定：……認病患轉診至 Z 醫院住院，其血壓、心跳、呼吸等生命徵象均穩定，並無危急狀況，而先由醫師 T 先予診視開醫囑。又據病歷記載，於 20 時由被告甲診查後仍懷疑為急性肝炎，故調整藥物給予 Primperan 靜脈注射以期改善病人胃腸症狀，實難認為有所過失；Vena

為一種抗組織胺，其主要用於治療蕁麻疹、過敏性鼻炎等過敏及上呼吸道感染症狀，其亦可造成嗜睡、肌肉鬆弛等作用，故在急性氣喘發作時不可使用，以避免對呼吸產生抑制作用，據病歷記載，病患當時有噁心、嘔吐及右腰痛的現象，唯不知是否有氣喘之現象，亦無心音及肺呼吸音等病理學檢查之結果（病歷上沒有記載），故無法判定是否為 Vena 之使用禁忌，唯使用後病患出現意識不清、發紺（嘴唇發紫）等現象，不能排除由 Vena 造成呼吸抑制及嗜睡的可能，然而急性心肌炎之病患造成猝死的原因常由心室性心律不整所致，此一可能性亦無法排除；根據病歷記載，病患一直以腸胃症狀為主，且入院時病理學檢查心肺正常，故未做心電圖檢查，實難認為有所過失。

　　第三次鑑定：認：……根據病人家屬所述，病人於入住 Z 醫院後，遲至 22 時許才央請值班醫師乙去看病人，其間並無醫師探視僅有護士給藥，然而據病歷記載，入院醫囑係醫師 T 於 14 時所開，主治醫師甲亦於 20 時 40 分開立醫囑，雖無法得知此兩位醫師是否確曾前往病人床邊探視，但依據病歷記載，其診療處置之時間而言，並無明顯之延誤；然而病人於住院治療後病情未見好轉，僅給予支持性療法，未再給予進一步檢查（包括驗血及 X 光檢查）追蹤病情探究病因，確實有所不足；又據病人家屬所述，曾要求醫師轉往 C 紀念醫院而遭拒絕，如確係如此，則不無可議之處，然而就整體而言，本案醫師並無明顯之延誤診療，同時病人入院後，其生命徵象一直都很正常，血壓在 100-110/70mmHg 之間，心跳亦未超過每分鐘 100 下，病人致死之原因較可能是由於病情變化太快所致之猝死，並非延誤診療所致。

2.法醫鑑定意見

　　案經台灣高等法院檢察署法醫中心法醫師解剖鑑定，發現病患心臟心肌被大量炎症細胞所浸潤（淋巴球為主，嗜中性或酸性白血亦可見），並有急性心肌細胞壞死之表現；肺臟肋膜略呈增厚二天，實質內呈重度充血及水腫，併有局部出血；迴腸已呈死後表皮脫落，淋巴濾泡之生成仍非常活躍；胃多發性出血性胃炎，表皮已開始脫落；肝臟重度充血外，門脈有

微炎症及嗜中性白血球靜脈竇內浸潤；脾臟充血外，無異狀；胰臟死後血溶表現已開始；腎臟重度充血外，無異狀；腦髓水腫外，無異狀；病理檢查結果：(一) 心肌炎，全心肌併心外膜炎。(二) 急性胃黏膜出血性炎症。(三) 器官性充血，全身性。(四) 急性炎症細胞肝臟浸潤。(五) 充血及水腫，肺臟，兩側。

死因看法：病患因急性心肌炎，導致急性胃黏膜出血性炎症致死，由其表現可知明顯腸道病毒致心肌炎死亡。

(四) 判決結果

被告等因業務過失致死案件，經檢察官提起公訴，法院判決被告甲處有期徒刑參月、被告乙處拘役伍拾日。

(五) 判決理由

被告甲為病患 G 之主治醫師於 85 年 4 月 9 日中午 12 時 30 分許轉住院 Z 醫院迄當日下午 10 時許下班為止，均未親自診療病患 G，另被告乙於當日下午 10 時 30 分許，本不親自診療病患 G，其係經告訴人在其經過時攔截下來始診療病患 G，另於翌（10）日 2 時 05 分許，病患 G 無呼吸、心跳、血壓時實行 CPR，急救時方又親自到場，其自 85 年 4 月 9 日下午 5 時接班後，僅於當日下午 10 時 30 分許為告訴人攔截看診外，均未親自診療病患 G，從而被告甲、乙所辯，不足採信。因之本件被告甲、乙對於急診住院病患 G 疏未注意親自診療，任令病患 G 自 85 年 4 月 9 日中午 12 時 30 分起住院後迄至直至翌（10）日凌晨 2 時 05 分許被告乙為已無呼吸、心跳、血壓之病患 G 急救為止，僅有被告乙曾於當（9）日下午 10 時 30 分許親自為病患 G 看診，任令病患 G 嘔吐、腹痛不已，未再給予進一步檢查，追蹤病情探究病因，其能注意建議病人病患 G 轉診，竟均疏未注意未予建議適當之轉診處置，其延誤診療，致病患 G 因急性心肌炎，併發上消化道出血死，被告甲、乙對於病患 G 之死亡，顯有過失，被告甲、乙之過失行為與病患 G 之死亡間，存有相當因果關係。

雖證人 K 到庭結證稱：被告甲有於 85 年 4 月 9 日下午 8 時 30 分有去看過病患 G，渠有一起去，經查告訴人時刻在旁照料病患，並未於當日下午 8 時 30 分看到被告甲已如前述，而被告甲之醫囑單與證人 K 注射藥記錄單上之記載時間 20 時 40 分、20 時 30 分二者不符，反而注射時間在醫囑之前，是證人 K 之證詞應係迴護被告甲，委無足取。

二、上訴審判決概述

(一) 第二審判決

雖鑑定意見認診治過程實難認有疏失，然二審法院卻認為，本件同案被告醫師 S 僅依病患 G 超音波檢查、血清 SGOT 數值 180 及腹痛、嘔吐症狀，即診斷病患 G 係患急性肝炎及胃炎，已有誤診在先，嗣病患 G 辦理急診住院後，自88年4月9日中午12時30分起住院後迄至直至翌（10）日凌晨 2 時 5 分許被告乙為已無呼吸、心跳、血壓之病患 G 急救為止，僅有被告乙曾於當（9）日下午 10 時 30 分許前往看診其他病人時，為告訴人（病患 G 之母）攔下始為病患 G 看診，惟亦僅觸摸病患 G 腹部而已，其餘時間被告甲、乙二人則疏未親自為病患 G 看診，仍依醫師 S 之診斷認病患 G 係患急性肝炎及胃炎，僅給予急性肝炎之支持性療法，任令病患 G 嘔吐、腹痛不已，未再給予進一步檢查，追蹤病情探究病因，於病患 G 長時間急劇腹痛、嘔吐不止未能有效改善之情況下，其能注意建議病患 G 轉診，不但疏未注意適時建議家屬轉診至醫療設備較健全之大型醫院進一步檢查治療，對於病患 G 之母迭次要求轉往他院醫院治療亦不置理，其延誤診療，致病患 G 因急性心肌炎，併發上消化道出血死亡，被告甲、乙對於病患 G 之死亡，顯有過失，且其過失行為與病患 G 之死亡間，存有相當因果關係。

(二) 第三審判決（第一次發回更審）

　　被告甲、乙不服上訴至最高法院（下稱第三審法院），針對上訴意旨各點逐一審理。其中，針對第二審法院不採有利於被告之鑑定意見，為以下表示：醫審會為法定醫事事項鑑定機構（醫療法第 73 條），其所為之鑑定意見，固不足以拘束法院對事實之認定，但法院如不加採納，仍應說明其令人信服之理由。就本件之鑑定而言，其依照病歷等卷內相關資料，認被告甲、被告乙有親自診察病患 G，並非全無所本，雖與法院調查證據之心證不同為原判決所不採，但能否即遽認該醫審會之鑑定「不無偏袒上訴人之嫌」，自嫌率斷。上訴意旨指摘原判決不當，非全無理由，應認有撤銷發回更審之原因。

(三) 更一審判決

　　本件經最高法院撤銷第二審判決發回臺灣高等法院（下稱更一審法院）更審，經審理後，雖撤銷第一審判決，但仍為諭知有罪。其判決理由摘述如下：

1. 就最高法院所指摘之對有利於醫師之醫審會鑑定意見之問題，更一審法院表示：上開行政院衛生署醫事審議委員會四次鑑定報告認被告甲、被告乙有親自診察病患 G，核與事實不符，而被告二人既未實際診斷，且於病患病情未見改善，竟視若無睹，不為做進一步病理檢驗或建議轉至設備較完善之醫院診療，自不得以看不出病患 G 有急性心肌炎症狀而可卸責，故其鑑定意見認被告無醫療過失，尚非可採，自不足據為被告有利之認定。

2. 僅根據超音波的結果及血清 SGOT(180) 數值，對於病患急性肝炎的診斷，略嫌武斷，病患 G 既無發燒、黃疸、褐色尿、倦怠等急性肝炎之典型症狀，亦無慢性肝炎之病史，其肝腫大疼痛之原因可能並不單純，需考慮轉至設備較周全之醫院進一步診治，病患 G 於住院治療後病情未見好轉，僅給予支持性療法，未再給予進一步檢查（包括驗血及

X 光檢查）追蹤病情採究病因，確有所不足。故被告甲、乙等僅依病患 G 超音波檢查、血清 SGOT 數值 180 及腹痛、嘔吐症狀，即診斷病患 G 係患急性肝炎及胃炎，乃違反一般臨床診斷之誤診。

3. 被告甲、乙已有誤診在先，嗣辦理急診住院後，自年 4 月 9 日中午 12 時 30 分起住院後迄至直至翌（10）日凌晨 2 時 5 分許被告乙為已無呼吸、心跳、血壓之病患 G 急救為止，僅有被告乙曾於當（9）日下午 10 時 30 分許前往看診其他病人時，為病患之母攔下始為病患 G 看診，惟亦僅觸摸病患 G 腹部而已，其餘時間被告甲、乙二人則疏未親自為病患 G 看診，仍依醫師 S 之診斷認病患 G 係患急性肝炎及胃炎，僅給予急性肝炎之支持性療法，任令病患 G 嘔吐、腹痛不已，未再給予進一步檢查，追蹤病情探究病因，於病患 G 長時間急劇腹痛、嘔吐不止未能有效改善之情況下，其能注意建議病患 G 轉診，不但疏未注意適時建議家屬轉診至醫療設備較健全之大型醫院進一步檢查治療，對於告訴人（病患 G 之母）迭次要求轉往 C 醫院治療亦不置理，其延誤診療，致病患 G 因急性心肌炎，併發上消化道出血死亡，被告甲、乙對於病患 G 之死亡，顯有過失，且其過失行為與病患 G 之死亡間，存有相當因果關係。

(四) 更一審後第三審判決

被告甲、乙對前述更一審判決不服，向最高法院（下稱第三審法院）提起上訴，針對上訴理由，第三審法院為以下表示：

首先，原判決事實僅記載被告甲、乙自病患 G 住院後迄當日晚上 10 時 30 分許之前，均疏未注意親自診察病患 G 之病情，僅給予急性肝炎之支持性療法，未再給予進一步檢查，追蹤病情探究病因，任令持續腹痛、嘔吐，及無法確定病因或提供完整治療，未予建議適當之轉診處置，且對於病患之母要求轉至 C 醫院亦不置理。而對於甲、乙是否因有此部分疏失之情形，導致病患 G 急性心肌炎，併發消化道出血不治死亡之結果，則未詳加認定明確記載，已不足為適用法律之依據。

　　其次，依原判決理由所載，病患 G 經檢察官會同台灣高等法院檢察署法醫中心法醫師解剖鑑定，鑑定結果認病患 G 係因急性心肌炎，併發上消化道出血致死。如果此項鑑定結果無訛，則病患 G 之死亡，究係上訴人二人未親自看診之因素所引起，抑或未建議其家屬轉診至醫療設備健全之大型醫院進一步檢查治療所引起？而如被告甲、乙等親自為病患 G 看診，給予進一步檢查、追蹤病情探究病因，病患 G 即不致於因急性心肌炎，併發上消化道出血而死亡？抑或上訴人等如建議轉診至醫療設備較健全之大型醫院進一步檢查治療，亦不致發生死亡之結果？等重要事項，均未詳細調查說明，遽謂上訴人等延誤診療，致病患 G 因急性心肌炎，併發上消化道出血致死，尚有調查職責未盡及理由不備之違誤。

　　最後，依原判決事實所載，被告甲係主治醫師，而被告乙係病患 G 住院當天下午 5 時起之值班醫師，其二人對於住院病患診療之職責有無區分？對於病患 G 之死亡，何以須同負過失之責任？又上訴人等於原審具狀陳報曾致送病患 G 家屬新台幣一百萬元慰問金，並提出支付該款之支票影本，凡此事項，與論罪科刑至有關連，原判決未加以審酌說明，亦有可議。上訴意旨指摘原判決不當，非無理由，應認仍有撤銷發回更審之原因。

(五) 更二審判決

　　更二審法院針對鑑定意見表示：「多次鑑定意見，均認為就被告二人之診治過程而言並無疏失。查上開鑑定意見之立論基礎在於被告二人確有親自對病患為診察治療」惟被告乙自始並未對病患親自診察，被告甲亦未於 85 年 4 月 10 日凌晨 1 時 35 分許親自為診療，而僅以電話指示護士為注射 Vena 1Amp.；且被告二人在病患長達十三小時餘之住院期間，其嚴重腹痛及嘔吐之情形並未有任何改善，竟均疏未持續注意關心其病況，導致病患死亡之結果」，「核與上開鑑定意見之立論基礎並不相同，自無由比附援用。「核與上開鑑定意見之立論基礎並不相同，自無由比附援用。」

更二審法院特別指出，醫師並非萬能的神，並不可能治癒所有病患的任何疾病，在診察過程中，錯誤的判斷亦在所難免，本不應以太高之標準過分苛責，或要求醫師負擔超乎凡人能力的責任，否則不但與人類極其有限的能力相違，影響所及若大部分醫師皆抱持「防禦性醫療」（按即對於急重病患者不敢診療）的態度，則對於急重病患者反未蒙其利先受其害，亦非司法裁判者所樂見的結果，惟當病患將其寶貴的生命及身體付託予醫師手上時，任何醫師則應竭盡其所能及所學診治該位病患。本件被告甲、乙二人所應被非難者，並非無法或不能及時診察出病患 G 罹患心肌炎，或疏忽誤判斷病患 G 係罹患急性肝炎，最後導致病患 G 死亡，而係於病患 G 在長達 13 小時餘的住院期間，持續嚴重腹痛、嘔吐，甲、乙二人無論有無親自診察，均有義務應進一步診察病患 G 病情，反覆嘗試確定各種可能之病因，並進而對症下藥，以減緩或治癒病患 G 之病癥，甲、乙竟捨此不為，並未對病患 G 持續關心，積極診察治療，且若於盡力診療之餘猶無法確定病因或提供完整治療時，即應建議病患 G 轉診至其他醫院。

被告甲身為主治醫師甚至自始對於病患 G 未親治診察；被告乙於當日 10 時許雖診察過病患 G，惟至隔日凌晨 1 時 30 分許得知病患 G 仍持續嚴重腹痛及嘔吐，病癥並未獲得明顯之改善，竟未親自再前往診察，而僅以電話通知護士對病患 G 注射 Vena 1Amp.，忽略 Vena 是一種抗組織胺，在急性氣喘發作時不可使用，病患 G 是否適合施打該藥劑，或該藥劑是否能確實減緩病患 G 之病癥，二人明顯違反前開醫師法及醫療法醫師所課予之作為義務。

典型急性肝炎症狀包括：倦怠、厭食、噁心、上腹痛等，嚴重者才出現黃疸及褐色尿，若僅以血清 SGOT 值異常升高及超音波檢查，無法診斷急性肝炎，顯見上開診斷確有不嚴謹之處。本件被告甲、乙亦僅根據病患 G 病歷之記載，並未再對病患 G 詳為診察或作進一步檢驗，而遽認定病患 G 係罹患急性肝炎，二人就此部分顯有疏忽之處甚明。

(六) 更二審後第三審判決

最高法院先指出，更二審法院被告甲、乙並未對病患 G 之病情持續關心，積極診察治療，若於盡力診療之餘猶無法確定病因或提供完整治療時，依醫療法之相關規定，亦應建議將病患 G 轉診至其他醫院，乃認甲、乙之不作為過失行為與病患 G 之死亡間係具有因果關係，而據以論罪。

然而，最高法院對更二審判決表達不同意立場：依據本件醫審會之鑑定意見，認「急性心肌炎所導致的猝死則多由於心律不整所致，常是無法預料，並非事前所能診斷。總而言之，本案三位醫師，因病人有消化系病症狀卻毫無心臟方面症狀而全力探討診治消化系方面疾病，病人卻於二十四小時內因急性心肌炎而猝死，其診治過程實難認為疏失。」「病人致死之原因較可能是由於病情變化太快所致之猝死，並非延誤診療所致。」，內醫會函亦稱：「若診斷確實為急性肝炎，一般僅施以支持性療法。」等。本件病患 G 自轉院於甲、乙任職之 Z 醫院住院治療，迄翌日不治死亡，其間經歷十餘小時，倘依急性肝炎而施以支持性療法之情形，依甲、乙所作療程及病患 G 病情之變化，如何已有上揭所謂經盡力診療之餘猶無法確定病人之病因或提供完整治療時，須建議轉診至其他醫院之情形？又依 Z 醫院之醫療資源，對被告甲、乙所認定病患 G 之罹患急性肝炎病症，何以屬無法確定病人之病因或提供完整治療之醫院，而甲、乙應建議轉診至其他醫院？且依病患 G 病情變化之情況及速度，甲、乙有無在該住院時間內正確診斷出病患 G 係罹患急性心肌炎，並予以控制病情或治癒之可能？單憑上引醫審會之鑑定意見及內醫會函之記載，並非詳明。攸關認定甲、乙有無原判決所認定不作為及因而導致病患 G 不治死亡之情事，原審並未調查其他證據資料以為上揭認定之依據，自難謂無調查職責未盡之違誤。

(七) 更三審判決

更三審法院綜合本件行政院衛生署醫事審議委員會前後 7 次鑑定結

果,為無罪判決。其判決理由如下:

1. 雖然最後之死因(解剖鑑定報告)為急性心肌炎,但因病初期無相關之主訴,無法事先預知是否需要進行心臟相關功能檢查及治療。所以此等未作之檢查及治療,應與病人死亡之間無關,歷次鑑定結果咸認被告甲、乙依據血液生化檢驗、超音波等檢驗結果,與病患 G 出現持續腹痛、嘔吐、壓痛性肝腫大等症狀,加以病患 G 尚無明顯心肺症狀,自無給予心電圖及胸部 X 光檢驗之必要,臨床上疑其為病毒感染所造成之急性肝炎,並無過失;病患 G 臨床表徵並非典型,住院後生命跡象在急救前皆維持正常,實難於短時間內確立心肌炎診斷。且根據心臟科教科書所述,很多病毒會引起心肌炎,但臨床上對於病毒引起心肌炎其急性期治療,仍以支持性療法及臥床休息為主,若病人出現心衰竭症狀,再對症狀投予治療。被告甲、乙在病患 G 血壓、心跳、呼吸等生命徵象穩定,無危急情狀,而採用支持性療法,並無延誤之處。

2. 病患 G 病情急遽惡化,發紺及意識之變化,推估應是急性心肌炎病程中急性之休克現象。根據病史,推斷此應為急速進展性心肌炎,以諸多臨床案例,即便身處設備完善之醫學中心,面對類似之病例有時很難事先掌握病情變化而妥善處理。此疾病之臨床病程及變化相當迅速,且其死因多伴是因為嚴重心衰竭及致命之心律不整,甲、乙診治過程實難認為有疏失。

　　針對更二審法院所指之為親自診療,更三審法院認為,病患 G 病程快速進展,縱使主治被告甲全程診療,仍難聯想急性心肌炎之可能,若醫師全程診療,亦無從發現其罹患心肌炎之可能。

(八) 更三審後第三審判決

　　檢察官對前述更三審對被告甲、乙諭知無罪判決不服,而提出上訴理由,向最高法院提起上訴。最高法院對上訴所指違法之點逐一審理後,維持更三審無罪判決。其中重點有以下:

　　首先,最高法院表示,心肌炎在大多數病人均無明顯症狀,最常見

者為類似感冒症狀，顯示有病毒感染，而病患 G 確有類似感冒的病毒感染症狀，僅能推測其有全身性病毒感染之可能，有醫審會第三次鑑定意見可稽。而病患 G 住院期間臨床表徵並非典型，在急救前生命跡象維持正常，實難以短期間內確立心肌炎診斷，而病患 G 病情急遽惡化至急速進展性心肌炎，乃導致死亡，本件並不能認定被告甲、乙未及時診斷出病患 G 患有心肌炎，為有延誤病情之疏失，其等為病患 G 所實施之診療，亦非導致病患 G 死亡之原因，俱經原判決查明屬實，已如前述；至於被告甲、乙認病患 G 係罹患肝炎而對其採用支持性療法，與醫審會第五次鑑定意見所謂「臨床上對於病毒引起之心肌炎其急性期治療，仍以支持性療法……為主」，各該支持性療法之內容、用藥等是否一致，卷內資料固未臻明瞭，但後者既係以當時已能診斷出病患 G 係因病毒引起心肌炎為前提，即難謂影響於被告甲、乙罪責之認定及判決結果，上開鑑定意見亦未指出被告甲、乙等所用之支持性療法有何錯誤，是原審縱未調查說明，要無違誤可言。

　　其次，最高法院指出，更三審判決以被告乙業經親自診視病患 G，在病情無重大變化情形下，為助眠而指示護士施打上開藥物，即非未親自診斷逕下處方，並無違背醫師法第 11 條之規定，尚非無據。且被告乙為病患 G 施打 Vena，並非引發病患 G 急性心肌炎致死之原因，業經論斷至明。

三、延伸思考

　　問題：本件被告甲、乙僅根據病患 G 病歷之記載（同一醫院體系醫師 S 先前診斷），並未再對病患 G 詳為診察或作進一步檢驗，而遽認定病患 G 係罹患急性肝炎，是否屬於一般醫療常規上之處置？

　　思考引導：於事後看，本件應有錯誤診斷情況（死因為急性心肌炎，但醫師診斷為急性肝炎和胃炎）。然而，本件被告甲、乙最後獲判無罪理由之一是，病患 G 病情變化之情況及速度，甲、乙並無在該住院時間內正確診斷出病患 G 係罹患急性心肌炎，並予以控制病情或治癒之可能。

四、判決來源

第二案　膽結石腹腔鏡手術併發症案

1
法院 / 裁判日期
臺灣桃園地方法院 89.02.03
案號
87 年度訴字第 1237 號判決
甲從事業務之人，因業務上之過失致人於死，
處有期徒刑陸月。緩刑貳年。

2
法院 / 裁判日期
臺灣高等法院 89.06.30
案號
89 年度上訴字第 1625 號判決
上訴駁回。

3
法院 / 裁判日期
最高法院 91.09.19
案號
91 年度台上字第 5215 號判決
原判決撤銷，發回臺灣高等法院。

4
法院 / 裁判日期
臺灣高等法院 92.06.12
案號
91 年度上更 (一) 字第 799 號判決
原判決撤銷。
甲從事業務之人，因業務上之過失致人於死，
處有期徒刑陸月，如易科罰金，以參佰元折算
壹日。

5
法院 / 裁判日期
最高法院 95.03.17
案號
95 年度台上字第 1424 號判決
原判決撤銷，發回臺灣高等法院。

6
法院 / 裁判日期
臺灣高等法院 96.04.18
案號
95 年度醫上更 (二) 字第 2 號判決
原判決撤銷。
甲從事業務之人，因業務上之過失致人於死，
處有期徒刑伍月，如易科罰金，以參佰元折算
壹日。

圖 2　膽結石腹腔鏡手術併發症案歷審圖

資料來源：作者繪製。

一、第一審判決

(一) 公訴事實與起訴意旨

　　醫師甲為桃園縣八德市 T 醫院（下稱 T 醫院）醫師。病患 D 於民國 85 年 12 月 24 日因暈眩、無力、咳嗽等原因至 T 醫院求診，經醫師甲為病患 D 做胸部 X 光及肺功能檢查，發現病患 D 有嚴重阻塞性肺病；住院診治期間，病患 D 因上腹疼痛經腹部超音波檢查，再發現有膽結石，疑急性膽囊及總膽管結石，醫師甲遂於 86 年 1 月 1 日為病患 D 施行膽囊切除術及總膽管取石手術。

　　病患 D 於手術後次日因尿少，腹脹及血壓下降（90/60mmHg），經超音波檢查懷疑腹內出血，醫師甲於 1 月 2 日 11 時 30 分再度入手術室開刀，第二次手術清除腹內 700c.c 血塊後，再輸血 1000c.c，病患 D 仍呈現低血壓及持續滲血，經將病患 D 轉送林口 C 醫院（下稱 C 醫院），於 1 月 3 日 8 時 10 分死亡。

　　案經檢察官偵查起訴指出：

　　醫師甲（下稱被告甲）於手術前本應注意病患 D 為高齡且有嚴重肺氣腫及肺功能不良，應先將肺部疾病治療及控制後，再施行手術，且因病患 D 曾接受過二次剖腹（即上腹部）手術，因有腹膜癒著，會增加手術之困難度，如需手術，應採視野較大，較佳之切口之上腹部（即剖腹）手術為優，而不應採取腹腔鏡手術方式，另因病患 D 年齡已高，手術時間亦不宜過長，以免加重死亡之危險性，而依當時情形，並無不能注意之情事，被告甲竟疏未注意前開事項，貿然對病患 D 施以腹腔鏡膽囊切除術及總膽管取石手術，手術時間長達 5 小時 30 餘分鐘。

　　病患 D 於手術後次日因尿少，腹脹及血壓下降（90/60mmHg），經超音波檢查懷疑腹內出血，被告甲於 1 月 2 日 11 時 30 分再度入手術室開刀，清除腹內 700c.c 血塊後，雖有再輸血 1000c.c，但被告甲本應注意

病患 D 此時血紅素值僅有 9.8gm/dl，並未達正常男性之 14gm/dl 至 16gm/dl，病患 D 之欠血狀態依然存在，但被告甲並未注意病患 D 仍處於欠血狀態下，致病患 D 於第二次手術後，呈現低血壓及持續滲血，病況危急，生命徵象不穩，經將病患 D 轉送 C 醫院後，於 1 月 3 日 8 時 10 分因腹腔內出血休克死亡。

(二) 被告回應

伊所採取之手術方式並無不當，且手術過程亦無疏失。

(三) 鑑定意見

1.醫審會鑑定意見

本案有行政院衛生署醫事審議委員會（下稱醫審會）鑑定書共 3 份，摘要如下：

(1)第一次鑑定意見

病患 D 係於 86 年 1 月 1 日 15 時許至 20 時許，接受腹腔鏡膽囊切除術及總膽管取石術，在無腹痛或發炎之症狀下，是否對 75 歲有肺氣腫病人作腹腔鏡膽囊切除術值得懷疑。術後因血壓下降、腹脹及尿量減少，於次日以懷疑腹內出血的診斷下再度入開刀房緊急手術，清除腹內 700c.c 血塊，於肉眼觀之不再出血後才縫合傷口，經解剖鑑定報告發現，其腹內仍有 200c.c 血塊，雖然屍體解剖死因為膽囊切除術後腹腔內出血休克死亡，但病患 D 生前出血總共約 900c.c，而接受輸血四袋（約 1000c.c），但 1 月 3 日在 C 醫院臨死前之血紅素值為 9.8gm/dl，以臨床觀點來看，欠血狀態仍然存在，且病患 D 因合併肺氣腫原有欠氧狀態，則可能加速出血性休克的死亡。

(2)第二次鑑定意見

病患 D 於住院診治期間，曾發生腹痛情形，而發現有總膽囊管結石，施行手術或有其必要性，但病患 D 為高齡且有嚴重肺氣腫及肺功能不良情況下，應先將肺部疾病治療及控制後，再考慮手術為宜。且此類病人的

總膽囊管結石手術，其術式也不應採取腹腔鏡手術方式。又依據手術紀錄記載，手術時間長達 5 小時又 30 分，更加重其死亡之危險性。

　　腹腔內出血，乃腹腔鏡膽囊切除及膽道取石術所含之危險性之一。以本案而言，恐難防止，因病例選擇開刀術式不對，且手術時間過長。

(3)第三次鑑定意見

　　病患有腹痛、膽結石及總膽管結石，發生膽道感染發炎之機率大，應在病人整體狀況穩定時，儘早施行手術。本案病患為高齡且患有嚴重肺氣腫及肺功能不良，應先將肺部疾病治療及控制後，再考慮手術為宜。

　　由於病歷中，並無術前肺部評估，因此，顯然肺部疾病仍未受控制，且記載繼續使用呼吸道之用藥及嚴重阻塞性肺病。又病患無發燒、黃疸及持續性腹痛，白血球正常，故無手術之急性。

　　膽道結石手術，主要有剖腹及腹腔鏡之二種方式，目前由於腹腔鏡手術傷口小，侵襲性小，病患於術後恢復較好，故已普為醫師所採用。其絕對禁忌為：①凝血功能不良者，②肺功能不良者，因腹腔鏡手術須在腹腔內灌入大量二氧化碳及腹壓增加，對心肺功能有影響，③曾經上腹部手術者，因有腹膜癒著，會增加手術之困難度。因此本案如果需要手術，應以剖腹手術為優。

2.法醫鑑定意見

　　本案例依據解剖報告，其致死原因為出血性休克，但從臨床觀點而言，其死因應與病患 D 本身身體狀況（如年紀大及心肺功能差）及休克時間長，以致急救效果不佳有關。又第二次手術（1 月 2 日）之術式不對，應採上腹部手術，其視野較大，較佳之切口為宜。故被告甲對於病患 D 之診治過程，顯有疏失之處。

　　經送請台灣高等法院檢察署法醫中心解剖鑑定結果，認定：「由筆錄病歷及解剖所見，病患因膽囊術後加上原本之腹部沾黏（老舊），致腹腔內小血管出血（第二次開刀有 700 公撮，解剖時有 250 公撮），致出血休克死亡，心肌並無急性心肌梗塞病灶」。

(四) 判決結果

　　臺灣桃園地方法院於民國 89 年 02 月 03 日作成判決，被告甲成立業務過失致死罪，處有期徒刑陸月。緩刑貳年。

(五) 判決理由

　　就本件被告所施行之醫療手術過程有無疏失一節，先經檢察官函請醫審會鑑定，鑑定意見略為：「一、病患 D 係於 86 年 1 月 1 日 15 時許至 20 時許，在 T 醫院接受腹腔鏡膽囊切除術及總膽管取石術，在無腹痛或發炎之症狀下，是否對 75 歲有肺氣腫病人作腹腔鏡膽囊切除術值得懷疑。術後因血壓下降、腹脹及尿量減少，於次日以懷疑腹內出血的診斷下再度入開刀房緊急手術，清除腹內 700c.c 血塊，於肉眼觀之不再出血後才縫合傷口，死後經解部鑑定報告發現，其腹內仍有 200c.c 血塊，雖然屍體解剖死因為膽囊切除術後腹腔內出血休克死亡，但病患 D 生前出血總共約 900c.c，而接受輸血四袋（約 1000c.c），但 1 月 3 日在 C 醫院臨死前之血紅素值為 9.8gm/dl，以臨床觀點來看，欠血狀態仍然存在，且病患因合併肺氣腫原有欠氧狀態，則可能加速出血性休克的死亡。」故鑑定委員會認被告甲為病患 D 作腹腔鏡手術及術後內出血急救手術醫療過程與病患 D 之死亡結果間有因果關係，而有疏失。

　　法院採認第二次及第三次鑑定報告再次認認被告甲為病患 D 作腹腔鏡手術及術後內出血急救手術醫療過程與病患 D 之死亡結果間有因果關係。

　　綜合上述醫審會之三次之鑑定意見可知，本件病患 D 為一高齡 75 歲，且患有嚴重肺氣腫及肺功能不良，被告甲於對病患 D 施行手術前，應先將肺部疾病治療及控制後，再施行手術為宜，但被告甲卻遽行對病患 D 施行手術，且手術之方式又採用較為危險之腹腔鏡方式，手術之時間亦長達 5 小時又 30 分，均足以加重病患 D 於手術後死亡之危險性；再者，被告甲於第二次為病患 D 施行手術後，血紅素值僅有 9.8gm/dL，但依被

告甲於86年8月20日偵查時所供稱，男性之血紅素正常值約14gm/dl至16gm/dl，則病患D之欠血狀態依然存在，但被告甲並未注意及此，終致病患D因腹腔內出血休克死亡，且第三次鑑定意見更明確指出依據病患D之身體狀況，即年紀大及心肺功能差且係曾經上腹部手術者，因有腹膜癒著，會增加手術之困難度，因此應採上腹部手術，其視野較大，較佳之切口為宜。況且三次之鑑定意見均一致認定被告甲對於病患D之診治過程，顯有疏失之處，實難謂被告甲對於病患D之死亡無過失之責。

　　又依據上開三次鑑定意見均認被告甲為病患D作腹腔鏡手術及術後內出血急救手術醫療過程與病患D之死亡結果間有因果關係。故本件事證明確，被告甲過失犯行堪以認定。

二、上訴審判決概述

(一) 第二審判決

　　被告甲針對第一審判決不服而向臺灣高等法院（下稱第二審法院）提起上訴。經審理結果，仍認定被告甲成立業務過失致死罪，而駁回甲之上訴。其判決理由，整理如下：

1. 第二審法院引據台灣高等法院檢察署法醫中心解剖鑑定結果，認定病患D因腹腔內出血休克死亡。
2. 針對被告甲對病患D之全部診治過程，是否已盡醫師之必要注意義務？之問題，第二審法院引鑑定意見指出，應先將肺部疾病治療及控制後再考慮手術、無手術之急性、腹腔鏡手術之禁忌、病患本身身體狀況（如年紀大及心肺功能差）及休克時間長，以致急救效果不佳有關，以及第二次手術（1月2日）之術式不對，應採上腹部手術等方面論據，作出被告甲對於病患D之診治過程，顯有疏失之處之結論。
3. 病患D手術後出血之程度此單一因素，不足以引起死亡，然其因被告甲實施腹腔鏡手術不當造成出血後，加上本身肺部疾病尚未控制得

宜，肺部功能不佳，以及第二次手術採取之方式不當，致病患 D 持續出血休克不治死亡，即難謂其行為與死亡結果無因果關係。否則如被告甲所辯，病患 D 肺部疾病既已控制得宜，手術後出血之程度亦不足以引起死亡，而病患 D 年齡大此一問題，亦非死亡之原因，病患 D 於被告甲手術後竟因出血休克不治死亡，豈非有悖常情，被告甲所辯無非空言，不足採取。至被告甲聲請傳喚之證人即醫師 H、醫師 Y 雖均證稱：腹腔鏡手術較優於剖腹式之手術等語，然依據本件第三次之鑑定意見認為此在通常身體無特殊狀況之病患固有適用，但在本案例病患 D 之身體狀況，即年紀大及心肺功能差且係曾經上腹部手術者，因有腹膜癒著，會增加手術之困難度，因此應採上腹部手術，其視野較大，較佳之切口為宜，是以上開二位證人之證言，尚不足以據為有利於被告甲之認定。

4. 被告甲所辯一般患者罹有嚴重肺氣腫及肺功能不良，以及曾接受過二次剖腹（即上腹部）手術，僅係採取腹腔鏡手術方式之相對禁忌，而非絕對禁忌乙節即令非虛，然因甲採用手術之方法及過程既有不當，並造成病患 D 死亡，已足認定其有過失，有如前述，自不以前開事由係相對禁忌或絕對禁忌而受影響，被告甲執此爭辯，尚無足取。

　　基於以上各論點，第二審法院作出以下結論：被告甲為病患 D 實施膽囊切除術及總膽管取石手術之際，應注意根據病患 D 之病情、疾病史及手術禁忌予以適當評估，採取相對較佳之手術方式，且依當時情形，並無不能注意情事，竟疏未注意，採取上開不適當之腹腔鏡手術，並因手術不當造成病患 D 出血，以及急救手術醫療過程疏失，致病患 D 持續出血後休克死亡，自有過失。又被告甲之過失行為與病患 D 死亡之結果間有因果關係，其過失犯行堪以認定。

(二) 第三審判決

　　被告甲不服前述第二審判決上訴，最高法院（下稱第三審法院）認為第二審判決有撤銷發回之原因，撤銷第二審判決，發回臺灣高等法院更

審。其判決理由整理如下：

1. 第二審判決認定被告甲實施第二次手術後止血不當及急救手術過程疏失之事實，未論敘所憑之證據及認定之理由，有理由不備之違法。

2. 第二審法院未深入究明，本件被告甲若採上腹部手術方式，是否即可防止病患 D 腹腔內出血？第二審法院採法醫中心解剖鑑定結果作為判處被告甲罪刑之證據，與本件第三次鑑定結果不同，有證據上理由矛盾之違法。

3. 第二審判決於事實欄載稱：「病患 D 年齡已高，手術時間不宜過長，以免加重死亡之危險性，但此部分獨立之因素與死亡之結果無因果關係」，然於理由欄內說明：「手術時間增加，手術時間長達 5 小時又 30 分，造成腹部黏膜出血，無法控制」，致事實與理由矛盾。

4. 被告甲否認有醫療過失行為，且爭執甚烈，事涉醫事專業，甲於原審聲請本件送請中華民國內視鏡外科醫學會及中華民國胸腔及重症加護醫學會鑑定，就案情確有調查之必要，原判決於理由欄內謂：「即無必要」，尚嫌率斷。

(三) 更一審判決

　　臺灣高等法院（下稱更一審法院）撤銷第一審判決，認為甲成立業務過失致死罪，甲之罪刑均與原第一審判決一樣，只是增加緩刑宣告。

　　更一審法院表示：被告甲為病患 D 實施膽囊切除術及總膽管取石手術之際，應注意根據病患 D 之病情、疾病史及手術禁忌予以適當評估，採取相對較佳之手術方式，且依當時情形，並無不能注意情事，竟疏未注意，採取上開不適當之腹腔鏡手術，並因手術不當造成病患 D 出血，以及急救手術醫療過程疏失等併合原因，致病患 D 持續出血後休克死亡，自有過失。又被告甲之過失行為與病患 D 死亡之結果間有因果關係，其過失犯行堪以認定。

(四) 更一審後第三審判決

　　對更一審判決不服之上訴，最高法院（下稱第三審法院）認為原判決（更一審判決）仍有撤銷發回更審之原因，因而將本案第二次發回臺灣高等法院。第三審法院所持的理由，可歸結為以下幾點：

1. 更一審判決對同一醫事審議委員會，前後三次之鑑定意見內容並不一致且竟有多處互相矛盾，未詳加勾稽，斟酌取捨，卻仍綜合予以引用，為論罪科刑之依據，顯有判決所載理由矛盾之違背法令。

2. 更一審判決理由一之（七）所載被告甲之過失部分，除認甲採取不適當之腹腔鏡手術外，就「因手術不當造成病患 D 出血」，以及「急救手術醫療過程疏失」二項原因部分，原判決事實欄就甲究有如何之不當或疏失，並未為必要之敘述，同有違誤。

3. 本院第一次發回更審之意旨已指明：本件被告甲若採上腹部手術方式，是否即可防止病患 D 腹腔內出血，更一審判決仍未予深入究明。更一審判決採法醫中心解剖鑑定結果作為判處被告甲罪刑之證據，與本件第三次鑑定結果不同，有證據上理由矛盾之違法等情。更一審判決就此仍未根究明白，致此項瑕疵仍然存在。

4. 本件第三次鑑定意見所載「本案例依據解剖報告，其致死原因為出血性休克，但從臨床觀點而言，其死因應與患者本身身體狀況（如年紀大及心肺功能差）及休克時間長，以致急救效果不佳有關。」似對被告甲有利，如何斟酌取捨，並未見原判決加以論述，理由亦有不備。

5. 本件事涉醫事專業，審理事實之法院有必要依刑事訴訟法第 208 條規定命實施鑑定之人以言詞報告或說明，本院第一次發回更審所指：醫師於原審（第二審）聲請本件送請中華民國胸腔及重症加護醫學會鑑定，就案情是否有調查之必要，非無再斟酌之餘地，原判決於理由欄內仍謂無必要，尚嫌率斷。

(五) 更二審判決

　　本案經最高法院第二次發回更審後，臺灣高等法院（下稱更二審法院）經審理後，將原第一審判決撤銷，判處被告甲成立業務上之過失致人於死罪。被告甲未再上訴，本案而確定。

　　更二審法院在本審審理中，就被告甲所提出對前開三次鑑定結果之疑問，再函請行政院衛生署醫事審議委員會就相關問題查覆並表示意見。此為本件案例之第四次鑑定意見。

　　更二審法院綜合前開醫審會四次鑑定意見及卷證資料，為以下判決：

1. 對於膽結石、急性膽囊及總膽管結石病患施用之手術，固有上腹部（即剖腹）手術及腹腔鏡手術方式二種，且腹腔鏡手術方式在一般情形，傷口較小，病患手術後恢復情形相對較良好，亦為一種可選擇之方式，然因本件案例病患 D 當時係一高齡 75 歲之病人，復患有嚴重肺氣腫及肺功能不良，且曾經接受過上腹部手術二次，有腹膜癒著，會增加手術之困難度，如實施腹腔鏡手術，會因二氧化碳氣腹使心肺功能受到影響，應先將肺部疾病治療及控制後，再施行手術。

2. 由病患 D 之病歷中，並未見有被告甲對 D 作術前肺部評估之記載，且病歷記載 D 仍繼續使用呼吸道之用藥及嚴重阻塞性肺病，顯然肺部疾病仍未治療妥善及曾經接受過上腹部手術二次之情形下，採用腹腔鏡方式，致 D 因腹部前接受過胃切除手術及膽囊取石術，上腹部有嚴重腸系膜粘連現象，由於粘連面積較廣，手術困難度及手術時間增加（手術時間長達 5 小時又 30 分），於進行剝離之際，造成腹部黏膜出血，雖經電燒止血，並未完全控制，仍持續滲血，被告甲為外科醫生亦明知腹腔內出血，乃腹腔鏡膽囊切除及膽道取石術所含之危險性之一，然於次日再度入開刀房緊急手術時，因病患 D 之欠血狀態依然存在，竟利用原肚臍下已開傷口採取小傷口探查，實施第二次手術，是雖經清除腹內 700c.c 血塊，再輸血 1000c.c，然未能解除出血情況，使病患 D 仍持續滲血，此從病患 D 死亡後經解剖腹內仍留有 250c.c 之血

塊，臨死前血紅素值為 9.8gm%，以臨床觀點來看，欠血狀態仍然存在可明，並呈現低血壓，嗣因腹腔內出血，加上肺功能受到影響，導致休克死亡，可見被告甲對於病患 D 所施行之醫療手術過程中，於手術前未為肺部評估，且疏未注意病患 D 已老邁，手術時間如過長，將難免加重死亡之危險性等因素，以及病患 D 並無發燒、黃疸及持續性腹痛，白血球正常，應無手術之急迫性，且依當時情形，並無不能注意情事，竟仍貿然對病患 D 施以腹腔鏡膽囊切除術及總膽管取石手術，於術後內出血急救手術之醫療過程又不當，其顯有疏失，且與病患 D 之死亡結果有相當因果關係，自難辭過失之責。

3. 針對被告甲所辯稱：病患 D 呼吸道較入院情形，已明顯改善，無氣喘現象，可自由走動及接受消化道攝影等複雜檢查，另依手術中麻醉紀錄顯示，病患 D 血氧飽和度可高達並維持在百分之 98，表示手術前肺部阻塞疾病已控制良好，並未因腹腔鏡手術二氧化碳氣腹造成心肺功能之影響。更二審法院對此回應表示：依前開第三次鑑定及病歷觀之，被告甲對病患 D 並無術前肺部評估，且記載繼續使用呼吸道之用藥及嚴重阻塞性肺病，顯然肺部疾病仍未受控制，如施以腹腔鏡手術，將因二氧化碳氣腹造成心肺功能之影響。

4. 針對被告甲所辯稱：病患 D 腹內出血 700c.c，經取出血塊，已輸血 1000c.c，故嗣於解剖後雖仍發現有 25c.c 之血塊，然該出血程度並不足以造成死亡，更二審法院表示，雖病患 D 手術後出血之程度此單一因素，不足以引起死亡，然病患 D 因本身肺部疾病尚未控制得宜，肺部功能不佳，以及疏未注意病患 D 年歲已大，無法受長時間之大手術及出血，詎甲仍冒然為病患 D 動上開手術，以致病患 D 持續出血休克不治死亡，即難謂其行為與病患 D 死亡結果無因果關係，是被告甲所辯，難予採信。

三、延伸思考

　　問題一：本件案件共有四次鑑定，第四次鑑定是針對前三次鑑定表示意見，請評估請同一機關第四次鑑定是否具有必要性？

　　問題二：試討論以下醫療臨床問題：血紅素並非一個絕對參考數值，應以該病人歷次或是曾經有過的抽血報告來參考病人是否長期處於 15-16mg/dL，抑或可能是長期貧血之病人，其血紅素數值本來就偏低？

四、判決來源

第三案　診所抽脂手術栓塞案

① 法院／裁判日期
臺灣臺北地方法院 89.08.14
案號
89 年度訴字第 451 號判決

甲從事業務之人，因業務上之過失致人於死，處有期徒刑貳年陸月。
乙未取得合法醫師資格，擅自執行醫療業務，因而致人於死，處有期徒刑貳年。

② 法院／裁判日期
臺灣高等法院 89.08.14
案號
89 年度上訴字第 3753 號判決

原判決撤銷。
甲從事業務之人，因業務上之過失致人於死，處有期徒刑貳年陸月。
乙無罪。

③ 法院／裁判日期
最高法院 92.09.10
案號
92 年度台上字第 5011 號判決

原判決撤銷，發回臺灣高等法院。

④ 法院／裁判日期
臺灣高等法院 93.09.07
案號
92 年度醫上更 (一) 字第 2 號判決

原判決撤銷。
甲、乙共同未取得合法醫師資格，擅自執行醫療業務，各處有期徒刑拾月；
又從事業務之人，因業務上之過失致人於死，各處有期徒刑壹年拾月；均應執行有期徒刑貳年陸月。

⑤ 法院／裁判日期
最高法院 96.05.03
案號
96 年度台上字第 2430 號判決

原判決撤銷，發回臺灣高等法院。

⑥ 法院／裁判日期
臺灣高等法院 97.05.28
案號
96 年度醫上更 (二) 字第 2 號判決

原判決撤銷。
甲共同未取得合法醫師資格，擅自執行醫療業務，處有期徒刑壹年貳月，減為有期徒刑柒月；又從事業務之人，因業務上之過失致人於死，處有期徒刑捌月，減為有期徒刑肆月；應執行有期徒刑壹年捌月，減為有期徒刑拾月。緩刑伍年。
乙共同未取得合法醫師資格，擅自執行醫療業務，處有期徒刑壹年貳月，減為有期徒刑柒月；又從事業務之人，因業務上之過失致人於死，處有期徒刑陸月，減為有期徒刑參月；應執行有期徒刑壹年陸月，減為有期徒刑玖月。

⑦ 法院／裁判日期
最高法院 97.12.31
案號
97 年度台上字第 6857 號判決

原判決撤銷，發回臺灣高等法院。

⑧ 法院／裁判日期
臺灣高等法院 98.03.31
案號
98 年度重醫上更 (三) 字第 6 號判決

原判決撤銷。
甲共同未取得合法醫師資格，擅自執行醫療業務，處有期徒刑貳年，減為有期徒刑壹年，緩刑伍年。
乙共同未取得合法醫師資格，擅自執行醫療業務，處有期徒刑壹年，減為有期徒刑陸月，如易科罰金，以銀元參佰元即新臺幣玖佰元折算壹日。

⑨ 法院／裁判日期
最高法院 98.06.18
案號
98 年度台上字第 3327 號判決

上訴駁回。

圖 3　診所抽脂手術栓塞案歷審圖

資料來源：作者繪製。

一、第一審判決

(一) 公訴事實與起訴意旨

醫師甲為台北市 S 診所（下稱 S 診所）負責人，而乙則未具有醫師資格，平日在 S 診所充當診療醫師。民國 87 年 12 月間，病患 C（已於同年月 6 日死亡）欲進行隆乳、陰道整型及抽脂手術而前往 S 診所，先由乙與病患 C 約定手術費新台幣（下同）15 萬元，病患 C 並開立支票以為支付。

同日下午約 6 時許，上開三項手術完成後，病患 C 留置在 S 診所休息。翌日（即 12 月 4 日）病患 C 返家後四肢腫脹無法行走並不斷表示疼痛不舒服。12 月 5 日上午，病患 C 家人見其身體虛弱且未曾排尿，乃先與 S 診所聯絡後隨即由將病患 C 送到該診所治療。

到達診所後即由乙看診，乙解釋病患 C 未排尿之原因係因為陰道整型怕痛不敢排尿，而對於病患 C 身上腫脹情形則解釋為抽脂之正常現象，並指示護士為病患 C 導尿。病患 C 後有發紺及昏迷情形，醫師甲將病患 C 送往 T 醫院急救，病患 C 死亡。

案經檢察官相驗後偵查、起訴指出：

醫師甲（下稱被告甲）及乙（下稱被告乙）二人均明知未取得醫師資格者不得擅自執行手術等醫療業務，竟基於共同犯罪之聯絡，於 87 年 12 月 3 日中午 12 時許，由被告乙及被告甲共同為病患 C 進行前開手術，並請來麻醉醫師 A 及整型醫師 B 協助進行手術。

而被告甲與被告乙二人亦均明前開隆乳、抽脂及陰道整型手術均為大手術，若同時進行其危險性相當高，理應分次完成或對於病患採取特別照顧，竟均疏於注意，於該日中午約 12 時起，由醫師 A 對病患 C 麻醉後，開始由被告甲、被告乙二人進行四肢及腹部抽脂手術，迄下午約 5 時許，抽脂手術完成，共計抽脂約 2500c.c 後，又接續進行鹽水袋植入隆乳手術及陰道整型手術。

12 月 5 日上午，病患 C 家屬陪同將其送到 S 診所治療。被告乙亦一再為保證沒事，被告乙及被告甲仍未對病患 C 進行適當之救治，致使病患 C 於翌日因手術失血過多有發紺及昏迷情形，被告甲方將病患 C 送往 T 醫院急救，病患 C 因脂肪栓子致肺栓塞致死。

(二) 被告回應

被告甲固坦承於前開時地為病患 C 進行手術之事實，惟矢口否認有何違反醫師法及業務過失犯行。被告甲辯稱：

伊未讓無醫師資格之被告乙進行手術或其他醫療行為，且對病患 C 之手術過程及術後照顧均無過失。

被告乙亦矢口否認犯罪，辯稱：

伊未在 S 診所擔任密醫亦從未對病患 C 進行任何醫療行為，12 月 3 日下午伊去看牙醫，有不在場證明，而伊和病患 C 是朋友，12 月 5 日係因為有事至 S 診所，剛好看見病患 C 到該診所回診，基於朋友立場加以扶持並陪伴，並未為任何醫療行為。

(三) 鑑定意見

行政院衛生署醫事審議委員會（下稱醫審會）鑑定結果，認為：「本案缺乏完整的術後照顧，造成術後失血過多，發生低血壓及心跳急促等情況，且該診所之醫護人員，均未注意到要採取之處置，甚至未見醫師參予術後照顧，顯有疏失之處」。

(四) 判決結果

臺灣臺北地方法院於民國 89 年 08 月 14 日作出判決，認定被告乙成立醫師法第 28 條第 2 項密醫罪，處有期徒刑貳年。被告甲成立修正前刑法第 276 條第 2 項業務過失致死罪，處有期徒刑貳年陸月。

(五) 判決理由

病患 C 係因前開手術致脂肪栓子致肺栓塞症死亡，業經台灣台北地方法院檢察署檢察官督同檢驗員相驗屬實，製有相驗筆錄、相驗屍體證明書、驗斷書在卷可稽，再本案經醫審會鑑定結果，認為「本案缺乏完整的術後照顧，造成術後失血過多，發生低血壓及心跳急促等情況，且該診所之醫護人員，均未注意到要採取之處置，甚至未見醫師參予術後照顧，顯有疏失之處」，有鑑定書再卷足憑，是被告二人之過失行為與病患之死亡間有相當因果關係，事證明確，犯行均堪認定。

被告乙於 87 年 12 月 5 日身穿手術罩袍指示護士為病患 C 進行醫療行為一情，亦據證人即當天陪同病患 C 就醫之家屬證稱屬實。

二、上訴審判決概述

(一) 第二審判決

被告甲、乙對第一審法院判決不服，向臺灣高等法院（下稱第二審法院）提起上訴，二審法院撤銷第一審判決，維持被告甲有罪判決，並改判乙無罪。本件二審判決理由，摘述如下：

1.關於被告乙

原判決（指第一審判決）認定被告甲與乙共同實施隆乳、陰道整型及抽脂手術之行為。經查並無證據證明乙於 87 年 2 月 5 日確有從事醫療行為。再者，經查亦並無證據證明乙平日在 S 診所充當診療醫師，87 年 12 月 3 日、同年月 3 日有從事何種醫療行為。既然查無證據足認參與實施隆乳、陰道整型及抽脂手術之行為，不能證明乙犯罪，原判決此部分認事用法，尚有未洽。因無證據證明乙有違反醫師法之犯行，被告甲自無違反醫師法共犯之犯行。

2.關於被告甲

被告甲係 S 診所負責人，病患 C 之隆乳、陰道整型及抽脂手術主要亦由被告甲為之，其自應負病患 C 術後照顧之責，病患 C 嗣因上開手術導致死亡，則被告甲就病患 C 死亡有無過失，如有過失，自應負其業務上過失致人於死罪責。

甲為執業醫師，本應注意前開隆乳、抽脂及陰道整型三項手術，若同時進行其危險性相當高，理應分次完成或對於病患採取特別照顧，而依當時情形，亦非不能注意，竟疏於注意，一次接續為之，且疏未注意給予完整之術後照顧，造成病患 C 術後失血過多，發生低血壓及心跳急促等情況，且該診所之醫護人員，均未注意到要採取之處置，及由醫師親自參予術後照顧。甲對於病患 C 之死亡顯有過失，自難推諉病患 C 之「脂肪栓子致肺栓塞」死因係被告甲所不能預見，而無過失，此一辯解，亦無足採，所提出之哈里遜內科學學理說明，於本件個案，不足為被告甲有利之認定。被告甲過失行為與病患 C 之死亡間有相當因果關係，事證明確，被告甲業務過失致人於死犯行，洵堪認定。

(二) 第三審判決（第一次發回更審）

檢察官與被告甲對上開第二審判決不服上訴，最高法院認為上訴有理由，將原判決撤銷，發回臺灣高等法院更審。其判決理由如下：

1. 本件原判決（即第二審判決）事實欄除認甲未對病患 C 為特別之術後照顧，有過失外，另同時為病患 C 施行上開三項手術，亦有過失，顯與所採用之證據不相適合，自有證據上理由矛盾之違法。

2. 法務部法醫研究所鑑定書與醫審會之鑑定書等二份鑑定書就病患 C 之死因既認定不同，究以何者可採，原判決自應於理由內詳細說明其取捨之心證理由，原判決竟僅以法務部法醫研究所之鑑定係根據解剖，醫審會係就醫護人員有無過失審議，即認為法務部法醫研究所之鑑定結果可採，而未詳敘其取捨之心證理由，自嫌理由欠備。

3. 原審未予究明，即採用法務部法醫研究所關於病患 C 死亡原因及醫審

會關於 S 診所疏於術後照顧病患 C 之鑑定意見為判決基礎，亦難謂與採證法則無違。

(三) 更一審判決

本案經最高法院發回臺灣高等法院（下稱本件更一審法院）更審。更一審法院更為審判後，撤銷原第一審法院判決，改判被告甲、乙共同未取得合法醫師資格，擅自執行醫療業務與從事業務之人，因業務上之過失致人於死。其判決理由如下：

甲既為執業醫師，而乙實際上亦以從事整型美容相關醫療行為為業，其二人顯然均明知上開抽脂、隆乳及陰道整型手術均為大手術，若同時進行，其危險性相當高，加以麻醉時間過長，亦會增加手術之風險，於上開手術完成後，本即應負有較諸一般情形更高之注意義務以對病患 C 實施完整之術後照顧，而依當時情形，亦非不能注意，竟均疏於注意參與術後照顧及採取必要之處置，僅將病患 C 暫時停留在該診所休息，則其二人於術後疏於照顧導致病患 C 健康狀況逐步惡化，自難諉為無過失。

病患 C 抽脂後引起「脂肪栓子致肺栓塞症」之併發症或「出血性休克」，亦係甲、乙二人於施行上開三項手術後疏於照顧所致；甲、乙二人於術後疏於照顧之過失行為，與病患 C「脂肪栓子致肺栓塞症」或「出血性休克」死亡之結果間具有相當因果關係。

所謂術後照顧，當係指病患 C 於 87 年 12 月 3 日手術完成後甲、乙二人所應採取之照顧措施，甲、乙二人既於手術完成之當時均未即時參與術後照顧及採取必要之處置，致病患 C 健康狀況逐步惡化，縱令其等其後發現情況異常而對病患 C 施以符合醫療常規之急救措施，自仍無解於渠等業務過失之認定。

(四) 更一審後第三審判決

甲、乙上訴至最高法院（第三審法院）撤銷更一審判決，第三審法院認為更一審判決對與論罪科有關之重要事項，均未於事實欄內詳加認定

記載明白，亦未於理由欄內對此加以論敘說明，遽論以上開罪名，自失依據。同時，也認為更一審判決針對與被告甲、乙過失責任之判斷有關之諸多疑點，均未加以根究調查明白，遽行判決，尚嫌調查未盡。因此，第二次發回臺灣高等法院。

(五) 更二審判決

本件經最高法院第二次發回臺灣高等法院更審，將原判決撤銷，改判甲、乙共同未取得合法醫師資格，擅自執行醫療業務，犯修正前醫師法第28條第1項之未取得合法醫師資格，擅自執行醫療業務罪，以及兩人均成立刑法第276條第2項之業務過失致死罪。判決理由摘錄於下：

病患C抽脂後引起「脂肪栓子致肺栓塞症」之併發症或「出血性休克」，亦係甲、乙二人於施行上開三項手術後疏於照顧所致。益見甲、乙二人於術後疏於照顧之過失行為，與病患C「脂肪栓子致肺栓塞症」或「出血性休克」死亡之結果間具有相當因果關係。

甲、乙二人於病患C手術完成後，並未採符合醫療常規之術後照顧。被告甲辯稱並無過失，委無足採。事證明確，被告甲、乙二人犯行均堪以認定。

(六) 更二審後第三審判決

上訴至最高法院，最高法院撤銷上述更二審判決，第三次發回臺灣高等法院。指摘判決違法為，更二審判決未就減得之刑，定其應執行刑；卻另將各宣告刑定其應執行刑後，再就所定之執行刑為減刑，亦有適用法則不當之違誤等。

(七) 更三審判決

臺灣高等法院更審，撤銷原判決（原第一審判決），認為被告甲、乙所為，均係犯修正後醫師法第28條前段之未取得合法醫師資格，擅自執行醫療業務罪及刑法第276條第2項之業務過失致死罪，且該二罪係一違

法醫療之行為所觸犯，乃想像競合犯，應依刑法第 55 條規定從一重之醫師法第 28 條前段之罪。茲整理判決理由如下：

1. 甲係 S 診所負責人，於病患 C 手術後本應對其實施完整術後照護，其於 87 年 12 月 5 日當日明知並容任未取得合法醫師資格之乙對病患 C 為相關醫療行為，嗣並因乙為 C 所為輸血及輸液量顯有未足，致 C 病況急轉直下，而延誤送醫，至 12 月 6 日上午 7 時許產生發紺及昏迷現象，於轉送 T 醫院急救前即因脂肪栓子致肺栓塞症死亡，渠等二人對病患 C 之死亡結果均難辭其咎，益見甲、乙二人之過失行為與病患 C 死亡結果間具有相當因果關係。

2. 被告甲於為病患 C 抽脂、隆乳及陰道整形手術後，因疏於注意照護，致病患 C 發生脂肪栓子致肺栓塞症死亡，乙於病患 C 回診時，指示護士導尿，並為輸血等相關醫療行為，致輸血及輸液量明顯未足，延誤就醫，甲、乙有過失。

(八) 更三審後第三審判決

　　最高法院認為上訴意旨對於前開更三審判決所為論斷，並未依據卷內資料，具體指摘有何違背法令情形。被告甲等之上訴違背法律上之程式，應予駁回。更三審判決對甲、乙罪刑之判決即確定。

三、延伸思考

　　問題一：手術進行通常是密室中的行為，若家屬剛好未能舉證密醫有實施醫療行為之實，真相是否將石沉大海？

　　問題二：請比較本件臺灣高等法院更三審判決對被告甲所為量刑與本書上冊有罪判決第二十九案【診所抽脂等多手術無呼吸案】共同併發症之量刑。

　　參考文獻：林秋宜，美容醫師坐牢案：審理美容醫療刑事案件之可考量因子，月旦醫事法報告，38 期，2019 年 12 月，頁 110-133。

四、判決來源

第四案　車禍未做神經學檢查案

①
法院／裁判日期
臺灣新竹地方法院 90.03.06
案號
88 年度訴字第 390 號判決

甲從事業務之人，因業務上之過失致人於死，處有期徒刑陸月，如易科罰金，以參佰元折算壹日。

②
法院／裁判日期
臺灣高等法院 91.04.17
案號
90 年度上訴字第 1398 號判決

上訴駁回。

③
法院／裁判日期
最高法院 94.02.17
案號
94 年度台上字第 736 號判決

原判決撤銷，發回臺灣高等法院。

④
法院／裁判日期
臺灣高等法院 95.03.15
案號
94 年度醫上更 (一) 字第 1 號判決

上訴駁回。

⑤
法院／裁判日期
最高法院 96.06.14
案號
96 年度台上字第 3084 號判決

原判決撤銷，發回臺灣高等法院。

⑥
法院／裁判日期
臺灣高等法院 99.05.28
案號
96 年度醫上更 (二) 字第 3 號判決

原判決撤銷。
甲從事業務之人，因業務上之過失致人於死，處有期徒刑陸月，如易科罰金，以銀元參佰元即新臺幣玖佰元折算壹日，減為有期徒刑參月，如易科罰金，以銀元參佰元即新臺幣玖佰元折算壹日。

⑦
法院／裁判日期
最高法院 99.08.19
案號
99 年度台上字第 5275 號判決

原判決撤銷，發回臺灣高等法院。

⑧
法院／裁判日期
臺灣高等法院 99.11.23
案號
99 年度重醫上更 (三) 字第 254 號判決

原判決撤銷。
甲犯業務過失致人於死罪，處有期徒刑陸月，如易科罰金以銀元參佰元即新臺幣玖佰元折算壹日，減為有期徒刑參月，如易科罰金以銀元參佰元即新臺幣玖佰元折算壹日。

⑨
法院／裁判日期
最高法院 100.08.18
案號
100 年度台上字第 4622 號判決

原判決撤銷，發回臺灣高等法院。

⑩
法院／裁判日期
臺灣高等法院 101.07.31
案號
100 年度重醫上更 (四) 字第 113 號判決

原判決撤銷。
甲犯業務過失致人於死罪，處有期徒刑陸月，如易科罰金以銀元參佰元即新臺幣玖佰元折算壹日，減為有期徒刑參月，如易科罰金以銀元參佰元即新臺幣玖佰元折算壹日。

⑪
法院／裁判日期
最高法院 102.11.14
案號
102 年度台上字第 4643 號判決

原判決撤銷，發回臺灣高等法院。

⑫
法院／裁判日期
臺灣高等法院 103.10.29
案號
102 年度重醫上更 (五) 字第 56 號判決

原判決撤銷，甲無罪。

⑬
法院／裁判日期
最高法院 105.01.13
案號
105 年度台上字第 80 號判決

上訴駁回。

圖 4　車禍未做神經學檢查案歷審圖

資料來源：作者繪製。

一、第一審判決

(一) 公訴事實與起訴意旨

　　醫師甲係台灣省立 G 醫院合格外科醫師。民國 87 年 5 月 15 日，因任職於新竹市「N 綜合醫院」（下稱 N 醫院）之友人醫師乙有事無法值班，乃商請醫師甲至 N 醫院代替輪值當天晚間至 16 日急診室外科醫師之排班。87 年 5 月 16 日凌晨 3 時許，病患 W 酒後騎乘機車在新竹市路口跌倒，受有右顳部 5.5x3 公分擦傷、右眉上端 6.5x2 公分擦傷、左眉外部 3.5x1 公分擦傷、左鼻翼 2.5x1.8 公分擦傷、後枕部明顯皮下瘀血、左、右手掌背多處表淺擦傷、右大腿外側有一處 6x5 公分皮下瘀血、右小腿外上側有一處 10x5 公分皮下瘀血、左內踝一處 7x3 公分皮下瘀血、左腳背有一處 9x7 公分皮下瘀血等傷害，經同行在後之同學 A 通知學長 B 及救護車一起將病患 W 送至 N 醫院急診。

　　N 醫院外科助理丙就病患 W 外表皮肉傷敷藥後，護士交付 A、B 該院印製之「照顧頭部外傷病患家屬應注意事項」書面指示並予說明後，病患 W 出院返回租屋處；同日（16 日）下午 23 時許，A 發現病患 W 死亡於上開租處。

　　案經檢察官偵查起訴指出：

　　醫師甲（下稱被告甲）明知病患 W 頭部受有前開明顯瘀、擦傷，身上有酒味，主訴時有頭暈現象並曾嘔吐，此類病患醫師應即做昏迷指數、兩側瞳孔大小及對光反應等神經學檢查，並注意予以留院或建議轉院觀察意識狀況，特別是在受傷後 24 小時內，需注意是否有變化，而依當時只有一床病患即病患 W 在急診室就診等情形觀之，又無不能注意之情事，其竟疏於注意，未對病患 W 做神經學檢查，以病患 W 手腳活動、言談正常逕認病患 W 意識清楚，而由該院外科助理丙就病患 W 外表皮肉傷敷藥後，護士交付 A、B 該院印製之「照顧頭部外傷病患家屬應注意事項」書

面指示並予說明後，未建議留院觀察逕讓病患 W 出院返回租屋處；病患 W 在其租屋處內，因頭部鈍力撞擊性外傷卻未有適當之醫療，而造成右側額、顳部硬腦膜上出血，併有右側頂、枕部局部蜘蛛膜下腔出血導致昏迷，迄同日（16 日）下午 23 時許，始被 A 發現病患 W 死亡於上開租處。

(二) 被告等回應

被告甲坦承有於右揭時地為病患 W 看診之事實，矢口否認有何業務過失致死犯行，辯稱：

病患 W 就診時，血壓、心跳都很正常，對答清楚，只有臉部擦傷，伊不知道他腦部有受創，因腦如有出血或水腫，會造成腦壓升高，心跳變慢，瞳孔放大，意識不清楚，病患 W 並無此現象，伊才未做電腦斷層掃描，且斷層掃描亦有盲點，若出血量少，可能無法判斷，伊沒有記載昏迷指數、瞳孔放大是伊疏忽，但當時病人依客觀判斷是清醒的，且護士也有交付頭部受傷應行注意事項給病人同學，伊之醫療行為應無過失。

辯護人亦為被告具狀辯稱：

病患 W 於 87 年 5 月 16 日凌晨 3 時 9 分至醫院就診時，被告觀察其眼睛可自動張開，問診得知其無持續性頭痛或想嘔吐現象，囑其抬手、踢腳均能依指揮動作，以手電筒檢測瞳孔之對光反應收縮均正常，且護士量出患者高血壓為 150、低血壓 79、脈博 89，其曾飲酒，又發生車禍受驚等情況下，上開數據屬正常，伊因而判定病患 W 之 GCS 指數為 15，換言之，病患 W 於就醫時，其神智為「清楚」，故在急診病歷「身體檢查」中之「一般情況」欄內填具「alcohol（意即飲酒）」後，又依右開神經學檢查而於緊接之「神智」欄中填寫「clear」。

又病患 W 於 N 醫院接受診療時神智清醒，且返回宿舍時，亦可自行走路，足見病患 W 於接受診療時及嗣後相當期間內，均無腦部出血之病徵，則退萬步言，因被告未於該急診病歷表上「GCS」、「瞳孔」等項目中填寫相關數據，而認被告並未實施該項檢查，惟應與病患 W 嗣後因腦出血死亡無相當因果關係，蓋無論於病患 W 接受診療時，有無施以

「GCS」、「瞳孔」等神經學檢查，均無法於檢查是時，發覺病患 W 嗣後是否會出現腦出血之現象。

　　以病患 W 死亡時係「下半身全部赤裸」、「躺在床邊，趴在地上，面部朝下，手直直往後伸」等態樣觀之，病患 W 應係於起床脫褲如廁排尿後，返回床邊未及穿褲，即又滑倒撞及腦部，造成腦膜動脈斷裂後，引致快速出血而昏迷死亡。

(三) 鑑定意見

1.行政院衛生署醫事審議委員會

(1)第一次鑑定意見

　　「一、急診室醫師之病歷記載不完整，連最基本的神經學檢查，如昏迷指數、兩側瞳孔大小及對光反應，均無檢查或記載。二、病患頭部有明顯之擦傷，同時口帶有酒味，像這類病患，醫師應予以留院或建議轉院觀察其意識狀況，特別是在受傷後 24 小時內，需注意是否有變化。三、如果病患堅持要回家休養，醫師要囑附家屬在傷後 24 小時內，病患如果睡著時，需 1 至 2 小時叫醒病患一次，觀察病患的意識是否有變化；如果病患單身在外，沒有家屬在旁照顧，醫師應該堅持醫囑留置觀察。四、根據屍體解剖發現，腦實質沒有肉眼能看到的腦挫傷，死因是硬腦膜上血腫，重量約為 170 公克。如果能適時發現病況的變化，儘早診斷和手術治療，此類血腫的療效是不錯的。五、綜上所述，N 醫院急診室醫師於病患 W 之醫療過程，難脫有疏失之責任。」

(2)第二次鑑定意見

　　「一、目前在臨床上描述意識狀況，全世界都早已採用格拉斯寇昏迷指數計分法（GCS），早已不再用籠統的文字作描述，如清楚等。昏迷指數 15 分，表示意識完全清楚，3 分表示深度昏迷；當神智清楚時，兩側瞳孔大小及對光反應不一定是正常的。二、被告既已作過昏迷指數、兩側瞳孔大小及對光反應等神經學檢查，又為何沒有把每一項的檢查結果記載於病歷上？故不能以神智清楚來涵蓋上述之每一項檢查的結果。三、頭

部外傷後一星期內，是急性期，病況可能不穩定，隨時可能有變化，特別在前三天內。病患在急診室的病況，只是病程中的一部分，不能由此部分來判斷病況是否為穩定，因此不能說在急診室的病況是穩定的，只能說目前檢查的結果暫時是正常，以後是否會有變化，需要觀察才能知道。倘若在急診室的檢查結果，如果確實是正常的話，病患不一定要留院觀察，不過當病患要離院時，須要交付家屬或其他陪伴者一份傷後注意事項的書面指示，並予說明之，囑附病況如有變化時，應立即再送回醫院診治。四、如果同學與病患住於同一處，且能夠確實執行醫囑的話，才具有家屬的功能。五、如果有交付傷後注意事項的書面指示給病患的陪伴者，N 醫院的處置是妥適的。六、頭部外傷之初診病患，如意識清楚、言語正常，醫師當時雖未能診斷出腦挫傷或顱內出血，雖醫療上並無疏失，但是得預見其後續出現的可能性而採取適當的處置。」

2.法醫鑑定意見

　　法務部法醫研究所：「依據病患被發現死亡時，屍體躺在床邊，趴在地上，面部朝下，兩手直直往後伸，下半身全部赤裸，解剖後發現病患膀胱內留有二西西尿液之身體表現，若為剛排尿完後，尚未及穿上褲子即跌倒於床邊地板上，則其臉部應有擦、挫傷。參酌附卷 N 醫院急診病歷，顯示病患 W 在急診室內已發現有右側額部有擦、挫傷。解剖時，發現其頭部撞擊性傷害，主要位於右額、顳部及右後枕部，顯示若其為跌倒所致之傷害時，其撞擊方向應來自右後顳、枕部，為側傾或後傾式撞擊，而非前傾式撞擊，再病患右額、顳部之硬腦膜上腔血腫塊，為固體塊狀，表面光滑內斂，顯示並非死前數小時發生的出血，應是慢慢凝集後產生的血塊，其發生時間推測可能在死前 6 小時至 24 小時之間。又死亡之原因確為頭部外傷所致的右側硬腦膜上腔血腫塊，其血塊發生部位偏向右後顳部及後顱窩，不一定是硬腦膜動脈破裂所致的快速出血，有可能是因靜脈破裂後所造成的慢性出血」。

(四) 判決結果

臺灣新竹地方法院於民國 90 年 03 月 06 日作出判決，被告甲成立業務過失致死罪，處有期徒刑陸月，如易科罰金，以參佰元折算壹日。

(五) 判決理由

1.被告甲未對病患W做神經學檢查，亦未建議病患W留院觀察

綜合醫事審議委員會（下稱醫審會）二次鑑定意見觀之，對於頭部外傷病患，醫師首應作神經學檢查，包括昏迷指數、兩側瞳孔大小及對光反應等，以判斷病患意識狀況，且病患頭部有明顯之擦傷，同時口帶有酒味者，醫師應予以留院或建議轉院觀察其意識狀況，若檢查結果確屬正常，或病患堅持要回家休養，須要交付家屬或其他陪伴者一份傷後注意事項的書面指示，並予說明之。是首應審究者，為被告究有無為病患 W 做神經學檢查？按醫師執行業務時，應製作病歷，記載病人姓名、出生年、月、日、性別、職業、病名、診斷及治療情形。但在特殊情形下施行急救，無法製作病歷者，不在此限，醫師法第 12 條第 1 項定有明文。本件 N 醫院急診病歷，僅記載「機車意外，多處擦傷，頭部外傷，右前額，兩手擦傷」，並於「一般情況」欄內記載「酒精」之異常反應，神智欄內記載「clear（清楚）」，餘神經學檢查項目一欄，包括顱、感覺、機動、反應、腦膜、小腦、步態等等，均付諸闕如，被告甲雖辯稱其觀察病患 W 眼睛可自動張開，問診得知其無持續性頭痛或想嘔吐現象，囑其抬手、踢腳均能依指揮動作，以手電筒檢測瞳孔之對光反應收縮均正常，因而在急診病歷「身體檢查」中之「神智」欄內記載「清楚」，惟其若已作過昏迷指數、兩側瞳孔大小及對光反應等神經學檢查，以當時急診室內並無其他病患，時間甚為寬裕，其何以未依前開醫師法規定將神經學檢查結果記載於病歷上？被告甲自承對於外科及急診工作饒富經驗，自應深知身體檢查神智一欄不能涵蓋上述神經學之每一項檢查結果，所辯既已於神智項目中填寫清楚，即無必要於神經學檢查欄再填寫，委無足採。

　　被告甲既未為神經學檢查，而於身體檢查之神智欄中填寫「clear」，顯係以病患 W 手腳活動、言談正常逕認其意識清楚，然如醫審會第二次鑑定意見所述，當神智清楚時，兩側瞳孔大小及對光反應不一定是正常，故不能以病患 W 外觀神智清楚來推論其神經學檢查即正常。故醫審會第二次鑑定結論所稱：急診室檢查結果，如果確實是正常的話，病患不一定要留院觀察，若有交付家屬或其他陪伴者一份傷後注意事項的書面指示，並予說明，N 醫院的處置是妥適的，因被告甲實際上既未為神經學檢查，故「檢查結果正常」之前提要件即不存在，據此，N 醫院處置是妥適的之結論自不可採。

　　病患 W 騎機車跌倒前曾大量飲酒，送醫途中曾嘔吐，主訴有頭暈，頭部復受有右顳部 5.5x3 公分擦傷、右眉上端 6.5x2 公分擦傷、左眉外部 3.5x1 公分擦傷、左鼻翼 2.5x1.8 公分擦傷、後枕部明顯皮下瘀血之傷害，業據證人乙於偵、審中證述明確，並有 N 醫院病歷摘要報告及台灣高等法院檢察署法醫中心鑑定書附卷可稽，其頭部外傷不可謂不重，參酌前開醫審會第一次鑑定意見，醫師應予以留院或建議轉院觀察其意識狀況，特別是在受傷後 24 小時內，需注意是否有變化。然被告並未建議病患 W 留院觀察，據證人 G 於偵查中證述在卷。是本件被告既未對病患 W 為神經學檢查，亦未建議病患 W 留院觀察，而依當時急診室之就醫情形，只有病患 W 一床病患，並無不能注意之情事，其醫療過程即難謂無疏失之處。

2.被告未能適時發現病況變化，此疏失與病患W死亡有相當因果關係

　　辯護人又以病患 W 於 N 醫院接受診療時神智清醒，且返回宿舍時，亦可自行走路，足見病患 W 於接受診療時及嗣後相當期間內，均無腦部出血之病徵，則退萬步言，縱認被告未實施神經學檢查，亦與病患 W 嗣後因腦出血死亡無相當因果關係。然查病患 W 確係因外傷性顱腦部損傷，造成右側額、顳部硬腦膜上出血，顱內有 170 公克血塊，有右側頂、枕部局部蜘蛛膜下腔出血導致昏迷死亡，此有台灣高等法院檢察署法醫中心鑑定書附卷可稽。如前所述，病患 W 神智清醒時，兩側瞳孔大小及對光反應不一定是正常，被告既未為神經學檢查或電腦斷層掃描，如何能斷

定病患 W 於接受診療時及嗣後相當期間內，均無腦部出血之病徵？反言之，被告若能及時施以神經學檢查或建議留院觀察，而適時發現病況的變化，儘早診斷和手術治療，依前述第一次醫審會鑑定意見，此類血腫的療效是不錯的等語，應能及時挽回病患 W 生命，據此，其上開疏失自與病患 W 腦出血死亡有相當因果關係甚明。

　　本件病患 W 送醫時頭部外傷明顯，且曾嘔吐，主訴頭暈，被告為病患看診時，自應斟酌上開情形妥為檢查，然其連最基本的神經學檢查均未檢查或記載，復未建議病患 W 留院觀察，且依當時情形，又無不能注意之情事，詎其竟疏未注意，逕以病患 W 手腳活動、言談正常認意識清楚，敷藥後即讓病患 W 出院返家，導致未能適時發現病患 W 病況變化，儘早診斷治療，終因右側額、顳部硬腦膜上出血，併有右側頂、枕部局部蜘蛛膜下腔出血昏迷死亡，其自有過失。且其過失行為與病患 W 之死亡結果有相當因果關係，其過失犯行堪以認定，自應依法論科。

二、上訴審判決概述

　　本件第一審與第二審、更一審至更四審均為有罪判決，直到更五審法院才認定病患 W 死亡結果與被告甲醫療行為間難認有何相當因果關係，自無從認定醫師有何業務過失致死之犯行，改判無罪理由。茲概述於下：

(一) 第二審判決

　　被告甲向臺灣高等法院（下稱第二審法院）提起上訴，第二審法院再就聲請鑑定事項函請國立台灣大學醫學院附設醫院鑑定：「(一) 依聲請再鑑定事項 1 至 6 項，病人的神智狀態的確「相當」於格拉斯寇昏迷量表（以下簡稱 GCS）15 分。依第 7 項所陳述，病人出院返家後的神智狀態應遠高於 GCS 之 7 分。(二) 依現行醫療常規，病人昏迷指數大於 14 分，陪同之友人要求出院，醫師並無強制留院之權力，惟應告知可能發生之危險事項。(三) 依現行醫療常規，昏迷指數 15 分的病人，並不需做頭部 X 光檢

查，即便進行 X 光檢查，也不一定能預見 19 小時後之顱內出血。(四) 依病史及醫學經驗，僅有右額上方擦傷而發生硬腦膜上出血之情況，是有其可能性。(五) 本案醫師之病歷記載不詳盡，是否等於醫療疏失，則有待司法加以釐清」（本件第三次鑑定意見）

第二審法院審理後，認為第一審判決認定被告甲成立犯罪之認事用法並無不當，上訴無理由，駁回上訴，為以下表示：

1. 本件被告甲既未對病患 W 為神經學檢查，亦未建議病患 W 留院觀察，而依當時急診室之就醫情形，只有病患 W 一床病患，並無不能注意之情事，其醫療過程即難謂無疏失之處。

2. 被告甲若能及時施以神經學檢查或建議留院觀察，而適時發現病況的變化，儘早診斷和手術治療，此類血腫的療效是不錯的等語，應能及時挽回病患 W 生命，據此，其上開疏失自與病患 W 腦出血死亡有相當因果關係甚明。

3. 病患 W 送醫時頭部外傷明顯，且曾嘔吐，主訴頭暈，被告甲為病患 W 看診時，自應斟酌上開情形妥為檢查，然其連最基本的神經學檢查均未檢查或記載，復未建議病患 W 留院觀察，且依當時情形，又無不能注意之情事，詎其竟疏未注意，逕以病患 W 手腳活動、言談正常認意識清楚，敷藥後即讓病患 W 出院返家，導致未能適時發現病患 W 病況變化，儘早診斷治療，終因右側額、顳部硬腦膜上出血，併有右側頂、枕部局部蜘蛛膜下腔出血昏迷死亡，其自有過失。且其過失行為與病患 W 之死亡結果有相當因果關係，其過失犯行堪以認定。

(二) 第三審判決（第一次發回更審）

被告甲對前述第二審判決上訴，最高法院指出，原判決所認定之上開事實，係依憑台灣高等法院檢察署法醫中心鑑定結果而來，經核與證人之供述情節，及 N 醫院急診室病歷暨病歷摘要報告內容，並不相一致，等等，尚欠明瞭，自有待再詳查審究釐清。

再，最高法院指，上訴理由主張，法務部法醫研究所函說明載示，

病患右額、顳部之硬腦膜上腔血腫塊，發生時間推測可能在死前 6 小時至 24 小時間。上訴人於 87 年 5 月 16 日凌晨 3 時許，在治療病患 W 時，其對其已發生腦出血之情況有無預見之可能性，此攸關上訴人之不作為是否涉有「能注意而未注意之過失責任」。原審對此未加以說明及調查，難謂無判決理由不備及證據調查未盡之違法。上訴意旨執此指摘原判決不當，非無理由，應認有撤銷發回更審之原因。

(三) 更一審判決

　　本案經最高法院臺灣高等法院（下稱本件更一審法院）更審後，就第一審判決所提之上訴更為審理。上訴駁回。更一審法院之判決理由如下：

1. 臺灣高等法院檢察署法醫中心暨法務部法醫研究所皆認病患死亡之原因確為頭部外傷所致的右側硬腦膜上腔血腫塊，而臺大醫院鑑定意見亦認因車禍造成病患右額上方擦傷而發生硬腦膜上出血之情況，是有其可能性，顯見病患確係因車禍所肇致之傷害而死亡。

2. 醫審會第 2 次鑑定結論所稱：急診室檢查結果，如果確實是正常的話，病患不一定要留院觀察，若有交付家屬或其他陪伴者 1 份傷後注意事項的書面指示，並予說明，N 醫院的處置是妥適的，因被告實際上既未為神經學檢查，故「檢查結果正常」之前提要件即不存在，據此，N 醫院處置是妥適的之結論自不可採。

3. 被告甲既未對病患為神經學檢查，亦未建議病患留院觀察，而依當時急診室之就醫情形，只有病患 W 一床病患，並無不能注意之情事，其醫療過程即難謂無疏失之處。

4. 被告甲之辯護人上訴理由雖主張，縱認被告甲未實施神經學檢查，亦與病患 W 嗣後因腦出血死亡無相當因果關係。然，上開疏失自與病患 W 腦出血死亡有相當因果關係。

(四) 更一審後第三審判決

　　被告甲對前述台灣高等法院更一審判決向最高法院提起上訴。最高法

院指出前開更一審判決多項違背法令之處，特別指明行政院衛生署醫事審議委員會之第二次鑑定意見六，此部分如何不足為被告有利之論斷？認影響事實之確定，致該院無可據以為裁判，最後撤銷更一審判決，第二次發回台灣高等法院更為審判。

(五) 更二審判決

針對最高法院第二次發回更審，台灣高等法院再就辯護人所提問題共十七項送請聲請醫審會再次鑑定，函覆稱：

「(1) 此時如果病人同住友人要求離院，應當可以讓其離院，而無須強制病人留院觀察，但仍應給予衛教及頭部外傷注意事項之衛教單，並囑其注意注意觀察病人之意識狀況，若有異狀，應即刻就醫。(2) 該醫師之處置，並未違反當時醫療常規。(3) 病歷記載不詳盡雖不等同於醫療行為與處置上之疏失，但醫師從事醫療行為時，應將其醫療行為詳細記載於病歷，始能瞭解其整個醫療過程。(4) 依行為時醫療法第 48 條規定，病歷內容應清晰、詳實、完整，故病人之昏迷指數、瞳孔大小及其光反應以及四肢肢體之力量等基本神經學檢查結果，均應清晰翔實及完整記載於病歷上。對於病人意識狀況之記載，僅記載『神智 clear』，不符合醫療法之規定。(5) 在急診室為頭部外傷病人所做之基本神經學檢查，包括昏迷指數、瞳孔大小及其光反應以及四肢肢體的力量等，該基本神經學檢查內容比神經內外專科醫師所做之完整神經學檢查，較簡單且著重於腦功能及意識狀態檢查，其目的乃是為要檢查病人是否有腦功能或意識狀態異常以及異常之程度。(6) 綜上所述，該急診室醫師因未於病歷上作詳實之記載，無從判斷其有否疏失。」等（本件第四次鑑定意見）。

臺灣高等法院審理後，綜合本件前後醫審會三次鑑定意見與臺大醫院、法醫中心鑑定結果之鑑定意見，撤銷本件第一審判決，判被告甲成立業務過失致死罪，將原處有期徒刑陸月減為有期徒刑參月。臺灣高等法院關於是否成立業務過失致死罪之實體判斷如下：

本件被告甲既未對病患 W 之頭部詳細檢查傷勢，致未發現後枕部有

瘀血外傷，又未進行神經學檢查，亦未建議病患 W 留院觀察，而依當時急診室之就醫情形，並無不能注意之情事，其醫療過程即難謂無疏失之處。

被告甲若能及時就頭部之傷勢仔細檢查，並施以神經學檢查或建議留院觀察，而適時發現病況的變化，儘早診斷和手術治療，應能及時挽回病患 W 生命，據此，其上開疏失自與病患腦出血死亡有相當因果關係甚明。

本件病患 W 送醫時頭部外傷明顯，且曾嘔吐，主訴頭暈，被告甲為病患 W 看診時，自應斟酌上開情形妥為檢查，然其連最基本的神經學檢查均未確實檢查，復未建議病患 W 留院觀察，且依當時情形，又無不能注意之情事，詎其竟疏未注意，逕以病患 W 手腳活動、言談正常認意識清楚，敷藥後即讓病患出院返家，導致未能適時發現病患 W 病況變化，儘早診斷治療，終因右側額、顳部硬腦膜上出血，併有右側頂、枕部局部蜘蛛膜下腔出血昏迷死亡，其自有過失。且其過失行為與病患 W 之死亡結果有相當因果關係，其過失犯行堪以認定。

(六) 更二審後第三審判決

不服臺灣高等法院第二次更審判決，提起上訴，原判決撤銷，發回臺灣高等法院。第三審法院認為發回更審原因於認為原判決理由內對於醫審會第二次鑑定意見與台大醫院鑑定意見中可據此所為有利上訴人之論點，則未說明何以不足採之理由，尚嫌理由不備。上訴意旨執以指摘原判決違背法令，尚非全無理由，應認原判決仍有撤銷發回更審之原因。

(七) 更三審判決

由最高法院第三次發回更審，臺灣高等法院原判決（第一審判決）引用本件三份醫審會鑑定意見、台大醫院、臺灣高等法院檢察署法醫中心暨法務部法醫研究所鑑定意見等，因原判決未及比較新舊法並依規定減刑，撤銷第一審判決，仍判被告甲犯業務過失致人於死罪，只是刑度較輕。就事實認定與鑑定意見、證人證言之採否，更三審判決與更二審判決立場一

樣，關於就判決理由而言，更三審法院為以下表示：

　　本案病患 W 送醫時頭部外傷明顯，且曾嘔吐，主訴頭暈，被告甲為病患 W 看診時，自應斟酌上開情形妥為檢查，然其連最基本的神經學檢查均未確實檢查，復末建議病患 W 留院觀察，且依當時情形，又無不能注意之情事，詎其竟疏未注意，逕以病患 W 手腳活動、言談正常認意識清楚，敷藥後即讓病患 W 出院返家，導致未能適時發現病患 W 病況變化，儘早診斷治療，終因右側額、顳部硬腦膜上出血，併有右側頂、枕部局部蜘蛛膜下腔出血昏迷死亡，是被告甲之醫療行為顯有過失，且其過失行為與病患 W 之死亡結果間具有相當因果關係，事證明確，被告甲犯行堪以認定。

(八) 更三審後第三審判決

　　第三審法院認為原判決對被告甲有利之辯解，未說明不採之理由，亦嫌理由不備等，原判決仍有撤銷發回更審之原因。原判決撤銷，發回臺灣高等法院。於更三審對於上訴人及其選任辯護人所提出之有利辯解。

(九) 更四審判決

　　臺灣高等法院斟酌最高法院發回意旨，為第四次更審，綜合以上各次鑑定意見，撤銷原判決判甲犯業務過失致人於死罪由判決結果而言，更四審判決與更二審判決、更三審判決一樣。

　　認定犯罪事實所憑之理由如下：被告甲既自 65 年起擔任外科醫師，具有顯然高於一般人的醫療專業，對此後續可能的結果，可以預見；而被告甲既未對病患 W 之頭部詳細檢查傷勢，又未進行神經學檢查，且因未對病患 W 確實進行診察致未發現病患後枕部有瘀血，自不能斷定病患 W 於急診室當時及嗣後相當期間內，均無腦部出血之病徵；反之，被告甲若能及時就傷者頭部之傷勢仔細檢查，並施以神經學檢查或建議留院觀察，而適時發現病況的變化，儘早診斷和手術治療，應能及時挽回病患 W 生命。足證被告甲未確實進行診察之醫療上不作為之過失與病患 W 腦出血

致死亡間具有相當因果關係，可以認定。

　　病患 W 送抵 N 醫院急診室當時頭部外傷明顯，且曾嘔吐，主訴頭暈，被告甲為病患 W 看診時自應斟酌上情妥為檢查，卻連最基本的神經學檢查均未確實檢查，又未建議病患 W 留院觀察，且依當時情形，又無不能注意之情事，竟因僅屬一夜之代理值班，輕率疏未注意，即行離去急診室，任由病患 W 於敷藥後即出院返家，導致未能適時發現病患 W 病況變化，儘早診斷治療，終因右側額、顳部硬腦膜上出血，導致昏迷死亡。被告甲之醫療不作為顯有過失，且其過失行為與病患 W 之死亡結果間具有相當因果關係，事證明確，被告甲犯行可以認定。

(十) 更四審後第三審判決

　　最高法院對更四審判決上訴，認為上訴人否認犯罪所持上開辯解，是否全然無可憑採，應有再予詳查釐清必要。原判決未依本件第四次鑑定意見深入探查，以明真相，並說明其如何不可採，僅以被告甲在病患 W 之急診病歷上神經學檢查項目，未有記載，以及證人有瑕疵之供證，遽認被告甲於案發當時對病患 W 未確實為診察行為，乃將上開鑑定意見概予摒棄不採，亦有理由不備之違誤。撤銷原判決，最高法院第五次發回台灣高法法院更審。

(十一) 更五審判決

　　原判決撤銷，改判被告甲無罪。判決理由主要為，自病患 W 離院至被發現死亡之 19 小時內，病患 W 是否另有頭部再度遭受撞擊，容有疑問，是病患 W 之死因可否斷定為「酒後騎機車，發生車禍而跌倒、碰撞頭部，造成右側額、顳部的硬腦膜上出血，導致昏迷死亡」，仍有可疑。故難認被告甲之醫療行為與病患 W 之死亡結果間有何相當因果關係。此外復查無其他積極證據足資證明被告甲業務過失致死之犯行，是不能證明被告甲犯罪，爰應為其無罪之諭知。

(十二) 更五審後第三審判決

對前開更五審判決，檢察官不服提起上訴，最高法院認為，原判決對醫審會上開第一次鑑定意見縱未敘明不採之理由，程序上固不無微瑕，然此於其無罪判決之論斷結論，不生影響，揆諸刑事訴訟法第 380 條規定，要不能執之為第三審上訴之合法理由。是檢察官上訴意旨以上情指原判決違背法令，核與法律規定得為第三審上訴理由之違法情形，不相適合。最後駁回上訴，本案因此確定。

三、延伸思考

問題一：若無預見病患 W 腦出血之可能性，醫師是否即無過失責任？還是醫師仍必須履行醫療常規上注意義務？

問題二：被告甲未建議病患 W 留院觀察是否為醫師合理臨床裁量？若病患 W 拒絕甲醫師留院觀察之建議，針對所發生後續結果，是否不可歸責於被告甲？醫師是否必須囑咐家屬觀察情況，才可以不可歸責於醫師？

問題三：本件案例與上冊有罪判決第二案【車禍頭痛誤認案】、第七案【酒後跌倒誤診案】，均涉及意外事故就醫。試比較此三案之相似與相異之點。

問題四：試討論以下臨床醫療問題：

1. 酒醉病人其意識並非相當好評估，醫師針對頭部到處都是擦挫傷應有一定程度警覺，而不是只憑一個意識 clear 即認為病患 GCS15 分。

2. 急診留觀病患 W 只有一人，醫師應盡可能給予病患適當的照護，其辯解之詞之努力是否未表現在臨床的照護上？

3. 腦部的確有延遲性出血的可能，醫師是否給予病患足夠的警示？若評估病患居所並未有人能就近照護，是否應盡量勸病患留院觀察？

4. 目前除神經學檢查外，臨床上是否有其他任何方法可以預見或預防顱內出血之發生？

四、判決來源

第五案　膝關節手術併發腦脂肪栓塞案

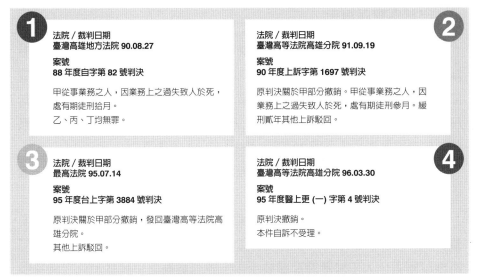

① 法院／裁判日期
臺灣高雄地方法院 90.08.27
案號
88 年度自字第 82 號判決

甲從事業務之人，因業務上之過失致人於死，處有期徒刑拾月。
乙、丙、丁均無罪。

② 法院／裁判日期
臺灣高等法院高雄分院 91.09.19
案號
90 年度上訴字第 1697 號判決

原判決關於甲部分撤銷。甲從事業務之人，因業務上之過失致人於死，處有期徒刑參月。緩刑貳年其他上訴駁回。

③ 法院／裁判日期
最高法院 95.07.14
案號
95 年度台上字第 3884 號判決

原判決關於甲部分撤銷，發回臺灣高等法院高雄分院。
其他上訴駁回。

④ 法院／裁判日期
臺灣高等法院高雄分院 96.03.30
案號
95 年度醫上更 (一) 字第 4 號判決

原判決撤銷。
本件自訴不受理。

圖 5　膝關節手術併發腦脂肪栓塞案歷審圖
資料來源：作者繪製。

一、第一審判決

(一) 自訴事實與意旨

醫師甲（下稱被告甲）係高雄縣 G 醫院（下稱 G 醫院）之骨科主治醫師，民國 87 年 8 月 14 日上午，為高齡 87 歲之病患 T 因兩膝退化性關節炎，同時施行兩側全人工膝蓋關節置換術，病患 T 於術後 2 小時（當日下午 3 時許）突然血壓下降，失去意識，轉至加護病房施予各種急救無效，於手術後第七天（即 20 日）凌晨 1 時 45 分許死亡。

案經病患 T 之子女等 5 人提起自訴，主張成立業務過失致死罪之理由如下：

被告甲明知同時為病患施行兩側全人工膝蓋關節置換手術，因失血量過多，可能引發之腦部脂肪栓塞比例較高，尤其對 80 歲以上之病患同時施以兩側全人工膝蓋關節置換手術，會有更高之併發症及死亡機率發生，欲降低此危險性之發生，應於手術前審慎評估注意病患之健康狀況，並與病患充分溝通，讓病患充分了解手術可能帶來之併發症、危險性與死亡率，且按其情節亦無不能注意之情事，竟疏未注意先對病患 T 過去病史及健康狀況予以審慎評估，且亦未令病患充分了解手術可能帶來之併發症、危險性與死亡率等情狀下，即於上開期日上午逕行為病患 T 同時施行兩側全人工膝蓋關節置換手術，術後併發腦部脂肪栓塞，導致多重器官衰竭及廣泛血管內凝固病變死亡。

自訴意旨以被告乙、丙、丁共犯業務過失致死罪嫌部分略以：

被告乙為 G 醫院院長，對其醫院所聘用之甲醫師有監督之責，另被告乙、丙亦為該院醫師，於其母 T 手術後病情惡化時亦為參與急救醫療之醫師，且自訴人見其母 T 收術後情況惡化，欲轉至其它醫院，被告乙、丙、丁三人均曾出面表示該醫院設備完善、技術優良、其母病情已獲控制，無轉診必要等語，拒絕自訴人轉診要求，因而延誤其母救治時機，被告三人對其母之死亡，亦應負過失業務過失致死罪責。

(二) 被告等回應

被告甲否認其為病患 T 同時施行兩側全人工膝蓋關節置換手術，有何過失情事，辯稱：

兩側同時施作人工膝蓋關節置換手術，在併發症及死亡率方面，與單側施作人工膝蓋關節置換手術並無不同，醫療文獻、報告上亦多贊成對 80 歲以上老人同時施作人工膝蓋關節置換手術，伊及國內知名醫院醫師亦有為 80 歲以上老人同時施作人工膝蓋關節置換手術成功之案例，故伊對病患 T 同時施行之兩膝人工膝蓋關節置換手術並無過失之處。

被告乙、丙、丁否認有拒絕轉診之舉。

(三) 鑑定意見

1. 醫審會鑑定結果

行政院衛生署醫事審議委員會（下稱醫審會）製作鑑定書共兩份，鑑定意見歸納如下：

(1)第一次鑑定

針對被告甲為病患 T 同時施作兩側膝關節置換手術之說明：

依據相關文獻及國內醫學研究，兩側同時施作人工膝關節置換手術，因失血量過多，引起脂肪栓塞之比例較高，尤其對 80 歲以上的病患，同時作兩側膝關節置換手術，會有較高的併發症與死亡率。

(2)第二次鑑定

A.針對被告甲提供之 18 篇關於兩側同時施作人工膝關節置換手術的研究報告說明：

被告甲所提出之 18 篇相關研究報告中，其中 3 篇重複，2 篇為相同的作者，兩篇僅是摘要，而贊成兩側可同時開刀的，其論文發表年份分別為 1978 年、1985 年（2 篇）、1987 年、1994 年（2 篇）、1996 年（3 篇），且上揭贊成兩側可同時開刀的論文中所包括之病患平均年齡均未超過 70 歲。另外 2 篇則不贊成兩側同時開刀（發表年份為 1997 年、

1999 年），認為人工膝關節置換手術，兩側同時施作，併發症比單側高，尤其是 80 歲以上的病患。

B. 針對同時施作兩側膝關節置換手術之風險說明：

兩側同時施作人工膝關節置換手術，醫界或有贊成者，然反對聲音亦不小，且近年發表之論文研究則傾向於反對兩側同時施作，雖無定論，然不可諱言者，醫師若欲為病患同時施作兩側人工膝關節置換手術時，手術前對潛在危險應有正確認知，且應注意病患年紀愈大，發生之危險愈高，審慎評估病患健康狀況，並與病患充分溝通，讓病患充分正確的了解手術可能帶來的併發症、危險性與死亡率，以有效的降低可能發生的併發症與死亡率。

C. 針對乙、丙、丁三位醫師所採取之急救措施有無不當之處說明：

被告丙、丁曾參與手術後之急救醫療，但於 T 發生併發症後，被告乙、丙、丁三位醫師共同會診所採取之急救措施並無不當之處。

2.法醫意見

　　本案有法務部法醫研究所（下稱法醫所）製作鑑定書一份，經法醫師解剖鑑定死亡原因確為施行兩側膝蓋關節置換手術後併發腦部脂肪栓塞，導致多重器官衰竭及廣泛血管內凝固病變死亡。

(四) 判決結果

　　臺灣高雄地方法院於民國 90 年 08 月 27 日作出判決，被告甲為從事醫療業務之人，因業務上之過失致人於死，處有期徒刑拾月。被告乙、丙、丁均無罪。

(五) 判決理由

1.法院認定被告甲成立業務過失致死罪之理由，摘要如下：

(1)針對被告甲違反注意及告知義務之理由：

A. 被告甲身為 G 醫院骨科主治醫師，依其專業素養及經驗，對於病患同時施行兩側全人工膝蓋關節置換手術，尤其對 80 歲以上之病患同時

施以兩側全人工膝蓋關節置換手術，會有較高之併發症及死亡機率發生，當知之甚明，手術前自應就病患 T 已 80 餘歲高齡之個別特殊因素，就其過去病史及健康狀況予以審慎評估手術可能發生併發症之機率高低，並與該名病患及家屬充分溝通，讓病患或家屬充分了解手術可能帶來之併發症、危險性與死亡率。

B. 被告甲自陳手術前並未告知病患或家屬可能併發脂肪栓塞危險，其亦於本院審理時陳稱：手術前原決定先作一側，視開刀情形，再決定是否繼續施作另一側，一側手術完成後，有再至手術房外告知家屬病患情況不錯，經徵詢家屬同意後，才繼續作另一側等語，由此可知被告甲於手術前並未審慎評估 T 過去病史及健康狀況，亦未充分認知到為 T 同時施行手術可能引發併發症之機率高低，否則又何須待一側手術後再視當時情況決定是否繼續施作另一側。

C. 自訴人等一再堅稱：被告甲手術前向渠等表示其母 T 無須施作人工關節，僅須將膝蓋表皮切開，注入填充物即可，伊等係至收術後始知悉其母兩側膝蓋均已置換人工關節等語，另由病患之數位親友均證稱：T 生前曾向其表示不願開刀，因醫師表示有一種藥物，不須開刀，只要把膝蓋皮割掉，注入該種藥物再縫合即可等語，可知病患 T 手術前之意願並不高，且 T 及其家屬即自訴人等於手術前就被告甲究欲實施何種手術並不清楚知悉，遑論充分了解手術可能帶來之併發症、危險性與死亡率，被告甲手術前亦顯未善盡告知危險義務甚明。

D. 被告甲雖另提出病患 T 術前檢查評估報告，稱病患 T 手術前所接受之術前檢查項目比健保局所規定應執行項目超出一倍之多，據以辯稱其已善盡術前評估，病患 T 之死亡乃係醫療上不可避免之結果。然本案之關鍵在於被告甲為超過 80 高齡之病患 T 同時施作兩膝全人工膝蓋關節置換手術前，對於該名病患因手術所可能發生較高之併發症或死亡機率未充分正確評估即逕行手術，亦未將此危險充分令家屬了解，與其手術前對病患所施作之檢查有無超過健保局所規定應執行項目無關，自無從據此解免其過失罪責。

E. 雖有證人等於本院證述渠等亦由被告甲為其施行人工膝蓋關節置換手術，然該證人等均僅施行一側，且均為 5、60 歲之年齡層，與本案之病患 T 已屬 80 餘歲高齡亦顯不相當。

(2)針對被告甲醫療過失行為和病患死亡間有相當因果關係之理由：

　　本案於審理期間，二度委託醫審會就被告甲為病患 T 同時施行兩膝全人工膝蓋關節同時置換手術，有無醫療過失所為之鑑定，鑑定結果亦均認定被告有明顯醫療疏失，被告甲猶否認其無過失，自無可採。病患 T 因本件手術後併發腦部脂肪栓塞，導致多重器官衰竭及廣泛血管內凝固病變不治死亡之事實，已如前述，病患 T 之死亡與被告甲上述醫療過失行為間，有相當因果關係，已臻明確。故被告甲過失致人於死之犯行，事證明確，洵堪認定。

2.法院認定被告乙、丙、丁無罪之理由，摘要如下：

　　乙、丙、丁三人均未參與施行手術，雖被告丙、丁曾參與手術後之急救醫療，但其等所採取之急救措施並無不當之處，顯見病患 T 之死亡與被告丙、丁二人所施予之醫療行為無關，縱轉至其他醫院醫療，亦無從避免死亡之發生，而自訴人主張被告乙、丙、丁有拒絕轉診之舉，業經被告三人所否認，縱然屬實，亦非導致病患 T 死亡之原因，應無相關因果關係，另被告乙雖係 G 醫院之院長，負有行政監督之責，縱因此而負有民事連帶賠償責任問題，然其既未實際參與醫療行為，自不得以醫療過失之刑事責任相繩。

　　綜上，自訴人自訴乙、丙、丁亦同觸犯業務過失致死罪，顯非事實，要無可採。此外本院復查無其他積極證據足證被告乙、丙、丁有自訴人自訴之罪行，自應另對被告乙、丙、丁部分為無罪判決。

二、上訴審判決概述

(一) 第二審判決

　　自訴人等及被告甲等不服前述第一審判決，提起上訴，臺灣高等法院高雄分院經審理後，雖撤銷第一審關於甲之有罪判決，但仍諭知甲成立業務過失致死罪之有罪判決，維持乙、丙、丁均無罪之判決。

1.關於被告甲之診治

　　被告甲未能注意施做手術之病患 T 為 87 歲老年人，並針對其壓力承受度及心肺肝腎功能，在術前做更足夠之評估，以避免病患 T 因脂肪栓塞併發症導致死亡之結果。再者，手術兩側同時做併發症比單側高，尤其是 80 歲以上的病患，於本案施做手術時即已明知。而醫學上之危險縱使發生之可能性極低，但有發生之可能，且為一般醫師所知悉時，自為被告甲所能預見。是以，被告甲雖以手術前對病患所施作之檢查有超過健保局所規定應執行項目，病患 T 之死亡乃係醫療上不可避免之結果置辯，惟其既有上開更高之注意義務，又未為一般骨科醫師應為之足夠評估以避免死亡結果發生，自無從據此解免其過失罪責。

　　又被告甲自陳手術前並未告知病患或家屬可能併發脂肪栓塞危險，或其他併發症，另自訴人亦一再堅稱：被告甲手術前向渠等表示其母病患 T 無須施作人工關節，僅須將膝蓋表皮切開，注入填充物即可，且亦請被告甲先做一腳，伊等係至手術後始知悉其母兩側膝蓋均已置換人工關節等語，並有尚未填載完成之手術同意書、麻醉同意書（僅載有自訴人之簽章及年籍資料，而手術及麻醉等可能發生之併發症及危險應經由何位醫師詳細說明部分，則為空白；另置於病患 T 病歷中）各一份在卷足憑。再者，據多位證人證稱，病患 T 手術前之意願並不高，且病患 T 及其家屬即自訴人等於手術前就被告甲究欲實施何種手術及麻醉並不清楚明瞭，遑論充分了解手術可能帶來之併發症、危險性與死亡率，被告甲手術前亦顯未善盡告知危險義務，以得病患 T 真意之承諾甚明。

病患 T 因被告甲施做本件手術後併發腦部脂肪栓塞，導致多重器官衰竭及廣泛血管內凝固病變不治死亡，而被告甲有預見上開併發症危險性之義務，亦因病患 T 高齡 87 歲，而負有更高之注意義務，卻疏於審慎評估病患 T 過去病史及健康狀況、其壓力承受度及心肺肝腎功能，而違反避免結果之義務，又未善盡告知危險義務，以得病患 T 真意承諾。再者，病患 T 已高齡 87 歲，乃超過目前人類平均壽命甚多，雖被告甲對病患 T 所施做之全人工膝關節置換手術，為其病症所須之必要施診手段，惟先予施做一側手術，以減輕病患之病情，又可降低上開併發症之危險性，被告甲卻未謹慎於此，竟讓 87 歲之老年人冒生命之風險，施行兩側手術，縱然手術成功，病患 T 又可因此使用該等關節多長歲月？以此權衡病患 T 原罹患之疾病係影響其行動而無生命立即危險之利弊得失，被告甲上開施做二側人工膝蓋關節置換手術，亦不符合社會相當性原則。

是以，被告甲本件醫療行為，疏未注意上述情狀，自有過失，足堪認定，醫審會亦同此認定。又醫師該醫療行為，導致病患 T 發生死亡之結果，其間亦有相當因果關係。至被告甲當日施行手術過程中，參與之醫院護士 A、B 雖均依醫囑護理，病患 T 當時無何異常之處一節，亦據證人 A、B 證述明確，惟被告甲之過失尚非在手術施行之過程，如此自無從採渠等證詞為被告甲有利之認定，附此敘明。

2.關於醫師乙、丙、丁部分

病患 T 之死亡既因兩側全人工膝關節置換手術後，併發腦部脂肪栓塞，導致多重器官衰竭及廣泛血管內凝固病變死亡，且醫師丙、丁之急救措施據醫審會鑑定無不當之處，則顯見病患之死亡與醫師丙、丁二人所施予之醫療行為無相當因果關係，自亦與病患是否應於該併發症發生時轉往其他醫院急救無涉。醫師乙尚難謂有何行政監督不周之業務過失犯行致病患死亡。

自訴人自訴醫師乙、丙、丁亦觸犯業務過失致死罪，顯非事實，要無可採。此外，復查無其他積極證據足證醫師乙、丙、丁有自訴人自訴之罪行。原審為醫師乙、丙、丁無罪之諭知，經核並無不合，上訴人即自訴人

上訴意旨，猶執前詞指摘原判決不當，為無理由，應予駁回。

(二) 第三審判決

　　自訴人等五人及被告甲不服二審判決，提起上訴，最高法院表示原審（第二審）對於攸關被告甲是否違反客觀上必要注意義務之事項，未詳予調查，致此部分客觀重要之事實尚非明確，遽行判決，已有採證及職權調查未盡之違法。撤銷被告甲部分，發回臺灣高等法院高雄分院更為審理。

　　再者，最高法院認為第二審法院維持第一審諭知醫師乙、丙、丁三人無罪之判決，已依據卷內資料詳予說明。從形式上觀察，原判決並無違背法令情形存在。因此，駁回自訴人對醫師乙、丙、丁無罪判決之上訴。

(三) 更一審判決

　　最高法院撤銷第二審關於被告甲判決部分，發回臺灣高等法院高雄分院（更一審法院）更審，因本件上訴人未於本件更審程序依法委任律師為自訴代理人，本件自訴自非適法，更一審法院爰依刑事訴訟法第 329 條第 2 項規定，撤銷第一審所為之有罪實體判決，諭知自訴不受理，並不經言詞辯論為之。

三、延伸思考

　　問題一：本件被告甲對病患 T 應善盡術前評估義務有哪些？是否需要會診心臟科醫師，以及再對病患心臟作進一步檢查？

　　問題二：被告甲以其對病患 T 手術前所做之術前檢查項目比健保局所規定應執行項目超出一倍之多，據以辯稱其已善盡術前評估義務之理由，為何未被本件之第一審、第二審法院所採納？

四、判決來源

第六案　診所剖腹產麻醉藥劑誤裝案

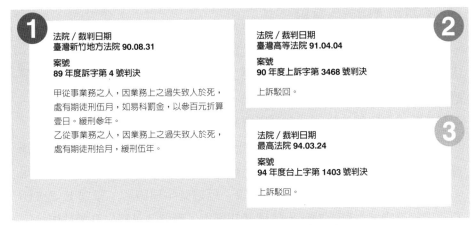

1

法院／裁判日期
臺灣新竹地方法院 90.08.31

案號
89 年度訴字第 4 號判決

甲從事業務之人，因業務上之過失致人於死，
處有期徒刑伍月，如易科罰金，以參百元折算
壹日。緩刑參年。
乙從事業務之人，因業務上之過失致人於死，
處有期徒刑拾月，緩刑伍年。

2

法院／裁判日期
臺灣高等法院 91.04.04

案號
90 年度上訴字第 3468 號判決

上訴駁回。

3

法院／裁判日期
最高法院 94.03.24

案號
94 年度台上字第 1403 號判決

上訴駁回。

圖 6　診所剖腹產麻醉藥劑誤裝案歷審圖
資料來源：作者繪製。

一、第一審判決

(一) 公訴事實與起訴意旨

醫師甲係新竹市甲婦產科診所之醫師（甲同名診所，下稱甲診所），係以從事醫療行為為其業務之人；護士乙為經過受訓領有合格執照之麻醉護士，平日係支援在新竹縣市各醫院、診所，以從事為病患實施麻醉注射之醫療行為為其業務之人。醫師甲實施定期產檢懷孕已達 40 週之孕婦 L，於民國 87 年 6 月 29 日下午 7 時 30 分許，因落紅、不規則宮縮及子宮頸擴張 2 公分等症狀至甲診所看診、待產；於同日晚上 10 時 10 分許，發現胎兒監視器出現有胎兒心跳過速現象，經醫師甲建議後，孕婦 L 之夫同意改以剖腹方式生產，醫師甲旋即通知護士乙到場為其實施麻醉注射。

護士乙在該診所之手術房內抽取藥劑並對孕婦 L 施打腰椎麻醉，孕婦 L 旋即感到身體癢並出現紅疹，約五分鐘後有抽筋情形，醫師甲指示護士乙予以施打抗組織胺藥物（Vena-B6），並電詢麻醉專科醫師丙，通話過程中，護士乙再度確認藥劑，發現有錯將止血劑認係麻醉劑之情事，醫師甲隨即電請醫師丙到場協助，其後於同日晚上 11 時 52 分許，孕婦 L 在醫師甲之戒護下，由救護車轉往 V 醫院實施急救。孕婦 L 於同日凌晨 4 時 20 分許死亡，體內之胎兒亦胎死腹中。

案經檢察官提起公訴，主張成立業務過失致死之理由如下：

醫師甲（下稱被告甲）為一領有合格執照之婦產科專科醫師，其在指示麻醉護士乙（下稱被告乙）為孕婦 L 實施麻醉注射時，本應注意於指示被告乙取藥時，應親自核對藥劑容器之標籤外觀，或口頭詢問被告乙，以確認其準備注射之藥劑無誤；而被告乙在被告甲之指示下，為孕婦 L 實施麻醉注射時，亦應注意在取藥時，須核對藥劑容器之標籤外觀，以確認注射之藥劑無誤，避免危險之發生，且依其等智識、能力及當時況狀並無不能注意之情事，其二人竟均疏未注意及此。

被告甲於指示被告乙取藥時，未親自核對藥劑容器之標籤外觀，

或口頭詢問被告乙要求其確認所準備之藥劑無誤，而被告乙於準備藥劑時，亦疏未注意核對藥劑容器之標籤外觀，致其抽取藥劑時，誤將止血劑（Transamin）認為係麻醉劑（Marcaine）而抽取備用，並在對孕婦 L 施打腰椎麻醉時，將誤裝之上開止血劑打入 L 之腰椎內，雖於其後在被告甲之戒護下，轉往 V 醫院急救，惟 L 因腰椎麻醉錯用止血劑，致急性腦水腫合併腦疝形成，於同日凌晨 4 時 20 分許死亡，其體內之胎兒亦胎死腹中。

(二) 被告等回應

被告乙對於前揭犯罪事實供承不諱。

被告甲則矢口否認其業務過失致人於死之犯行。

被告甲辯稱：本件係因護士拿錯藥，非伊之過失，伊之指示正確，但護士拿錯藥，豈能要伊負責？在被告乙準備打針之前，伊在開刀房門口有問他準備好了沒有，針劑拿對了否？她說準備好了，伊才去做手術前的準備工作，因此被告乙拿錯藥，非伊所能注意，伊發現護士打錯藥後，已盡最大之能力挽救，雖無法救回孕婦及胎兒，但伊並無過失。

(三) 鑑定意見

1.醫審會鑑定結果

本案有行政院衛生署醫事審議委員（下稱醫審會）製作鑑定書共三份，鑑定意見大致歸納如下：

(1)針對麻醉護士實施麻醉注射之醫療行為時之注意義務說明：

按麻醉護士在醫師指示下，對孕婦實施麻醉注射之醫療行為時，本應注意於取藥時，須核對藥劑容器之標籤外觀，以確認注射之藥劑無誤，避免危險之發生。

(2)醫師指示合格護士準備麻醉藥物時之注意義務說明：

在麻醉手術實施前之取藥行為係屬醫療輔助行為，醫師在指示有適當訓練及經驗之合格護士準備麻醉用之藥物時，尚須親自核對藥劑容器之標

籤外觀，或口頭詢問護士，以確認其準備注射之藥劑無誤，避免危險之發生。

麻醉手術實施前之取藥準備行為是醫療輔助行為，此項工作可由醫師本人或護士執行，在醫師親自施打注射麻醉劑時，應注意確認注射之藥劑無誤，其注意範圍在於核對藥劑容器之標籤，或口頭詢問備藥護士確認，而醫師信賴有適當訓練及經驗之合格護士，指示其準備麻醉用之藥物，亦須口頭詢問備藥護士確認。

2.行政院衛生署解釋函

針對「麻醉係屬醫師法第二十八條第一項所稱之醫療業務行為」之解釋：

此項醫療業務行為原則上須取得合法醫師資格者始得為之，雖例外在醫療機構於醫師指示下之護士亦得為之（醫師法第 28 條第 1 項規定可參），惟在醫師指示護士為醫療業務行為之情況下，醫師對依其指示而為醫療業務行為之護士，自當負有指揮、監督之責。又在麻醉手術實施前之取藥行為係屬醫療輔助行為，醫師在指示有適當訓練及經驗之合格護士準備麻醉用之藥物時，尚須親自核對藥劑容器之標籤外觀，或口頭詢問護士，以確認其準備注射之藥劑無誤，避免危險之發生。

(四) 判決結果

臺灣新竹地方法院於民國 90 年 08 月 31 日作出判決，被告甲從事業務之人，因業務上之過失致人於死，處有期徒刑伍月，如易科罰金，以參百元折算壹日。緩刑參年。

被告乙因業務上之過失致人於死，處有期徒刑拾月，緩刑伍年。

(五) 判決理由

被告甲係甲診所之醫師（亦為該診所負責人），係以從事醫療行為為其業務之人；被告乙為經過受訓領有合格執照之麻醉護士。

1.被告乙成立業務過失致死罪之理由：

　　被告乙為一經過受訓領有合格執照之麻醉護士，在實施麻醉注射時，依其智識、能力及當時況狀並無不能注意之情事，詎其竟於準備藥劑時，疏未注意核對藥劑容器之標籤外觀，致其在抽取藥劑時，誤將止血劑認為係麻醉劑而抽取備用，並在對孕婦L施打腰椎麻醉時，將誤裝之止血劑打入L之腰椎內，致L因急性腦水腫合併腦疝形成，經急救無效不治死亡，其體內之胎兒亦腹死胎中，已如前述，則被告乙顯有過失，已至為明確。

2.被告甲成立業務過失致死罪之理由：

(1)針對被告甲違反其注意義務之說明：

　　依據行政院衛生署之解釋函，按麻醉原則上須取得合法醫師資格者始得為之，雖例外在醫療機構於醫師指示下之護士亦得為之，惟醫師負有監督之責。又取藥行為係屬醫療輔助行為，醫師尚須親自核對或口頭詢問護士藥劑容器之標籤外觀，以確認其準備注射之藥劑無誤。

　　被告甲理應注意及此，且依其智識、能力及當時況狀並無不能注意之情事，詎其竟疏未注意，既未親自核對藥劑容器之標籤外觀，亦未口頭詢問被告乙要求其確認所準備之藥劑無誤，致未能及時發現被告乙誤將止血劑認為係麻醉劑而抽取備用之情事。

(2)針對被告甲未盡其監督義務之說明：

　　雖被告甲於本院審理時辯稱：在被告乙準備打針之前，伊在開刀房門口有問他準備好了沒有，針劑拿對了否？她說準備好了，伊才去做手術前的準備工作。然查，被告甲在指示被告乙實施麻醉、取藥時，並未親自核對藥劑容器之標籤外觀，亦未口頭詢問被告乙要求其確認所準備之藥劑無誤等情，業據共同被告乙迭於偵審中供陳明確，其供稱麻醉藥品是被告甲的，由伊準備並注射入病患身上，過了2分鐘之久，病患表示難過，伊才想到是否剛剛經過之小姐把止血劑放在桌上，是否打錯藥了，這時伊出去告訴甲說其打錯藥，因為這二種藥劑的外觀很類似都是5 c.c的，又供稱伊在實施麻醉注射時，被告甲只探頭說可不可以，之後就沒有在場指示。

　　被告甲復供稱：因備藥是被告乙的工作，伊沒辦法監督，只是打完針後一直沒有麻醉的效果，伊才致電請問其他麻醉醫師，此時病患也出現過敏現象，這時被告乙發覺伊打錯藥了，這二種藥劑外觀有外包裝，因為這是經過消毒無菌的，應該在要使用時才將外包裝打開，否則就有被污染的可能，被告乙應該等伊換好衣服再實施麻醉的，是以，由被告甲之上開供述觀之，其始終未曾有過在護士被告乙備藥之時，親自或口頭與被告乙確認所抽取藥劑是否正確之陳述。

(3)針對被告甲舉醫生與藥劑師間之配搭情形為例，欲降低其監督責任之說明：

　　被告甲辯護人具狀為其辯稱：本案之發生係因被告乙誤以止血劑為麻醉劑施打入孕婦 L 脊髓，被告甲不知被告乙取錯藥劑，且在乙取藥之際，被告甲本身亦在準備開刀之前置工作，嗣見孕婦 L 於麻醉後之產生不適症狀，以為係過敏，除施打抗過敏針外，為治患者，已速找最好的麻醉醫師丙協助救治，並將病患送 V 醫院由婦產科主任救治，實已盡救治義務。又舉本案情形亦類似醫生與藥劑師間之配搭情形，被告甲不可能緊跟在同案被告乙旁監督其取藥是否正確，認為若依此情，仍認被告甲應擔負刑責，則所有醫生豈不人人自危，隨時憂懼有被判刑之虞，豈敢全力投入救人之舉，反而有礙病患權益。

　　經查，按醫師法第 28 條第 1 項明定醫療業務原則上須取得合法醫師資格者始得為之，護士僅例外在醫療機構於醫師指示下方得為之。另藥品調劑屬藥師之業務，藥師法第 15 條第 1 項第 2 款定有明文。

　　據此，藥品調劑本屬藥師之權限，非醫師所能置喙，是醫師對藥師有關藥品調劑之行為既無指示、監督之責，因此，對於藥師拿錯藥或劑量配錯之行為即無須負責，此乃為當然之理。但醫療業務本屬醫師之權限，其雖可於一定條件下委由護士執行，但乃須在醫師之指示下方得為之，護士並無單獨執行醫療業務之權限，是以，醫師在將原應由其親自執行之醫療業務交由護士執行時，即須對護士之行為負指示及監督之責自明，則在其未盡指示、監督之責致護士執行醫療業務有疏失，醫師即須對其監督不週

負責，**醫審員鑑定意見亦同此認定**，因此，辯護人引用醫師與藥劑師間之關係，作為類比本案醫師與護士間之關係，顯有類比錯誤之誤解。

(4)**針對被告甲、乙知醫療過失和病患死亡間有相當因果關係之理由：**

　　被告甲於指示被告乙取藥時，未親自核對藥劑之容器外觀，或口頭詢問被告乙準備藥劑是否無誤，致被告乙誤用藥劑，則被告甲顯未盡其監督之責，而可認有過失，尚難以其所謂信賴被告乙之經驗豐富，即可免除其上開監督之責，被告甲顯有監督疏失之過失，且上開誤用藥劑與被告甲於指示被告乙取藥時，未確認藥劑無誤等之過失行為與孕婦 L 之死亡，其間具有相當因果關係。從而，辯護人前揭辯解，亦不足採。

　　綜上，本案事證已臻明確，被告等犯行，均堪認定，應依法論科。

二、上訴審判決概述

(一) 第二審判決

　　被告甲於法定上訴期間向提出臺灣高等法院（第二審法院）上訴，二審法院維持第一審被告甲判決，而駁回上訴。第二審法院最後審理結果如下：

　　孕婦 L 係因腰椎麻醉錯打止血劑，致急性腦水腫合併腦疝形成，急救不治死亡，足見被告乙誤用藥劑，及被告甲於指示被告乙取藥時，未確認藥劑無誤等之過失行為，與孕婦 L 死亡間，具有相當因果關係。

　　被告甲於指示被告乙取藥時，未親自核對藥劑之容器外觀，或口頭詢問被告乙準備藥劑是否無誤，致被告乙誤用藥劑，被告甲顯有未盡監督責任之過失，自不得因被告乙係專業護士，即認被告甲並無過失。

　　藥品調劑依法係屬藥師之業務，醫師對藥師有關藥品調劑之行為，依法本無指示、監督之責，對於藥師拿錯藥或劑量配錯之行為，自無須負責。惟麻醉係屬醫師法第 28 條第 1 項所稱之醫療業務行為，依法應由具

有合法醫師資格之人為之；而在醫療機構於醫師指示下，始得由護士為之。則被告乙既僅具有護士資格，無論麻醉專業技術如何優良，依法仍須於醫師之指示下實施麻醉，被告甲亦有指示、監督之責。則醫療行為中之信賴關係，自應限於依法得獨立執行醫療業務人員，如上開醫師執行醫療業務與藥師從事藥品調劑間，始有適用。又被告乙雖係合格專業麻醉護士，然被告甲依法仍有指示監督之責。而被告甲於本院審理時亦自承：「6月29日當天晚上我診所準備生產的只孕婦 L 一人。當天晚上 10 點多時診所沒有其他急症病患候診。孕婦生產時除有關護士人員可進出外，其他人不得進出。」則被告於乙備藥麻醉時，並無其他急診病患，被告自無不能注意之情事。被告甲辯護人以被告乙為合格專業麻醉護士，對於被告乙錯取藥劑，無注意期待可能性，亦不足取。事證明確，被告甲犯行堪以認定。

(二) 第三審判決

　　被告甲對第二審判決提出上訴，第二審判決對上訴如何不足採，詳加說明指駁。所為論斷並非無據，難認有何違背法令之情形。再者，上訴意旨或徒憑己見，或援引情節不盡相符之其他個案偵、審結果，或學者之部分意見，任意指摘原審未援用信賴法則為其無罪之判決，有不適用法則之違法；或就原審採證認事職權之適法行使，及原判決已明白論斷之事項，任意指摘違法；或單純重為有無過失事實之爭辯，核與法律規定得為第三審上訴理由之違法情形，不相適合。應認其上訴違背法律上之程序，予以駁回上訴駁回，本案判決確定。

三、延伸思考

　　問題一：本件第一審、第二審法院均認為被告甲不得援引信賴原則而主張無監督過失之理由為何？

　　問題二：本件第一審法院對被告甲與被告乙科處不同刑罰，其量刑之考量

為何？能否依據刑罰高低而推論其過失程度？如，本案被告甲行為之過失程度低於被告乙行為之過失程度。

　　問題三：以本件案例事實而言，被告甲與被告乙在民法上成立共同侵權行為可能性很高，你認為，民事法院應如何計算兩人間應負擔之損害賠償金額？

四、判決來源

第七案　胎盤早期剝離未能及時處置案

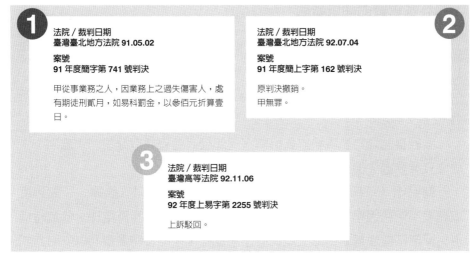

1

法院／裁判日期
臺灣臺北地方法院 91.05.02

案號
91 年度簡字第 741 號判決

甲從事務之人，因業務上之過失傷害人，處
有期徒刑貳月，如易科罰金，以參佰元折算壹
日。

2

法院／裁判日期
臺灣臺北地方法院 92.07.04

案號
91 年度簡上字第 162 號判決

原判決撤銷。
甲無罪。

3

法院／裁判日期
臺灣高等法院 92.11.06

案號
92 年度上易字第 2255 號判決

上訴駁回。

圖 7　胎盤早期剝離未能及時處置案歷審圖

資料來源：作者繪製。

一、第一審判決

(一) 公訴事實與起訴意旨

醫師甲係台北市立 W 醫院（下稱 W 醫院）婦產科醫師。民國 89 年 1 月 28 日上午 9 時 28 分許，告訴人即孕婦 X 因懷孕 32 週時下腹疼痛，至 W 醫院急診，由甲主治，並以安胎方式處理，孕婦 X 於同日下午 4 時 23 分產下死胎。

案經臺北地方法院檢察署檢察官提起公訴並聲請以簡易判決處刑，主張成立業務過失傷害罪之理由如下：

醫師甲（下稱被告甲）原應注意孕婦 X 臨床病徵（腹痛、子宮過度收縮及不明原因早產等），係胎盤早期剝離狀況應做及時處理，依當時情形，又無不能注意之情形，竟疏於注意及此，未能及時處置而以安胎方式處理，造成孕婦 X 於同日下午 4 時 23 分產下死胎，因認被告涉犯刑法第 284 條第 2 項之業務過失傷害罪。

(二) 被告回應

被告甲堅決否認有何業務過失傷害犯行，辯稱：

當時伊正在開刀，並無人通報孕婦 X 掛急診一事，孕婦 X 被推到產房時，由住院醫師作初步檢查，從孕婦 X 口述症狀判斷疑似早產，並且解釋必須裝置胎兒監視器，來偵測子宮收縮程度，當時伊正在開刀及接生另名產婦，並未實際接觸孕婦 X，迨處理完其他病例後，始獲通報有急診病患胎兒已經沒有心跳，請伊去察看，診斷結果才知胎兒已經死產，伊從接手到胎兒死產僅有短短 10 分鐘時間處理，在接手之前，醫院其他人員均有作適當處置，故孕婦 X 因胎兒死產造成傷害與伊無涉；又辯護人稱原審未命實際實施鑑定之人具結或詰問，逕將鑑定報告採為證據資料，亦有未當。

(三) 鑑定意見

本案有行政院衛生署醫事審議委員會（下稱醫審會）鑑定書一份，針對當時病歷記載及告訴人入院時以安胎處置有無違反醫療常規說明，摘要如下：

1. 「……根據當時病歷記載，子宮收縮頻率為 112 分鐘 1 次收縮，平均 20 秒，子宮頸開口 1 公分，胎兒心跳有早期收縮減緩現象，診斷為子宮內妊娠 32 週合併早產及疑似胎盤早期剝離。依據護理紀錄，10 時 30 分呈現早期心搏過緩，由被告甲診視後決定入院安胎……」。

鑑定意見因認本案告訴人表現腹痛、子宮過度收縮及不明原因早產，均為胎盤早期剝離之症狀，如在急診室診斷疑為早期剝離時應作及時處置，本案告訴人入院時以安胎處置，似有不當之處。

2. 「……胎盤剝離為產科急症，情況變化很大，常須與其他產科急症鑑別診斷，超音波僅供參考，依文獻記載，僅少數可據以診斷，主要以臨床症狀處斷（如腹痛、子宮過度收縮及不明原因早產等）……」。

(四) 判決結果

被告甲因業務過失傷害案件，經檢察官聲請以簡易判決處刑，臺灣臺北地方法院於民國 91 年 05 月 02 日作出判決，被告甲為從事醫療業務之人，其因業務上之過失傷害人，處有期徒刑貳月，如易科罰金，以參佰元折算壹日。

(五) 判決理由

法院認定被告甲醫師成立業務之過失傷害罪之理由如下：

本件犯罪事實及證據除有「對孕婦 X 緊急求診卻胎死腹中之病例紀錄的醫療專業鑑定」報告書，另中華民國婦產科專科醫師暨高雄市議會顧問之醫師 D 亦指出：「根據 W 醫院的病例護理紀錄，發現若干嚴重醫療誤判及過失」，其餘均引用檢察官聲請簡易判決處刑書之記載。

二、上訴審判決概述

(一) 臺灣臺北地方法院合議庭之第二審判決

　　被告甲對第一審判決提起上訴，臺灣臺北地方法院為第二審管轄法院，該院合議庭（下稱第二審法院）適用第一審通常程序判決，

　　被告甲堅決否認有何業務過失傷害犯行，辯稱：當時伊正在開刀，並無人通報孕婦 X 掛急診事，嗣孕婦 X 被推到產房時，由住院醫師作初步檢查，從孕婦 X 口述症狀判斷疑似早產，並且解釋必須裝置胎兒監視器，來偵測子宮收縮程度，當時伊正在開刀及接生另名產婦，並未實際接觸孕婦 X，迨處理完其他病例後，始獲通報有急診病患胎兒已經沒有心跳，請伊去察看，診斷結果才知胎兒已經死產，伊從接手到胎兒死產僅有短短 10 分鐘時間處理，在接手之前，醫院其他人員均有作適當處置，故孕婦 X 因胎兒死產造成傷害與伊無涉；又辯護人稱原審未命實際實施鑑定之人具結或詰問，遂將鑑定報告採為證據資料，亦有未當，等等。

　　依據審理結果，撤銷第一審判決，改諭知被告甲無罪，其判決理由，摘要如下：

1.針對被告甲未實際診治孕婦X之說明

　　孕婦 X 於 89 年 1 月 28 日上午 9 時 28 分赴 W 醫院急診掛號，經認非屬於需留置於急診室處置之情形，由檢傷人員電話告知產房護理人員情況，於同日上午 9 時 35 分許由傳送人員護送至產房，並通知當日值班住院醫師乙診視，協助醫師作各種檢驗或檢查，於 9 時 40 分許由護理人員戊協助裝置胎兒監視器，以評估子宮收縮及胎兒心跳狀況。

　　在胎兒監視器監測後 5 至 10 分鐘後，護理人員評估胎心音變異性較不明顯，即協助其左側臥，並報告醫師乙實際診治，依其醫囑給予 O₂ cannula 3L/min 使用，繼續監測 30 分，俟同日上午 10 時 30 分許，因胎心音頻率持續偏低，護理人員即通報醫師乙以超音波為孕婦 X 檢查，未察覺胎兒心跳，始通報擔任主治醫師之被告甲確認胎兒已無心跳等情，據

證人丙證稱：「當時孕婦 X 已裝上胎心器約 3、40 分鐘，我查覺其子宮收縮頻率密集，心跳速率呈現心搏過緩情形，經詢問孕婦 X 懷孕週數，發現僅懷孕 32 週，尚未足月，立刻將胎心器報告撕下拿給醫生乙看，當時被告甲在產房內接生，經兩位醫生討論後決定將孕婦 X 收院安胎，並將孕婦 X 從待產區轉入安胎區，準備幫孕婦 X 施打安胎針，在還沒有施打前，胎兒的心跳就逐漸轉弱，由另一名護士呼叫醫生乙幫孕婦 X 進行超音波診斷，察覺胎兒心跳漸漸消失，醫生乙就趕快呼叫被告甲來處理，被告甲趕到後，就發現小孩沒有心跳了」，其間伊是跟被告甲報告，但是係乙醫生回答伊。

2.針對證人乙為實際診治孕婦X的醫師說明

核與證人醫師乙之證述：「急診室電話通知孕婦 X 大約懷孕 32 週，有腹痛現象，當時我在產房，遂請急診部人員推孕婦 X 上來，經我診治後，指示護士替孕婦 X 安裝胎心器，接著我去待產室工作，後來接到護士的電話，稱孕婦 X 的胎兒之胎心音變異性比較差，問我如何處理，我在電話上直接指示為孕婦 X 裝氧氣，並請孕婦 X 左側臥，再持續觀察，後來我協助被告進行接生工作時，護士丙將撕下的胎心音報告拿給我看，至於被告有無看到我不曉得，我看到報告後，並未判斷胎兒有窘迫情形，就認為要安胎住院，經詢問被告的意見後，護士就通知孕婦 X 住院，我與被告當時仍在為其他產婦接生，接生完畢後，我就填寫病歷，而被告回到開刀房繼續工作，當我在寫病歷時，護士稱孕婦 X 的胎兒有問題，我用超音波為孕婦 X 檢查，已經找不到胎兒心跳」等語，大抵相符，足見被告甲在接獲住院醫師乙通知胎兒狀況有異前，並未對孕婦 X 及其胎兒診治。是被告甲當時辯稱：伊並未實際診治孕婦 X，俟處理完其他病例，始接獲通報，即屬有徵，應非子虛。

3.實際與孕婦X接觸之醫護人員未將全盤狀況通報被告甲之說明

被告甲於同日上午 9 時 5 分許起，迄 10 時 50 分許止，均為其他病患進行手術及接生，在護士拿報告給醫師乙看時，被告甲正在為其他產婦縫合會陰。證人丙雖證稱：伊曾向包括被告甲在內之二位醫師報告胎兒的

問題，經兩位醫師討論後決定，然被告甲辯稱：當時護士是拿胎心音表給乙看，也是乙在處理，乙判斷是早產，他問我該如何處理，我當時以為他向我請益，我直覺反應回答應作安胎，才會作早產的處置，核與證人乙證述：伊協助被告甲進行接生工作時，護士將撕下的胎心音報告給伊看，伊並未判斷胎兒有窘迫情形，認定應採安胎住院，經詢問被告甲的意見後，護士就通知孕婦 X 住院等情，若合符節，證人丙亦證述：「伊是跟被告甲報告，但係乙醫生回答我」。足見被告甲辯稱當時以為護士係向乙報告孕婦 X 節，即非全然無因，參以乙係領有醫師執照之醫師，對於一般產科常見之早產症狀應可正確判斷，如超出其能力所及，亦應即時向第二線主治醫師反應，在醫師乙並未認定孕婦 X 胎兒有呼吸窘迫情形，判斷僅有早產症狀之情況下，實難苛求被告甲將仍在進行手術中之其他病患棄置不顧，而對經住院醫師通報係早產症狀之孕婦 X 採取緊急救護措施，遽謂被告甲之行為有何疏失可言。

4.針對鑑定意見所憑之前提事實與法院認定不同之說明

醫審會鑑定意見固認本案孕婦 X 表現腹痛、子宮過度收縮及不明原因早產，均為胎盤早期剝離之症狀，如在急診室診斷疑為早期剝離時應作及時處置，孕婦 X 入院時以安胎處置，似有不當之處，然被告甲在接獲住院醫師乙通知胎兒狀況有異前，既未實際對孕婦 X 及其胎兒診治，是該鑑定報告所依憑之前提事實，即與本院前開認定有異，已難作為不利被告之認定，本案被告甲既未實際對孕婦 X 臨床診斷，實際與孕婦 X 接觸之醫護人員復未將孕婦 X 全盤狀況通報被告甲，被告甲亦查無違反 W 醫院產科急診作業標準規範，即難認其事後接獲通報後之處置行為，與本案孕婦 X 胎死腹中結果，有何相當因果關係存在，既未接獲通報，並未對孕婦 X 為臨床診斷，又係忙於處理其他病患，並無廢弛其主治醫師職務或對孕婦 X 之醫療行為有何疏失，自難令其就其他醫護人員對於孕婦 X 之處置負刑事責任。

5.鑑定報告採納為證據資料之說明

辯護人稱原審未命實際實施鑑定之人具結或詰問，逕將鑑定報告採為

證據資料，亦有未當，復查，按法院或檢察官得囑託醫院、學校或其他機關為鑑定，或審查他人之鑑定，刑事訴訟法第 208 條第 1 項定有明文。又依同條第 2 項規定可知，刑事訴訟法第 202 條鑑定人應於鑑定前具結之規定，並不在上開鑑定程序準用之列。是以原審根據檢察官囑託行政院衛生署醫事鑑定委員會所為鑑定，且未經實際實施鑑定之人具結或詰問，並不違反法律規定，自得採為證據資料，此有最高法院 75 年度台上字第 5555 號判例供參照。

　　綜上所述，臺灣高等法院認為本案依現存證據資料，不足為不利於被告事實之認定，根據「罪證有疑，利於被告」法則，應為有利於被告之認定，原審未予詳察，遽以論處被告甲涉犯刑法第 284 條第 2 項業務過失致傷罪刑，尚有未洽。

(二) 臺灣高等法院之第二審判決

　　檢察官對地方法院合議庭諭知被告甲無罪之第二審判決不服，上訴至臺灣高等法院。其判決理由重點如下：

　　被告甲於本院調查中供稱：依產科急診作業規範，主治醫師並不包括在內，是屬待命性質，通常是由第一線的值班住院醫師處理，若他們不能處理，才會通知我們去處理，是公訴人認為伊沒有於第一時間去處理，是因伊根本不知有此病人，等伊接到通知時已經 10 時 30 分了；且為產婦縫會陰並非不重要的工作，因此時產婦多半會有出血狀況，伊先為其他產婦處理會陰出血縫合後，再處理孕婦 X 當時伊認為的早產情形並無不當等語，經核亦與前開證人即住院醫師乙、證人即產房護理師於原審調查中之證述相符，且本件病例並非短時間內可診斷出，此依前開行政院衛生署醫事審議委員會鑑定意見對此病症之說明即可得知，是依產科急診作業準規範觀之，被告甲應已盡其注意義務。是其所辯尚非虛妄。

　　綜上所述，本案依現存證據資料，尚不足為不利於被告事實之認定，根據「罪證有疑，利於被告」法則，即應為有利於被告之認定，此外復查無其他積極證據，證明被告犯罪，原審本同上之見解，以不能證明被告犯

罪，而為被告無罪之諭知，核無不當，公訴人上訴執上詞指摘原判決不當
為無理由，應予以駁回。

三、延伸思考

問題一：依據本件鑑定意見與案例事實分析，本件被告甲以外之其他醫師
醫療過程是否存在錯誤診斷或延遲診斷？

問題二：本件臺灣高等法院所為第二審判決引據急診產科處置作業標準規
範認定被告甲已盡其注意義務。試問，該作業標準規範內是否有關於主治醫師
對住院醫師之指導、監督規範？

問題三：本件第一審判決是以簡易判決為之。其依據為刑事訴訟法第449
條第1項「第一審法院依被告在偵查中之自白或其他現存之證據，已足認定其
犯罪者，得因檢察官之聲請，不經通常審判程序，逕以簡易判決處刑。但有必
要時，應於處刑前訊問被告」。由本件相關卷證可知，被告甲未於偵查中之自
白，檢察官係以「其他現存之證據，已足認定其犯罪」為由，聲請簡易判決處
刑。試問，究竟檢察官當時有哪些證據「已足」認定其犯罪？

四、判決來源

第八案　車禍腹傷治療案

① 法院／裁判日期
臺灣高雄地方法院 91.07.05
案號
89 年度自字第 126 號判決

甲從事業務之人，因業務上之過失致人於死，
處有期徒刑陸月，如易科罰金，以參佰元折算
壹日。

② 法院／裁判日期
臺灣高等法院高雄分院 92.09.24
案號
92 年度上訴字第 7 號判決

上訴駁回。

③ 法院／裁判日期
最高法院 95.04.21
案號
95 年度台上字第 2185 號判決

原判決撤銷。
發回臺灣高等法院高雄分院。

④ 法院／裁判日期
臺灣高等法院高雄分院 95.09.18
案號
95 年度上更 (一) 字第 148 號判決

原判決撤銷。
甲無罪。

⑤ 法院／裁判日期
最高法院 95.11.30
案號
95 年度台上字第 6633 號判決

原判決撤銷，
發回臺灣高等法院高雄分院。

⑥ 法院／裁判日期
臺灣高等法院高雄分院 96.05.28
案號
95 年度醫上更 (二) 字第 6 號判決

原判決撤銷。
本件自訴不受理。

圖 8　車禍腹傷治療案歷審圖

資料來源：作者繪製。

一、第一審判決

(一) 自訴事實與意旨

　　醫師甲（下稱被告甲）係高雄 C 醫院（下稱 C 醫院）腦神經外科主治醫師。病患 H 於 88 年 9 月 5 日酒後騎機車撞上橋墩受傷昏迷，於當日 14 時 50 分許送至 C 醫院急診室急救，經急診醫師照會骨科及腦神經外科醫師會診後，由被告甲將病患 H 收入該科病房診治。

　　病患 H 入院時除受有左額骨折併腦部蜘蛛膜下腔出血、顏面部撕裂傷及右恥骨、右股骨、右脛骨骨折等外傷，腹腔內空腸（小腸前段）在 Treifz 韌帶以下約 40 公分處亦有破裂傷處，且其腹部之傷勢，前經骨科醫師至急診室會診時，已診察出腹部僵硬、腹肌防衛等疑似腹內受傷現象，並於骨科會診單內載明應照會一般外科醫師會診以排除腹部內受傷之處置建議，後於病患 H 收入腦神經外科病房時，亦經住院醫師診察發現病患 H 之腹部有輕度硬、腸音低等疑似腹部鈍傷診療紀錄。

　　被告甲就病患 H 左額骨折腦內出血部分施行顱部切開復位、硬腦膜修補及腦部清創止血等手術治療（另由外科醫師同時施以上嘴唇撕裂傷之修補縫合手術）。手術後翌日 15 時許病患 H 經家屬轉診至國軍高雄 G 醫院（下稱 G 醫院；因病患當時為現役軍人，家屬基於醫療費用考量轉院）。

　　9 月 7 日 7 時許，病患 H 因心跳變快、血壓下降，腹部呈硬板狀並有腹肌防衛現象，經 G 醫院醫師以腹部超音波檢查見右側橫膈下有積液及疑似脾臟破裂，於同日 10 時許進行剖腹探查術，病患 H 在術後於同月 15 日死亡。

　　案經病患 H 之父 A 提起本件自訴：被告甲身為病患 H 之主治醫師，對於病患 H 身體各處之傷處，自應注意為必要之臨床檢查、檢驗，俾得及時發現施以必要救治，其明知病患 H 前經骨科醫師及該科住院醫師檢查均已發現有腹部僵硬、肌肉防衛性反應等腹內臟器受傷徵兆，本應注意探知發覺病患 H 腹部之傷勢並施以必要治療，並能注意，且在病患 H 入

院後意識雖呈昏迷狀態下，仍可藉由會診一般外科專科醫師或為病患作腹部電腦斷層、超音波檢查等協助發現傷情，亦無不能發現情況下，竟未會診一般外科專科醫師，亦未對病患作腹部電腦斷層或超音波檢查，致未察覺此部分病情，而僅就病患 H 左額骨折腦內出血部分施行顱部切開復位、硬腦膜修補及腦部清創止血等手術治療（另由外科醫師同時施以上嘴唇撕裂傷之修補縫合手術）。

至手術後翌日 15 時許，病患 H 經家屬轉診至 G 醫院前，始終未發現其腹部之傷情，未就此部分傷勢施以任何治療，導致病患 H 腹部傷勢惡化，至 9 月 7 日 7 時許，病患 H 因心跳變快、血壓下降，腹部呈硬板狀並有腹肌防衛現象，經 G 醫院醫師以腹部超音波檢查見右側橫膈下有積液及疑似脾臟破裂，於同日 10 時許進行剖腹探查術，始發現前揭空腸破裂傷處，但已延治數日，小腸極度腫大與水腫，腹腔內已堆積大量黃棕色污濁液體，病患 H 在術後併發急性腎衰竭廢水腫及疑似廣泛血管內凝血，經緊急救治，仍於同月 15 日因腹腔內敗血症不治死亡。

(二) 被告回應

被告甲坦承病患 H 於 88 年 9 月 5 日因車禍受傷入 C 醫院急診，經會診後由其決定將病患 H 收入該科病房負責施以開顱手術治療，病患 H 於手術後翌日轉診至 G 醫院，於當月 15 日因腸道破裂傷引發腹腔內敗血症不治死亡，其於診治期間未發現病患 H 腹內亦有受傷，未對其腹部病情施以治療等事實。惟否認對病患 H 之死亡應負醫療過失責任，辯稱：

當時是其科室之住院醫師乙到急診室會診後，由其決定將病患 H 收至該科住院施行開顱手術。手術前，有請一般外科醫師就病患腹部病情會診，一般外科醫師會診結果認為病患 H 腹部沒有問題，且依護理紀錄及患病腹部顯示無異狀，伊才未再檢查病患 H 腹部，病患 H 手術後轉診至 G 醫院，亦係其聯絡 G 醫院醫師協助轉診，伊對該名病患 H 已善盡醫療職責，並無過失。

(三) 鑑定意見

本案有行政院衛生署醫事審議委員會（下稱醫審會）鑑定意見摘要如下：

醫審會鑑定意見第二點可按：……醫師甲當時對病患 H 所施行之醫療行為，雖然主要針對病患 H 頭部骨折內出血傷勢進行開顱手術，然其既將病患 H 收入該科病房，身為病患 H 之主治醫師，對病患 H 當時身體所存在之各部傷處，自當應併予注意觀察、探知，並為必要之醫療處置，而病患 H 入院時腹部之傷情，既曾經骨科醫師會診及腦神經外科醫師發現有腹部僵硬、肌肉防衛等腹內受傷跡象，且被告甲亦自陳知悉骨科會診結果，其就病患 H 腹內有無受傷疑點，自更應提高警覺善盡必要注意探知義務，且此部分病情，在病患 H 當時呈現昏迷狀態下，仍可藉由會診一般外科專科醫師或作腹部電腦斷層、超音波檢查等幫助判明，……，顯然依病患 H 當時之情況，亦非不能發現其腹內之傷勢。

(四) 判決結果

臺灣高雄地方法院於民國 91 年 07 月 05 日作出判決，被告甲從事業務之人，因業務上之過失致人於死，處有期徒刑陸月，如易科罰金，以參佰元折算壹日。

(五) 判決理由

病患 H 初入 C 醫院急救時，急診醫師照會骨科醫師會診結果，即曾發現病患 H 有腹部僵硬、腹肌防衛等疑似腹內受傷現象，骨科醫師並於會診單內載明應照會一般外科醫師會診以排除腹部內受傷之處置建議，且其隨後被收入腦神經外科病房開刀前，亦曾經該科住院醫師診察發現病患 H 之腹部有輕度硬、腸音低等疑似腹部鈍傷診療紀錄，並於住院須知（NS Note）上記載擬照會一般外科醫師評估之處置計畫等情，亦有 C 醫院病歷內附之骨科會診單、急診病歷、神經外科住院須知（NS Note）在卷足稽，被告甲對前揭診察紀錄亦不爭執，顯然病患 H 初入 C 醫院急救時，

已有腹部僵硬、肌肉防衛等顯示腹內受傷之徵狀出現，亦為事實，參核病患 H 車禍後第三日經 G 醫院醫師剖腹發現上開傷處時，小腸已極度腫大與水腫，腹腔內亦堆積大量黃棕色污濁液體，有前揭 G 醫院病歷、病患 H 死亡相驗卷宗、相驗屍體證明書等可明，足認病患 H 初入 C 醫院治療時，除受有左額骨折併腦部蜘蛛膜下腔出血、顏面部撕裂傷及右恥骨、右股骨、右脛骨骨折等外傷，其腹腔內腸道亦受有前開破裂傷勢之事實，應堪肯認。

　　被告甲對病患 H 所施以之醫療行為，僅就病患 H 左額骨折腦內出血部分施以顱部切開復位、硬腦膜修補及腦部清創止血等手術治療（手術期間另由外科醫師同時施以上嘴唇撕裂傷之修補縫合手術），至其腹部傷勢部分，被告甲因未察覺此部分病情存在，乃至於手術後翌日（即 6 日）15 時許病患 H 經家屬轉診至 G 醫院前，始終未施以任何治療，為被告甲所坦認。

　　被告甲當時對病患 H 所施行之醫療行為，主要針對病患 H 頭部骨折內出血傷勢進行開顱手術，然其既將病患 H 收入該科病房，身為主治醫師，對病患 H 當時身體所存在之各部傷處，自當應併予注意觀察、探知，並為必要之醫療處置，而病患 H 入院時腹部之傷情，既曾經骨科醫師會診及腦神經外科醫師發現有腹部僵硬、肌肉防衛等腹內受傷跡象，且被告甲亦自陳知悉骨科會診結果，其就病患 H 腹內有無受傷疑點，自更應提高警覺善盡必要注意探知義務，且此部分病情，在病患 H 當時呈現昏迷狀態下，仍可藉由會診一般外科專科醫師或作腹部電腦斷層、超音波檢查等幫助判明，亦為本院函請醫審會鑑定被告有無醫療疏失之鑑定書載明，顯然依病患 H 當時之情況，亦非不能發現其腹內之傷勢。

　　足見依當時情形亦無不能注意之情事，竟疏未注意提高警覺會診一般外科專科醫師或作腹部電腦斷層、超音波等適當檢查，致未察覺此部分病情，乃至於病患 H 轉診前，始終未發現病情，故而未能及時施以治療，被告對病患 H 腹部傷情之漏診確有過失，洵堪肯定，且本院函請醫審會鑑定結果，亦認為被告甲之醫療過程確有疏失之處。

病患 H 腹內空腸之破裂傷處，轉診至 G 醫院醫師剖腹始被發現，因距其車禍發生受傷，已拖沿數日未治療，致小腸極度腫大與水腫，腹腔內亦已堆積大量黃棕色污濁液體，手術後併發急性腎衰竭、肺水腫及疑似廣泛血管內凝血，於同月 15 日因腹腔內敗血症不治死亡，有前揭 G 醫院病歷、病患 H 死亡相驗卷宗、相驗屍體證明書等可明，又腹腔內敗血症為病患 H 死因，亦經空軍後勤司令部法醫官鑑定確認，並有鑑定書附於上開相驗案卷足稽，從而，病患 H 因被告未能及時診察出腹部病情，延誤第一救治時機，導致病情惡化引發腹腔內敗血症死亡，被告之醫療疏失與病患 H 之死亡，確有相當因果關係，誠臻明確……綜上所述，本件事證明確，被告犯行堪以認定。

二、上訴審判決概述

(一) 第二審判決

臺灣高等法院高雄分院維持第一審判決。上訴駁回。

被告身為病患 H 之主治醫師，對於病患 H 入院時身體各處傷處，自應注意為必要之臨床檢查、檢驗，俾得及時發現施以必要救治，且其明知病患 H 前經骨科醫師及該科住院醫師檢查均已發現有腹部僵硬、肌肉防衛性反應等腹內臟器受傷徵兆，更應注意探知發覺病患 H 腹部之傷勢俾施以必要治療；又按病患 H 被送入高雄 C 醫院後雖已呈意識昏迷狀態，但其腹部之傷勢，仍可藉由會診一般外科專科醫師或為病患作腹部電腦斷層、超音波檢查協助發現傷情，此亦經前開醫事審議委員會鑑定意見明確，足見依當時情形亦無不能注意之情事，竟疏未注意提高警覺會診一般外科專科醫師或作腹部電腦斷層、超音波等適當檢查，致未察覺此部分病情，乃至於病患轉診前，始終未發現病情，故而未能及時施以治療，被告對病患 H 腹部傷情之漏診確有過失，被告猶謂無過失，自非可採。

又腹腔內敗血症為病患 H 死因，亦經空軍後勤司令部法醫官鑑定確

認，並有鑑定書附於上開相驗案卷足稽，從而，病患 H 因被告未能及時診察出腹部病情，延誤第一救治時機，導致病情惡化引發腹腔內敗血症死亡，被告之醫療疏失與病患 H 之死亡，確有相當因果關係，誠臻明確，前開醫事審議委員會鑑定意見末尾以病患之傷勢嚴重，質疑被告醫療過程縱使無疏失能否挽回病患生命仍有可議之見解，應係臆測之詞，尚無從資為有利被告之認定。綜上所述，本件事證明確，被告犯行堪以認定。

(二) 第三審判決

原判決撤銷，發回臺灣高等法院高雄分院。

上訴人為病患之主治醫師，其他醫師所為對病患施作腹部電腦斷層掃描與否之意見，係基於醫療過程之分工而由該醫師決定之事項？抑或僅屬建議之性質，仍應由主治醫師即上訴人為是否施作腹部電腦斷層掃描之最終決定？攸關上訴人有無疏懈其業務上注意義務之認定，自有調查釐清之必要。原判決未予究明，遽認上訴人於病患 H 醫療過程中有業務上之過失，自有應於審判期日調查之證據而未予調查之違法。

原判決對此有利上訴人之證詞，如何不足採，未為說明，遽以病歷上無會診之記載，醫師丙、醫師乙、醫師丁之證詞之可信性，即存有合理之可疑而悉予摒棄，自有理由不備之違誤。

原判決未依其聲請送鑑定，復未說明無庸再送鑑定之理由，亦有理由不備之違法。以上或為上訴意旨所指摘，或屬本院得依職權調查之事項，應認原判決有撤銷發回更審之原因。

(三) 更一審判決

原判決撤銷。甲無罪。

被告甲是腦科醫師，病患送抵急診室後之 40 分鐘內，即受通知前往開刀房為病患做腦部開刀手術，於同日 19 時 5 分開刀完畢送到加護病房，夜間起由加護病房醫師、護士照顧，被告甲從受通知到開刀手術完畢可謂快速，其開刀完後之夜間，病患移由加護病房醫師、護士照顧，翌日

（6日）上午 9 時 50 分被告甲經家屬要求聯絡 802 醫院要轉院，於當日 15 時病患轉院到 802 醫院，被告甲之醫療過程短暫，並快速完成腦部開刀手術，手術後病患送加護病房由其他醫師負責觀察，尚難謂被告甲有何過失可言。

更一審法院採信被告甲以下之辯稱：我是被會診去做開顱手術之醫師，不是辦理會診之醫師，病患腹部是否受傷，不是我辦理會診等語。據此，更一審法院認定以下事實：高雄 C 醫院急診病患係由急診醫師通知該科醫師前來會診，就病患而言，被告甲係被通知前來會診而非負責會診之醫師。至急診醫師是否通知一般外科醫師處置病患腹部傷害，應與被告甲無涉。

綜上所述，依高雄 C 醫院會診作業準則第 2.2 條規定：急診病患經診治醫師處置後，認需要他科醫師之意見或處置時，得通知該科醫師前來會診，又依證人即醫師丙、醫師戊亦稱是由急診的醫師來決定會診，被告甲是經其他醫師通知來會診做開顱手術，被告甲是腦科醫師，於病患送抵急診室後之 40 分鐘內，即受通知前往開刀房為病患做腦部開刀手術，於同日 19 時 5 分開刀完畢送到加護病房，夜間起由加護病房醫師、護士照顧，又開顱手術後的觀察是由醫師丙及醫師乙負責，並非由被告甲負責，又一般外科的腹部鈍傷處理程序優先於開顱手術，證人即一般外科醫師醫師丁亦證稱：我對病患 H 病患做觸診、聽診及作腹部超音波，診察結果病患並無腹部出血，初步的病理學檢查腹部並無異狀，不需緊急開刀處理等語，被告甲因有其他醫師處認腹部無異狀才於當日下午做緊急開顱手術，翌日早晨又由於家屬要求轉院，被告甲即於上午 9 時 50 分聯絡 802 醫院辦理轉院，被告甲之醫療過程短暫，並快速完成腦部開刀手術，手術後病患由其他醫師負責觀察，病患病情之變化，應由加護病房或負責觀察之醫師處理，術後翌日病患家屬又一大早要求轉院，尚難謂被告甲有何過失可言，此外復查無其他確切證據證明被告甲有何醫療疏失情事，其犯罪即屬不能證明。

原審不察，遽予論科，尚有未洽，被告甲上訴指摘原判決不當，為有

理由，自訴人上訴指摘原判決量刑過輕，雖無理由，惟原判決既有可議，自應予撤銷改判，改為被告甲無罪之判決，以免冤抑。

(四) 更一審第三審判決

最高法院認為，依據本件二次鑑定結果，咸認被告甲之醫療過程確有不周之處。原判決（更一審判決）對此不利於被告甲之證據資料，如何不足以證明被告甲犯罪，棄置不論，洵有判決理由不備之違背法令。因此，撤銷更二審法院之第二審判決，發回臺灣高等法院高雄分院更審。其理由如下：

原判決引據證人醫師乙、醫師丙、醫師丁等醫師有關：醫師丁有到急診室會診，及對病患作超音波檢查，未發現其有腹內出血現象之證詞，認定被告甲已排除病患腹部受傷之可能，而採為被告甲有利之判斷。然遍觀高雄 C 醫院之全部病歷，似無被告甲及證人所稱之醫師丁會診紀錄可資佐證，護理紀錄內亦無由一般外科醫師會診之相關記載可考。反觀當時曾參與會診之骨科醫師戊明確將會診結果（Abdomen:rigid muscle guarding，即「腹部僵硬，肌肉防衛性反應」）及處置建議（consult G/S for rule-out intra-abdominal lesion，即應「照會一般外科以排除腹部內受傷」）記載於會診單附存在病歷內。另醫師丙至急診室會診時亦於急診病歷及急診室醫囑單上記載其會診結果及處置（mild hard……；consult GS DR.for evaluating，即有「腹部輕度硬、腸音低」之現象，並「懷疑有腹部鈍傷」，且建議「照會一般外科醫師評估」）等情，除經醫師丙證述在卷，並有急診病歷及急診室醫囑單可參。倘若被告甲確曾至急診室會診，並以腹部超音波檢查病患腹部，何以未製作任何病歷紀錄及留存施作超音波之照片或圖像以供核稽？再按「醫師執行業務時，應製作病歷，並簽名或蓋章及加註執行年、月、日。」、「前項病歷，……其內容至少應載明……檢查項目及結果、診斷或病名、治療、處置或用藥等情形及其他應記載事項。」；又「醫療機構應督導其所屬醫事人員於執行業務時，親自記載病歷或製作紀錄，並簽名或蓋章及加註執行年、月、日。」、「醫囑

應於病歷載明或以書面為之。但情況急迫時，得先以口頭方式為之，並於二十四小時內完成書面紀錄。」，醫師法第 12 條、醫療法第 68 條分別定有明文。依前揭規定，醫師於執行業務時，即應製作病歷或紀錄，於急診室之診療及檢查，如有情況急迫時，仍應於 24 小時內完成書面紀錄，似無得許便宜行事，任意不製作病歷或紀錄之裁量空間。參以證人即高雄 C 醫院護理人員己於第一審法院審理時證稱：醫生看診，一般都會記錄；如醫生有作腹部紀錄，正常情形會記載，但是大部分都是醫生照過超音波後列出圖照，其再把它（指超音波圖照）釘在醫囑單上等語。可徵醫師製作病歷、留存檢查紀錄似亦為該院醫療過程之常態作業處理模式。是醫師丁苟確曾會診及為病患施以腹部超音波檢查，則係基於何種因素，竟違反醫師法及醫療法前揭規範，並悖於該院之醫療常態作業處理模式，而未予填載病歷並留存相關檢查紀錄？究其實情為何？箇中有無隱情？攸關被告甲於本件醫療過程中，有無疏怠注意義務之判斷，自有深入查明探究之必要。原審未遑詳予剖析勾稽、根究明白，遽行判決，尚嫌速斷，併有調查職責未盡及理由不備之違誤。

若均屬實，似係由醫師乙決定取消對病患 H 施作腹部電腦斷層掃描。被告甲為病患 H 之主治醫師，其他醫師所為對病患施作腹部電腦斷層掃描與否之意見，究係基於醫療過程之分工而得由該醫師決定之事項？抑或僅屬建議之性質，仍應由主治醫師即被告甲為是否施作腹部電腦斷層掃描之最終決定？攸關被告甲有無疏懈其業務上注意義務之認定，併有調查釐清之必要。本院前次發回意旨已詳細指明，原判決仍未就此詳予研求，其瑕疵仍然存在。

(五) 更二審判決

本件經最高法院第二次發回更審後，高等法院撤銷原判決，判決本件自訴不受理。理由為，按自訴之提起應委任律師行之；自訴人未委任代理人，本件自訴自非適法，爰依刑事訴訟法第 329 條第 2 項規定，撤銷第一審之實體判決，諭知自訴不受理。

三、延伸思考

問題一：本件身為主治醫師之醫師甲是否得以住院醫師收治病人後之評估而免除其本身應盡之注意義務？

問題二：本件之二份鑑定意見均對醫師甲不利，但臺灣高等法院高雄分院之更一審判決卻為醫師甲無罪判決，其主要理由為何？

四、判決來源

第九案　Aminophylline用藥急救案

1 法院／裁判日期
臺灣高雄地方法院 91.07.24

案號
90 年度易字第 3646 號判決

甲從事業務之人，因業務上之過失傷害人致重傷，處有期徒刑壹年。

2 法院／裁判日期
臺灣高等法院高雄分院 93.02.19

案號
91 年度上易字第 1284 號判決

上訴駁回。
甲緩刑參年。

圖 9　Aminophylline 用藥急救案歷審圖
資料來源：作者繪製。

一、第一審判決

(一) 公訴事實與起訴意旨

　　醫師甲係高雄縣 F 醫院（下稱 F 醫院）醫師。病患 L 於民國 89 年 1 月 8 日、10 日、11 日、14 日、15 日、17 日及 18 日，因胸部不適及上腹部不適等症狀，分別於前開時間，即在 3 週內密集前往 F 醫院就診 7 次，復於同年月 22 日上午 11 時 30 分許，亦因前開症狀身體不適，自行騎車前往 F 醫院求診，而醫師甲係當日為病患 L 診治之醫師。經其看診後開立處方、予以藥劑；病患 L 出現「胸悶、胸痛、呼吸困難及冒冷汗」之症狀，而將病患 L 轉診至設於高雄縣 J 醫院。

　　同日中午 12 點 15 分許，病患 L 轉診到達「J 醫院」時，已無心跳、呼吸等生命現象，經 J 醫院以 X 光檢視，病患 L 有心臟擴大合併肺血管鬱血，予以急救治療後恢復心跳、血壓，仍因「急性肺水腫併腦部缺氧」等傷害，致全身癱瘓，呈植物人狀態。

　　案經台灣高雄地方法院檢察署指定病患 L 之子為代行告訴人，檢察官偵查、起訴指出：

　　醫師甲（下稱被告甲）本應依其執業醫師之注意義務，依據病患 L 之病情予以診斷，並為適當之治療，並應注意施用 Theophylline 之衍生物「Aminophylline injection」，其成分具有冠狀動脈擴張作用，且有緩解支氣管肌痙攣之作用，對於支氣管氣喘有良好之效果，氣喘發作而無法判定係支氣管性或心臟性時可使用，但 Deca 皮脂類固醇可能與胃潰瘍之發生、復發、穿孔、出血、及延遲癒合有關，有消化性潰瘍患者應謹慎使用，並「Aminophylline injection」對廓清率較低之病患如 55 歲以上病患尤其是男性，使用一般劑量可能出現高血中濃度，其毒性之表現並不是先由較輕微的症狀（如噁心、焦慮不安）開始，而是「立即出現心室性心律不整、痙攣，甚至死亡」，應依病患 L 主訴詳細檢查其身體狀況是否適

合注射該等針劑，又施予針劑後，應注意病患之病情是否會發生變化，且對緊急傷病患，應即檢視，並依其醫療能力予以救治，或採取必要措施，不得無故拖延，如無法提供適切治療時，應先作適當處置，並協助安排轉診至適當之醫療機構或報請救護指揮中心協助。

被告甲在病患 L 主訴有「胸部不適、頭痛、上腹痛、腹脹、打嗝、高血壓、頭昏」等症狀後，應注意、能注意，竟疏未注意冠狀動脈疾病，乃是胸部不適症狀最重要之鑑別診斷之一，未依據病症加以診斷，而未進行任何身體理學等相關檢查之鑑別診斷，為適當之治療，復未注意病患 L 之身體狀況而率施予「Aminophyllinein jection」之針劑，且未注意病患 L 病情是否會發生變化，未囑醫護人員在場密切注意其血壓、心跳變化情形，如有不良反應，可掌握時間迅速急救，且依被告甲自身之專業智識、能力亦無不能注意之情事，竟疏未確實注意及此，即貿然開立處方為病患 L 施以「Aminophylline injection」之針劑，迨病患 L 出現「胸悶、胸痛、呼吸困難及冒冷汗」之症狀時，又在無法提供適切之治療之情形下，未掌握時間迅速急救，亦未先作適當處置，即並無繼續施予類似氣管內管等足夠之氧氣治療之情形下，即率將病患 L 轉診至設於 J 醫院，而於同（22）日中午 12 點 15 分許，病患 L 轉診到達 J 醫院時，即已無心跳、呼吸等生命現象，經 J 醫院以 X 光檢視，病患 L 有心臟擴大合併肺血管鬱血，予以急救治療後，雖恢復心跳、血壓，仍因「急性肺水腫併腦部缺氧」等傷害，致全身癱瘓，呈植物人狀態。

(二) 被告回應

被告甲坦認其確為 F 醫院之醫師，於 89 年 1 月 22 日上午 11 時多許，病患 L 前來 F 醫院求診，其為病患 L 當時之診治醫師，經其看診後開立處分，而對病患 L 予以藥劑，並因病患 L 有「胸悶、胸痛、呼吸困難及冒冷汗」等症狀，而派遣救護車、及護士乙、戊隨同救護車，將病患 L 轉診 J 醫院，惟矢口否認有何上開犯行，辯稱：

病患 L 係於是（22）日上午 11 時 50 分許，前來 F 醫院就診，其進

入看診時，伊即發現病患 L 病情已惡化，有嚴重氣喘之情形，即請護士上氧氣，並通知病患 L 之家屬，且於診斷後開立處方用藥，對病患 L 予以類似類固醇即針對氣喘病藥物之點滴，並一方面請院方準備救護車將病患 L 轉診。

病患 L 於轉診時，係由護士攙扶仍可自行行走，並已上氧氣，且於轉診至 J 醫院時，亦由護士攙扶進入「J 醫院」急診室，並非轉診至「J 醫院」即已無心跳、呼吸等生命現象，又醫事審議委員會以「J 醫院」之批價單為依據而鑑定，無視於伊開立之處方，且觀病患 L 於「F 醫院」就診之病歷，伊確有為鑑別診斷程序，並非即依前所開立之處方用藥，本件伊已盡為醫生的責任，並無任何過失。

(三) 鑑定意見

1.醫審會鑑定結果

本案有行政院衛生署醫事審議委員會（下稱醫審會）共兩份鑑定意見：

(1)第一次鑑定

病患 L 於今（89）年 1 月份反覆因胸部不適、上腹部不適等症狀，在 3 週內密集至 F 醫院就醫 7 次，1 月 22 日則是相似症狀而第八次就診。冠狀動脈疾病乃是胸部不適症狀最重要之鑑別診斷之一，依據 F 醫院病歷記載，1 月 22 日之病歷未顯示任何鑑別診斷程序，包括身體理學檢查或其他相關之檢查，即開立與以前相同之針劑處方。針劑治療後，病患所發生之變化，以及當時身體檢查之結果，或是如何緊急處理該變化，F 醫院病歷均未記載。被告甲於 89 年 1 月 22 日之醫療行為，未依病情予以診斷，及未對症治療和適時轉診，故醫療過程有疏失，惟此項疏失與後來患者是植物人狀態不一定有因果關係。

(2)第二次鑑定

病患 L 於 89 年 1 月份因胸痛、腹痛、腹脹多次就診，於 1 月 17、18 日併有咳嗽及血壓高現象，依據 F 醫院病歷記載，並未執行任何鑑別診

斷程序，包括必要之身體理學檢查及實驗室檢查，如生化檢驗、心電圖及胸部 X 光，即給予與之前相同之針劑處方。而至 1 月 22 日病患 L 發生氣促、胸痛、胸悶、冒冷汗而再次就診，亦未任何鑑別診斷程序，即給予不適當之治療，因此，F 醫院之被告甲，未依據病情予以診斷及治療，是有疏失。

病患 L 已於 90 年 11 月 10 日死亡，時隔 1 年 10 個月，據 J 醫院說明死亡之原因為痰多，且呼吸急促造成呼吸衰竭。因時隔約 2 年，故被告甲之疏失與病患死亡無法判斷有關係。

2.法醫意見

本案無法醫意見。

(四) 判決結果

臺灣高雄地方法院於民國 91 年 07 月 24 日作出判決，被告甲因業務上之過失傷害人致重傷，處有期徒刑壹年。

(五) 判決理由

1.證詞相互矛盾

病患 L 前往 F 醫院就診，於被告甲看診開立處方時，其病狀並無危及之情事，而係於施打點滴後，其病情始行惡化，經護士通知被告甲再行診治時，被告甲始請護士準備救護車轉院，並通知家屬，而非於病患 L 前往 F 醫院就診，為被告甲診治時，其病況已危急，並即由被告請護士備車轉院，並通知家屬。

被告辯稱之詞：病患 L 係由護士扶持自行步行進入「J 醫院」，並證人乙、丙所述，於 J 醫院醫師到場時，病患 L 仍意識清醒，是證人戊、乙及丙證述，顯係迴護被告甲之詞，尚難採信。

2.未依據病症加以診斷

本件病患向被告主訴有「胸部不適、頭痛、上腹痛、腹脹、打嗝、高血壓、頭昏」等症狀後，被告應注意冠狀動脈疾病，乃是胸部不適症狀最

重要之鑑別診斷之一，竟未依據病症加以診斷，而未進行任何身體理學等相關檢查之鑑別診斷、為適當之治療。

　　病患 L 在 F 醫院病歷資料：89 年 1 月 8 日、10 日、11 日、14 日、15 日、17 日及 18 日施打之 IV 處方均為 Alinamin-f Inj.、Deca Inj.、Tagament Inj.，於 809 年 1 月 22 日更易為 Tagament Inj.、Deca Inj.，並告訴人丁於偵查時證稱：伊接獲電話前往 F 醫院時，護士說病患 L 來打點滴，說口渴，人不舒服，然後醫院就把他轉診。

　　依據全國藥品辨識查詢系統資料顯示，Aminophylline 為 Theophylline 之衍生物，其成分具有冠狀動脈擴張作用，且有緩解支氣管肌痙攣之作用，對於支氣管氣喘有良好之效果，氣喘發作而無法判定係支氣管性或心臟性時，可使用本品。依據參考資料顯示 Aminophyllin Inj. 對廓清率較低之病患如 55 歲以上病患（病患 L 案發時為 64 歲）尤其是男性，使用一般劑量也可能出現高血中濃度，其毒性之表現並不是先由較輕微的症狀（如噁心、焦慮不安）開始，而是「立即出現心室性心律不整、痙攣，甚至死亡」。且 Deca 皮脂類固醇可能與胃潰瘍之發生、復發、穿孔、出血、及延遲癒合有關，有消化性潰瘍患者應謹慎使用。

　　被告甲診斷後對病患 L 施打 Tagament Inj. 可知，係為治療病患消化性潰瘍病症，且依 J 醫院急診室當（22）日下午 7 時 30 分病例記錄載明 Coffee ground material from NG tube（鼻胃管內有咖啡粉狀引流物，應為胃潰瘍之血液凝結塊），被告甲於右揭時、地為病患看診時，對病患用藥施以 Aminophyllin Inj. 藥劑，而於病患 L 病情惡化時，未掌握時間迅速予以適當之急救處置，亦未施予類似氣管內管等足夠之氧氣治療之情形下，即率將病患 L 轉診，致使病患 L 於轉診至 J 醫院前，即已無心跳、呼吸等生命現象，嗣經 J 醫院予以急救，始恢復心跳及呼吸等生命現象，是被告於本件醫療行為確有過失至明。

　　綜上，法院判斷足認病患 L 因本件醫療過失，已呈植物狀態，且全身癱瘓，無法治癒，而受有重大不治或難治之重傷害甚明；被告甲之過失行為與病患 L 之重傷害結果間，顯有相當因果關係。

二、上訴審判決概述

　　本件判決上訴，臺灣高等法院高雄分院，駁回上訴人之上訴主張。同時，論被告成立業務過失致重傷罪，處有期徒刑壹年部分之判決改判為緩刑參年。被告、檢察官於法定上訴期間未上訴，本案判決即確定。判決理由摘述如下：

　　按醫院、診所因限於設備及專長，無法確定病人之病因或提供完整治療時，應建議病人轉診，但危急病人應依醫療法第 43 條第 1 項規定，先作適當之急救處置，始可轉診；前項轉診，應填具轉診病歷摘要，交予病人，不得無故拖延或拒絕；醫院對緊急傷病患應即檢視，並依其醫療能力予以救治或採取必要措施，不得無故拖延，其無法提供適切治療時，應先做適當處置，並協助安排轉診至適當之醫療機構或報請救護指揮中心協助；醫療法第 50 條第 1 項、第 2 項及緊急醫療救護法第 35 條分別定有明文。又就醫師之注意義務而言，當有義務且有能力依病患主訴，判斷病情，明瞭所注射之藥物是否會導致不良反應，若可能會產生不良反應時，注射後即應隨時要有醫護人員在場注意病患有無不良反應，以能應變急救。

　　本件病患 L 向被告主訴有「胸部不適、頭痛、上腹痛、腹脹、打嗝、高血壓、頭昏」等症狀後，被告應注意冠狀動脈疾病，乃是胸部不適症狀最重要之鑑別診斷之一，竟未依據病症加以診斷，僅量血壓為170/83mmhg，脈搏每分鐘 95 次，而未進行其他身體理學等相關檢查之鑑別診斷、為適當之治療；依據全國藥品辨識查詢系統資料顯示，本件關鍵用藥為 Aminophyllin injection，而 Aminophyllin 為 Theophylline 之衍生物，其成分具有冠狀動脈擴張作用，且有緩解支氣管肌痙攣之作用，對於支氣管氣喘有良好之效果，氣喘發作而無法判定係支氣管性或心臟性時，可使用本品，但依據參考資料顯示，Aminophyllin inj. 對廓清率較低之病人如 55 歲以上病人（病患 L 案發時為 64 歲）尤其是男性，使用一般劑

量也可能出現高血中濃度，其毒性之表現並不是先由較輕微的症狀（如噁心、焦慮不安）開始，而是「立即出現心室性心律不整、痙攣，甚至死亡」。且 Deca 皮脂類固醇可能與胃潰瘍之發生、復發、穿孔、出血、及延遲癒合有關，有消化性潰瘍患者應謹慎使用；由被告診斷後對病患 L 施打 Tagamet inj. 可知，係為治療病患 L 消化性潰瘍病症，且依「J 醫院」急診室當（22）日下午 7 時 30 分病例紀錄載明 Coffee ground material from NG tube 鼻胃管內有咖啡粉狀引流物，應為胃潰瘍之血液凝結塊。被告甲於右揭時、地為病患 L 看診時，本應詳加診斷病患 L 當時之身體狀況是否適合注射該等針劑，並於用藥施打針劑後，應隨時有醫護人員在場注意病患有無不良反應，以能應變急救，且於無法提供適切治療時，應先做適當處置，並協助安排轉診至適當之醫療機構，由當時情形，依被告自身之專業智識能力，又無不能注意之情形，竟疏未注意依據病患 L 主訴之病症加以診斷，而僅量血壓及脈搏，即未進行其他任何身體理學等相關檢查之鑑別診斷，為適當之治療，亦未注意病患 L 之身體狀況，即率而大致依據前所開立之處分，對病患 L 用藥施以 Aminophyllin inj. 藥劑，而於病患 L 病情惡化時，未掌握時間迅速予以適當之急救處置，亦未施予類似氣管內管等足夠之氧氣治療之情形下，即率將病患 L 轉診，致使病患 L 於轉診至 J 醫院前，即已無心跳、呼吸等生命現象，嗣經「J 醫院」予以急救，始恢復心跳及呼吸等生命現象，是被告於本件醫療行為確有過失至明。

據 F 醫院說明死亡之原因為痰多，且呼吸急促造成呼吸衰竭。因時隔約二年，故 F 醫院醫師甲之疏失與病患 L 死亡無法判斷有關係等情。從而，依據病患 L 死亡之原因，並其死亡與本件醫療過失已事隔約二年之久，尚難認本件被告之醫療過失行為，與病患 L 死亡間有所謂相當因果關係存在。

病患 L 因本件醫療過失，轉診至「J 醫院」前，即已無心跳、呼吸等生命現象，嗣經「J 醫院」予以急救，始恢復心跳及呼吸等生命現象，惟仍因「急性肺水腫併腦部缺氧」等傷害，致全身癱瘓，呈植物人狀態，有

「J醫院」診斷證明書乙紙附卷可稽，經原審依職權函詢「J醫院」亦覆稱：病患L住出院日期自89年1月22日至89年2月29日，出院時已呈植物人狀態，且全身癱瘓，經治療後無法恢復。準此，病患L因本件醫療過失，已呈植物人狀態，且全身癱瘓，無法治癒，而受有重大不治或難治之重傷害甚明。被告之過失行為與病患L之重傷害結果間，有相當因果關係。本件事證明確，被告上開業務過失致重傷害之犯行，應堪認定。核其所為，係犯刑法第284條第2項後段之業務過失致重傷害罪。

三、延伸思考

問題一：判決中指摘：被告於轉診前並未依據緊急醫療救護法第39條之規定設急診日誌登錄之，且對救護車所送緊急傷病患，亦未向隨車救護人員簽收救護紀錄表而連同病歷保存，故病患轉診前之病症，依據「F醫院」之診斷紀錄誠屬無據可循，是被告及其所屬醫療機構應負何種法律責任？

問題二：承上，該法律責任與刑罰有何關聯性？

四、判決來源

第十案　白內障術後眼內感染案

①
法院／裁判日期
臺灣高雄地方法院 91.07.26

案號
88 年度自字第 677 號判決

甲、乙從事業務之人，因業務上之過失傷害人致重傷，各處有期徒刑玖月。

②
法院／裁判日期
臺灣高等法院高雄分院 92.10.08

案號
91 年度上易字第 1261 號判決

原判決撤銷。
甲、乙均無罪。

圖 10　白內障術後眼內感染案歷審圖

資料來源：作者繪製。

一、第一審判決

(一) 自訴事實與意旨

　　醫師甲（下稱被告甲）、醫師乙（下稱被告乙）係設於高雄市區 X 眼科診所（下稱 X 診所）之醫師。病患丙初因白內障於民國 88 年 5 月 20 日、88 年 6 月 10 日先後至該診所由被告甲開刀治療右眼及左眼，右眼部分雖於術後情況良好，惟左眼部分則仍感覺視力模糊，病患丙遂分別於 88 年 6 月 11 日（被告甲看診）、15 日（被告乙看診）、17 日（被告甲看診）、18 日（被告甲看診）、19 日（下均被告乙看診）、21 日、22 日、23 日之 2 週內密集至 X 診所就診 8 次，病患丙因認左眼不適之症狀未減輕或消失，而於最後門診 88 年 6 月 23 日之翌日（即 88 年 6 月 24 日）轉至高雄 V 醫院（下稱 V 醫院）求診，經診斷出病患丙有嚴重之眼內炎，立即住院接受玻璃體藥物注射及玻璃體切除之治療後，左眼仍無光感。

　　案經自訴人（即病患丙，下稱自訴人丙）提起自訴指出：

　　被告甲、乙係負責診治之醫師，本應依其執業醫師之注意義務，依據病患之病情予以正確診斷，並為適當之治療，及向病患、家屬告知病情，如無法提供適切治療時，應先作適當處置，並協助安排轉診至適當之醫療機構或報請救護指揮中心協助。

　　自訴人丙前述 2 週內密集門診時，見其左眼視力已降低至光感之下，未能正確診斷出自訴人丙之左眼有嚴重眼內炎感染症狀，進而施以玻璃體抽取物之細菌培養，同時採取於玻璃體內注射廣效性抗生素之必要治療措施，且於病況未見顯著改善時，復未施行玻璃體內切除術，且依被告甲、被告乙自身之專業智識、能力亦無不能注意之情事，詎疏未確實注意及此，僅施以加強藥劑及結膜下注射，而未即時施以玻璃體抽取物之細菌培養，同時採取於玻璃體內注射廣效性抗生素之必要治療措施，且於病況未見進一步好轉、無法提供適切之治療之情形下，未旋即向自訴人丙及其家屬告知建議轉診。

　　自訴人丙因認左眼不適之症狀未減輕或消失，而於最後門診 88 年 6 月 23 日之翌日（即 88 年 6 月 24 日）轉至 V 醫院，經診斷出自訴人丙有嚴重之眼內炎，雖立即住院接受玻璃體藥物注射及玻璃體切除之治療後，仍因前開病情延誤導致左眼無光感，即對於身體或健康有重大不治之重傷害。

(二) 被告等回應

　　被告甲、乙矢口否認有何業務過失致重傷犯行，辯稱：

　　自訴人丙之白內障手術結束時有給予結膜下抗生素注射，回診時也有加強眼藥使用劑量，嗣知悉自訴人丙曾因腎結石住院施用過第三代抗生素，亦曾加強效抗生素治療，之後有再施以第三代抗生素結膜下注射，以預防眼內炎，實已盡注意義務，如自訴人丙繼續回診可為其清除前房瞳孔區滲出物膜，而被告乙有類似病況 11 例病患，以此方式治療現均已痊癒。

　　自訴人丙至 V 醫院就診後左眼視力始由有光感變成無光感，且其左眼視力無光感之時間又遲至 88 年 11 月 4 日才產生，難認與被告甲、乙等之醫療行為有相當因果關係；又自訴人丙眼內炎症狀不明顯，V 醫院醫師戊可能誤判，或自訴人丙左眼視力降至無光感之結果係其造成。

　　另 V 醫院原始病歷記載超音波檢查眼球不是很混濁，雙眼角膜清澈，特別檢查原無記載玻璃體吸出物為混濁，細菌培養報告無病源菌發現，結膜、鞏膜無記載眼睛紅、痛，玻璃體手術紀錄欄原無記載緻密纖維化滲出液視網膜玻璃體、滲出物於視網膜上、廣泛性視網膜白化，事後該病歷有遭更動。

　　再者，行政院衛生署醫事鑑定委員會（下稱醫審會）委員多與 V 醫院有淵源，難能客觀，本件宜再送請中華民國眼科醫學會鑑定較為公允。

(三) 鑑定意見

　　本案有醫審會鑑定結果二份，摘要如下：

1.第一次鑑定

眼内炎之處理在 80 年代以前，仍是以結膜下注射為主，90 年代以後則知抗生素的眼内穿透性不佳，故處置上以眼球內（玻璃體內）注射抗生素為主，1995 年研究報告指出，對一開始視力就降到光感的眼内炎，儘快施行玻璃體切除術是最好的處理方法，依據文獻報告眼内炎是手術引起之發生約為千分之 6，發生原因可能與空氣、器械、附近皮膚之帶菌有關，如處置成功可使百分之 50 至百分之 70 免於失明。

2.第二次鑑定

眼内炎最常見的症候是視力下降，前房反應（甚至前房蓄膿），與玻璃體發炎，其症狀包括眼睛疼痛，眼睛紅、眼皮腫及視力下降，疼痛之程度因人而異，有人可以罹患眼内炎而無顯著的疼痛。滲出物膜是指「膜狀」滲出物，稱「滲出物膜」為「滲出物」不致誤判病情擴大，有滲出物膜也可能只是非細菌性感染的術後發炎，較常發生在有糖尿病、葡萄膜炎、清光眼或角膜炎病史之病患，但其預後較好，因細菌性的眼内炎如不「及時」且「適當」的處理，常造成極差的預後，故再不能確定排除細菌性眼内炎的可能性時，宜當成細菌性眼内炎處理（予以玻璃體抽吸培養，玻璃體內注射廣效性抗生素，並再病況惡化或不見病況顯著改善時，施以玻璃體切除術），以免延誤病情，從本病歷來說，術後第五天（6 月 15 日）回診時即記錄視力嚴重下降至「有光感」，應屬厲害之眼内炎的表徵，且 6 月 15 日至 23 日都記載前房有滲出物膜（病歷上一直未記載滲出物情形改善），6 月 17 日記載有眼皮腫，眼内炎症狀明顯。眼内炎的玻璃體抽取物之細菌長出率各家報告不一，約為百分之 20 至百分之 65，高雄醫學大學在 2001 年 12 月報告，其眼内炎長出率只有百分之 29，培養率不能達到百分之百的可能原因包括細菌因可用養分用盡死亡、經多時與體內之白血球混戰已兩敗俱亡（該期間所產釋放的毒素已可造成眼内無法回復之傷害）或之前已使用抗生素影響培養陽性率，V 醫院醫師戊對病患之處置適當，診斷與判斷並無疏失。

醫師戊對病患實施手術過程無過失，其於術後之診斷、治療與投藥行

為無過失，V 醫院病歷第 27 頁記載 7 月 13 日已無光感，厲害的眼內炎視力嚴重下降至「有光感」並在數天內未獲適當處理，等到醫師戊手術時已無力回天，病患的視力在數週至數月之間從「有光感」變成「無光感」，可以是該病末期的自然過程，醫師戊並無過失。

(四) 判決結果

　　臺灣高雄地方法院於民國 91 年 07 月 26 日作出判決，被告等因業務過失傷害案件，經自訴人提起自訴，法院判被告甲、乙因業務上之過失傷害人致重傷，各處有期徒刑玖月。

(五) 判決理由

1.治療處置不符當今之方法

　　本件被告甲於手術前及手術結束前給予抗生素做結膜下注射，並在手術後給予口服及點眼抗生素，足見其在手術過程中及術後預防眼內感染之程序上，並無疏失。至自訴人丙於術後回診，第一天情形良好，惟 88 年 6 月 15 日（第五天）回診時視力為光感，前房有滲出物，被告乙發現情形有異，更改口服及點眼的用藥種類與頻率，同年 6 月 17 日被告甲看診，囑自訴人丙冰敷，同年 6 月 18 日、19 日、21 日給予結膜下注射（Amikin、Vancomycin），至同年 6 月 17 日止病歷一直紀錄前房無蓄膿、無壓痛，但未再記載視力的變化及眼底情形（眼底應該是看不到，但若眼底始終看不到，表示情況嚴重），從兩位醫師的處置看來，應已發現眼內炎的可能性，並加以處置，兩眼手術後過程迴異，自訴人丙亦知情況不妙，而眼內炎之處理在 80 年代以前，仍是以結膜下注射為主，90 年代以後則知抗生素的眼內穿透性不佳，故處置上以眼球內（玻璃體內）注射抗生素為主，1995 年研究報告指出，對一開始視力就降到光感的眼內炎，儘快施行玻璃體切除術是最好的處理方法，被告二人發覺到眼內炎的可能性，應注意為前揭措施，且由當時情形，依被告二人自身之專業智識能力，又無不能注意之情形，竟疏未注意施做眼內抽取物之細菌培養，而只

予結膜下注射，而未加以玻璃體內注射，且在同年 6 月 15 日至 24 日處置過程中，於病情未進一步好轉時，竟末及時轉診做玻璃體切除術，其治療處置不符當今之方法，視力喪失至光感，數月後變成無光感是眼內炎所造成，是被告二人於本件醫療行為確有過失至明。

2.醫師戊對病患實施手術過程無過失

按第二次鑑定意見所述，醫師戊對病患之處置適當，診斷與判斷並無疏失。自訴人因本件醫療過失，嗣轉至 V 醫院開刀治療，左眼仍因此降至無光感而失明，有 V 醫院診斷證明書、病歷附卷可按，足認自訴人因本件醫療過失，左眼失明無法治癒，而受有重大不治之重傷害甚明，被告等之過失行為與病患之重傷害結果間，有相當因果關係，業如前述。從而，本件事證明確，被告等上開業務過失致重傷害犯行，已堪認定。

二、上訴審裁判概述

(一) 第二審判決

被告甲、乙不服第一審判決向臺灣高等法院高雄分院，提起上訴，第法院將第一審判決撤銷，改判甲、乙無罪。

侵入性之治療（玻璃體切除術）有其危險性及不可預知之狀況發生，且非百分之百之成功率，因此被告二人在自訴人之病程初期採取較溫和之治療方式，自訴人在被告等之醫療過程亦無明顯之惡化，尚難認自訴人後來演變成無光感、失明之情形與被告二人之前之醫療過程有何因果關係。

被告二人所辯，尚可採信，復查無其他積極證據足資證明被告二人於整個醫療過程中有何疏失，自難以僅自訴人片面之指訴，以及自訴人嗣後失明，而遽認被告等有業務過失至重傷害犯行。本件既不能證明被告二人犯罪，自應諭知被告二人無罪之判決。

(二) 上訴審之爭議

　　經台灣高等法院依被告等之聲請送請中華民國眼科醫學會鑑定結果，關於被告疏失之認定，與醫審會鑑定之見解不一致。

　　本案自訴人、被告等經高雄地方法院判決業務過失致人重傷害罪處有期徒刑玖月，後不服而提起上訴。台灣高等法院認為被告二人所辯，尚可採信。復查無其他積極證據足資證明被告二人於醫療過程有何疏失。自難僅以自訴人片面指訴，以及自訴人嗣後失明，而遽認被告等有業務過失至重傷害犯行。本件既不能證明被告二人犯罪，自應將原判決予以撤銷改判，另諭知被告二人無罪之判決。第二審判決重點，整理如下：

1.關於被告是否違反醫療常規

　　醫審會鑑定先後二次鑑定結果，認定被告二人未立即採取玻璃體切除術，治療處置不符當今之方法，以此認定被告等有疏失。然本件經台灣高等法院依被告等之聲請送請中華民國眼科醫學會鑑定結果，則認定：「一、依據病歷紀錄及手術紀錄等記載，被告二人門診手術治療過程，並無醫療疏失。二、(A) 術內眼內炎係屬白內障手術不可完全避免之併發症之一，而由於其病程發展、細菌毒性不一，檢體不易檢出，其最後結果亦呈多樣發展，難以預料。(B) 依病歷記載『術後第五天回診出現感染有關症狀，視力只剩光感』及處置記錄，二位醫師應已警覺到眼內炎的可能性，因此馬上更改較強的口服抗生素（Amoxcillin 改為 Keflex）及外用眼藥水（Moxitrol、Tobrex），並施以 Amikin、Vancomycin 之結膜下注射。強調的是一位臨床醫師在判定是『無菌性或感染性炎症』，究竟是要採保守或馬上積極侵入性（玻璃體切除）之治療，在病程的初期確實有其兩難之處，均非以其最後之結果來判定其對錯。(C) 術後引起眼內炎之原因甚多，失明原因亦是。二位醫師在術後的初期照顧已盡了最大的努力，雖然在 V 醫院進一步手術後數月，病人的眼睛仍無法治癒而導致無光感，誠屬遺憾。依據其治療及處置過程應屬合理，……。」，足見醫審會鑑定結果與中華民國眼科醫學會鑑定結果不同，究竟何者較為可採？實有待探

索。

2.關於病患失明之因果關係

自訴人眼內前房出血亦係在證人醫師戊為其做玻璃體內注射之後始發生，因此該出血現象是否因做玻璃體內注射所造成，亦不無疑問。又自訴人自行轉診至 V 醫院時，證人醫師戊亦未立即為其做上開醫審會鑑定所認定之「……1995 年研究報告指出，對一開始視力就降到光感的眼內炎，儘快施行玻璃體切除術」之最好的處理方法，可見上開醫審會鑑定意見，認為「被告二人發覺到眼內炎的可能性，只予結膜下注射，而未加以玻璃體內注射，且在同年 6 月 15 日至 24 日處置過程中，於病情未進一步好轉時，未及時轉診做玻璃體切除術，其治療處置不符當今之方法，似有疏失。」，應不足採。何況依照醫審會鑑定結果，認為：「玻璃體切除術如處置成功可使百分之 50 至百分之 70 免於失明。」，可見侵入性之治療（玻璃體切除術）有其危險性及不可預知之狀況發生，且非百分之百之成功率，因此被告二人在自訴人之病程初期採取較溫和之治療方式，自訴人在被告等之醫療過程亦無明顯之惡化，尚難認自訴人後來演變成無光感、失明之情形與被告二人之前之醫療過程有何因果關係。

三、延伸思考

問題一：鑑定意見與第一審判決中所指「治療處置不符當今之方法」，是否即指醫療常規？

問題二：鑑定意見指出：眼內炎的玻璃體抽取物之細菌長出率各家報告不一，約為 20% 至 65%，高雄醫學大學在 2001 年 12 月報告，其眼內炎長出率只有 29%，培養率不能達到百分之百的可能原因包括細菌因可用養分用盡死亡、經多時與體內之白血球混戰已兩敗俱亡（該期間所產釋放的毒素已可造成眼內無法回復之傷害）或之前已使用抗生素影響培養陽性率；故被告疏未注意施做眼內抽取物之細菌培養與刑罰關聯性如何？

四、判決來源

第十一案　子宮頸癌延誤診斷案

1 法院／裁判日期
　　臺灣士林地方法院 92.02.20

　　案號
　　90 年度自字第 69 號判決

　　甲從事業務之人，因業務上之過失致人於死，處有期徒刑捌月。
　　乙無罪。

2 法院／裁判日期
　　臺灣高等法院 92.08.06

　　案號
　　92 年度醫上訴字第 1 號判決

　　上訴駁回。甲緩刑參年。

圖 11　子宮頸癌延誤診斷案歷審圖

資料來源：作者繪製。

一、第一審判決

(一)自訴事實與意旨

　　醫師甲（下稱被告甲）係台北市立 Y 醫院（下稱 Y 醫院）婦產科主治醫師。自民國 89 年 1 月 26 日起，病患 H 因陰道點狀出血至 Y 醫院門診，被告甲身為婦產科醫生，明知病患 H 於至其門診看診前，曾於 88 年 10 月 25 日經同院醫師乙（下稱被告乙）內診診斷為陰道內有含血的分泌物，子宮頸變大且有乳突狀糜爛，子宮前傾且變大，並為超音波檢查，而疑有子宮內膜組織異位或子宮肌瘤等病症，給予雌激素（Premarin）及黃體素（Provera）之更年期荷爾蒙療法。89 年 11 月 14 日於台北 V 醫院（下稱 V 醫院）經診治發現已罹患子宮頸癌，屬惡性腫瘤第三期下，併有左側腎水腫，同時有慢性膀胱發炎，以及腫瘤壓迫到恥骨聯合區，需做同步的放射線治療及化學治療，病患 H 於 90 年 8 月 2 日死亡。

　　病患 H 提起自訴，其死亡後，由其夫丁（下稱自訴人丁）承受訴訟指出：

　　被告乙應注意、能注意而竟疏於注意，未做進一步切片檢查，即草率臆診為更年期停經症候群，並予以荷爾蒙代替療法治療，致病患 H 延誤診療時間，嗣後病患 H 於 88 年 11 月 1 日、11 月 29 日仍由被告甲診療，病情仍無改善；被告甲本應注意對病患 H 施以內診或病理切片檢查，以查看是否罹患子宮頸癌，俾能及早發現而為積極適當之治療，以便治癒或延長存活期限，且依當時情形病患 H 持續於 89 年 3 月 8 日、4 月 12 日、4 月 26 日、5 月 17 日、6 月 28 日、8 月 2 日、8 月 30 日、10 月 18 日經被告甲診治時均有月經異常及生殖道異常出血之情形，並無不能注意之情事，被告甲竟疏未注意，而於診治期間未對病患 H 施以內診或病理切片檢查，僅給予雌激素（Premarin）及黃體素（Provera）之更年期荷爾蒙療法，有延誤診斷治療之情形，致病患 H 病情持續惡化，迨至 89 年 11 月 14 日於 V 醫院經診治發現病患 H 早已罹患子宮頸癌，屬惡性腫瘤第三期

下，併有左側腎水腫，同時有慢性膀胱發炎，以及腫瘤壓迫到恥骨聯合區，需做同步的放射線治療及化學治療，終因該子宮頸癌已屬末期發現太晚，以致病患 H 於 90 年 8 月 2 日因子宮頸癌死亡。

(二) 被告等回應

被告甲辯稱：病患 H 於門診時，向伊告稱已在其他診所做過抹片檢查正常，並無異狀，復拒絕接受內診之情形下，伊就病患 H 所述：「月經量多、亂經」之現象，繼續施以雌激素（Premarin）及黃體素（Provera）之藥物治療，並無不當，病患 H 之死亡，與伊無涉。

被告乙堅詞否認有右揭犯行，辯稱：伊以超音波檢查以排除子宮內膜病灶問題，再依超音波檢查結果，施以藥物治療止血，未即予子宮頸組織切片檢查，並未違背一般診療之方式，伊僅看診四星期，伊無過失。

(三) 鑑定意見

1.醫審會鑑定結果

行政院衛生署醫事審議委員會（下稱醫審會）鑑定是否有醫療過失，其結果亦認：「一、根據 V 醫院病歷記載，患者於 89 年 11 月 14 日因子宮頸癌第三 B 期住進 V 醫院，那時回推過去十個月期間，均在 Y 醫院就診，依一般情形，應該已有子宮頸癌的存在，否則不可能於如此短的時間內，發生第三 B 期之子宮頸癌。二、被告甲在病患十個月就期間，如早日對於病患施以內診，應可及早發現子宮頸癌。三、被告甲以患者述曾做過抹片且為正常，又拒絕接受內診，而以更年期經血不正常之診斷，長期給予荷爾蒙治療，雖有不合理，但因病患每次門診皆拒絕內診，而失去早日檢查，發現疾病之時機。四、採取荷爾蒙療法確實應該週期性評估及定期檢查，本例因病患拒作檢查而無法施行詳細檢查是主要原因。五、被告甲在十個月中並未警覺患者異常，病患亦每次拒絕內診檢查，因而病情無法早日發現。」

醫審會之鑑定報告亦認為：「一、初診時，患者與一般肌腺瘤併出血

者無異，此時先行治療，繼續觀察，應屬合理，並無證據可以證明對子宮頸癌疏於診斷。二、病患於 88 年 10 月 25 日因經血過多，由被告乙診斷，雖發現子宮頸有乳突狀糜爛現象，但通常經血過多較可能源自子宮腔內病變，至於子宮頸病變，則較常引起不規則出血，而非月經量過多，因此先以超音波檢查以排除子宮內膜病灶等問題並無不當。經超音波檢查後，診斷為子宮肌腺症，故先以藥物治療止血，未即予以子宮頸組織切片，應尚無違反一般治療方式。三、被告乙診斷此患者近 30 餘天之過程，應屬合理，並無證據可資證明對於本案患者之子宮頸癌疏於診斷，故尚難認有醫療疏失。」

2.法醫意見

本案無法醫鑑定。

(四) 判決結果

臺灣士林地方法院於民國 92 年 02 月 20 日作出判決，被告因業務過失致死案件，經自訴人提起自訴，承受訴訟人承受訴訟，法院判決被告甲因業務上之過失致人於死，處有期徒刑捌月。

被告乙無罪。

(五) 判決理由

1.「拒絕內診」之字跡，係被告甲事後為卸責而加載

鑑定報告亦認病患即病患拒絕內診，以致被告甲無法行內診得知病情，然該鑑定報告所據以參酌佐證者，係依 Y 醫院之病歷所載。本院細譯所調得 Y 醫院之病歷正本以觀，病歷上關於拒絕內診（PT REFUSED TO DO P．V）之位置，均係選擇在戳章下方殘餘侷促之空白處填寫，且拒絕內診之字跡亦蓋過電腦列印紙，而被告甲復供稱：「係寫完病歷後，打完電腦才由電腦列印出來，最後由護士（將電腦列印紙）貼上去的」，顯見「拒絕內診」之字跡，應係被告甲事後為卸責而加載，況病患於 88 年至 89 年之病發時間，曾給被告甲、T 醫院醫師 S、V 醫院醫師 U 等人

門診，前開醫師均為男性，病患對於其等內診均未拒絕，有病歷影本在卷可參，病患對於被告甲之女性醫師，自更無拒絕內診之理，是以被告甲及鑑定報告所認病患拒絕內診，實難採信。據行政院衛生署醫事審議委員會函覆在卷，是以病患之病情如經被告甲施以及早正確診療，當有治癒及延長存活率甚明。按刑法上過失致人於死，所稱之過失行為，包括作為與不作為，均足構成；就業務過失致人於死罪而言，因其從事特定事務為業，故在業務上所應負之注意義務，應較常人為高，用以維護安全。是以行為人有在有預見之情況下，對危險之可能生負有防止或注意之義務，若竟疏未履行此等義務，致此項危險發生實害，該行為人之不作為，亦該當本罪之過失行為。本件被告甲為產科醫師，對於陰道如有不正常出血，有罹患子宮頸癌之虞，即應施以內診診治，以防止癌症之惡化，竟疏未內診，致未能及時查覺施以治療，使病患因延誤病情而死亡，被告甲自有過失之刑責至明。被告丁辯稱：病患 H 之死亡，與伊無涉，應非可採。綜上，本件病患之死亡係因被告丁之延誤診斷及未為適當之處理所致，二者間顯有相當因果關係，事證明確，被告甲所辯，應無可取，其犯行堪予認定。

2.乙無罪部分

　　被告乙續開與 88 年 11 月 1 日同樣處方；88 年 11 月 29 日病患續回被告乙門診就診，主述為此次月經為 11 月 19 日，至今仍有少量點狀出血，超音波顯示無腫瘤，故被告乙開子宮收縮劑、止血劑及胃藥來調整其子宮不正常出血，此後病患即未再回被告甲門診等情，有病歷表影本在卷可憑，顯見病患於經被告甲近一個月之診治期間，被告甲有施以內診及超音波檢查，且出血情形，有略見改善，可見其診治療程尚無異常之處。

　　被乙告於其一個月之診治期間，並無不當或未盡注意義務之情形，而其後病患即未再至被告甲門診，故縱有後續治療之方法，實亦無機會施行，因此被告乙所為亦與病患於 90 年 8 月 2 日因子宮頸癌之死亡結果間，無因果關係。自訴人以被告甲未診斷出病患子宮頸癌，認其在醫療過程中有過失，尚不成立。

　　綜上所述，足認被告乙前開所辯，應堪採信，自訴人所指事證，尚難

作為認定被告甲涉有業務過失致死罪之論據。此外，復查無其他積極證據足資證明被告甲犯罪，揆諸前揭說明，自應為被告甲無罪之諭知。

二、上訴審裁判概述

　　被告甲不服第一審有罪判決，臺灣高等法院提起上訴，法院認為上訴無理由，上訴駁回。

　　被告甲對於此等危險（即指子宮之症狀已非屬輕症）及診治療程業已熟知，然其並未對病患 H 為進一步之內診診斷，卻僅以雌激素（Premarin）及黃體素（Provera）之更年期荷爾蒙療法，其治療已有延誤之疏失。況參諸原審卷附醫療文獻所載，採用荷爾蒙療法，每三至六個月應做週期性評估，並定期進行子宮內膜和乳房檢查以及血液生化檢查，然觀諸病歷內容所載，被告甲在長達十個月之診治期間，亦均未進行週期性評估，及定期進行子宮內膜和乳房檢查，致一再錯失發現誤診之情事，顯見被告甲對於病患的病情診療上應有延誤之疏失，確有未盡其應行注意之義務。又本件依被告甲之智識、能力及當時之各種情況，其顯無不能注意之情事，竟疏未予病患 H 及時內診之診斷治療或病理切片，其有應注意能注意而不注意之過失責任至明。

　　另外，法院依據相關證據認定被告甲及鑑定報告所認病患 H 拒絕內診一事，尚難採信。法院認為被告疏未內診，致未能及時查覺施以治療：

　　如能提早發現子宮頸癌，則可依各種期數不同及按病情之進展，而為積極適當之治療，亦可能延長存活期限，但能否治癒及存活率為何，實難判定，因為此種癌症，其期數不同會有不同的五年平均活率，例如第 IA1 期為百分 95.1，第 IA2 期為百分之 94.9，第 IB 期為百分之 80.1，第 IIA 期為百分之 66.3，第 IIB 期為百分之 63.5，第 IIIA 期為百分之 33.3，業據行政院衛生署醫事審議委員會函覆在卷，是以病患 H 之病情如經被告甲施以及早正確診療，當有治癒及延長存活率甚明。

　　本件被告甲為產科醫師，對於陰道如有不正常出血，有罹患子宮頸癌之虞，即應施以內診診治，以防止癌症之惡化，竟疏未內診，致未能及時查覺施以治療，使病患 H 因延誤病情而死亡，被告自有過失之刑責至明。被告辯稱：病患之死亡，與伊無涉，應非可採。綜上，本件病患 H 之死亡係因被告之延誤診斷及未為適當之處理所致，二者間顯有相當因果關係。

三、延伸思考

　　問題一：一、二審法院均以病患 H 罹患之子宮頸癌如經醫師甲施以及早正確診療，當有治癒及延長存活率甚明為由，判決醫師成立過失致死罪，此是否採與最高法院 107 年度台上字第 4587 號刑事判決揭示之「倘醫療行為可以將該疾病的死傷危險機率降低至具有顯著性的效果，則未採取正確醫療行為可認定與病人的傷亡間有相當因果關係存在」相同立場？

　　問題二：一、二審法院均以「病患對於男性醫師內診均未拒絕，對女性醫師，自更無拒絕內診之理」推論「病患無拒絕內診」之事實，此推論是否合理？

　　問題三：如果「拒絕內診」之字跡，確係醫師事後為卸責而加載，則醫師是否成立偽造文書等相關犯罪？

　　問題四：從第二審判決文是否可以得知第二審法院宣告緩刑的理由？

四、判決來源

第十二案　心包膜積液錯失引流時機案

1 法院／裁判日期
臺灣嘉義地方法院 **92.03.27**

案號
90 年度易字第 1005 號判決

甲從事業務之人，因業務上之過失傷害人致重傷，處拘役伍拾日，如易科罰金，以參佰元折算壹日；緩刑貳年。

2 法院／裁判日期
臺灣高等法院臺南分院 **93.10.06**

案號
92 年度上易字第 356 號判決

原判決撤銷。
甲無罪。

圖 12　心包膜積液錯失引流時機案歷審圖

資料來源：作者繪製。

一、第一審判決

(一) 公訴事實與起訴意旨

　　醫師甲係嘉義市區財團法人 D 醫院（下稱 D 醫院）之心臟專科醫師，其於民國 85 年 9 月 11 日，擔任心臟外科值班醫師，當日清晨 5 時 15 分許，病患 L 因心臟手術後身體極端不適，至該院急診室就醫，主訴吐血、頭暈，經急診值班醫師檢查後，發現巨大心臟陰影，判定有大量心包膜積液，須緊急醫療處置，乃通知醫師甲接續處置，醫師甲診察後，確認病患 L 有大量心包膜積液，於加護病房實施心臟手術前之準備措施。

　　90 年 3 月 16 日，病患 L 之配偶因收受法院民事庭（他案）判決，始知悉有醫療過失行為之主治醫師為醫師甲（下稱被告甲）而提出告訴，檢察官起訴指出：

　　大量心包膜積液如不緊急處置，將有引發心包膜填塞而造成休克甚至死亡之危險，醫療處置上，應先引流心包膜積液，以降低導致心包膜填塞之危險，而依當時情形，又無不能即刻進行心包膜引流醫療行為之情事，竟末積極進行心包膜引流之醫療行為，僅於加護病房實施心臟手術前之準備措施，致病患 L 因延誤醫療而發生血壓下降、血氧濃度下降，及缺氧過久，造成長期重度昏迷不醒之植物人狀態之重傷害。

(二) 被告回應

　　被告甲辯稱：「急診室醫師 R（另為不起訴處分）大約五點半通知我，我 5 分鐘內就到急診室，我看了 X 光片後知道病患心包膜大量積液，我根據他上次開刀紀錄，認為應從左胸做開刀手術，因病患意識清楚，須在麻醉之情況下在開刀房做手術，因為開刀房沒空，所以只好在加護病房等，做開刀前之準備，急診室內雖有引流包，但都用在其他情形，不是用在心臟開刀後之病患」

　　被告甲又辯稱：「病患已開過刀，再做穿刺會有危險，病患只能做左

前胸開刀引流，因其之前開心手術即是正中開胸，已有傷口，要處理的時間遠大於從左前胸開刀引流」。

(三) 鑑定意見

1.醫審會鑑定結果

行政院衛生署醫事審議委員會（下稱醫審會）鑑定結果內容所示：「病患在轉至加護病房等候手術的時間，即不幸發生心因性休克，表示其心包膜積液填塞已是非常的緊急，倘若在急診室安排緊急的超音波導引下，施行心包膜積液穿刺處置，或者可以避免此一悲劇，以病患因動過手術後擔心沾粘，造成穿刺引流的危險，這對超音波導引下操作心包膜液引流來說，大概是不成問題的」、「心臟病患造成心包膜填充症，會造成冠狀動脈供血不足及心輸出不足，是隨時可以危及生命的急症，適時地抽取心包膜液，使其壓力落在臨界點以下才有救治的希望，也是緊急處理的第一要件，任何急診室，不論有無心臟專科醫師或超音波，都可以進行」、「在緊急時可以循上次中正胸骨切開下段刀口打開，以手指探查即可找到鼓漲之心包膜，加以引流是十分安全有效的方法，早為心臟外科界普遍使用，本案未援用十分可惜，適當的引流對本病患極為必要，強調抽針刺破心臟之說，更是令人意外，針孔所造成之出血和心包膜填充之危機相差太多了」。

2.法醫意見

本案無法醫意見。

(四) 判決結果

臺灣嘉義地方於民國 92 年 03 月 27 日作成判決。被告甲從事業務之人，因業務上之過失傷害人致重傷，處拘役伍拾日，如易科罰金，以參佰元折算壹日；緩刑貳年。

(五) 判決理由

法院認本案病患 L 事後心因性休克，主因應係未及時引流心包膜積

液所致，亦即「引流時機之錯失」，與引流方式尚無直接關連。且據前開醫事鑑定意見，病患 L 病情當時處置之「第一要務係引流積液」被告顧慮引流方式固非全無所憑，但急診病患醫療行為之處置，首重時效之掌握，以本案病患 L 當時病情，即刻（採取任何方式）引流，雖均可能造成病患身體之傷害與危險，但相較於不及時引流所可能產生之心包膜填塞及休克之危險，前者可能產生之傷害與危險顯較後者為低，是急救處置上，在兩害相權取其輕之前提上，理應即刻進行引流，而被告竟因手術室使用中或顧慮引流方式而錯失引流時機，其有過失甚明。

　　被告雖於加護病房預作術前準備措施，然其間歷經病患血壓不穩、血氧濃度下降（當日 5 時 50 分入加護病房、6 時 15 分血壓不穩、6 時 20 分血氧下降）等現象，有客觀情狀足認病患心包膜填塞之危險明顯增高，但被告仍未正確判斷病患病情之危險而未即刻實施引流，遲至 6 時 40 分病患因發生吐血、意識改變時，仍未實施必要之引流行為，終至 6 時 54 分始進行手術處理，病患因腦部缺氧過久，造成長期昏迷不醒，類似植物人的狀態等事實，有病歷資料及前開醫事鑑定報告附卷足憑，顯見其有錯失引流時機之過失。

　　法院審理時，被告聲請由其提出說明與提問，囑託醫事審議委員會再行鑑定之結果，雖認本案病患「左前胸骨切開引流是風險較低的」，亦即認被告當時所採取之「引流方式」是風險較低的，但鑑定意見所謂風險較低，係與其他二種引流方式（超音波穿刺或正中胸骨切開引流）相比較風險較低，但此（醫審會第五次）鑑定意見仍未排除緊急時應即刻引流為第一要務之認定，亦即被告固然掌握相對正確之引流方式，但仍難推卻「錯失引流時機」之疏失，應堪認定。

　　病患 L 確因本件被告有過失之醫療行為導致血壓下降、血氧濃度下降及缺氧過久，造成長期重度昏迷不醒之植物人狀態之重傷害之情，業如前述，則被告之過失行為與被害人之重傷害行為間，即有相當因果關係。

二、上訴審裁判概述

被告甲不服第一審判決，提起上訴，臺灣高等法院臺南分院撤銷原判決，上訴人即被告甲無罪。自訴人等於法定上訴期間未上訴，本案第二審判決即確定。

第二審判決理由：被告之醫療行為，自無公訴人所指訴業務過失重傷害罪嫌，尚不能證明被告犯罪。原審未予詳為剖析調查，逕為被告有罪判決，洵有不當。被告上訴否認有過失，指摘原判決不當，自屬有據。爰將原判決撤銷，為被告無罪判決之諭知。

引用原審審理民事事件四次鑑定意見為基礎：告訴人曾以病患 L 重傷害事故，訴請損害賠償，原審於審理此民事事件時，先後四次囑託醫審會鑑定。

醫審會第一次鑑定之結論：「綜上，本件醫療過程中，院方於 9 月 3 日未及時作正確診治，先喪失治療先機，隨後在 9 月 11 日急診處理又有所延誤，致生病患長期昏迷的不幸結果，其醫療過程顯有疏失。」

醫審會第二次鑑定結論：「事實上，此等病例在臨床上並不多見，依查詢近年來病例報告及論文所述，因畸型合併心膜積液填塞之病況甚為少見（指手術之前），而此案例中，醫師甲診治病患解決其畏寒、發燒，以及心包膜積液甚而心衰竭種種棘手問題，毅然決定進行手術，並且成功地初步解決病患的問題，是值得肯定的。然而就事論事，手術後發生心包膜積血時，因其門診醫師之敏感度不夠，抑或急診室之反應處理發生疏失而錯失早期治療之良機，殊為可惜。」

醫審會第三次鑑定結論：「綜合上述之說明，對於合併感染上中膈之成熟性囊狀畸形瘤侵犯上腔靜脈、無名靜脈、心包膜及心包液，做有效的 2/3 切除並加以引流，是成功的表現。但對於後來漸出現的心包膜積液累積，雖然有連續 X 光片及 2-D Cardiac Echo 檢查，但未做處理，直到 9 月 11 日急診時才診斷出心包膜填充症卻無當場處理，雖然後來有效減壓引流，但似有耽誤治療之適當時機，造成腦部缺氧之憾。」

　　醫審會第四次鑑定結論：「上述之誤判（Chest PA〈胸部 X 光片〉誤判 Chest pain〈胸痛〉），可對第一次鑑定書中，鑑定意見三所述，院方於 9 月 3 日未及時作正確診治，先喪失治療先機，是可以平反的。惟本案疏失之爭議點是在 9 月 11 日心包膜積液之引流時機，因此誤判 Chest PA 為 Chest pain，對疏失爭議並無影響。」

　　醫審會先後四次鑑定認病患 L 事後心因性休克，主因係急診室未及時引流心包膜積液所致，亦即急診室「引流時機之錯失」，與引流方式無直接關聯。

　　原審審理時，被告聲請由其提出說明與提問，再囑託醫審會鑑定「前開鑑定意見，是否因本案被告甲為急診當時值班心臟專科醫師而有不同，若有，則請參考被告聲請狀所提意見與請求鑑定事項，再為鑑定。」據醫審會第五次鑑定意見：「(一)『醫學上對心包膜積液患者所採取之各種引流方式，在患者意識清醒之情況下，是否均需先麻醉後始可施行？』醫學上對心包膜積液患者治療，可採外科積液引流術和內科心包膜積液引流術。①內科心包膜積液引流術，可以在患者清醒下，以局部麻醉方式，在心臟超音波導引下，以針筒抽取。②外科心包膜積液引流術可分 (A) 左側前胸打開法（或稱心包膜開窗術），因為要打開胸壁進入有負壓的左側胸腔，因此，而在全身麻醉及氣管插管下進行。(B) 胸骨劍突下引流法，因為要用手術剪切除胸骨劍突下和下壓橫膈膜才能完成，病患需要全身麻醉，及在麻醉醫師協助下完成。但若病人心包膜積液壓力已達填充飽和時，則要在麻醉醫師監控下，先局部麻醉露出心包膜，再以小切口減壓，再上全身麻醉完成手術。外科法適合大量後復發性積液及長期引流使用。(二)『以超音波穿刺引流心包膜積液，其應由何種路徑進入？本案若施行此種引流方法，在達到心包膜前，是否需先通過第一次手術時各項器官及腫瘤？就本案患者曾於 85 年 8 月 13 日施行正中胸骨切開手術，及患者體內有三分之二含消化酶、或胰臟組織腫瘤侵犯心臟、大血管、心包膜之情況下，採取超音波穿刺引流是否有造成針抽之風險？』依第八版高級心臟救命術（85 年，金石圖書公司）第 256 頁所載，正規超音波穿刺引流

心包膜積液，有三種穿刺途徑可以使用：①劍突下穿刺，可以避免刺到肋膜及冠狀動脈，緊急時最廣用。②胸骨左側緣第五肋間處刺入，此處心包膜通常被肺所覆蓋，而且傷及冠狀動脈左前降枝，危險較高。③由心尖處插入，因經過肺，其發生氣胸、傷及冠狀動脈左前降枝的危險高。為防止傷及心臟及冠狀動脈，在穿刺心包膜的長針下，加裝心電圖的胸前導程電線相連，且依心電圖的變化來執行以上三種方法，可減少風險。如果沒有胸前導程，為挽救心包膜填充病人，只有冒險使用脊椎麻醉用的長針試探方法，再用較大徑針，近點平行刺入引流量緊急穿刺法。這些方法有兩個先決條件，要有心臟超音波確定心包膜液位置，在心電圖和血壓監測下完成，這些都是需要設備和有經驗的心臟科醫師來完成。本案病人做過正中胸骨切開術，做過部分畸胎瘤及心包膜部分切除已經一個月，心包膜、心臟及胸骨之間解剖位置已變更，正前面心包膜已經消失，心臟可能直接粘連在胸壁之下，心包積液位置移動變位，要進行正規穿刺或緊急穿刺，危險性增高，直接傷及心臟或冠狀動脈，易造成心律不整的機會。」

「患者在急診室意識清楚，可否在未經麻醉前，經由第一次正中胸骨切開下段刀口將之切開，以手指探查心包膜積液？又以患者腫瘤未完全切除，及曾經施行正中胸骨切開手術之情形下，經由正中胸骨或左前胸切開，何種方式沾黏程度較低？」胸骨劍突下心包膜引流術是常規引流術之一，臨床常見。依 1996 年版 Glenn's 胸心外教科書，可以局部麻醉或全身麻醉下完成，以 10-15 公分長切口，因為要切除胸骨劍突，壓下橫膈膜才完成，牽引露出心包膜，在病人有心包膜填充症、血壓、心跳不安定時，可以先局部麻醉後再全身麻醉，但需要麻醉醫師共同監控。臨床上胸骨突下引流術是在使用心包膜完整，或一般開心手術後心包膜沒有切除之情形下使用。但在危急情況下，可以局部麻醉及用手指探查心包膜，加以小切口緊急引流。

本案 85 年 8 月 13 日行正中胸骨切開腫瘤部分切除及部分心包膜切除術，因此，心包膜的前壁部分已經被切除，心臟直接粘在前胸壁或胸骨之下，是合理的推斷。

　　「若考量前開各項情況以觀，被告決定採左前胸切開引流方法，是否其風險及困難均較超音波穿刺或正中胸骨切開為低？」本案病人患廣泛漏潤性前縱膈膜腔畸胎瘤，波及上腔及無名靜脈合併心包膜肋膜積水，畸胎瘤 5×10×10 公分大小，腫瘤壞死助細菌感染，無法根除，只能部分切除及部分心包膜切除，再發心臟積液自然過程。因正中胸骨切開及最大可能切除腫瘤外，胸骨正後方的心包膜已切除。心臟前面的胸骨下已無心包膜覆蓋，心臟可能沾在胸壁組織之下，正常心包膜心臟胸壁和肋膜和關係位置已變化，超音波穿刺或正中胸骨切開引流術，都有較高直接傷及心臟的危險，就本案而言，左前胸切開引流是風險較低的。」認病患 L「左前胸骨切開引流是風險較低的」，即認被告當時所採取之「引流方式」風險較低，與上開行政院衛生署醫事審議委員會鑑定書四次鑑定，認病患 L 事後心因性休克，主因係急診室未及時引流心包膜積液所致，即急診室「引流時機之錯失」，不相符合。

三、延伸思考

　　問題一：本案第一審有罪，第二審改判無罪之關鍵為何？

　　問題二：民事法院法官之囑託所為之鑑定，於刑事案件是否具證據能力而可作為證據使用？

　　問題三：第二審判決所引用第五次鑑定意見中，出現了兩份文獻參考來源：1996 年版 Glenn's 胸心外教科書與第八版高級心臟救命術（85 年，金石圖書公司）。如果針對同一問題，兩個來源說法不同，應如何判斷哪一個文獻較為可信？

四、判決來源

第十三案　腎膿瘍尿量記錄案

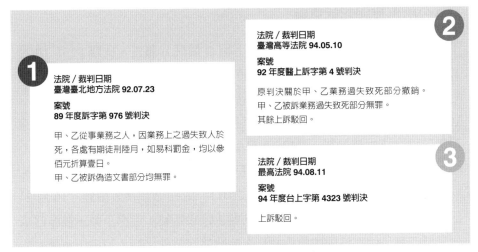

1 法院／裁判日期
臺灣臺北地方法院 92.07.23

案號
89 年度訴字第 976 號判決

甲、乙從事業務之人，因業務上之過失致人於死，各處有期徒刑陸月，如易科罰金，均以參佰元折算壹日。
甲、乙被訴偽造文書部分均無罪。

2 法院／裁判日期
臺灣高等法院 94.05.10

案號
92 年度醫上訴字第 4 號判決

原判決關於甲、乙業務過失致死部分撤銷。
甲、乙被訴業務過失致死部分無罪。
其餘上訴駁回。

3 法院／裁判日期
最高法院 94.08.11

案號
94 年度台上字第 4323 號判決

上訴駁回。

圖 13　腎膿瘍尿量記錄案歷審圖

資料來源：作者繪製。

一、第一審判決

(一) 公訴事實與起訴意旨

　　甲、乙均係台北市立 G 醫院（下稱 G 醫院）醫生，民國 87 年 10 月 22 日晚上 9 時 20 分許，病患 P 因持續高燒不退及嘔吐向 G 醫院求診，經急診室醫師初步給予抗生素治療後，於翌日住院，由甲主治，乙則於 10 月 24 日中午值班接手照顧，臨床初步診斷急性腎盂腎炎，給予第一線至第三線之抗生素治療，並於 10 月 22 日對病患採尿培養，10 月 24 日上午 10 時 50 分，尿液結果報告呈陰性反應，惟此時抗生素治療仍未見效，病患呈現休克狀態，甲安排病患 P 於 10 月 26 日做超音波檢查。10 月 24 日持續給予病患抗生素治療，但病患發生呼吸困難，血壓下降，動脈血氧分有低血氧及代謝性酸中毒等情形，始開始記錄病人輸入及排出液量，於 10 月 26 日晚上 9 時 20 分許死亡。

　　案經檢察官提起公訴，主張成立業務過失致死罪之理由如下：

　　醫師甲（下稱被告甲）、醫師乙（下稱被告乙）均係 G 醫院醫生。10 月 24 日上午，當病患呈現敗血性休克狀態時，被告甲應考慮該病患是否罹患腎膿瘍，立即施以超音波檢查，以明確認定，並予以開刀引流，以防止細菌進入血液中，避免敗血症，且依當時之情形，超音波檢查在病患床邊即可執行，並無不能注意之情事，竟疏於注意及此，恪遵醫院內規規定超音波檢查時間為每星期一、三、五，致安排病患 P 於 10 月 26 日才做超音波檢查。10 月 24 日固持續給予病患抗生素治療，惟病患病況轉壞，被告乙本應開始記錄病人輸入及排出液量，且依當時情形，並無不能注意情事，乃延至 25 日病患之病況已急刻惡化，實已進入敗血性休克狀態下，始開始記錄病人輸入及排出液量，兩相延誤，終至細菌入侵血液增加，病患多發性器官衰竭死亡。

(二) 被告等回應

訊據被告甲、被告乙均矢口否認有右揭犯行，均辯稱無論腎盂腎炎或腎膿瘍均會引發敗血性休克，而敗血症乃係由於細菌的感染，臨床上都是以遵照醫學規則循序使用第一線至第三線抗生素，並給予輸液及升壓劑治療，然敗血症休克雖經足夠的輸液急救，血壓仍偏低，且伴隨有灌注量不足或器官能異常的現象，其敗血症死亡率為百分之 80 至 90，即使採用適當的抗菌藥物治療並加強護理，許多病人仍死於敗血性休克，故無論有無照超音波有無記錄輸入及排出液量都會導致死亡的結果。

(三) 鑑定意見

1.醫審會鑑定結果

本案有行政院衛生署醫事審議委員（下稱醫審會）製作鑑定書一份，鑑定意見如下：

(1)針對被告甲違反其注意義務之說明

由病患 P 罹患腎盂腎炎迄敗血症出現之醫療過程中，病患 P 持續有高燒不退、寒顫、腰痛、噁心、嘔吐、解尿不適等狀況，被告甲為主治醫師，明知使用抗生素後病患 P 之病況毫無改善持續惡化，臨床醫師實需考慮有腎膿瘍或腰肌膿瘍甚至肝膿瘍及急性膽囊炎之可能性。

(2)針對被告甲違反醫療常規之說明

G 醫院常規超音波檢查時間為星期一、三、五，但病人病況危急，實應安排緊急腹部超音波甚至電腦斷層檢查，以排除外科急症之可能性，超音波檢查在病患床邊便可執行，被告甲沒有安排此項檢查，實有過失。

(3)針對被告乙違反醫療常規之說明

被告乙為值班醫師，病患 P 自 10 月 24 日起開始病況轉壞，有血壓降低情形，實應開始記錄病人輸入及排出液量，惟直到 25 日病況急劇惡化，呼吸困難、血壓持續下降、動脈血氧分析有低血氧及代謝性酸中毒情形，實已進入敗血性休克狀態，此時才開始記錄病人輸入及排出液量，被告乙亦有過失。

> 2.內科學權威著作「哈里遜內科學」（PRINCIPLES OF INTERNAL MEDICINE）一書，內文節錄
> (1) 關於「腎盂腎炎及腎膿瘍」之說明節錄 [1, 2, 3, 4]。
> (2) 針對腎盂腎炎及腎膿瘍之判別說明節錄 [5, 6, 7, 8]。

---

[1] 「反覆寒顫是典型化膿性細菌感染」，且「間歇熱之循環週期特點是體溫每天都會降到正常，這種熱又稱為消耗熱或敗血性熱」，伴隨膿瘍之間「歇熱敗血症」會產生寒顫。

[2] 「無併發症之腎盂腎炎通常只發燒五至七天，超過者，則應懷疑有腎內或腎外之阻塞或膿瘍」。

[3] 「腎周圍或腎膿瘍之症狀一般會有腰部以及腹部之疼痛。至少有百分之五十之病人會發燒。當一個病患有腎盂腎炎之症狀和徵候，而且在發燒四或五天後，預計應該已經退燒，但病患仍持續發燒時，則應該認真地考慮有無腎周圍或腎之膿瘍」。

[4] 「急性之腎盂腎炎之症狀通常在幾個小時期間或一天快速地發展，包括體溫攝氏三十九點四（華氏一〇三度）、寒顫、反胃、嘔吐和腹瀉。在一些急性腎盂腎炎病人中，會出現革蘭氏陰性血症之顯著癥候和症狀。除腎乳突狀壞死、膿瘍形成或尿道阻塞之病人之外，急性之腎盂腎炎之徵兆通常在四十八到七十二小時內會對治療有反應」、「如果病人（腎盂腎炎病人）在七十二小時內未對治療產生反應或是復發，則應該評斷有未被識出之化膿點」。

[5] 「腎臟超音波為研判腎臟病變情況之重要方法，對於引起發燒之膿瘍之診斷方式：超音波檢查、電腦斷層掃描（CT）、核磁共振（MRI），很容易探查和確定膿瘍位置」。

[6] 「對於引起發燒之腎臟感染之診斷方式：局部腎盂腎炎偶爾可引起長期發熱。超音波檢查與CT掃描結合能十分可靠地探查出阻塞和膿瘍」、「不明原因發熱之診斷過程：超音波檢查；波立波對診斷腹部、腎臟腹膜後或骨盆腔實質性病變是一項簡單有用之診斷技術。電腦斷層掃描：CT掃描探查膈下、腹部和骨腔膿瘍非常有用，是檢查後腹膜腔病變最有效之方法」、最實用之非創傷性診斷技術是超音波和CT檢查。

[7] 「超音波診斷準確率約百分之八十，在探查右上腹、腹膜後和骨盆腔膿瘍時準確率更高」、超音波檢查常可發現膿瘍，但沒有CT可靠。

[8] 對於腹內和腎膿瘍之診斷方式：腎臟之超音波掃描和腹部之CT掃描是最有用之診斷方式。

(3) 針對敗血症、敗血性休克之治療方式說明節錄 [9, 10]。

3.臺大醫院就被告兩人有無醫療疏失之說明函摘要

「被告兩人在考慮疾病的診斷時尚未達到盡善盡美，想出所有的可能性，進而做超音波檢查。然而被告等從最基本且常見的急性腎盂腎炎著手開始治療，等四或五天若無效再安排超音波，且事實上該本已安排 10 月 26 日做超音波檢查，可惜病人最後因病況變差，未做進一步檢查。被告兩人的做法不能謂之有錯，其後敗血性休克及急救之處理亦無法判斷有醫療疏失之嫌」。

(四) 判決結果

臺灣臺北地方法院於民國 92 年 07 月 23 日作出判決，被告甲、被告乙為從事業務之人，因業務上之過失致人於死，各處有期徒刑陸月，如易科罰金，均以參佰元折算壹日。被告甲、被告乙被訴偽造文書部分均無罪。

(五) 判決理由

1.有罪部分

法院認定兩位被告均成立業務過失致死罪之理由，摘要如下：

(1)被告甲成立業務過失致死罪之理由

A.針對被告甲違反其注意義務之說明

病患 P 於 10 月 21 日在外院正式診斷為急性腎盂腎炎，並接受抗生素治療，10 月 22 日至 G 醫院再次診斷為急性腎盂腎炎，直到 10 月 25 日

9　「小便輸出應該被保持在每小時三十毫升以上；如果需要，則可使用利尿劑，例如 furosemide」、「在成人呼吸窘迫症候群之情形下：應該嚴密地追蹤心智之狀態和小便輸出量」、「治療休克之目的：維持最易遭受損害之器官之血流量如腎臟、肝臟、肺及中樞神經系統」。

10　「可用每小時尿量作為腎血流灌注之粗略判斷指標」、「所有機械通氣之病人除持續用心電圖監測外，還應經常觀測生命指徵、血電解質、尿量和出入水量」。

上午 9 時病患 P 仍會「發燒」（攝氏 38 點 8 度），參照「哈里遜內科學」內文關於「腎盂腎炎及腎膿瘍」之說明 [11]，被告依專業應即懷疑病患 P 陷於伴隨膿瘍之間歇熱、敗血性熱，已出現化膿性細菌感染之症狀。又病患 P 於 10 月 22 日反覆發高燒、寒顫超過一星期，持續不退，右後背拍擊疼痛「flank pain」（腰痛），10 月 23 日護理紀錄指出「噁心」，10 月 24 日下午 2 時 10 分許病患 P 主訴「嘔吐」，自 10 月 24 日晚上 7 時到死亡為止，均未再度進食，10 月 25 日下午 4 時許，病患 P 仍主訴「back pain」（背痛），足徵病患 P 之腎盂腎炎之病情並未有效治療。

B. 針對被告甲違反醫療常規之說明

　　被告等即應立即評斷療效為失敗，進而判斷有無腎膿瘍或腰肌膿瘍甚至肝膿瘍及急性膽囊炎之可能性，並注意病患 P 於 10 月 24 日上午所呈現顯著敗血症癥候和症狀。

　　病患 P 自 10 月 21 日起經診斷為腎盂腎炎，被告等於 10 月 22 日至 10 月 25 日間持續使用腎毒性抗生素，惟病患 P 之病情持續惡化，高燒不退，反覆陳述排尿少，呼吸困難，無法進食，嘔吐不止，血壓持續降低，腎灌注不足等，病患 P 已為一腎功能不全之患者，應立即作腎臟超音波檢查。而作腎臟超音波檢查為研判腎臟病變情況之重要方法，原本於 10 月 23 日已安排病患 P 做腎臟超音波掃瞄檢查，然於 10 月 24 日被告甲則取消是項檢查，被告甲於偵查中尚供陳：「如果沒照超音波會導致無法判斷它是腎炎或腎膿瘍」一詞，並於 10 月 26 日說明會中曾述及：依醫院之規定，作腎超音波之時間，除特殊情形時可隨時作檢查外，固定為每星期一、三、五。是被告甲既知悉此理，卻在病患 P 自 10 月 22 日已呈現引起發燒之腎臟感染之症狀，迄病患 P 死亡，始終未緊急以超音波為病患 P 檢查腎臟病變，甚至取消原訂之腎臟超音波檢查，因而未及掌握病患 P 病情之發展，進而引發敗血症。

---

[11] 參前揭註1-4。

(2)被告乙成立業務過失致死罪之理由

針對被告乙違反其注意義務及醫療常規之說明：

參照「哈里遜內科學」內文針對「敗血症、敗血性休克之治療方式」說明[12]，病患 P 於急診時即已向護士陳述尿量很少，10 月 23 日護理紀錄亦有記載「解尿不適存」、「解尿有灼熱感」，10 月 24 日呈現敗血症症狀、低血壓、休克，10 月 25 日凌晨零點併發成人呼吸窘迫症侯群，被告乙身為值班醫師，即有記載尿量之義務，且依病患 P 腎灌注不足之病情，即有嚴重急性腎衰竭之可能，被告乙卻延誤至 10 月 26 日凌晨零點時才有記錄尿量之數據出現，無視於液體輸入、輸出量之重性，直到 10 月 25 日下午 4 時仍不考慮採用以每小時為記錄單位之小便輸出紀錄，而在 10 月 26 日凌晨零時一舉記錄共 8 個小時之小便輸出量，顯有過失。

(3)被告甲、乙兩人知醫療過失和病患死亡間有相當因果關係之理由

腎盂腎炎、腎膿瘍在醫學上屬常見之病症，並非新型、難治，死亡率亦低，本件病患 P 於外院及 G 醫院就診時，經醫師診斷均為腎盂腎炎，惟病患 P 卻於數日後因敗血性休克死亡，由病患 P 罹患腎盂腎炎迄敗血症出現之醫療過程中，被告甲為主治醫師，明知使用抗生素後病患 P 之病況毫無改善持續惡化，臨床醫師實需考慮有腎膿瘍或腰肌膿瘍甚至肝膿瘍及急性膽囊炎之可能性，且應立即安排緊急腹部超音波甚至電腦斷層檢查，以排除外科急症之可能性，被告甲沒有安排此項檢查，實有過失。

被告乙為值班醫師，病患 P 自 10 月 24 日起開始病況轉壞，有血壓降低情形，實應開始記錄病人輸入及排出液量，惟直到 25 日病況急劇惡化，呼吸困難、血壓持續下降、動脈血氧分析有低血氧及代謝性酸中毒情形，實已進入敗血性休克狀態，此時才開始記錄病人輸入及排出液量，被告乙亦有過失，醫審會鑑定報告亦同此認定。

至於本院審理中被告等聲請 T 醫院就本件相關疑點說明，惟病患 P

---

12 參前揭註9、10。

至 G 醫院就診前已至外院就診，並且經過抗生素之治療仍持續發燒，此時被告甲對抗生素治療無效情形應已知悉，臨床上即應懷疑有腎膿腸之可能，且可以超音波加以檢查，卻堅持從最基本之病況著手治療，不做緊急處理，實難認其做法係「不能謂之有錯」，又 10 月 22 日起，病患 P 及家屬已一再反映病患 P 排尿問題，護理紀錄上亦有上開紀錄，惟被告乙卻遲至 10 月 25 日病患 P 已進入敗血性休克，始開始記錄病人輸入及排出液量，致遲誤於 10 月 26 日始決定進行腹膜透析治療，終至病患 P 多發性器官衰竭死亡，被告乙亦難認無過失，是故就 T 醫院上開函文內容本院並未加以採認。

綜上，病患 P 因被告等之上開過失，導致無法即時更換治療方式，終至敗血性休克死亡，被告等過失與病患 P 之死亡間顯有因果關係。

2.無罪部分

被告甲、乙二人應無竄改病歷內容之理由說明如下：

被告甲、乙於 87 年 10 月 26 日晚上 10 時許，在住院病房急診室旁之會議室召開醫療過程說明會，會後雙方共同將病患 P 之病歷彌封於 G 醫院提供之牛皮紙袋中，並於紙袋正面記載：「52 頁病歷（封底面不計、未含空白頁 6 頁及檢查單）」，再由在場人士被告甲、被告乙在彌封之處簽名，再以透明膠帶黏貼於彌封處，以防止開拆毀損。

嗣後承辦檢察官函 G 醫院調取上揭病歷，G 醫院檢送病患 P 所有病歷正本共計 46 張（含空白底頁，檢驗報告），迨至 88 年 1 月 26 日，病患 P 之女出庭應訊，始發現上情，是公訴人認被告等二人涉犯行使業務上登載不實文書罪嫌。

經查：本院觀之告訴人病患 P 之女於 87 年 10 月 26 日晚間被告等二人說明治療過程時所記錄之手稿內容字跡潦草，多為片段字句，足見當時記錄之匆忙，告訴人病患 P 之女之上開記錄是否有誤聽、誤記之情形，已有疑問，又上開手稿雖經被告等二人蓋章於上，惟被告等二人於當時經病患家屬要求立即說明病情，解說過程中並有病患家屬打斷詢問、發言，則被告等二人當時心情之緊張可想而知，且被告等二人於手稿蓋章係於說

明、記錄完畢之後，若該手稿內容記載有誤，被告等二人是否能僅憑記憶即時更正亦非無疑，故尚難僅以手稿內容與病歷記載不符即遽認被告等二人竄改病歷內容。

復查，公訴人起訴認針對病歷日期內容竄改部分，日期誤載此種情形與文書記載通常可能發生之錯誤相仿，並非即可推認係被告重謄病歷之誤。

另因巡房日期、CRP 檢驗日期、以耳測聽診時間、接洗腎機及急救時間或收縮壓，此均無法排除被告等二人口誤或告訴人病患 P 之女耳誤之可能。

再者，有關尿液記錄時間、昇壓劑使用之方式、抗生素、利尿劑使用時間，手稿上記載為被告乙醫囑時間，與護理人員實際申領、用藥時間自不相同，則病歷上記載護理人員之施打時間，亦非即有不符之處。

復觀 G 醫院檢送之病歷內容除被告等二人記錄、簽名外，諸如醫囑單部分，被告簽名旁邊尚有護理人員、檢驗人員之簽名，且該病歷逐日油墨、字跡均不相同，若被告等要加以竄改，尚要經過十數人加以配合，其他醫護人員是否願意誠屬不易，況照料病患 P 之護理人員亦均到庭證稱伊未重新謄寫護理紀錄。至於公訴人雖主張病歷彌封公文袋封面記載之頁數與事後檢送檢察官之病歷頁數不符，而觀之 G 醫院移送檢察官病歷資料中亦確有列印日期為 87 年 10 月 26 日以後之檢驗報告，然而，上開檢驗報告檢查日期均在 10 月 26 日以前，公訴人亦未質疑檢驗內容不實，則縱 G 醫院人員有開拆病歷後加以黏貼於病歷之情形，因實際有進行上開檢驗，當非登載不實，是公訴人僅以病歷頁數或病歷遭開封而認被告等二人即有竄改病歷行使業務登載不實罪嫌，均屬率斷。

綜上所述，本院綜觀全卷證資料，並無證據足資證明被告等二人有公訴人所指之上開犯行，固本件公訴人主張被告等二人有竄改病歷內容之行使業務上登載不實文書罪嫌，自應就此部分為被告等二人無罪之諭知。

二、上訴審判決概述

(一) 第二審判決

　　兩位被告及檢察官均因過失致死等案件，不服臺灣臺北地方法院第一審判決，提起上訴，臺灣高等法院撤銷第一審甲、乙業務過失致死判決，改判業務過失致死部分無罪。其餘上訴駁回。

　　第二審法院判決理由可歸為以下兩個重點：

　　第一，本件病患 P 之敗血性休克，不能排除因急性腎盂腎炎所引發，病患從未確定有否腎膿瘍，更無法確定其敗血性休克係腎膿瘍所引發等，業經前開 T 醫院鑑定意見說明如前，故超音波檢查之安排時機是否得宜，顯與本件病患 P 之敗血性休克死亡難謂有何相當因果關係可言。

　　第二，醫審會雖認被告甲直至 87 年 10 月 25 日才開始記錄病人輸入及排出液量，亦有其疏失存在等語，惟公訴人就此部分，並未具體指出，如未有此疏失，即若於 10 月 25 日前開始記錄病人輸入及排出液量時，病患 P 即不致敗血休克死亡之依據。故縱被告甲有此疏失，則此疏失病患 P 死亡間殊難認有何因果關係之存在。況依護理計劃表，於 10 月 24 日載有：「6、評估病人攝入及排出量有無平衡」等語，已見被告於 10 月 24 日已有注意病患水分攝出及排出之狀況；再依上開護理紀錄於 10 月 25 日所載護理情形，足證被告甲就病患 P 之病況亦已有相當之處置。且 T 醫院鑑定意見亦認醫師對於血壓偏低已作相關措施，晚一天記錄尿量應不致影響其處置。益證何時記錄病人輸入及排出液量，亦應屬臨床專師之專業判斷，被告甲是否已違反一般治療準則而有疏失，亦待商榷，洵難依此遽謂被告甲有何過失。

(二) 第三審判決

　　兩位被告及檢察官均因過失致死案件不服臺灣高等法院第二審判決，提起上訴，最高法院（第三審法院）判決上訴駁回，本案判決確定。

第三審法院認為，病患 P 究因何種原因導致敗血性休克死亡，依其病歷資料鑑定結果均認無法確定，有各該鑑定意見在案可稽，且其屍體未經適當保存，實際上亦無從再為調查，原審在無何當事人聲請調查之情形下，未就其死亡予以根究，殊難認有上訴意旨所謂證據調查未盡之違法。檢察官徒憑告訴人之請求，提起此部分之上訴，就原判決已明白論斷之事項，任意指摘有採證不依證據法則、判決理由矛盾、判決不備理由、證據調查未盡之違法，尚非適法之第三審上訴理由。依上說明，其此部分上訴違背法律上之程式，應予駁回。

病歷資料，乃係醫事人員據其執行醫療有關業務所作之文書紀錄，該醫療人員既為製作權人，自有更改權，縱其更改不實，仍與學理上所稱之有形偽造或變造者有間，而僅屬無形偽造或變造之範疇，亦即僅有是否成立登載不實業務文書之問題。檢察官竟率依告訴人不正確之法律見解，指稱身為醫師之被告二人，在其有權製作之病歷資料上為更改，該當於變造私文書之法律概念，殊無可取，顯非合法之第三審上訴理由。

三、延伸思考

問題一：本件案例中醫療過程有哪些醫療業務文書記載方面之缺失？是否影響醫師甲、乙之診斷或處置？

問題二：病歷，包括醫療法第 67 條第 2 項規定之廣義病歷定義，以及醫師法第 12 條狹義病歷定義，是否為個人資料保護法上受保護之個人資料？各病歷製作者是否得主張病歷之著作權？

問題三：各類醫事人員若因遺忘或注意不集中而發生漏未記錄或記錄內容與事實有落差之情事，是否會成立業務登載不實文書罪或偽、變造私文書罪？

四、判決來源

第十四案　跌倒腹傷併腸穿孔延誤診斷案

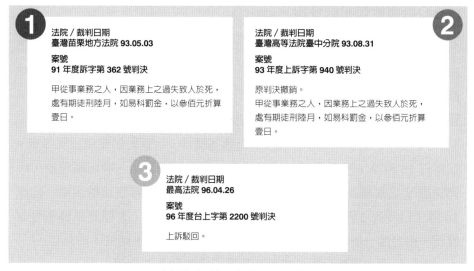

① 法院／裁判日期
臺灣苗栗地方法院 93.05.03
案號
91 年度訴字第 362 號判決

甲從事業務之人，因業務上之過失致人於死，
處有期徒刑陸月，如易科罰金，以參佰元折算
壹日。

② 法院／裁判日期
臺灣高等法院臺中分院 93.08.31
案號
93 年度上訴字第 940 號判決

原判決撤銷。
甲從事業務之人，因業務上之過失致人於死，
處有期徒刑陸月，如易科罰金，以參佰元折算
壹日。

③ 法院／裁判日期
最高法院 96.04.26
案號
96 年度台上字第 2200 號判決

上訴駁回。

圖 14　跌倒腹傷併腸穿孔延誤診斷案歷審圖
資料來源：作者繪製。

一、第一審判決

(一) 公訴事實與起訴意旨

醫師甲係行政院衛生署 M 醫院（下稱 M 醫院）醫師。病患 Y 於民國 89 年 9 月 22 日上午 11 時 50 分許，因騎乘機車在路上跌倒，於同日 15 時 55 分至 M 醫院就診，經醫師甲初步檢查後，於同日 18 時 30 分許住院診療，為緩和病患 Y 之疼痛，使用止痛藥物 Demerol。

9 月 27 日上午，病患 Y 因腹部仍脹痛厲害，且有明顯壓痛及反彈痛，於同日 10 時許，接受腹部超音波檢查，呈明顯腸脹氣、腸阻塞現象，甲向病患 Y 之家屬說明後，於同日下午為病患 Y 施作腹腔鏡檢手術。同年 10 月 3 日凌晨 2 時 15 分許，病患 Y 病情持續惡化，家屬要求轉院至 V 醫院，接受進一步治療，病患 Y 於同年 12 月 14 日 18 時許不治死亡。

案經檢察官提起公訴，主張成立業務過失致死罪之理由如下：

醫師甲（下稱被告甲）本應注意對於腹部鈍傷疑內出血或臟器破裂，且理學檢查呈壓疼及反彈痛之病患，因止痛劑可遮蓋或減輕臟器破裂所導致腹膜炎之症狀，不應使用止痛劑，詎被告甲當時並無任何不能注意之情形，竟未加注意，逕為緩和病患 Y 之疼痛，而錯誤使用鴉片類止痛藥物（Demerol）。

嗣同年 9 月 27 日上午，病患 Y 接受腹部超音波檢查，呈明顯腸脹氣腸阻塞之現象，預定於同日下午為病患 Y 施作手術。其本應注意病患 Y 因腹膜炎之腹腔內發炎分泌物及小腸內容物，會使腸道粘連，不易觀察檢查，且手術後不便清洗腹腔；另病患 Y 因迴腸近大腸處內容物已含很多細菌，破裂作小段切除後，宜將上下二端作小腸造廔（口）術，不宜行小腸端對端吻合術，然被告甲於同日 14 時 30 分許，為病患 Y 施作手術時，錯誤選擇作腹腔鏡檢手術，並行小腸端對端吻合術，致使病患 Y 產生癒合不全及滲漏情形。直至同年 10 月 3 日凌晨 2 時 15 分許，轉院至 V 醫院，接受進一步治療，然病患 Y 終因上開醫療過失所致之敗血症、呼吸衰竭

而引發併發症，迄同年 12 月 14 日 18 時許，因腹部鈍傷合併迴腸穿孔壞死，術後併發多重器官衰竭不治死亡。

(二) 被告回應

被告甲於本院審理中自白前揭業務過失致人於死犯行不諱。

(三) 鑑定意見

本案有行政院衛生署醫事審議委員會（下稱醫審會）製作鑑定書共兩份，鑑定意見大致歸納如下：

1.第一次鑑定

「不應在觀察期間使用止痛劑延誤了正確的診斷，且採用了錯誤的手術及小腸對端吻合術，致使病人發生不幸結果，其醫療過程是有不妥」。

2.第二次鑑定

就第一次鑑定之結論，函請原鑑定機關重為審議並詳予說明，復於 92 年 9 月 18 日達成相同結論，仍認為被告的行為，於本案之個案醫療上確有過失。

(四) 判決結果

臺灣苗栗地方法院於民國 93 年 05 月 03 日作出判決，被告甲為從事醫療業務之人，所為係犯刑法第 276 條第 2 項之業務過失致死罪，處有期徒刑陸月，如易科罰金，以參佰元折算壹日。

(五) 判決理由

法院認定被告甲成立業務過失致死罪之理由乃以：病患 Y 自 89 年 9 月 22 日起至同年 10 月 3 日轉院至 V 醫院止，在 M 醫院由被告甲進行診治，並因其診斷及手術之醫療行為，造成腹部鈍傷合併迴腸穿孔壞死，術後併發多重器官衰竭不治死亡之醫療錯誤，經醫審會之鑑定結論認被告甲之醫療過程確有不妥，復參法醫研究所鑑定書，堪證病患 Y 死亡與被告之醫療行為有相當因果關係。

二、上訴審裁判概述

(一) 第二審判決

被告、檢察官因業務過失致死案件，不服臺灣苗栗地方法院第一審判決，提起上訴，臺灣高等法院臺中分院撤銷原判決。

高等法院綜合第一審判決之鑑定意見，以及病歷及 X 光片、電腦斷層攝影與診斷證明書，參互佐證被告於第一審及該院審理第二審中自白業務過失致死犯行，核與事實相符，應堪採信。本件事證明確，被告犯行堪以認定。原審法院檢察署檢察官據告訴人請求上訴主張原審量刑過輕，指摘原審判決不當，法院認為雖無理由，惟原審判決既有比較新舊法結果，疏未就上開刑法第 41 條修正之規定予以說明之處，自應由本院將原審判決撤銷改判。

針對檢察官上訴理由指摘原審量刑過輕中之過失情節，法院為以下說明：

被告甲係出於避免病患 Y 之疼痛及大型手術而為，即於病患 Y 到院嚴重疼痛時，為減輕病患 Y 之疼痛，而錯誤使用鴉片類止痛藥物予以止痛，致造成可遮蓋或減輕臟器破裂所導致腹膜炎之症狀，以致判斷錯誤，而再錯誤選擇作腹腔鏡手術，惟其本意據被告甲所供係為避免再開一次刀，顯係出於對病患之考量，雖其過失造成病患死亡，惟其過失情節尚難認係重大，雖被告甲有右揭事實欄所述之數過失行為，固均係造成病患 Y 死亡結果，但法律評價僅論以一業務中過失致人於死罪，於量刑時所應審酌者為其過失情節重大與否，並無從以過失之次數，而予以分論科罰，告訴人認：「一個錯誤或二個錯誤導致病患 Y 死亡，該判處多少，二月或四月」等語，即有誤會。且量刑輕重及緩刑之宣告，係屬事實法院得依職權自由裁量之事項，苟已斟酌刑法第 57 條各款所列情狀而未逾越法定刑度，不得遽指為違法，原審予以量處被告有期徒刑陸月，自亦無從指為違法。

(二) 第三審判決

　　被告、檢察官因業務過失致人於死案件，不服臺灣高等法院臺中分院第二審判決，提起上訴，最高法院於作出上訴駁回之判決，本案判決確定。

　　檢察官上訴意旨略以：病患 Y 因騎乘機車跌倒感胸口及腹部疼痛、發燒及畏寒而就診，被告極易考慮可能有腹部鈍傷疑內出血或臟器破裂情形，且病患 Y 已有壓痛及反彈痛，生命之徵候並不穩定，雖已有排氣但有血便情形，又開始進食即有腹部脹痛，被告竟未懷疑是腹部鈍傷所致，只口頭處置而未反覆為理學檢查，且於住院 5 天後始為處置，參之行政院衛生署醫事審議委員會鑑定意見，已足認被告於本件醫療處置顯有重大過失。再被告於診斷延遲及病患 Y 腹腔內發炎情形嚴重、生命徵候不穩定時，未考慮作近端之腸造廔（口）術，而採用腸段對端接合，於手術 3 天後即發生滲漏，且於病患 Y 發燒、腹部脹痛、生命徵候不穩定時，未立即處置，再次行腸廔（口）術，只作換藥、細菌培養，加速敗血症，造成死亡，被告此部分之處置，參之上開鑑定意見，顯亦有重大過失，原判決採被告辯詞以出於避免病患 Y 疼痛而給予止痛藥及避免大型手術等語，即認其過失情節並非重大，顯有判決理由與卷內證據不相適合之違法。又被告第一個過失行為是否亦係造成病患 Y 死亡之結果，原判決（即第二審判決）並未說明其所憑之證據及理由，亦屬違法。

　　最高法院對上述主張回應表示：原判決於理由欄依據告訴人指訴、被告之自白、行政院衛生署醫事審議委員會鑑定意見及卷內其他證據，詳為說明被告有本件業務過失致人於死犯行之理由，是原判決已將被告之過失詳為認定，並說明其所憑之證據及理由，核與卷內資料相符，並無證據上理由矛盾及理由不備之違法。

　　又被告過失情節是否重大，係屬事實審量刑時應依職權審酌之事項，非屬犯罪構成要件之事實，毋庸經嚴格之證明，以經自由證明為已足，如未與卷存證據不符，又非屬職權之濫用，即難指為違法。上開鑑定意見僅

指出被告於醫療過程之疏失及延誤，而原判決於理由說明：「係出於避免病患 Y 之疼痛及大型手術而為，即於病患 Y 到院嚴重疼痛時，為減輕病患 Y 之疼痛，而錯誤使用鴉片類止痛藥物予以止痛，致造成可遮蓋或減輕臟器破裂所導致腹膜炎之症狀，以致判斷錯誤，致再錯誤選擇作腹腔鏡手術，惟其本意……係為避免再開一次刀」，因認其過失情節尚非重大，難謂與上開鑑定意見不符，且核無職權濫用之情形。

三、延伸思考

問題一：本件案例事實情境下，對緩和病患 Y 疼痛，有效方法為何？

問題二：本件案例事實情境下，被告甲選擇作腹腔鏡檢手術，並行小腸端對端吻合術是否為術式選擇錯誤？

四、判決來源

第十五案　戒毒併發症耽誤急救時機案

1 法院／裁判日期
臺灣新北地方法院 93.08.11
案號
92 年度訴字第 750 號判決

甲從事業務之人，因業務上之過失致人於死，處有期徒刑柒月。

2 法院／裁判日期
臺灣高等法院 94.03.16
案號
93 年度醫上訴字第 4 號判決

原判決撤銷。
甲無罪。

3 法院／裁判日期
最高法院 97.09.04
案號
97 年度台上字第 4302 號判決

原判決撤銷，發回臺灣高等法院。

4 法院／裁判日期
臺灣高等法院 98.06.25
案號
97 年度醫上更 (一) 字第 3 號判決

原判決撤銷。
甲從事業務之人，因業務上之過失致人於死，處有期徒刑柒月，減為有期徒刑參月又拾伍日。如易科罰金，以銀元參佰元即新台幣玖佰元折算壹日。

5 法院／裁判日期
最高法院 98.11.05
案號
98 年度台上字第 6580 號判決

上訴駁回。

圖 15　戒毒併發症耽誤急救時機案歷審圖

資料來源：作者繪製。

一、第一審判決

(一) 公訴事實與起訴意旨

　　醫師甲係臺北縣三重市 H 醫院（下稱 H 醫院）之院長。H 醫院從事為病患戒除毒癮之醫療服務。病患 R 因施用第一級毒品海洛因而染有毒癮，於民國（91 年 4 月 10 日晚上 10 時許，因毒癮造成全身無力，乃由其女友 A（下稱 A）陪同至醫院急診，經醫師甲親自對病患 R 問診後，告知病患 R 之情況是毒癮戒斷症狀發作，並詢問病患 R 是否願意住院治療，因病患 R、A 不希望住院，故由醫師甲開立處方提供藥物與病患 R 服用。其後於 91 年 5 月 8 日晚上 10 時許，病患 R 又因毒癮戒斷症狀發作，經由 A 及其他二名友人陪同至 H 醫院急診，亦由醫師甲看診，經 A 向醫師甲表明病患 R 要住院戒毒，病患 R 於問診時亦告知醫師甲，其是施用俗稱「四號」之海洛因毒品，醫師甲隨即安排病患 R 自當日起在 H 醫院住院接受毒癮治療。

　　同年月 11 日上午 11 時許，病患 R 出現嚴重呼吸困難、嘔吐等症狀，醫師甲發覺有異而進行急救，並於下午 1 時 20 分許轉送外院急救，因研判病情危急而於途中折返 H 醫院，病患 R 於當日下午 2 時 10 分許死亡。

　　案經檢察官偵查起訴指出：

　　醫師甲（下稱被告甲）為職業醫師，應注意病患 R 係施用海洛因毒品而有毒癮戒斷症狀之病人，而海洛因類藥物戒斷病患，於停止用藥後約 6 小時會開始產生症狀，嘔吐及腸胃道不適之症狀為常見的臨床表徵之一，除了以藥物治療戒斷症狀外，並應適時評估病患，以進一步安排必要之檢查與治療，而戒斷病患如產生神智不清或昏迷，極可能是已產生併發症所導致，除應注意對病患呼吸道、呼吸及心臟循環功能做必要之維持與保護外，並應及早積極評估病情或轉診其他醫院接受進一步之評估與治療。

　　且有施用海洛因毒癮之人會引起肺水腫及抑制中樞神經系統而增加吸

入性肺炎之機會，而依其專業知識及當時狀況又無不能注意之情事，竟疏未注意，自病患 R 住院後，僅對病患 R 進行內容為打營養點滴、給氧氣、抽痰、導尿及使用約束帶等名為「支持療法」之治療方式，並未適時評估病患 R 之身體狀況並進行必要之檢查，對病患 R 於住院期間發生之躁動不安、胃腸不適、神智不清、血壓不穩定、呼吸困難及嘔吐等現象，均未採取必要之檢查及評估，以確定病患 R 是否有因施用海洛因所致之肺水腫、吸入性肺炎或其他足以引起死亡之併發症，卻逕認為上述病情僅為施用海洛因之戒斷現象，以致未對病患 R 之肺水腫、吸入性肺炎之症狀進行必要之治療，或轉診其他醫院接受救治，而耽誤急救時機。

嗣於同年月 11 日上午 11 時許，因病患 R 已出現嚴重呼吸困難、嘔吐等症狀，被告甲始發覺有異而進行急救，並於下午 1 時 20 分許轉送外院急救，但因研判病情危急而於途中折返醫院，惟病患 R 仍於當日下午 2 時 10 分許，因吸入性肺炎及肺水腫造成心肺循環衰竭致死。

(二) 被告回應

訊據被告甲固坦承病患 R 有於上開時間，至 H 醫院住院接受其治療及其後因病患 R 已出現嚴重呼吸困難、嘔吐等症狀，經急救無效後死亡之事實，惟矢口否認有何業務過失致死之犯行。

辯稱：問診時病患 R 是說他吃錯藥，並不是說要戒毒，且解毒本來就具有不確定因素，沒有唯一的方法，所以並沒有處置當或不當的問題。病患 R 住院期間，被告有使用螢幕型之儀器進行監測，也有提供氧氣，並進行抽痰，還有插管抽東西，已做必要之檢查及保護措施，是因為病患 R 未留下真實的聯絡方式，所以找不到家屬，才無法進行呼吸道插管治療，所有必要醫療措施，被告甲均已執行。至於病歷上記載貧乏，是因為同時在做事，沒辦法寫的很詳細。又因為吸毒病人本身因為毒品純度、施用時間、施用方式的不同，就會有吸入性肺炎，因為病患 R 是靜脈注射，所以發生吸入性肺炎的機率是正常人的 15 倍，所以病患 R 的吸入性肺炎並不一定是被告甲之醫療行為所造成，且要對病患 R 進行轉診時，因找

不到病患 R 之家屬，沒有病患 R 健保卡等資料，送去也不會收。

(三) 鑑定意見

1.行政院衛生署醫審會鑑定意見

(1)第一次鑑定意見

　　「海洛因類藥物戒斷病患，於停止用藥後約六小時會開始產生症狀，嘔吐及腸胃道不適之症狀為常見的臨床表徵之一，除了以藥物治療戒斷症狀外，並應適時評估病患，以進一步安排必要之檢查與治療，而戒斷病患如產生神智不清或昏迷，極可能是已產生併發症所導致，除應注意對病患呼吸道、呼吸及心臟循環功能做必要之維持與保護外，並應及早積極評估病情或轉診其他醫院接受進一步之評估與治療。而所謂積極評估與治療，應包括：『①如病患產生明顯腸胃不適時，應密切監測病患體內之水分及電解質是否為均衡狀態，此時除監測心跳及血壓外，亦應安排必要之抽血以檢查電解質及腎功能。②病患如神智不清或昏迷、呼吸困難及血壓過低時，因海洛因戒斷時不應產生此種症狀，因此應評估是否治療藥物已過量或病患已產生呼吸、循環、電解質之問題或其他併發症。』應監測病患血壓、心跳、體溫，並聽診心臟、肺部及進行神經學檢查，並安排必要之實驗室檢查，如動脈血液氣體分析、肺部 X 光、電解質、血球記數等檢查，及給予必要之治療，如保護呼吸道、給予足夠之氧氣及靜脈輸液、氣管插管、補充電解質等。且上開評估與治療，及治療後之變化，皆應於病歷中詳實記載，並附相關檢驗數據，以昭公信等情。」

(2)第二次鑑定意見

　　「認被告於 91 年 5 月 9 日，乃至其後皆未行必要之呼吸道保護，5月 10 日之病歷紀錄，雖提及『KeepABC』即維持呼吸道、呼吸及心臟循環功能，但並未記載如何保護，且住院期間亦未進行必要之學理檢查或安排必要之檢查，以評估病患是否已產生併發症，其處置有失當之處。又病患於病情逐漸加重時，根據病歷紀錄，5 月 10 日曾連續使用 atropine 注射，極可能是因當時病患已產生明顯之心搏過緩，被告亦未安排必要之檢

查及早評估病患之病情，或轉診他院接受進一步之評估與治療，確有耽誤急救之時機之事實。」

2.法務部法醫研究所

(1)第一次鑑定意見

病患 R 確因吸入性肺炎及肺水腫造成心肺循環衰竭死亡，且二者與吸食海洛因（嗎啡）有相當之關聯性之事實。

(2)第二次鑑定意見

使用嗎啡會引起肺水腫及抑制中樞神經系統而增加吸入性肺炎之機會。

(3)第三次鑑定意見

使用嗎啡會引起肺水腫及抑制中樞神經系統而增加吸入性肺炎之機會，病患 R 死亡時血液中嗎啡濃度已降至致死量以下，所以其死亡並非嗎啡的直接毒性，而是嗎啡相關產生的肺水腫及吸入性肺炎。

(四) 判決結果

臺灣新北地方法院於民國 93 年 08 月 11 日作出判決，認定甲成立修正前刑法第 276 條第 2 項業務過失致死罪，處有期徒刑柒月。

(五) 判決理由

綜合證人與警詢中、偵查中及審理中證詞，病患 R 之病歷紀錄及護理紀錄以及被告甲於警詢及偵查中供稱，足見病患 R 係為治療毒癮，始於 91 年 5 月 8 日至醫院住院接受治療，而被告甲亦明知病患 R 利有施用海洛因毒品，且係為治療海洛因毒癮而至 H 醫院，並由被告甲安排住院接受治療。被告辯稱病患 R 是因為吃錯藥始住院接受治療，尚非足採。

證人於本院審理中證詞及被告甲於警詢中亦自承：「病患 R 於住院期間，身體有出現躁動不安、胃腸不適、神智不清、血壓不穩及呼吸困難等戒斷症狀」，足證病患 R 於住院期間，已出現躁動不安、腸胃不適等毒癮戒斷症狀，並出現神智不清、呼吸困難等可能為施用海洛因所致之併

發症所產生之徵狀。又使用嗎啡會引起肺水腫及抑制中樞神經系統而增加吸入性肺炎之機會，且被告甲於本院審理中復供承：病患 R 是靜脈注射毒品，所以發生吸入性肺炎的機率是正常人的 15 倍等語，顯見被告甲對有海洛因毒癮之人，有發生吸入性肺炎之併發症之可能性甚高一節，亦知之甚詳。是被告甲身為職業醫師，對病患 R 於住院期間所發生之上開症狀，自應知悉可能是因施用海洛因產生肺水腫、吸入性肺炎所導致，並應及早評估病情進行治療或轉診其他醫院接受進一步之評估與治療，同時注意對病患呼吸道、呼吸及心臟循環功能做必要之維持與保護。

病歷由醫師執業之醫療機構依醫療法規定保存。醫師法第 12 條定有明文。被告甲如對病患 R 有進行並要之檢查及保護措施，自應於病歷中記載明確，且被告甲縱有使用螢幕型之儀器進行監測，也有提供氧氣，並進行抽痰，惟此原就不足以認為已對「維持呼吸道、呼吸及心臟循環功能」實施必要之維持與保護，更何況被告甲所提出之病歷紀錄中，並未見任何有關病患 R 病情變化之紀錄，或經由監視儀器可輕易取得之如心跳、血壓、氧氣飽和度等資料，亦無其他針對病情嚴重程度或臨床治療措施為進一步評估之紀錄，自無從認定被告甲就病患 R 當時之身體狀況已做積極之評估或治療。

又被告甲於警詢中自承：「病患 R 於住院期間，身體有出現躁動不安、胃腸不適、神智不清、血壓不穩及呼吸困難等『戒斷症狀』」，其於檢察官偵查中亦供稱：「91 年 5 月 8 日因為病患 R 已有『戒斷症候群』，所以施以支持療法」，足見被告甲對於病患 R 於醫院住院期間身體所出現之上開現象，均認為係屬毒癮之戒斷症狀而已，此從被告甲在病患 R 之病歷資料上，從未記載針對「肺水腫」、「吸入性肺炎」之診斷或病名及治療、處置、用藥之情形，亦可得證，亦即被告甲從未對病患 R 是否因施用海洛因毒品致有肺水腫、吸入性肺炎等併發症進行積極之評估、治療或因而及時轉診他院接受治療或急救之事實，應堪認定。

病患 R 確因吸入性肺炎及肺水腫造成心肺循環衰竭死亡，且二者與吸食海洛因（嗎啡）有相當之關聯性之事實，有法務部法醫研究所鑑定意

見可憑；又使用嗎啡會引起肺水腫及抑制中樞神經系統而增加吸入性肺炎之機會，病患 R 死亡時血液中嗎啡濃度已降至致死量以下，所以其死亡並非嗎啡的直接毒性，而是嗎啡相關產生的肺水腫及吸入性肺炎等情。足見病患 R 之死亡並非係因施用海洛因毒品所直接導致，而係因海洛因毒癮所產生之肺水腫、吸入性肺炎等併發症所致，而被告甲對於病患 R 因施用海洛因所產生之肺水腫、吸入性肺炎等病症，於病患 R 住院接受毒癮治療期間，完全未進行並要之評估與治療，或及時轉診他院接受治療或急救而有過失之事實，有如前述，是其過失行為與病患 R 之死亡間，有相當因果關係。

至法醫研究所上開函件中另稱：醫療照顧措施看不出有不當之處，然查，經法院函詢法醫研究所為上開結論之依據為何？該所函答以：是觀看病歷紀錄所做之初步結論。本所並非治療專家，如有疑議，可函詢其他單位等語，足見法醫研究所並非從事醫療鑑定之專業機構，其就醫療措施之當否，並無鑑定之專業能力，其上開「醫療照顧措施看不出有不當之處」結論之作成，甚為粗率簡略，自不足採為有利被告之事證，附此敘明。

二、上訴審判決概述

(一) 第二審判決

醫師甲不服新北地方法院第一審判決，提起上訴，除第一審檢察官所舉之鑑定證據，更依刑事訴訟法第 198 條規定，選任由行政院衛生署指定辦理藥癮治療業務醫療機構為收費鑑定，鑑定程序為檢送全部卷證資料，囑請鑑定機關共得之鑑定證據：臺北 V 醫院鑑定報告、財團法人彰化 C 醫院鑑定報告、財團法人 C 紀念醫院林口分院鑑定報告、C 醫院鑑定報告、行政院衛生署 S 醫院鑑定報告。

臺灣高等法院首先參考美國證據法中立場，揭示審查鑑定證據之基本原則如下：

　　法院審查鑑定證據必須以 Gate Keeper 守門者之角色，就鑑定之專業，有無瑕疵，是否使用鑑定領域認可之技術，有無潛在之錯誤，是否經過鑑定同事之覆驗確認，有無出版物，是否為普遍所接受等各項準則以為參考等（參考美國聯邦證據法第 702 條與 Frye 法則 Daubert 法則與附件捌），並且逐一詳細加以審酌，尤其最高法院 57 年台上字第 3399 號判例：「刑事訴訟採職權調查主義，鑑定報告祇為形成法院心證之資料，對於法院之審判並無拘束力，故待證事項雖經鑑定，法院仍應本於職權予以調查，以期發見事實之真相，不得僅以鑑定報告作為判決之唯一依據」，92 年 3 月 25 日經最高法院 92 年度第 5 次刑事庭會議決議不再援用後，關於被告身體自由之各種刑事鑑定報告，可能成為認定被告有罪之唯一證據（如被告否認吸用毒品，僅有驗尿或檢驗頭髮之報告為證據），因此事實審法院對於鑑定證據之審查，即需負起如同美國聯邦或地區各級法院法官對於鑑定證據審查之守門員責任，以確保憲法第 8 條與第 16 條保障被告正當訴訟權。

　　接著，第二審法院依據前開原則，就本案依據刑事訴訟法第 205 條規定訊問，所得之七項鑑定證據，逐一敘明採選理由。判決理由如下：

本案之鑑定證據	採選理由
法務部法醫研究所前後共3次之鑑定意見	其鑑定程序並無前述審查疑義，而無排除證明力之理由，應予以援用，並爲被告有利之認定。
行政院衛生署醫事審議委員會前後之鑑定意見	既無從爲「結論性的判定」，即不足爲被告之不利事證。
臺北V醫院鑑定報告	應足爲被告有利之認定依據
財團法人彰化C醫院鑑定報告	僅能說明被告之醫療品質或有不周，但是無法確認被告此項不周與病患R之死亡有相當因果關係，並不足爲被告不利之認定。
財團法人C紀念醫院（林口）分院鑑定報告	明確敘明被告使用之藥物之臨床使用情形，是應爲被告有利之認定。

本案之鑑定證據	採選理由
C醫院鑑定報告	並未就全部卷證資料以及被告已經整理卷附之病歷鑑定，似未詳閱卷證亦未能依據本院函請得訊問被告之函處理，是鑑定過程簡略不實不盡，不足為被告不利之參考。
行政院衛生署S醫院鑑定報告	就被告所使用之藥物，敘明臨床使用之情形而堪信採，且未認定被告有所疏失。

　　再者，高等法院關於檢察官所舉之第 3 項證據：「(三)、就醫師之注意義務而言，經過完整醫學訓練並領有醫師證書之醫師，當有義務且有能力，對於施同毒品者於戒斷現象期間，因本身生理及輸入靜脈輸液可能產生之併發症，如吸入性肺炎、肺水腫等等，惟被告竟誤判病情，且未作適當之檢查、評估，任令病患 R 病情之惡化，導致病患 R 心肺循環衰竭致死，其醫療行為顯有過失。被告之醫療疏失行為與之病患 R 之死亡結果間復有相當因果關係」，並非人證或物證，僅係檢察官對於證據之判斷意見，而依據前開七項鑑定證據之取捨理由，並不足以證明被告之行為與病患 R 之死亡間有前述之相當因果關係存在，是檢察官所述並無依據，尚非可取。至於公訴意旨所稱之被告刊登戒毒服務，使一般染有施用毒品惡習之人誤信該醫院具有專業戒除毒癮之醫療技術，醫院未經行政院衛生署指定辦理藥癮治療，與本件並無關聯性，又認為被告並無治療施用毒品者毒癮之能力，並未舉證證明之，均不足為被告不利之認定。

　　最後，第二審法院作出以下結論：本件被告之醫療品質或有不周或如財團法人彰化 C 醫院鑑定報告所載之臨床疏失，然並無證據證明其醫療行為與病患 R 之死亡有相當因果關係，此外，復查無其他積極事證，足認被告有何公訴意旨所指之犯行，自應諭知被告無罪，原審疏未詳查遽對被告論罪科刑尚有未洽，本件被告上訴意旨否認犯罪，指摘原判決不當，為有理由，檢察官循告訴人之請，以量刑過輕為由，指摘原判決不當，即

無依據，然原判決既有未妥，應將原判決撤銷改判，另為被告無罪之諭知。

(二) 第三審判決

　　檢察官不服前揭第二審法院所為醫師甲無罪判決，提起第三審上訴。最高法院舉出第二審法院對本件不利於被告之鑑定意見，何以不足採為認定被告犯罪之證明，原判決未說明其理由，難認無判決理由不備之違法。再者，最高法院指出，原判決（第二審判決）所謂各該鑑定書就醫師甲前開疏失「無法確認」、「並未敘明」與病患死亡間有無因果關係等語，如係指前開鑑定報告書記載欠明，自應請其詳予補正敘明，於必要時並得命鑑定之人以言詞說明。原審未踐行上開程序，就被告甲之醫療措施是否涉有過失部分詳加究明，即為被告甲有利之認定，逕予諭知被告甲無罪，併有調查職責未盡及判決理由欠備之違法。

(三) 更一審判決

　　臺灣高等法院（下稱更一審法院）雖認為被告業務過失致人於死之犯行，洵堪認定，然原判決既有未及適用中華民國 96 年罪犯減刑條例予以減刑之不當之處，仍屬無可維持，撤銷原判決（第一審判決）判處被告甲有期徒刑柒月，減為有期徒刑參月又拾伍日。

　　更一審法院主要以對被告甲不利之鑑定意見為判決基礎，對被告尚非不利之鑑定意見，包括數家醫院所作之鑑定較為中性或有利於被告，亦分別討論，加以審酌，最後為以下判決：

　　按刑法過失之概念，係由「預見可能性」、與「注意義務之違反」所組成。亦即，行為人先有預見危險之義務，預見危險後，採取安全措施或捨棄危險行為的義務。是如行為人有預見危險之可能性，該危險具有避免可能性，而未依一般醫療水準，採取適當之安全措施，即製造了不容許風險的行為，自應予以歸責。又醫師從事管理人之生命、健康之業務，在診斷階段，須具有一定水準之學問及技術能力，避免誤診或因警覺性不足，

而忽略併發症狀中一部分之問題，於治療階段，有依常規診療之義務，對預見可能之危險性，不能不同時採取迴避危險之措施，此即迴避結果之注意義務，申言之，須以積極行為防止危險之發生或擴大，並設法排除或減少已經發生之危險，否則，不能謂為已盡迴避醫療危險之義務。被告對有海洛因毒癮之人，有發生吸入性肺炎之併發症之可能性甚高一節，亦知之甚詳。

　　關於預見可能性而言，是被告甲身為職業醫師，對病患 R 於住院期間所發生之上開症狀，已可預見其因施用海洛因可能產生肺水腫、吸入性肺炎，自應及早評估病情進行防範或轉診其他醫院接受進一步之評估與治療，同時注意對病患呼吸道、呼吸及心臟循環功能做必要之維持與保護。

　　關於注意義務違反而言，醫事審議委員會之鑑定程序已力求客觀，又係多數專家之共同意見，極具參考價值，且該委員會鑑定報告內容詳實，對導致肺水腫、吸入性肺炎之成因及本件醫療處置不當之處，分析細緻，相較本件其他醫院之鑑定報告，自較可採。該會認：本案病患 R 發生肺水腫最可能之成因，應該是吸入性肺炎或吸入胃容物所致；又除非病患 R 於 91 年 5 月 8 日住院後，仍有繼續使用過量海洛因，否則其肺水腫應該無法歸因於海洛因之直接原因等語。而病患 R 於 91 年 5 月 8 日住院後，即陷入意識不清之中，自不可能再施用毒品，堪認係醫師甲診療疏失所致。又病患 R 係因肺水腫、吸入性肺炎造成心肺循環衰竭而死亡，被告甲之上開過失行為與病患 R 之死亡間，即有相當因果關係。

(四) 更一審後第三審判決

　　最高法院認為更一審法院對上訴人主張，予以指駁。經核俱與卷內資料相符，原判決並無違背法令之情形，因此，駁回上訴，更二審判決有罪判決即確定。

三、延伸思考

　　問題一：法院判決曾提及「醫療品質或有不同」，此係指本案例醫療過程存在哪些缺失？如病歷記錄不確實、無護理人員紀錄、缺乏相關檢驗等。

　　問題二：本案例事實情境下，醫師是否可以適用醫療法第 63 條第 1 項但書，在未得病患本人或家屬同意下為緊急必要治療？

四、判決來源

第十六案　心肌梗塞未能適時發現案

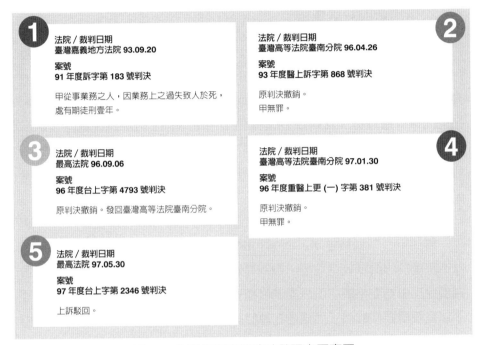

圖 16　心肌梗塞未能適時發現案歷審圖

資料來源：作者繪製。

一、第一審判決

(一) 公訴事實與起訴意旨

　　醫師甲係嘉義市 C 醫院（下稱 C 醫院）急診室醫師。民國 89 年 12 月 20 日上午 9 時 35 分許，病患 H 因暈厥由其夫 A（下稱 A）將其送至 C 醫院急診，由醫師甲對病患 H 做完心電圖、生化檢查、肝功能、腎臟、白紅血球等檢查後，讓病患 H 於同日中午 12 時 15 分許出院返回住處。病患 H 於翌日即同年 12 月 21 日上午在其住處內，因暈厥而嚴重氣喘、心悸，經 A 以救護車將之送至 C 醫院急救，送醫途中斷氣，於同日上午 9 時 27 分許死亡。

　　案經檢察官偵查、起訴指出：

　　醫師甲（下稱被告甲）明知心電圖紀錄上顯示病患 H 有心肌梗塞症狀或正處於心肌缺氧之可能，電腦並建議做進一步之臨床測試，此類病患醫師應加做抽血檢驗心肌酵素濃度檢查，及做第二次心電圖比較，並注意予以留院續觀察診治，而病患在急診室的病況只是病程中的一部分，不能由此部分來判斷病況是否為穩定，而依當時情形觀之，又無不能注意之情事，詎甲竟疏於注意，未對病患 H 加做抽血檢驗心肌酵素濃度檢查，及做第二次心電圖比較，復未建議留院觀察，即認病患 H 未有心肌梗塞。病患 H 於翌日即同年 12 月 21 日上午在其住處內，因上開暈厥卻未有適當之醫療，而嚴重氣喘、心悸，經 A 以救護車送至 C 醫院急救，送醫途中斷氣，同日上午 8 時 2 分許至 C 醫院急診室時已無心跳且瞳孔放大，經急救後，仍於同日上午 9 時 27 分許，因心律不整，心因性猝死而死亡。

(二) 被告等回應

　　訊據被告甲固坦承有於右揭時、地為病患 H 看診之事實，惟矢口否認有何業務過失致死之犯行，辯稱：

　　病患 H 就診時係胸痛，與心肌梗塞不同，是病患 H 並未有心肌梗塞

之症狀，且當時病患 H 白血球指數未升高，心電圖所顯示者係陳舊性心肌梗塞，與急性心肌梗塞亦不同；又病患 H 係返家後二十幾個小時才死亡，死因為何並不清楚，且伊有告訴病患 H 若病情有變化，應儘速回院，而伊當時確有將病患 H 留院觀察，是病患 H 自己要出院的，故伊之醫療行為應無過失。

辯護人亦為被告之利益具狀辯稱：

按心肌梗塞在心電圖上應有三要點始為判斷，即 ST 上升為診斷的關鍵、對側性 ST 下降使診斷更為確實、異常 Q 波的出現稍遲。本件並無出現發燒、白血球增多之現象，且臨床表徵上，胸部會出現心絞痛。當時病患並無上述現象使被告判斷為心肌梗塞；本件被告為急診醫師，無法作臨床測試，縱在心電圖上未能發現有心肌梗塞之可能性，但曾建議病患再掛心臟科門診作臨床測試，並非即有發生死亡之結果，被告之行為不應對死亡之結果負責。

所謂不穩定徵候為胸痛、喘、低血壓、暈厥、盜汗、發紺、兩邊肺音不相同或有囉音、頸靜脈鼓張或塌陷等；病患 H 於 89 年 12 月 20 日上午 9 時 35 分前來急診時，經被告檢查結果，其生命徵象、理學檢查及臨床症狀，無上述不穩定情形，被告認為病患 H 之病情為穩定性，因此給予病患 H 抽血、心電圖檢查及藥物治療；且在留觀 3 小時中，病患 H 病情改善，又因接近中午，病患 H 要求返家休養，因此未再作第二次心電圖及抽血檢查心肌酵素（若病患 H 症狀轉差就會立刻再做心電圖及抽血檢查心肌酵素），被告並向病患 H 及其家屬解釋及醫囑再至心臟科門診追蹤治療以及若病情轉壞，儘快返回就診，以及開給心臟病藥物（Serenal、Primperam、Persantin），於同日中午 12 時 15 分出院。

病患 H 於 89 年 12 月 21 日送急診時已昏迷無知覺 DOA（即 Death Of Arrive），其發生之原因多端，如未經解剖，無法判定死因。依鑑定書記載病患 H 係於第二天凌晨因嚴重氣喘，送醫途中斷氣，故既係因「氣喘」致死，與心臟病無關。若告訴人懷疑係被告未詳細檢查引起死亡，自應要求解剖以查明死因，家屬當時並未如此做，且歷經半年後只用一張心電圖

主張係因被告之過失引起，顯令人質疑。

　　病患 H 於 89 年 12 月 20 日在 C 醫院所做心電圖檢查，經醫師 C 判讀更正為疑似陳舊性下壁心肌梗塞，是病患 H 於該日急診之前即有陳舊性心肌梗塞之病史，而非急診當日有急性心肌梗塞之情形。

　　依據世界衛生組織（WHO）定義，心肌梗塞之診斷條件為下列三項中至少成立二項者：①典型的缺血性胸痛：尤其指胸骨下、具有壓迫性的特徵者。②連續性心電圖的變化：新產生的 ST-segment 升高、病理 Q 波、或 T 波的變化等。③心臟血清標記值的升高：目前以 CK、CK-MB isoenzyme、TroponinT／I 作定性及定量篩檢為主。但本件病患 H 並無上開所述情形，是其病情既屬穩定，被告僅作一張心電圖，並無不當。

　　依世界衛生組織認定發病後 6 小時內死亡為猝死。但本件病患 H 係於 89 年 12 月 20 日上午 9 時 35 分前來急診，同日中午 12 時 15 分出院，至同年 12 月 21 日上午 8 時 2 分再送急診，已相隔 20 小時之久，與猝死不符。

　　按一般長期肺氣腫之病人，其心電圖會出現電壓降低，電軸右偏，以及心前導極的 R 波進展不佳等現象，而本件病患 H 之心電圖有電壓降低、R 波進展不良之情形，即表示有肺氣腫之病史，而於 12 月 21 日凌晨發生之嚴重氣喘，有可能係因肺氣腫所引起，但未經解剖無法判定死因，並不一定係心臟病猝死。又本件病患 H 之病情為穩定之陳舊性心肌梗塞，故被告未再作第二張心電圖或抽血檢查，並無任何過失可言。

　　病患 H 係於 89 年 12 月 20 日上午 9 時 35 分到 C 醫院急診室求診，而於同日中午 12 時 15 分出院回家。如被告之急診治療無效，病患 H 之不適情況未獲改善，其家屬如何會要求出院回家休息？被告如何會同意其出院？顯見被告急診之治療，確有效果；又病患 H 於 89 年 12 月 21 日上午七時許要上廁所時發生心悸不適，距 20 日中午 12 時 15 分出院，已 20小時以上。如被告之急診治療有過失而無效，病患 H 如何能維持 20 小時以上不發生不適而再送醫？且病患 H 發生不適之病徵係「心悸」，而非「心痛」，是病患 H 急診時顯非心肌梗塞至明。

再者，病患 H 既於 89 年 12 月 21 日凌晨即發生氣喘、胸部不適及心悸等不適，其家屬何以不立即送急診治療？而拖到當日上午 8 時許，距其發生不適約 8 小時後始送醫？且病患 H 住處距署立 G 醫院僅數十公尺，到 S 醫院亦較 C 醫院為近，發生不適後，其家屬何以不將之送往該二醫院急診？反而於發病後逾 8 小時始將之送往較遠之 C 醫院，是否延誤就醫致生死亡之結果，亦堪斟酌！則被告對病患 H 之急診治療既已有相當效果，其家屬於病患 H 再發病後又延遲送醫，則病患 H 之死亡與被告之急診治療間應無因果關係至明。

縱心肌梗塞為病患 H 之唯一死因，在病患 H 既無心臟病史，又無急性心肌梗塞病徵，心電圖也無法顯示急性心肌梗塞之情形下，被告未將病患 H 診斷為急性心肌梗塞，乃基於學養及經驗之確信；被告於急診診療時，更囑咐「應至心臟科門診追蹤治療，若病情轉壞，請『儘快』返回急診就診」；且病患 H 經被告之急診治療後，至少逾 12 小時未有不適，足見急診確已獲改善，病患 H 之死因顯與被告之急診無關，被告並無業務過失之處。

(三) 鑑定意見

本案有行政院衛生署醫事審議委員會鑑定意見四件，分別摘要如下：

1.第一次鑑定意見

「本案的關鍵在於急診心電圖是否有急性心肌梗塞的證據。心電圖的電腦報告：下壁及前壁心肌梗塞，而後經 C 醫院心臟科醫師 S 判讀，將之更正為疑似下壁心肌梗塞和非特異性 ST 及 T 波異常。事實上，這張心電圖發現竇性心搏過速，左心房擴大，肢體導程 QRS 波電位過低，S1Q3T3 現象，aVF 有很小的 Q 波及 R 波，胸前導程 R 波進展不良，V1 至 V6 有 T 波倒轉。無法排除病患此次心肌梗塞之可能性，既然心電圖顯示有心肌梗塞之可能性，醫師甲應加做抽血檢驗心臟酵素濃度或留院續觀察診治，較為妥適。」

2.第二次鑑定意見

「一、上開詢問事項之主要內容是在強調心電圖應該有 ST 波段上昇或持續下降，合併發燒及白血球增加，才能診斷急性心肌梗塞，而病患 H 病患的心電圖並沒有這樣的變化，也沒有發燒及白血球增加，所以沒有急性心肌梗塞。的確，那一張心電圖沒辦法立即診斷急性心肌梗塞，但卻顯示出病患可能曾經有過下壁心肌梗塞，也可能還正在心肌缺氧。醫師甲在留觀病患三小時以後，應該再做第二次心電圖比較，甚至抽血檢查心肌酵素，來輔助診斷。」

「二、因冠狀動脈阻塞造成心肌壞死，稱之為心肌梗塞。其發生時間在數天之內稱之為急性，若發生時間在數個月或半年以上，其壞死之心肌已經結疤，稱之為陳舊性。急性心肌梗塞係心臟呈現極不穩定的狀態，故為內科急症，須立刻給予靜脈注射血栓溶解劑，或行冠狀動脈氣球擴張及置放支架手術治療，並且須住進加護病房照顧。陳舊性心肌梗塞係心臟功能處於穩定，並非急症，故不須急救，但醫師應該瞭解病患有冠狀動脈疾病，應審慎評估其心臟病情有無不穩定的情形，若懷疑有急性冠心症復發時，仍應收住院，給予靜脈注射抗凝血藥物及硝化甘油治療，並考慮進一步行冠狀動脈攝影檢查。急性心肌梗塞可能併發心室顫動、肺水腫及休克，須立即住院。陳舊性心肌梗塞若病情穩定，可用藥物控制及門診追蹤，但若病情不穩定，有復發之虞，仍須住院治療。」

「三、病患於 89 年 12 月 20 日在家中昏倒，醒來後主訴心悸及胸部不適，急診時心電圖出現疑似陳舊性下壁心肌梗塞及心肌缺氧，病患離院後第二天清晨突然死亡。從 C 醫院急診部簡略的病歷資料，實在無法確定病患是否係急性或陳舊性心肌梗塞，但是以這麼短的病程來看，病患極可能還是因為心臟病猝死。」

3.第三次鑑定意見

「即醫師甲手寫三次的病歷紀錄時間分別為 89 年 12 月 20 日 9：45（PM）、11：00（PM）及 11：10（PM），而急診病歷首頁紀錄病患 H 病患抵達及離開時刻分別為 89 年 12 月 20 日 9：35 及 12：15。根據正確

的就診及離院時間計算，病患從初發症狀到突然死亡的時間仍不超過 24 小時，最可能的診斷還是心臟病猝死。檢視病患 88 年 11 月 20 日及 89 年 7 月 25 日在 T 紀念醫院所做的兩張心電圖，發現胸前導程（V1-4）T 波倒轉（88 年 11 月 20 日），可恢復正立（89 年 7 月 25 日），然後在 C 醫院又呈現廣泛性（V1-6）倒轉，顯示病患很可能還是有心肌缺氧的問題。醫師甲應在病患離院前再作一張心電圖，並抽血檢驗心肌酵素，較為妥當。所以案情摘要時間的更正，並不影響前次的鑑定意見」、「醫師甲在留觀病患 3 小時以後，應該再做第 2 次心電圖比較，甚至抽血檢查心肌酵素，來輔助診斷」、「病患 H 極可能還是因為心臟病猝死」。

4.第四次鑑定意見

「一、若病情穩定，作一張心電圖即可，但在懷疑急性心肌梗塞發病時，有必要再作進一步檢查，包括追蹤心電圖比較及心肌酵素，以幫助診斷。病患到 T 醫院作心電圖，和到 C 醫院急診室求診，兩者情況不同，故無法相提並論。」

「二、病患回家後再度發生嚴重氣喘，到死亡不足六小時，故可認定為猝死。」

「三、本件案例無胸部 X 光檢查，亦無過去病史資料，可以證明病患有長期肺氣腫。即使有肺氣腫，看到這樣的心電圖，在心悸合併暈厥的病患，醫師仍應再作第二張心電圖的比較，以排除急性心肌梗塞的可能。若無心肌梗塞亦應再做肺部掃瞄，以確認有無肺栓塞發生。故不宜將這樣的心電圖變化全然以慢性肺氣腫解釋，而排除心肌梗塞及肺栓塞的可能性。」

「四、有些病患發生心肌梗塞時並沒有胸痛，只是氣喘而已。故氣喘致死，亦可能是因為心臟病發作死亡。」

(四) 判決結果

臺灣嘉義地方法院於民國 93 年 09 月 20 日作出判決，認定甲成立刑法修正前第 276 條第 2 項業務過失致死罪，處有期徒刑壹年。

(五) 判決理由

　　法院針對被告辯護人所提出疑義等，分別參採醫審會四次鑑定意見如前述。經綜合醫審會上開鑑定意見觀之，已就被告所有質疑之處，羅列敘明，均認前開急診心電圖無法排除病患 H 係心肌梗塞或正處於心肌缺氧之可能性，且認被告應於病患 H 出院前加做抽血檢驗心肌酵素濃度或做第二次心電圖比較，或留院續觀察診治，被告未於病患 H 出院前為病患 H 加做抽血檢驗心肌酵素濃度，甚且未做第二次心電圖比較，亦未將病患 H 留院觀察診治，造成病患 H 於 89 年 12 月 21 日上午因心臟病猝死，則依當時急診室之就醫情形，並無不能注意之情事，被告之醫療過程即難謂無疏失之處，自難辭過失之責。

　　辯護人又以病患 H 於 C 醫院接受急診後出院已逾 12 小時以上始再發病送醫，則被告之急診治療有效而無過失，是縱認被告係心肌梗塞死亡，亦與被告之治療無相當因果關係。然查病患在急診室的病況只是病程中的一部分，實難由此部分來判斷病患病況是否為穩定，且被告既未於病患 H 出院前為其加做抽血檢驗心肌酵素濃度或做第二次心電圖比較，或留院續觀察診治，如何能斷定病患 H 於接受診療時及出院後相當期間內，均無心肌梗塞之病徵？反言之，被告若能及時於病患 H 出院前加做抽血檢驗心肌酵素濃度或做第二次心電圖比較，或將病患 H 留院續觀察，而適時發現病況的變化，儘早診斷和手術治療，應能及時挽回病患 H 生命，據此，其上開疏失自與病患 H 之死亡間有相當因果關係甚明。

二、上訴審判決概述

　　本件第一審法院對被告甲之醫療行為判決成立業務過失致死罪，其判決依據為四次行政院衛生署醫事審議委員會鑑定意見，上訴審中又增加醫審會兩次鑑定意見（第五次與第六次）。同時也送國立臺灣大學醫學院之鑑定意見，該鑑定意見為有利於被告甲，影響第二審判決與更一判決，均

諭知無罪。

(一) 第二審判決

　　被告甲不服第一審判決提起上訴，第二審法院再送醫審會為第五次、第六次鑑定意見，以及臺灣大學醫學院鑑定。醫審會第五次之鑑定意見認為「依心電圖之 S1Q3T3 現象，病患有可能死於肺栓塞或主動脈剝離或腦血管破裂等原因。本案件沒有做屍體解剖、病理驗定，故無法確定真正死因，但以其病情短而急的過程推斷，病患死於心臟病猝死的機率較大，冠心病可能性最高，因為心電圖 V1-5 之胸前導程出現對稱性 T 波倒轉。」醫審會第六次之鑑定意見已認定：「若病人有急性心肌梗塞，留觀三小時後再作心電圖及抽血檢查心肌酵素，可能還不能看出有異常變化，因為心肌梗塞後六小時才能在血中測到心肌酵素的變化，然以儘早得到正確診斷及適當治療，其結果並不保證能夠避免病情惡化乃至死亡。」

　　第二審法院判決要旨如下：

　　關於病患 H 在接受被告甲醫療行為當時如有心肌梗塞症狀存在，究係「急性」或「陳舊性」心肌梗塞一事。經查本院為求慎重，函請臺灣大學醫學院鑑定，臺灣大學醫學院鑑定意見認為：「（二）心電圖說明1、是否顯示病患有心肌梗塞？如有，究係急性或陳舊性？說明：【不能排除有心肌梗塞的可能性】，如有，陳舊性心肌梗塞較為可能。」等語（見附表臺灣大學醫學院鑑定），則臺灣大學醫學院既明確指明病患 H 如有心肌梗塞，應以陳舊性心肌梗塞較為可能，故而病患 H 在接受被告甲醫療行為當時並非係因急性心肌梗塞而就診。

　　病患 H 於被告甲所為各項醫療處置時並無急性心肌梗塞之臨床症狀，心電圖檢查僅為醫師診治病患之輔助工作之一，且並非以電腦之判讀為主而應由醫師根據臨床所有情狀綜合判定，被告甲當時已就病患 H 之主訴症狀加以治療並獲係改善，並有給予衛教，縱於出院前為第二次心電圖或抽血檢驗心肌酵素亦無法檢查出患者必然罹患急性心肌梗塞之情形。病患於回家後之翌日，才產生突發性之心臟問題，該發病時間在客觀上並無法

預見，也無從避免，「然以縱儘早得到正確診斷及適當治療，其結果並不保證能夠避免病情惡化乃至死亡」，本於刑事訴訟法上嚴格證據主義以及罪疑惟輕之原則，應認被告甲之犯罪尚屬不能證明，而應諭知無罪。

(二) 第三審判決

檢察官不服第二審法院，最高法院認為上訴意旨指摘原判決不當，尚非全無理由，應認有撤銷原判決發回更審之原因，因此將該判決撤銷，發回臺灣高等法院高雄分院更審。

(三) 更一審判決

更一審法院為被告甲無罪判決，其判決理由如下：

1. 陳舊性心肌梗塞係心臟功能處於穩定，並非急症，不須急救，若病情穩定，可用藥物控制及門診追蹤，亦不必給予血栓溶解劑或進行介入性治療（氣球擴張術及支架置放術）以打通阻塞的冠狀動脈。

   本件病患 H 於 89 年 12 月 20 日上午，因胸悶不適至 C 醫院急診，由當時擔任急診室醫師之被告甲對病患 H 實施心電圖、生化檢驗、肝功能、腎臟、白紅血球等檢查，並給予 Serenal、Primperan、Persantin 藥物治療，病患 H 到 C 醫院時其心跳每分鐘達 105 次，而在拍攝心電圖時心跳每分鐘卻只有 93 次，離院前之主訴更是病情改善，足徵被告甲在醫療過程中確有使病患 H 之病情改善、而生命現象已穩定，此均有前述病歷以及護理紀錄可稽。被告甲所為之醫療處置應無違及一般急診室醫師之醫療常規，實難認被告甲之上開各項醫療處置有何疏失。

2. 被告甲並非施行侵入性治療，而屬於診斷行為。本件對於心電圖之檢查結果，自不能因為病歷上未記載即視為未告知，因為除了手術以及麻醉必須書面同意書外，法律並未規定告知係以書面記載為要件，否則被告甲告如何綜合判斷病情，並於病患 H 離院時，將病患之病情告知病患及其家屬，並囑病患 H 及其家屬：⑴請至心臟科門診追蹤治療。⑵若病情變壞，請盡快返回急診就診等情。亦即被告甲已將其診斷行

為所獲知病患之診斷病名、病況、建議治療方案告知病患其及家屬，則被告甲所為各項醫療處置並無違及一般急診室醫師之醫療常規，而已盡告知之義務，應無疑義。

3. 病患 H 於被告甲所為各項醫療處置時並無急性心肌梗塞之臨床症狀，心電圖檢查僅為醫師診治病患之輔助工作之一，且並非以電腦之判讀為主，而應由醫師根據臨床所有情狀綜合判定。被告甲當時已就病患 H 之主訴症狀加以治療並獲係改善，並有給予衛教，縱於出院前為第二次心電圖或抽血檢驗心肌酵素，亦無法檢查出患者必然罹患急性心肌梗塞之情形。病患 H 於回家後之翌日，才產生突發性之心臟問題，該發病時間在客觀上並無法預見，且縱然已儘早得到正確診斷及適當治療，其結果並不保證能夠避免病情惡化乃至死亡，本於刑事訴訟法上嚴格證據主義以及罪疑惟輕之原則，應認病患 H 之死亡結果與被告甲於急診室所為各項醫療處置間，並無相當因果關係存在。

4. 被告甲辯稱病患 H 至 C 醫院急診時之症狀並非急性心肌梗塞。病患 H 於離院後之翌日突然猝死，其情形非被告甲所能預見，亦不可能預防，應無過失；被告甲就病患所為之醫療行為符合一般醫療常規，且被告甲已盡醫療上之告知義務；另病患 H 之死亡結果與被告甲於急診室所為各項醫療處無相當因果關係存在等情，均非不可採信。原審疏未詳細審酌被告甲所為供述之真實性，遽以推論、臆測之詞，採為不利被告甲告之認定，論處被告甲業務過失致死罪刑，自有未合。被告甲上訴意旨，否認犯罪，指摘原判決不當，為有理由，自應由本院將原判決予以撤銷，改諭知被告甲無罪，以期適法。

(四) 第三審判決

檢察官對前述更一審判決不服，向最高法院提起第三審上訴。經審理後，最高法院認為，更一審判決綜合各種相關證據，認檢察官所訴各節尚不足以證明被告甲犯行，就案內有關證據，本於調查所得心證，分別定其取捨而為判斷，均已於理由內詳加說明。並無上訴意旨所指之違背法令。

其餘上訴意旨，無非係對事實審法院採證認事之職權行使及原審已調查、判決理由已說明之事項，再為爭執，亦非適法之上訴第三審理由。衡以上述說明，應認其上訴為違背法律上之程式，予以駁回。

三、延伸思考

　　問題一：本件第一審法院為有罪判決之理由為：「醫師甲若能及時於病患 H 出院前加做抽血檢驗心肌酵素濃度或做第二次心電圖比較，或將病患 H 留院續觀察，而適時發現病況的變化，儘早診斷和手術治療，應能及時挽回病患 H 生命，據此，其上開疏失自與病患 H 之死亡間有相當因果關係甚明。」你是否贊同這項因果關係論證？

　　問題二：試比較本件案例事實與上冊無罪判決第十七案【心肌梗塞急救時機案】。

四、判決來源

第十七案　車禍空腸破裂案

1 法院／裁判日期
臺灣高雄地方法院 93.09.27
案號
92 年度醫訴字第 4 號判決

甲從事業務之人，因業務上之過失致人於死，處有期徒刑陸月，如易科罰金，以參佰元折算壹日。

2 法院／裁判日期
臺灣高等法院高雄分院 97.01.23
案號
93 年度醫上訴字第 2 號判決

原判決撤銷。
甲從事業務之人，因業務上之過失致人於死，處有期徒刑陸月，如易科罰金，以銀元參佰元即新台幣玖佰元折算壹日。減為有期徒刑參月，如易科罰金，以銀元參佰元即新台幣玖佰元折算壹日。

3 法院／裁判日期
最高法院 99.03.11
案號
99 年度台上字第 1476 號判決

原判決撤銷，發回臺灣高等法院高雄分院。

4 法院／裁判日期
最高法院 91.09.19
案號
91 年度台上字第 5215 號判決

原判決撤銷，發回臺灣高等法院。

5 法院／裁判日期
最高法院 95.03.17
案號
95 年度台上字第 1424 號判決

原判決撤銷，發回臺灣高等法院。

圖 17　車禍空腸破裂案歷審圖

資料來源：作者繪製。

一、第一審判決

(一) 公訴起訴事實與意旨

　　醫師甲係址設高雄市區之 F 醫院（下稱 F 醫院）外科住院總醫師，具有一般外科、重症專科及胸腔外科等專業資格。病患 C 於民國 91 年 4 月 2 日 9 時 45 分許，因駕車不慎撞及路樹，肇生交通事故而受傷，緊急送往 F 醫院急診室診治。病患 C 院後主訴胸痛，由急診室醫師 T 進行初步臨床診斷，察見病患 C 有腹部瘀血之現象（Abd.wall echymosis），並於急診科創傷病歷「創傷圖示」欄內記載病患 C 前開腹部瘀血現象（echymosis），復指示為其進行照 X 光片、腹部超音波及胸部電腦斷層掃描等醫療措施，因發現病患 C 另有左側肋骨骨折、左側外傷性血胸等症狀，遂於同日 15 時許，照會醫師甲前往急診室診治並協助判讀上開電腦斷層掃瞄結果，然迨至同年月 4 日清晨某時許，因病患 C 持續腹漲、腹部不適、疼痛，經急救後仍未見改善，旋即轉往高雄 G 紀念醫院（下稱 G 醫院），經 G 醫院人員於同日上午 6 時 35 分許進行手術，於手術過程中發現病患 C 有 (一) 腹部鈍挫傷、外傷性小腸穿孔、腹膜炎併敗血症；(二) 肺部鈍挫傷併血胸及 (三) 心肺衰竭等症狀，因病患 C 敗血症病情變化迅速，經上開手術急救，於同年月 5 日 7 時 55 分許死亡。

　　案經檢察官偵查起訴指出：

　　醫師甲（下稱被告甲）原應注意車禍事故極易造成胸、腹部之傷害，且明知病患 C 係因車禍事故到院急救，竟疏未察覺該掃描結果確呈現腹部游離氣之異常情狀，僅發現病患 C 有左側肋骨斷裂、氣胸及血胸等現象，故僅施以左側腔管插入手術後，即將病患 C 送入加護病房，並接替實際負責診治病患 C 之工作。然自同日 19 時許起，病患 C 即因感到腹部強烈脹痛、呼吸困難等身體不適現象，並迭經醫護人員將此情事告予被告甲知悉，詎被告甲於病患 C 多次反應其腹部脹痛之際，即應施以適當之檢查及診治，而依當時情形，並無不能注意之情事，竟疏未注意及此，猶

僅指示為病患 C 插鼻胃管禁食、減壓等消極性措施為已足，始終未能針對病患 C 之腹部進行詳細檢查。

同年月 4 日清晨某時許，因病患 C 持續腹漲、腹部不適、疼痛，經急救後仍未見改善，旋即轉院，於他院同日上午 6 時 35 分許進行手術，惟因病患 C 敗血症病情變化迅速，而失去重新評估、及早診斷與手術搶救之先機，雖經上開手術急救，仍於同年月 5 日 7 時 55 分許，終因腹膜炎併發敗血症而不治死亡。

(二) 被告回應

訊據被告甲雖對於右揭時、地，曾對病患 C 進行診治之事實坦承不諱，惟矢口否認有何業務過失致死之犯行。辯稱：

伊僅係住院總醫師，並非主治醫師；又伊乃胸腔外科之專科醫師，並非腸胃外科專科醫師，故就病患 C 電腦斷層掃描之結果，伊僅就胸腔部分加以判讀，並未及於腹腔部分之判斷；另伊自 91 年 4 月 2 日下午至同年月 3 日下午，係分別因休假、公差及事假等因素，本無庸親至 F 醫院執行業務，但因關心病患，方始三度抽空前往探視病患 C，病患 C 亦未曾向伊反應腹部有何不適之現象，且伊並非值班醫師、亦無勤務在身，自無成立過失之餘地；再者，因車禍之腹部創傷導致小腸斷裂者，其機率僅有百分之 16，況伊於 91 年 4 月 3 日 7 時 30 分許探視病患 C 之際，即囑附為其插鼻胃管減壓、禁食、增加輸液、給予適當抗生素等處置，此舉符合歐洲腹部創傷病人之早期處理原則，是伊處理並無延宕疏失，並提出醫學文獻原文影本 9 紙為證。

辯護意旨則另以：本件始終未有電腦斷層掃描判讀報告附卷以供鑑定，且鑑定機關亦未及參酌上述被告自 91 年 4 月 2 日起至同年月 3 日止無庸到院執行業務之事實，為此請求重行送請鑑定為被告甲辯護。

(三) 鑑定意見

行政院衛生署醫事審議委員會（下稱醫審會）之鑑定結果：

「由隨卷所附之 CT 片（電腦斷層掃描片）即可見腹部游離氣（free air）」，代表胸腹部鈍挫傷害，已造成腸胃道的破裂。」

「從 4 月 2 日下午住院後至 4 月 4 日凌晨病患 C 持續腹漲，腹部不適、疼痛，到敗血症病情變化迅速，而失去重新評估，及早診斷與手術搶救之先機。由於病患原有高血壓、心臟疾病，再加上胸部鈍挫傷和骨折、血胸，增加心肺功能負擔，加上診斷、處置空腸破裂延宕，病況迅速於一天半內惡化，由腹膜炎導致敗血症、休克，雖經手術仍無法挽回生命。」

(四) 判決結果

臺灣高雄地方法院於民國 93 年 09 月 27 日作出判決，被告甲因業務上之過失致人於死，處有期徒刑陸月，如易科罰金，以參佰元折算壹日。

(五) 判決理由

按所謂「主治醫師」，依其性質概可分為二類。以醫院行政編制而言，一般大型醫院因醫師員額較多，並兼具醫療訓練性質，除執行一般醫療業務外，另須處理相關行政管理事務，故須依據醫師年資之深淺，略可區分為「主治醫師」、「總醫師（包括住院總醫師）」及「住院醫師」等三類，此項分類除編制上之差異外，尚涉及醫療行政、業務權限等事務之區分。再針對是否實際執行醫療業務，凡具有獨立權限得以對病患執行醫療行為、提供醫療服務、提出醫療建議及進行危險性評估等，即可稱為該病患之主治醫師，此處所稱之主治醫師，乃以是否實際、獨立執行醫療業務為斷，概念上與行政編制上之主治醫師未可相互混淆。

參酌證詞可知，被告甲具有一般外科、胸腔外科專科醫師之資格，因公立醫院編制之限制，只能占住院總醫師之職缺，須俟主治醫師有職缺時，才能升任等情屬實。另參證稱當時 F 醫院僅有被告一位胸腔外科醫師，如病患有胸腔方面之問題，其會找被告甲前來處理，綜此堪認被告甲雖於 F 醫院之行政編制上僅擔任住院總醫師，然因具有一般外科暨胸腔外科之專業醫師資格，亦得對病患獨立進行醫療行為，而病患 C 復於經急

診室初步診斷、治療後，即轉由被告甲實際負責診療及照護，據此堪證被告甲確屬病患 C 之主治醫師無訛。

據被告甲 93 年 7 月 13 日提呈回應狀所附醫學文獻之記載，因車禍造成腹部創傷導致小腸（small bowel）之鈍性創傷（blunt trauma）有百分之 16，其機率僅低於脾臟（spleen，百分之 26）、腎臟（kidney，百分之 24），而高於肝臟（liver，百分之 15）、胰臟（pancreas，百分之 1-3）、橫隔膜（diaphragm，百分之 1-3）、腸繫帶（mesentery，百分之 1-3）及腰肌（abdominal Wall，百分之 1-3）等其他身體部位，相較以觀，小腸因車禍而受創之機率不可謂不高，自難徒以小腸鈍挫傷之機率僅及百分之 16，即得任意略而不察。再參 F 醫院針對病患電腦斷層掃描結果之判讀，係採雙重確認（Double Check）之程序，亦即掃描結果須分別由主治醫師與放射科醫師加以判讀後，再依雙方判讀結果加以比對，一般電腦斷層掃描之判讀，均須包括胸、腹部一併判讀，而胸腔外科須先具備一般外科資格，有關電腦斷層掃描結果判讀亦為專科醫師考試項目之一，自係胸腔外科與一般外科醫師所應具備之能力。

另病患 C 之電腦斷層掃描片，係其出院後方由放射科主任審閱，事前並未經由放射科判讀或製作判讀報告各節，業經證人（即 F 醫院放射科主任）到庭結證。再佐以證人丁於本院證述一般如果腹部有脹氣的話，理學檢查即可加以判斷，再根據 X 光片判讀，而電腦斷層掃描目的係查詢有無其他問題及尋找原因，因此，倘病患確有拍攝電腦斷層掃描之需要，即表示無法單純憑藉 X 光片來判讀病人情形，醫師於判斷電腦斷層掃描之結果時也必須提高注意、更小心注意病人情況。

另據乙復稱當時曾先請丁看病患 C 之胸部 X 光片，丁告以病患 C 有左側肋骨骨折，建議進行電腦斷層掃描，結果出來後，因其個人看圖不準，而被告係院內唯一之胸腔外科醫師，當時雖已發現病患 C 上腹部有瘀血現象，然慮及被告甲除具有胸腔外科之專業醫師資格外，亦為一般外科之醫師，其即請護士聯絡被告協助判讀胸部情形，亦可推知被告甲非僅具備判讀電腦斷層掃描片之能力，亦於 91 年 4 月 2 日確應要求而共同判

讀病患 C 電腦斷層掃描結果。

而參諸醫審會鑑定結果詳載：「由隨卷所附之 CT 片（電腦斷層掃描片）即可見腹部游離氣（free air）」，代表胸腹部鈍挫傷害，已造成腸胃道的破裂。」、「從 4 月 2 日下午住院後至 4 月 4 日凌晨病患 C 持續腹漲，腹部不適、疼痛，到敗血症病情變化迅速，失去重新評估，及早診斷與手術搶救之先機。由於病患原有高血壓、心臟疾病，再加上胸部鈍挫傷和骨折、血胸，增加心肺功能負擔，加上診斷、處置空腸破裂延宕，病況迅速於一天半內惡化，由腹膜炎導致敗血症、休克，雖經手術仍無法挽回生命。」，被告既為病患 C 之臨床診斷醫師，為一般外科、胸腔外科與重症專科之專業醫師，具有判讀電腦斷層掃描結果之專業能力，且於其進行判讀之初，業已知悉病患 C 係因駕車不慎撞及路樹，肇生交通事故而到院急救，初步診斷病患 C 有腹部瘀血之現象，亦已記載於急診病歷內容，綜衡諸般情狀，應可推認病患 C 此際顯有因車禍事故而肇致小腸破裂之高度可能性。

從而，被告甲既已實際就該電腦斷層掃描結果進行判讀，然疏未診斷出病患 C 具有腹部游離氣之症狀，以致空腸破裂處置延宕，導致腹膜炎引發敗血症，進而造成病患 C 死亡，縱該電腦斷層掃描之醫囑係由 T 所為，然被告自身既有判讀電腦斷層掃描之能力，且該電腦斷層範圍亦擴及胸、腹部，被告除應就此負有客觀上注意義務外，亦具有注意之可能，惟其竟疏未注意，是其針對病患 C 電腦斷層掃描所為之判讀顯有過失甚明。

再者，被告甲雖提呈醫學文獻企以說明因車禍之腹部創傷導致小腸斷裂者，其機率僅有百分之 16，況伊 93 年 4 月 3 日 7 時 30 分許探視病患 C 之際，即為其插鼻胃管減壓、禁食、增加輸液、給予適當抗生素等處置，業已符合歐洲腹部創傷病人之早期處理原則，是其處理並無延宕疏失。關於因車禍腹部創傷導致小腸鈍性創傷之機率雖僅百分之 16，然參酌本件病患 C 到院時之情狀，被告甲顯難謂無注意之可能性一節，已如前述。又倘如被告甲所稱，其所為之措施業已符合歐洲腹部創傷病人之早期處理原則，足見被告甲對病患 C 腹部受有嚴重創傷之情事，確有相當

之認識，又何以始終未能更進一步詳查病患 C 是否因此生有空腸破裂之情事？且被告甲此部分所辯，亦核與其前稱伊係胸腔外科之專科醫師，遂僅就病患 C 胸腔部分之電腦斷層掃描結果部分加以判讀，而未及於腹腔之判斷，不無相互扞挌之處，仍無從憑為有利於被告之認定。

　　被告甲既以從事醫療為業務，係從事業務之人，就執行醫療行為之相關注意義務，理應較一般常人為高，是被告甲原應注意病患 C 因車禍撞及路樹而到院急救，極易造成胸、腹部等身體部位之嚴重創傷，竟疏未注意病患 C 確為此受有空腸破裂傷害之事實，且當時又無不能注意之情事，竟疏未注意而致令病患 C 終因腹膜炎併發敗血症而不治死亡，顯屬過失，其過失行為與病患 C 死亡之結果二者間亦具有相當因果關係。

二、上訴審判決概述

(一) 第二審判決

　　被告不服第一審判決提起上訴，其上訴理由為以下幾項主張：

　　其本人僅係住院總醫師，並非主治醫師；又其為胸腔外科之專科醫師，並非腸胃外科專科醫師，故就病患 C 電腦斷層掃描之結果，其僅就胸腔部分加以判讀，並未及於腹腔部分之判斷；另伊自 91 年 4 月 2 日下午至同年月 3 日下午，係分別因休假、公差及事假等因素，本無庸親至婦幼醫執行業務，但因關心病患，方始三度抽空前往探視病患 C，病患 C 亦未曾向伊反映腹部有何不適之現象，且並非值班醫師、亦無勤務在身，自無成立過失之餘地；衛生署之鑑定意見有問題；再者，因車禍之腹部創傷導致小腸斷裂者，其機率僅有百分之 16，況伊於 91 年 4 月 3 日 7 時 30 分許探視病患 C 之際，即囑附為其插鼻胃管減壓、禁食、增加輸液、給予適當抗生素等處置，此舉符合歐洲腹部創傷病人之早期處理原則，是伊處理並無延宕疏失，並提出醫學文獻原文影本為證。其辯護意旨另外主張：鑑定機關亦未參酌上述被告自 91 年 4 月 2 日起至同年月 3 日止無庸

到院執行業務之事實，且本案應負責任之主要診治醫師應該是 T 等。

　　針對上述主張，第二審法院均調查並分別於理由欄內說明調查證據結果（請參見判決文）。依醫審會鑑定書鑑定意見以及本院調查證據之結果，應可確認被告為病患 C 之主治醫師，而病患 C 於急診當時呈現血胸與肋骨骨折，急診住院醫師照會被告後，由被告應診處置、治療，醫療責任即由其負責，病患 C 住院後從 4 月 2 日至 4 月 4 日的變化，是本案延宕疏失之所在。復參以醫審會鑑定意見認病患 C 從 4 月 2 日下午住院後至 4 月 4 日凌晨病患持續腹脹，腹部不適、疼痛，到敗血症病情變化迅速，而失去重新評估，及早診斷與手術搶救之先機。由於病患原有高血壓、心臟疾病，再加上胸部鈍挫傷和骨折、血胸，增加心肺功能負擔，加上診斷、處置空腸破裂延宕，病況迅速於一天半內惡化，由腹膜炎導致敗血症、休克，雖經手術仍無法挽救生命，從而本案被告診治病患過程以及在病患住院後確有延宕醫療診治之疏失，應可認定。

　　綜前所述，被告既以從事醫療為業務，係從事業務之人，就執行醫療行為之相關注意義務，理應較一般常人為高，是被告原應注意病患 C 因車禍撞及路樹而到院急救，極易造成胸、腹部等身體部位之嚴重創傷，竟疏未注意病患 C 確為此受有空腸破裂傷害之事實，且當時又無不能注意之情事，竟疏未注意而致令病患 C 終因腹膜炎併發敗血症而不治死亡，顯屬過失，其過失行為與病患 C 死亡之結果，二者間亦具有相當因果關係，職是，本件被告業務過失致死事證明確，其犯行洵堪認定，應依法論科。

　　處有期徒刑陸月，減為有期徒刑參月。惟被告犯罪時間，在 96 年 4 月 24 日以前，所犯合於中華民國 96 年罪犯減刑條例減刑規定，原判決未及適用。

(二) 第三審判決

　　被告甲不服前述第二審判決上訴，最高法院認為上訴意旨指摘原判決不當，尚非全無理由，應認有撤銷原判決發回更審之原因，因此將原判決

撤銷，發回臺灣高等法院高雄分院。

最高法院指出，原判決未採納有利於上訴人之證據，亦未說明何以病患 C 送入加護病房後，即由被告甲接替負責診治工作，並認被告甲為病患 C 主治醫師之理由，洵有判決不備理由之違法。再者，最高法院也認為，原審未加究明，遽認被告甲判讀電腦斷層片，疏未察覺該掃描結果呈腹部游離氣之異常情狀，而為不利上訴人之判決，非惟理由不備，復有調查職責未盡之可議。又，最高法院認為，原判決依第一審不爭執事項之記載，認被告甲為病患 C 之主治醫師，復未審酌醫師乙有利於上訴人之證詞，及說明不予採納之理由，難謂無認定事實與卷內資料不符及理由不備之違誤。

(三) 更一審判決

更一審法院判決更為審理後，判決結果基本上與原第二審判決結果一致。

最後審理結果：

本件病患 C 於急診當時呈現血胸與肋骨骨折，急診住院醫師 T 照會被告後，由被告應診處置、治療，被告即為病患 C 之主治醫師，醫療責任即由被告負責，病患 C 住院後從 4 月 2 日至 4 月 4 日的變化，是本案延宕疏失之所在。復參以醫審會會鑑定書鑑定意見認病患 C 從 4 月 2 日下午住院後至 4 月 4 日凌晨病患持續腹漲，腹部不適、疼痛，到敗血症病情變化迅速，而失去重新評估，及早診斷與手術搶救之先機。由於病患原有高血壓、心臟疾病，再加上胸部鈍挫傷和骨折、血胸，增加心肺功能負擔，加上診斷、處置空腸破裂延宕，病況迅速於一天半內惡化，由腹膜炎導致敗血症、休克，雖經手術仍無法挽救生命，從而本案被告診治病患過程以及在病患住院後確有延宕醫療診治之疏失，應可認定。

綜前所述，被告既以從事醫療為業務，係從事業務之人，就執行醫療行為之相關注意義務，理應較一般常人為高，是被告原應注意病患 C 因車禍撞及路樹而到院急救，極易造成胸、腹部等身體部位之嚴重創傷，竟

疏未注意病患 C 確為此受有空腸破裂傷害之事實，且當時又無不能注意之情事，竟疏未注意而致令病患 C 終因腹膜炎併發敗血症而不治死亡，顯屬過失，其過失行為與病患 C 死亡之結果，二者間亦具有相當因果關係。被告之過失責任已明，被告及辯護人請求將本案再送台大醫院等其他醫院鑑定，本院認無再行鑑定之必要。職是，本件被告業務過失致死事證明確，其犯行洵堪認定，應依法論科。

(四) 更一審後第三審判決

被告不服，上訴於第三審，其意旨列舉原判決有證據上理由矛盾之違法、判決理由不備及認定事實與卷內證據資料不符之違誤、應於審判期日調查之證據未予調查之違法等（詳見判決文）。

最高法院認為，本件原審經審理結果，認上訴人犯行明確，因而撤銷第一審之科刑判決，比較行為時與裁判時法律，改判仍論處上訴人從事業務之人，因業務上過失致人於死罪刑，已詳敘其所憑之證據及其得心證之理由。從形式上觀察，原判決並無足以影響判決結果之違法情形存在。上訴人上訴意旨，或係就原審採證認事職權之適法行使之事項，任意指摘為違法，或執枝節之事項，重為單純事實之爭執，均非適法之第三審上訴理由。綜上說明，應認上訴人之上訴違背法律上之程式，予以駁回。

三、延伸思考

問題：本件病患 C 從 4 月 2 日下午住院後至 4 月 4 日凌晨持續腹漲，腹部不適、疼痛，醫師甲已前去探視病人三次，卻未能為適當診治之可能原因為何？

四、判決來源

第十八案　腹腔鏡子宮切除急性出血案

1
法院／裁判日期
臺灣高雄地方法院 94.11.30
案號
93 年度醫訴字第 2 號判決

甲從事業務之人，因業務上之過失致人於死，
處有期徒刑陸月，如易科罰金，以參佰元折算
壹日。

2
法院／裁判日期
臺灣高等法院高雄分院 96.07.12
案號
95 年度醫上訴字第 1 號判決

原判決撤銷。
甲從事業務之人，因業務上之過失致人於死，
處有期徒刑陸月，如易科罰金，以銀元參佰元
即新台幣玖佰元折算壹日。

3
法院／裁判日期
最高法院 98.11.26
案號
98 年度台上字第 7054 號判決

原判決撤銷，發回臺灣高等法院高雄分院。

4
法院／裁判日期
臺灣高等法院高雄分院 103.03.24
案號
98 年度重醫上更 (一) 字第 2 號判決

原判決撤銷。
甲犯業務過失致人於死罪，處有期徒刑拾月。
減為有期徒刑伍月，如易科罰金，以銀元參佰
元即新台幣玖佰元折算壹日，緩刑參年。

圖 18　腹腔鏡子宮切除急性出血案歷審圖

資料來源：作者繪製。

一、第一審判決

(一) 公訴事實與起訴意旨

　　醫師甲係高雄市 C 紀念醫院（下稱 C 醫院）之婦產科醫師。民國 91 年 7 月 4 日上午 11 時許，在該院為患有子宮肌瘤及直腸膨出之病患 H 施行腹腔鏡子宮切除術以及陰道後壁修補術，中午 12 時 40 分手術完畢，並將病患 H 送回婦產科病房觀察，於同日下午 4 時 15 分，病患 H 因腹內開始出血疼痛難耐，向護士表示疼痛，醫師甲予以含有具抗凝血作用 Aspirin 成分 Aspeqic 止痛藥劑一單位後，因病患 H 仍甚疼痛，乃再於同日下午 5 時 15 分許開始使用「病患自控式止痛器」（PCA），護理人員於當日下午 5 時 30 分許為 H 測量生命徵象後，即未再對其進行生命徵象之測量。當日晚間 8 時 30 分許，護士乙巡房時，發現病患 H 已無生命跡象，立即通知值班醫師及醫師甲到場開始對之進行急救，於 7 月 5 日上午 9 時因急救無效宣告死亡。

　　案經檢察官提起公訴，主張成立業務過失致死罪之理由如下：

　　醫師甲（下稱被告甲）於手術後本應注意 H 之術後狀況，以為相應之措施，且並無不能注意之情形存在，當日下午 H 因腹內開始出血疼痛，經護士評估疼痛指數為十分，此為腹內出血之可能警訊之一，惟被告甲疏未注意，未採取詳細尋找或排除內出血可能性之措施，僅予以含有具抗凝血作用之止痛藥劑後，又使用「病患自控式止痛器」，而未積極尋求或排除內出血之可能性。迄當日晚間 8 時 30 分許，發現 H 已無生命跡象後開始對之進行急救。然於急救之初，亦疏未注意尋找是否有出血之可能，並依急救常規儘速予以採血進行血液血球檢查，致始終未能發現其有腹內大出血之情況。遲至當晚 10 時 36 分許，甲始對 H 採血進行血液血球檢查，發現 H 之血液血紅素降至 4.7g/dl（H 於同年月 3 日於手術前之血液血球檢查顯示之血紅素值為 13.2g/dl，依其血紅素降低差距計算其出血量約達 2600c.c），此時甲始施以輸血濃縮紅血球二單位，惟 H 業已回天乏力，

於次日上午宣告死亡。

(二) 被告回應

被告甲矢口否認有何業務過失致死犯行,辯稱:

病患於當日下午 4 時 15 分許主訴疼痛指數十分後,有會同麻醉科醫生給予自控式止痛器(PCA),至病患於當日晚間 8 時 30 分發現無呼吸心跳前,均有定時對病患測量心跳、血壓等生命徵象,而當時所測得之病患生命徵象均正常,此與急性大出血之徵狀不符,病患應非急性大出血導致低容性休克死亡;且醫審會以病患於術前及死亡後 2 小時所採血液檢驗報告中之血紅素值相比較,認病患出血量達 2800c.c,並不正確,因病患於急救過程中曾經院方為大量之輸液,此會影響血液中血紅素值,且病患於當日 8 時 30 分經發現無呼吸心跳時,即已呈死亡狀態,則於其死亡後 2 小時所採血液,已無法反應正常狀態,醫審會以此推斷病患有大量出血,顯有錯誤。

(三) 鑑定意見

1.醫審會鑑定結果

行政院衛生署醫事審議委員會(下稱醫審會)製作鑑定書共兩份,鑑定意見歸納如下:

(1)第一次鑑定

針對醫療過程中有無疏失說明:

A.根據解剖報告顯示,病患之腹腔內有大量血液與血塊,且子宮切除部位縫合處有破裂現象。這種情形在一般子宮切除與陰道後壁修補手術應屬少見。此狀顯示在手術過後患者腹腔內有出血現象,而最可能的因是子宮切除縫合處裂開而導致出血。

另外,由病患術前之血紅素 13.2g/dl,與血球比容 37.7%,而於意外發生後 22:36 之血液報告血紅素 4.7g/dl,與血球比容 14.7%,也間接顯示患者的確在術後有大量出血的可能。因此,衡舉整個病程與解剖紀

錄報告的發現，大量的腹腔出血與此醫療事件可能有密切關係。

B.護理人員曾於術後當日 14：30、15：30、17：30 與 18：00 探視病患，而未發現異狀。但是護理紀錄在 18：00 沒有生命徵象的紀錄，且在術後觀察過程中沒有及時偵測內出血的存在，似有疏失之處。

C.根據病歷紀錄，被告甲曾於 21：20 以腹部超音波檢查，並沒有發現腹腔出血之現象。但是根據解剖報告，病患腹腔內有大量血液及血塊積聚。常理而論，腹腔內大量血液並不難以超音波測出，因此，事件發生之後，醫師甲無法及時偵測內出血現像，似有疏失之處。

D.根據病歷紀錄，在急救過程中，意外首見於 20：30，但是首次的血液血球檢查（CBC）是在 22：36 採血，此種醫療方式似不符合一般急救常規，同時也顯示醫療人員並沒有及早考慮到出血的可能性，直到血液血球檢查結果出來，顯示血紅素只有 4.7g/dl，根據病歷記載，給予輸血濃縮紅血球（PRBC）2 單位之處置。就常理而論，這樣的輸血量恐怕難以矯正一位大量失血患者之循環障礙。因此，除非有其他特定因素使然，醫護人員在處理此患者之積極度與方式上，難謂無疏失之處。

(2)第二次鑑定

A.針對抗辯認為病患於無呼吸心跳後 2 小時所採血液，且急救過程中曾經大量輸液，血液已被稀釋，應無參考價值之說明：

從學理上來看，急救 2 小時後之血液檢驗，的確可能無法非常精確表現血液之狀況，尤其是出血的初期，血液可能濃縮還未恢復平衡，而且如果急救中有大量的點滴輸液快速注入而稀釋血液，或是採集血液的位置不正確等等原因時，更可能有所誤差。

不過，患者於 7 月 3 日手術前之血液檢查結果[13] 的數據顯示血液並無明

---

[13] 患者手術前之血液檢查結果：白血球7510，血紅素13.2g/dl，血球比容37.7%，血小板348000，BUN 9，CREA 0.6，NA 141；急救後2小時之血液報告（7月4日22：36）是：白血球22950，血紅素4.7g/dl，血球比容17.4%，血小板238000，BUN12，CREA 2.0，NA 156。

顯被稀釋的現象，因此血紅素數值 4.7g/dl 應該不是被低估的結果。所以急救後之血液檢查發現血紅素與血球比容降低，應有一定的參考價值，並依病患手術前體重 56 公斤計算其「原始血液量 4353 毫升（體重的 13 分之 1），計算結果流失的血紅素約為 370g【4353×（13.2-4.7）÷100=370】，因此流失的血液量大約 2803 毫升【（370÷13.2）×100=2803】。如果扣除先前腹腔鏡手術過程流失的血液（病歷記載是 100 毫升），以及術後傷口多少有少量出血，則估計此患者額外出血量大約 2600 毫升。因此假設確實有上述額外出血，則出血量約占此患者原始血液總量 60%（2600/4353）。

B.針對急性出血時患者生命徵象變化的說明：

急性出血時患者生命徵象會有變化，當出血占總血量的 15% 時，患者會出現心跳加速與輕微情緒不安；當出血量在 15%～25% 左右時，會有尿液減少（每小時 20～30 毫升）、直立性低血壓與情緒不安；出血量在 25%～40% 時，患者平躺著時也有低血壓的現象、尿量更少（每小時 5～15 毫升）、意識混亂；而當出血量大於 40% 時，則出現循環虛脫休克的現象、尿量極少、而意識呈昏睡狀態。

2.法醫意見

(1)法務部法醫研究所（下稱法醫所）鑑定書共一份，鑑定意見如下

其腹腔有出血，其出血範圍分布於腹腔內，包括橫隔膜底部、肝臟後部、脾臟後路、後腹腔、腸繫膜，尤其在骨盤腔可見多量血液及血塊積聚，且子宮切除部分縫合處有破裂現象，破裂處有多量血液流多，腹部有大量出血及大量血塊現象，出血量超過 620c.c；肝臟、腎臟、脾臟均有中度鬱血現象，腸繫膜有大量血塊積聚；至於冠狀動脈、上升主動脈、胸腔主動脈、腹部主動脈均無血管硬化現象。法醫所鑑定結果認為：「根據醫院之病歷紀錄，病患在死前所做血液常規檢驗，血紅素為 4.7 克，而術前之數據為 13.2 克，顯見術後曾大量失血，而解剖發現腹腔手術縫合處有破裂，腹腔有大量積血，內臟多呈缺血性變化，亦驗證死前有大量出血。本案之死亡導因應為失血所致之低容性休克，與手術有關。

(2)國立臺灣大學醫學院法醫學科製做鑑定報告一份，鑑定意見如下

A.認同病患出血量應多於 620c.c 之說明：

病患之出血量部分，亦同意醫審會之意見，認其出血量應不只 620c.c，並認當日下午 4：15 所施打用以止痛之 Aspeqic 中所含主成分 Aspirin，會造成血小板功能降低，如有傷口會導致無法凝血。解剖時發現子宮切除部位陰道斷端縫合處有破裂，解剖時體腔內未見其他出血處，故大量出血極有可能是已由該陰道斷端縫合處流出。

B.針對被告質疑「持續性無收縮心律（死亡）二小時後，抽血檢驗，是否可能因死亡及急救輸液等因素而使檢驗結果無法正確？本件病患死亡三小時後所採血液檢驗報告顯示其餘離子及磷肌酸酵素及同類酵素（K9.1，C708，C7B27，Troponin0.015）均極度不正常，是否由此可以證實該檢驗結果確實不正確？」之說明：同意醫審會所認為「該實驗數據顯示血液並無明顯被稀釋之現象，其血紅素值 4.7g/dl 應該不是被低估的結果」及「估計此患者額外出血量大約 2600 毫升，出血量約占此患者原始血液總量的 60%」等意見。

C.針對被告請求釐清疑點「病患在短時間內（一小時左右）於睡眠中猝死（持續性無心律收縮），是否係屬急性無意識猝死？急性無意識猝死在醫學上通常是否主要係因急性呼吸抑制所致？本案病患之血液、膽汁、胸腔液、胃內容物及組織物是否有任何毒物或重金屬反應及病患是否有特殊體質對本案事故之判斷是否重要？」之說明：同意法醫研究所結論，認失血所致低容性休克應為死因。

D.針對被告請求釐清疑點「失血導致『低容積休克』病人之生命徵象應為如何？此類病人會有肋膜腔積水（pleural effusion）的現象嗎？會有肺水種（pulmonary edema）或心包膜積水（peri-cardial effusion）之現象嗎？肝臟、腎臟、肺臟會有鬱血現象嗎？又低容積休克與藥物過敏休克其解剖所見（含顯微鏡觀察）會相同嗎？」之說明：認為雖經過不尋常的十小時之心肺急救，內臟有可能會有一些變化，但應不至於有多量血液及血塊積聚在腹腔。

E. 就被告請求說明之「急救（CPR）過程中，對於患者所施加的壓力，是
　 否可能造成剛開完刀之傷口裂開？或其力道是否有造成血液從傷口縫
　 合處流出之可能性？」及「在病人急救過程中，使用 CPR Machine 做
　 強力按摩、擠壓（依據病歷及護理紀錄），又病人在急救過程中又輸入
　 2 單位之 PRBC，在長時間 CPR Machine 加壓，是否有可能造成剛開完
　 刀之傷口縫合處裂開之現象？並造成血塊從破裂處流出之現象？」二疑
　 點之解釋：認為一般急救乃施力於胸腔，應不至於造成原先腹腔鏡手術
　 的腹部小傷口或陰道斷端縫合處之裂開。

(四) 判決結果

　　臺灣高雄地方法院於民國 94 年 11 月 30 日作出判決，被告甲從事業
務之人，因業務上之過失致人於死，處有期徒刑陸月，如易科罰金，以參
佰元折算壹日。

(五) 判決理由

　　法院認定被告甲醫師成立業務過失致死罪之理由，摘要如下：

1.審酌病患死亡原因是否確係急性出血導致之低容性休克之說明

　　病患死亡後經相驗並解剖屍體後發現：其腹腔有大量出血及大量血塊
現象，出血量超過 620c.c,肝臟、腎臟、脾臟均有中度鬱血現象，腸繫膜
有大量血塊積聚；至於冠狀動脈、上升主動脈、胸腔主動脈、腹部主動脈
均無血管硬化現象，法醫所鑑定結果亦認為：「根據醫院之病歷紀錄，病
患在死前所做血液常規檢驗，血紅素為 4.7 克，而術前之數據為 13.2 克，
顯見術後曾大量失血，而解剖發現腹腔手術縫合處有破裂，腹腔有大量積
血，內臟多呈缺血性變化，亦驗證死前有大量出血。本案之死亡導因應為
失血所致之低容性休克，與手術有關；醫審會鑑定結果也同此認定。

2.審酌被告於醫療及急救過程中有無疏失之說明

　　依據第一次鑑定意見之摘要認為腹腔內大量血液並不難以超音波測
出，因此，事件發生之後，被告甲無法及時偵測內出血現象，似有疏失之

處，再根據病歷紀錄，在急救過程中，意外首見於 20：30，但是首次的血液血球檢查（CBC）是在 22：36 採血，並未及早考慮出血之可能性，此種醫療方式似也不符合一般急救常規，直到血液血球檢查結果出來，顯示血紅素只有 4.7g/dl，而給予輸血濃縮紅血球（PRBC）2 單位之處置。就常理而論，這樣的輸血量恐怕難以矯正一位大量失血患者之循環障礙。因此，除非有其他特定因素使然，醫護人員在處理此患者之積極度與方式上，難謂無疏失之處。

雖被告抗辯及辯護意旨認為病患於無呼吸心跳後 2 小時所採血液，且急救過程中曾經大量輸液，血液已被稀釋，應無參考價值，然依醫審會第二次鑑定結果認為實驗數據顯示血液並無明顯被稀釋的現象，因此血紅素數值 4.7g/dl 應該不是被低估的結果。所以急救後之血液檢查發現血紅素與血球比容降低，應有一定的參考價值。且病患於術後當日晚間 10：36 第二次抽血之血液既無明顯被稀釋之情形，且二次抽血亦均係在同一實驗室所完成，而第二次抽血時亦以維生系統維持血液循環，則其第二次血液檢查報告既具有代表性。

本院另依被告之聲請，就醫審會前開二次鑑定後，被告猶有爭執之事項，囑託台大醫學院法醫學科進行鑑定，其鑑定報告亦足認前開醫審會鑑定報告所憑據之二次血液報告及推算方法，並無違誤。

3.審酌被告的醫療疏失和病人死亡間有相當因果關係之理由說明

依第二次醫審會鑑定意見摘要指出急性出血時患者會有生命徵象的變化，根據病歷之體溫紀錄表「處方」欄所載，病患於術後當日下午 2：30、3：30、5：30 與 7：15 之生命徵象雖維持穩定，然體溫紀錄表「處方」欄所記載之生命跡象紀錄，以肉眼比對即可發現係同一人之筆跡，且係使用同一支原子筆所記錄，據證人乙於本院審理時證稱係其所記載，復證稱其當日值班係自下午 4 點至晚上 12 點，而體溫紀錄表上四次生命徵象紀錄均係出於同一人之手，則其何以在未上班之前，即記錄當日 2：30 及 3：30 之生命徵象？其證述顯與常情有違，更與事實不符，顯屬虛偽之陳述，不足採信。該體溫量表處方欄所載之四次病患生命徵象紀錄，顯屬

事後一次記載，亦不足採。

　　證人丁證稱：伊於下午 5 點左右到醫院，約七點半左右才離開病房，看到 H 表情很痛苦，從 5 點多到 7 點多之間都沒有看到醫生及護士。足認相關護理人員自術後當日下午 5：30 為病患測量生命徵象後，至同日晚間 8：30 發現病患無呼吸心跳及血壓之前，並未曾為病患測量生命徵象，自不得認為病患自術後當日下午 5：30 起至 7：15 止之生命徵象均屬正常，更不得據此推論病患之死亡原因非係基於急性大量出血導致之低容性休克而死亡。被告辯稱病患非因術後急性大出血死亡，顯致飾卸之詞，殊不足採。

　　病患內出血既係與手術有關，且被告於術後亦未能及時偵測內出血之可能性，病患終亦因急性出血導致底容性休克死亡，則被告之過失行為與病患之死亡結果間，亦足認確有相當因果關係。綜上所述，被告過失致死之犯行，足堪認定。

二、上訴審判決概述

(一) 第二審判決

　　檢察官及被告甲均不服臺灣高雄地方法院第一審判決，提起上訴，臺灣高等法院高雄分院改判原判決撤銷。

　　首先，確認本件病患 H 確係因急性出血導致低容性休克死亡無誤。其次，被告為病患 H 本件手術之主治醫師，其於手術後當時之下午 6 時至晚間 8 時 30 分對病患 H 術後之身體變化均無監控及適當照護，至護理人員於晚間 8 時 30 分始發現 H 無生命徵象，就其醫師業務之執行已難謂無過失。

　　被告於當日晚間 8 時 30 分發現病患 H 無血壓、呼吸、心跳後，直至晚間 10 時 36 分始採血進行血液血球檢查，未及早考慮出血之可能，有違一般急救常規，被告自術後觀察過程中，至急救時，均未能及時偵測或考

慮內出血之可能，不無過失。病患 H 內出血既係與手術有關，且被告於術後亦未能及時偵測內出血之可能，病患 H 終因急性出血導致底容性休克死亡，被告之過失行為與 H 之死亡結果間，亦足認確有相當因果關係。綜上所述，被告過失致死之犯行，足堪認定。

(二) 第三審判決

　　被告甲不服第二審判決，提起上訴，最高法院改為原判決撤銷，發回臺灣高等法院高雄分院更審。

　　原判決將上述超音波檢查疏於發現病患 H 腹部出血或輸血有違常規，並認為病患 H 致死之原因，有違論理法則。構成業務上過失致人於死罪之過失行為，係指導致病患 H 死亡之原因行為而言，本件上訴人若有導致病患 H 死亡之原因行為，最直接者，當係施行腹腔鏡子宮切除術以及陰道後壁修補術等手術過程中之過失行為，而術後縱有腹部出血情形，似亦應究明係屬上訴人施行手術所造成，始能論上訴人以業務過失致人於死之罪。原審未加究明，端憑病患 H 術後腹部出血之現象，即認上訴人犯業務過失致人於死罪，尚有理由不備之違背法令。上訴意旨指摘原判決不當，非全無理由，自有撤銷發回之原因。

(三) 更一審判決

　　臺灣高等法院高雄分院改為原判決撤銷，被告甲犯業務過失致人於死罪，處有期徒刑拾月。減為有期徒刑伍月，如易科罰金，以銀元參佰元即新台幣玖佰元折算壹日，緩刑參年。本案判決確定。

　　被告為 C 醫院婦產科主治醫師，對於病患 H 施行腹腔鏡子宮切除術及陰道後壁修補術，於出血約 100 毫升，手術過程順利之情況下，客觀上並無不能注意之情事，本應注意將子宮切除處確實縫合，避免因縫合未全破裂導致出血；且應注意病患 H 之術後狀況，於病患 H 疼痛指數達 10 分時，應親自診療尋找或排除內出血可能之措施；復疏未注意對於病患 H 之生命徵象進行觀察、監測及檢查，及於 91 年 7 月 4 日 20 時 30 分接獲

通報前往急救之初，亦疏未注意尋找是否有出血之可能，依急救常規儘速予以採血進行血液血球檢查，致未能即時察覺病患 H 已有腹腔內大出血之徵兆，而即時採取必要之措施，因而致病患 H 於同年 7 月 4 日上午 6 時 30 分因腹內大量出血造成低容性休克死亡。被告前揭醫療過失，與病患 H 之死亡結果間，具有相當因果關係至明。綜上所述，被告及選任辯護人前開所辯，均屬臨訟卸責之詞，不足採信。故本案事證已臻明確，被告業務過失致死犯行已堪認定。

三、延伸思考

問題一：術後麻醉退後多會伴隨疼痛，依據本案例事實，需如何發現病患為內出血，而非一般疼痛？

問題二：承上，依據本案例事實，病患術後因疼痛而予以含有抗凝血作用之止痛藥劑符合一般醫療常規嗎？

四、判決來源

第十九案　腫瘤切除手術後成植物人案

① 法院／裁判日期
臺灣臺中地方法院 94.12.22

案號
93 年度醫易字第 1 號判決

甲從事業務之人，因業務上之過失傷害人致重傷，處有期徒刑伍月，如易科罰金以參佰元折算壹日。

② 法院／裁判日期
臺灣高等法院臺中分院 96.03.27

案號
95 年度醫上易字第 145 號判決

上訴駁回。

圖 19　腫瘤切除手術後成植物人案歷審圖

資料來源：作者繪製。

一、第一審判決

(一) 公訴事實與起訴意旨

　　醫師甲係台中市區 C 醫院（下稱 C 醫院）之外科主治醫師，負責外科手術等工作。民國 91 年 8 月 16 日，病患 H 因腹部不適至 C 醫院就診，經腹部超音波及電腦斷層掃描檢查，診斷為左下腹之腹腔腫瘤，同年 8 月 22 日住院治療。

　　同年 8 月 26 日 10 時 30 分許，醫師甲為病患 H 進行手術切除腫瘤，因腫瘤包住大血管，切除腫瘤將侵犯或傷及動脈血管，並會請心臟外科醫師乙（下稱乙，業經不起訴處分）負責動脈重建手術，醫師甲將腫瘤切除後，再由乙以人工血管行骼與股動脈繞道移植手術，進行血管動脈重建手術，手術於同日 18 時 30 分許結束，過程共計約 8 小時，病患 H 旋即於 18 時 45 分許被轉至恢復室觀察術後復原狀況。同日 19 時 55 分許，病患 H 陷入昏迷，血壓持續下降，於 20 時 2 分許施以心肺復甦進行急救。20 時 30 分許病患 H 進行第二次手術，至同年 8 月 27 日 0 時 30 分許手術結束後，病患 H 呈現神智狀況無法清醒及全身癱瘓喪失機能之重傷害，成為植物人。

　　案經病患 H 之配偶戊告訴臺灣臺中地方法院檢察署檢察官偵查起訴指出：

　　醫師甲（下稱被告甲）為病患 H 病症之主治醫師，亦同為病患 H 腫瘤切除手術之主刀醫師，本其專業醫師之知識經驗，其於手術前應可預見病患於經歷上開腫瘤切除手術後極有可能發生內出血之併發症，原應於病患手術後之恢復過程中施以密切之注意及照護，並與恢復室之醫護人員保持連繫，竟疏未盡其注意義務，於病患 H 術後之 19 時 20 分許，在恢復室因手術剝離的血管斷端及小血管的瀰漫性滲血，致使血壓降低，於 19 時 35 分許即發生血壓遽降及心跳加快之緊急情況時，在恢復室中值班之麻醉科醫師 A（業經不起訴處分）透過護士 D 急電召被告甲（按院內每位

醫生均配有呼叫器，透過總機的呼叫系統呼叫）至恢復室處理，依當時並無不能注意之情事，被告甲回電時卻情況並無不能注意之情事，以其正在門診為由，要求護士 D 另尋其他醫師協助處理，本身並未迅速至恢復室為任何防止結果發生之緊急處理行為，至同日 19 時 55 分許，病患 H 因大量失血而陷入昏迷，血壓持續下降，醫師 A 再度透過護士 D 急電召被告甲至恢復室處理，未獲回應，至同日 20 時許，病患 H 已量不到血壓，醫師 A 隨即於 20 時 2 分許施以心肺復甦進行急救，並要護士 D 急召被告甲，遲至同日 20 時 10 分許，被告甲始至恢復室處理，並於 20 時 30 分許由被告甲及乙對病患 H 進行第二次手術，至同年 8 月 27 日即翌日之 0 時 30 分許手術結束後才將內出血之情形控制。

然因被告甲延誤判斷及處理之不作為致病患 H 因失血過多而腦部缺氧過久，產生後腹腔腫瘤術後缺氧性腦病變併意識障礙，呈現神智狀況無法清醒及全身癱瘓喪失機能之重傷害，而成為植物人。

(二) 被告等回應

被告甲固坦認係 C 醫院之外科醫師，為病患 H 病症之主治醫師，亦同為病患 H 腫瘤切除手術之主刀醫師，惟矢口否認有何業務過失傷害犯行，辯稱：

其在手術前有盡到告知家屬手術可能發生感染、出血或引起其他併發症之義務，於進行切除腫瘤手術時亦屬順利，術後即離開手術室，進行當日之門診，於 19 時 35 分第一次接獲護士 D 叩機，回電時護士報告病患血液檢查數據，稱血紅素 10 點 5，認係在可以接受的範圍，且醫院有施行分科照顧，當時還有恢復室之醫師即麻醉科主任在旁照料，因義務衝突，其必須在門診無法立刻至恢復室，因此，其請護士找上刀的兩位醫師去協助處理，嗣於 20 時許其接到護士第二次呼叫時，旋即至恢復室作相當之處理，其已盡力處置並無任何疏失。

其選任之辯護人辯護意旨，另以：

即便被告於當日 19 時 35 分，即行丟下門診病人前往恢復室，因當時

病患之情況並未偏離正常值（血紅素 10 點 5），在不用輸血之範圍內，既未偏離正常值，復無內出血之臨床症狀，醫師不可能任意判斷應予再行開刀，被告所能做的，亦與恢復室醫師之處理無異。

當日 19 時 55 分，病患之情況突然轉壞，此時先行急救，保持病患之生命跡象乃為首要之道。同日 20 時 10 分，恢復室之醫療人員直接打電話給被告，希望被告至恢復室處理，被告立即親自前往恢復室，此時病患已陷入昏迷，被告趕到後亦僅能參與急救。

被告會同其他醫療人員首先急救病患，幫助病患心跳、血壓回穩，待病患心跳、血壓回穩後，隨即於同日 20 時 30 分會同甲醫師進行第二次手術，開刀之後始發現病患經結紮之血管斷端出血，經極力搶救，而得挽回病患生命。病患內出血之時點並不明顯，惟可以確定的是時間距離第二次開刀並不可能太久，否則不用數分鐘，病患即可能因大量出血死亡。

是以，被告是否於同日 19 時 35 分到達恢復室，對於病患診療方式皆無任何影響，並不會和醫師之處置方式有何不同，病患後來急遽惡化之病症，亦與被告於同日 19 時 35 分是否到達恢復室無任何關連，被告實已盡力診治病患，病患不可預期出血之病症與被告之醫療行為間並無因果關係。

又行政院衛生署醫事審議委員會（下稱醫審會）對本案所為之第一次鑑定書未盡詳備，經送補充鑑定後之第二次鑑定書已指出被告之處置正確，與一般醫療常規並無相左之處，明確指出病人病情與被告之處置無因果關係，自不該當業務過失致重傷害罪。

(三) 鑑定意見

醫審會第一次鑑定書之鑑定意見所載：「……本案病人因患有後腹腔腫瘤而由外科主治醫師甲收入院及安排負責手術，手術時因發現腫瘤切除後，外動脈有被侵犯或傷及，而照會心臟專科醫師負責重建，依病歷記載，第一次手術的過程應在順利穩定的情況下完成的，但病人卻在恢復室的照顧期間內發生心跳血壓的變化，當時負責照顧的麻醉科醫師除給予適

當的處置及急救外，於 19：35 通知醫師甲，在可能是內出血之情況下，醫師甲在 20：10 到達恢復室後，於 20：30 送至開刀房進行第二次手術，醫師甲為本案病人的主治醫師，理應在接獲病人心跳血壓有變化通知時，儘速前往照顧及判斷，惟自發現心跳血壓的變化，才送入開刀房進行第二次手術，時間相隔有三四十分鐘，似有延誤之嫌。」

　　醫審會第二次鑑定書之鑑定意見所述：「……病人在恢復室經麻醉科醫師的處置後仍有變化，19：55 病人失去意識，且血壓為 80/40 毫米汞柱左右，20：00 心跳血壓一度量不到而實施急救，此時醫師 A 再度通知手術的醫師甲，不論醫師甲是否在門診處理病人，理應即時放下非急診之病人到 POR 處理。但醫師甲在電話中瞭解病人的情況有變化後，便要求護士急召值班的醫師 U 以及醫師 Y 等至 POR 支援醫師 A，且在處理完門診病人至一段落後，迅即趕赴 POR 進行判斷和必要的處理，此種處置稍嫌不足，因 U、Y 兩位醫師並非手術時的主刀外科醫師，有時無法取代主刀者的判斷。如醫師甲確實在進行另一個手術中，則這種取代方式是可以接受的。」

(四) 判決結果

　　臺灣臺中地方法院於民國 94 年 12 月 22 日作成判決，被告因業務過失傷害案件，處有期徒刑伍月，如易科罰金以參佰元折算壹日。

(五) 判決理由

1. 主治（刀）醫師的照護治療，不因恢復室人員在照顧病患即卸免其對病人術後及緊急時之照顧義務法院比對證述，參諸病患 H 在 91 年 8 月 26 日麻醉恢復照護紀錄可知：

　　(1) 病患 H 係於 91 年 8 月 26 日 18 時 45 分進入恢復室，19 時 20 分護士發現病患血壓異常下降不穩定，旋即通知麻醉科醫師 A，醫師 A 在照料病患時發現病患血壓低、心跳快，術後狀況不如預期，於 19 時 35 分透過護士 D 急電召被告，又於 19 時 55 分急電召，復於 20

時 2 分再電召，先後計三次應堪認定。被告辯稱：其被通知只有二次，不足採信。

(2) 病患 H 於同年 8 月 26 日 19 時 20 分開始起情況已有變化，其後已非麻醉科醫師 A 一人可單獨處理，否則其何需接連三次要護士 D 緊急呼叫被告前來共同討論、處理。被告及其辯護意旨稱：當時只要有醫師 A 一人即可，與述不符，不足採信。

(3) 麻醉科醫師的職責在於觀察病患術後恢復狀況及維持病患生命徵兆，倘發生其所無法判斷或處理之狀況，依照所謂呼叫原則，必須呼叫病患之主治（刀）醫師回來處理。而觀察病患復原狀況之指標不外乎血壓、心跳與血紅素，再參被告所自承觀察病患復原狀況之指標係血壓、心跳與血紅素。因此，當證人醫師 A 發現病患血壓、心跳異常不穩定時，其呼叫病患之主治醫師迅速至恢復室處理，才是符合醫療常規。

(4) 證人護士 D（下稱證人 D）所述急呼被告之原因與證人醫師 A 所述者一樣，均源於病患術後血壓低、心跳快所呈現之不穩定現象，非僅病患之血紅素 10 點 5 而已，在此情形下，證人 D 所能作的即是遵照醫師 A 之指示，繼續輸血予病患以維持其生命徵兆，一再地呼叫被告甲乃係因其是病患之主治醫師，只有被告至恢復室處理方能積極地判斷出病患病症不穩定之原因，並進一步加以治療，證人 D 及醫師 A 對病患之照顧並不能取代被告本人身為病患主治（刀）醫師所能作的照護治療，更不能因恢復室有人員在照顧病患即卸免主治醫師對病人在手術後身體狀況不穩定甚至緊急時之照顧義務。

(5) 醫師 A 上述證詞曾提及病患之血紅素 10 點 5 有比較低，與被告所稱在可接受之範圍尚屬有間，且當時病患正在輸血，病患血紅素當然不可能降太低，被告身為專業之主治醫師應知之甚詳，況判斷病患術後狀況之指標不僅血紅素，尚包括血壓及心跳，此亦為被告所自承，縱使病患因正在輸血而使血紅素維持在尚可接受之範圍，惟病患之心跳加快、血壓降低已呈現可能內出血狀況，被告經醫師 A

緊急呼叫應本其對於病患之照護義務，迅至相隔幾層樓、路程不到幾分鐘之恢復室處理，始符合其所謂的分科照顧。

(6) 被告在病患 H 送入恢復室後發生心跳快、血壓低之不穩定情況下，應有預見病患產生術後內出血併發症之可能性，尤其當恢復室人員接二連三呼叫被告時，被告對於病患情況是否不穩定甚至緊急一事，更應提高注意，卻捨此不為，反而以門診為由拒絕前去恢復室，雖被告曾囑護士另尋醫師至恢復室處理，被告並未注意所囑託之醫師究否前往協助，任令恢復室人員在僅能維持病患生命徵兆而不能作積極之醫療行為下，遺誤診斷病患病情及照護處理之黃金時間，造成病患無可回復之重傷害。被告違反其主治醫師注意義務及未盡防止結果發生義務之不作為，確有過失。

2. 病患手術之期日為被告自己安排，本應設法排除可能發生義務衝突之情事

被告係病患 H 之主治及主刀醫師，當被告允諾為病患診療及開刀之時，被告基於「義務承擔」法理，即於斯時立於保證人地位，由此保證人地位衍生保證人義務，即被告對於病患所負之醫療注意義務亦由此而生，被告不僅須於對病患施以手術之過程中盡其注意義務，即便係在病患手術完成後之恢復照護階段，仍須善盡其注意義務，非謂只要手術順利完成即得免除其保證人義務，此亦為被告於 94 年 12 月 8 日本院審理時所自認。況手術完成後，進入手術後護理階段，係一專門醫療學科，關係手術成敗，一手術實施如何成功，如忽視手術後護理，勢必使成功之手術前功盡棄，而如果經過判斷病人有嚴重狀況，請主治醫生回來，是因為手術主要是主治醫生做的，請他回來做最正確的判斷及處理，既此，被告對病患之術後情況即應隨時密切注意，尤其在接獲病患術後情形不穩定之通知時，更應迅速前往判斷處理，始能算已履踐其注意義務，然被告於接獲病患術後病況不穩時並未迅速前往處理，卻以當下正在門診發生義務衝突為由拒絕前去救護，實不足阻卻其過失責任。

病患手術之期日為被告自己所安排，被告自己本應設法排除可能發生義務衝突之情事，縱使被告確於當日晚間 4 時 30 分至 9 時有 16 人次掛號門診，然當日晚間被告所為係「門診」而非「急診」，即使在遇有義務衝突之情況下，理應衡量保護法益之輕重而作正確的價值判斷，當保護法益之輕重明顯相異無法兼顧時，則應選擇保護較重要之法益而犧牲較輕微之法益，始得謂無過失。

當晚被告於夜間門診時，倘若有病患因外傷或病情嚴重，理當送至急診室由醫師作立即處理，而非在門診室外以掛號方式等候看診，且當被告所進行手術之病患發生異常狀況時，被告應當選擇迅速至恢復室照料術後病患以保護病患較重要之生命身體法益。

本件被告之醫療疏失與病患 H 之重傷害結果間有無相當因果關係之判斷，應先就重傷害結果加以觀察，病患之所以會產生後腹腔腫瘤術後缺氧性腦病變併意識障礙，迄今呈現神智狀況無法清醒及全身癱瘓喪失機能之重傷害，係導因於腹腔腫瘤切除手術後之併發症內出血，而外科手術術後內出血之情形為外科主治醫師在臨床實務上經常遇見之情形，被告對此當有預見之可能性，已如前述，當被告接獲恢復室人員通知病患有異常狀況時，若能即時至恢復室進行研判並開刀處理，本件病患重傷害之結果即不致於在延誤處理下產生，因此被告之醫療疏失確實惹起結果之發生。

次就結果發生之因素觀察，被告在獲知其手術之病患術後情況不穩定時本應立刻前往處理，被告未前往處理病患緊急狀況之不作為，對病患而言確實已製造了一個法所不容許的風險，且這個法所不容許之風險，在被告接獲多次呼叫仍拒絕前往救護之過程當中不斷地持續升高，最後終於在法規範要求被告善盡醫療注意義務之效力範圍內被實現，而發生了法規範所不希望看到之重傷害結果，是被告違反注意義務及防免結果發生義務之不作為，非特具有過失且與病患之重傷害結果間具有相當因果關係，至為灼然，亦即本件病患之重傷害結果應客觀歸責予被告未盡上開注意義務之不作為。

辯護意旨另以：行政院衛生署醫事審議委員會對本案所為之第一次鑑定書未盡詳備，經送補充鑑定後之第二次鑑定書已指出被告之處置正確，與一般醫療常規並無相左之處且明確指出病人病情與被告之處置無因果關係，自不該當業務過失傷害罪，亦屬誤解。依據最高法院86年度台非字第388號判決要旨所示：犯罪事實固應依證據認定之，惟證據之取捨及證據證明力之判斷，則屬事實審法院之職權，苟其判斷證據力並無違反證據法則，即不能指為違背法令；又鑑定意見乃鑑定人或鑑定機關所為之判斷意見，僅屬證據資料之一種，鑑定意見是否可採，屬證據取捨及其證明力判斷之問題，此為事實審法院之職權，並非案件一經鑑定，審理事實之法院必受鑑定意見之拘束。換言之，法院認定事實本不受鑑定意見之拘束，鑑定意見僅供審酌時之參考。

第二次之鑑定意見所述及者多為被告於手術前或手術中之做法是否違背醫療常規，就被告之處置與病患病情之惡化間之關係如何乙節，並未判斷無因果關係，更無辯護意旨所謂已澄清病人病情與被告之處置無因果關係之情事，且行為人之行為（包括作為與不作為）是否有過失、過失行為與加害結果間有無相當因果關係之判斷，均涉及價值判斷之問題，本屬法官職責之所在，絕非鑑定機關所得取代，被告就本件醫療過程未盡其注意義務而有過失且與病患發生重傷害結果間具有相當因果關係，俱如前述，則被告再以用語模糊且模稜兩可之鑑定意見強辯其毫無疏失，殊不足採，併此敘明。

綜上所述，被告及辯護意旨所辯，均不足採信，本件事證明確，被告犯行堪以認定，應予依法論科。

二、上訴審判決概述

　　被告甲與檢察官不服第一審判決向臺灣高等法院臺中分院，提起上訴，法院醫師以甲及辯護意旨所辯，均不足採信，本件事證明確，被告甲犯行堪以認定，因此駁回上訴。

(一) 關於甲醫師是否成立犯罪之判決理由，摘述如下

　　針對鑑定意見所表示之被告甲之處置正確，與一般醫療常規並無相左處且明確指出病人病情與被告甲之處置無因果關係。二審法院重申一審法院見解，鑑定意見是否可採，屬證據取捨及其證明力判斷之問題，此為事實審法院之職權，並非案件一經鑑定，審理事實之法院必受鑑定意見之拘束。換言之，本院認定事實本不受鑑定意見之拘束，鑑定意見僅供本院審酌時之參考而已。

　　就醫療過失為以下判斷：當晚被告甲於夜間門診時，倘若有病患因外傷或病情嚴重，理當送至急診室由醫師作立即處理，而非在門診室外以掛號方式等候看診，且當被告甲所進行手術之病患發生異常狀況時，被告甲應當選擇迅速至恢復室照料術後病患以保護病患較重要之生命身體法益，而被告甲身處該醫院內，從門診室到恢復室僅需短短幾分鐘之路程，卻選擇留在門診繼續值班，以門診病患之情形相較於同日晚間恢復室中已得知病患已因病況不穩，血壓低心跳加快，甚至後來昏迷失去意識，腹部滲血，已量不到血壓狀況下，而有生命危險急需主治醫師過去以立即作出應有判斷及急救處理等情觀之，被告甲之舉顯然無法阻卻其過失責任甚明。

　　被告甲於本件於接獲病患 H 術後病況不穩，最後甚至昏迷失去意識，下腹部傷口滲血，而施以緊急心肺復甦之急救之前，並未迅速前往處理，卻以當下正在門診發生義務衝突為由拒絕前去救護，實不足阻卻其過失責任。蓋病患 H 手術之期日為被告甲自己所安排，被告甲自己本應設法排除可能發生義務衝突之情事，被告甲當時僅係在門診而非在進行另外一項手術，且被告甲亦未確認其所囑託之醫師已有至恢復室協助處理病患 H，

被告甲所為確有明顯不足之處而難以排除其過失責任，則被告甲以義務衝突置辯，即無可取。

　　被告甲之醫療疏失與病患 H 之重傷害結果間有無相當因果關係之判斷，應先就重傷害結果加以觀察，病患 H 之所以會產生後腹腔腫瘤術後缺氧性腦病變併意識障礙，迄今呈現神智狀況無法清醒及全身癱瘓喪失機能之重傷害，係導因於腹腔腫瘤切除手術後之併發症內出血，而外科手術術後內出血之情形為外科主治醫師在臨床實務上經常遇見之情形，被告甲對此當有預見之可能性，當被告甲接獲恢復室人員通知病患 H 有上開非常異常不穩之狀況時，若能即時至恢復室進行研判並開刀處理，本件病患 H 重傷害之結果即不致於在延誤處理下產生，因此被告甲之醫療疏失確實惹起結果之發生。

　　次就惹起結果發生之因素觀察，被告甲在再三獲通知其手術之病患 H 術後病患之病況不穩定，血壓低心跳加快，沒有恢復正常的狀態，甚至後來昏迷失去意識，下腹部傷口滲出血，已量不到血壓狀況下，而施以心肺復甦進行急救，本應立刻前往處理，被告甲告未前往處理病患緊急狀況之不作為，對病患 H 而言確實已製造了一個法所不容許的風險，且這個法所不容許之風險，在被告甲接獲多次呼叫仍拒絕前往救護之過程當中不斷地持續升高，最後終於在法規範要求被告甲善盡醫療注意義務之效力範圍內被實現，而發生了法規範所不希望看到之重傷害結果，是被告甲違反注意義務及防免結果發生義務之不作為，非特具有過失且與病患 H 之重傷害結果間具有相當因果關係，至為灼然，亦即本件病患 H 之重傷害結果應客觀歸責予被告甲未盡上開注意義務之不作為。

　　準此，辯護意旨謂：被告甲是否於 19 時 35 分到達恢復室，對於病患 H 診療方式皆無任何影響，並不會和值班醫師 U、Y 之處置方式有何不同，病患 H 後來急遽惡化之病症，亦與被告甲於 19 時 35 分是否到達恢復室無任何關連，被告甲實已盡力診治病患，病患 H 不可預期出血之病症與被告甲告之醫療行為間並無因果關係，顯屬卸責之詞，委無可採。

(二) 檢察官上訴以第一審量刑過輕之主張

第二審法院略以：被告甲有上開過失，惟其對病患 H 先後共長達十多小時手術之處理，顯見其目的仍意在努力醫治，期使病患 H 能恢復健康狀態，診治之動機尚可，是本件量刑尚稱妥適，公訴人上訴意旨指摘原判決量刑過輕，尚為無理由，應予駁回。至病患 H 因被告甲之過失行為所造成損害，病患方面可循民事途徑請求賠償，併為敘明。

三、延伸思考

問題一：本件鑑定意見認為，醫師甲之處置與一般醫療常規並無相左之處，但一、二審法院均未採用，其理由為何？

問題二：本件醫師甲嘗試以義務衝突來主張阻卻業務致重傷罪之成立。若當時，門診室確實發生有病患生命危險，亟需急救，則應為如何之義務衝突之判斷？

四、判決來源

第二十案　診所難產引產案

① 法院／裁判日期
臺灣彰化地方法院 94.12.30
案號
93 年度訴字第 100 號判決

甲從事業務之人，因業務上之過失致人於死，處有期徒刑參月，如易科罰金，以參佰元折算壹日。

② 法院／裁判日期
臺灣高等法院臺中分院 95.12.19
案號
95 年度醫上訴字第 653 號判決

上訴駁回。

③ 法院／裁判日期
最高法院 98.07.09
案號
98 年度台上字第 3940 號判決

原判決撤銷，發回臺灣高等法院臺中分院。

④ 法院／裁判日期
臺灣高等法院臺中分院 100.05.19
案號
98 年度重醫上更 (一) 字第 81 號判決

原判決撤銷。
甲無罪。

⑤ 法院／裁判日期
最高法院 100.09.15
案號
100 年度台上字第 5098 號判決

原判決撤銷，發回臺灣高等法院臺中分院。

⑥ 法院／裁判日期
臺灣高等法院臺中分院 101.04.26
案號
100 年度重醫上更 (二) 字第 59 號判決

原判決撤銷。
甲無罪。

⑦ 法院／裁判日期
最高法院 102.04.11
案號
102 年度台上字第 1414 號判決

原判決撤銷，發回臺灣高等法院臺中分院。

⑧ 法院／裁判日期
臺灣高等法院臺中分院 103.08.27
案號
102 年度重醫上更 (三) 字第 11 號判決

原判決撤銷。
甲無罪。

圖 20　診所難產引產案歷審圖

資料來源：作者繪製。

一、第一審判決

(一) 公訴事實與起訴意旨

醫師甲係彰化縣員林鎮 H 診所（下稱 H 診所）之負責人兼主治醫師。在 H 診所實施產前檢查之產婦 A 於民國 90 年 10 月 23 日上午 10 時許，因羊水破裂至 H 診所住院待產，並於同日 21 時許，進入產房開始生產，產婦 A 於同日 21 時 58 分許產下新生兒 B。新生兒 B 於翌日即同年月 24 日凌晨 0 時 30 分許，開始出現臉色轉白、呼吸轉弱症狀，經轉送財團法人 C 醫院急救，仍於當日清晨 5 時 10 分許死亡。

案經檢察官偵查起訴指出：

醫師甲（下稱被告甲）在為產婦 A 進行引產過程時，理應注意產婦 A 並無疾病或衰竭、胎兒亦無窘迫或下降、內轉不好等現象，無須使用真空吸引器（vacuum）輔助生產，詎為減少產程時間，竟仍使用真空吸引器助產；且在使用真空吸引器時，本應注意選擇最適當大小之真空吸引器置放胎頭上，順產道方向往後拉，拉曳時要配合子宮收縮及產婦用力，在子宮不收縮時暫停，且牽引方向與帽蓋須約呈直角，斜方向或搖晃之牽引會增加頭皮損傷，當胎頭拉出時，即應放鬆壓力等使用真空吸引器之事項，而依當時情形並無不能注意之情事，詎其能注意竟疏未注意，嗣產婦 A 於同日 21 時 58 分許產下新生兒 B。新生兒 B 即因被告甲不當使用真空吸引器，導致帽狀腱膜下出血（Subgaleal Hemorrhage），旋於翌日即同年月 24 日凌晨 0 時 30 分許，開始出現臉色轉白、呼吸轉弱症狀，經轉送財團法人 C 醫院急救，仍於當日清晨 5 時 10 分許，因帽狀腱膜下出血，肇致出血性休克不治死亡。

(二) 被告方回應

訊據被告甲固坦承其係 H 診所之負責人兼主治醫師，B 之母產婦 A 於 90 年 10 月 23 日 10 時許，前往 H 診所待產，並於同日 21 時 50 分，

產新生兒 B，嗣新生兒 B 自同年月 24 日凌晨 0 時 30 分許，出現臉色蒼白、呼吸轉弱，經轉送 C 醫院急救，仍於當日 5 時 10 分許，因帽狀腱膜下出血不治死亡等情不諱，惟矢口否認有何業務過失致死之犯行，辯稱：

其未使用真空吸引器替產婦 A 助產，新生兒 B 因本身凝血功能異常，才導致帽狀腱膜下出血死亡，其已盡相當之注意義務，並無任何過失，本件測謊結果不準確。

另被告辯護人亦為被告甲之利益辯護稱：

新生兒 B 並非刑法過失致死罪之保護客體。

(三) 鑑定意見

1.醫審會

本案有行政院衛生署醫事審議委員會（下稱醫審會），製作之鑑定書共兩份，判決未附鑑定意見內容。

2.法醫意見

臺灣彰化地方法院檢察署解剖鑑定報告：病患有右頭側 16x14 公分血腫，右小腿前下部 5x3 公分點狀出血點（注射所致）。且依病理檢查結果，頭蓋腔：頭皮下切開，除左邊顳區小部分區域外，可見廣泛出血；腦重 350 公克呈腦水腫，無挫傷或出血；骨骼部分無骨折現象；肝臟、脾臟、腎臟均呈充血現象；胃、腸皆無特殊變化。

中山醫學大學病理科解剖鑑定報告：「1. 病患解剖主要變化為頭皮下出血，解剖位置稱為帽狀腱膜下出血（Subgaleal Hemorrhage），導致出血性休克死亡。2. 造成帽狀腱膜下出血，常為外傷性，生產過程或引產操作均有機會發生。3. 病患其他部位無出血現象，可排除血液凝固機轉先天缺損病變。4. 肺臟雖部分為完全擴張，但病患生下之時，哭聲宏亮及膚色正常，死後屍體也無窒息表徵，推定與死因無直接關係。」

(四) 判決結果

臺灣彰化地方法院於民國 94 年 12 月 30 日作出判決，被告甲成立業

務過失致死罪，處有期徒刑參月，如易科罰金，以參佰元折算壹日。

(五) 判決理由

　　按刑法上過失致人於死罪之行為客體，以行為當時「已生存之人」為要件，所謂「人」者，必須在出生後未死亡前，具有生命之自然人，始克當之，亦即過失致死罪，係以生存之人為被害客體，而關於人之出生時期，我國實務上向採獨立呼吸說。查新生兒 B 係 90 年 10 月 23 日 21 時 58 分脫離母體出生，有診所病歷所附之生產紀錄單及新生兒護理紀錄單、出生證明書及死亡證明書各一紙在卷可稽，準此以言，新生兒 B 自娩出後，既得以獨立呼吸，雖僅短暫生存，仍不失為獨立之行為客體，況新生兒 B 之父亦指稱新生兒 B 出生後，被告甲就其帽狀腱膜下出血症狀之處置，也有過失行為，是新生兒 B 當屬刑法第 276 條過失致死罪所保護之客體。

1. 法官對於兩份鑑定意見均不採之理由是：鑑定理由是基於：觀之此二份鑑定書皆係根據被告所提之生產紀錄，以被告未使用真空吸引器輔助生產為前提，而為之鑑定，惟被告確有於本案引產過程中不當使用真空吸引器一節，業經本院認定如前，則醫審會所為前揭鑑定意見，容非正確，附此說明。

2. 專家證人意見整理：

臺灣彰化地方法院檢察署法醫師 T 於本院具結證稱：

(1) 頭部有帽狀腱膜下出血。

(2) 無發現腸胃道或皮膚有出血。

(3) 帽狀腱膜下出血百分之 80 是與生產過程有關。

彰基醫院新生兒主治醫師 U 到庭結證：

(1) 用真空吸引器會導致頭型改變，可能會變成比較長型。

(2) 新生兒後腦勺硬硬的，且血塊漫延到頸部，是很明顯的帽狀腱膜下出血，新生兒後腦連到脖子比較厚，也就是前後比較長一點。

(3) PATT 與 APTT 指數比較異常應該比較偏向休克引起。

(4) 本件的新生兒其他部位無凝血功能異常。

按母體有疾病或衰竭（如心臟病、肺受傷或功能不全、產中感染、神經性疾病）、第二產程過長、胎兒窘迫、臍帶脫垂、胎盤早期分離、胎心有問題、下降或內轉不好等適應症，始有適當使用真空吸引器輔助生產之需要，且使用真空吸引器時，應注意選擇最適當大小之真空吸引器，放在胎頭上，要儘量靠近枕骨，注意不要吸到子宮頸或陰道壁，須慢慢增加負壓，速度每二分鐘增加 0.2kg/cm^2，直至到達 0.6～0.8kg/cm^2 相當於 40～60cmHg 保持這個壓力，順產道方向往後拉，拉曳時要配合子宮之收縮及母親之用力（bearing down efforts），在子宮不收縮時暫停，牽引方向與帽蓋約呈直角，斜方向或搖晃之牽引會增加頭皮損傷；如果拉曳超過五次，且時間超過 15 分鐘，則可視為真空吸引器使用失敗，可考慮改用剖腹產，及避免在胎頭連續置放真空吸引器 30 分鐘以上，以免引起頭皮傷害，當胎頭拉出時，即應放鬆壓力等方法。

被告甲係婦產科醫師，並自承從 82 年間開始擔任婦產科醫師，對有關之生產方式及使用真空吸引器受過訓練且很熟悉，則其當熟知上揭事項為是，因之，被告甲替產婦 A 接生時，依法即負有前開注意義務。而依調閱之 H 診所產婦 A 病歷，懷孕週數 37 週，依生產過程監視紀錄，母體子宮收縮正常，胎兒心跳正常，過程無缺氧現象，第二產程 28 分，順產，於 90 年 10 月 23 日 21 時 58 分，以自然產方式娩出 B，體重 3200 公克、頭圍 33 公分，可知本案並無何產婦 A 生產困難、第二產程過長或胎兒過大等相關情事，被告甲理應無使用真空吸引器輔助生產之需要，又無其他不能注意之情形，詎其竟疏未遵守上開注意事項，於引產過程中不當使用真空吸引器，肇致 B 因帽狀腱膜下出血死亡，其有業務上過失甚明，且被告甲之業務過失行為與 B 之死亡結果間，顯有相當因果關係。是本案事證明確，被告甲業務過失致死犯行堪予認定，應依法論科。

二、上訴審判決概述

　　分析本案歷審判決可知，各法院或認定或維持被告成立業務過失致死罪判決，所差異者為對於內容相異之證據如何取捨與說明其取捨之心證理由，以及法院調查證據之職責是否包含蒐集被告犯罪證據之義務。

(一) 第二審判決

　　本案經臺灣彰化地方法院作出判決，被告甲成立業務過失致死罪，處有期徒刑參月，檢察官與被告提起上訴。臺灣高等法院臺中分院認定第一審判決認事用法及量刑均無不當，應予維持，至於公訴人上訴意旨指摘原判決量刑過輕，亦為無理由，上訴駁回。第二審判決重點，整理如下：

A.關於第一審法醫解剖鑑定報告是否可信

　　辯護人以證人法醫係牙醫系畢業及解剖經驗不足，而忽視證人其後法醫學及病理學之專業知識之進修及訓練與豐富之經驗，及本件事證之明確，而質疑其本件之病理解剖鑑定報告之認定，自屬漫行指摘之詞，亦無足取。證人 T 法醫現為中山醫學大學病理學的教授，教授病理學及法醫學，且擔任地方法院檢察署義務法醫多年，其自有良好之法醫學及病理學專業知識及訓練與相當豐富之經驗。

B.關於被告診所是否有真空吸引器使用習慣

　　被告原先辯稱其診所內無真空吸引器，其無使用該器習慣，及證人即被告診所之護士 C 於偵查中、護士 Y、護士 L 於原審審理時分別作為附合證稱「診所中並無真空吸引器，沒有看過真空吸引器」，用以資證明其於本件未有可能以真空吸引器替產婦 A 助產之情事，惟查真空吸引器乃婦產科診所產房之基本設備品，此有彰化縣衛生局函文所附之醫療機構設置標準可稽，且被告於第二審法院亦已坦承其診所確有真空吸引器之設置等語，核與證人 C 於偵查中所證被告診所內有真空吸引器，被告曾使用該器接生，及該診所之徐姓產婦病歷生產紀錄單載明係使用真空吸引器為其接生等情，均相符合，則證人等上開證言，縱經具結，不合上開事證，

自無足信，亦足認證人 C 上開證述，核與事證相符，得為證據，並認可信堪予採信。堪認被告所辯該診所內無真空吸引器，其亦未使用真空吸引器於本件輔助生產，無足採信。

C.關於被告測謊結果是否具證據能力

本件檢察官經被告同意，而囑託內政部警政署刑事警察局對被告測謊，其鑑定結果，亦認定受測人被告於測前會談陳述，90 年 10 月 23 日於醫院接生時，並沒有使用真空吸引器，經測試結果呈不實反應，有測謊鑑驗結果通知書一份在卷可憑，並檢附測謊鑑定過程及如何判定有說謊之依據等相關參考資料，包含測謊儀器測試具結書、身心狀況調查、測謊問卷內容組題（含檢測方法）、生理紀錄圖（含呼吸、血壓、膚電）、測謊程序說明等，高等法院核閱上開測謊之鑑定報告，在形式上已符合測謊基本程式要件，包括經受測人同意配合等之要件，認即應賦予證據能力，又測謊之結果固不足為認定犯罪之唯一證據，惟非不能以之為佐證。是本件上開測謊之鑑定報告，認定受測人被告陳述其 90 年 10 月 23 日接生病患時，並沒有使用真空吸引器，經測試結果係呈不實反應之情事，既核與上開認定之事證相符，自足資為病患係因被告生產過程之引產不當使用真空吸引器，造成外傷性帽狀腱膜下出血不治死亡之犯罪事實之佐證，是本件被告辯護人猶爭執該測謊鑑定報告不符法定程序要件，無證據能力，亦無可採。

D.關於醫審會鑑定結果是否可信

本件病患死亡原因，雖經檢察官及原審二度送請醫審會鑑定結果，均認被告於本案生產過程無醫療疏失等語，惟該二份鑑定書均係根據被告所提之生產紀錄，以被告未使用真空吸引器輔助生產作為前提，以為鑑定，核與第二審法院認定被告確於本件引產過程中不當使用真空吸引器之基礎事實不符，則醫審會所為該鑑定意見，難認可採為有利被告之證明。

(二) 第三審判決：發回更審

案件上訴至第三審，最高法院認為判決犯罪事實之認定，應依證據積

極證明，被告（上訴人）否認犯罪所持之辯解不可採之事實，並非積極證明被告（上訴人）犯罪之證據，不能憑以認定上訴人犯罪，因而上訴有理由，將第二審法院判決撤銷，發回臺灣高等法院更審。最高法院表示：

1. 原判決認定上訴人有「不當使用真空吸引器」之過失，然所謂「不當使用真空吸引器」之過失，應包括不應使用而使用及使用不適當而言，詳言之，前者係指依產婦與胎兒出生前之狀況，不應使用真空吸引器引產，仍予使用，後者則指使用真空吸引器有應注意之事項，但未盡注意，兩者之過失情況有別，且攸關過失輕重程度之差異，自應明白認定，適用法律始告妥適。原判決認定上訴人有「不當使用真空吸引器」之過失，縱無違誤，惟就上訴人究係不應使用真空吸引器引產，仍予使用之過失，抑或使用真空吸引器有應注意之事項，但未盡注意之過失，未予明白認定，自難認適法。

2. 關於本件上訴人為產婦 A 助產，應否使用真空吸引器引產一節，依一般經驗可知，除徵之產婦 A 之生產經過與其新生兒之護理等紀錄外，似應進而審酌其產前之妊娠狀況及胎兒在母體之成長情形，綜合判斷，始見真確。從而，A 在 H 診所之病歷（包括產前檢查及胎兒在母體之成長等紀錄）之稽考，不能謂非應於審判期日調查之證據。經查原審卷附證據資料，並無此項 A 在 H 診所之病歷，審判期日亦未調查此項證據，則原判決遽爾為上訴人應否使用真空吸引器引產之認定，自有應於審判期日調查之證據而未予調查之違法。又本件送請鑑定之基礎資料，如欠缺此項必要資料，鑑定報告所為判斷意見，能否憑信，非無疑竇。

3. 刑法第 276 條第 2 項因業務上過失致人於死罪之成立，其過失行為與死亡之結果間，須具有相當因果關係。是以，對此相當因果關係之專業鑑定，當須詳敘其理由，始足憑信。經查本件 C 醫學大學病理科解剖鑑定報告書及實施解剖之法醫師 T 到庭結證所作判斷，本件上訴人「使用真空吸引器引產」以及「致生帽狀腱膜下出血」等事實，縱屬實在。然所謂「帽狀腱膜下出血」，據法醫師 T 既稱，其僅屬「頭部皮

下出血」之一種而已，為何足以導致新生兒休克死亡？其病理上之理由為何？如此種出血足以導致新生兒休克死亡，究竟出血量須達如何程度，始足以導致新生兒休克死亡？而本件新生兒 B 之「帽狀腱膜下出血」出血量若干？為何足以導致 B 休克死亡？凡此與 B 休克死亡是否具備相當因果關係攸關之事項，鑑定報告及法醫師結證均欠缺專業上充分說明，則所為此項出血導致新生兒 B 休克死亡之判斷意見，不能謂無缺漏。

　　案經發回，上訴人所為其診所內無真空吸引器、未使用真空吸引器引產等辯解，縱不可採，在心證形成之過程，允宜避免引為不利於上訴人認定之依據。

(三) 更一審判決

　　上訴人等因被告業務過失致人於死案件，不服臺灣彰化地方法院第一審判決，提起上訴，經判決後，由最高法院發回更審，更一審法院認為被告於替產婦 A 生產時，並無積極證據證明有使用真空吸引器，是自無法進而推論病患 B 死亡時右頭側血腫，係因被告使用真空吸引器助產而引起，故判決被告無罪，撤銷原判決，更一審判決整理如下：

A.關於病患之死因

　　經高等法院送請法務部法醫研究所鑑定結果，認為病患 B 雙手指甲床發紺呈缺氧的外觀表現，肺臟浮揚試驗呈部分浮起，部分下沉之實質化或水腫表現，病理切片顯微鏡切片檢查，肺臟呈現局部膨脹不全（Atelectasis）、肺水腫及羊水吸入（Amniotic Fluid Aspiration）的現象，肺泡內出現些許退化的扁平上皮細胞及藍灰色黏液樣物質，據以上結果研判，病患因肺部膨脹不全、肺水腫及羊水吸入導致呼吸衰竭死亡的可能性較大；因而研判死因為：甲、呼吸衰竭，乙、肺膨脹不全、肺水腫、羊水吸入，醫師甲、新生兒生產過程；死亡方式為「自然死」有法務部法醫研究所 99 年 9 月 30 日審查鑑定書 1 份，顯見病患係因新生兒生產過程中，因肺臟膨脹不全、肺水腫及羊水吸入，導致呼吸衰竭而自然死亡。

B.關於帽狀腱膜下出血與死因之關係

　　病患 B 不幸死亡後，雖經臺灣彰化地方法院檢察署解剖鑑定，然此份解剖鑑定報告及鑑定證人 T 於原審審理時關於病患死因係帽狀腱膜下出血之結論及證詞，為本審所不採。由扣案之彰化 C 醫院產婦 A 病歷內之檢驗報告單內容，可知病患 B 之抽血檢驗血紅素（HgB）值為 10.6g/dL，依其臨床病程，可認為血紅素尚可，再就病患死亡後之照片，可觀察得知其嘴脣呈深紅色，膚色正常，又由法務部法醫研究所就病患之組織切片、蠟塊製作病理切片觀察顯示，腦髓、肝臟、脾臟、腎臟、胸腺等臟器均呈充血現象，且病患確有肺臟呈現局部膨脹不全、肺水腫及羊水吸入之現象，已如前述，是本審認為法務部法醫研究所 99 年 9 月 30 日審查鑑定書研判結果，認為病患因頭皮下（帽狀腱膜下）出血，導致出血性休克的可能性較低之結論，應較可採。

C.關於有無使用真空吸引器引產

　　衡之扣案之 H 診所產婦 A 病歷，A 自 90 年 7 月 20 日開始至 H 診所產檢，嗣後分別於 90 年 8 月 15 日、90 年 9 月 8 日、90 年 9 月 22 日、90 年 10 月 5 日、90 年 10 月 18 日產檢，並於 90 年 10 月 23 日至 H 診所待產並生產，產前檢查並無任何異狀等情，有產前檢查紀錄單可稽，參諸病歷內附之護理紀錄單、新生兒護理紀錄單，亦無任何顯現該次證人 A 生產有使用真空吸引器之器械的記載，或任何 A 生產狀況有使用到真空吸引器必要性之描述，或被告為求減少產程時間而使用真空吸引器之紀錄。是依當日跟班護士證詞，及證人 A 之產前檢查紀錄單、生產紀錄單、新生兒護理紀錄單顯示，均無被告有使用真空吸引器為證人 A 助產之情形，則除非在有積極證據證明下，尚難憑空認為被告有使用真空吸引器替證人 A 助產。且檢察官承辦本案時，自 H 診所扣得 48 本病歷資料，僅其中案外人徐姓產婦病歷內附之生產紀錄單，有填載「真空吸引」之選項，而其餘之產婦均未使用真空吸引器之方式來生產等情，業據多名證人於警詢中證述無訛，益顯 H 診所之病歷確有照實填載，並無在有使用真空吸引器助產之情況下，卻虛偽填載為「自然」產之情形。是關於 H 診所產

婦 A 病歷內附之生產紀錄單，於生產方式亦應無虛偽填載為「自然」產之可能，應堪認定。

再者，就被告為證人 A 生產過程，有無使用真空吸引器一事，經原審及本審分別函請行政院衛生署醫事審議委員會、台灣婦產科醫學會進行鑑定。其中醫審會鑑定後認為：「……以此器械助產最常見的外觀為頭皮水腫，臨床上有些可以看到頭皮一圈紅紅的器械壓力痕跡，然依據病患 B 出生後在 H 診所所拍攝之照片，並無法判斷有無此特徵，依其餘卷附影印之照片所示，更無法辨識有無此特徵，因此無法依此推論生產過程中有無使用真空吸引器助產」等情，有醫審會 93 年 12 月 29 日鑑定書 1 份存卷可稽；而台灣婦產科醫學會經鑑定後認為：「1. 從生產紀錄，產婦第二產程子宮頸口開至 9 公分至胎兒娩出只有 28 分鐘（正常 2 小時內）屬產程快速順利，且新生兒生下來皮膚紅潤，哭聲宏亮，活力佳，新生兒健康評分指數 1 分鐘 9 分，5 分鐘 10 分（滿分 10 分）屬正常健康狀態，這與真空吸引器使用時機如產婦體力耗竭、胎兒窘迫現象及胎頭下降、內轉不好造成產程遲滯並不合乎，由以上觀點，從婦產科專業認為本件生產過程並無使用真空吸引器之時機與必要性。2. 使用真空吸引器會造成人工產瘤，幾個小時或數天後仍能看出頭部紅腫痕跡。但檢視卷宗，所附病患家屬在保溫箱拍攝五張新生兒彩色照片看不出有真空吸引器使用造成頭部紅腫跡象及人工產瘤；由以上依據，足以證明本件生產過程並無使用真空吸引器。」等情，亦有台灣婦產科醫學會 98 年 12 月 21 日函 1 份在卷足憑。本院審之病患 B 出生後之照片，確無醫審會、台灣婦產科醫學會所稱使用真空吸引器會引起之特徵存在，是堪認被告並無使用真空吸引器為證人 A 助產。

D.關於帽狀腱膜下出血之成因

帽狀腱膜下出血產生之原因有器械式輔助生產（約占 64%）和自發性出血（約占 36%），再依美國醫學會雜誌 1980 年之文獻，有 125 個帽狀腱膜下出血的病例報告，35 例是自然產（28.4%），17 例是產鉗生產（13.8%），60 例是真空吸引生產（48.86%），11 例是經由剖腹生產

（8.9%），因此真空吸引生產不是帽狀腱膜下出血的唯一原因；真空吸引器本身是會增加帽狀腱膜下出血之機率，但與胎兒本身體質也有一點關係，如胎兒缺氧或缺少 VitK（與母體缺乏 VitK 有關），也比較容易引起此種出血等情，有台灣婦產科醫學會 92 年 12 月 3 日函及 98 年 12 月 21 日函、財團法人新光吳火獅紀念醫院 92 年 11 月 4 日函、臺北榮民總醫院 92 年 10 月 20 日函各 1 份在卷可在，並經證人 U 即時任彰化 C 醫院新生兒主治醫師於原審審理時到庭證述：在醫學文獻上有出現沒有用任何器具，也會產生帽狀腱膜下出血，從 H 診所病史來看，好像是出生時，沒有發生何事，其沒有辦法確認真正原因等情無訛，而鑑定證人 T 於原審審理時亦到庭證稱：本案依照解剖的外型，沒有辦法判斷有無使用真空吸引器，B 還沒有生下之前，從病史胎兒監視上，都是正常，經過產道也有可能產生帽狀腱膜下出血，因引產的動作，也是有可能產生等語屬實，足認帽狀腱膜下出血產生之原因有很多種，使用真空吸引生產並不是帽狀腱膜下出血的唯一原因甚明。是公訴人認為係被告使用真空吸引器為證人 A 助產導致病患 B 產生帽狀腱膜下出血而死亡，即屬無據。

E.測謊結果可否作為有罪判決唯一證據

　　測謊結果經鑑定人分析判斷有不實之情緒波動反應，依補強法則，不得作為有罪判決之唯一證據，其證明力如何，事實審法院有自由判斷之職權，又無其他合法之積極證據足以證明該部分之犯罪事實時，可印證其真實性，非不得為有利於受測者之認定（此有最高法院 88 年度台上字第 2936 號判決意旨等可參）。本案被告經檢察官起訴之業務過失致人於死犯嫌，如前述理由所述，均無從證明被告有以使用真空吸引器為證人 A 助產之行為，自無從進而推論病患 B 死亡時右頭側 16X14 公分血腫係因被告使用真空吸引器助產所引起，此外復查無其他證據可資證明上情，是依上開說明，此部分測謊鑑定之內容，自不得採為認定被告有罪判決之唯一證據。

(四) 更一審後第三審判決：發回更審

　　檢察官對前述更一審無罪判決不服，上訴至最高法院。最高法院認為更一審對於內容相異之證據如何取捨，未說明其取捨之心證理由，撤銷其判決，第二次發回台灣高等法院，表示如下意見：

　　證人（即護士 Y）於第一審證稱其在 H 診所，未看過醫師使用真空吸引器助產，直至民國 93 年間該診所始補買真空吸引器；更一審理由繼謂證人 C 於偵查中證述被告有以真空吸引器於「90 年 3 月 5 日」替案外人徐姓產婦引產等情明確。就 H 診所究於何時始備有真空吸引器之設備一節，Y 與 C 之證詞明顯齟齬，原審未究明 H 診所究於何時始有真空吸引器之設備，就上揭內容相異之證據如何取捨，亦未說明其心證理由，已有判決理由矛盾之違法。

　　彰化 C 醫院新生兒主治醫師 U 於第一審證稱病患於送至該醫院時，經其判斷為帽狀腱膜下出血之症狀，而該等症狀於使用真空吸引器及其他生產器具引起之機率較高，勾稽 C 醫學大學病理科 90 年 11 月 9 日解剖鑑定報告之結論「1. 病患解剖主要變化為頭皮下出血，解剖位置稱為帽狀腱膜下出血，導致出血性休克死亡。2. 造成帽狀腱膜下出血，常為外傷性，生產過程或引產操作均有機會發生。……死亡原因：甲：出血性休克。乙：帽狀腱膜下出血。死亡方式：意外」及內政部警政署刑事警察局 92 年 9 月 25 日測謊鑑定結果通知書，就關於被告於 H 診所接生病患時，並未使用真空吸引器（引產），經測謊測試呈不實反應等情，似並無不合，亦非無據。更一審置上揭不利於被告之證據於不顧，就與被告涉犯罪名攸關之事項，未調查釐清，即率予判決，自有判決理由不備之違法。

　　關於死因之研判，法務部法醫研究所 90 年 9 月 30 日鑑定之結果，與中山醫學大學病理科 90 年 11 月 9 日解剖鑑定報告及鑑定證人 T 醫師之鑑定意見迥異。更一審於理由內採認前者之鑑定意見，因而認定病患之死因，應非因帽狀腱膜下出血，引起出血性休克而死亡，而不予採納後者之鑑定結論及證詞。然何以該二鑑定機關就病患死因之同一待證事項之鑑定

結論竟呈現明顯迥異之鑑定結果？更一審判決未進一步敘明何以後者鑑定結論及意見並無所憑據之心證理由，僅引述前者鑑定書論載之內容，即逕行捨棄 C 醫學大學病理科之解剖鑑定意見及鑑定證人 T 之證詞，因此部分事涉專業，且攸關被告有否檢察官所指須負相關刑事責任事實之判斷，為明瞭實情起見，自宜請原鑑定機關補充說明，或再送請其他鑑定人或鑑定機關鑑定，以期確實，乃原審未踐行上開程序，逕行判決，自嫌速斷，而難昭折服。

　　另醫事審議委員會表示無法依卷附病患之照片正本或影本判斷生產過程中有無使用真空吸引器助產；證人 U 於第一審時亦證稱：「（檢察官）提示新生兒 B 照片，請你從外觀辨識是否有使用真空吸引器？（提示新生兒 B 照片）沒有辦法，因為要看後腦勺，照片只是拍正面」。台灣婦產科醫學會則謂依憑提供之病患照片即得判斷生產過程並無使用真空吸引器。更一審未查，就上揭內容相異之證據如何取捨，未說明其取捨之心證理由，逕引上揭鑑定書及函文為有利於被告之判斷，難謂無證據調查未盡及判決理由不備之違法。

(五) 更二審判決

　　本案經最高法院第二次發回，更二審撤銷原判決，惟仍認定被告無罪。其主要判決理由如下：

　　經更二審法院向 H 診所函查結果，H 診所係於開業營業時即購置真空吸引器備用，足見 H 診所確於開業之初即購置真空吸引器備用，證人 Y 於原審審理中證稱，至 93 年間該診所始補買真空吸引器乙語，似與事實不符，惟該診所於 48 份病歷中，僅使用 1 次真空吸引器助產，其使用之次數很少，證人 Y 於任職時，與其他護士輪班，適未見過，而不知該醫院平日即備有真空吸引器備用，並非至 93 年間始補購置，其基於主觀上認知之差異而誤認 93 年該診所始補買，並非不可能，故不能因其此部分之陳述，與實際情形不符，即逕認為證人 Y 之陳述即不可採信，且縱使其陳述不可採信，亦不能因此即認為被告於 A 生產時即有使用真空吸

引器為其助產。

　　另經更二審法院將本案之全部鑑定，再送請台中榮民總醫院鑑定結果，亦認為：頭皮外觀未見「真空吸引器印痕（imprint）」，應認為未使用真空吸引器等語，有鑑定函在卷可按，均無法認定係被告使用真空吸引器為證人 A 助產導致病患 B 產生帽狀腱膜下出血而死亡。

(六) 更二審後第三審判決：發回更審

　　檢察官對前述更二審無罪判決不服，再度上訴至最高法院。最高法院認為更二審請台中榮民總醫院鑑定之結果，其病理部與婦產部呈現不同意見，卻僅採納病理部有利被告之見解，故撤銷判決，第三次發回台灣高等法院，表示如下意見：

　　原判決就本件爭執重點之被告有無使用真空吸引器部分，係以：「經本院（指原審）……，再送請台中 V 醫院鑑定結果，資為被告有利認定之主要論據之一。然卷查該院於 101 年 3 月 8 日以書函所檢送者，除該院病理部之鑑定報告外，尚有同院婦產部之鑑定報告，原判決所援引者係病理部鑑定報告之內容。其中病理部鑑定報告所述：「頭皮外觀未見『真空吸引器印痕（imprint）』，應認為未使用真空吸引器」；與婦產部鑑定報告所稱：「無法以照片判定是否有使用真空吸引助產造成機械壓痕，也因此無法以照片判定本案件生產過程是否經由真空吸引幫助生產。」就生產過程是否經由真空吸引幫助生產之同一待證事項，所為鑑定，呈現不同之意見，原審未審酌全部鑑定結果，遽憑病理部鑑定報告，資為被告有利之認定，就婦產部鑑定報告之內容則未置一詞，自有判決理由不備之違法。

(七) 更三審判決

　　本案經最高法院第三次發回，更三審撤銷原判決，惟仍認定被告無罪。其主要判決理由如下：

　　刑事訴訟新制採行改良式當事人進行主義後，檢察官負有實質舉證責任，法院僅立於客觀、公正、超然之地位而為審判，雖有證據調查之職

責，但無蒐集被告犯罪證據之義務，是倘檢察官無法提出證據，以說服法院形成被告有罪之心證，即應為被告無罪之諭知，俾落實無罪推定原則，此觀諸刑事訴訟法第 154 條第 1 項、第 2 項、第 161 條第 1 項、第 2 項及第 301 條第 1 項規定即明（最高法院 100 年度台上字第 4036 號判決參照）。

　　經更三審法院再度函請臺中 V 醫院就該院病理部及婦產部關於生產過程是否經由真空吸引幫助生產之同一待證事項，所為鑑定，呈現不同之意見原因為說明，臺中榮民總醫院就此部分補充鑑定稱：「相驗卷內所附照片模糊，無法依此照片判定有無使用真空吸引器。陰道生產過程中，沒有使用真空吸引器，亦會造成胎頭變形，胎兒頭皮血腫，所以無法依幾張模糊的照片判定有無使用真空吸引。依病理檢查報告應較為準確。」，足認臺中榮民總醫院病理部、婦產部鑑定結果，均無法認定被告有使用真空吸引器為證人 A 助產。

　　經更三審法院再送請醫審會鑑定後亦認為：「經檢視卷附解剖圖，可發現病嬰頭皮下多處血塊，僅顯現並證實病嬰罹患帽狀腱膜下出血。而帽狀腱膜下出血，係沿肌肉筋膜空間出血並流竄，因無堅硬之組織限縮其出血量，故容易因大量出血造成休克死亡，通常表現最多血量處為重力低點，並非直接吸引處。而頭部呈現圓錐狀出血之血塊可能為死亡後血液凝固而造成，因此，無法從此點認定此處即為使用真空吸引器處。」。依前揭鑑定結果，無法認定係被告使用真空吸引器為證人 B 助產導致病患 B 產生帽狀腱膜下出血而死亡。

三、延伸思考

　　問題一：本案受害人 B 從出生到死亡約歷時 7 小時，被告辯護人辯稱 B 並非刑法過失致死罪之保護客體。假設 B 所受傷害係發生於引產過程之出生前，請比較產前侵入性檢查致胎兒傷害 (1) 出生前死亡；(2) 出生後死亡，兩者在刑法過失致死罪的適用上與本案是否相同？

問題二：請問鑑定意見「因頭部未見吸引器印痕，故未使用」、「因頭部未見吸引器印痕，故無法判定」、「因模糊看不見印痕，無法判斷是否用吸引器」是否陳述相同之事實？如果你是鑑定者，你會選擇何種陳述方式？

問題三：請問在醫療過失案件中，被告測謊結果如對被告有利，是否可作為無罪判決之唯一證據？請就過失犯與故意犯之觀點比較討論。

四、判決來源

第二十一案　腹膜炎延誤治療案

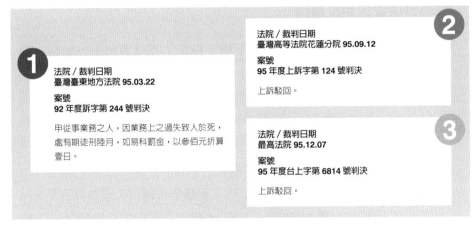

1
法院 / 裁判日期
臺灣臺東地方法院 95.03.22

案號
92 年度訴字第 244 號判決

甲從事業務之人，因業務上之過失致人於死，
處有期徒刑陸月，如易科罰金，以參佰元折算
壹日。

2
法院 / 裁判日期
臺灣高等法院花蓮分院 95.09.12

案號
95 年度上訴字第 124 號判決

上訴駁回。

3
法院 / 裁判日期
最高法院 95.12.07

案號
95 年度台上字第 6814 號判決

上訴駁回。

圖 21　腹膜炎延誤治療案歷審圖

資料來源：作者繪製。

一、第一審判決

(一) 公訴事實與起訴意旨

醫師甲原任職於國軍 T 醫院（下稱 T 醫院）擔任軍醫少校職務，為從事醫療業務之人。病患 L 於民國 88 年 7 月 10 日因腹痛而前往 T 醫院治療，由甲主治診療，除以手觸摸診斷外，並給予 L 腹部 X 光照射診斷及抽血檢查，經其診視後初步診斷下腹疼痛原因疑為便秘或闌尾炎，至同月 12 日下午 2 時，L 有發燒及心博速率加快之現象，於是提供冰枕等予以降溫，同月 13 日病患 L 病情轉趨嚴重之狀況下，始決定於同日下午 3 時許安排進行手術，延至同日下午 4 時，家屬要求轉院，嗣於同日下午 4 時 50 分，L 經轉送台東 M 醫院（下稱 M 醫院），經該院醫師乙初步診斷結果為腹膜炎疑闌尾炎併破裂，旋即於同日下午 6 時 35 分開始對 L 進行手術，手術中發現 L 橫行結腸癌並阻塞，盲腸壞死併破裂，有大便腹水約 2,000 西西，手術後，L 於同月 19 日死亡。

案經檢察官提起公訴，主張成立業務過失致死罪之理由如下：

醫師甲（下稱被告甲）原任職於 T 醫院擔任軍醫少校職務，本應注意 L 於該日入院在初步診斷疑有闌尾炎之情況下，應繼續追蹤 L 之病狀，至同月 12 日下午 2 時，L 有發燒及心博速率加快之現象，應提高警覺，並進一步再為腹部 X 光、電腦斷層等之詳細檢查，甚至安排剖腹探查之醫療處置，而依當時之情況，並無不能注意之情形，竟疏未注意，遲至同月 13 日 L 病情轉趨嚴重之狀況下，始決定於同日下午 3 時許安排進行手術，但延至同日下午 4 時，L 家屬要求轉院，嗣於同日下午 4 時 50 分，L 經 M 醫院醫師乙初步診斷結果為腹膜炎疑闌尾炎併破裂，旋即於同日下午 6 時 35 分開始對 L 進行手術，於同月 19 日，L 因橫結腸腺癌、大腸壞死併穿孔致敗血症而死亡。

(二) 被告回應

　　被告甲矢口否認有何業務過失致死犯行，辯稱：病患 L 住進來時，曾表明不想再做任何檢查及開刀，門診進來時候，一切穩定，伊每天也注意情況，7 月 12 日 L 有輕微發燒及心博加速的情況，當時伊有建議是否做大腸鏡檢查，但 L 表示在別的地方已經做過，很不舒服，不願意再做，伊也建議是否開刀，L 卻表示，為何要開刀，伊見當時情況確實好好的，後來到第三天，L 疼痛的位置轉移至右下腹是符合闌尾炎的狀況，所以排定下午 3 點開刀，但到了兩點半，L 卻說要轉診，在轉診至 M 醫院前盲腸並還沒有破，盲腸係坐救護車顛破，或觸診時壓破，或開刀時弄破的，這些均有可能，但伊可以確定在轉診前盲腸並沒有破，若沒有轉診就不會發生這些事情，又不能僅以 L 心跳加速及發燒的狀況，遂判斷伊有醫療過失。

(三) 鑑定意見

醫審會鑑定結果

　　本案有行政院衛生署醫事審議委員會（下稱醫審會）鑑定書共兩份，鑑定意見歸納如下：

1.第一次鑑定：針對醫師甲的醫療行為是否有延誤病情作說明

　　醫師甲雖在病程紀錄上強調血壓正常，7 月 12 日曾有發燒，心博速率加快，此時即應提高警覺，進一步研判是否應再做何種檢查，甚或儘早手術（按初入院時即已懷疑闌尾炎，此時病情變化，應考慮是否儘早安排剖腹探查）。結論：7 月 10 日醫師甲即懷疑病患 L 有闌尾炎，並未作追蹤腹部 X 光、腹部電腦斷層等檢查，且遲至 13 日始決定動手術，似有延誤病情之嫌。

2.第二次鑑定：針對腹痛病因的臨床診斷方式作說明

　　年紀大的病人主訴腹痛的鑑別診斷有很多，包括憩室炎、腸阻塞等等。當在觀察病人的病程變化中，若有逐漸轉移至右下腹痛時，闌尾炎確

實為一可能的臆斷。在臨床上，腹痛的鑑別診斷是多樣化的，很難給予一個確定答案。只是在追蹤病人的病程變化時，不單只靠理學檢查，相關的生化、血液及放射科檢查都是相輔相成的。

(四) 判決結果

　　臺灣臺東地方法院於民國 95 年 03 月 22 日作出判決，被告甲因業務上之過失，處有期徒刑陸月，如易科罰金，以參佰元折算壹日。

(五) 判決理由

　　法院認定被告甲醫師成立業務過失致死罪之理由，摘要如下：

1.針對被告甲違反其注意義務

(1)被告當時應可注意病患L腹部疼痛原因可能係闌尾炎

　　病患 L 於 88 年 7 月 10 日因腹痛而前往醫院治療，由被告甲主治診療，被告除以手觸摸診斷外，並給予 L 腹部 X 光照射診斷及抽血檢查，經其診視後初步診斷下腹疼痛原因疑為便秘或闌尾炎等情，業據被告甲供述明確，參以被告甲診療後記載：「A：low abd.pain,cause：Appendicitics」，足認被告當時業已懷疑病患 L 腹部疼痛原因可能係闌尾炎之情。

(2)病患L住院期間腹部疼痛之情況並未改善

　　證人即病患 L 之配偶於審理中證述：因 L 肚子痛，當天係醫師甲幫 L 看診，醫師要求需住院並照 X 光，第三天 L 還是在痛，且有糞水從屁股滲出，12 點多接到電話說 L 下午 2 點開刀，後又表示要等到 3 點，L 肚子更痛，足認病患 L 住院期間一直有腹部疼痛情況。

(3)病患L於12日即有右下腹部疼痛現象

　　證人護士丁於審理中證述：病患 L 的血壓、脈搏及身體狀況每天都有變化[14]，由住院期間之護理紀錄記載可知，L 於住院期間有發燒亦有使用

---

[14] 於88年7月11日當時的身體狀況是正常，於12日當天L有發燒的情形，體溫是38.2度，下午2點的時候有發燒，在下午3點時有降溫（約37.4度），只要有發燒脈搏就會有變

冰枕及於 7 月 12 日上午 9 時 40 分許右下腹痛之情況，堪認病患 L 於 12 日當天至 13 日 10 時許，雖中間有降溫，但仍有發燒、拉肚子及右下腹部疼痛之現象，是被告辯稱，L 是第三天疼痛部位才移置右下腹，不足為採。

2.針對被告甲違反醫療常規之說明

一般就醫診療程序，醫院對於病患入院就診後，均需進行必要之生理檢查，包括血液、尿液、甚至心電圖、X 光，以究明病患之生理狀況來作為醫師決定醫療作為之參考依據，本件被告基於其醫師之專業診斷既懷疑病患 L 有闌尾炎可能，本應注意病患 L 住院期間之身體狀況，及早發覺闌尾炎之徵兆，作適當之處理，第二次鑑定摘要亦為相同認定。病患 L 入院第二天有發燒且於早上 9 時 40 分曾向護理人員表示右下腹疼痛，且依當時情形又無不能注意之情事，竟疏未注意予以適當之處理，遲至第三天下午 4 時許始安排手術核與一般醫療診治程序有違，此觀第一次鑑定摘要亦為相同認定，足認被告之行為自有過失。

3.針對被告甲之醫療過失和病人死亡間有相當因果關係之理由

證人乙醫師於偵查中證述：伊當時曾診治病患 L，很明顯的可以發現 L 腹部有腹膜炎的現象，所以決定馬上開刀，開刀過程發現病患腹部有糞水二千西西，橫結腸部分發現有一顆腫瘤，因此導致腸道阻塞，盲腸部分有破裂，死亡的原因是橫結腸阻塞、大腸壞死併穿孔導致敗血症而死亡；伊之所以認為 L 的情況嚴重，係因一般闌尾炎比較不嚴重是右下腹部疼痛，但 L 是整個肚子都痛，還有肚子硬梆梆，還冒冷汗，這種情形是標準的外科急診狀態，勢必要開刀，所以當時就從中間開刀，通常盲腸破裂感染厲害的話就會造成敗血症。

病患 L 的感染源是在腹部有明顯的發炎，本件 L 死亡之原因就是盲

化，當時脈搏大概是106，而於13日9點時，L有描述下腹悶痛的情形，還有拉肚子，血壓收縮壓133、舒張壓87、脈搏103、呼吸19及體溫38度，10點時，仍有發燒，體溫是37.8度。

腸破裂導致敗血症，導致盲腸破裂的原因則是橫結腸腫瘤致大腸阻塞，再者小腸到盲腸中間有一個迴盲瓣，那個地方會控制小腸的內容物流到大腸，並防止它回流到小腸來，病患 L 有可能沒有辦法回流，正常情況闌尾因為小一點大約要 24 小時會脹破，腸子的部分要壓力上升之後造成的結果血液循環變差，腸道內的細菌就大量繁殖，疼痛加劇、發燒。

　　證人己於審理中證述：伊於當時擔任麻醉科主治醫師，病患 L 開刀麻醉是伊負責，當天一開始就全身麻醉，因 L 已經有很嚴重的腹膜炎情形，所以用比較中間的開法，這種開刀一定要全身麻醉，病患麻醉前心跳就 145 下，在手術進行中心跳維持在 100 到 120 上下，這個病人年紀是 75 歲，白血球也升高到 10600，氧氣飽和濃度百分之 95，這樣已經進入到敗血症的情況，參考病歷上所記載病患 L 出現敗血症是在麻醉之前就出現這種症狀等情相符。

　　綜上堪認病患 L 是因腸破裂而糞水外流導致敗血症致死。而由細菌產生、腸子破裂至糞水外流二千西西等病徵所需之時間以及敗血症後之治癒率參互以觀，足認因被告甲疏未注意病患有發燒及心博速率加快之現象並進一步為剖腹探查手術之醫療過失行為，終致病患 L 盲腸破裂而糞水外流造成細菌感染引發敗血症而死亡，其有過失甚明，且其過失行為與 L 之死亡間確有相當因果關係。

二、上訴審判決概述

(一) 第二審判決

　　被告甲、檢察官不服第一審判決向臺灣高等法院花蓮分院提起上訴，法院以被告及檢察官之上訴均無理由，均應予駁回。審理結果為第一審認事用法及量刑均無不當，應予維持，並引用第一審判決書記載之事實、證據及理由。

(二) 第三審判決

被告甲與檢察官均不服第二審判決向最高法院，提起上訴，法院認為上訴無理由，予以駁回上訴。判決理由如下：

1. 本件原判決維持第一審判決，駁回檢察官及被告在第二審之上訴，從形式上觀察，並無任何違背法令之處。而刑之量定，係實體法上賦予法院得為自由裁量之事項，倘其未有逾越法律所規定之範圍，或濫用其權限，即不得任意指摘為違法，以為第三審上訴之理由。第一審於量刑時，已斟酌被告之過失程度、所生危害等情狀，於法定刑內量處有期徒刑六月，原審認屬適當，予以維持，核無違法可言。

2. 本件上訴人甲因業務過失致人於死案件，不服原審判決，於民國 95 年 9 月 26 日提起上訴，並未敘述理由，迄今逾期已久，於本院未判決前仍未提出，依上開規定，其上訴自非合法，應併予駁回。

三、延伸思考

問題一：依據本案例，如病患到院時的確能作一般問診回應，且表達自身無肚子痛的情形（可能其他處傷口的疼痛高於腹部疼痛），並假設其他事實不變，則其過失為何？

問題二：請問醫師對於「一般的外科處置」及「急救處置」之合理注意義務為何？

四、判決來源

第二十二案　支氣管鏡活體切片出血案

1
法院／裁判日期
臺灣新北地方法院 95.05.30
案號
92 年度訴字第 1867 號判決

甲從事業務之人，因業務上之過失致人於死，處有期徒刑拾月。

2
法院／裁判日期
臺灣高等法院 97.01.09
案號
95 年度醫上訴字第 7 號判決

原判決撤銷。
甲無罪。

圖 22　支氣管鏡活體切片出血案歷審圖

資料來源：作者繪製。

一、第一審判決

(一) 公訴事實與起訴意旨

醫師甲係台北縣板橋市台北縣立 B 醫院（下稱 B 醫院）之內科醫師，並為胸腔暨重症加護醫學專科醫師。民國 90 年 6 月 20 日，病患 C 因胸部 X 光顯示肺部結節病灶（肺部腫塊）經台北縣立 M 防治所以肺結核治療一個月仍未消除，因而轉診至 B 醫院由醫師甲做進一步之檢查，於 90 年 7 月 3 日上午 9 時許，至 B 醫院施行支氣管內視鏡檢查，先行讓病患 C 做胸部 X 光檢驗，並對病患 C 施打 Atropine 及 Demerol 針劑，醫師甲於檢視病患 C 兩側呼吸道並無特殊現象後，從右側第六分支進行活體切片檢查，切片後病患 C 出血不止，同日上午 11 時 30 分許，緊急轉送該院急診室，並插上氣管內管，暫時恢復心跳及血壓，病患 C 受有嚴重缺氧性病變之傷害，昏迷指數（$E_1M_1V_T$）呈植物人狀態。

案經病患 C 之子訴由臺灣板橋地方法院檢察署檢察官偵查、起訴指出：

醫師甲（下稱被告甲）是專業醫師，本應注意病患 C 於支氣管內視鏡檢查過程中所可能發生之危險，於施行檢查切片之際大量出血，被告甲並未依醫療標準措施保持病患 C 之呼吸道暢通，才能免去缺氧之惡果，且依當時情形，並無不能注意之情事，竟疏未注意，並未即時給予病患 C 維持呼吸通道暢通之適當處理，致病患 C 呈現無心跳、呼吸之狀態，雖在同日上午 11 時 30 分許，緊急轉送該院急診室，並插上氣管內插管，雖暫時恢復心跳及血壓，但已導致病患 C 受有嚴重缺氧性病變之傷害，且昏迷指數（$E_1M_1V_T$）呈植物人狀態，於同月 7 日轉進該院加護病房繼續救治，病患 C 無法脫離呼吸器，至同年 8 月 30 日下午 7 時許，因上消化道出血、肺腫瘤、缺血性腦病變死亡。

(二) 被告回應

被告矢口否認有業務過失致死犯行，辯稱：

1. 病患於 90 年 7 月 3 日上午在內視鏡室，接受支氣管內視鏡檢查，並從右側第六分支進行活體切片檢查，切片一次後，即發現大量出血，隨後口腔內冒出大量血液，當時以為係切片所引起，故除利用抽痰器把血液抽離呼吸道外，另用稀釋後之腎上腺素做氣管內局部噴灑，並用支氣鏡直接壓在傷口上，以收止血之效，但血量太多致病患 C 呼吸停止，於是一面施行心肺復甦術，一面將病患轉送急診室急救，急救成功後，隨即轉送加護病房，且病患 C 在 90 年 8 月 14 日即完全脫離呼吸器，故被告並未疏於處置。

2. 在活體切片後，既有大量血液在氣管內，自應先將氣管內之血液清除，以保持呼吸道暢通，否則氣管內充滿血液，插管亦無濟於事，且亦耽誤急救時效，此以被告甲未即時插管之原因。

3. 病患 C 鼻胃管流出之血，在使用阻斷劑注射及止血藥物注射各 17 日之治療下，仍持續流了十多天，且在第四天（90 年 7 月 6 日）病患尚有排出深紅色之糞便；反觀從氣管內管中抽出之血液，在第二天（90 年 7 月 4 日）即已消失，由上開比對，足證病患 C 之出血，係上消化道出血，而非支氣管鏡生檢所致。

4. 法務部法醫研究所之鑑定報告及行政院衛生署醫事審議委員會（下稱醫審會）對被告施行支氣管生檢手術之順序，並未表示有何疏失或不當，故告訴人及公訴人質疑被告甲施行支氣管生檢手術未循正常順序，顯有誤會。

(三) 鑑定意見

1.醫審會鑑定結果

醫審會 94 年 12 月 29 日鑑定書意見中指出：支氣管鏡切片檢查屬於侵入性醫療，本身有一定之風險，出血乃常見之併發症之一，一般而言，

出血在 50 毫升以下，且會自然消失。又維持呼吸道順暢之程序為頭部後仰、輕壓下巴，以打開氣道，清除口鼻中異物後觀察有無自發性呼吸，必要時立即施予心肺復甦術和氣管內插管，整個過程越快越好，因腦細胞對缺氧十分敏感，當呼吸道阻塞造成血氧濃度下降時，只要 3 到 5 分鐘，就有可能造成腦部損傷，10 分鐘以上更可能引發腦死。

2.法醫意見

法務部法醫研究所 95 年 3 月 30 日鑑定意見指出：按一般人在嚴重缺氧性腦病變，主要為中樞神經之腦髓缺氧壞死，但周邊自主神經尚能存活，故尚能有自主性經由鼻管灌食可行自主性消化、排糞、排尿等功能之維持。

(四) 判決結果

臺灣新北地方法院於民國 95 年 05 月 30 日作成臺灣新北地方法院 92 年訴字第 1867 號刑事判決（下稱第一審判決），因過失致死案件，經檢察官提起公訴，法院判決被告甲因業務上之過失致人於死，處有期徒刑拾月。

(五) 判決理由

法院就病患 C 在支氣管鏡切片檢查中大量出血之際，被告甲是否施行正確的緊急措施；倘被告甲未施行正確的緊急措施，則病患 C 死亡原因與被告甲未施行正確的緊急措施，是否有因果關係？論述如下：

1.病患C在送B醫院急診室之前，尚未插上氣管內插管

按醫審會鑑定意見表示，病患 C 切片後迅速觀察到大量血液，事後無呼吸、心跳，應為支氣管內大出血引起急性呼吸道阻塞之連鎖反應，此時，被告甲應立即維持病患 C 之呼吸道順暢之緊急措施。

次按 B 醫院病歷紀錄顯示支氣管內視鏡檢查時間為上午 9 時，但首次氣管內插管之時間為同日上午 11 時 30 分，在送急診室之後，且被發現已無心跳及呼吸，復經證人核與 B 醫院病歷紀錄相符，病患 C 在送急診

室之前，尚未插上氣管內插管。

2.被告甲未儘速對病患C維持呼吸道暢通之救護

依醫審會 94 年 12 月 29 日鑑定書意見中指出，維持呼吸道順暢之程序，為頭部後仰、輕壓下巴，以打開氣道，清除口、鼻中異物後觀查有無自發性呼吸，必要時立即施予心肺復甦術和氣管內插管等程序已如上述，然依證人己上開證詞，可知在病患口中湧出大量血液時，即當場把儀器拉出來、並將病患 C 的頭部側一邊、清理病患的血、給氧等措施，來保持呼吸道暢通，然此部分之措施，僅是呼吸窒礙發生前之預防措施，一旦呼吸道障礙產生，上述措施未必能保持呼吸道暢通，應試圖採取更積極手段，例如：置放人工口腔或鼻腔通氣道，或氣管內管，來保持氣道暢通。被告聲稱其選用之方式是以氣管鏡把氣管內的血抽出來，此與證人己所述（當場把儀器拉出來）情節不符；另急診室護士庚亦證稱病患轉到急診時沒有插管。堪認被告所辯，其並未把氣管鏡拉出來，而係利用氣管鏡把病患氣管內的血抽出來，不足採信。準此，被告自 90 年 7 月 3 日上午 9 時為病患進行支氣管內視鏡檢查，切片後迅即大出血，而腦細胞對缺氧極為敏感已如前述；被告遲至 150 分鐘之後，於同日上午 11 時 30 分才將病患 C 送急診室，送急診室之前尚未做氣管內插管，被告未儘速對病患 C 維持呼吸道暢通之救護，應可確認。

3.被告甲在為病患C進行支氣管內視鏡檢查之處理，與病患C導致嚴重缺氧性病變及57日後死亡，有相當因果關係

綜合上情，被告甲身為內科醫師，並持有胸腔暨重症加護醫學專科醫師證照多年，其為病患 C 施行支氣管內視鏡檢查，作切片後即出血不止，被告甲既是專業醫師，本應注意病患於支氣管內視鏡檢查過程中所可能發生之危險，於施行檢查之際病患大量出血，被告甲並未依醫療標準措施，保持病患 C 之呼吸道暢通，才能免去缺氧之惡果，且依當時情形，並無不能注意之情事，竟疏未注意，未即時給予病患維持呼吸通道暢通之適當處理，致病患受有嚴重缺氧性病變之傷害，雖經多日救護，仍因缺血性腦病變合併上消化道出血，不治死亡。被告之醫療過程顯有業務上過失，且

其業務上過失與病患死亡間具有相當因果關係。

二、上訴審判決概述

(一) 第二審判決

被告甲不服第一審判決向臺灣高等法院，提起上訴，法院認為被告上訴意旨，否認犯罪，為有理由，應予撤銷改判，並依法諭知被告無罪之判決。茲將判決理由摘述如下：

1. 病患 C 出血不排除係屬支氣管鏡切片檢查之現象，難認被告對於病患 C 進行活體切片手術，造成病患 C 出血，屬有過失。
2. 被告對於突發出血狀況亦已採取正確之緊急措施。
3. 本件使用 BVM 取代氣管內管插管以提供氧氣，亦屬適當之緊急處置。
4. 被告已維持病患 C 呼吸道順暢，否則病人將無由從無心跳，無生命徵象之情況下，搶救至得以進入加護病房。

綜上述，公訴人舉提之事證，尚不能使法院形成被告對病患 C 實施醫療行為之疏失與其發生死亡結果，有相當因果關係之心證。此外，復查無其他積極證據足資認定被告有公訴人所指業務過失致死犯行，自屬不能證明被告犯罪。

(二) 上訴審之爭議

臺灣高等法院就本件氣管內視鏡實際檢查時間為何、其與首次氣管內插管相距多少時間、以及氣管內插管是否為出血後保持呼吸道暢通的唯一正確措施等疑問，加以釐清。

被告因過失致死案件，不服臺灣板橋地方法院第一審判決處有期徒刑拾月，後提起上訴，臺灣高等法院認為原審未依罪疑法則詳為勾稽，遽於積極證據尚欠確實之情況下，以本件支氣管內視鏡檢查時間為上午 9 時，首次氣管內插管為上午 11 時 30 分，而認被告遲至 150 分鐘之後，才將病

患送進急診室，且送急診室之前尚未做氣管內插管，因而被告未儘速對病患維持呼吸道暢通之救護，其醫療過程顯有過失，且業務上之過失與病患之死亡間具有相當因果關係為由，論處被告罪刑，尚有違誤。因此將原判決予以撤銷改判，另諭知被告無罪之判決。第二審判決重點，整理如下：

A.支氣管切片檢查是否操作失當

醫審會鑑定結果認定：「按支氣管鏡切片檢查屬於侵入性醫療，本身有一定之風險，出血乃常見之併發症之一。……本案患者據支氣管鏡檢報告所載，檢查中有嚴重咳嗽，切片後迅速觀察到大量血液，其出血應與切片手續相關，但無證據顯示有操作失當之處。」足見病患出血雖不排除係屬支氣管鏡切片檢查之現象，惟難認被告對於病患進行活體切片手術，造成病患出血，屬有過失。

B.大量出血後緊急措施是否正確

醫審會之鑑定意見亦表示：「為病人施行支氣管內視鏡活體切片後，……血量甚多源源不絕時，可以把支氣管鏡直接壓在傷口上，利用壓力止血；另外局部噴灑稀釋後之腎上腺素，有助於血管收縮，亦其止血之效。手術醫師所為並未違背醫療標準之處置。」足見被告對於突發出血狀況亦已採取正確之緊急措施。

被告堅稱「頭部後仰、輕壓下巴，以打開氣道」係針對神智不清病患維持呼吸道順暢之措施，實際上施以支氣管鏡時即係保持「頭部後仰、輕壓下巴，以打開氣道」之姿勢，否則無法將支氣管鏡放入受檢病患氣管內，本件病患於發生出血時，適值施行支氣管鏡檢查，姿勢即屬「頭部後仰、輕壓下巴，以打開氣道」，被告根本無須改變病患之頭部姿勢，即可保持呼吸道暢通，其後緊急處理過程亦當然採取此一姿勢，且無庸於病歷另行記載係採取何種姿勢等語，且本院再次送請前開醫審會鑑定結果，亦認定「所謂『頭部後仰、輕壓下巴』，乃急救時為打開氣道，施行插管所採行之姿勢。施行支氣管鏡檢查，為使導管順利進入氣道，原本即採用此種姿勢」，有衛生署 96 年 8 月 21 日函附鑑定書可參，足見被告前開所辯非無可採，自難認定被告此部分有未盡維持呼吸道暢通救護之義務。

　　被告供稱其於支氣管鏡觀察到病患出血，即進行支氣管內填塞術，用支氣管鏡嵌緊可能出血之支氣管位置，一方面利用抽痰器將血液抽離呼吸道，維持呼吸道暢通，並另用稀釋後之腎上腺素作支氣管內灌注，上述止血施作，皆是透過支氣管鏡進行，內視鏡室護士在旁並無法得知醫師處理之情形，是雖護士證人事後僅看到被告將支氣管鏡拉出，但亦不足以認定被告未藉由支氣管鏡止血將血液抽出之事實。

　　再者，證人於原審證稱有戴上氧氣罩，用 BVM 瓣狀甦醒球給氧等語，足見被告所辯本件在急救當時曾以「袋瓣罩甦醒球」（Bag Valve Mask，BVM）給氧乙節屬實。而依卷附「ACLS 精華」記載：「正確地 BVM 通氣於緊急呼吸動力不足時相當重要，尤其在插管技術無法執行的時候。插管前之 BVM 通氣是必要的，氣管插管無法完成時，病人不一定會有立即的危險」；另急診醫學會秘書長 C 於「CPR 準則重大改變」一文亦明確指出：「使用袋瓣面罩（按：即 BVM）與氣管插管做人工呼吸一樣有效」、「並非插氣管內管才是急救最標準的動作」，足見本件使用 BVM 取代氣管內管插管以提供病患氧氣，亦屬適當之緊急處置。

A.是否有延遲救治情事

　　醫審會鑑定書雖認定「支氣管鏡檢報告上記載時間為 9 時，首見記錄氣管內插管時間為 11 時 30 分」，另法務部法醫研究所 95 年 3 月 30 日函亦認定：「由支氣管鏡檢查一般僅需幾分鐘，期間長達 150 分鐘方送至急診室，故被告未在當時給予維持呼吸順暢處理與病患導致嚴重缺氧性腦病變及 57 日後死亡似應有因果關係。」惟查：被告排定為病患支氣管內視鏡檢查之報到時間係 90 年 7 月 3 日上午 9 時，但病患於報到後，因該院院長臨時安插一位病人先做檢查，病患乃排在下一位，並在排到後注射術前藥物 Demerol 及 Atropine，嗣因病患之 X 光片臨時找不到，病患及告訴人即「在 X 光片室前等了二十多分鐘」、「再開檢驗單重新做驗血及照 X 光的檢查」等情，已據告訴人於偵查時供明在卷，並有告訴人提出之「就診資料」文件在卷為憑，且病患之胸部 X 光片，上面記載拍攝時間為 90 年 7 月 3 日上午 10 時 35 分，有病患 X 光片資料為證。另自開始

打針，重作驗血及自二樓到一樓拍攝胸部 X 光，至開始做檢查，費時約 1 小時 30 分，亦經告訴人於偵查時供陳明確。是依上開事證，病患因該院院長臨時安插病人檢查，至少費時 20 至 30 分鐘，隨後輪到病患打針，自開始打針、重新做驗血及照 X 光至開始檢查，又過 1 小時 30 分，因此開始檢查時至少已是上午 11 時，而被告因尚需將管子置入氣管，隨後先檢查二側支氣管，再做切片，其後因觀察到出血而按程序處理，其間亦耗用一段時間，之後於 11 時 30 分抵達急診室並為急診處置，足見被告應無遲至 150 分鐘後，始將病患送進急診室之情事，足見前開鑑定報告所依憑之前提事實即被告遲至 150 分鐘始將病患送進急診室，既有上開違誤，自難據為作為不利於被告之認定。

　　前開 96 年醫審會鑑定意見亦指出：「呼吸道阻塞只要數分鐘即可造成不可逆變化，醫師在病人大出血後曾嘗試止血，並進行心肺復甦術，維持呼吸道順暢，即為心肺復甦術之首要條件，病人也由無心跳，無生命徵象下，搶救至得以進入加護病房，故醫師有維持呼吸道順暢之處置」，益見被告已維持病患呼吸道順暢，否則病人將無由從無心跳，無生命徵象之情況下，搶救至得以進入加護病房。

三、延伸思考

　　問題一：你認為本件原審判決在上訴後翻盤的最重要影響因子為何，並試依重要性高低加以排列？(1) 欠缺積極證據證明被告之過失；(2) 高等法院再次送醫審會鑑定結果有利被告；(3) 文獻主張氣管內插管非急救最標準動作；(4) 支氣管鏡檢報告記載時間與執行氣管內插管之間的事實缺口得以填補。

　　問題二：本件支氣管鏡檢書面記載時間與實際執行時間落差恐長達 2 小時，請參考美國證據法之傳聞證據法則（Hearsay rule）之業務紀錄例外（business records exception），討論如何透過程序上的設計確認類似本件之業務紀錄可信。

　　問題三：侵入性醫療程序存在一定風險，本件醫審會鑑定結果認定「按支氣管鏡切片檢查屬於侵入性醫療，本身有一定之風險，出血乃常見之併發症之一」，高等法院亦認同。請問你認為具風險性的侵入性醫療如何判斷偏離醫療常規？

四、判決來源

第二十三案　腹腔廣泛性膿瘍引流案

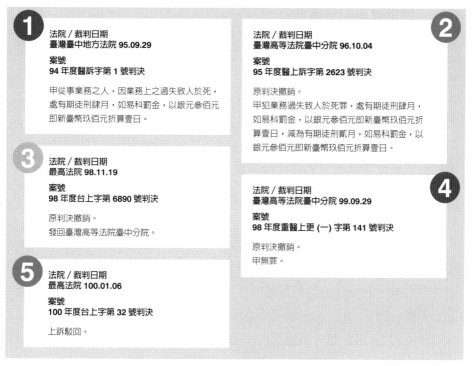

① 法院／裁判日期
臺灣臺中地方法院 95.09.29
案號
94 年度醫訴字第 1 號判決

甲從事業務之人，因業務上之過失致人於死，
處有期徒刑肆月，如易科罰金，以銀元參佰元
即新臺幣玖佰元折算壹日。

② 法院／裁判日期
臺灣高等法院臺中分院 96.10.04
案號
95 年度醫上訴字第 2623 號判決

原判決撤銷。
甲犯業務過失致人於死罪，處有期徒刑肆月，
如易科罰金，以銀元參佰元即新臺幣玖佰元折
算壹日，減為有期徒刑貳月，如易科罰金，以
銀元參佰元即新臺幣玖佰元折算壹日。

③ 法院／裁判日期
最高法院 98.11.19
案號
98 年度台上字第 6890 號判決

原判決撤銷。
發回臺灣高等法院臺中分院。

④ 法院／裁判日期
臺灣高等法院臺中分院 99.09.29
案號
98 年度重醫上更 (一) 字第 141 號判決

原判決撤銷。
甲無罪。

⑤ 法院／裁判日期
最高法院 100.01.06
案號
100 年度台上字第 32 號判決

上訴駁回。

圖 23　腹腔廣泛性膿瘍引流案歷審圖

資料來源：作者繪製。

一、第一審判決

(一) 公訴事實與起訴意旨

　　醫師甲係財團法人 M 醫院（下稱 M 醫院）之外科醫師。病患 W 於民國 85 年 9 月 18 日，因右腹疼痛、壓痛、發燒及下痢等症狀，前往台灣省立 F 醫院（下稱 F 醫院）急診住院，病患 W 及其家屬因認 F 醫院之治療無成效，於同年 9 月 25 日轉往 M 醫院住院治療。病患 W 於同年 9 月 25 日轉至 M 醫院後，先由急診科醫師乙給予點滴及抗生素注射，並進行腹部超音波檢查及血液、尿液細菌培養，當時病患 W 白血球指數為 31550（正常為 10000 以下），並有腹痛及發燒之徵候，初步研判有敗血症情形，安排在內科住院。

　　經內科醫師於病患 W 住院同日安排電腦斷層檢查結果，發現病患 W 腹腔內有廣泛性膿瘍，隨即於同日為其插管施作經皮引流術（PCD）合併抗生素治療，之後並由放射科醫師丁於同年 10 月 4 日為病患 W 更換較粗之引流管、同年 10 月 8 日新插一處引流管。病患 W 於內科住院期間，曾於同年 9 月 26 日會診外科醫師戊，復於同年 10 月 1 日會醫師甲，經醫師戊與醫師甲評估後，認病患 W 可能有手術之必要，故於同年 10 月 7 日由內科轉診至外科，由醫師甲負責診治。其後於同年 10 月 9 日，病患 W 之體溫達到攝氏 38.2 度明顯發燒，醫師甲未採行手術。迄至同年 10 月 11 日，病患 W 之白血球指數突然由前一日之 5220，急速升高至 10840，醫師甲始對病患 W 進行手術，切除其右半結腸並作迴腸造瘻，病患 W 於同年 10 月 24 日下午 1 時 35 分死亡。

　　案經檢察官偵查起訴：

　　醫師甲（下稱被告甲）身為專業外科醫師，且曾於同年 10 月 1 日會診病患 W，對於病患 W 之身體狀況及病情，已有所知，其於同年 10 月 7 日病患 W 轉診至外科由其主治時，原應注意病患 W 之腹腔膿瘍歷經十餘

日之 PCD 引流，期間並已更換粗管及新置引流管，猶未能使膿瘍清除或減少，且病患 W 仍持續有腹部疼痛及發燒之徵狀，足見單純採用 PCD 引流合併抗生素注射已無法治療病患 W 之病症，應即時施行外科手術探求病患 W 腹腔膿瘍之原因，並切除產生膿瘍之發炎甚或壞死組織，以挽救病患 W 之生命及健康，且病患 W 及其家屬亦已要求手術，而依當時客觀上情形，亦無不能注意之情事，竟疏於注意於此，而仍沿用原先之 PCD 引流治療，而未即時採取手術。

其後於同年 10 月 9 日，病患 W 之體溫達到攝氏 38.2 度明顯發燒，被告甲仍未採行手術。迄至同年 10 月 11 日，病患 W 之白血球指數突然由前一日之 5220，急速升高至 10840，顯示病患 W 感染已失去控制，被告甲始對病患 W 進行手術，惟因手術時機有所延誤，病患 W 之升結腸已壞死及穿孔，雖經被告甲於手術時切除其右半結腸並作迴腸造廔，病患 W 仍於同年 10 月 24 日下午 1 時 35 分，因後腹腔膿瘍併敗血症及多重器官衰竭而死亡。

(二) 被告回應

訊據被告甲固坦承其係 M 醫院之外科醫師，曾於 85 年 10 月 1 日會診病患 W，嗣病患 W 於同年 10 月 7 日由內科轉診到外科，由其負責診治，同年 10 月 11 日其為病患 W 施行手術等事實，惟矢口否認何業務過失致病患 W 人於死之犯行，辯稱：

病患 W 經電腦斷層檢查患有腹腔膿瘍，關於腹腔膿瘍之治療，依證人醫師丙、醫師戊所言及行政院衛生署醫事審議委員會（下稱醫審會）第四次鑑定意見第 (五) 點所載，均認插管引流與手術均屬有效之治療方式。病患 W 於 85 年 9 月 25 日轉院至 M 醫院，經檢查證實其患有腹腔膿瘍後，旋即由放射科醫師決定為其施行插管引流，其白血球指數由同年 9 月 25 日之 31550，降至同年 9 月 27 日之 19970，足見病患 W 接受插管引流合併抗生素治療之成效良好，故其會診病患 W 後，建議延續先前插管引流合併抗生素之治療方式並無不當。醫審會鑑定意見雖稱「85 年 10

月 7 日至 10 月 9 日之間應為手術較佳時機，若能提早手術，病患或許有存活機會」，然並未表明當時是手術較佳時機之具體理由，亦末說明病患 W 當時身體狀況是否足以負擔開刀之刺激，所為之鑑定有重大之瑕疵，自不足採。況且病患 W 健康狀況本已不佳，於此情形，立刻手術有可能加速病情之惡化，危險性較高，不必然會得到更好的結果。現今醫學關於何時才是手術之適當時機，尚無一定標準，端視病患之情況與醫師之判斷而定，其依據病患 W 當時之病情審慎評估後作出治療之判斷，並無任何無故延宕手術之原因存在，即難謂有何延誤手術時機之過失。

病患 W 最初於 85 年 9 月 18 日至 F 醫院就診，因其病情未獲改善，始於同年 9 月 25 日轉往 M 醫院，就診期間對其腹腔膿瘍症狀施以插管引流合併抗生素治療之方式盡力醫治，惟仍未能如大部分相同病情之患者獲得痊癒，足見其原本之全身健康狀況已屬不佳，貿然開刀有不可預知風險，故於 85 年 10 月 7 日至同年 10 月 9 日之間建議繼續為其施行插管引流合併抗生素治療，若效果不佳再考慮手術，符合病患 W 之最佳治療方式，應已善盡醫師職責，不能以治療結果未見成效，遽以推斷有延誤手術時機情形，且以病患 W 當時已不佳之身體狀況，是否必然可免於死亡之結果，誠屬有疑，醫師甲行為與病患 W 死亡之結果間，並不具有刑法上之相當因果關係。

(三) 鑑定意見

1.醫審會鑑定意見整理如下：

「於 10 月 1 日接到會診，多次前往訪視病患 W，並做必要的處置（如引流管沖洗、重新更換引流管等），10 月 7 日至 10 月 9 日之間應為手術較佳時機，若能提早手術，病患 W 或許有存活機會」、「本病人原本並無腹內疾病，嗣後出現腹內膿瘍，必定有其原因。如此原因未能由 PCD 引流獲得有效控制，即應考慮改以剖腹探查。綜觀本案病人病情，如能在 85 年 10 月 7 日至 10 月 9 日之間進行剖腹探查，應較妥適。」

「腹腔內膿瘍或後腹腔膿瘍之治療，傳統上均採手術引流，但最近

一、二十年來逐漸改為先以 PCD 引流後，PCD 效果不佳時才手術。」

　　「當腹腔內有膿瘍發炎時，白血球數目會升高。當感染受到控制後（不論是因為藥物之治療、PCD 之引流或剖腹引流），白血球數目會逐漸回復正常值……但僅憑白血球之數目，並不能一定完全反應感染是否有效被控制，而是必須綜觀病人之其他症狀（例如血紅素之數目下降等），始能作周延及正確之判斷。」

2.法醫意見

　　本案無法醫鑑定。

(四) 判決結果

　　臺灣臺中地方法院於民國 95 年 09 月 29 日作出判決，認定被告甲成立刑法修正前第 276 條第 2 項業務過失致死罪，處有期徒刑肆月，如易科罰金，以銀元參佰元即新臺幣玖佰元折算壹日。

(五) 判決理由

1.手術抑或引流

　　有關腹腔膿瘍之治療方式，固有 PCD 引流及手術二種，然依證人戊所證述：「腹膜腔膿瘍臨床的治療方式？目前優先考慮的是經由皮膚穿刺引流，引流效果不好，才會考慮手術治療」，醫審會第四次鑑定意見第 (六) 點所載：「腹腔內膿瘍或後腹腔膿瘍之治療，傳統上均採手術引流，但最近一、二十年來逐漸改為先以 PCD 引流後，PCD 效果不佳時才手術」，足見手術治療之效果優於 PCD 引流，僅因手術之風險較高，故一般均優先採用 PCD 引流，但 PCD 引流效果若不佳，即應放棄引流改採手術，始為正確之治療方式。

2.手術時機之判斷

　　關於手術時機之判斷，依證人醫師戊所證稱：「引流效果不好一般會有何現象反應出來？引流不乾淨，一直會有膿及腐爛組織出現」、「引流效果不好的意思？他的膿瘍體積不能縮小，持續有膿出來，會有腐爛組織

出來，臨床症狀不會改善」、「引流效果好的情形？流出來的量會愈來愈少，膿的顏色會改變愈來愈清，膿瘍的空洞會縮小、「引流效果不好會考慮手術，這時間點如何判斷？這要看實際的臨床狀況，如依照這樣持續有敗血症的狀況，也就是有發燒、白血球增加，這樣就要考慮開刀」，併參酌醫審會第五次鑑定意見第 (一) 點所載：「當腹腔內有膿瘍發炎時，白血球數目會升高。當感染受到控制後（不論是因為藥物之治療、PCD 之引流或剖腹引流），白血球數目會逐漸回復正常值……但僅憑白血球之數目，並不能一定能完全反應感染是否有效被控制，而是必須綜觀病人之其他症狀（例如血紅素之數目下降等），始能作周延及正確之判斷」，可見白血球指數並不能作為判斷膿瘍是否獲有效控制之唯一依據，應同時就病患之臨床症狀例如發燒是否已獲改善，及 PCD 引流後膿瘍體積是否縮小、膿液數量是否逐漸減少、顏色是否日趨澄清等綜合觀察，以決定是否採取手術治療。

　　整理證人醫師甲所證述、會診通知單及住院病歷紀錄顯示病患 W 經多日之 PCD 引流，期間並已更換較粗之引流管及新插一處引流管，仍持續有疼痛及發燒症狀，膿瘍亦未縮小，原內科主治醫師認 PCD 引流治療效果不佳，故會診被告甲評估立即手術治療之必要性，進而將病患 W 轉診到外科，足見病患 W 之病情已非單純 PCD 引流合併抗生素治療所能治癒，惟被告甲卻疏未注意上開情狀，於病患 W 轉診至外科由其診治時，仍沿用原先之 PCD 引流方式治療，而未即時施行手術，終致錯失手術時機。

3.被告甲未為告知手術之必要與風險，有疏失

　　被告甲雖辯稱病患 W 當時之身體狀況不適合開刀，然腹腔膿瘍之病患如未能有效治療，最終結果必導致死亡，在 PCD 引流未見成效之情形下，手術是挽救病患生命之唯一方法，縱使病患身體狀況欠佳，仍應施行手術，此由證人醫師所證述：「有敗血症現象適合開刀嗎？有敗血症現象如發現有需要開刀的原因，就需要開刀」、證人醫師甲所證稱：「敗血症不能開刀，所以一直在治療患者敗血症，你們是想要治療到何程度才要開

刀？如他引流可以完全乾淨的話就不要開刀」、證人醫師戊所證述：「有敗血症的狀況可以考慮開刀？一般先考慮用介入性的方式治療，這樣對病人比較安全。如果介入性沒有辦法，才冒險去開刀」、「你剛剛有提到發燒與白血球增加，為何可以考慮開刀？這是敗血症的徵候，表示介入性放射性治療方法不好，所以才考慮第二途徑的治療」即可得知，且被告甲於病患 W 身體未回復正常之情形下，最終亦選擇開刀，足見被告甲亦知悉依當時病患 W 之病情，手術乃挽救病患 W 生命之必要手段，是當時病患 W 之身體狀況縱有欠理想，身為主治醫師之被告仍應即時告知手術之必要與風險，俾由病患 W 自行決定是否接受手術，被告甲卻未為此項告知，自有疏失。

末者，依 M 醫院病歷正本所示，病患 W 除因腹腔膿瘍而有持續發燒、疼痛及白血球指數偏高之情形外，其他生命跡象如脈搏、呼吸、血壓等尚屬穩定，亦無罹患其他重大疾病足以判定其生命已至盡頭，倘被告甲能即時為病患 W 採取手術治療，病患 W 當有存活機會，而不致發生病患 W 隨後於 85 年 10 月 24 日死亡之結果，此亦為醫審會鑑定意見所肯認。因此，被告甲之過失行為與病患 W 死亡之結果間，有相當因果關係甚明。

二、上訴審判決概述

(一) 第二審判決

參護理紀錄記載與電腦斷層檢查報告可知，病患大腸有破裂的現象，10 月 8 日之護理紀錄更記載病患已出現休克現象，有如前述，更足認病患 W 感染已幾近完全失控。乃被告卻疏未注意上開情狀，於病患 C 轉診至外科由其診治時，仍沿用原先之 PCD 引流方式治療，而未即時施行手術，終致錯失手術時機。

依 85 年 10 月 7 日住院病歷既載有「病患要求手術」積極性求救文字，苟被告當時確有告知手術風險，病患及家屬拒絕手術或接受不為手術之建

議，被告理當記載於病歷，以明其回應病患之要求事項，被告並未為此項記載，其事後改稱有為此項告知，尚無足採。被告應有疏未告知上述手術必要性及風險，堪以認定。

　　病患 W 於 85 年 10 月 10 日以前的病情發展，確已足以判斷其感染無法用非手術方法控制，手術的適當時機為同年 10 月 7 日至 9 日之間，乃被告消極不為手術治療，延誤治療時機，使病患 W 終因感染失控不治死亡，被告之過失行為與病患 W 死亡之結果間，自有相當因果關係甚明。

(二) 第三審判決

　　上訴人究竟有無每日查看病患 W 之病況，及向病患 W 之家屬建議改採開刀方式？倘屬肯定，上訴人有無就病患 W 之病情與住院醫師討論及意見如何？病患 W 之家屬對開刀治療有何意見？因攸關認定上訴人何以在 85 年 10 月 11 日上午，始為病患 W 開刀，至為重要，應有調查明白之必要，又非不能或不易調查。原審未予調查，即以病患 W 之病歷未記載病患 W 或其家屬拒絕開刀為由，即不採上訴人所稱上情，而為上訴人不利之認定，不免速斷，難認於法無違。以上，或係上訴意旨所指摘，或為本院得依職權調查之事項，應認原判決有撤銷發回更審之原因。

(三) 更一審判決

　　本件告訴人 I 具醫藥知識之相關背景，且係病患 W 之兄，自 W 生病住院至死亡期間均陪伴 W 且支付相關費用，其就被告甲是否有醫療過失，迭次為如上之供述，則被告是否確有刑法上所稱之過失責任，顯有合理之懷疑。至被告是否確向 W 之家屬建議改採開刀方式部分，被告與告訴人各執一詞，復均無其他書面證據足佐，而難遽認何者為是，惟無論其結果為何，於被告過失責任是否成立認定已無影響，併予敘明。本件公訴人所憑之證據，無論直接或間接證據，均尚未達於一般之人均可得確信，而無合理之懷疑存在之程度，本院亦查無其他確切證據，足以證明被告確應負本件罪責，被告之犯行尚屬不能證明。原審未詳細審酌上情，致對被

告為科刑之判決，自有未洽。被告上訴意旨，否認犯罪，並據以指摘原審判決不當，係屬有理由，應由本院將原審判決撤銷改判。而按本件被告之犯行不能證明，自應由本院為被告無罪之諭知。

(四) 更一審後第三審判決

本件上訴意旨並未依據卷內訴訟資料具體指摘原判決有何理由不備或不適用法則或適用不當之違背法令情事，僅就原審所為採證認事之職權行使，任意指摘原判決不當，重為事實上之爭執，與法律規定得為第三審上訴理由之違法情形，不相適合。其上訴自屬違背法律上之程式，應予駁回。

(五) 上訴審之爭議

上訴主要爭議在於能否單憑被告就病患之病況進展及適宜開刀時機之主觀看法，與鑑定意見有些微差池，即認被告有所懈怠或疏虞，而應負刑法上之業務過失責任。

1.第二審判決

本案被告經臺灣臺中地方法院第一審判決業務過失致死罪處有期徒刑肆月，後被告不服提起上訴。臺灣高等法院認為被告犯本罪之時間，係在96年4月24日以前，合於中華民國96年罪犯減刑條例第2條第1項第3款之減刑規定，原審法院未及適用該規定予以減刑，核有未當。因此撤銷原判決，處有期徒刑肆月，減為有期徒刑貳月。第二審判決重點，整理如下：

臺灣高等法院係因新舊法之適用而撤銷第一審判決，惟第二審另囑託C紀念醫院（下稱C醫院）鑑定結果大致認為：「10月7日至9日之間是進行手術的適當時機，選擇持續觀察病患病況變化，可能不是最適當的方法」、「10月7日電腦斷層已診斷大腸破裂及腹內膿瘍，10月8日已出現敗血性休克，則僅作抗生素治療，PCD及TPN，並不合醫學常規」、「死因應為腹膜後膿瘍併敗血性休克，造成多發性器官衰竭」、

「手術為治療此疾病的最後方法，應非導致病患死亡的直接原因，疾病本身才是致死的原因」等語，有該院 96 年 5 月 15 日，及 96 年 8 月 7 日函可稽。

另被告雖辯稱其當時已告知病患及家屬敗血症患者手術之風險，病患及家屬知悉風險後，即表示拒絕手術治療，因醫院並無「病患拒絕手術同意書」之設置，故未留下該項告知紀錄。但依 85 年 10 月 7 日住院病歷既載有「病患要求手術」積極性求救文字，苟被告當時確有告知手術風險，致病患及家屬拒絕手術或接受不為手術之建議，被告理當記載於病歷，以明其回應病患之要求事項，乃被告並未為此項記載，其事後改稱有為此項告知，尚無足採。則被告應有疏未告知上述手術必要性及風險，堪以認定。

2.第三審判決：發回更審

被告因業務過失致人於死案件，不服臺灣高等法院第二審判決，提起上訴。最高法院撤銷第二審法院判決，發回臺灣高等法院更審。最高法院表示：

原審囑託 C 醫院為鑑定，其已針對囑託鑑定事項，提出書面鑑定報告及補充說明，然上訴人在原審之選任辯護人仍提出聲請調查證據狀，其聲請意旨略以：C 醫院鑑定意見將病患更換引流管之時間 85 年 10 月 8 日，誤認為同年月 7 日。又鑑定意見以為病患於 85 年 10 月 7 日（或 8 日）更換引流管，是可接受之處置，卻又認為同年月 7 日至 9 日，係適當之手術時機，以及更換引流管後，若引流效果仍然不佳，且病況更加惡化，即應盡快進行手術治療。但更換引流管後，自然必須觀察一段時間，才能判斷引流效果如何，以憑判斷是否須要手術，鑑定意見竟然認為同年月 7 日至 9 日，係適當之手術時機，未免不合醫學原理。再鑑定意見援引文獻資料，說明「若感染已有效控制，在 24 至 48 小時內 CRP[15] 會降至一

---

[15] 即C反應蛋白（C-reactive protein）。

半。」核與該文獻資料之文義有所出入，如非另有所本，即係有意誤導。另於 85 年 9 月 25 日，病患之 CRP 數值係 28.3；同年 10 月 7 日，已降至 11.06，顯現病患之感染已獲有效控制。鑑定意見徒憑同年 10 月 7 日之 CRP 數值，遽認病患之感染仍未有效控制，係屬不當之論理等語，因此聲請原審命 C 醫院實際實施鑑定之人到庭，以言詞報告或說明。原審認為有調查之必要，因而依聲請函請 C 醫院指派實際實施鑑定之醫師於審判期日到庭說明，C 醫院則函覆稱實際實施鑑定之醫師因故未能於審判期日到庭，請以書面報告代替。乃原審未再命實際實施鑑定之醫師到庭報告或說明，又未函請 C 醫院提出書面說明，而未裁定駁回聲請，亦未於判決說明不予調查之理由，即遽為不利於上訴人之認定，難謂無應於審判期日調查之證據而未予調查之違法。

上訴人係於 85 年 10 月 7 日，接手擔任病患之主治醫師，其繼續採取插管引流，合併抗生素治療，並於同年月 11 日上午，為病患開刀，此與醫審會鑑定意見所指適宜開刀時機，僅不過一、二日之差，並非完全未予理會、審酌病患有無另採開刀治療方式之必要。則病患既已住院治療不短時間，相關檢查及治療資料十分齊全，一般而言，上訴人就病患之病況，應該相當明瞭，其儘早開刀治療病患，應無任何不便，其至同年月 11 日上午始行開刀，原因安在？有無疏於注意病患之病況變化？上訴人放棄插管引流，改採開刀方式，是否係屬醫師主觀上選擇在最適當之時機，採取最有利於病患之治療方式，本其專業學養及經驗所為裁量、判斷？能否單憑上訴人就病患之病況進展及適宜開刀時機之主觀看法，與醫審會、C 醫院鑑定意見有些微差池，即認上訴人有所懈怠或疏虞，應負刑法上之業務過失責任？揆之上述說明，均饒有研求之餘地。此攸關上訴人有無業務過失責任之判斷，不無詳細調查、審認之必要。

上訴人究竟有無每日查看病患之病況，及向病患之家屬建議改採開刀方式？倘屬肯定，上訴人有無就病患之病情與住院醫師討論及意見如何？病患之家屬對開刀治療有何意見？因攸關認定上訴人何以在 85 年 10 月 11 日上午，始為病患開刀，至為重要，應有調查明白之必要，又非不能

或不易調查。原審未予調查，即以病患之病歷未記載病患或其家屬拒絕開刀為由，而為上訴人不利之認定，不免速斷，難認於法無違。

3.更一審判決

被告因業務過失致死案件，不服臺灣臺中地方法院第一審判決，提起上訴，經最高法院第一次發回更審，更一審法院認為本件開刀與否，應綜觀任何有利及不利等客觀因素，非是唯一治療選擇，且手術不必然可以避免死亡的結果，故判決被告無罪，撤銷原判決。更一審判決重點整理如下：

A.關於被告是否違反醫療常規

由 M 醫院三位醫師證人之供述，在病患轉診至 M 醫院時，其生命狀況已不穩定，且已有敗血症的徵兆，為謀求病患生命最大的利益，而採取經皮引流的方式為病患治療。證人醫師亦供述，病患轉至外科時病症還算穩定，雖病患有發燒的情形，但造成病患發燒的因素尚包括營養不良、長期使用抗生素、身體發炎等因素，是難以認定係由 PCD 治療所造成等語，綜合上開證人等之供證，開刀與否，應綜觀任何有利及不利等客觀因素，非是唯一治療選擇。

證人即曾經負責診療病患之 M 醫院醫師於原審證述：於 85 年 10 月 7 日，病患身體已經很虛弱，呈現敗血症情形，即細菌隨著血液循環到身體各器官，對全身器官都有不利影響，如果開刀治療，施以麻醉存在高度風險，尤其心臟及肺臟可能無法負荷，身體亦難以承受開刀所生負擔。而被告係於 85 年 10 月 7 月，接手擔任病患之主治醫師，其繼續採取插管引流，合併抗生素治療，並於同年月 11 日上午，為病患開刀，與醫審會鑑定意見所指適宜開刀時機，僅不過 1、2 日之差，並非完全未予理會或審酌病患有無另採開刀治療方式之必要。尚難單憑被告就病患之病況進展及適宜開刀時機之主觀看法，與醫審會、C 醫院鑑定意見有些微差池，即認被告有所懈怠或疏虞，應負刑法上之業務過失責任。

B.關於病患死亡之因果關係

醫審會鑑定意見認為在 85 年 10 月 7 日至 9 日固為最佳的手術時機，

然於鑑定意見後亦表明「縱是在該時期內或時期前進行手術，也不必然可以避免死亡的結果」，據此，被告縱開刀時機略有延誤，其延誤行為與結果間是否具有相當因果關係，亦有疑義。況本件告訴人，就被告是否有醫療過失，稱：「……我認為甲醫師責任輕微，以我觀察甲醫師確實不錯，他的醫德我認為可圈可點，沒有任何抱怨。」「這件事我覺得 M 醫院、甲醫師確實盡到醫德，不過就是在這過程中，為何當初 M 醫院還是援用 F 醫院肝膽結石之診斷，一直到甲醫師的時候已 20 多天，如果要甲醫師一個人承擔所有 M 醫院的責任，也是不公平的……」「……拖延了 20 多天，這當中病情越拖越嚴重，最後才由甲醫生開刀，我覺得甲醫師已盡到責任……」「……直到甲醫師，才判斷出患者急性盲腸炎，前面幾個醫師都沒有被判刑，要判甲醫師有罪這不公平。」等語。查本件告訴人具醫藥知識之相關背景[16]，且係病患之兄，自病患生病住院至死亡期間均陪伴病患且支付相關費用，其就被告是否有醫療過失，迭次為如上之供述，則被告是否確有刑法上所稱之過失責任，顯有合理之懷疑。至被告是否確向病患之家屬建議改採開刀方式部分，被告與告訴人各執一詞，復均無其他書面證據足佐，而難遽認何者為是，惟無論其結果為何，於被告過失責任是否成立認定已無影響，併予敘明。

4.更一審後第三審判決

檢察官因被告業務過失致人於死案件，不服臺灣高等法院第二審更審判決，提起上訴，最高法院認為其任意指摘原判決不當，重為事實上之爭執，與法律規定得為第三審上訴理由之違法情形，不相適合，因此駁回上訴。最高法院表示：

本件檢察官上訴意旨略稱：(1) 原判決就醫審會鑑定意見與 C 醫院函等不利於被告之證據棄置不論，且未於理由內敘明何以不採之理由，其採證自有違誤。(2) 被告有無醫療過失，應依卷內證據綜合判斷，而非告訴

---

[16] 告訴人是藥師。

人之主觀認定，告訴人為病患之兄，其陳述乃個人意見，原判決以之作為被告無罪判決之依據，其採證自有違誤等語。

最高法院認為 M 醫院三位醫師證人均為病患之臨床醫師，對病患之症狀最為瞭解，所為證詞自堪採信。被告知悉病患轉院至 M 醫院時生命狀況已不穩定，有敗血症徵兆，為謀求其生命之最大利益下，所為之考慮與決定採行之醫療措施，並與家屬溝通及取得手術同意書等過程，縱有些微拖延，徵之上開說明，尚難繩被告以過失之罪責。原判決已於理由欄詳為論述，並說明證據取捨及判斷之理由，於法核無違誤。

至於告訴人（病患之兄）之證詞，係就其醫藥背景及自病患生病住院至死亡期間，長期陪伴並照護病患，對醫療過程所見所聞之證述，並非單純之個人意見或傳聞之詞，且依卷內資料，又別無證據足資證明告訴人之證述有虛偽不實之客觀情形，原判決採為證據，並無不合。

三、延伸思考

問題一：本案鑑定報告指出「10 月 7 日至 10 月 9 日之間應為手術較佳時機，若能提早手術，病患 W 或許有存活機會」，此與第三十八案【肺腫瘤延誤治療案】比較，請問本案可否據前述鑑定意見論斷被告「損害病患關於存活機會之生命法益」？

問題二：如僅依據第一審之事實，請問你認為被告的主要疏失應在於未能及時為病患進行手術、或未能為病患說明手術之利弊得失由病患自主選擇？

問題三：請問你認為告訴人（即病患之兄）對於被告是否有過失之證詞應屬「意見」或「事實」？請說明理由。其證詞的性質與醫審會或第三方醫療院所的鑑定書之差異為何？應如何取捨告訴當事人之證詞是否可信？

問題四：請問本件醫審會或醫院鑑定書函於措辭或陳述上有何特徵，可能因此而影響更一審法官心證，轉而倚重被告任職醫院其他臨床醫師證詞？

四、判決來源

第二十四案　福尼爾氏壞死症未擴創手術案

1 法院／裁判日期
臺灣雲林地方法院 96.01.30

案號
94 年度訴字第 22 號判決

甲從事業務之人，因業務上之過失致人於死，處有期徒刑捌月。

2 法院／裁判日期
臺灣高等法院臺南分院 97.04.17

案號
96 年度上訴字第 286 號判決

原判決撤銷。
甲無罪。

圖 24　福尼爾氏壞死症未擴創手術案歷審圖

資料來源：作者繪製。

一、第一審判決

(一) 公訴事實與起訴意旨

　　醫師甲係位雲林縣鎮 T 醫院（下稱 T 醫院）之醫師。病患 S 於民國 92 年 6 月 15 日因發燒、胃寒及肛門附近腫痛等症狀，至 T 醫院就醫，經醫師甲診斷為肛門周圍膿瘍、肛門瘻管，而入院接受治療。醫師甲於同日上午 9 時 10 分至 9 時 35 分，為病患 S 施行膿瘍切開術之手術治療。病患 S 於手術後，於同年 6 月 16 日測得白血球計數為每微升 15,100 顆，6 月 17 日最高心跳至每分鐘 110 次左右。同年 6 月 18 日，病患 S 之妻見病患 S 病況惡化，要求轉診，醫師甲始同意轉診至 D 醫院雲林分院（下稱 D 醫院），於同年 7 月 2 日，病患 S 死亡。

　　案經臺灣雲林地方法院檢察署偵查、起訴指出：

　　醫師甲（下稱被告甲）明知病患 S 罹患糖尿病，應注意糖尿病患免疫系統能力較差，進行肛門周圍膿瘍切除手術後，細菌極易感染、擴散，於會陰、陰囊等部位併發壞死性筋膜炎，即 Fournier's gangrene（中文名稱福尼爾氏壞死症，以下稱福尼爾氏壞死症），細菌擴散、感染至會陰或陰囊部位時，如未積極尋找細菌感染之部位，並作廣泛性的擴創手術、清除壞死組織、阻斷持續之發炎反應，將導致全身性敗血症發生，以致病患死亡；被告甲主治肛門外科，包含肛門瘻管、內、外痔瘡、肛門周圍膿瘍等症狀，亦曾診治過福尼爾氏壞死症患者，T 醫院設備齊全，可為病患 S 施行擴創手術，並無不能注意之情事。病患 S 於手術後，於同年 6 月 16 日測得白血球計數為每微升 15,100 顆，6 月 17 日最高心跳已至每分鐘 110 次左右，已出現敗血症之徵兆，陰囊亦出現紅腫之現象，顯示細菌已感染至陰囊，於陰囊部位併發壞死性筋膜炎，亦即福尼爾氏壞死症，被告甲怠於追蹤、檢查細菌擴散、感染部位，檢出上開惡化情事，致未對陰囊進行積極之擴創手術，清除壞死組織及細菌，病患 S 因此敗血症惡化。同年 6

月 18 日，病患 S 之妻見其病況惡化，要求轉診，被告甲始同意轉診至 D 醫院，D 醫院急診醫師後隨即發出病危通知。於同年 7 月 2 日，病患 S 因敗血症引發心肺衰竭而死亡。

(二) 被告回應

辯稱：病患 S 為糖尿病患者，罹患肛門膿瘍，極易併發壞死性筋膜炎，死亡率極高，我已盡力就細菌擴散部位施行擴創手術，對病患 S 之死亡沒有過失。

(三) 鑑定意見

1.醫審會鑑定結果

本案有行政院衛生署醫事審議委員會（下稱醫審會）鑑定書共 2 份，摘要如下：

醫審會鑑定意見為：病患死因為敗血症合併瀰漫性血管內凝固病變，引發心肺衰竭以致死亡；敗血症之病患可能發生血小板過低之併發症，病患若有血小板低下合併大量出血時，應輸注血小板以控制出血狀況；但敗血症的主要成因為感染，其預後因子並不包含有無輸注血小板，意即輸注血小板並沒有直接改善預後的效果，也不能避免敗血症之惡化，甚或避免病患之死亡，血小板輸注之目的，只在改善病患的出血狀況而已；病患接受手術後，92 年 6 月 16 日白血球計數為每微升 15,100 顆，6 月 17 日最高心跳已至每分鐘 110 下左右，已出現敗血症之徵兆，顯示病情持續惡化，所以在 6 月 17 日病患出現敗血症徵兆時，即應考慮主動轉診，然 Fournier's 壞疽死亡率高達 50%，加以病患本身為糖尿病患者，預後更不好，即使轉診，也難保證挽回病患生命，難以遽下定論延誤轉診是否為病患致死因素之一。

2.法醫意見

本案無法醫意見。

(四) 判決結果

　　臺灣雲林地方法院於民國 96 年 01 月 30 日作成判決，被告因過失致死案件，處有期徒刑捌月。

(五) 判決理由

1. 糖尿病患罹患肛門周圍膿瘍，易併發福尼爾氏壞死症，應採取之治療方式：

　　(1) 依卷附被告提出之三軍總醫院大腸直腸外科網站刊載之「壞死性筋膜炎」文章（下稱「壞死性筋膜炎」文章）所載，壞死性筋膜炎是一種生殖會陰部、肛門周邊之感染病症，此種感染性質變化極大，且往往具有高度之致命性。福尼爾氏壞死症是一種同步產生於肛門旁、會陰或生殖區之壞死性筋膜炎，其造成皮下小血管栓塞，進而發展成其上層皮膚之壞疽，此種血管栓塞，是因為皮下微生物擴散產生閉鎖性細小動脈內膜炎所造成。未正確診斷和治療坐骨直腸膿瘍、肛門周圍膿瘍及括約肌間膿瘍，是最常引起福尼爾氏壞死症之原因，而糖尿病則是與福尼爾氏壞死症最常見之相關並存疾病。鑑定證人即 D 醫院主治病患之泌尿科主任醫師 W 於本院審理時亦陳稱：壞死性筋膜炎最常見的是糖尿病患者，因為糖尿病患者免疫能力很差，不能將細菌侷限在某一地方，細菌容易擴散開來，通常在肛門或泌尿系統附近甚至皮膚表面傷口感染，都會產生這種問題；在會陰部位的壞死性筋膜炎，專有名詞就是福尼爾氏壞死症等語，核與「壞死性筋膜炎」文章所載之內容相符。從而，糖尿病患者因免疫系統較差，罹患肛門周圍膿瘍，細菌極易自傷口擴散、感染，造成壞死性筋膜炎，於肛門、會陰或生殖區產生之壞死性筋膜炎則稱為福尼爾氏壞死症，具高度之致命性。故治療罹患肛門周圍膿瘍之糖尿病患者，醫師自應隨時注意病患是否有細菌擴散、感染，造成福尼爾氏壞死症之情形。

(2) 福尼爾氏壞死症之症狀為：①細菌侵犯區域疼痛及腫脹；②皮膚因侵犯程度呈現：a. 正常；b. 紅色或發亮；c. 瘀血；d. 起水泡；e. 捻髮音；f. 壞疽；③全身性症狀：a. 發燒；b. 心搏過速；c. 血液量不足；d. 白血球過多；e. 低血鈣症；f. 低蛋白血症；g 貧血；h. 血小板低下；i. 電解值不平衡；j. 高血糖；k. 凝血異常；l. 血清肌酸酐上升等。一般而言，氣性壞疽大約每小時擴展 1 英吋，所以無論是使用藥物、抗生素治療或放射學檢查之後，一定要儘速施行手術治療，對所有被細菌侵犯之部位，作廣泛性的擴創手術直到完全正常之組織為止，目的在於除去所有無法存活之組織，阻斷持續之發炎反應，及降低其對全身性之毒性反應；如擴創手術施作得宜，病人病況會明顯改善，退燒，白血球指數也降下來，如病況沒有改善，則要懷疑手術是否作得不完全等情，亦有上開「壞死性筋膜炎」文章可參。鑑定證人甲於本院審理時亦陳稱：肛門周圍膿瘍一般白血球數量都會上升，針對這種傷口，光靠抗生素不夠，一定要作擴創手術，作切開引流，將髒的東西引流出來；壞死性筋膜炎之形成，短則 1、2 天，長則 1、2 星期，如果患者有發燒、白血球過高，患部紅腫、有嗶嗶啵啵之聲音，即「壞死性筋膜炎」文章中所載之捻髮音，就可能罹患壞死性筋膜炎，即應儘速施行擴創引流手術，將壞死的組織切掉，直到看到好的組織，並施以抗生素治療，將細菌清除，阻絕細菌感染源頭，否則細菌繼續擴散、感染，細菌可能跑到血液中，造成敗血症，嚴重的話還會全身休克。綜合上開「壞死性筋膜炎」文章及鑑定證人甲之鑑定證言，肛門周圍膿瘍病患，術後如出現疼痛、腫脹、皮膚呈現紅色或發亮、捻髮音、心跳過快、白血球過多、血小板低下等情形，即可能罹患壞死性筋膜炎，如在會陰、陰囊或生殖區發生，則為福尼爾氏壞死症。福尼爾氏壞死症之發生，係因細菌感染所造成，故除施以抗生素治療外，應立即對罹患福尼爾氏壞死症之部位施以擴創手術，切除壞死之組織，阻斷持續之發炎反應，隔絕細菌感染源頭，否則細菌擴散至血液中，即

可能引發敗血症。

2. 病患之陰囊部位於 T 醫院住院時因細菌感染併發福尼爾氏壞死症。

(1)病患係於 92 年 6 月 18 日 13 時 45 分由 T 醫院轉院至 D 醫院急診室，經急診室醫師先行處置後，於同日 17 時 30 分照會泌尿科主任醫師 W 等情，有 T 醫院住院病歷、D 醫院急診病歷（見本院審卷二第 159 頁）、證人乙及鑑定證人甲於本院審理時之證述可以佐證。關於病患送至 D 醫院急診室之病況，鑑定證人甲於本院審理時鑑定稱：我下午 5 點多接到急診室通知會診，病人當時意識清醒，但很虛弱，病患會陰部分則有 1 道傷口，流出一些髒髒的東西出來，會陰往上之【陰囊非常腫，紅紅的，以手觸摸有嗶嗶啵啵的聲音，感覺裡面有空氣】，再加上病患【白血球數據過高】，我立即判斷是福尼爾氏壞死症，當時情況緊急，就直接給止痛劑，切開左側陰囊的傷口，作擴創引流手術；依病患陰囊之情況判斷，陰囊部位之壞死性筋膜炎快的話 1、2 天就可能形成，慢的話有可能是 1、2 星期才變成這樣等語。又依卷附 D 醫院 95 年 4 月 21 日函文記載：甲於 17 時 30 分許會診病患，檢查時發現病患肛門上方有 1 處傷口，左側陰囊腫大，皮膚變紅且有脫皮損傷，觸診時非常疼痛，且皮下有嗶嗶啵啵的感覺，血液檢查發現白血球高至每微升 20,400/ml，血紅素只有 7.9g/dl，懷疑是福尼爾氏壞死症，而這種壞死性筋膜炎會有快速急遽之變化，死亡率非常高，因此給予病患病危通知，緊急施行擴創手術，手術進行切開左側陰囊時呈現化膿及惡臭味道。核與鑑定證人 W 醫師之上開鑑定證言相符。從而，病患於 92 年 6 月 18 日轉院至 D 醫院時，左側陰囊部位已腫大、疼痛、皮膚泛紅，觸摸時有嗶嗶啵啵之捻髮音，又因白血球計數過高，血紅素則降低，D 醫院隨即發布病危通知，並進行緊急擴創手術，陰囊內呈現化膿並有惡臭味道，顯見病患轉院至 D 醫院時，肛門周圍膿瘍開刀部位之細菌，已擴散感染至陰囊部位至少有 1、2 天之時間，病患確已罹患福尼爾氏壞死症，且情況危急。

(2) 辯護人雖為被告辯護稱：壞死性筋膜炎 1 小時即可能擴展 1 英吋，
病患轉院當天早上，被告仍為病患檢查，被告之前已就病患會陰部
分作擴創手術，如果當天發現壞死性筋膜炎擴散到陰囊，不可能不
為病患進行擴創手術，所以壞死性筋膜炎很可能是被告早上巡房後
到轉院至 D 醫院這段時間擴散到陰囊的。然查：

① 病患於 92 年 6 月 16 日最高心跳已至每分鐘 100 次左右，6 月 17
日精神仍倦怠，傷口仍有出血，惟出血量減少，最高心跳每分鐘
110 次，傷口仍有出血，6 月 16 日之白血球計數為每微升 15,100
顆，已達敗血症之診斷標準，顯示病情持續惡化，有前開醫事審
議委員會鑑定書 2 份及 T 醫院病歷資料在卷可按。鑑定證人甲於
本院審理時亦認同上開鑑定內容，並陳稱：依 T 醫院病歷記載，
病患於 6 月 17 日時出現陰囊紅腫的現象。證人乙於檢察官面前亦
具結證稱：17、18 日病患 S 肚子睪丸變大，沒有血色。被告於本
院審理時亦坦認：檢查時病患陰囊下邊已經有紅腫現象。

② 依上開證據及資料所示，病患於 92 年 6 月 15 日術後，6 月 16 日
及 17 日出現心搏過速、白血球過多、血小板指數降低，6 月 17
日發生陰囊紅腫之情形，均符合前開所述福尼爾氏壞死症之症
狀，病患於 6 月 17 日出現敗血症之徵狀，亦足顯示病患傷口之細
菌感染，並未獲得控制，反而已擴散至血液，造成敗血症，在以
前述病患於 6 月 18 日轉院至 D 醫院時之危急病況判斷，鑑定證
人甲於本院審理時陳稱病患陰囊部位之壞死性筋膜炎短則 1、2 天
內形成，應屬可信。亦即病患之陰囊部位至遲於 6 月 17 日即已併
發福尼爾氏壞死症，辯護人上開辯護意旨，不足採信。

(3) 鑑定證人甲另陳稱：壞死性筋膜炎其實就是很厲害的細菌感染，造
成這種病的患者幾乎都有一些原因，約 80 至 90% 的病人都有糖尿
病；身為 1 位醫師，病患有糖尿病又發生膿瘍情形，開刀後都要用
手或器械碰觸看傷口的變化，必要時進行擴創手術；一般而言，如
醫師可就會陰部位作擴創手術，就有能力及設備對陰囊部位作擴創

引流手術。被告於本院審理時亦供稱：我從事醫師三十餘年，在 T 醫院擔任院長，主治肛門瘻管、內、外痔瘡及肛門周圍膿瘍，有處理過 1 件福尼爾氏壞死症病例。依被告供述可見，被告本知悉糖尿病患者罹患肛門周圍膿瘍時，極易併發福尼爾氏壞死症，及其治療方式為何。被告於 T 醫院為病患會陰部位進行擴創手術，顯見 T 醫院有足夠之設備，為病患陰囊部位併發福尼爾氏壞死症，進行擴創清除手術，為妥適之治療，被告並無不能注意之情事。

3. 被告於病患陰囊部位併發福尼爾氏壞死症時，有能力為病患進行擴創手術，卻因過失疏未為病患施行擴創手術。

(1) 關於病患轉院至 D 醫院時其陰囊部位之狀況，鑑定證人甲陳稱：當時只看到陰囊到肛門中間之會陰部位有直的傷口，裡面塞有紗布，這傷口是作擴創手術所留下的；陰囊上面只有脫皮及脫皮後結痂之痕跡，但沒有作擴創手術之痕跡。而觀諸病患送至 D 醫院急診室所拍攝之照片，亦顯示左側陰囊腫大，但並無切割之傷口，有照片 1 張可考。被告於病患於陰囊部位併發福尼爾氏壞死症時，並未施行擴創手術，應堪認定。而如前所述，92 年 6 月 17 日病患之左側陰囊即有紅腫現象，敗血症之徵狀已產生，可認被告未追蹤檢查細菌感染，致未發現病患陰囊部位已感染福尼爾氏壞死症，並對左側陰囊腫大部位進行擴創手術。

(2) 被告雖辯稱：我在 92 年 6 月 15 日已經發現病患罹患福尼爾氏壞死症的症狀，我知道這種病死亡率很高，如果不儘速處理，死亡率會更高，我有就患部作擴創手術將壞死組織切除掉，只是在病歷上都只記載換藥就是 CD。依被告之辯解，被告認其對陰囊部位已進行擴創手術。然而：

①病患轉院至 D 醫院時，陰囊部位除脫皮結痂外，並無進行擴創手術之痕跡，業據鑑定證人翁文貞醫師陳述明確，並有陰囊部位照片可以佐證，已如前所述。此外，審判長訊問被告：從鑑定報告及鑑定證人之鑑定證言，病患陰囊沒有作擴創手術？被告答稱：

這種病是擴散到哪裡清到哪裡，當時這部位還沒有感染。故被告亦坦承並未對病患之陰囊作擴創手術。是被告辯稱其曾對陰囊部位進行擴創手術，前後不一，難信屬實。

②證人乙於檢察官面前具結證稱：我先生 16 日早上開始流血，被告用紗布塞住，叫我壓迫止血，後來傷口一直爛，我叫被告幫忙消毒，他不理我，17、18 日我先生肚子睪丸變大，沒有血色，18 日我哥哥就建議我轉 D 醫院。證人乙於本院審理時亦證稱：我先生是星期天（92 年 6 月 15 日）住院開刀，星期三（92 年 6 月 18 日）早上看情形不對，跟被告說要轉診到 D 醫院，被告就沒有再來看過我先生了。被告於本院審理時亦供稱：18 日早上，家屬說要轉院，我就沒有再做進一步處理。從而，被告於病患陰囊部位併發福尼爾氏壞死症時，未對病患施以必要之檢查及擴創手術，應屬真實。

③鑑定證人甲另陳稱：擴創手術英文是 Debridement，換藥過程同時作擴創手術時，病歷上有的人會寫 CD，有的人會在 CD 後面寫 Debride，但一般有做擴創處理，都會在病歷上記錄；經檢視 T 醫院病歷，病歷上僅於 6 月 15 日有記載 Debridement，沒有其他跡象可以認定被告對陰囊有施以擴創手術。參諸 T 醫院護士製作之護理紀錄，亦未記載被告於 92 年 6 月 16 日後曾為病患施以擴創手術，有護理紀錄在卷可參。另審判長詢問被告如何於病歷上記載實施擴創手術？被告答稱：我病歷上有寫中文「膿瘍清創術」。按病歷係記載病人之病症及醫師施以治療之內容，為免發生爭議，一般醫師多會詳實記載。擴創手術與單純換藥並不相同，故如換藥之外，另對病患傷口進行擴創，都會在病歷上記錄 Debridement 或 Debride，被告於 92 年 6 月 15 日醫囑單記載「肛門膿瘍痔瘡清創術」，出院病歷摘要亦記載 6 月 15 日曾進行 Debridement，顯示被告如確實對病患進行擴創手術，在病歷上會記載「清創術」或「Debridement」。惟如前所述，關於陰囊部位之

擴創手術，病歷上或護理紀錄上均未記載，故被告辯稱其有對病
患陰囊部位進行擴創手術，病歷上僅簡略記載 CD（換藥），而故
意省略不記 Debridement 或 Debride，不足採信。

④被告另於本院審理時供稱其於 92 年 6 月 15 日即發現病患罹患福
尼爾氏壞死症，然被告於檢察官偵查中及本院準備程序中，均未
曾為上開供述。此外福尼爾氏壞死症係致死率甚高之病症，被告
如於 92 年 6 月 15 日即已發現病患出現福尼爾氏壞死症之症狀，
並診斷為福尼爾氏壞死症，當於病歷中記載病名、症狀及相關治
療方式，然遍觀病患於 T 醫院之病歷，均未見福尼爾氏壞死症或
Fournier's gangrene 等字樣，被告於本院審理時，亦無法清楚說明
其以何為據判斷病患於 92 年 6 月 15 日即罹患福尼爾氏壞死症，
被告上開辯詞，自亦難採信。

4. 從而，病患左側陰囊紅腫，已感染福尼爾氏壞死症，敗血症之病症亦
已明顯，被告疏未注意追蹤檢查，致未針對左側陰囊進行擴創手術，
採取正確且必要之治療措施，任由病患病況持續惡化。其怠忽檢查細
菌擴散感染之注意義務，致未進行陰囊部位擴創手術之防果手段，其
有過失甚明。

5. 被告疏未就福尼爾氏壞死症之陰囊部位進行擴創手術，引發敗血症，
導致病患心肺衰竭而死亡，被告之過失行為與病患之死亡有相當因果
關係。

鑑定證人甲於本院審理時鑑定稱：福尼爾氏壞死症如未進行擴創手術，
並施以抗生素治療，會導致細菌擴散至血液中，造成敗血症；本件病患
之出院診斷為①敗血症；②其他休克未提及外傷者；③軀幹蜂窩組織炎
及膿瘍；④侵及心臟血管系統之壞疽症候；⑤第二型未明示糖尿病未提
及併發症；依據出院診斷，病患之壞死性筋膜炎引發敗血症，敗血症引
發心肺衰竭，因而導致死亡等語，核與醫事審議委員會之鑑定書所載
之案情概要相符，並有 D 醫院出院病歷 1 份可參。又依前開「壞死性
筋膜炎」文章記載，福尼爾氏壞死症之死亡率在 8 至 67% 間，如病患

本身患有糖尿病，死亡率往往是非糖尿病患者的 2 至 3 倍；如果只作多處之切開引流及使用抗生素，其死亡率高達 100%，若只是有限度的切除壞死組織，則死亡率亦高達 75%，若作積極之擴創，則死亡率則在 10%，有上開文章在卷可按，鑑定證人 W 於本院審理時表示認同上開內容。故對於糖尿病患者罹患壞死性筋膜炎，如進行積極之擴創，死亡率約 20 至 30%，如未進行積極之擴創，死亡率則達 70 至 80%。被告於本院審理時亦坦承知悉福尼爾氏壞死症具有高致死率。綜上所述，病患本身患有糖尿病，被告於病患之陰囊部位併發福尼爾氏壞死症時，未積極進行擴創，導致病患有高達 70 至 80% 之死亡率，被告未追蹤檢查病患細菌擴散感染部位，並對感染福尼爾氏壞死症之陰囊部位施以擴創手術之過失行為，與病患之死亡，具有相當因果關係，應堪認定。

6. 結論：被告明知病患為糖尿病患，免疫系統較差，進行肛門周圍膿瘍切除手術後，細菌極易感染、擴散，於會陰、陰囊等部位併發福尼爾氏壞死症，被告為專業外科醫師，T 醫院設備齊全，足以施行福尼爾氏壞死症之擴創手術，並無不能注意之情事，於細菌擴散、感染至病患陰囊部位，併發福尼爾氏壞死症時，竟疏未為病患進行必要之檢查，因此未診斷出陰囊部位已併發福尼爾氏壞死症，而未進行擴創清除手術，致病患併發敗血症，引發心肺衰竭死亡。被告之過失行為與病患之死亡，有相當因果關係，被告因業務過失致人與死之犯行，罪證明確，應堪認定。

　　公訴意旨另以：病患在開刀前之生理狀況為血球計數為血紅素 9.5g/dl、白血球 12,700/μl、血小板 32,000/μl、血糖值為 294mg/dl，而術後之血小板已遽降為 24,000/μl，且有白血球上升之跡象。被告明知及此，暨病患患有糖尿病等宿疾，本應注意暨能注意應進行血小板注輸，以降低出血之機會，而無不能注意之情形，於病患出現傷口出血情況時，僅以含止血劑 Transamine 及含 Bosmin 紗布壓迫止血，未進行血小板注輸，致病患由肛門周圍膿瘍惡化為 Fournier's 壞疽，至同年 6 月 18 日病情加重，又

未主動轉診，延誤治療，致病患死亡，因認被告就此部分，亦有過失。經查：

　　檢察官係以醫事審議委員會之鑑定書，認定被告同時另有未輸注血小板及延誤轉診之過失，然而：

(一) 醫事審議委員會認為：1. 病患死因為敗血症合併瀰漫性血管內凝固病變，引發心肺衰竭以致死亡；敗血症之病人可能發生血小板過低之併發症，病人若有血小板低下合併大量出血時，應輸注血小板以控制出血狀況；但敗血症的主要成因為感染，其預後因子並不包含有無輸注血小板，意即輸注血小板並沒有直接改善預後的效果，也不能避免敗血症之惡化，甚或避免病人之死亡，血小板輸注之目的，只在改善病人的出血狀況而已；2. 病患接受 T 醫師手術後，92 年 6 月 16 日白血球計數為每微升 15,100 顆，6 月 17 日最高心跳已至每分鐘 110 下左右，已出現敗血症之徵兆，顯示病情持續惡化，所以在 6 月 17 日病人出現敗血症徵兆時，即應考慮主動轉診，然 Fournier's 壞疽死亡率高達 50%，加以病患本身為糖尿病患者，預後更不好，即使轉診，也難保證挽回病患生命，難以遽下定論延誤轉診是否為病患致死因素之一等情形，有鑑定書 2 份在卷可按。

(二) 綜合上開內容，醫事審議委員會認病患係因敗血症合併瀰漫性血管內凝固病變引發心肺衰竭死亡，然而輸注血小板僅能控制出血狀況，對主要成因為細菌感染之敗血症，並無改善之效果，血小板過低係併發敗血症之結果，並非敗血症之成因。輸注血小板既未能改善或避免敗血症之惡化，實難認被告未輸注血小板，對於病患之死亡有因果關係。再者，病患於 92 年 6 月 17 日精神倦怠，心跳每分鐘 110 次，傷口仍有出血惟血量減少，有鑑定書記載之案情概要及 T 醫院病歷可證。故病患於 92 年 6 月 17 日出血量即已減少，並無大量出血之情形，是否仍須輸注血小板，不無可疑。

(三) 醫事審議委員會另認被告有延誤轉診之過失，然鑑定書就被告是否具有治療病患病症之專業能力及 T 醫院之設備如何，均未敘明。

故該委員會究係以何為據認病患於 92 年 6 月 17 日出現敗血症之徵兆，病情持續惡化時，被告及 T 醫院之設備，不足以給予病患適當之治療，而有轉診之必要，檢察官未能提出進一步之說明，以證明被告此部分之過失。再者，鑑定書另記載 Fournier's 壞疽死亡率高達 50%，加以病患本身為糖尿病患者，難以遽下定論延誤轉診係病患致死因素之一。故被告及 T 醫院之設備，縱不足以處理病患之病症，依檢察官提出之證據，亦不足以證明被告未將病患轉診，與病患之死亡有因果關係。

鑑定證人甲於本院審理時陳稱：(一) 術後病患如果傷口出血，通常只要找到出血點壓迫止血就可以；血小板輸注要看出血的問題。通常我們輸注血小板都是在手術的時候，因輸注血小板會降低出血，但其效力只有幾個鐘頭，所以在手術時比較有效果，是治療性的輸注血小板，手術完後只要改善他全身狀況，血小板指數都會恢復，一般情形下，在全身有瀰發性出血或傷口不會凝固時，才會考慮直接輸注血小板，手術後如果傷口不太流血，不用輸注血小板。(二) 一般人正常的血小板指數在 180,000/µl 到 200,000/µl 以上，病患在手術後血小板指數降到 24,000/µl，是因為他敗血症很厲害，但是血小板指數降低是敗血症產生的結果，不是原因，所以把敗血症改善，血小板指數自然會回升。敗血症是細菌在血液裡面，改善敗血症，第一是傷口的照顧，第二是全身性抗生素的治療，傷口如果不好，就繼續擴創手術。敗血症和血小板輸注沒有關係，輸注血小板不會改善敗血症。(三) 病患於 92 年 6 月 18 日到 D 醫院時，血小板也是 24,000/µl，醫院另外有驗 PT、APTT 等凝血功能測定數值，病患檢驗值都是在正常範圍，代表病患血小板功能正常，病患凝血時間、出血現象均是正常，沒有急迫輸注血小板之必要。(四) 病患嘴巴黏膜出血，打針針孔不會停止流血，流出來的血不會凝固，傷口一直滲血，沒有一個出血點，我們才會判斷病患是瀰漫性血管內凝固病變。但是依據 T 醫院及本院病歷判斷，病患還未到瀰漫性血管內凝固病變之程度。(五) 在 D 醫院時，6 月 20 日手術前有輸注血小板，怕病患開刀中間流血太多，但 6 月 18、19 日及 20

日術後一直到病患死亡都沒有輸注血小板，因病患罹患之敗血症或壞死性筋膜炎治療方式都不是輸注血小板，輸注血小板是為了避免流血，不是治療細菌感染。

　　綜合上開鑑定證人甲之鑑定證言，血小板之輸注是在改善出血狀況及凝血異常，而病患係因壞死性筋膜炎併發敗血症，引發心肺衰竭死亡，起因為細菌感染、擴散所造成，並非失血過多或缺乏血小板而死亡，故其治療方式在於傷口照顧、擴創及抗生素治療，以清除及抑制細菌擴散；病患血小板指數低下，係因敗血症所導致，故輸注血小板，不會改善其敗血症之病症等情形，核與醫事審議委員會鑑定書之內容相符。又病患於92年6月17日出血量已經減少，顯見病患出血現象已獲得改善，病患於92年6月18日轉院至D醫院，檢驗凝血功能數值均正常，有T醫院及D醫院病歷在卷可證。故病患並無鑑定書所稱血小板低下合併大量出血，須輸注血小板之情形。再者，病患在D醫院治療時，除於92年6月20日手術時輸注血小板外，術後亦未再為病患輸注血小板，故D醫院醫師對病患血小板指數低下所為之處理，與被告並無不同。從而，實難認定被告於手術後，未替病患輸注血小板，與病患之死亡有因果關係，自難認被告就此有過失行為。

　　從而，檢察官提出之證據，尚不足以證明被告未輸注血小板及將病患轉診，與病患之死亡有因果關係，自難認被告就此部分亦有過失，併此敘明。

二、上訴審判決概述

(一) 第二審判決

　　本案經臺灣雲林地方法院判決被告甲成立業務過失致死罪。被告甲不服，提起上訴。臺灣高等法院臺南分院撤銷第一審被告甲成立業務過失致死罪之判決：

首先，病患 S 因肛門周圍膿瘍，被告基於專業判斷，為手術開刀引流治療，並無不妥。雖病患 S 因敗血症致壞死性筋膜炎併敗血症合併瀰漫性血管內凝固病變，引發心肺衰竭死亡，並非被告造成。再此病之高死亡率，被告縱未給予病患血小板輸注，亦未主動轉診病患，在醫療行為上，縱使未延誤治療或積極轉診，亦難保證挽回病患之生命。故被告就病患 S 醫療處理過程與其死亡，尚難認有因果關係。

其次，Fournier's 壞疽之高死亡率，加以病人本身為糖尿病患者，預後更不好；縱未延誤治療或積極轉診，亦難保證挽回病患之生命，被告就病患 S 醫療處理過程與其死亡，尚難認有因果關係之鑑定相符，亦得為被告於本件醫療與病患 S 之死亡間難認有過失行為之認定。

(二) 上訴審之爭議

本件上訴爭議主要在於病患本係糖尿病患者，其因敗血症死亡是否為被告及時手術可必然預防。

被告因過失致死案件，不服臺灣雲林地方法院第一審判決，提起上訴，臺灣高等法院認為依現存卷證，尚乏積極證據得認定被告涉有業務過失致人於死罪之犯行，應諭知無罪之判決，因此撤銷原判決。第二審判決重點，整理如下：

患者本係糖尿病患者，於 92 年 6 月 15 日進入 T 醫院由被告診治，嗣於 92 年 6 月 18 日轉院至 D 醫院治療，其敗血症產生之原因，應非被告醫療不當所造成，尚可認定。病患之 D 醫院主治醫師證稱：糖尿病患者免疫力很差，細菌容易擴散開來。醫審會第三次鑑定於 97 年 1 月 21 日函覆亦稱：Fournier's 壞疽之高死亡率[17]，加以病人本身為糖尿病患者，預後更不好；縱未延誤治療或積極轉診，亦難保證挽回病患之生命，被告就病人醫療處理過程與病人死亡，尚難認有因果關係之鑑定相符，亦得為被告於本件醫療與病患之死亡間難認有過失行為之認定。

---

[17] 裁判書未顯示確切數值。

三、延伸思考

問題一：請參考英美法之「蛋殼頭骨規則」（egg shellskull rule），與本件法院見解加以比較，並從刑法與民法之目的分別討論其適當性。

問題二：文獻指出對於糖尿病患者罹患壞死性筋膜炎，如「進行積極之擴創，死亡率約 20 至 30%」（前者），如「未進行積極之擴創，死亡率則達 70 至 80%」（後者），請問本件第一審與第二審法院有關因果關係之心證，分別偏重前者或後者？你認同何種見解？

四、判決來源

第二十五案　心肌梗塞未依常規處置案

1

法院／裁判日期
臺灣雲林地方法院 96.07.10

案號
94 年度訴字第 325 號判決

甲從事業務之人，因業務上之過失致人於死，
處有期徒刑陸月，如易科罰金，以銀元參佰元
即新臺幣玖佰元折算壹日。
乙無罪。

2

法院／裁判日期
臺灣高等法院臺南分院 97.04.01

案號
96 年度醫上訴字第 946 號判決

原判決關於乙部分撤銷。乙無罪。
其他上訴駁回。

3

法院／裁判日期
最高法院 99.04.29

案號
99 年度台上字第 2570 號判決

原判決關於甲部分撤銷，發回臺灣高等法院臺
南分院。

4

法院／裁判日期
臺灣高等法院臺南分院 99.08.04

案號
99 年度重醫上更 (一) 字第 114 號判決

原判決關於甲部分撤銷。
甲從事業務之人，因業務上之過失致人於死，
處有期徒刑陸月，如易科罰金，以銀元參佰元
即新臺幣玖佰元折算壹日；減為有期徒刑參
月，如易科罰金，以銀元參佰元即新臺幣玖佰
元折算壹日。緩刑貳年。

5

法院／裁判日期
最高法院 100.02.17

案號
100 年度台上字第 681 號判決

上訴駁回。

圖 25　心肌梗塞未依常規處置案歷審圖

資料來源：作者繪製。

一、第一審判決

(一) 公訴起訴事實與意旨

醫師甲為中國醫藥學院附設 B 醫院（下稱 B 醫院）主治醫師。病患 T 於民國 92 年 12 月 11 日 18 時 34 分許因身體不適至 B 醫院掛號急診，表示胸悶不適，經該院骨科兼任急診室主治醫師乙指示值班醫護人員給予病患 T 氧氣及舌下硝化甘油含片，做抽血檢查，並使用心電圖設備以 12 導程心電圖觀察，診斷懷疑為急性心肌梗塞，醫師乙在病患 T 生命跡象尚穩定，而尚未確診為心肌梗塞之情形下，於同日 21 時 35 分將病患 T 轉入內科普通病房繼續觀察。而病患 T 轉入普通病房後於同日 23 時 03 分病情惡化，經戊等護理人員進行急救後病況仍然危急，而同日 23 時 20 分許將病患 T 轉入加護病房，於 92 年 12 月 12 日上午 2 時 22 分許死亡。

案經檢察官偵查起訴：醫師乙（下稱被告乙）在病患 T 生命跡象尚穩定，而尚未確診為心肌梗塞之情形下，於同日 21 時 35 分將病患 T 轉入內科普通病房繼續觀察。當時到加護病房救治病患 T 之醫師甲（下稱被告甲）於知悉病患 T 發生心室頻脈症狀時，應注意立即施以心臟電擊，而依當時情形並無不能注意之情事，詎未給予病患 T 心臟電擊，僅指示護理人員給予 Tridil、Digosin 等心臟用藥，及施以心臟按摩，致病患 T 心室頻脈持續進行，而於 92 年 12 月 12 日上午 2 時 22 分許因急性心肌梗塞併心因性休克死亡。

(二) 被告等回應

被告甲矢口否認有何業務過失致死犯行，辯稱：如果心室頻脈（VT）有兩種可能，一種是比較心動力正常，另一種心動力不正常，一般心動力正常的話，血壓也會正常，病人剛開始時血壓正常，而且意識正常，這種情況一般不建議做心臟電擊，因如果做心臟電擊有可能會惡化病情。另心臟電擊為對病患強烈的侵入性治療，非到萬不得已應不予使用。況病患 T

死後未經解剖，無法得知其是否有發生大範圍的心肌梗塞，如發生大範圍之心肌梗塞，縱施以電擊也沒有用。

被告乙堅持否認有上述犯行，辯稱：

當初病患 T 來時候，他只有胸悶，但是沒有胸痛的情況，胸悶可能的原因有很多，包括他可能有抽煙、有糖尿病等都可能造成胸悶，一般我們有胸悶不適時，我們都會考量到心臟的問題，病患 T 住進急診室後，我一開始給予氧氣還有心電圖檢查，並給予舌下硝化甘油含片，治療後病人的症狀有緩解，所以我給予抽血進行心肌酵素的檢查，再做心電圖的監視器，還有抽血報告有等 1 個小時，中間我有用心電圖的監視器監控病人的狀況，等抽血報告出來除了血糖偏高之外，其他心肌酵素都正常。後來我再觀察 3 個小時，沒有變化才轉入普通病房觀察。

辯護人辯護意旨則以：

1. 本件被告甲已確實依醫療當時臨床醫療實踐應有之醫療水準為病患 T 進行救治，自無疏失可言。

2. 本件既未經檢察官督同法醫相驗，亦未經屍體解剖，死亡證明書上所載死因僅為推測，自不能依此推論死亡結果與被告之醫療行為間有何因果關係。是以，僅憑該死亡證明書上所載之死因並不能證明病患 T 死亡之確切原因是否為「心室頻脈」所直接引起，該死亡證明僅係臆測病患 T 之死亡與急性心肌梗塞併心因性休克有關。是以行政院衛生署醫事審議委員會（下稱醫審會）第 3 次鑑定意見，第 (七) 指「心因性休克為心室頻脈所造成」，其鑑定意見不僅欠缺醫學依據，又無事實佐證，且係就本已屬臆測之死因，再加以推測本件因果關係，自有違誤。

3. 本件醫審會就病患 T 發生心室頻脈發生時點，第二次與第三次鑑定意見前後矛盾，應不可採。

4. 再者，本件並無法證實病患 T 確實發生心室頻脈。依醫審會第 2 次鑑定，認定病患 T 發生心室頻脈，係依據病歷之心電圖。然臨床醫學上心室頻脈之判斷需 12 導程心電圖，單用一個導程並無法正確判斷，此

依中華民國心臟學會函，說明「來函所附（即加護病房心電圖）以及相關護理紀錄，所顯示之快速心律不整是有可能為心室頻脈。惟，也無法排除左或右傳導枝阻斷，要 12 個導程之心電圖才能診斷。」亦即，依病患 T 當時之心電圖以及相關護理紀錄，並無法證實病患 T 確實發生心室頻脈，而有立即給予電擊之必要性。故醫審會鑑定意見所指護理紀錄心電圖，僅有單一導程，只能判斷為 QRS 波寬大之快速心律，並無法正確判定病因，醫審會逕予判斷為心室頻脈，實屬不當。而且一般而言，絕大部分之疾病，尤其是嚴重之疾病，臨床症狀只能使醫師懷疑其為何種病，而不能診斷其為何病，否則誤診機會更大，故本件依前揭最高法院 95 年度台上字第 3884 號判決意旨，所揭示判斷醫療行為是否違反注意義務之準則，病患 T 於加護病房時，就其心電圖以及相關護理紀錄，按醫療當時臨床醫療實踐之醫療水準判斷，既屬無法證實病患 T 確實發生心室頻脈，故本件被告甲縱未予病患 T 心臟電擊，亦無疏失。

5. 醫審會第 3 次鑑定就病患 T 縱使發生心室頻脈，依 Killip 之分類應屬何級，認定有誤。該鑑定背於事實，且與醫學原理完全矛盾，自屬不正確、不可採。

6. 病患 T 之死亡結果，與被告甲之醫療行為不具因果關係，以醫審會第 2 次鑑定書鑑定意見 (六)「就算處置正確也有可能死亡」、鑑定意見 (七)「明確指出……如施以電擊，仍不能保證病人存活」，故縱使病患 T 確實發生心室頻脈，而被告甲當時施予電擊，病患 T 之死亡率仍高達 85%，則病患 T 之死亡結果實不可歸責於被告甲。

(三) 鑑定意見

1.行政院衛生署醫事審議委員會鑑定意見

(1)第一次鑑定意見：

　　「病患 T 忽然失去意識，原因為心室頻脈，合宜之處置為心臟電擊，但在病歷記載中沒有適切之處理，雖將病患 T 轉入加護病房，但仍未對

VT 作適切之處理，而讓 VT 持續進行導致死亡，因此本案之處理有疏失之處。」

「而病患 T 在普通病房病情發生變化，病患 T 忽然失去意識，原因為心室頻脈（VT），合宜之處置為心臟電擊，但在病歷記載中沒有適切之處理，雖將病患 T 轉入加護病房，但仍未對 VT 作適切之處理，而讓 VT 持續進行導致死亡，因此本案之處理有疏失之處。」

(2)第二次鑑定意見：

「病患 T 有發生心室頻脈，發生的時間在 12 月 11 日晚上 11 點到 12 點之間，依據為病歷之心電圖。」

「五、病歷之醫囑單符合醫療常規，但病患急救時對心室頻脈之處理，未給予電擊不符合醫療常規。

六、病患 T 為心肌梗塞，對心室頻脈之錯誤處置，減少其存活機會，但就算處置正確也有可能死亡。

七、病患 T 有作心臟電擊之必要性，但加護病房病歷之記載中沒有心臟電擊。如施以電擊，仍不能保證病患 T 存活。」

(3)第三次鑑定意見：

「以本案之病人而言，心肌梗塞併有心室頻脈」、「此案造成死亡之原因為心肌梗塞併心室頻脈」。

「心因性休克為心室頻脈所造成，心肌梗塞之原因及病理機轉是動脈硬化，及硬化斑之急性變化，造成冠狀動脈阻塞所造成，心肌梗塞為急性之發作，然而背後的動脈硬化多為慢性之過程。」

「一、心室頻脈之類型若以處置之立場來分，主要分為血行動力學穩定及不穩定兩種，若病患情況穩定，也可採用藥物治療，但藥物無效時仍需電擊，但若在不穩定之狀況下，必需電擊。以本案之病患 T 而言，心肌梗塞併有心室頻脈，首選為電擊，然而縱使先嘗試藥物治療，當場沒有停止心室頻脈，也必需電擊。

二、當場之心室頻脈為心肌梗塞缺氧引起之心室頻脈，病患 T 並有胸口不適，冒冷汗之症狀，是不穩定的狀態，而發生地點在普通病房（應

為加護病房之誤載）。

三、電擊有其必要性，而且就算先試以藥物治療，也必須在不成功時必需電極。依當時之處置，並未加以電擊，而且也沒有給以抗心室頻脈之藥物。

四、未施以電擊，病人幾乎無法存活，若當時施以電擊，病人尚有存活之可能，這也是醫療之常規將電擊列為必要治療的原因。

五、若當時施以電擊，病人仍有存活之可能，此為依據高級心臟救命術（ACLS）之處置原則，此已行之多年，為確立之醫療常規。

六、病人為心肌梗塞，就算處置正確也有死亡的機率，其機率依據Killip 氏的分類，病人在住院時沒有肺部水聲（rale），應屬 Killip 第一類或至多第二類，其預估死亡率為百分之五。但心室頻脈處置失當，死亡率大於百分之九十。……。

八、精確而言，『若施以電擊，仍不能保證病人存活』是指心肌梗塞Killip 第一類仍有百分之五左右死亡可能，因此『不能保證病人存活』，但不施以電擊，死亡率大於百分之九十，此數據應可供法院參考。」

(四) 判決結果

臺灣雲林地方法院於民國 96 年 07 月 10 日作出判決，被告甲從事業務之人，因業務上之過失致人於死，處有期徒刑陸月，如易科罰金，以銀元參佰元即新臺幣玖佰元折算壹日。被告乙無罪。

(五) 判決理由

法院認定被告甲成立業務過失致死罪之理由，摘要如下：

本件病患 T 確實發生心室頻脈，發生之時間 92 年 12 月 11 日 23 時50 分，地點在加護病房。而病患 T 有心室頻脈之情形為被告甲所知悉。本件病患 T 確於如上所述之時地發生心室頻脈，而被告甲對病患 T 發生心室頻脈此一嚴重、急迫之病況，在醫療處置上應以電擊方式治療以搶救其生命始為符合醫療常規之作為，被告甲已坦承其未給予病患 T 施以心

臟電擊乙節，並有卷內資料可資佐證。

惟縱病患 T 移入加護病房時已屬心肌梗塞第 4 類，但依衛生署上開函文附件資料所載，即便是 Killip 氏第 4 類心肌梗塞，倘經進一步的適當處置病患之死亡率仍可以降低三分之一至一半。則被告甲之過失不作為使病患 T 之死亡機率維持在 85 至 95%，未給予電擊處置，以致於未能將死亡率降低至原死亡率之三分之一至一半，應認在一般情形下，有此被告甲之過失不作為，均可發生病患 T 死亡之同一結果，故被告甲之過失不作為與病患 T 之死亡結果間有因果關係。

故本院認被告甲之上開辯解並不足採，只要被告甲當時倘依醫療常規給予病患 T 電擊處置，有一定程度之降低病患 T 死亡之可能性，而被告甲未為此符合醫療常規之作為，導致病患 T 生存之機率無法提高，最後死亡，即認被告甲之過失不作為與病患 T 之死亡結果間有相當因果關係。

綜上，本件病患 T 確實發生心室頻脈，發生之時間 92 年 12 月 11 日 23 時 50 分，地點在加護病房。而病患 T 有心室頻脈之情形為被告甲所知悉。被告甲於病患 T 發生心室頻脈時應注意並能注意給予心臟電擊處置，竟疏未注意而未給予心臟電擊，為有過失。其過失行為與病患 T 之死亡結果間有因果關係。故本件被告甲犯業務過失致死罪之事證明確，其罪行洵堪認定，應依法論科。

被告乙無罪部分理由：醫審會第二次鑑定意見並認為：「急診室醫師之處置符合醫療常規，而其鑑別診斷處置也符合醫療常規，雖然確認為心肌梗塞，一般應住入加護病房，然而在急診有化驗心肌酵素，並未見上升，在疑似心肌梗塞時先住一般病房，等到進一步確認再轉入加護病房，亦符合醫療常規。」故被告乙並無過失可言。

二、上訴審判決概述

(一) 第二審判決

1.甲部分

急診室甲醫師之處置及鑑別診斷均符合醫療常規並無過失，另查甲醫師當時既為急診室主治醫師，在急診階段已為適當處置後將患者轉入內科普通病房觀察，自應由內科普通病房醫師接續觀察並予適當治療，不能再苛責急診室醫師再至病房繼續為醫療處置之責任。原審審理後認被告甲之醫療處置並無過失，而為被告甲無罪之諭知，核無不合，檢察官上訴意旨引用告訴人書狀仍執前詞指摘原判決不當為無理由，此部分上訴應予駁回。

2.乙部分

被告乙確實有針對病患之臨床症狀予以處置並非「任意不作為，任憑病患死亡之結果發生。」原審判決依據假設患者確有發生心室頻脈之前提事實，而認定「被告乙之過失不作為與病患 T 之死亡結果間有因果關係。」實有未合。

縱使病患 T 確實發生心室頻脈，而被告乙當時施予電擊，病患 T 之死亡率仍高達 85%，構成要件結果仍可能會發生，並無結果迴避之可能性，則此結果即係客觀不可避免，而無結果不法，行為人即因之不成立過失犯。故病患 T 之死亡結果，與被告之醫療行為實不具因果關係。

本件病患未經解剖鑑定，確切之死因無法全然確定，尚難斷然推定本案病患死因。依據卷內中華民國心臟學會回函亦表示無法判定病患 T 當時確實有發生心室頻脈現象。則本件病患之死因既未能確定，病患當時是否確實發生「心室頻脈」亦無法確定，則病患 T 確切死亡原因，是否係因被告等人從事醫療業務時有何疏失，而有業務過失致死之犯行，依上開資料判斷及鑑定結果，其證據尚屬薄弱，而未達於確信之程度。是本案自

不得以擬制臆測之方法假設病患當時確有發生心室頻脈，並臆測如予電擊，則病患或可存活，進而據此無法確認之事實，假設醫學上應為如何之處置，而指摘被告乙醫師未予電擊顯有疏失，致有違「罪證有疑，利於被告」之刑事訴訟法則。據上論結，自難證明被告乙整體之醫療行為與病患 T 之死亡結果具因果關係，客觀上不可歸責於被告之醫療行為，於法尚難令被告乙醫師對於 T 之死亡負業務過失之刑責。

(二) 第三審判決

撤銷原判決關於甲部分。

被告之過失不作為，使病患 T 之死亡機率維持在 85 至 95%，當時未依醫療常規給予病患 T 電擊處置，以致於未能將死亡率降低至原死亡率之三分之一至一半，無法提高生存之機率，終至死亡，應認在一般情形下，有此之過失不作為，均可發生病患死亡之同一結果，被告之過失不作為與病患 T 之死亡結果間似具有因果關係。原判決對上開醫審會之鑑定結果報告，不予採納，復未說明何以不足採之理由，卻片面以「如施以電擊，仍不能保證病人存活」為由，認病患 T 之死亡結果，與被告之醫療處置未具有因果關係，不惟與經驗法則有違，亦有理由不備之違失。檢察官上訴意旨指摘原判決不當，尚非全無理由，應認原判決關於被告部分有撤銷發回更審之原因。

(三) 更一審判決

經發回臺灣高等法院臺南分院（更一審法院）：

依護理紀錄所示病患 T 於 92 年 12 月 11 日病況出現變化，B 醫院已有啟動緊急醫療機制（Call 999），此時被告應已經接獲通知前往醫院對病患 T 進行急救，但被告卻於同日 23 時 50 分後才到院對病患 T 急救，其時間確有遲延。惟在 B 醫院集體醫療體系下，值班住院醫師受值班主治醫師之監督、指導對病患進行診治，被告在知悉其未到醫院前已有其他醫師對病患 T 進行急救，而延遲到院，在職業道德及醫療倫理上或有可

責之處，但未必即有過失。況縱認被告於病患 T 住進內科普通病房後未親自到場診治，反而遲至病患 T 轉入加護病房後才到醫院進行急救為有過失，惟病患 T 之病況係於當日 23 時 3 分急遽惡化，並達到心肌梗塞第四類，則被告之延遲到院與病患 T 之死亡結果間有無因果關係，亦屬難以證明。

依檢察官所提之證據，B 醫院內科普通病房接受急診室將病患 T 轉入內科普通病房乙節，被告並無過失。另被告之遲延到院為病患 T 診治之行為是否有過失尚有可議，縱認被告遲延到院為病患 T 進行診治為有過失，惟其過失與病患 T 之死亡結果間是否有相當因果關係存在，尚未達「通常一般之人均不致有所懷疑，而得確信其為真實之程度」，即不能遽認被告有此過失之認定。惟此不影響前開被告有罪部分之過失責任成立。

(四) 更一審後第三審判決

上訴意旨所為指摘，係對於原判決已說明事項及屬原審採證認事職權之適法行使，持憑己見而為不同之評價，且重為事實之爭執，均與法律規定得為第三審上訴理由之違法情形，不相適合。其上訴不合法律上之程式，應予駁回。

(五) 上訴審之爭議

上訴之主要爭議在於本件病患未經解剖鑑定，能否確定其確切死因；以及被告依其專業是否就病患當時之病況足以確認病患確實發生心室頻脈之可能性，如是，則依醫療常規應施予心臟電擊。

1.第二審判決

被告與檢察官因被告等過失致死案件，不服臺灣雲林地方法院第一審判決，提起上訴，臺灣高等法院認為本件病患未經解剖鑑定，確切之死因無法全然確定，且病患是否確實發生「心室頻脈」亦無法確定，因此撤銷原判決被告甲部分，被告甲無罪，其他上訴駁回。第二審判決重點，整理如下：

A.關於被告甲是否違反醫療常規

本件被告甲僅為內科病房值班醫師，並非心臟專科醫師，其已確實依醫療當時臨床醫療實踐應有之醫療水準為患者進行救治，自無疏失可言。台灣高等法院略以：(1) 僅憑死亡證明書上所載之死因並不能證明病患死亡之確切原因是否為「心室頻脈」直接引起；(2) 判斷是否為心室頻脈，需要 12 個導程之心電圖才能診斷，醫審會鑑定意見所指本件護理紀錄心電圖，僅有單一導程，並無法正確判定病因；(3) 本件普通病房並無心電圖裝置，故醫審會第二次鑑定所稱依心電圖判定發生心室頻脈之時點，應為病患轉入加護病房後，鑑定意見竟指心室頻脈「發生地點在普通病房」，則醫審會第三次鑑定意見恐未依據本案病歷所載確實鑑定，而有出於鑑定人主觀臆測推論之虞。醫審會就病患發生心室頻脈發生時點，第二次與第三次鑑定意見前後矛盾，應不可採。醫審會逕予判斷為心室頻脈，自屬推測。

病患轉至加護病房時已處於休克狀態，被告甲針對心肌梗塞，給予氧氣、舌下硝化甘油（NTG）、aspirin、tridil、heparin、morphine；針對休克，給予氧氣、輸液、升壓劑（dopamine）；最後心肺衰竭時給予插管（on endo）、呼吸器使用、強心劑（bosmin）、心臟按摩、心肺復甦術（CPR）等處置，確實有針對病患之臨床症狀予以處置，並非「任意不作為，任憑病患死亡之結果發生」。

B.關於病患死亡之因果關係

依中華民國心臟學會 97 年 1 月 25 日函，其指出「任何電擊之後，假若心臟功能原已不佳（如大範圍急性心肌梗塞、左心室衰竭），很可能造成一段時間的左心室功能持續低落，電擊能量越大，心臟功能低落時間越久。」本件病患轉入加護病房時已屬 Killiip 氏第四類心肌梗塞（心臟功能原已不佳、屬大範圍急性心肌梗塞），依醫審會所附文獻其死亡率本已高達 85% 以上，是以在未確定為心室頻脈時，貿然施以電擊，可能導致心臟功能更加低落。再依醫審會第二次鑑定書鑑定意見「就算處置正確也有可能死亡」、鑑定意見並明確指出「……如施以電擊，仍不能保證病人

存活。」故縱使病患確實發生心室頻脈，而被告甲當時施予電擊，病患之死亡率仍高達 85%，則此結果即係客觀不可避免，而無結果不法，行為人即因之不成立過失犯。故病患之死亡結果，與被告之醫療行為實不具因果關係。

C.被告乙是否有共同責任

　　檢察官上訴意旨以：急診部分乙醫師當時雖有疑慮，然在存有疑慮之際是否應更有詳細之作為，也應做初步檢視與適度處置，又心肌梗塞有「黃金六小時」救治時效，醫師乙的前段處置，跟接續的主治醫師應為「共同」負責此一病患之連續行為，且患者死亡的道路是由這「連續」行為所串連，乙醫師的責任實不應因法律訴訟個體的「拆解」而免于歸咎等語。惟查急診室乙醫師之處置及鑑別診斷均符合醫療常規並無過失，另查乙醫師當時既為急診室主治醫師，在急診階段已為適當處置後將患者轉入內科普通病房觀察，自應由內科普通病房醫師接續觀察並予適當治療，不能再苛責急診室醫師再至病房繼續為醫療處置之責任。檢察官上訴意旨引用告訴人書狀仍執前詞指摘原判決不當為無理由，應予駁回。

2.第三審判決：發回更審

　　檢察官因被告業務過失致人於死案件，不服臺灣高等法院第二審判決，提起上訴，最高法院撤銷第二審判決關於被告甲部分，發回臺灣高等法院更審。最高法院認為檢察官上訴意旨指摘原判決不當，尚非全無理由，其表示：

　　相驗及屍體解剖所為之驗斷，僅為認定犯罪事實之證據方法之一，而非唯一之證據方法。本件病患死亡後雖未經檢察官督同法醫師相驗，亦未經屍體解剖，然仍可依其他相關之證據資料認定其死因。其中病患之內科普通病房驗血報告顯示其與心肌梗塞有關之三項心肌酵素，CPK:372（男性正常值 38-174）、CMB:21.2（正常值 3-10）、TroponinI：1.85（正常值 0.8），均逾正常值甚多；是病患於內科普通病房似有發生心肌梗塞。而病患於 92 年 12 月 11 日 23 時 50 分許，出現心博次數高達每分鐘 202 次之過速現象，發生心室頻脈，有醫審會第二次鑑定之鑑定書載明。

中華民國心臟學會 96 年 3 月 1 日覆第一審法院函說明：「來函所附（即加護病房 50 頁心電圖）以及相關護理紀錄，所顯示之快速心律不整是有可能為心室頻脈。惟也無法排除左或右傳導枝阻斷，合併竇房心跳加快所產生之心電圖變化。若要判斷是否為心室頻脈，需要 12 個導程之心電圖才能診斷。」等語；僅係事後依客觀之醫學論證，說明對心室頻脈之確認診斷所需憑藉之檢驗結果為何，似未排除病患於當日有發生心室頻脈之可能性，亦未排除被告依其專業就病患當時之病況已足以確認病患確實發生心室頻脈之可能性。況被告於偵查中已供稱：「12 時 55 分（應係 11 時 55 分之誤）出現心室頻脈，心跳不規則」、「我們急救到 12 時 55 分（應係 11 時 55 分之誤）時病患才出現心室頻脈」；復於第一審審理時供稱：「關於心室頻脈（VT）這方面，我當時看病人的脈搏還有，所以我們綜合當時的情況不是太適合電擊，因為在我們心室頻脈（VT）除了電擊以外，我們還可以用藥，我們根據當時的情況決定的」等語；顯見被告當時在現場處置之情形下，其亦認病患確有發生心室頻脈。第二審判決遽認無法證實病患確發生心室頻脈，因認被告未予心臟電擊並無疏失，洵有理由不備之違誤。

醫審會第三次鑑定雖對病患發生心室頻脈之地點記載為「普通病房」，惟該會第二次鑑定報告已說明病患發生心室頻脈之時間為 92 年 12 月 11 日晚上 11 時到 12 時之間，則醫審會第三次鑑定書記載心室頻脈發生之地點在「普通病房」應屬誤載，惟此誤載並不影響醫審會就病患確有發生心室頻脈鑑定之正確性。病患確於上述時地發生心室頻脈，而被告對病患發生心室頻脈此一嚴重、急迫之病況，在醫療處置上應以電擊方式治療，始符醫療常規之作為，業經醫審會鑑定。

又 B 醫院為醫學院附設醫院並非坊間診所，且由同案被告乙於急診室有對病患施以 12 導程之心電圖監視以觀，足見該院有 12 導程之心電圖設備，縱在內科普通病房未裝設，在急迫需要之情況下，非不可自其他病房調借使用。而被告為行醫經驗豐富之主治醫師，對不穩定型心室頻脈應施以電擊治療，乃確立之醫療常規，則無論在 B 醫院之客觀環境或被

告主觀之注意能力，在病患發生心室頻脈時，應施以心臟電擊始符醫療常規。原判決對上開鑑定報告認定被告「處理有過失」及「未給予電擊不符合醫療常規」均不予採納，復未說明何以不能採之理由，遽認被告並無任何疏失，非惟理由不備，並有違論理法則及經驗法則。

依據衛生署書函附件資料，病患於送入加護病房時應已屬 Killip 氏第四類心肌梗塞，死亡率本已高達 85 至 95%，即便施以電擊固仍不保證病患得以存活，惟倘經進一步適當處置，病患之死亡率仍可以降低三分之一至一半。則被告之過失不作為，使病患之死亡機率維持在 85 至 95%，當時未依醫療常規給予病患電擊處置，以致無法提高生存之機率，終至死亡。原判決對上開醫審會之鑑定結果報告，不予採納，復未說明何以不足採之理由，卻片面以「如施以電擊，仍不能保證病人存活」為由，認病患之死亡結果，與被告之醫療處置未具有因果關係，不惟與經驗法則有違，亦有理由不備之違失。

3.更一審判決

檢察官與被告因業務過失致死案件，不服臺灣雲林地方法院第一審判決，提起上訴，經最高法院第一次發回更審，更一審法院撤銷原判決關於被告甲部分，處被告甲有期徒刑陸月，如易科罰金，以銀元參佰元即新臺幣玖佰元折算壹日；減為有期徒刑參月，如易科罰金，以銀元參佰元即新臺幣玖佰元折算壹日，緩刑貳年。更一審判決重點整理如下：

A.被告甲確知發生心室頻脈

本件病患確實發生心室頻脈，發生之時間 92 年 12 月 11 日 23 時 50 分，地點在加護病房。而病患有心室頻脈之情形為被告甲所知悉。且依據醫審會鑑定書，病患死亡之原因應為心肌梗塞併心室頻脈。雖醫審會鑑定病患有發生心室頻脈之情形所據以為憑之心電圖僅有一個導程，而非 12 個導程，然從被告於偵查中與第一審審理時之供稱，顯見被告當時在現場處置之情形下，其亦認病患確有發生心室頻脈。

被告如有詳視病患之急診病歷及住院病歷，在病患表現出心肌梗塞症狀下，依其專業應不至於判斷病患之症狀僅為與心肌梗塞無關之右束枝傳

導阻斷。其後直至 92 年 12 月 11 日 23 時 50 分病患在加護病房時，血壓降至 72/33mmHg、心跳高達每分鐘 202 次，已達休克之狀況以觀，縱未有 12 個導程之心電圖可資參考，被告既憑一個導程之心電圖及病患當時狀況，主觀上亦足以明確判斷病患發生心室頻脈，而排除對病患生命無足影響之右束枝傳導阻斷之可能。

B.被告甲違反醫療常規

病患確於上述時地發生心室頻脈，而被告對病患發生心室頻脈此一嚴重、急迫之病況，在醫療處置上應以電擊方式治療，始符醫療常規之作為，業經醫審會鑑定。況且 B 醫院為醫學院附設醫院並非坊間診所，且由同案被告乙於急診室有對病患施以 12 導程之心電圖監視以觀，縱在內科普通病房未裝設，在急迫需要之情況下，非不可自其他病房調借使用。

C.關於病患死亡之因果關係

被告及辯護人雖均辯稱，病患當時病況已達 Killip 氏第四類，死亡率本已高達 85 至 95%，其死亡率甚高，即便施以電擊仍不保證病患 T 得以存活，故認被告未施以電擊與病患之死亡並無因果關係。倘被告上開辯解可採，則無異承認日後醫師在面臨死亡率極高之重症病患均可任意不作為，任憑病患死亡之結果發生，而均無過失責任可言，此豈為社會通念、醫療倫理及因果關係理論所期待之結果？故本院認被告之上開辯解並不足採，只要被告當時尚依醫療常規給予病患電擊處置，有一定程度之降低病患死亡之可能性，而被告未為此符合醫療常規之作為，導致病患生存之機率無法提高，終致死亡，即認被告之過失不作為與病患之死亡結果間有相當因果關係。

4.更一審後第三審判決

被告甲因業務過失致人於死案件，不服台灣高等法院第二審更審判決，提起上訴，最高法院駁回上訴，其表示：

上訴人於救治過程，沒有對病患之「頻脈」為適切之電擊處理，讓「頻脈」現象持續進行，導致死亡，其執行業務，已明顯違反醫療常規，為有過失。且其不作為過失，與病患之死亡結果，有相當因果關係。因認

上訴人確有前揭業務過失致人於死犯行，而以上訴人嗣後否認犯罪及其所為辯解，乃飾卸之詞，不可採信等情，已逐一說明及指駁。事實之認定與證據之取捨，乃事實審法院之職權，苟其事實之認定及證據之取捨，並不違背經驗法則與論理法則，即不容任意指為違法而執為上訴第三審之理由。

三、延伸思考

問題一：病患未經解剖，請問你認為醫審會就本件死因之鑑定為：(1) 因生前病徵病史具特異性，足以論斷死因；(2) 因生前病徵病史特異性不足，應解剖相驗輔助判斷。

問題二：心肌梗塞致心室頻脈死後應呈現何組織器官解剖病理變化？

問題三：下列事實審，何者最可能被認為違反經驗法則與論理法則，而上訴最高法院有理由？(1) 證據相左，採信其中一方未說明理由；(2) 證據相左，採信有利被告之一方；(3) 證據相左，採信不利被告之一方；(4) 證據相左，因此認為缺乏積極證據證明犯罪。

問題四：何謂不證己罪特權？最高法院與更審法院因被告於偵查中與第一審審理時之供稱，而認定被告當時在現場處置時亦認病患確有發生心室頻脈，進而認定有罪，請問此與被告不證己罪特權之差別為何？

四、判決來源

第二十六案　胎兒大頭圍引產胎死腹中案

1

法院／裁判日期
臺灣臺東地方法院 96.06.07

案號
96 年度醫易字第 1 號判決

甲從事業務之人，因業務上之過失傷害人，處有期徒刑伍月，如易科罰金，以銀元參佰元即新臺幣玖佰元折算壹日。

2

法院／裁判日期
臺灣高等法院花蓮分院 97.04.30

案號
96 年度醫上易字第 1 號判決

原判決撤銷。
甲無罪。

圖 26　胎兒大頭圍引產胎死腹中案歷審圖

資料來源：作者繪製。

一、第一審判決

(一) 公訴事實與起訴意旨

醫師甲係臺東縣市 U 婦產科診所醫師（下稱 U 診所）。產婦 G 曾於民國 79 年間及 88 年間順利生產 2 女，為經產婦，自 93 年 2 月 3 日起，因懷孕而按時至 U 診所接受醫師甲之產前檢查。93 年 7 月 28 日產婦 G 妊娠 37 週多，尚未達常規 38 週後子宮頸成熟適合引產之時間，醫師甲對產婦 G 為產前檢查時，因認胎兒頭圍較大，如延至同年 8 月 15 日之預產期生產，不易以自然產方式生產，經產婦 G 同意後，定於同年 7 月 29 日以催生方式提早引產。產婦 G 在醫囑後返家服用 2 顆催生藥，於同年 7 月 29 日上午 9 時 15 分許，因腹痛及腰痠之現象前往 U 診所待產，於同日中午 12 時 20 分破水，經護理人員告知醫師甲，同日中午 12 時 50 分胎兒心跳下降至每分鐘 100 至 120 次，醫師甲指示護理人員給予氧氣及點滴灌注，令產婦 G 左側臥，此時醫師甲始親自內診發現產婦 G 子宮頸擴張 8 公分，有臍帶脫垂之情形，醫師甲嘗試將臍帶推回子宮失敗，即準備緊急剖腹生產，同日下午 1 時許胎兒心跳降至每分鐘 30 至 50 次，醫師甲取消剖腹生產，準備用真空吸引輔助生產，同日下午 1 時 5 分許胎兒已無心跳。

案經產婦 G 訴由臺灣臺東地方法院檢察署檢察官偵查、起訴指出：

醫師甲（下稱被告甲）本應注意其所排定之引產日期較一般常規為早，經產婦在妊娠末期胎頭常於破水前仍未完全下降固定於骨盆腔底部，破水後會導致臍帶脫垂之機率升高，故對於待產之產婦，應以觸診方式確認胎位及胎頭先露部是否固定，以內診確認胎頭位置，並於破水後，檢查有無臍帶脫垂被胎頭壓迫之現象，即時處理並以最快速的方式生產，即持續以手伸入陰道將胎頭頂住，避免壓迫臍帶，然後準備緊急剖腹生產、轉診剖腹生產或立即由產道生產，而依當時之情形，並無不能注意之情事，竟疏未注意，於產婦 G 入所待產後，未曾親自對產婦 G 診斷或為任何檢

查，亦未指示護理人員檢查胎位、胎頭位置及胎頭先露部是否固定，僅由護理人員檢查產婦 G 之子宮頸口擴張程度及子宮頸變薄程度，於同日中午 12 時 20 分許，產婦 G 破水，經護理人員告知此事後，被告甲未立即到產房或指示護理人員檢查有無臍帶脫垂，遲至同日中午 12 時 50 分許，經護理人員告知胎兒心跳下降至每分鐘 100 至 120 下，始親自到產房對產婦 G 內診。

當時發現臍帶脫垂之現象，產婦 G 子宮頸已開口 8 公分，被告甲卻未持續以手伸入陰道將胎頭頂住，避免壓迫臍帶，防止臍帶中血流受阻，危及胎兒性命，同時準備緊急剖腹生產、轉診剖腹生產或即刻以真空吸引方式輔助由產道生產，因認胎頭位置過低，於同日下午 1 時許，捨棄剖腹生產，竟未為其他緊急處理措施，導致臍帶持續為胎頭壓迫，血流受阻，同日下午 1 時 5 分許，護理人員已無法量得胎音，遲至同日下午 1 時 30 分許，產婦 G 子宮頸全開，被告甲始以真空吸引方式輔助產道生產，於同日下午 1 時 40 分許，將產婦 G 腹中無心跳之胎兒吸引娩出，因而致產婦 G 受有胎死腹中之傷害。

(二) 被告回應

被告甲坦承其係 U 診所之醫師，矢口否認有何業務過失傷害之犯行，辯稱：

本案並無子宮不成熟或不適合引產之問題，產婦 G 當時臍帶脫落屬罕見，並非行政院衛生署醫事審議委員會（下稱醫審會）鑑定書所指之臍帶脫落高危險群，且依教科書及文獻的說明，欲發現臍帶脫落之方法另有從陰道檢查，及當心胎音不佳時應懷疑之，而內診及量胎心音依照醫院常規係由護理人員執行，待產婦住院後，產房內各項作業：剃毛、灌腸、內診、聽胎心音等，依各醫院常規，通常為專業產科護士執行，如果待產過程發生任何特殊狀況，護理人員會即時以內線通知醫生，即便產程順利護士也會定時通知，讓醫生掌握狀況。

醫審會鑑定書指出臍帶脫垂之重要緊急處理原則誠然正確，但並非唯

一原則，此原則用在胎頭還很高，子宮頸開不多，還來得及緊急剖腹時確實如此，但本案胎頭已經下來，子宮頸開到 8 公分，痛產緊密，且胎兒心跳在數分鐘即停止，此時只能準備陰道生產，就不適用上述之處理原則，其無何過失。

(三) 鑑定意見

1.醫審會鑑定結果

本案有醫審會鑑定意見書兩份，摘錄如下：

(1)第一次鑑定

「待產中臍帶脫出的發生率為 0.4%，情況相當緊急，對胎兒影響甚鉅，需緊急將胎兒分娩，或將胎頭往上頂，降低臍帶受壓迫的情形與時間，依病例記載緊急採真空吸引器將胎兒分娩出之處置並無不當，且當時給予側臥、點滴及氧氣之處置並無延誤。」

(2)第二次鑑定

「臍帶脫垂為一突發緊急狀況，胎兒心跳變差時顯示胎頭壓迫臍帶導致臍帶中血流受阻，一般未破水前不易診斷，破水後則較明顯，也較容易診斷，當日中午 12 時 20 分產婦 G 破水，中午 12 時 50 分護理人員發現胎兒心跳下降至每分鐘 100 至 120 次，經甲內診才發現有臍帶脫垂現象，就診斷時機而言，甲於 12 時 20 分產婦 G 破水後，迄未前往診視，致未能提早發現臍帶脫垂，難謂無疏失之嫌，護理人員於醫師監督下，雖可於產婦待產期間內診檢查產婦，有經驗之護理人員亦應有能力檢查出臍帶脫垂，依產婦 G 之 U 診所病歷紀錄，其於中午 12 時 20 分破水，子宮頸擴張 3 公分，中午 12 時 50 分子宮頸擴張 8 公分併臍帶脫垂胎兒心跳變差，產程發展迅速，其診斷之時機，尚難謂為恰當。」

「臍帶脫垂之重要緊急處理原則，於診斷臍帶脫垂後，醫師是否有持續以手伸入陰道將胎頭頂住，避免壓迫臍帶，然後準備緊急剖腹生產或轉診剖腹生產，中午 12 時 50 分許，甲至產房時取消緊急剖腹生產，改採真空吸引分娩，係考慮產程發展迅速，而診所設備和人力準備緊急剖腹生產

之時效不一定較真空吸引迅速所致，但中午 12 時 50 分發現臍帶脫垂，下午 1 時取消剖腹生產，此時子宮頸並未全開無法使用真空吸引，下午 1 時 5 分已無胎兒心跳，而至下午 1 時 30 分子宮頸全開才使用真空吸引。因此真空吸引輔助生產在本案於時效上並無幫助。」

2.法醫意見

本案無法醫意見。

(四) 判決結果

臺灣臺東地方法院於民國 96 年 06 月 07 日作成判決，被告甲因業務上過失傷害，處有期徒刑伍月，如易科罰金，以銀元參佰元即新臺幣玖佰元折算壹日。

(五) 判決理由

被告辯稱本案胎頭已經下來，子宮頸開到 8 公分，痛產緊密，且胎兒心跳在數分鐘即停止，此時只能準備陰道生產，就不適用行政院衛生署之處理原則，其無何過失。法院經查：產婦 G 因被告告知胎兒頭圍較大，如延至預產期將不易以自然產方式生產，而同意服用催生藥，於 93 年 7 月 29 日上午 9 時 15 分許，因服用催生藥致腹痛及腰痠之現象，前往 U 診所待產，由診所內護理人員檢查其子宮頸口擴張及子宮頸變薄程度，於同日中午 12 時 20 分許破水，被告甲未至產房檢查產婦 G 狀況，直至同日中午 12 時 50 分許，經護理人員告知胎兒心跳下降至每分鐘 100 至 120 下，指示護理人員令產婦 G 側臥並給予氧氣，始親自至產房檢查其情況，發現臍帶脫垂之現象，至同日下午 1 時 5 分許，已無法測得胎兒心跳，至同日下午 1 時 40 分許，始將其腹中死胎以真空吸引方式娩出。

被告甲雖辯稱本案無子宮不成熟或不適合引產之問題。按醫審會 95 年 11 月 9 日鑑定意見：經產婦於妊娠末期胎頭先露部常於破水前未完全下降，此時產婦破水後，將導致臍帶脫垂之機率升高；被告對產婦 G 進行催生前，自應注意是否有上述情況，而致臍帶脫垂之機率升高。次按證

人即 T 醫院婦產科主任醫師 A 到庭具結證稱可知：醫師為產婦進行催生前，應親自以內診方式判斷子宮頸成熟度及胎頭位置，而決定是否進行催生及催生方式，以免胎頭未真正下降而固定於骨盆腔底部，破水後導致臍帶脫垂之機率增加。被告自承產婦 G 於 93 年 7 月 29 日上午住院時，胎頭確實較高且尚未固定，自應注意於此情形進行催生將導致破水後，臍帶脫垂之機率增加，而親自或指示護理人員定時以內診方式確認胎頭位置、胎頭先露部是否固定及是否發生臍帶脫垂，本案自產婦 G 於上午 9 時 15 分住院待產，中午 12 時 20 分破水，至中午 12 時 50 分胎心音下降為止，均僅由護理人員檢查其子宮頸口擴張程度及子宮頸變薄程度，被告未曾親自或指示護理人員確認胎頭位置、胎頭先露部是否固定及是否發生臍帶脫垂，難謂無過失。

　　另醫審會鑑定書指出臍帶脫垂為一突發緊急狀況，胎兒心跳變差時顯示胎頭壓迫臍帶導致臍帶中血流受阻，一般未破水前不易診斷，破水後則較明顯，也較容易診斷；當日中午 12 時 20 分產婦 G 破水，中午 12 時 50 分護理人員發現胎兒心跳下降至每分鐘 100 至 120 次，經被告甲內診才發現有臍帶脫垂現象，就診斷時機而言，被告於 12 時 20 分產婦 G 破水後，迄未前往診視，致未能提早發現臍帶脫垂，難謂無疏失之嫌，護理人員於醫師監督下，雖可於產婦待產期間內診檢查產婦，有經驗之護理人員亦應有能力檢查出臍帶脫垂，依產婦 G 之病歷紀錄，其於中午 12 時 20 分破水，子宮頸擴張 3 公分，中午 12 時 50 分子宮頸擴張 8 公分併臍帶脫垂胎兒心跳變差，產程發展迅速，其診斷之時機，尚難謂為恰當。

　　次依證人證言可知，醫師必須依據產婦破水前親自對其內診之結果，始得判斷產婦於破水後必須查房之次數及檢查之密集程度，被告明知其對產婦 G 進行催生，其於 93 年 7 月 29 日上午 9 時 15 分許住院待產時，胎頭確實較高且尚未固定，自應注意於此情形進行催生將導致破水後，臍帶脫垂之機率增加，而自當日中午 12 時 20 分護理人員告知被告甲產婦 G 破水一事，至中午 12 時 50 分護理人員發現胎兒心跳下降至每分鐘 100 至 120 次而告知被告，經被告內診才發現有臍帶脫垂現象，期間被告均未親

自前往診視，亦未交待護理人員應以內診方式密切注意產婦 G 之胎頭位
置及生產狀況，是否有臍帶脫垂之情形，且被告自承當日中午 12 時 20 分
許，其在 U 診所 4 樓之住家，足認被告未進行其他看診、手術及接生之
醫療行為，無不能注意之情形，卻疏未注意診視產婦 G，致未能提早發現
臍帶脫垂，難謂無過失。被告雖辯稱期間均有護理人員為產婦 G 內診檢
視有無臍帶脫垂之情形。惟日中午 12 時 20 分起至 12 時 50 分止，期間
12 時 30 分、40 分僅有子宮頸開口及子宮頸變薄程度之記載，於 12 時 50
分始記載臍帶脫垂之情形，足認被告及護理人員於當日中午 12 時 50 分
許始發現臍帶脫垂。當日負責為產婦 G 內診之護士等均證稱：被告下來
時始發現臍帶脫垂之情形。是以當日中午 12 時 50 分許產婦 G 業已發生
臍帶脫垂之情形，被告診所之護理人員仍未能發現，須被告親自內診始發
現，是該等護理人員是否有能力診視臍帶脫垂即屬可疑，被告及其護理人
員診斷之時機，尚難謂為恰當，被告於產婦 G 破水後迄胎兒心跳下降，
未曾親自診視，而及時發現臍帶脫垂，應有過失。

　　本案被告自承於中午 12 時 50 分許發現臍帶脫垂情形，當時產婦 G
之子宮頸開口 8 公分，胎兒心跳尚達每分鐘 100 至 120 次，被告本欲進
行緊急剖腹生產，因胎頭推不回，於下午 1 時許，取消剖腹生產準備真
空吸引進行產道生產，此時胎兒心跳每分鐘仍有 30 至 50 次，卻於下午 1
時 30 分許，子宮頸口全開時，始以真空吸引之方式進行產道生產。惟按
醫審會鑑定意見及證人 B 證稱可知，在緊急情況時，經產婦子宮頸開口 8
公分，可以真空吸引方式立刻生產，被告於中午 12 時 50 分許發現臍帶脫
垂，於下午 1 時許放棄剖腹生產而改行產道生產，此時產婦 G 子宮頸已
開 8 公分以上，當時胎兒仍有心跳，被告本應即刻以真空吸引方式將胎兒
產出，卻遲至下午 1 時 30 分許胎兒已無心跳時始進行真空吸引，且疏未
注意在未進行真空吸引期間持續以手伸入陰道頂住胎頭，避免胎頭持續壓
迫臍帶，被告之處理方式有所延誤，難謂無過失。

　　被告所為之醫療處理行為是否有過失，經檢察官送請醫審會鑑定結
果，雖認待產中臍帶脫出的發生率為 0.4%，情況相當緊急，對胎兒影響

甚鉅，需緊急將胎兒分娩，或將胎頭往上頂，降低臍帶受壓迫的情形與時間，依病例記載緊急採真空吸引器將胎兒分娩出之處置並無不當，且當時給予側臥、點滴及氧氣之處置並無延誤，然觀之此份鑑定書未及參酌產婦G自93年2月3日起至同年7月28日止於U診所產前檢查紀錄，及案發當時在場護理人員等之證言所為鑑定，則上揭鑑定意見，容非正確，附此說明。

綜上所述，本件事證明確，被告業務過失傷害犯行，堪以認定，被告前開所辯，不足採憑，被告有業務上過失甚明，且被告之業務過失行為與產婦G胎死腹中之傷害間有相當相果關係。

二、上訴審判決概述

(一) 第二審判決

被告甲不服第一審判決向臺灣高等法院花蓮分院，提起上訴，法院認為本案被告執行醫療行為，雖然導致產婦中之胎兒死產的不幸結果，但被告之行為並不符合刑法過失犯罪之構成要件，自應為被告無罪之判決，原審判決有罪，即屬有誤，被告上訴為有理由，而撤銷改判。判決理由如下：

由護士在醫師的監督下對於產婦內診與目前我國的醫事常規並無不合。雖然產婦可以由護士進行內診，但是醫師究竟應該在何種情形之下親自檢查產婦狀況，仍然是本案被告注意義務有無的關鍵。按醫事常規下，固然可以由護士對於產婦內診，但這並不能免除醫師應隨時注意產婦產程發展的注意義務，因此當醫師違反隨時注意產婦產程發展的注意義務時，醫師對於違反注意義務固然必須負起民事上之損害賠償責任，但是是否符合刑法上過失罪之構成要件，仍必須如前所述，其行為具有客觀可歸責性為斷。而不能單以違反注意義務為判斷有無刑責的唯一標準。

依照醫審會的鑑定報告認為「就診斷時機而言，醫師於12時20分破

水後，迄未前往診視，至未能提早發現臍帶脫垂，難為無疏失之嫌」、又認為「依病歷記載，產婦 12 時 20 分破水子宮頸擴張 3 公分，12 時 50 分子宮頸擴張 8 公分並臍帶脫垂胎兒心跳變差，產程發展迅速，其診斷之時機，尚難謂為恰當」，認定產婦在破水之後，醫師有隨時親自檢查產婦的注意義務，而被告未能隨即注意產程的發展即屬有違其注意義務，但本案被告是否負有刑事責任，仍應就是否客觀可歸責加以判斷。

被告當時在發現有臍帶脫垂的現象時，確實有依照醫事常規，試著用手將胎頭推回，但是因為推不回，所以採用真空器，不過為時已晚。再依據 L 醫師的證述，在短短的 15 分鐘之內，並無法備妥緊急剖腹所需用的設備、藥劑等等，則被告當時決定使用真空器，其決定並不違背醫事常規。

從鑑定報告所認定進行緊急剖腹生產需時 30 到 50 分鐘的時間，則在本案僅有 15 分鐘的時間下，自不足以進行剖腹產，更足以認定被告之行為與刑法上過失犯罪之構成要件並不相當。至於婦產科診所是否因為交易安全義務而衍生未提供足夠設備的民事責任則屬另一問題，不在本院論斷範圍之內。

(二) 上訴審之爭議

上訴之主要爭議在於當醫師違反隨時注意產婦產程發展的注意義務時，其是否符合刑法上過失罪之構成要件，能否單以違反注意義務為判斷有無刑責的唯一標準。

1.第二審判決

檢察官與被告因業務過失傷害案件，不服臺灣臺東地方法院第一審判決，提起上訴，台灣高等法院認為當醫師違反隨時注意產婦產程發展的注意義務時，被告未能隨即注意產程的發展即屬有違其注意義務，但本案被告是否負有刑事責任，仍應就是否客觀可歸責加以判斷，因此撤銷原判決，被告無罪。第二審判決重點，整理如下：

刑法上過失的認定，必須與民事法之過失純以客觀之標準為基礎有所

區別，除了必須有注意義務的違反之外，還必須確定構成要件的結果來自於行為人違背注意義務所導致，也就是還必須有客觀可歸責的判斷。因此如有生活範圍經驗以外的危險、採取合法措施仍無法避免結果的發生、非刑法規範保護範圍所及的危險、第三者自負責任的行為等等，均不應認為具有客觀可歸責性。

　　一般而言，當破水發生在胎頭固定於骨盆腔之後，因骨盆腔空間被胎頭占據，臍帶不易滑落出來。當先露部位為單腳，手或肩膀，有極大的空間讓臍帶隨羊水的流動而滑出，從而造成臍帶脫垂。臍帶脫垂之所以會有高的死亡率，是因臍帶位於產道時，受到胎兒先露部位等的直接壓迫，以致由母體供應胎兒的血流阻斷。在缺乏含氧血供氣體交換及阻斷血液循環下，胎兒容易因缺氧、窒息而致命。從以上所述，被告對於本件事故發生是否過失，即應以被告的醫療行為是否有提高臍帶脫垂發生的機率、被告發現臍帶脫垂之過程是否應儘早發現、被告在發現臍帶脫垂之後是否採取了必要的措施、被告所採取的措施是否適當而定。

A.被告的醫療行為是否有提高臍帶脫垂發生的機率

　　醫審會鑑定報告雖然提及「生產過程中破水，會致臍帶脫垂之機會升高」，但這段話是接在「胎頭未真正下降而固定於骨盆腔底部」，這也就是指胎位不正的情形。因此醫審會的鑑定意見是認為如果產婦破水了而且有胎位不正的情形的確可以作為判斷發生臍帶脫垂的重要現象，並不是指產婦破水就會提高了臍帶脫垂發生的機率。可知本案產婦雖然已經破水，但是並沒有發現胎位不正的情形，自不能憑以認定產婦破水會提高臍帶脫垂發生的比率。

B.被告發現臍帶脫垂之過程是否應儘早發現

　　被告對於當時是否有胎頭先露部未完全下降的情形，前後所述並不一致。醫審會的鑑定報告則記載「胎頭先露部於骨盆腔之高度以及子宮頸狀況於病歷並未紀錄」。因此本案並無證據足以證明產婦腹中的胎頭有未完全下降的情形。

　　依據醫師證人證稱、醫審會鑑定報告、以及婦產科醫學會鑑定結果，

由護士在醫師的監督下對於產婦內診與目前我國的醫事常規並無不合。不過，雖然產婦可以由護士進行內診，但是醫師究竟應該在何種情形之下親自檢查產婦狀況，仍然是本案被告注意義務有無的關鍵。按醫事常規下，固然可以由護士對於產婦內診，但這並不能免除醫師應隨時注意產婦產程發展的注意義務，因此當醫師違反隨時注意產婦產程發展的注意義務時，醫師對於違反注意義務固然必須負起民事上之損害賠償責任，但是是否符合刑法上過失罪之構成要件，仍必須如前所述，其行為具有客觀可歸責性為斷。而不能單以違反注意義務為判斷有無刑責的唯一標準。

　　醫審會鑑定報告認定產婦在破水之後，醫師有隨時親自檢查產婦的注意義務，而被告未能隨即注意產程的發展即屬有違其注意義務，但本案被告是否負有刑事責任，仍應就是否客觀可歸責加以判斷。從婦產科鑑定報告與醫師證人證稱，則顯見護士的內診可以容易地判斷是否有明顯的臍帶脫垂現象，但如果是隱藏式的臍帶脫垂，通常情形下經由醫師或者是護士的內診仍然不易察覺。而本案產婦生產發生胎兒臍帶脫垂現象，到底是明顯性的臍帶脫垂或者是潛藏性的臍帶脫垂，根據當時為產婦進行內診的護士在偵查中證稱，足證在 12 時 20 分時，護士還沒有發現有臍帶脫垂的現象。

　　根據新生兒紀錄表記載，顯見胎兒心跳在 12 時 20 分的時候還算正常，在 12 時 30 分雖然往下跳，但是在 12 時 40 分時，心跳又跳回到每分鐘 162 下，在這 20 分鐘的時間內，胎兒心跳並沒有足以判斷是臍帶脫垂的心跳下降徵候，此再與前述護士的證述足以認定在 12 時 20 分到 12 時 40 分之間，並沒有胎兒心跳下降或是經由內診發現有臍帶脫垂的徵候，既然沒有這些徵候，而醫事常規下，縱使在產婦破水的情形下，仍可以由護士先進行內診以確定產程。而本案產婦在 12 時 20 分破水時，確實由護士進行了內診，而當時並沒有發現有任何異狀，胎兒的心跳也沒有下降的徵候，則身為醫師的被告之行為，並不符合刑法上過失犯罪的構成要件。

C.被告發現臍帶脫垂之過程是否應儘早發現

　　產婦當時雖已經處於待產狀態，對於產程有深刻的感受，但卻可能無

法確知產程的時間，而二位為產婦進行內診的護士在 12 時 40 分之前並沒有發現有臍帶脫垂的現象。醫審會的鑑定意見也認為「臍帶脫垂，在破水前不易診斷，但是破水後較明顯，也較容易診斷，12 時 20 分破水，12 時 50 分胎兒心跳下降至 100-120 下／分，經醫師內診後才發現臍帶脫垂現象」。足證本案在 12 時 40 分之前，並沒有發現臍帶脫垂的徵候。

D.被告所採取的措施是否適當

醫師證人證稱：如果胎兒的心跳只剩下每分鐘 30 到 50 下時，表示胎兒嚴重窘迫，必須用最快的速度生下來，剖腹或產鉗或是真空吸引都可以，但本案無法判斷。依照本案新生兒紀錄表，到了關鍵的 12 時 50 分，胎兒心跳突然間掉到每分鐘 100 到 120 下之間，記載「……，給予 PV，開 8 公分，臍帶脫落，推不回 FHB80-120，加強 O2 使用，準備緊急 C／S」，接著過了 10 分鐘，到了下午 1 時，胎兒心跳已經剩下 30-50 間，被告取消剖腹手術，準備採用真空器。此與醫審會鑑定報告所敘述的過程相當，亦即被告當時在發現有臍帶脫垂的現象時，確實有依照醫事常規，試著用手將胎頭推回，但是因為推不回，所以採用真空器，不過為時已晚。再依據前述醫師證人的證述，在短短的 15 分鐘之內，並無法備妥緊急剖腹所需用的設備、藥劑等等，則被告當時決定使用真空器，其決定並不違背醫事常規。而臺灣婦產科醫學會鑑定報告也認為「當發現臍帶脫垂時，不論是緊急剖腹或是陰道生產，其最終目的均是如何採取有效處置，在極短暫的時間將胎兒娩出，採取之方式會依所在醫院或診所之空間設備，準備剖腹所需時間、或評估子宮頸擴張下，陰道生產所需時間而定……。

則從臺灣婦產科醫學會鑑定報告所認定進行緊急剖腹生產需時 30 到 50 分鐘的基本準備時間，則在本案僅有 15 分鐘的時間下，自不足以進行剖腹產，更足以認定被告之行為與刑法上過失犯罪之構成要件並不相當。至於婦產科診所是否因為交易安全義務而衍生未提供足夠設備的民事責任則屬另一問題，不在本院論斷範圍之內。

三、延伸思考

問題一：第一審認定被告過失與告訴人胎死腹中之傷害間有相當因果關係，請問其理由為何？

問題二：第二審法院認為「刑法上過失的認定，必須與民事法之過失純以客觀之標準為基礎有所區別，除了必須有注意義務的違反之外，還必須確定構成要件的結果來自於行為人違背注意義務所導致，也就是還必須有客觀可歸責的判斷。」請問此見解較近似於：(1) 被告涉重大過失（gross negligence）；(2) 被告魯莽漠視（recless disregard）可能後果；(3) 因果關係；(4) 被告具犯罪意識或意圖；(5) 被告行為不道德；(6) 病患本身無疏失。

四、判決來源

第二十七案　骨折手術後骨髓炎加劇案

1 法院／裁判日期
臺灣臺中地方法院 97.04.17

案號
95 年度醫易字第 1 號刑事判決

甲犯業務過失傷害罪，處有期徒刑伍月，如易科罰金，以銀元參佰元即新臺幣玖佰元折算壹日，減為有期徒刑貳月又拾伍日，如易科罰金，以銀元參佰元即新臺幣玖佰元折算壹日。

2 法院／裁判日期
臺灣高等法院臺中分院 97.09.18

案號
97 年度醫上易字第 1064 號判決

上訴駁回。

圖 27　骨折手術後骨髓炎加劇案歷審圖
資料來源：作者繪製。

一、第一審判決

(一) 公訴事實與起訴意旨

醫師甲於 92、93 年間，在臺中市 L 醫院（下稱 L 醫院）擔任骨科醫師，為從事醫療業務之人。病患 A 於 92 年 7 月 6 日因車禍至 L 醫院就醫，經醫師甲診斷為右側股骨幹閉鎖式骨折後，由醫師甲施行手術，並以鐵釘及鐵板內固定術固定骨折處。於 93 年 7 月 23 日，病患 A 因骨折處已癒合，由醫師甲施行拆除鐵釘及鐵板手術，且於手術中培養細菌，培養結果為綠膿桿菌，病患 A 因而住院觀察；於住院期間內之 93 年 7 月 30 日，病患 A 開始發高燒，經診斷為傷口感染、傷口有膿的形成，經再次細菌培養，結果仍為綠膿桿菌；於同年 8 月 5 日病患 A 出院，並持續至 L 醫院門診追蹤治療，治療方式以換藥治療為主，由於傷口未見改善，醫師甲又先後於同年 9 月 1 日及同年 10 月 13 日再次施行清創手術，之後再以門診追蹤治療，治療方式仍以換藥治療為主，但傷口仍未見改善。嗣於 93 年 12 月 2 日，經 C 醫院感染科主任 W（下稱 W）會診後，亦判定為骨髓炎，病患 A 於 93 年 12 月 30 日轉診到 C 醫院就醫，經該醫院於 94 年 1 月 12 日以核子醫學掃描檢查後，診斷出病患 A 上開傷勢係罹患「右股骨慢性骨髓炎」之疾病，並由該醫院感染科門診自 94 年 1 月 17 日起至 94 年 4 月 11 日止，給予密集之抗生素治療，甲「右股骨慢性骨髓炎」之發炎指數方無升高之情形。

案經病患 A 訴由臺灣臺中地方法院檢察署檢察官偵查起訴指出：

於同年 10 月 13 日之治療中，醫師甲（下稱被告甲）診斷病患 A 之病因已由原先初步認定的傷口筋膜發炎改為慢性骨髓炎，是時，被告甲本於其醫學知識及經驗，本應注意病患 A 於 93 年 7 月 23 日手術中，即已培養有綠膿桿菌細菌之生長，其後又數次自傷口培養出綠膿桿菌細菌，經過二個月之診療，傷口換藥均無效，且其初步認定之病因已由「傷口筋膜

發炎」改成為「慢性骨髓炎」之情形下，再於同年 10 月 13 日做清創手術後，被告甲即應給予病患 A 規則之抗生素繼續治療，並加上至少四星期的抗生素處理，同時須密切追蹤感染指數，否則不易根除、容易復發，被告甲明知如此，依當時狀況，又無不能注意之情形，竟疏未注意，而未立即給予病患 A 規則之抗生素繼續治療，並加上至少四星期的抗生素處理，致使病患 A 骨髓炎之疾病日益加劇，更因傷口未見改善，而於 93 年 11 月 29 日，進行第三次之清創手術，病患 A 即因被告甲前述醫療疏失而延長骨髓炎之症狀，並延長治療時間，致受有生理機能不健全之傷害。

(二) 被告回應

訊據被告固坦承其於上揭時、地曾多次為病患 A 診療，且知病人如患有慢性骨髓炎，即應給予規則之抗生素繼續治療，並加上至少四星期的抗生素處理，同時須密切追蹤感染指數，但迄至 93 年 12 月 2 日案外人 W 會診前，伊均未依慢性骨髓炎之治療方法醫治病患 A 等事實，固坦承不諱，惟矢口否認有何業務過失傷害之犯行，辯稱：

病患 A 於 93 年 10 月 13 日傷口又發炎時，伊有懷疑是骨髓炎，故安排病患 A 住院及開刀，但開刀結果，發現發炎尚未到達肌肉層或骨頭，並非骨髓炎，才未依照骨髓炎之治療方法給予治療，而該次手術代號為 48004，若是骨髓炎之清創手術，健保代碼應為 64005。又因病患 A 於 93 年 10 月 13 日已係第二次傷口發炎，似為容易發炎之體質，宥於一般筋膜炎難以向健保局申請療程較長之抗生素治療，為使病患 A 得以獲得較為長期適當的抗生素治療，避免傷口再度發炎，伊才在病歷上為骨髓炎之病症記載，乃為救治病患 A 病況所為不得已之措施，並非伊已認定病患 A 罹患骨髓炎，伊並無過失。

(三) 鑑定意見

本案有行政院衛生署醫事審議委員會（下稱醫審會）鑑定結果 2 份，摘要如下：

1.第一次鑑定

　　醫審會按 L 醫院就診之病歷二冊及 X 光片 46 片、出入院診斷均明確記錄為慢性骨髓炎，認定被告於 93 年 10 月 13 日之診斷已改為慢性骨髓炎。

2.第二次鑑定

　　被告為醫治證人甲，曾於 93 年 9 月 1 日、10 月 13 日申報健保代碼 48004C（＜ 5cm），93 年 11 月 19 日申報健保代碼 48005C（5－cm，此等健保代碼是代表清創手術，代碼 48004C 為傷口小於 5 公分，代碼 48005C 為傷口約 5 至 10 公分。以證人甲因右股骨幹骨折，經手術以鋼釘鋼板內固定後，最後住院拔釘，拔完釘後因傷口感染，最後變成骨髓炎之情形而言，此骨髓炎由於骨折處已癒合，其後續發展可能骨頭感染處會經數次清創手術，數週至數月抗生素治療，最後應會痊癒。

　　本件經送請行政院衛生署醫事審議委員會鑑定結果，亦認為被告於 93 年 10 月 13 日為證人甲做清創手術並出院後，被告應予以規則之抗生素繼續治療，被告對於病情雖未診斷錯誤，但給予換藥，並未持續給予抗生素治療，以致其骨髓炎加劇（意指延長骨髓炎之症狀，延長治療時間），其間有因果關係存在，故被告之治療行為，難謂無疏失之處，亦有該委員會前開二次鑑定書存卷可參。

　　證人甲於 93 年 10 月 13 日由被告進行清創手術前，膝關節即已出現僵硬之狀態，且依 L 醫院提出之病歷顯示，早在被告於 93 年 7 月 5 為證人甲為拔釘手術前，證人甲即有右膝僵硬之情況；且證人甲右膝關節攣縮與被告於 93 年 10 月 13 日為證人甲做骨髓炎清創後，未給予規則且持續抗生素治療無關；再者，證人甲右膝關節攣縮之情形，迄至 96 年 6 月 4 日再為鑑定時，已不合於身心障礙等級所列之障礙類別列等標準。

(四) 判決結果

　　被告因業務過失傷害案件，經檢察官提起公訴，法院判被告犯業務過失傷害罪，處有期徒刑伍月，如易科罰金，以銀元參佰元即新臺幣玖佰元

折算壹日，減為有期徒刑貳月又拾伍日，如易科罰金，以銀元參佰元即新臺幣玖佰元折算壹日。

(五) 判決理由

　　法院按行政院衛生署醫事審議委員會鑑定結果，認為被告甲明知對於慢性骨髓炎之患者應為適當且及時之清創手術，並加上至少四星期的抗生素處理，同時須密切追蹤感染指數，否則不易根除，容易復發，竟於 93 年 10 月 13 日已診斷出病患 A 患有慢性骨髓炎後，未依一般醫療常規予以治療，導致病患 A 之骨髓炎之症狀未能改善，進而需要進行另一次之清創手術，其所為治療行為，顯然有所疏失，至為明確。且病患 A 所患之慢性骨髓炎病情亦因此而未能獲得改善，甚至需再實行清創手術，延長骨髓炎之病情及治療之時間，嚴重影響病患 A 生理機能之健全，更屬灼然，病患 A 所受傷害自與被告疏失之醫療行為有相當因果關係。

二、上訴審判決概述

　　被告甲對前開第一審有罪判決不服，因而提起上訴。臺灣高等法院臺中分院（下稱第二審法院）為駁回上訴判決，其重點於下：

1. 第一審判決認事用法及量刑均無不當，應予維持，並引用第一審判決書記載之事實、證據及理由（如附件），並補正本件應於起訴之同一事實，變更檢察官起訴法條為刑法第 284 條第 2 項前段，及引用刑事訴訟法第 300 條之規定。

2. 上訴人即被告甲在本院未提出其他有利之證據，惟仍辯稱：病患於 93 年 10 月 13 日第二次因傷口發炎而前往醫就診時，被告甲僅係主觀上懷疑為骨髓炎，然於實施清創手術，清理傷口發炎部分時，並未發現其骨髓有發炎流膿之情形，X 光片顯示亦無骨蝕之跡象，故無法確定為骨髓炎；但為使告訴人獲得較長期適當之抗生素治療，故將診斷記載為慢性骨髓炎。實則告訴人當時並未被確診為骨髓炎，其診療行為並無任何過失等。

就以上被告甲之辯解，第二審法院表示：就骨髓炎之臨床症狀，及其診斷方式、一般處置方式等事項，經本院依被告甲聲請函請中華民國骨科醫學會說明略以：骨髓炎分急性及慢性骨髓炎，急性骨髓炎症狀為發燒、畏寒、局部紅腫熱痛等急生症狀，一般而言，常需掛急診處理，以免發生敗血症。慢性骨髓炎則無上述急性症狀，但仍會局部腫痛，較能忍受，其至會局部流膿。急性骨髓炎無法單純以 X 光判斷，常需骨骼核醫掃描或磁振造影作輔助診斷。正確診斷則必須骨髓穿刺並做細菌培養方能證實。如診斷為骨髓炎，除了抗生素治療之外，醫師會根據病情，建議手術清創，甚至局部施以抗生素藥株以控制感染；高壓氧則適用在少數頑固慢性骨髓炎之病例，有該學會 97 年 7 月 17 日 (97) 骨醫哲字第 227 號函在卷可稽。

本件苟如被告甲所辯係懷疑並未確定告訴人罹患慢性骨髓炎，則依其醫學專業所知，理當進而尋求確診之道，即除 X 光檢驗外，另施以如上述骨髓穿刺並做細菌培養，以確定或排除骨髓炎，俾能為正確治療。乃其竟僅止於「懷疑」告訴人罹患骨髓炎，而未為上述確診動作，另一方面又於診斷記載告訴人罹患慢性骨髓炎，卻未依治療常規，給予規則之抗生素繼續治療，並加上至少四星期之抗生素處理。其對於告訴人之診療過程，難認無疏失之處。其上訴意旨仍執前詞，否認過失犯行，且指摘原判決不當，並無理由，應予駁回。

至告訴人膝關節攣縮，與本件被告甲就告訴人所患慢性骨髓炎之診療疏失並無關聯一節，除經原審法院說明甚詳外，經本院函請 C 醫院依告訴人病歷說明，亦認告訴人關節緊縮與股骨骨折之治療或骨髓炎之治療，其關聯無法確定。

雖告訴人所提長庚大學骨科系教授翁文能著文中提及，骨髓炎如未妥善治療，可能造成附近關節、肌肉攣縮等情；然該文並未證實其間之必然關聯，況本件告訴人於診斷為骨髓炎前，即已有關節僵硬之狀態，參以上揭 C 醫院之說明，更難認告訴人之膝關節攣縮為被告甲就骨髓炎診療疏失所造成。檢察官上訴意旨認被告甲就告訴人骨髓炎診療疏失，已造成告

訴人膝關節攣縮之重大不治之傷害，並執以指摘原判決不當，並無理由，亦應予駁回。

三、延伸思考

問題一：如果本件醫師已經對病患病情正確診斷爲慢性骨髓炎，於清創手術後，爲何未持續給予抗生素治療？

問題二：本件關鍵是否在被告甲之醫療行爲僅止於「懷疑」病患罹患骨髓炎，並未以X光檢驗、骨髓穿刺並做細菌培養，以確定或排除骨髓炎之確診作爲？

四、判決來源

第二十八案　車禍內出血延誤診斷案

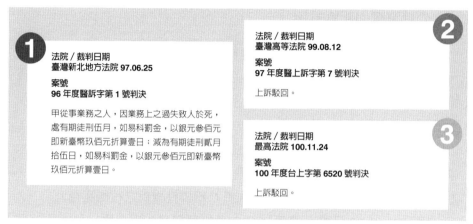

1

法院／裁判日期
臺灣新北地方法院 97.06.25

案號
96 年度醫訴字第 1 號判決

甲從事業務之人，因業務上之過失致人於死，處有期徒刑伍月，如易科罰金，以銀元參佰元即新臺幣玖佰元折算壹日；減為有期徒刑貳月拾伍日，如易科罰金，以銀元參佰元即新臺幣玖佰元折算壹日。

2

法院／裁判日期
臺灣高等法院 99.08.12

案號
97 年度醫上訴字第 7 號判決

上訴駁回。

3

法院／裁判日期
最高法院 100.11.24

案號
100 年度台上字第 6520 號判決

上訴駁回。

圖 28　車禍內出血延誤診斷案歷審圖

資料來源：作者繪製。

一、第一審判決

(一) 公訴事實與起訴意旨

　　醫師甲係臺北縣 J 醫院（下稱 J 醫院）之急診科醫師，民國 94 年 10 月 23 日 19 時 40 分許，病患 C 因酒後騎乘機車不慎撞及停放於路旁之貨車而倒地受傷，經送往 J 醫院急救，甲初步檢查後發現其頭部、右上腹及上下肢有多處挫擦傷，且血壓偏低，囑咐為病患 C 進行靜脈補充輸液，以矯正其休克情形，之後病患 C 之血壓雖有明顯改善，且血紅素並未大幅下降，於同日 20 時 20 分許，甲為病患 C 作胸部及右上臂 X 光檢查，並於同日 20 時 40 分許上石膏固定病患 C 粉碎性骨折之右側肱骨。

　　同日 21 時 22 分許，病患 C 失去意識且無法測得血壓，醫師甲始懷疑病患 C 有腹腔有內出血，為病患 C 施以腹部超音波檢查並建立較大管徑之中央靜脈導管，再施行腹膜腔刺針抽吸術，而抽出暗紅色血液，同日 22 時 12 分許由救護車將病患 C 轉往 T 醫院林口分院（下稱 T 醫院）急救，病患 C 於到院前死亡。

　　案經檢察官提起公訴，主張成立過失致死罪之理由如下：

　　醫師甲（下稱被告甲）係專業醫師，本應注意病患 C 因外傷有休克情形，除應積極加強輸液復甦外，應同時為其作外傷重點超音波檢查以尋找休克來源，且依當時情形，並無不能注意之情事，竟疏未注意及此，並未即時尋找休克來源，反而為病患 C 作 X 光檢查及上石膏，而未能及時發現病患 C 已因臟器破裂而有內出血情形，致病患 C 之急救時機遭延誤。直至病患 C 失去意識且無法測得血壓後始懷疑其有腹腔有內出血情形，其後雖將病患 C 轉院急救，惟其已於到院前，因肝、腎臟器破裂內出血休克死亡。

(二) 被告回應

　　被告甲矢口否認有何業務過失致死犯行，辯稱：病患送到醫院時意識

仍清楚，且從未表示有肚子痛的情形，伊有檢查病患的肚子是軟的，T 醫院的病歷也表明他的肚子是軟的，且因他的腹部沒有外傷，外傷是在胸外側，所以就沒有把肚子部分當作最優先處理，而是把重點放在胸腔。

因以肉眼觀察可看出他的右上肢及胸腔有骨折，所以將病患送去照 X 光，第一次因為病人躁動不配合，沒有照 X 光成功，後來第二次家屬來才幫病患照 X 光。伊幫病人打生理食鹽水後，病人的血壓、心跳是穩定的，當時即請家屬辦住院，且有向家屬解釋病患受傷的部位。伊所作的上述處置，都是屬於一般的外科處置，依當時的症狀並不屬於急救處置。

病患照 X 光，發現其右側前上臂有斷，且他肋骨側面有斷第三、四、五、六根，都是屬於閉鎖性骨折，伊共照三張 X 光，一為右上肢、另兩張是胸部，且聽胸音是正常的，經聽診後認為沒有雜音，應沒有氣胸、血胸的問題。

病患等待住院期間，護士要推上電梯時發現病人意識不清，病人向護士說胸痛，伊就開始對病人急救，第一步是插氣管幫他呼吸，急救後病患有心跳，因病患的心跳當時血壓有降，伊有對他做 CVP，所注射的強心劑等藥物對病患直接有效，並表明伊作這程序很快，且有幫病患輸血，於插管的同時有發現病患的腹部變脹，於是幫病患照腹部超音波，後續做腹腔穿刺術，發現腹部有出血需要開刀，家屬即說要轉院到 A 醫院，但尊重家屬意願就聯繫 A 醫院，A 醫院回覆沒有病床，於是又幫病患聯絡 T 醫院，後來就轉院，伊認為其處置符合一般醫療常規，並沒有延誤診斷之過失。

(三) 鑑定意見

1.醫審會鑑定結果

本案有行政院衛生署醫事審議委員會（下稱醫審會）鑑定書共兩份，鑑定意見歸納如下：

(1)第一次鑑定：針對本案診治病患C之過程是否有過失情事說明

有關多重外傷的處置，按台灣急診醫學會所建議的急診室處理流程為

初級評估、再評估、然後進行次級評估。初級評估包括快速檢查危及生命的問題，並且立刻進行復甦處置，穩定病患的生命徵象。

　　本案病人受傷後 1 小時內就被送至 J 醫院，此時病人意識躁動、血壓偏低（89/64mmHg）、脈搏偏快（108 次／分），外傷後休克的問題此刻應被注意。被告即 J 醫院急診醫師顯然已注意到休克問題，並且試圖進行靜脈補充輸液，矯正休克；在 60 分鐘之內的觀察中，病人確實血壓有明顯改善（上升到 105/59mmHg），且血紅素並未大幅下降（11.6g/dl），及同時放置尿管並監視尿量，正常成人應具每公斤體重每小時排放 0.5 至 1C.C 的尿量，若尿量排放不足者臨床上可判讀為組織血液灌流不足（此為休克的定義），這時須積極加強輸液復甦，並且即刻尋找休克來源；萬不可將寶貴時間虛擲在不影響生命的檢查或治療當中，被告顯然並未注意病人的休克仍然在進行中。此時的檢查應是集中在尋找休克來源，建議的必要 X 光檢查僅限於胸部（前後照 AP view）、頸椎（前後照 AP view）及骨盆；另外以外傷重點超音波檢查（Focused Assessment Sonography for Trauma；FAST）或診斷腹膜腔灌洗術（DPL）來尋找可能的內出血來源。

　　醫師應先為傷者做外傷重點超音波檢查，而不是延誤救命時間的右側肱骨 X 光檢查及石膏固定術。J 醫院若無外科醫師可全天候隨時進行外傷剖腹手術，則應責成急診醫師在第一時間評估及警覺，病人之後續需求已超過醫院所能提供的醫療，及時將病人情況穩定，並及時轉診至適當的醫院，以符合緊急醫療法之精神。

(2)第二次鑑定

　　就有關醫療過程是否有疏失及如依病患 C 之受傷情形及早施以適當治療之存活機率為何等事項說明：

　　依病人之受傷情形，其存活機會可根據 1987 年（Eur J Trauma2002; 28: 52-63.）的創傷計分系統（Trauma Systems）計算得知。此存活率乃根據人體受傷器官部位及嚴重程度（ISS，創傷嚴重指數），並加入受傷初期的個體生理反應（RTS，修正創傷指數），輔以鈍傷、穿刺傷的兩大

機轉，以及年齡 55 歲為區分點的客觀計算公式，本例病人之存活率計算結果為：0.98，換算百分比則為 98%。臨床解讀為：在普及的醫療救護之下，此病人應有 98% 的存活機會。

2.法醫意見

依據鑑定人以肉眼觀察結果，發現病患 C 之胸部，於前胸有急救傷，右肋骨第 4、5 肋骨皮下出血，胸腔之後胸部脊椎骨、頸椎、胸椎無外傷、肋骨無明顯外傷，而上腹部皮膚有外傷，擦挫傷等情，可知病患 C 之上腹部確有外傷且以肉眼即可觀察得到。

3.社團法人台灣急診醫學會（下稱急診醫學會）製作意見書一份，摘要如下

本件車禍外傷病患所施急救程序是否符合同類狀況之一般急救程序說明，以及當急診病人主訴胸部疼痛而非腹部疼痛時，急救程序係如何做說明：

病患 C 之死因，依法醫鑑定報告為臟器（肝、腎）破裂休克死亡，本件急治程序會因有無主訴腹部疼痛而有差別；若病患有主訴腹部疼痛，醫師會安排進一步檢查，若無主訴腹部疼痛且觸診腹部柔軟，一般醫師不會刻意安排腹部檢查。

被告甲醫師於診治過程中，及時診斷並積極治療右側肱骨粉碎性骨折及右側肋骨骨折等出血原因，惟於未能找出其他隱藏性出血前，病患已惡化；且家屬拒絕在 J 醫院立即開刀，殊難謂被告無盡力尋找出血性休克之情事。外傷重點超音波和診斷性腹膜腔灌洗術的適當時機為生命徵象不穩定之外傷病患。病人剛來時血壓 89/64mmHg 偏低，經輸液急救後血壓維持在 100mmHg 左右，後來血壓降到 86/60mmHg，生命徵象已不穩定，被告在此時用超音波來檢查腹腔內有無出血，有關臟器破裂出血，若能早期診斷治療應可提升存活機率，但有些臟器出血手術並非絕對能成功。

(四) 判決結果

臺灣新北地方法院於民國 97 年 06 月 25 日作出判決，其因業務上之

過失致病患 C 死亡，核其所為係犯刑法第 276 條第 2 項之業務過失致死罪，處有期徒刑伍月，如易科罰金，以銀元參佰元即新臺幣玖佰元折算壹日；減為有期徒刑貳月拾伍日，如易科罰金，以銀元參佰元即新臺幣玖佰元折算壹日。

(五) 判決理由

　　法院認定被告甲醫師成立業務過失致死罪之理由，摘要如下：

1.針對被告甲違反其注意義務之說明

　　本件病患於送醫急救時，既係因受酒醉及受傷之影響導致情緒躁動，並非每位送到醫院急診之病患均具備意識能力及表達能力，或有處於意識不清之昏迷狀態者，則被告身為急診專科醫師自當已知其不可以也不可能僅單憑病患之主訴做為其是否需安排進一步檢查之依據。

　　另觀病患 C 之急診病歷及護理紀錄可知病患 C 於到院時，經由被告為其初步檢查時亦已發現病患有多處擦挫傷，且其右上腹位置即為其中一處挫傷所在（20×2 公分）甚明。急診病歷中之護理評估欄也有記錄病患之昏迷指數為 14 分，且護理紀錄顯示病患於 19 時 40 分許入院時有濃重酒味且處於情緒躁動不願配合檢查之狀態，於 19 時 49 分、20 時 20 分，先後記錄著病患情緒仍顯躁動；經醫院抽血檢驗結果，其血液酒精濃度值高達為 283mg/dl，可知病患 C 在入院時之意識狀態，顯因其飲酒過量及受傷等因素導致其無法清楚具體描述出其身體疼痛狀況至明。被告辯稱：病患 C 於送到 J 醫院時意識仍清楚，顯有昧於真實，應係臨訟卸責之詞，並無可採。

2.針對病患入院時腹部有無外傷之爭點說明

　　又依據法醫研究所鑑定人以肉眼觀察結果，發現病患 C 之胸部，於前胸有急救傷，右肋骨第 4、5 肋骨皮下出血，胸腔之後胸部脊椎骨、頸椎、胸椎無外傷、肋骨無明顯外傷，而上腹部皮膚有外傷、擦挫傷等情，可知病患 C 之上腹部確有外傷，且以肉眼即可觀察得到。故被告辯稱：伊之所以未優先處置病患之腹部位置，是因為病患入院時其腹部並無外

傷，外傷是在胸外側，顯與事實有悖，亦應係被告臨訟避就之詞，並無足採信。

3.針對被告甲違反注意義務和病患死亡間有相當因果關係之理由

參兩次醫審會鑑定結果均為 J 醫院於病人的醫療過程中，因疏忽未及早尋求出血性休克的原因，而此疏忽進一步導致延誤診斷及後續可行的救命治療。

被告對醫審會之二次鑑定不服，並爭執病患 C 因臟器破裂而有內出血休克死亡之情形，並非因其延誤診斷所致，因而聲請本院再將本案送急診醫學會函詢有關爭點事項，惟醫學會認為被告有疏未注意病患入院之初血壓偏低，肯認如早期檢查出病患有臟器破裂出血之情形，與提升本件病患之存活率間係有因果關係存在，且此函文意旨反足徵被告於對本件病患急救時，僅做了初級評估，並未於其進行復甦以穩定病患生命之同時，再做評估以進一步發現病患真正出血的部位，實難認被告已有盡力尋找出血性休克之情事。

綜上，本案被告本應注意快速檢查出病患 C 內出血的原因，依據被告所具備之急診專業知識及 J 醫院現有之醫療設備，應能注意，而按病患 C 於肇事當時身體所出現的外傷、所測得之血壓、脈搏、尿量排放等徵兆又非不能注意，而竟未注意及此，致未及早診斷病患內出血的原因，足徵被告確有過失且與病患 C 死亡間復具有相當因果關係。

二、上訴審判決概述

(一) 第二審判決

被告甲對於因車禍受傷之病患 C，並未盡一切醫療檢查程序，迅速查明病患 C 有無內出血，並為及時之救治，並據自身急診專業知識及 J 醫院現有之醫療設備，按病患 C 於肇事當時身體所出現的外傷、所測得之血壓、脈搏、尿量排放等徵兆，進行腹部超音波檢查，已堪認定。而被告為

急診專科醫師，對以腹部超音波檢查找出病患 C 可能休克原因，乃能注意而疏未注意，其因未及注意，致未及早診斷出病患腹部內出血情形，足徵被告確有過失，且與病患 C 之死亡間有相當之因果關係，被告前揭所辯各節及於本院另辯稱病患 C 之死亡與其醫療行為並無因果關係，俱難採信。本案事證已臻明確，被告犯行堪以認定。

(二) 第三審判決

原判決不採被告上訴意旨所指摘（即不採上開教科書及期刊之說明，遽認上訴人未作腹部超音波檢查，顯有過失，及醫審會對本件病患存活率之認定，與近來之統計資料不符等部分）而與判決結果無關之枝節證據，未於理由內為無謂之說明，亦無理由不備之違誤。其他上訴意旨均係就屬原審採證認事職權之合法行使及原判決已論列說明之事項，依憑己見，任意指摘為違法，並重為事實之爭執，自非合法之上訴理由。衡前開說明，其上訴為違背法律上之程式，應予駁回。

(三) 上訴審之爭議

臺灣高等法院與最高法院均認為本案上訴無理由。

1.第二審判決

本案被告經板橋地方法院判決業務過失致人於死罪，後檢察官與被告不服而提起上訴。臺灣高等法院認定被告及檢察官之上訴無理由。因此，駁回上訴，維持板橋地方法院第一審法院有罪判決。

2.第三審判決：駁回

本案被告因業務過失致人於死案件，不服臺灣高等法院第二審判決，提起上訴，最高法院認為被告上訴意旨均係就屬原審採證認事職權之合法行使及原判決已論列說明之事項，依憑己見，任意指摘為違法，並重為事實之爭執，自非合法之上訴理由。因此駁回上訴。

三、延伸思考

問題一：依據本案例，如病患到院時的確能作一般問診回應，且表達自身無肚子痛的情形（可能其他處傷口的疼痛高於腹部疼痛），並假設其他事實不變，則其過失為何？

問題二：請問醫師對於「一般的外科處置」及「急救處置」之合理注意義務為何？

問題三：至少就急診之目的或功能而言，請問你是否同意將明顯躁動譫妄的病患視同無自主能力之個體？

四、判決來源

第二十九案　左臀膿瘍個案抗生素使用案

1　法院／裁判日期
臺灣嘉義地方法院 97.09.30

　案號
94 年度易字第 346 號判決

　丁從事業務之人，因業務上之過失傷害人，處有期徒刑柒月，減為有期徒刑參月又拾伍日，如易科罰金，以銀元參佰元即新臺幣玖佰元折算壹日。

2　法院／裁判日期
臺灣高等法院臺南分院 98.02.25

　案號
97 年度上易字第 725 號判決

　上訴駁回。

圖 29　左臀膿瘍個案抗生素使用案歷審圖

資料來源：作者繪製。

一、第一審判決

(一) 公訴事實與起訴意旨

醫師甲係嘉義市區 Y 醫院（下稱 Y 醫院）之骨科及外科專科醫師。其於民國 91 年 8 月 8 日檢查出病患 I 患有左臀部膿瘍，乃建議進行手術治療，同年 8 月 12 日 10 時許，病患 I 至 Y 醫院住院，醫師甲於當日下午對其進行左臀部膿瘍切開引流手術，並給予抗生素 Stazolin（每 8 小時靜脈注射 1 公克）以及 Gentamycin（每 12 小時肌肉注射 40 毫克，每日共注射 80 毫克）之藥物治療。手術當日即進行傷口細菌檢查，嗣經細菌培養長出金黃色葡萄球菌，細菌培養及敏感試驗結果顯示前述兩種抗生素均有效，案經病患 I 訴由臺灣嘉義地方法院檢察署檢察官偵查、起訴指出：

醫師甲（下稱被告甲）於手術前已知病患 I 之腎功能有異常情形，其血中肌酸酐（creatinine）值為 7.53mg/dl（正常值為 0.5mg/dl 至 1.5mg/dl），屬慢性腎衰竭病患，亦明知 Gentamycin 會造成腎功能加速惡化，應避免用於腎功能不佳之病患。丁於 91 年 8 月 15 上午知悉細菌培養結果，以及當日之血中肌酸酐值已升至 10.1mg/dl，原應注意立刻停止使用 Gentamycin，依當時情形，又無不能注意之情事，竟持續對病患 I 使用每日 40 毫克之 Gentamycin，致之腎臟急速衰竭，迄至 91 年 8 月 20 日，之血中肌酸酐值已暴升至 16.8mg/dl，旋於當日轉院至財團法人 C 醫院（下稱 C 醫院），並於 91 年 8 月 24 日開始接受長期血液透析（即俗稱之洗腎）治療。

(二) 被告等回應

訊據被告固坦承其曾於上揭犯罪事實欄所載時、地為病患 I 施行左臀部膿瘍切開引流手術，並對其使用如上劑量之 Gentamycin，惟矢口否認有何業務過失傷害之犯行，辯稱：

伊使用 Gentamycin 係為避免病患 I 之傷口細菌感染復發，符合教科

書之準則以及醫學行醫邏輯，並無過失，且病患 I 之腎功能原本即不佳，Gentamycin 對腎臟造成之傷害是可以恢復的，伊使用 Gentamycin 與病患 I 腎臟所受傷害並無因果關係，且病患 I 住院期間曾多次不假外出，91 年 8 月 20 日當天並曾至其他診所打針，其腎功能所受損害即難認定係因伊使用 Gentamycin 所致。

辯護人亦為被告辯稱：

依醫審會鑑定結果，被告於 91 年 8 月 12 日至 15 日間使用 Gentamycin 之行為並無不當，而 91 年 8 月 15 日病患 I 之腎功能指數（即血中肌酸酐值）已達 10.1mg/dl，本即需洗腎，故被告 91 年 8 月 15 日後繼續使用 Gentamycin，即與病患 I 之洗腎結果無相當因果關係，且 91 年 8 月 15 日確認細菌培養結果之後，是由醫師 L 負責治療病患 I，並非由被告主治。

(三) 鑑定意見

本件經醫審會多次鑑定結果，均認在 91 年 8 月 15 日病患 I 之傷口膿液細菌培養報告已證實為金黃色葡萄球菌感染，且同日病患 I 之血中肌酸酐值已升高至 10.1mg/dl 之情況下，被告應立即停止使用 Gentamycin：

1. 本案偵查中，檢察官曾函請醫審會鑑定被告對於病患 I 腎臟衰竭之處理過程是否涉有疏失。經醫審會第一次鑑定，結果略以：

   (1) 慢性腎衰竭（血中肌酸酐大於 1.5mg/dl 時間超過 6 個月）之特色是大部分的病患都有兩側腎臟萎縮的現象，慢性腎衰竭為一進行性疾病，亦即在無任何治療下的自然病程是逐步惡化，且其惡化的速度每人均不同，每人惡化的速度都可用時間當橫軸，而用血中肌酸酐當縱軸劃一斜率向下的直線；病患 I 於 85 年 5 月 17 日之血中肌酸酐為 2.7mg/dl，於 91 年 8 月 12 日手術前之血中肌酸酐為 7.53mg/dl，而於 91 年 8 月 22 日腎臟超音波顯示兩側腎臟萎縮，因此病患 I 於 91 年 8 月 12 日手術前即有慢性腎衰竭，而其肌酸酐廓清率（腎功能）依公式計算為 9.64cc/分鐘（正常為 70-120cc/分鐘），已屬於嚴重慢性腎衰竭（一般慢性腎衰竭病人若肌酸酐廓清率小於 5cc/

分鐘或合併有尿毒症狀，則須接受洗腎治療，預估其自然病程（亦即假設無本次臀部膿瘍及手術）應於數月內需接受洗腎治療。

(2) 病患 I 住院期間腎功能加速惡化原因可能為持續注射 Gentamycin 所致，因氨基糖甘類（aminoglycosides）藥物為最容易引起腎毒性之抗生素，用來治療細菌感染時，即使病人為腎功能正常者亦須謹慎使用。慢性腎衰竭之病人感染革蘭氏陽性細菌（如金黃色葡萄球菌）時，並非一定要合併使用 Gentamycin，尤其是腎功能已惡化至血中肌酸酐為 7.53mg/dl 之病人，應儘可能避免使用，因即使減少 Gentamycin 之劑量亦無法避免腎功能之加速惡化。91 年 8 月 15 日病患 I 之膿液培養報告已證實為金黃色葡萄球菌感染，且同日病患 I 之血中肌酸酐值已升高至 10.1mg/dl，醫師應當機立斷立刻停止使用 Gentamycin，但醫師仍然在減少劑量之情況下繼續使用至 8 月 20 日，最後導致血中肌酸酐值升高至 16.8mg/dl。

2. 為確定被告有無過失責任，檢察官再次委請醫審會就病患 I 在 Y 醫院住院期間腎臟功能加速惡化之原因為何？

與被告於此段期間內為治療所感染之金黃色葡萄球菌給予之藥物是否有關？為治療病患 I 感染情形，應以何種藥物治療為適當，以避免加速惡化其腎功能？有無其他藥物可代替被告所使用之藥物？被告於為病患 I 進行手術及期間用藥之醫療行為有無過失等各點加以鑑定。經醫審會第二次鑑定，結果略以：

(1) 本案為慢性腎衰竭病人因多重原因而急性惡化（提早 75 天接受洗腎）病例，病患 I 之腎功能於接受臀部切開引流手術後加速惡化最可能之原因有二：①於 91 年 8 月 12 日所開始使用的 Gentamycin 以及 91 年 8 月 15 日至 91 年 8 月 20 日間減量使用的 Gentamycin、②病患 I 於住院期間自行離院請人注射之藥物（按此為鑑定書依據 Y 醫院護理紀錄等卷附資料所為推論，惟並無證據有此部分之事實，詳見後述）。因此 Y 醫院使用的 Gentamycin 治療與病患 I 之腎功能於接受臀部切開引流手術後加速惡化有關。

(2) 病患 I 於住院當日之的血壓 106/77 公釐汞柱，脈搏數為 92 次／分鐘，腋溫 36.4℃，呼吸次數 20／分鐘，白血球數 11500，隔日即 91 年 8 月 13 日之白血球數降為 9800，因此開始時病患 I 對於細菌感染有系統性反應，但無敗血症；至於臀部膿瘍大部分是混合性細菌感染，尤其是葡萄球菌、革蘭氏陰性腸內菌、厭氧菌等，因此一開始合併使用已依照腎功能程度減量之 Gentamycin（一般對革蘭氏陰性腸內菌有效）並無不當；但在 91 年 8 月 15 日病患 I 之傷口細菌培養只長出金黃色葡萄球菌，Cefazolin 有治療效果，且病患的血中肌酸酐上升為 10.1mg/dl 時，應停用 Gentamycin，而單純使用 Stazolin（即 Cefazolin），但被告繼續使用進一步減量的 Gentamycin，因此可能繼續傷害病患 I 之腎功能；至於是否有其他替代藥物，因病患 I 之傷口細菌培養只長出金黃色葡萄球菌且證實對 Stazolin 有效，其他替代藥物未必比 Stazolin 更好。

(3) 醫師甲為病患 I 進行臀部膿瘍切開引流手術並無過失，但於 91 年 8 月 15 日未停止使用 Gentamycin 則稍欠妥當。

3. 檢察官依據醫審會前揭鑑定提起公訴後，本院復依被告之聲請以及辯護人提出之聲請狀所載待鑑定事項，就本件被告所使用之 Gentamycin 劑量是否適當？一般而言，原係腎功能不良之患者，在已有細菌感染下，其加速惡化之可能原因為何？本案病患 I 腎功能惡化之結果，其主要原因為何？被告已對病患 I 使用 3 天減量之 Gentamycin，如果在 91 年 8 月 15 日停用 Gentamycin，是否仍會發生同一洗腎結果等，函請醫審會再次鑑定。經醫審會第三次鑑定，結果略以：

(1) 依計算公式以及病患 I91 年 8 月 12 日之血中肌酸酐值為 7.53mg/dl、Ccr 值為 9.64cc/ 分鐘，Gentamycin 之建議劑量為每 8 小時 0.2-0.45mg/kg（亦即每 8 小時 12.6-28.35mg，相當於每天 37.8-85.05mg），因此被告當時使用之劑量（每 12 小時 40mg 或每天 80mg）劑量是正確的；病患 I 於 91 年 8 月 15 日之血中肌酸酐值為 10.1mg/dl、Ccr 值為 7.19cc/ 分鐘，因此理論上 Gentamycin 之建議

劑量與之前相同，但因病患 I 之腎功能於 91 年 8 月 15 日已經有急性惡化（亦即慢性腎衰竭合併急性腎衰竭），而且 8 月 15 日已知膿液細菌培養結果為金黃色葡萄球菌且對 Cefazolin 有效，所以 Gentamycin 最好能停藥，而不是進一步減量使用。

(2) 本案病患 I 腎功能惡化之結果，其主要原因為原來嚴重性腎衰竭、細菌感染以及使用 Gentamycin 等。若無本次事件，則依據自然病程，病患 I 大約會在數月後洗腎；若被告於 3 天後（91 年 8 月 15 日）停用 Gentamycin，則病患 I 腎臟已經初步受損，只是傷害會較輕，病患 I 仍會發生洗腎結果，但時間會比 91 年 8 月 20 日晚數日至數週。

(四) 判決結果

臺灣嘉義地方法院於民國 97 年 09 月 30 日作出判決，被告甲因業務上之過失傷害人，處有期徒刑柒月，減為有期徒刑參月又拾伍日，如易科罰金，以銀元參佰元即新台幣玖佰元折算壹日。

(五) 判決理由

1. 被告稱其因細菌檢驗無法檢出全部之菌種，為避免告訴人傷口感染復發危及生命，而繼續使用 Gentamycin，一般情況下，依據醫療常規而依腎功能減量調整之 Gentamycin，其腎毒性通常可以恢復，故於 91 年 8 月 15 日後仍使用減量之 Gentamycin，伊並無過失。惟查：

(1) 被告於偵查中自承：一般病患感染金黃色葡萄球菌之治療方式，是先開刀將膿清乾淨，再使用抗生素殺死細菌，在細菌培養結果還沒有出來以前，先以 2 種抗生素藥物治療，細菌培養後再依細菌種類治療（見發查字卷第 240 頁）。並未提及當時係因考慮到可能有未檢出之細菌種類，始繼續合併使用 Gentamycin。其並於本院審理中自承 91 年 8 月 12 日病患 I 之傷口細菌培養結果，並未顯示有金黃色葡萄球菌以外之細菌。

(2) 又前揭第三次鑑定雖肯認皮膚膿瘍多數為多重細菌混合感染，其中

金黃色葡萄球菌是最常見之致病菌，僅有 25% 之皮膚膿瘍金黃色葡萄球菌為唯一致病菌，據文獻統計約有 4 成細菌培養無法養出細菌，影響因子有培養前是否已接受抗生素治療、檢體採檢及運送過程有無問題、細菌量多寡與是否存在抑制細菌生長之因子等。惟鑑定書亦指出：Cefazolin 之作用機轉為抑制細菌細胞壁合成，Gentamycin 之作用機轉為抑制細菌蛋白質合成，Beta-lactam 類抗生素（Cefazolin 屬之）與 Aminoglycosi 類抗生素（Gentamycin 屬之）合併使用在體外試驗與藥物動力學實驗中雖有加乘效果，但人體臨床試驗之 meta-analysis 分析中，並無法顯示有較佳之臨床療效。

(3) 另參第三次鑑定意見，在一般情況下，依據醫療常規而依腎臟功能減量調整之 Gentamycin，其腎毒性通常可在數週內消除，但若病人本來就有嚴重慢性腎衰竭或有其他合併症，則腎功能恢復機會便會減少，如病人為嚴重慢性腎衰竭（Ccr 值為 9.64cc/ 分鐘）合併細菌感染者，縱依據醫療常規而依腎功能減量調整 Gentamycin 用量，所造成之腎毒性，其腎功能恢復機會仍會減少。是被告上開所辯即無足採。

2. 被告雖又辯稱：病患 I 於陽明醫院住院期間，曾多次不假外出，91 年 8 月 20 日當天並曾至其他診所打針，其腎功能所受損害即難認定係因被告使用 Gentamycin 所致，並舉出陽明醫院護理紀錄以及聲請傳喚證人即當時負責照顧病患 I 之護士丙、甲為證。惟查：

(1) 病患 I 於偵查中陳稱：伊 91 年 8 月 16 日、17 日雖曾因全身紅腫至 C 診所求診，但醫師 C 看伊情況嚴重，不願幫伊看病，要伊回去 Y 醫院，所以並未在 C 診所打針吃藥；復於本院審理中具結證稱：伊 91 年 8 月 16 日至 18 日離開 Y 醫院是請假回家洗澡及外出吃飯，未到其他醫院看診，91 年 8 月 20 日除醫師 L 外，亦無其他醫師為伊看診，伊未曾向 Y 醫院的護士提到曾到其他醫院就診。又 Y 醫院提出之病患 I 病歷資料中，固有 91 年 8 月 17 日、18 日之請假單，護理紀錄上並有 91 年 8 月 16 日「不假外出、給予電話聯絡、辦理請

假手續」、91 年 8 月 18 日「請假未歸」、91 年 8 月 20 日「再返醫院告知起紅疹、發燒 38℃、自行至他院內科求診」。惟前述 91 年 8 月 17 日、18 日之請假單上所載請假事由分別為「洗頭髮」、「回家」；另依中央健康保險局南區分局以 92 年 4 月 15 日健保南費二字第 0920013601 號函檢送之病患 I91 年間就醫紀錄所載，病患 I91 年 8 月 12 日至 20 日間（即在 Y 醫院住院期間）並無至其他醫院就診之紀錄；是病患 I 是否確曾至其他診所求診而注射或服用具有腎毒性，即有可疑。

(2) 證人甲雖於偵查中證稱：病患 I91 年 8 月 20 日上午 8 點多之前說要出去，伊有請病患 I 填請假單，當時其情況很正常，下午 3 點多回來後，身上就一片一片紅紅的，有發燒的情形，他說以為是過敏，有到其他醫院拿藥、打針，病患 I 當時還有拿健保卡給伊看，但因健保卡上的日期不清楚，所以伊不知道病患 I 究竟是去哪家醫院。惟證人甲前揭證述，與被告在偵查中陳稱：病患 I 在 Y 醫院住院期間，健保卡是由醫院保管，所以不會有其他就診紀錄對照觀之，已有矛盾；亦與證人甲於本院審理中證稱：病患 I91 年 8 月 20 日上午有辦理出院，既已辦理出院就不用填寫請假單等語相互矛盾。是證人甲於偵查及本院審理中證稱病患 I 曾向伊表示當天有到其他醫院求診及拿藥打針、並拿健保卡給伊看，是否可採，即非無疑。至證人丙則係在 91 年 8 月 20 日下午始與甲交班接手負責照顧病患 I，病患 I 有至其他診所就診，亦係由證人甲轉告丙，而非證人丙親自見聞，是證人丙之證述亦難採為有利於被告之認定。

(3) 被告又辯稱因健保局不喜歡醫院診所替病人打針，所以大部分診所或醫院打針時都需要病人自費，嘉義地區仍有密醫或藥局替病人打針，健保局資料無法呈現病人所有打針之情形。此僅係被告臆測之詞，並無具體實據足認病患 I 在 Y 醫院就診期間曾至其他處所施打具甚毒性之針劑，是被告所辯尚難憑採。

(4) 前揭醫審會鑑定結果，被告使用 Gentamycin 與病患 I 所受急性腎衰

竭之傷害間，確具有相當因果關係，則縱如被告所辯，病患 I 自己
亦曾另赴其他診所施打損及腎功能之針劑，而併合造成本件傷害之
結果，揆諸前揭說明，仍不能阻卻被告之責任。

3. 辯護人雖為被告辯稱：病患 I 在 91 年 8 月 15 日前已接受 3 天 Genta-
mycin 治療，縱 91 年 8 月 15 日後停用 Gentamycin，洗腎之結果亦無
法避免，故被告於 91 年 8 月 15 日之後使用 Gentamycin 之行為，與病
患 I 洗腎之結果無因果關係。惟本件公訴意旨係認被告之過失行為導致
病患 I 受有腎臟急速衰竭之傷害，而加速病患 I 洗腎之結果，而非指被
告之過失行為造成被告洗腎之結果，合先敘明。病患 I 在赴 Y 醫院接
受被告治療前，原即有慢性腎衰竭，業如前述，而對慢性腎衰竭之病
患施以具腎毒性之 Gentamycin 抗生素治療，依客觀審查，自足以引起
腎臟急速衰竭之結果；前揭第三次鑑定結果亦認原即腎功能不良之病
人，Gentamycin 及其他腎毒性藥物可能加速其腎功能惡化。是被告之
過失行為與病患 I 所生急性腎衰竭結果，應具有相當因果關係甚明。

4. 辯護人又為被告辯稱：91 年 8 月 15 日以後係由醫師 L 對病患 I 施以
Gentamycin 治療，非由被告主治。惟觀諸病患 I 之 Y 醫院病歷紀錄，
91 年 8 月 15 日當天簽署之醫師仍為被告，91 年 8 月 16 日以後始改簽
「L」；另證人丙曾於偵查中證稱：臨時醫囑單是醫師在護理站寫的，
15 號以前是醫師甲（即指被告）寫的，15 號以後是醫師 L 寫的。被告
亦於偵查中自承：91 年 8 月 15 日仍給予病患 I Gentamycin40 毫克以
及 Stazolin1 瓶藥物治療，是伊在 91 年 8 月 15 日開立之處方，8 月 16
日至 20 日是醫師 L 依據伊的處方未加修改繼續使用；復於本院 95 年
2 月 17 日審判庭中自承：伊是 91 年 8 月 16 日出國，伊還在 91 年 8 月
15 日 根據細菌培養結果作決定，要繼續對告訴人施用減量的 Gentamy-
cin，絕非對告訴人不聞不問；又於本院 97 年 9 月 25 日審判庭中自承：
伊在 91 年 8 月 15 日早上就知道細菌培養結果，仍決定將 Gentamycin
之使用量改為每日 40 毫克，再告訴伊出國期間負責代理之醫師 L，由
醫師 L 下醫囑單。

　　綜上堪認迄至 91 年 8 月 15 日仍係由被告負責診治病患 I，並由被告決定繼續對病患 I 施用 Gentamycin。參以被告係病患 I 之主治醫師，又係 Y 醫院之院長，其既已決定減量後繼續使用 Gentamycin，衡情醫師 L 自難違背被告之指示，而自行決定停用 Gentamycin，是被告自不得將本件過失責任諉由醫師 L 承擔。

　　而由上述醫審會歷次鑑定結果可知：被告在 91 年 8 月 15 日既已明知病患 I 之膿液細菌培養報告證實為金黃色葡萄球菌感染，且 Stazolin 可有效治療，而病患 I 之血中肌酸酐值又已升高至 10.1mg/dl，在此情況下，被告實應立即停止使用 Gentamycin，惟其竟未停止使用，即有過失；且被告之過失行為導致病患 I 急性腎衰竭，於 91 年 8 月 20 日血中肌酸酐值升高至 16.8mg/dl，堪認被告之過失行為與病患 I 所受急性腎衰竭之傷害間，確有相當因果關係。

二、上訴審判決概述

　　上訴審維持第一審有罪判決，支持其關於因果關係等論點。上訴審審理時，傳喚證人到庭與再送鑑定機關鑑定以對被告丁使用 Gentamycin 作進一步調查，茲於下摘錄重點：

1. 被告甲再聲請證人等於分別到庭。法院審理結果如下：依上開證人等證述以觀，其等所為之證述仍屬個人之觀點，仍無法推翻上開行政院衛生署醫審會所為之鑑定意見，又證人之證述「抗生素種類有很多，如果腎臟不好，儘量選擇經由肝臟代謝的藥物」以觀，本件病患醫師甲之腎臟既已漸漸惡化，被告甲當時亦知悉病患之腎臟不良之情況，何以不選擇由肝臟代謝的抗生素藥物？以避免病患醫師甲腎臟之繼續惡化，因之本院認被告甲當時繼續使用 Gentamycin 顯有疏忽。

2. 被告甲聲請法院函請台大醫院、榮民總醫院、長庚醫院就鑑定報告第四頁載：「皮膚膿瘍多數為多重細菌感染（polymicrobial infection），

但僅有 25% 皮膚膿瘍金黃色葡萄球菌為唯一致病菌，據文獻統計有四成細菌培養無法養出細菌」，則本件 91 年 8 月 15 日之後縱使有培養出金黃色葡萄球菌，則在有四成細菌無法培養出來之情況下，若驟然對病患停止使用 Gentamycin，病患有無導致敗血症死亡或膿瘍復發之風險等情表示意見。法院因此分別函請國立成功大學醫學院附設醫院、行政院國軍退除役官兵輔導委員會臺北榮民總醫院及財團法人長庚紀念醫院（林口）分院。法院審理結果如下：

本院綜觀上開醫院之意見以觀，所為之函示意見對於被告有疏失之判斷仍有所保留，但上開醫院並非本件案例之親身經驗，屬於醫學上表示之意見，仍不能為被告甲有利之認定。至於被告甲所聲請本院就上開事項向台大醫院請求表示意見一節，本院認既已再分函上開三家醫院請求表示意見，又經過三次醫學鑑定已如上述，事證已明，是本院認無庸再函台大醫院請求表示意見，併此敘明。

3. 被告即上訴人辯稱其於 91 年 8 月 15 日後仍使用減量之 Gentamycin，係因細菌檢驗無法檢出全部之菌種，為避免告訴人之傷口感染復發危及其生命，而繼續使用 Gentamycin，且一般情況下，依據醫療常規而依腎功能減量調整之 Gentamycin，其腎毒性通常可以恢復，故其並無過失。法院引據鑑定意見對被告前開辯解表示如下意見：在一般情況下，依據醫療常規而依腎臟功能減量調整之 Gentamycin，其腎毒性通常可在數週內消除，但若病人本來就有嚴重慢性腎衰竭或有其他合併症，則腎功能恢復機會便會減少，如病人為嚴重慢性腎衰竭（Ccr 值為 9.64cc/ 分鐘）合併細菌感染者，縱依據醫療常規而依腎功能減量調整 Gentamycin 用量，所造成之腎毒性，其腎功能恢復機會仍會減少。是被告上開所辯即無足採。

4. 被告於上訴審理中又辯稱，告訴人於 Y 醫院住院期間，曾多次不假外出，91 年 8 月 20 日當天並曾至其他診所打針，其腎功能所受損害即難認定係因被告使用 Gentamycin 所致對此，法院調查後，表示被告所辯尚難憑採。法院接著說：況查，刑法上之過失犯，祇須危害之發生，

與行為人之過失行為，具有相當因果關係，即能成立，縱行為人之過失，與病患本身之過失，併合而為危害發生之原因時，仍不能阻卻其犯罪責任（最高法院 93 年度台上字第 1017 號判決意旨參照）。依前揭醫審會鑑定結果，被告使用 Gentamycin 與告訴人所受急性腎衰竭之傷害間，確具有相當因果關係，則縱如被告所辯，告訴人自己亦曾另赴其他診所施打損及腎功能之針劑，而併合造成本件傷害之結果，揆諸前揭說明，仍不能阻卻被告之責任。

5. 於上訴審中，辯護人為被告辯稱：被告於 91 年 8 月 15 日之後使用 Gentamycin 之行為，與告訴人洗腎之結果無因果關係。回應前開辯稱，法院重申與第一審判決相同審理結果，即：告訴人在赴 Y 醫院接受被告治療前，原即有慢性腎衰竭，而對慢性腎衰竭之病患施以具腎毒性之 Gentamycin 抗生素治療，依客觀審查，自足以引起腎臟急速衰竭之結果；前揭第三次鑑定結果亦認原即腎功能不良之病人，Gentamycin 及其他腎毒性藥物可能加速其腎功能惡化。是被告之過失行為與告訴人所生急性腎衰竭結果，應具有相當因果關係甚明。

再，告訴人一再主張其因被告之行為需終生洗腎，故認被告係犯同條文後段之業務過失傷害致人重傷罪。採與第一審法院相同見解，第二審法院亦表示：告訴人於本件醫療事故發生前，原已罹有慢性腎衰竭，縱未發生本件事故，依其自然病程，亦會於數月後需接受血液透析治療，且在一般情況下，依醫療常規而就腎功能減量調整之 Gentamycin，其腎毒性通常可以在數週內消除等情，可知被告之過失行為雖致告訴人受有急性腎衰竭之傷害，惟告訴人之腎臟功能之所以無法回復而需終身接受血液透析，乃因告訴人原有之慢性腎衰竭病症合併因使用 Gentamycin 引發之急性腎衰竭所致之過失傷害行為所造成，是被告使用 Gentamycin 之過失行為，與告訴人腎功能喪失之結果間，應無相當因果關係。

綜合上述，二審法院最終認為告訴人受有腎臟急性衰竭之傷害，被告係犯刑法第 284 條第 2 項前段之業務過失傷害罪。

三、延伸思考

問題一：本件法院判定被告甲行為成立業務過失傷害罪，而非業務過失重傷罪之理由為何？

問題二：刑法第 10 條第 4 項：「稱重傷者，謂下列傷害：……六、其他於身體或健康，有重大不治或難治之傷害。」請問，腎臟功能需終身接受血液透析時，是否構成「重大不治或難治之傷害」？

四、判決來源

第三十案　連續插管失敗遲未照會案

1 法院／裁判日期
臺灣士林地方法院 **98.03.31**

案號
97 年度醫易字第 1 號刑事判決

甲從事業務之人，因業務上之過失傷害人致重傷，處有期徒刑柒月，減為有期徒刑參月又拾伍日，如易科罰金，以銀元參佰元即新臺幣玖佰元折算壹日。

2 法院／裁判日期
臺灣高等法院 **98.12.17**

案號
98 年度醫上易字第 2 號刑事判決

上訴駁回。

圖 30　連續插管失敗遲未照會案歷審圖
資料來源：作者繪製。

(一) 公訴事實與起訴意旨

　　醫師甲係臺北市內湖區 T 醫院（下稱 T 醫院）急診醫學主治醫師。病患 S 因呼吸困難，於民國 93 年 9 月 22 日凌晨 4 時 37 分許經救護車送至 T 醫院急診，經初步診斷為「吸入性肺炎合併呼吸衰竭」、「陳舊性腦中風」、「高血壓性心臟病」，急診值班住院醫生 X 於上午 5 時 25 分指示送腦部電腦斷層掃描檢查，上午 5 時 50 分檢查後返回急診室，於上午 6 時 10 分出現呼吸窘迫、痰多、血氧飽和度下降為 90%，6 時 15 分血氧飽和度下降為 87% 之情形，醫生 X 向家屬解釋應插管並獲同意；因病患 S 有牙關緊閉情形，醫師 X 乃請值班主治醫師甲插管，病患 S 於上午 7 時 15 分血氧飽和度降至 75%，7 時 31 分血氧飽和度更降至 30%、心跳停止，醫師甲緊急為病患 S 實施心肺復甦術（CPR），並於上午 7 時 33 分照會麻醉科醫師，麻醉科醫師旋於上午 7 時 37 分為病患 S 進行口氣管內管插管成功，病患 S 於上午 7 時 45 分恢復自發性循環，8 時 15 分送入加護病房繼續治療。

　　案經病患 S 之夫訴由臺灣士林地方法院檢察署檢察官偵查、起訴指出：

　　醫師甲（下稱被告甲）明知病患 S 因呼吸衰竭所引起之低血氧現象已接近造成腦部組織缺氧之臨界值（即血氧飽和度 90%），應盡速為其建立穩定之呼吸氣道，如有拖延將造成腦缺氧病變之嚴重後果，仍疏未注意，於上午 6 時 17 分甲首次為牙關緊閉之病患 S 嘗試經鼻氣管插管未成功，於上午 6 時 35 分給予鎮定劑（Dormicrum）、神經肌肉阻斷劑（Esmeron）後，於上午 6 時 40 分、6 時 42 分、6 時 45 分、6 時 46 分、6 時 50 分、7 時 0 分再進行插管，其中 6 時 45 分該次為支氣管鏡指引插管，其餘 5 次為經口氣管內管插管，亦均未成功，其間醫護人員使用袋瓣罩甦醒球提供病患 S 氧氣及換氣，而病患 S 血氧飽和度則在 70% 至 99% 間移動，

甲為病患 S 進行前述 7 次插管未果，已知病患 S 為困難氣道病患，其插管手法或不適合病患 S，或病患 S 已有建立人工氣道之需要，依一般醫療準則匯出時間：112/08/2704:40 第 1 頁，應照會其他資深醫師、麻醉科醫師進行插管，或照會耳鼻喉科醫師建立人工氣道，竟於上午 7 時 0 分插管失敗後，遲未照會其他資深醫師、麻醉科醫師或耳鼻喉科醫師，於之後長達半小時期間內並無任何為病患 S 建立穩定呼吸氣道之措施，病患 S 於上午 7 時 15 分血氧飽和度降至 75%，7 時 31 分血氧飽和度更降至 30%、心跳停止，甲始緊急為病患 S 實施心肺復甦術（CPR），並於上午 7 時 33 分照會麻醉科醫師，麻醉科醫師旋於上午 7 時 37 分為病患 S 進行口氣管內管插管成功，病患 S 於上午 7 時 45 分恢復自發性循環，8 時 15 分送入加護病房繼續治療，惟因甲於插管過程中耗時過久，已致病患 S 腦缺氧病變而成為植物人之重大不治之傷害。

(二) 被告回應

訊據被告甲矢口否認有何業務過失重傷害犯行，辯稱：

其為病患 S 實施插管之過程並無疏失：本案發生時，已有 19 年執業經驗，為一合格資深急診專科醫師，本有獨立為病人插管之資格與能力，醫療實務上亦無急診醫師為病人插管時，應有耳鼻喉科或麻醉科醫師在場提供協助之醫療常規；為病患 S 插管過程中，均有注意持續給氧，雖插管過程中血氧飽和度有數度掉到 90% 以下，然此乃插管所造成的短暫現象，按病人需要插管係因其自身無法維持血氧飽和度在 90% 以上，因此需要外力輔助，此之外力輔助可以是氣管內管插管，也可以是袋瓣罩甦醒球之使用，病人血氧飽和度掉到 90% 以下的時間僅為病人進行插管動作之短暫期間，無法繼續以袋瓣罩甦醒球加強給氧，故有血氧飽和度下降情事，當發現血氧飽和度下降便立刻停止插管，並旋即恢復以袋瓣罩甦醒球加強給氧，病人之血氧飽和度均隨即恢復至 90% 以上，而此種插管期間所引起短暫的血氧飽和度下降，在醫學文獻上已指出不會引起缺氧性腦病變；其為資深醫師，為病人插管不應受 3 次限制，醫學文獻認為，有關

建立人工氣道之處理流程，不過是指導方針，在個案下應委由醫師作最終之決定，面對病人困難插管之情況，究應立即照會其他醫師，或由其繼續嘗試，應委由依其專業與當時的狀況為裁量，臨床上遇到不易插管之個案時，插管可能超過 3 次，實務上也有插管 10 次才成功之案例，故是否插管，醫師自有裁量之空間。

其為資深急診內科主治醫師，自己插管 3 次不進，已知為困難個案，將個案推給在旁的年輕住院醫師，並非負責任之態度，而急診科醫師對緊急呼吸道之建立具有相當高之成功率，不遜於麻醉科會診之醫師，本件發生於凌晨時分，請麻醉科會診亦未必能派出資深主治醫師，其插管成功率更難以預料，後因病人病情急轉急救，因此請麻醉科年輕住院醫師幫忙插上，並無所謂遲延之說，麻醉科醫師之所以插管成功，並非因其為麻醉科醫師或插管手法較適於病人之故，其進行插管時間為 9 月 22 日上午 7 時 37 分，而病人於同日 7 時 31 分病情急轉，血氧飽和度下降至 30%，甚至呼吸終止需心肺復甦術，此時病人全身肌肉已經放鬆，造成插管困難之原因已不存在，因此麻醉科醫師方能迅速插管成功，又照會耳鼻喉科醫師亦非其插管成功率較高之故，而是如果他們插管失敗時，可以進行氣管切開術以建立人工氣道，本件雖多次插管未能成功，然使用袋瓣罩甦醒球為病人給氧期間，多能維持其血氧飽和度在 90% 以上，應無立即進行氣管切開術之必要，再本件實施 7 次插管，第 1 次經鼻氣管內管插管未成功後，即改用快速插管（RSI）經口氣管插管，稍後 5 次插管中亦曾使用支氣鏡指引插管，故曾嘗試使用其他器具為病人插管，惟因病人為困難插管之個案，多方嘗試仍未成功，然其已盡注意之能事，實不應遽論有過失。

病人成為植物人之結果，與被告之插管並無相當因果關係：

病患 S 於 93 年 9 月 22 日清晨 4 時 37 分送至 T 醫院，依救護車紀錄記載，其昏迷指數為 12 分（E4M6V2），已較正常人 15 分為低，且依護理紀錄所記，家屬亦自承病患 S 在家中即表現有「發紺」（CYANOSIS，即表組織缺氧），及依病人急診病歷記載「Conscious Change」，而經行政院衛生署醫事審議委員會（下稱醫審會）鑑定亦認病患 S 送至 T 醫院

後，其昏迷指數只剩下 8 分（E2M4V2），故病患 S 送院時確有意識改變之情事；又行政院衛生署醫審會兩次鑑定意見與 1 次函覆均認為病患 S 成為植物人狀態，係病人吸入性肺炎病程發展之結果，至於被告插管耗時過久之原因，僅是不能排除而已，且非造成缺氧性腦病變之主因之一，故病患 S 自身疾病（吸入性肺炎合併呼吸衰竭）對於最終之結果，具有顯然之原因力，換言之，以其當時之病況，即便無插管較費時間之情節，仍然會發生成為植物人之結果；病人於 93 年 9 月 22 日上午 4 時 45 分經護士檢查，其右眼瞳孔對光反射無反應，故病人於插管前已有腦損傷之事實，且到院時意識改變，後來成為植物人狀態乃插管前疾病之延續，與被告之插管行為無因果關係。

(三) 鑑定意見

1.醫審會鑑定
(1)第一次鑑定書

醫審會第一次鑑定書鑑定意見 (二)(2)：「病人牙關緊閉，又嘗試 6、7 次插管皆失敗，應可推論病人有困難氣道情況……一位醫師若嘗試插管 3 次失敗，應考慮照會其他資深醫師、麻醉科醫師或耳鼻喉科醫師繼續進行插管，或使用特別器具以幫忙插管……」。

(2)第二次鑑定書

行政院衛生署醫審會第二次鑑定書鑑定意見 (七)(八)：「一般建議同一施救者插管超過 3 次以上失敗，需換手請其他施救者施行氣管內管插管，其主要原因並非插管超過 3 次一定會引起併發症，而是基於第一個施救者經 3 次插管失敗，可能手肌肉已疲憊，無法繼續做標準插管動作，或是第一個施救者之插管手法並不適合此病人，因此換另一個施救者插管，也許其手法較適合此病人，如此可能增加插管成功機會，減少插管所耗費之時間……」、「一般而言，插管連續失敗，照會麻醉科醫師，是因為其插管經驗豐富《麻醉時需插管》，照會耳鼻喉科醫師是因為他們若插管失敗，可進行氣管切開術建立人工氣道，因此借重他們的專長幫助病患建

立呼吸道……如果可成功建立人工氣道，維持血氧飽和度達 90% 以上，應可阻止病人進行中之腦組織缺氧，若病患之腦組缺氧發生在插管動作之前，則插管只能幫助不再惡化……」。

　　行政院衛生署醫審會第一、二次鑑定書另有「……本件病人因吸入性肺炎，在家中及到院時皆已有缺氧現象，故即使嗣後呈現植物人狀態，亦不屬重傷害，而是病程發展的結果」、「對於病人後來呈現疑似缺氧性腦病變變化，其造成原因除插管多次後發生心肺停止外，由護理記錄家屬敘述中顯示，病人於家中即表現有發紺（CYANOSIS－表組織缺氧現象，因此其腦部缺氧病變應由多次缺氧事件合併引起，而非單一事件引起，故醫師甲插管過久，而發生病人心肺停止，應無法判定為導致病人後來呈現缺氧性腦病變之唯一原因」、「病人因合併呼吸衰竭，在至 T 醫院就診前 1 日及在電腦斷層室中作檢查時，即有呈現低血氧狀態，因此之後病人形成植物人狀態，與病人病程發展有關，然亦不能排除與插管時間過久有關」，亦有「此病患原本即因吸入性肺炎合併呼吸衰竭至 T 醫院就診，其後因呼吸衰竭惡化，才須作氣管內管插管救治，雖值班醫師有插管時間過久及照會麻醉醫師較遲之缺失，然而就因果關係而言，值班醫師只能算是未成功救治病患呼吸衰竭狀態，實難謂造成缺氧性腦病變之主因之一，因若值班醫師不進行氣管內管插管，或病患未送至醫院，其呼吸衰竭狀況仍會進行而導致缺氧性病變，即使醫師能於短時間內插管成功，亦難保證病人就能避免缺氧性病變」。

(四) 判決結果

　　臺灣士林地方法院於民國 98 年 08 月 31 日作出判決，被告甲因業務上之過失傷害人致重傷，處有期徒刑柒月，減為有期徒刑參月又拾伍日，如易科罰金，以銀元參佰元即新台幣玖佰元折算壹日。

(五) 判決理由

　　本件病患 S 入院時雖有「吸入性肺炎合併呼吸衰竭」之病症，然業

經送院並接受插管醫療；而按呼吸衰竭固可引起低血氧，進而導致腦組織缺氧，甚而發生缺氧性病變，而本件病患 S 於被告開始負責為其插管前亦已出現血氧飽和度略低於 90% 之低血氧現象，或嘴唇「發紺」（CYA-NOSIS－表組織缺氧）等顯示有缺氧情況之症狀，然尚無證據顯示病患 S「吸入性肺炎合併呼吸衰竭」所引致後續病程之發展，已至腦組織缺氧病變，甚至成為植物人狀態；又如前述，如可成功建立穩定之呼吸氣道，維持血氧飽和度 90% 以上，可以阻止腦組織缺氧病變或幫助不再惡化，則病患腦組織缺氧病變成植物人之狀態當非無可避免；是本件因被告違反注意義務之過失行為，使病患 S 錯失及時建立穩定呼吸氣道之機會，致腦組織缺氧病變而成為植物人，其過失行為與病患 S 為植物人之結果間，有相當因果關係甚明，上開鑑定書及函文意見尚有誤會，不足推翻前揭認定。

二、上訴審判決概述

　　本件第一審判決為被告甲有罪判決理由主要論述在於，病患腦組織缺氧病變成植物人之狀態當非無可避免；被告甲錯失及時建立穩定呼吸氣道之機會，致病患 S 腦組織缺氧病變而成為植物人，並且認為鑑定書及函文意見尚有誤會，不予以採用。

　　被告甲上訴意旨仍再為其於第一審法院所為之主張，如：急診醫師為病人插管，耳鼻喉科及麻醉科醫師之協助並非必要，使用經口氣管插管方式及插管過程均無疏失，以及病患 S 到院時已意識不清，成為植物人之結果，與其插管無相當因果關係等語否認犯罪，等等。

　　經過審理，本件第二審法院引據偵查中兩次送醫審會之鑑定意見，採與第一審法院相同見解，認為被告甲所提上訴理由不足採。是其上訴核無理由，應予以駁回。

1. 被告甲違反一般醫療準則，於連續插管多次失敗後遲未照會其他資深醫師、麻醉科醫師或耳鼻喉科醫師，長達半小時期間內並無任何為病

患 S 建立穩定呼吸氣道之措施，病患 S 因該延誤而錯失及時建立穩定
呼吸氣道之機會。

2. 病患 S 入急診時並未作腦電波（EEG）檢查，無法依該檢查所顯示之
大腦皮質電氣活動判斷是否有腦缺氧病變，惟依腦部電腦斷層掃描檢
查結果僅顯示「陳舊性腦中風」，並未顯示有新之腦病變，尚難認病患
S 於被告甲開始負責為其實施插管醫療行為之前其「吸入性肺炎合併呼
吸衰竭」所引致後續病程之發展，已至腦組織缺氧病變。

3. 如病患 S 未因被告甲違反注意義務之過失行為而得及時建立穩定之呼
吸氣道，即可避免導致腦組織缺氧病變而成植物人，被告甲之過失行
為與病患 S 成為植物人間，有相當因果關係，洵無疑義。

三、延伸思考

問題一：中華民國醫師公會全國聯合會通過之醫師倫理規範第10條：「醫
師應以病人之福祉為中心，了解並承認自己的極限及其他醫師的能力，不做不
能勝任之醫療行為，對於無法確定病因或提供完整治療時，應協助病人轉診；
如有充分理由相信自己或同仁不適合醫療工作時，應採取立即措施以保護病
人。」根據此，在被告甲多次插管失敗未照會其他醫師時，在場醫師是否應該
採取立即措施介入，以保護病人？

問題二：本件醫審會第二次鑑定書鑑定意見 (七)(八) 提及「一般建議同一
施救者插管超過 3 次以上失敗，需換手請其他施救者施行氣管內管插管」，其
中「一般建議」是否意指僅具有「建議」性質？

問題三：本件第一審與第二審法院均認為，被告甲違反一般醫療準則，於
連續插管多次失敗後遲未照會其他資深醫師、麻醉科醫師或耳鼻喉科醫師。然
而，法院是否遺漏調查當時是否有其他資深醫師、麻醉科醫師或耳鼻喉科醫師
可提供協助？

問題四：承上，一旦醫師醫療行為被認為違反一般醫療準則，是否即可認
為是違反醫療常規？

四、判決來源

第三十一案　車禍呼吸道阻塞窒息案

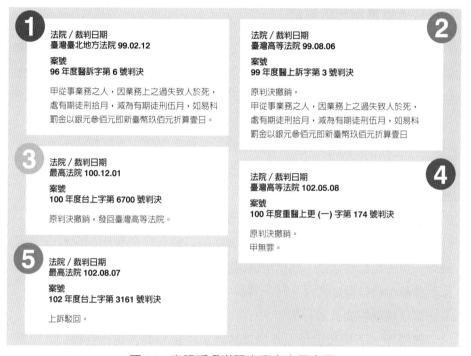

1 法院／裁判日期
臺灣臺北地方法院 99.02.12

案號
96 年度醫訴字第 6 號判決

甲從事業務之人，因業務上之過失致人於死，
處有期徒刑拾月，減為有期徒刑伍月，如易科
罰金以銀元參佰元即新臺幣玖佰元折算壹日。

2 法院／裁判日期
臺灣高等法院 99.08.06

案號
99 年度醫上訴字第 3 號判決

原判決撤銷。
甲從事業務之人，因業務上之過失致人於死，
處有期徒刑拾月，減為有期徒刑伍月，如易科
罰金以銀元參佰元即新臺幣玖佰元折算壹日

3 法院／裁判日期
最高法院 100.12.01

案號
100 年度台上字第 6700 號判決

原判決撤銷，發回臺灣高等法院。

4 法院／裁判日期
臺灣高等法院 102.05.08

案號
100 年度重醫上更 (一) 字第 174 號判決

原判決撤銷。
甲無罪。

5 法院／裁判日期
最高法院 102.08.07

案號
102 年度台上字第 3161 號判決

上訴駁回。

圖 31　車禍呼吸道阻塞窒息案歷審圖

資料來源：作者繪製。

一、第一審判決

(一) 公訴事實與起訴意旨

　　醫師甲係臺北縣新店市 G 醫院（下稱 G 醫院）之醫師。病患 T 於民國 94 年 4 月 10 日夜間 9 時 38 分許，騎乘重型機車在臺北縣新店市路發生車禍，造成頭、面部粉碎性骨折及多處骨折，於同日夜間 9 時 59 分送往 G 醫院急診室，由醫師甲負責為病患 T 施以急救。

　　自當日晚間 10 時起至 11 時 20 分止，指示護理人員交互使用 Dormicum 藥劑四支及 Haloperidol 藥劑二支，醫師甲意識到病患 T 有呼吸道阻塞之危險，指示護理人員要不定時自口腔將血液抽吸，於同日夜間 11 時 20 分許，甲為建立病患 T 安全之呼吸道，對病患 T 進行氣管內管插管，而插管後病患 T 經護理人員自口腔做抽吸之動作，仍有出血之狀況，經醫護人員告知醫師甲後，醫師甲囑附護理人員繼續觀察；病患 T 翌日（11 日）凌晨 1 時許發生休克，經急救於同年月 11 日凌晨 3 時 1 分死亡。

　　案經檢察官偵查起訴指出：

　　醫師甲（下稱被告甲）本應注意病患 T 臉部有多處出血傷口、下額有 6 公分深且長之傷口，且下額有開放性骨折合併出血，極易造成出血逆流阻塞呼吸道，而發生窒息之危險；且 Dormicum 藥劑（即 Midazolam）如為鎮靜劑使用，成人口服劑量約 7.5 至 15 毫克，如使用肌肉注射，每公斤體重約 0.07 至 0.1 毫克，最高劑量到 10 毫克（即二支分量）為宜，若超過安全劑量，極易產生昏睡、昏厥或壓抑病人呼吸之狀況；又 Haloperidol（Hodorl）藥劑有嗜睡、姿勢性低血壓、外椎體震顫等副作用，使用於頭部創傷之病人，更易導致呼吸抑制。

　　而急救與治療病人之基本原則，應依據呼吸道之通暢、呼吸功能的正常與血液循環的維持等項目循序處置；被告甲依當時之情形，並無不能注意之情事，竟疏未注意檢查並保持病患 T 呼吸道之暢通與呼吸功能之正常，依急診護理紀錄所載，每次抽吸病患 T 皆有出血之狀況，可見病患 T

確有呼吸道受阻塞之高度危險，被告甲卻又疏未注意應以較精確之動脈血氧分析分式加強監測病患 T 之血氧變化，僅以較不準確之肢端末血氧飽和度儀器監測，而無法準確掌握病患 T 之血氧變化，後於同日夜間 11 時 20 分許，被告甲雖為建立病患 T 安全之呼吸道，而對病患 T 進行氣管內管插管，然其又疏未注意聽病患 T 之兩側呼吸，並照胸部 X 光以確定插管後氣管內管之位置是否正確，致未發現病患 T 並未成功建立安全暢通之呼吸道。

而插管後病患 T 經護理人員自口腔做抽吸之動作，仍然有出血之狀況，經醫護人員告知被告甲後，被告甲亦疏未進一步做止血之處置，僅囑附護理人員繼續觀察；病患 T 即因持續出血，且未建立安全通暢之呼吸道防止血液進入，復因當時未以精確之動脈血氧分析方式加強監測病患 T 之血氧；終致病患 T 有血液進入呼吸道而吸入肺部之狀況，且未即時發現，病患 T 逐於翌日（11 日）凌晨 1 時許發生休克，後經急救仍然不治，迄同年月 11 日凌晨 3 時 1 分因窒息死亡。

(二) 被告回應

辯稱：G 醫院處方集上記載 Dormicum 成人麻醉引導劑量 0.15-0.35mg/kg（首次），之後維持使用劑量 0.05-0.3mg/kg（意即必要追加時使用）或 0.25-1.5mcg/kg/min（每分鐘每公斤體重連續靜脈滴注量）。

本案插管目的就是要進入成人麻醉狀態，使病患 T 建立絕對安全的呼吸管道、避免痛苦、防止拔管與重要維生系統、安然度過危險與手術。所以病患 T 體重 60 公斤，依據 G 醫院之處方籤，首次靜脈注射即可用 Dormicum21mg（0.35*60 近四小瓶），之後要維持麻醉狀況的追加劑量是 18mg（0.3*60 約三小瓶半）。本案總共用 Dormicum25mg（5 小瓶），而且是在緩慢的狀況下一步步給藥，是較高但仍屬安全之範圍內，離致死劑量差很遠，且病患 T 並未出現過度用量如中毒般之情形，顯見被告甲使用之劑量並未過量。且使用藥劑之後，被告甲亦在病歷上記載（4/1022：00P ③ keep air way open & keep IV line），意即要所有醫護人員盡力維護

呼吸、靜脈注射管的順暢，亦可證明被告甲一直注意病患之呼吸情形，並無疏未注意之情。

　　而氣管插管之位置正確與否，非以胸部 X 光攝影為唯一方法，被告甲對病患 T 進行插管後，除聽其兩側呼吸外並持續注意其胸部兩側是否有均勻、對稱之起伏，呼吸管有無呼出氣體流動，腹肚有無異常膨脹等，此部分基本動作不會逐一記載在病歷，被告持續觀察病患 T 之脈衝式氧氣監視數值，病患 T 插管後之脈衝式氧氣監視數值持續為 99%，並無呼吸受阻礙之情形，此從 4 月 10 日 11 時 40 分記錄……air way（指呼吸管道是否建立正確順暢）……ps:on endo tracheal tube 後（插管後脈衝式氧氣監視數值）PSO_2 99% 即可證明。

　　至鑑定報告第四點記載之二氧化碳末端呼吸偵測，為近幾年來常用之機器，然於本案發生時該儀器尚未普及，一般地區醫院並無此設備，G 醫院當時亦未購買該儀器，若於此時逕認該儀器為最安全準確之測量方式，似有不公。

　　鑑定書既指出病患 T 插管連接呼吸器後，並未出現警聲呼叫或亮紅燈，顯見呼吸器通暢並未受到阻礙。又本案病患 T 與一般車禍之病患情況顯有差異，一般車禍後會呈現昏迷或神智不清之情形，然病患 T 到院時卻異常興奮狂燥不安，可判斷病患 T 有腦震盪之情形，而導致反射神經有所失常，而一般正常人若有血液吸入肺部之情形，出於本能會嗆咳出來，然病患 T 當時既有反射神經異常之情形，自不能與一般正常人之情形相較。故病患 T 兩肺吸入血液，尚無法排除是車禍發生後病患 T 到院前即有部分血液吸入兩肺之情形，而發生窒息死亡。

(三) 鑑定意見

1.行政院衛生署醫事審議委員會（下稱醫審會）鑑定報告

　　醫審會針對造成病患 T 吸入血液發生窒息之原因之鑑定意見：

　　「其原因有二：一為車禍撞擊後，顏面顎骨與鼻骨開放性骨折，出血順著呼吸道（氣管）流入，再吸入肺部。二為插管（氣管內管 endotracheal tube）前後，使用 Dormicum 及 Haloperidol 等藥物，雖達到鎮靜麻醉效果，但亦增加血液流入氣管，肺臟吸入血液之機會。」

醫審會四次鑑定報告歸納如下：

「10 時 10 分至 11 點 20 分之用藥期間，並無血氧濃度之相關紀錄資料。」

「針對高劑量使用 Dormicum 時，是否需要使用動脈血氧分析監測？本案採用肢端末脈動式血氧飽和度偵測器連續監測，可否取代動脈血氧分析監測之問題，其回答為：如果單就快速插管法（RSI），使用動脈血氧飽和偵測即可，並非一定要使用動脈血氧分析。但急救過程呼吸插管，動脈血氧分析仍應考慮使用。」

「一般而言，氣管內管正確放置，管上的囊球可避免異物流入，除非插管位置不確實，則不一定能避免血液繼續流入。」

「一般插管後，依醫療常規應聽兩側呼吸，照胸部 X 光攝影檢查以確定插管後氣管內管之位置是否正確。」

「指出之病歷資料影本，未見 ps:on endotracHeal tube 後 PSO_2：99% 以及 PSO_2：95% 之記載。」

「依據解剖報告，本件並無證據支持本件係因氣管或肺臟本身之傷害造成吸入血液，依解剖報告亦無因多處骨折併發肺栓塞之情形。」

2.法醫研究所鑑定報告

病患 T 死亡原因為吸入血液發生窒息。

(四) 判決結果

臺灣臺北地方法院於民國 99 年 02 月 12 日作出判決，被告甲為從事業務之人，因業務上之過失致人於死，處有期徒刑拾月，減為有期徒刑伍月，如易科罰金以銀元參佰元即新臺幣玖佰元折算壹日。

(五) 判決理由

本案所應審究者，即為被告甲在急診過程中是否已依當時之醫療常規

與設備，遵循醫學急救與治療病人之基本原持，維持病患 T 呼吸道之通暢、呼吸功能之正常與血液循環的正常？若病人上述生理功能並未維持正常，是否係因被告甲之過失行為所導致？若是，則被告甲之過失行為與病患 T 之死亡結果間有無因果關係存在？

依醫審會歷次鑑定報告所載：本案使用之 Dormicum（Midazolam）半衰期有 3 至 12 小時，亦即其作用再短也要 2 至 3 小時才會減半。此外，Dormicum 如為鎮靜作用，成人口服劑量約 7.5 毫克至 15 毫克，如使用肌肉注射，每公斤體重約 0.07 毫克至 0.1 毫克，或初始劑量 0.5 毫克至 5 毫克，最高到劑量 10 毫克為宜，亦即正常每劑 5 毫克包裝，約需半支到二支。在 Dormicum 過量，臨床產生昏睡、昏厥甚或壓抑病人自主呼吸，往往應當要預先考慮建立安全的呼吸道，以及是否需要呼吸輔助裝置幫助病人呼吸。

此外，外傷出血病人，在血液循環不穩時使用 Dormicum 亦會導致休克；而 Haloperidol 包裝一般亦為每支 5 毫克，其副作用同樣為嗜睡、姿勢性低血壓、外椎體震顫，原則上在頭部創傷病人不建議使用，更易導致呼吸抑制。雖然使用 Haloperidol（Haldol）不一定會產生姿勢性低血壓、椎體外震顫之副作用。但如懷疑頭部外傷引發焦躁病患，此藥並非首選之藥。而在病人恢復燥動之時，仍不能排除藥效已過，並不能排除呼吸道阻塞的危險。

是故仍應依急救原則，先保持通暢安全呼吸道，維持呼吸功能，保持血液循環穩定，本案似乎未依上述原則處置，仍不能排除呼吸道阻塞的危險；G 醫院處方集上，Dormicum 劑量成人麻醉導引：靜注 0.15 至 0.35 毫克／公斤。神智鎮靜：靜注 0.05 至 0.1 毫克／公斤。不良作用：心肺毒性，長期鎮靜，呼吸抑制，呼吸停止，注射處疼痛或靜脈炎。Haldol 劑量：……立即控制急性燥動：2 至 5 毫克肌肉注射，或緩慢靜注。禁忌：外椎體震顫、昏迷、嚴重中樞神經系統之壓抑。不良反應：姿勢性低血壓。

病患 T 之體重 60 公斤，Dormicum21 毫克（0.35mg/kg*60kg）劑量，

僅在成人麻醉導引時為安全劑量。被告甲所引之參考書籍所指之用藥劑量，係加護病房病人在有安全呼吸道、呼吸功能及血液循環之狀況下，用藥才符合醫療常規。故被告甲在上述時間點交替使用前揭兩種藥劑，依其劑量，並不符合醫療常規，且可能加重藥劑間交互作用，導致呼吸道阻塞，故被告甲之急救處置略以瑕疵。

是本件病患 T 因車禍外傷到院，當時臉部有多處出血傷口、下額有 6 公分深且長之傷口、下額開放性骨折合併出血，本即有出血順著呼吸道（氣管）流入，再吸入肺部而阻塞呼吸道之可能，為被告甲所明知；又證人及丁均證稱當日幫病患 T 做抽吸時，每次抽吸都有大量之血水，可見被告甲明知病患 T 有因臉部出血導致血液吸入肺部而阻塞呼吸道之可能，被告甲即應負有防止病患 T 呼吸道阻塞並維持其呼吸功能正常之注意義務。

護理紀錄單上黏貼之心肺監測資料，時間登載為 23 時 12 分，傷者心跳 143 次／分，SO_2（血氧量）89%：呼吸 24 次／分，可知被告甲在使用高劑量之抑制呼吸藥物後，病患 T 確實有出現血氧量偏低，心跳較快之情形，故在插管之前，病患 T 之呼吸功能屬不正常，是病患 T 在經被告甲放置氣管內管之前，呼吸功能已有不正常之情形，應可認定。是本案進一步應探討者，即為被告甲有無盡其注意義務，為病患 T 建立安全之呼吸道並維持其正常之呼吸功能，以防止病患 T 窒息死亡。

被告為維持病患 T 之呼吸功能並建立暢通之呼吸道，雖有實行放置氣管內管之處置，然依醫審會鑑定書指出：一般而言，氣管內管正確放置，管上的囊球可避免異物流入，除非插管位置不確實，則不一定能避免血液繼續流入；由此可知，本案被告甲若已將氣管內管正確放置，病患 T 不應發生血液吸入肺臟導致窒息之結果。而一般插管後，依醫療常規應聽兩側呼吸，照胸部 X 光攝影檢查以確定插管後氣管內管之位置是否正確，但本案病歷上均未登載，無法得知被告甲以何種方法檢測確定插管位置是否正確，醫審會鑑定書亦闡釋甚明。

被告甲雖辯稱氣管插管之位置正確與否，非以胸部 X 光攝影為唯一

方法，其對病患 T 進行插管後，除聽其兩側呼吸外並持續注意其胸部兩側是否有均勻、對稱之起伏，呼吸管有無呼出氣體流動，腹肚有無異常膨脹……，因此等動作係基本動作，不會逐一記載在病歷內，而病患 T 插管後之脈衝式氧氣監視數值持續為 99%，並無呼吸受阻礙之情形，此從 4 月 10 日 11 時 40 分記載……air way（指呼吸管道是否建立正確順暢）……ps:on endo tracheal tube 後（插管後脈衝式氧氣監視數值）PSO₂99% 即可證明。但參酌本院詢問證人及丁是否記得醫師當時有做什麼動作去確認氣管內管有放置好？證稱：不記得。丁則表示其接手時氣管內管已放進去，放的過程其未見到。是被告有無確實做到上述確認氣管內管放置正確之基本動作，已難盡信。

再觀諸病患 T 於 94 年 4 月 11 日凌晨 1 時 20 分監測到血壓值有變化，呼吸有增快的狀況，呼吸增加到每分鐘 30 次，1 時 36 分時增加到每分鐘 40 次，業經證人丁證述如前，復有急診護理紀錄附卷可查，足見病患 T 於插管後仍產生呼吸功能不穩定之狀況。又醫審會鑑定書指出左側所附之病歷資料影本，未見 ps:on endo tracheal tube 後 PSO₂：99% 以及 PSO₂：95% 之記載，（惟地檢署事後發函向醫院函調之病歷紀錄上即有上開記載），應係嗣後所增添，故上開記載既為事後所增添，即難以認定確與案發當時監測之血氧濃度相符，自無從以此作為對被告甲有利之證據。況病患 T 死亡後經解剖鑑定，已確認其肺部有吸入血液之狀況，由此等客觀事證自可反推被告甲當時並未將氣管內管放置正確，方有造成上開結果之可能。被告甲雖辯稱病患 T 肺臟吸入血液，應係肺臟本身之病變所導致。惟醫審會鑑定書指出，依據解剖報告，本件並無證據支持本件係因氣管或肺臟本身之傷害造成吸入血液，依解剖報告亦無因多處骨折併發肺栓塞之情形，故被告甲上開辯解亦不足採。

病患 T 當時既有躁動之情形，夾在手指頭之血氧監測器隨時有掉落而無法發揮監測功能、或因強烈震動而無法準確顯示血氧濃度之情形；再經本院向被告甲確認 G 醫院在案發當時有無做動脈血氧分析的設備與能力？被告甲表示當時有該設備與能力，但其當時判斷不適合用動脈血氧分

析，所以才沒有作；可知被告甲係有能力以較準確之動脈血氧分析方式監測病患 T 之血氧濃度，以確認病患 T 之呼吸道是否通暢、呼吸功能是否正常，但被告甲卻捨此不用，而使用易因病患躁動而掉落或無法準確監測之肢端末血氧飽和度儀器，足見被告甲確有應注意病人呼吸道暢通、呼吸功能正常之義務，且有能力注意，卻疏忽不注意之情事。

而被告為使病患 T 鎮靜，復交替使用上開 Dormicum 及 Haloperidol 藥物，該等藥物有抑制呼吸之副作用，且被告使用之劑量又超出一般醫療常規，而護理師每次為病患 T 做口腔氣管抽吸時，均有吸出血水，可見病患 T 確有呼吸道阻塞之高度危險，則被告自應負有注意建立病患 T 呼吸道之通暢與維持其呼吸功能正常之義務，惟被告甲在有能力以扎針到動脈採取動脈血氧分析方式精確監測病患 T 血氧濃度之狀況下，捨此不為，採用難以持續精確監測血氧濃度之肢端末血氧飽和濃度儀器；復於放置氣管內管時，疏未確實放置正確，事後亦未再行確認氣管內管有無放置成功，在病患 T 持續出血時，亦未積極給予止血之處置，終致病患 T 發生血壓、心跳不正常，呼吸速度變快，血氧濃度降低之結果，最後因肺臟吸入血液而窒息死亡。綜合上情可知被告甲之過失行為在一般情形下確實可能發生病患 T 死亡之結果，故病患 T 之死亡結果與被告甲之過失行為間，具有相當因果關係存在。

二、上訴審判決概述

(一) 第二審判決

被告與檢察官均上訴至臺灣高等法院（第二審法院）。

被告明知病患 T 到院時，有臉部、下額等多處傷口，且下額有開放性骨折合併出血，極易造成出血逆流阻塞呼吸道，而發生窒息之危險；竟違反醫學常規，於短時間多次使用 Dormicum 藥劑，致超過安全劑量，極易產生昏睡、昏厥或壓抑病人呼吸之危險。又明知 HaloperiDol（Hodorl）

藥劑有嗜睡、姿勢性低血壓、外椎體震顫等副作用，不宜使用於頭部創傷之病患 T，竟仍與 Dormicum 交替使用，益增病患 T 血液入氣管，肺臟吸入血液之機會。

再者，被告甲明知病患 T 有躁動情況而予保護性約束，竟捨裝置上較困難，惟可有效偵測 T 血氧狀態之動脈血氧分析方式，而以簡便之肢末端脈動式血氧測器偵測 T 之血氧狀態，致未能正確偵測 T 之血氧狀態，無從知悉 T 之血液循環是否正常。在 T 於放置氣管內管後持續出血時，亦未積極給予止血之處置，終致 T 發生血壓、心跳不正常，呼吸速度變快，血氧濃度降低之結果，最後因肺臟吸入血液而窒息死亡。

被告甲於本件醫療過程明顯輕忽，有過失甚明，雖病患死亡之直接原因為車禍造成，惟病患因車禍所受傷害，依上開醫事委員會鑑定意見，存活率甚高，係在急救過程中吸入血液窒息而死，被告上開過失行為與被害死亡結果間，具有相當因果關係存在，亦屬明確。綜上所述，被告犯行事證明確，堪以認雖被告與檢察官上訴亦無理由，惟原判決既有上開可議之處，自屬無可維持，撤銷第一審不當之科刑判決，改判仍論與第一審相同之罪刑。

(二) 第三審判決

第三審法院認為第二審判決置有利上訴人之證據於不顧，而謂上訴人插管不確實，應負業務過失致人於死罪責，其證據之取捨與判斷，是否與經驗法則無違，亦有商榷之餘地。上訴意旨指摘第二審判決違法，尚非全無理由，應認原判決有撤銷發回之原因。

(三) 更一審判決

本件經臺灣高等法院（更二審法院）逐一斟酌剖析卷存各項鑑定意見及客觀證據，相互參酌之結果，認為尚難以積極證明因果關係之存在，而足令被告負業務過失致死罪責。

此外，復查無其他積極證據足認被告涉犯公訴人所指之業務過失致死

犯行，揆諸首揭說明，不能證明被告犯罪，自應為被告無罪之諭知。原審（第一審判決）未察，以被告疏未注意檢查並保持病患 T 呼吸道之暢通與呼吸功能之正常，亦疏未注意應以較精確之動脈血氧分析分式加強監測病患 T 之血氧變化，插管後復疏未注意聽病患 T 之兩側呼吸，並照胸部 X 光以確定插管後氣管內管之位置是否正確，致未發現病患 T 並未成功建立安全暢通之呼吸道，導致病患 T 有血液進入呼吸道、吸入肺部之狀況休克窒息死亡，而為被告有罪之判決，尚有未合。檢察官以原審僅判處被告有期徒刑 10 月減刑為 5 月，其量刑過輕為由提起上訴，其上訴為無理由；至於被告否認犯行，提起上訴，指摘原判決不當，則有理由，應由本院將原判決撤銷，改諭知被告無罪之判決，以符法紀。

(四) 更一審後第三審判決

原判決對於卷內訴訟資料，復已逐一剖析，參互審酌，仍無從獲得有罪之心證，基於無罪推定之原則，因而諭知被告無罪，其採證認事職權之行使，仍無違背證據法則，亦不得指為違法。檢察官上訴意旨，對於原判決究竟如何違背法律，非依卷內資料為具體指摘，猶執陳詞，對於原審採證之職權行使或原判決已說明事項，任意指摘為違法，難謂已符合首揭法定上訴要件，其上訴不合法律上之程序，應予駁回。

(三) 上訴審之爭議

上訴主要爭議在於協助被告為本件醫療行為之住院醫師，遲至第二審所做有利被告之證詞，是否具證據力。

1.第二審判決

被告與檢察官因被告業務過失致死案件，不服臺灣臺北地方法院第一審判決，提起上訴，臺灣高等法院認為原判決稱被告指示護理人員交互使用 Dormicum 藥劑四支及 Haloperidol 藥劑二支有過失等情，顯與鑑定意見、病歷等所載不合，因此撤銷原判決。改判被告甲從事業務之人，因業務上之過失致人於死，處有期徒刑拾月，減為有期徒刑伍月，如易科罰金

以銀元參佰元即新臺幣玖佰元折算壹日。第二審判決重點，整理如下：

(1) 被告明知病患到院時，有臉部、下額等多處傷口，且下額有開放性骨折合併出血，極易造成出血逆流阻塞呼吸道，而發生窒息之危險；竟違反醫學常規，於短時間多次使用 Dormicum 藥劑，致超過安全劑量，極易產生昏睡、昏厥或壓抑病人呼吸之危險。

(2) 被告明知 Haloperidol（Hodorl）藥劑有嗜睡、姿勢性低血壓、外椎體震顫等副作用，不宜使用於頭部創傷之病患，竟仍與 Dormicum 交替使用，益增病患血液入氣管，肺臟吸入血液之機會。

(3) 被告明知病患有躁動情況而予保護性約束，竟捨裝置上較困難，惟可有效偵測病患血氧狀態之動脈血氧分析方式，而以簡便之肢末端脈動式血氧測器偵測病患之血氧狀態，致未能正確偵測病患之血氧狀態，無從知悉病患之血液循環是否正常。在病患於放置氣管內管後持續出血時，亦未積極給予止血之處置，終致病患發生血壓、心跳不正常，呼吸速度變快，血氧濃度降低之結果，最後因肺臟吸入血液而窒息死亡。

(4) 被告為病患裝置氣管內管後，未確認插管是否確實之動作，明知病患呼吸道有持續抽出血水之現象，仍僅以呼吸器運作正常、病患血壓、心跳無明顯違常之情況，遽認插管動作正確。

綜合上情可知，被告於本件醫療過程明顯輕忽，有過失甚明，雖病患死亡之直接原因為車禍造成，惟病患因車禍所受傷害，依醫審會鑑定意見，存活率甚高，係在急救過程中吸入血液窒息而死，被告上開過失行為與被害死亡結果間，具有相當因果關係存在，亦屬明確。

雖證人醫師甲於本院審理中證稱：被告上開醫療行為適當、無過失，惟查：證人醫師甲於案發時為 G 醫院之住院醫師，僅協助被告為本件醫療行為，尚須聽從被告之指示為之，如何判斷被告所為醫療行為是否適當，且渠並非鑑定證人，是渠僅能就有關本案之親身見聞經過為證言，就被告所為醫療行為是否適當之證言，縱檢察官與被告均不爭執其證據能力，依刑事訴訟法第 160 條之規定，亦無證據能力，自不能以之被告有利

之認定，附此敘明。

　　原判決認被告自當日晚間 10 時起至 11 時 20 分止，指示護理人員交互使用 Dormicum 藥劑四支及 Haloperidol 藥劑二支有過失等情，顯與鑑定意見、病歷等所載不合。被告上訴否認犯罪固無可採，檢察官上訴亦無理由，惟原判決既有上開可議之處，自屬無可維持，應由本院將原判決撤銷改判。

2.第三審判決

　　被告因業務過失致人於死案件，不服臺灣高等法院第二審判決，提起上訴。最高法院撤銷第二審判決，發回臺灣高等法院，其表示：

(1) 原判決似將肌肉注射與靜脈注射混為一談，則原判決逕依醫審會之鑑定意見以肌肉注射推算施用之劑量及效期，認上訴人確有不合醫療常規之瑕疵等情，是否妥適，頗值研求。究竟肌肉注射與靜脈注射在劑量及效期上有何不同？自應詳加調查，且此等事項攸關上訴人應否負業務過失致人於死責任，於待證事實確有重要關係，原審未予究明，逕於理由欄載稱上訴人用藥劑量，確有不合醫療常規之瑕疵等語，其事實之記載與理由前後之說明均不相一致，委有調查職責未盡及判決理由矛盾之違誤，遽行判決，尚嫌速斷。

(2) 證據之證明力，由法院本於確信自由判斷，但不得違背經驗法則及論理法則，刑事訴訟法第 155 條第 1 項定有明文。然依卷內資料，證人醫師甲於原審審理時證稱：「我當時是住院醫師，與被告共同負責治療病患，在 12 點過後才離開。在急診室的醫生，只要插完管，就會自然而然去確認，用聽診器聽位置是否正確，在急診室無庸置疑」等語，而上訴人亦辯稱：若氣管內管插錯（必是插進食道管徑中），會即刻發現，而病患插管後，還能維持 2 小時的心跳與血壓，監測器沒亮警訊、呼吸器也沒響警鈴，氣管內管顯無插錯等語；苟若屬實，則上訴人有無插錯管導致呼吸道阻塞，仍有疑竇，乃原判決竟簡單以「上訴人直至本院（指原審）審理時之民國 99 年 5 月 17 日始提出聲請（訊問證人醫師甲），事隔多年，證人醫師甲僅謂此為『自然動作』

（指專業上所應為），與病歷（未有）記載及在場護士證稱不記得（距
案發已 4 年 9 月）不符，自難憑採」等語，即置此有利上訴人之證據
於不顧，而謂上訴人插管不確實，應負業務過失致人於死罪責，其證
據之取捨與判斷，是否與經驗法則無違，亦有商榷之餘地。上訴意旨
指摘原判決違法，尚非全無理由，應認原判決有撤銷發回之原因。

3.更一審判決

　　臺灣高等法院更一審判決撤銷臺灣臺北地方法院第一審判決，改判被
告無罪。更一審判決重點如下：

A.關於用藥是否過量

　　病人交互使用 Dormicum 和 Haloperidol，可能導致呼吸道阻塞，亦有
可能進而使兩側肺臟吸入血液窒息，惟僅屬可能，本案病患是否確保因使
用 Dormicum、Haloperidol 藥物，導致呼吸道阻塞吸入血液窒息而死，則
無法遽下判斷。然醫審會鑑定意見所謂 Dormicum 如用於鎮靜作用，成人
口服劑量約 7.5 毫克至 15 毫克，如使用肌肉注射，每公斤體重約 0.07 毫
克至 0.1 毫克，或初始劑量 0.5 毫克至 5 毫克，最高到劑量 10 毫克為宜
等情，均係指以「口服」或「肌肉注射」方式使用之劑量。惟本件被告係
以「靜脈注射」方式，是否過量，前揭醫審會鑑定書並未說明。

　　被告辯稱於上開時間使用 Dormicum、Haloperidol 兩種藥物，用藥並
未過量，業據其於原審提出 G 醫院處方集及臺灣藥品手冊為證，經原審
送請醫審會鑑定被告於本案使用上開兩種藥物是否符合規範，有無過量或
不當情形，足見以病患為成年人之情形，其為麻醉可接受之 Dormicum 靜
脈注射安全劑量為 21 毫克，另參以被告所提出之急診醫學會訓練課程手
冊第二冊及其譯文，是以病患死後體重 60 公斤計算，其每次靜脈注射可
使用之劑量為 18～21 毫克，30 分鐘內可給總劑量則為 36 毫克。

　　被告對病患實施靜脈注射，各次均使用一支 5 毫克之 Dormicum，並
係相隔 30 分鐘、10 分鐘、20 分鐘、20 分鐘、70 分鐘各使用一支 5 毫克
之 Dormicum，應未逾該藥物之劑量限制。況證人醫師甲即案發當時擔任
G 醫院住院醫師於前審審理時證稱：我當時與被告共同治療病患，Dormi-

cum 是非常新的藥，在 90 年以後才出來，其特性為安全性相當高，藥物作用時間相當短，藥劑大約 10 至 15 分鐘即可代謝，除非係老人或腎功能不佳、末期肝硬化者作用時間才會延長，我曾經在急診室看過一次打十支以上的藥劑，以病患正常成人體重，以及沒有肝、腎功能的障礙，當時治療過程中共使用六支 Dormicum 應該不至於過量，Dormicum 藥劑注射跟口服的安全量應該不一樣，口服是經過消化道才會被吸收，注射是直接到人體，好處是作用時間快，在急診不可能用口服，且口服容易嗆到，至於注射分為肌肉注射跟靜脈注射，靜脈注射好處是作用時間快且也會快速被代謝掉，肌肉注射作用時間比較慢，且代謝時間會延長等語。是被告辯稱其使用 Dormicum 並未過量，並非無據。

另關於 Haloperidol 藥物，雖醫審會鑑定書認其副作用同為嗜睡、姿勢性低血壓、外椎體震顫，原則上在頭部創傷病人不建議使用，因更易導致呼吸抑制。然 Haloperidol 雖可能有包含呼吸抑制在內之副作用產生，並非一定會有該副作用發生，且僅對於頭部外傷引發焦躁之病患一般不建議使用而已，惟亦非可謂絕對不可加以使用。

B.關於未使用動脈血氧分析

證人醫師甲證稱：脈動式血氧偵測應用上比較方便，而且不具侵入性，動脈血氧分析具有侵入性，且病人需要配合，不然容易戳到靜脈，而造成分析上的誤差，兩者最大的差別，動脈血氧偵測器不是完全拿來看氧氣的飽和度，是要看病人是否有酸鹼的不平衡，是否有酸中毒，在急診室使用脈動式血氧偵測器，方便好用，我們只需看病人的含氧量是否足夠就可以，並不是看病人是否有酸中毒，就本件使用脈動式血氧偵測是適當的，其敏感度相當高，而且可以一直在監測，而動脈式血氧分析就無法做到這點，脈動式血氧偵測是夾在手指上，不會有傷害，如果有脫落，監視器馬上會有警訊的聲音出現，應該不至於在使用上有困難。

是故，G 醫院以 99 年 6 月 4 日函復稱：本院具備動脈血氧分析之設備與能力等語，而堪認 G 醫院具有該項設備，且被告並非採取醫審會「建議」之動脈血氧分析方式監測病患之血氧濃度；然該方式既非必要方法，

且病患當時確需長時間持續監測其血氧濃度，有卷內病歷資料及急診醫囑單可證，並據證人醫師甲證述明確，則以本件係發生於 94 年間，被告使用肢端末脈動式血氧飽和度方式監測病患之血氧濃度，確已符合當時之一般醫療常規，堪認無誤。

本件案發之 94 年 4 月間，G 醫院所購買置於急診室之二氧化碳末端呼吸偵測器業已遺失，而無從操作使用，則被告使用肢端末脈動式血氧飽和度方式監測病患之血氧濃度，並仰賴呼吸器之警示聲響確認病患呼吸道是否暢通，亦不得指為有何違反醫療常規之過失可言。

C.關於插管是否位於正確位置

醫審會鑑定意見謂：「一般插管後，依醫療常規應聽兩側呼吸，照胸部 X 光攝影檢查，以確定插管後氣管內管之位置是否正確，但本案病歷上均未登載，無法得知被告以何種方法檢測確定插管」等語。惟被告插管後係以聽筒聽病患兩側呼吸，並持續注意胸部兩側是否有均勻、對稱地起伏、呼吸管有無呼出氣體流動，腹肚有無異常膨脹等，以確定插管位置等情，業據被告供明在卷。

證人醫師甲對此亦證稱：我們插管後第一個會以聽筒用聽的方式判斷管子是否有插到正確位置，第二個會使用監視器，比如末端氧氣的含氧量監測器、心跳監測器以及血壓變化來判斷管子在不在正確位置，在我經驗裡，如果管子不正確，幾乎在一、兩分鐘以內病人就會有發紺的現象，氧氣監視器會急速下降，心跳會受到影響，血壓也會立即有變化，至於是否一定要用 X 光檢查插管不正確，急診作業與一般醫療作業不同，急診作業主要強調是短期內如何讓病人穩定下來，尤其是外傷病人，我們的教科書，高級外傷救護術一再強調不要做太多檢查，尤其病人需要離開急診室到其他地方去做檢查，例如 X 光室，既會離開醫生的視線，尤其病人有極度危險的時候，做不必要的檢查，對病人是一種傷害，這個病人在插管之後沒有很明顯發紺的現象，以我們專業的判斷，管子應該是在正確的位置，照插管後的 X 光，在重度外傷的病人並不是一定要的，急診業務是以救人為目的，分秒必爭，所有的一些處置要馬上立刻進行，至於病歷的

記載，大致於病人比較穩定之後我們才有時間去完成，用聽的方式基本上在急診大家都會自然而然去完成，病歷上我似乎很少看到有人去記載，記憶中被告甲有去聽，就算甲沒有做這個動作，我也會自然而然去完成它，插管後管上的囊球，一般防止東西流入，我們會把球打的比較大，但是壓力太大病人的支氣管會壞死，通常的壓力是 18-20M/H_2O，這個壓力並不能完全防止異物流入等語。

法院函詢醫審會被告於 94 年 4 月 10 日 23 時 20 分對病患插管後，迄94 年 4 月 11 日凌晨 1 時 20 分病患發生突發性心肺衰竭，被告之插管有無位置錯誤或不確實之情形？醫審會鑑定意見認為：「一般插管位置錯誤時（如插入食道），病人會於 5～10 分鐘內即產生動脈血氧下降、發紺或意識狀態改變等症狀。而插管位置不確實時（如插管太深而插入右主支氣管內），病人產生上述生理反應之時間，則依病人體質、肺部結構或功能等個異性而有不同，亦可能不會發生。依病歷紀錄記載，插管時間（4 月10 日 23：20）至發生突發性心肺衰竭（94 年 4 月 11 日 01：20）共計 60分鐘，可推測插管位置在氣管內無誤。至於插管位置是否不確實，則尚難判定」。

堪認被告插管後迄病患發生突發性心肺衰竭前，有 60 分鐘之時間，病患並未於短時間內產生動脈血氧下降、發紺或意識狀態改變等症狀，是被告之插管位置應無錯誤情形；至於被告之插管動作是否不確實，因涉及病患個人體質、肺部器官結構與功能等不同，其產生不良生理反應之時間尚因人而異，甚至根本不會發生，故於本案實難以判斷被告是否有所謂插管不確實之情形，依「罪證有疑，利於被告」之證據法則，自應作有利被告之認定，即尚不得遽予認定被告有插管不確實之疏失。是被告辯稱係以傳統聽筒聽診之方式確定插管位置，此部分基本動作並不會逐一記載於病歷內，當時評估判斷認無必要進行胸部 X 光攝影檢查等語，亦非全然無據。

D.關於被告醫療處置與病患死亡之因果關係

本件斟酌病患經 119 救護車送至 G 醫院急診室時，即有不斷掙脫之

情形，於急診室治療過程中亦屢屢有掙脫、欲拔管等躁動不安之情形，是以法醫研究所鑑定意見認為「支持急救當時已有血液吸入氣管、窒息不適爭執之可能性」，至於被告插管前後交替使用 Dormicum 和 Haldol 等藥物，經醫審會鑑定意見認為可能導致呼吸道阻塞，而與一般醫療常規未盡相符部分，惟本案經數次醫審會鑑定，亦認無從斷定是否係因被告交替使用 Dormicum、Haloperidol 藥物，導致病患窒息死亡。因此其是否即屬導致血液流入氣管及肺臟吸入血液，進而成為病患窒息死亡之原因，並具有相當因果關係，仍須進一步探討。

關於本件病患之存活率，醫審會鑑定書認為評估可能存活率，因到院時血壓、呼吸、與神智昏迷指數均滿分，可能存活率分別為 95%～99%。至於依 C 醫院報告則存活率約為 8 成，足見以病患之受傷程度，仍有相當之死亡率。是自不能僅擷取上開醫審會鑑定書中之生存率最高之該部分資料，以病患送醫時其血壓、呼吸、神智昏迷指數均滿分，而謂其應有高達 95%～99% 之存活率，進而推認病患事後突然心肺休克死亡，即係因被告用藥或插管不當所造成。依卷存證據資料，難以認定被告之行為與結果間，在客觀上具有相當因果關係，被告自不負業務過失致死罪責。

4.更一審後第三審判決

被告與檢察官因被告業務過失致人於死案件，不服臺灣高等法院第二審更審判決，提起上訴，最高法院認為其上訴不合法律上之程式，駁回上訴，其表示：

(1) 本件經醫審會前後五次鑑定，及法務部法醫研究所鑑定意見，參酌證人醫師甲之證詞，認定被告醫療處置過程，雖稍與醫療常規不盡相符，然並無明顯輕率疏忽，病患之死亡實係車禍所造成，則被告之醫療行為與病患之死亡間難認有相當因果關係，不能令負過失致人於死罪責。原審所為證據取捨與判斷，並未悖離一般經驗及論理法則，自不能任意指摘為違法。

(2) 鑑定意見或屬不確定之意見，或為建議或應考慮事項，或與卷內證據資料不符，自當摒棄，雖原審未再說明此等部分不予採信之理由，惟

不影響於判決結果，仍不能據為合法上訴第三審之理由。

(3) 鑑定意見有多份時，應就全部意見，參酌卷內其他證據資料為綜合歸納之觀察，依經驗及論理法則衡情度理，本於確信客觀判斷，方符真實發見主義之精神。如僅擷取其中之片言隻語，予以割裂分別評價，自欠缺合理性而與事理不侔，即與論理法則有所違背。

(4) 無罪之判決書，就傳聞證據是否例外具有證據能力，本無須於理由內論敘說明。本件原判決既認不能證明被告犯罪，而為無罪之判決，則未再說明被告提出之「急診醫學會訓練課程手冊第二冊」及其譯文、「C醫院（95）年外傷年報」等，是否具有證據能力，亦難指為違法，自不能據為適法之第三審上訴理由。被告提出之上開資料，觀其內容乃屬公報或論著性質，當有證據能力，原審予以採信，尤無違法可指。

(5) 證據依其內容性質之不同，可分為體驗供述與意見供述。證人就其親身體驗事實所為之陳述具有不可替代性，依法自有證據能力。意見證據因非以個人經歷體驗之事實為基礎，為避免流於個人主觀偏見與錯誤臆測之危險，無證據能力。惟若證人以其直接體驗之事實為基礎，所為之意見或推測，而具備客觀性、不可替代性者，因非單純之意見或推測，自可容許為判斷依據。證人醫師甲係住院醫師，於被告為病患急救時在場，其關於急救當日被告為病患治療過程之陳述，雖包含其親自見聞與意見供述，惟其意見陳述乃本於實際醫療經驗為基礎，且為第一線人員，具備不可替代性，並已依法具結，原審採信其證言，於法並無不合。

三、延伸思考

問題一：部分醫療基本動作不會逐一記載在病歷內，你認為遇爭議時應如何證明該等動作曾確實執行？

問題二：依據最高法院的分類，醫審會的鑑定書應屬於體驗供述或意見供述，你認為其證據力的來源（或依據）應為何？

問題三：請比較本件住院醫師證詞與第二十二案【腹部手術時機延誤案】告訴人（藥師）有利被告之證詞，試從下列角度單獨或綜合探討證詞之證據力：(1)案外證人；(2)告訴人；(3)協助被告醫療處置之人；(4)有利或不利被告；(5)住院醫師；(6)藥師。

問題四：下列何者應是本件插管位置正確的最主要佐證？(1)住院醫師證稱「記憶中被告甲有去聽，就算甲沒有做這個動作，我也會自然而然去完成它」；(2)病患並未於短時間內產生動脈血氧下降、發紺或意識狀態改變等症狀。

四、判決來源

第三十二案　大腸鏡檢查致腸道破裂併發症案

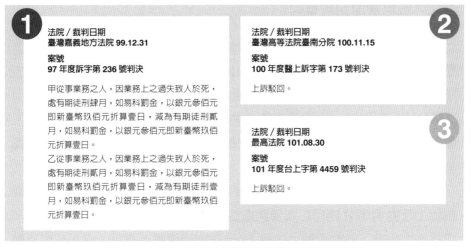

1

法院／裁判日期
臺灣嘉義地方法院 99.12.31

案號
97 年度訴字第 236 號判決

甲從事業務之人，因業務上之過失致人於死，
處有期徒刑肆月，如易科罰金，以銀元參佰元
即新臺幣玖佰元折算壹日，減為有期徒刑貳
月，如易科罰金，以銀元參佰元即新臺幣玖佰
元折算壹日。
乙從事業務之人，因業務上之過失致人於死，
處有期徒刑貳月，如易科罰金，以銀元參佰元
即新臺幣玖佰元折算壹日，減為有期徒刑壹
月，如易科罰金，以銀元參佰元即新臺幣玖佰
元折算壹日。

2

法院／裁判日期
臺灣高等法院臺南分院 100.11.15

案號
100 年度醫上訴字第 173 號判決

上訴駁回。

3

法院／裁判日期
最高法院 101.08.30

案號
101 年度台上字第 4459 號判決

上訴駁回。

圖 32　大腸鏡檢查致腸道破裂併發症案歷審圖
資料來源：作者繪製。

一、第一審判決

(一) 公訴事實與起訴意旨

　　醫師甲與醫師乙於民國94年間分別擔任嘉義縣T醫院（下稱T醫院）急診室住院醫師及主治醫師。病患H於94年9月29日至C醫院接受大腸鏡檢查返家後，因腹部疼痛，延至94年9月30日下午4時27分許至T醫院急診室就診，甲診視病患H並指示對其拍攝胸部及腹部X光片，參酌病患H於當日下午5時許所拍攝之胸、腹部X光片後，復開立醫囑對病患H施行灌腸處置。

　　乙身為急診室主治醫師，授權護士於該灌腸醫囑病歷上蓋用職章，旋由護士丁對病患H施行二次灌腸處置。病患H於接受二次灌腸處置後，疼痛並未緩解，於當日晚上7時15分許出現腹脹、腹痛，嗣再經對病患H拍攝胸部X光片，由當晚7時39分許所拍攝之胸部X光片發現右側橫隔膜下方有游離空氣，旋於當晚7時40分許執行電腦斷層掃描，發現腹腔內有游離空氣，懷疑腸道破裂，甲與乙乃緊急會診一般外科主治醫師戊，並於94年10月1日凌晨0時許由醫師戊施行手術，術中發現病患H直腸（離肛口20公分處）有一個6×4公分之裂孔及一小段小腸壞死，即實施小腸段切除吻合及直腸切除、人工肛門手術，病患H於94年10月18日死亡。

　　案經檢察官提起公訴，主張成立過失致死罪之理由如下：

　　被告甲（下稱被告甲）明知病患H主訴自94年9月29日接受大腸鏡檢查後腹痛加劇「Abd.pain exacerbated since colonscope performed yesterday」，經理學檢查發現病患H腹部有腹脹「Distended」，雖無反彈痛「Rebounding pain(-)」，但有廣泛性壓痛「Diffuse tenderness」，且當時脈搏已快（118次／分），復參酌病患H於94年9月30日下午5時8分許所拍攝腹部X光片所示，其胃、小腸、橫結腸均脹氣，小腸壁、橫結腸及胃壁均較增厚，配合病患H於同日下午5時10分許所拍攝胸部X光

片可懷疑其左側橫膈下游離氣，宜懷疑病患 H 腹腔內有游離空氣、腸胃道穿孔或已有腹膜炎，極有可能屬大腸鏡檢查造成腸道損傷或破裂之併發症，被告甲身為問診醫師，本應注意審慎評估病患 H 是否因接受大腸鏡檢查而引發腸道破裂併發症，而不應遽予施行灌腸處置，應請病患 H 停止進食，仔細觀察、積極尋找、確認其腹痛原因，以提早發現病患 H 腸道已破裂之事實並及時為妥適之醫療救護措施。

醫師乙（下稱被告乙）身為急診室主治醫師，本應注意督導值班住院醫師執行醫務並執行第一線醫療工作，且明知非親自診察病人，不得製作病歷，又依被告甲及被告乙身為住院及主治醫師之專業經驗及當時一切情狀，均能注意，二人竟均疏未注意，不僅未能觀察發現病患 H 腸道已破裂之事實，反由被告乙貿然於 94 年 9 月 30 日下午 5 時 30 分許，開立醫囑對病患 H 施行灌腸處置，被告乙疏未督導被告甲開立之灌腸醫囑，亦未親自診察病患 H，而授權護士醫師甲於該灌腸醫囑病歷上蓋用被告乙之職章，致病患 H 腸道蠕動加劇使其原有之腸道破裂症狀更為惡化，並加速其腸道內含物散布到腹腔，加重腹膜炎之病情。病患 H 於接受二次灌腸處置後，疼痛並未緩解，嗣再經對病患 H 拍攝胸部 X 光片及電腦斷層掃描發現腹腔內有游離空氣，懷疑腸道破裂，被告甲及被告乙乃緊急會診一般外科主治醫師戊，並於次日凌晨 0 時許由戊施行手術，病患 H 於術後因吻合處發生滲漏及持續腹膜炎合併敗血症而於 94 年 10 月 18 日死亡。

(二) 被告回應

被告甲矢口否認有何過失致死犯行，辯稱：

病患 H 入院時表示其腹部不適，其依一般看診流程，觸診後安排詳細檢查，即照 X 光片、抽血檢查、打點滴，依病患 H 入院時所拍攝 X 光片作審慎評估，認病患 H 並無腸道破裂情況，且病患 H 腸道有脹氣情形，病患 H 之腹痛係反覆性，與大腸鏡檢查無關，為減緩病患 H 疼痛，故於 94 年 9 月 30 日下午 5 時 30 分許，開立醫囑對病患 H 施行灌腸處置。急診病歷第一頁上手寫「Diffuse tenderness」表示病患 H 腹部疼痛及「Distended」表示病患 H 腹部較脹等文字其猜測係於 94 年 9 月 30 日晚上 7 時許後所記載，不知何時為病患 H 觸診得知。

　　被告甲之辯護人亦為其辯稱，由電腦斷層及腹部手術發現，病患 H 應係腸繫膜缺血病患，隨著病程惡化演變成小腸缺血壞死，經手術切除壞死處後，其意識、血壓、心跳即有改善，嗣因小腸段切除吻合處發生滲漏使其腹膜炎合併敗血症復發加重致死，非因大腸破洞相關情形所致。

　　被告乙矢口否認有何業務過失致死犯行，辯稱：

　　當時係被告甲開立醫囑指示對病患 H 為灌腸處置，非其所為，被告甲開立灌腸醫囑時，並未向其知會。而病歷上該灌腸醫囑旁蓋用其職章係因 T 醫院規定所有住院醫師醫囑均須蓋用主治醫師職章。又依病患 H 入院時所拍攝 X 光片可看出病患 H 腸內有脹氣，且無腹膜炎症狀，故被告甲開立醫囑指示對病患 H 為灌腸處置減輕其脹氣，並無不當。病患 H 死亡原因係小腸壞死，並非大腸穿孔，而其小腸壞死原因係血液循環不佳，並非灌腸所致；且被告甲於本案行為時，已屬領有合法醫師執照之醫師，即可獨立執行一般醫療行為。

(三) 鑑定意見

1.醫審會鑑定結果

　　本案有行政院衛生署醫事審議委員會（下稱醫審會）製作鑑定書共四份，鑑定意見大致歸納如下：

(1)第一次鑑定

A.針對大腸鏡檢查後病人會感到腹痛之理由說明：

　　大腸鏡檢查後有些病人會稍有腹痛，此乃檢查中需灌入氣體至腸中，或腸道受腸鏡頂起牽扯所致。但一般檢查後不久排氣、休息後均會消失，如果檢查後腹痛持續到隔天，且疼痛有加劇或呈現腹脹、便血現象，理學檢查腹部有壓痛，即應懷疑腸道破裂之可能。

B.針對病患之病程及二次灌腸導致之結果說明：

　　手術發現大腸破 6×4 公分，一般二次灌腸應不會導致大腸破裂（每次

118c.c 壓力不致太大）。參考病程，其大腸破裂應早已發生，灌腸可能會加重其腹腔污染及症狀。

C. 針對病患之死因說明：

病人之死因可能係多重因素造成。大腸鏡檢後直腸破裂，雖為大腸鏡檢之併發症，惟病人超過 24 小時到另一家醫院就診，顯已延遲就醫，且灌腸導致腹膜炎加劇、休克。手術後又發生吻合處滲漏，才使腹膜炎、敗血症無法控制。因此，灌腸亦可能為導致病人死亡之其中一個原因。

(2)第二次鑑定

針對做完大腸鏡後之腹痛及理學檢查數據說明：

一般二次灌腸應不會導致大腸破裂。但病人至 T 醫院就診時，主訴前一日做完大腸鏡後腹痛持續加劇，當時檢查腹部脹及壓痛，心跳 118 次／分，體溫 37.6 度 C，白血球 24000／cumm。此時應即懷疑有腸道破裂之可能。由病人症狀判斷可能病人至 T 醫院時大腸已破裂。

(3)第三次鑑定

A. 針對病人反覆腹痛、便秘或腹瀉之病史和其大腸穿孔或腸繫膜缺血之關聯性說明：

「病人 89 年 5 月起曾經因反覆腹痛、便秘或腹瀉至多家醫院診治，經消化道內視鏡檢查、腹部超音波檢查、病史及身體檢查等。其診斷大多為『腸道急躁症』或『消化性潰瘍』。由上開病史，無法認定病人屬於『腸繫膜缺血』之病兆。」

「94 年 10 月 1 日手術中發現本病人小腸有一小斷壞死，並非屬於『腸繫膜缺血』所造成，因此症狀將呈許多段或一大片小腸壞死，而非僅一小段壞死，且會造成小腸壞死及腹部疼痛。但本例病人並無高血脂或心房顫動病史，較不易產生此症狀。而且如果小腸壞死及大腸破裂是源於腸繫膜缺血，則大腸破裂處應有最嚴重之壞死病變。此與本例不合。故本例病源應為腸鏡引起之穿孔造成腹膜炎且延遲就診之結果。」

B. 針對大腸鏡檢查導致大腸穿孔之可能性說明：

「大腸鏡檢查導致大腸穿孔之比例，一般小於百分之 1。本病人發生大腸穿孔之原因有可能是大腸鏡檢查已發生，或當時只有腸道損傷但尚未破裂；經過一日後因大腸蠕動排便，腸道內壓力增加而致破裂。灌腸雖可誘發排便，但非造成大腸破裂之主因或唯一原因。另須注意病人如經大腸鏡檢查後已有大腸之損傷或破裂，則灌腸後可能使症狀更加明顯或嚴重。」

(4)第四次鑑定

針對出現游離氣及腸胃道破裂和腹膜炎之症狀說明：

「腹膜炎之標準症狀為腹痛、壓痛、反彈痛、腹肌防衛性收縮及胃腸蠕動音減少。多久出現腹膜炎症狀及症狀多嚴重也要看破裂之速度（立即破裂或慢慢穿孔）、破裂之位置、滲出之內容物（胃液、膽汁、血液、腸液、糞便及尿液）等而有所不同」。綜合病患 H 入院時所拍攝胸部及腹部 X 光片，雖無法確定，但可以懷疑其腹腔內有游離空氣，亦可懷疑已有腹膜炎。

2.法醫意見

本案無法醫鑑定意見。

(四) 判決結果

臺灣嘉義地方法院於民國 99 年 12 月 31 日作出判決，被告甲因業務上之過失致人於死，處有期徒刑肆月，如易科罰金，以銀元參佰元即新臺幣玖佰元折算壹日，減為有期徒刑貳月，如易科罰金，以銀元參佰元即新臺幣玖佰元折算壹日。

被告乙從事醫療業務之人，因業務上之過失致人於死，處有期徒刑貳月，如易科罰金，以銀元參佰元即新臺幣玖佰元折算壹日，減為有期徒刑壹月，如易科罰金，以銀元參佰元即新臺幣玖佰元折算壹日。

(五) 判決理由

1. 法院認定被告甲醫師成立業務過失致死罪之理由，摘要如下：

　(1) 被告甲違反注意義務之理由：

　　A. 被告甲於急診病歷第一頁上手寫「Diffuse tenderness」表示病患 H 腹部疼痛及「Distended」表示病患 H 腹部較脹等文字為不知何時為病患 H 觸診得知，經查，上開文字係記載在病患 H 於 94 年 9 月 30 日入院當時初診病歷第一頁上相關診療處置行為前；再觀諸當日急診護理紀錄單，亦無其於當日晚上 7 時許後，對病患 H 觸診發現有腹部疼痛及腹部較脹之記載，是被告甲辯稱上開文字係於 9 月 30 日晚上 7 時許後所記載，不知何時為病患 H 觸診得知，實不足採。

　　B. 病患 H 初到院時之急診護理紀錄雖就腹部僅勾選「軟」，而未勾選「硬」、「脹」、「壓痛」、「反彈痛」等欄位，然被告甲嗣既已親自對病患 H 為理學檢查，並在病歷上記載病患 H 有腹痛、腹脹、廣泛性壓痛等症狀，即應以其親自診斷結果為判斷是否施行灌腸處置之依據，又依上開醫審會第四次鑑定意見，綜合病患 H 入院時所拍攝胸部及腹部 X 光片，可以懷疑其腹腔內有游離空氣，亦可懷疑已有腹膜炎，又因急診時已有主訴在他院進行大腸鏡檢查後發生腹痛，故無論有無確定腹腔內有無游離氣體，均應懷疑其腹痛與大腸鏡檢查有關，而不宜進行灌腸之處置。

　　C. 另被告甲係於 94 年 9 月 30 日下午 5 時 30 分許，看過 X 光片後，要其給病人胃腸藥及灌腸，實際執行灌腸應是於同日下午 5 時 30 分許後沒多久，二次灌腸時間相隔不到 10 分鐘，每次可在 5 分鐘內執行完畢，而病患 H 之抽血檢驗報告記載確認時間為當日下午 5 時 57 分許，可見其開立灌腸醫囑前確實不知病患 H 之血液檢查報告結果，即難認其明知病患 H 之白血球指數已高達 24000/cumm，仍開立灌腸醫囑，而有過失。

(2) 被告甲違反醫療常規之理由：

被告甲明知病患 H 主訴前一天大腸鏡檢查後腹痛加劇，且經理學檢查後知病患 H 仍有腹痛、腹脹、廣泛性壓痛症狀，已有腹膜炎之其他症狀，自應注意大腸鏡檢查可能造成病患 H 之大腸損傷或破裂導致腹膜炎發生，灌腸後可能使其症狀更加明顯或嚴重，竟仍開立醫囑為灌腸處置，實有違醫療常規，參醫審會四次鑑定報告亦同此認定。縱病患 H 前曾至其他醫院就診，其他醫院就病患 H 腹痛、便秘同樣症狀，亦為灌腸處置，然當時病患 H 並無於就診前一日接受大腸鏡檢查後腹痛加劇情形，自無法與病患 H 本次就診情形為相同論斷，因此，灌腸處理實非必要，且有違醫療常規。

(3) 被告甲醫療過失行為和病人死亡間有相當因果關係之理由：

法院針對病患 H 是否為腸繫膜缺血之說明[18]，本例病源應為腸鏡引起之穿孔造成腹膜炎且延遲就診之結果。

另所稱「自發性大腸穿孔」，是指無外力狀況下之大腸穿孔，今此病人已曾經有大腸鏡檢查及二次灌腸處置，自不符合自發性大腸穿孔之範疇，醫審會第三次鑑定書亦同此認定，是被告甲之辯解亦無足採。

本案經送醫審會鑑定共四次，結論均認病患 H 之腸道破裂係發生在接受灌腸處置前，並非於接受灌腸處置後其腸道始發生破裂，且被告甲開立醫囑對病患 H 為灌腸處置，為可能導致病患 H 死亡之原因之一，被告甲身為問診醫師，本應注意審慎評估病患 H 是否因接受大腸鏡檢查而引發腸道破裂併發症，而不應遽予施行灌腸處置，應

---

18 經檢送病患H之前至多家醫院就診病歷送醫審會鑑定，醫審會第三次鑑定結果認為按其病史，無法認定病人屬於「腸繫膜缺血」，94年10月1日手術中發現本病人小腸有一小段壞死，並非屬於此症狀，因為如係「腸繫膜缺血」所造成，將呈許多段或一大片小腸壞死，而非僅一小段壞死。又此症狀會造成小腸壞死及腹部疼痛。但本例病人並無高血脂或心房顫動病史，較不易產生腸繫膜缺血。而且如果小腸壞死及大腸破裂是源於腸繫膜缺血，則大腸破裂處應有最嚴重之壞死病變，此與本例不合。

積極尋找、確認其腹痛原因，以提早發現病患 H 腸道已破裂之事實並及時為妥適之醫療救護措施，將病患 H 腸道破裂引發腹膜炎之傷害結果降至最低，且依被告甲身為住院醫師之專業經驗及當時一切情狀，能注意，竟疏未注意開立醫囑對病患 H 為灌腸處置，有違醫療常規，確有過失。

2. 法院認定被告乙醫師成立業務過失致死罪之理由，摘要如下：

針對被告乙醫師違反注意義務之理由說明：被告乙身為急診室主治醫師，依 T 醫院慣例及醫師法第 11 條第 1 項前段及第 12 條第 1 項、第 2 項規定，本應注意督導值班住院醫師執行醫務並執行第一線醫療工作，且明知非親自診察病人，不得製作病歷，又依其身為主治醫師之專業經驗及當時一切情狀，能注意，竟疏未注意督導被告甲開立之灌腸醫囑，亦未親自診察病患 H，而授權護士丙於該灌腸醫囑病歷上蓋用其職章，亦有過失。

綜上所述，本案事證明確，被告甲、乙及其辯護人所辯無非事後卸責之詞，尚無足採，被告甲、乙之業務過失致人於死犯行均堪以認定。

二、上訴審判決概述

(一) 第二審判決

檢察官不服，提起上訴。

被告甲對病患為灌腸處置，有違醫療常規，被告乙未督導被告甲為灌腸之侵入性醫療，亦未親自診察病患，僅由護士醫師甲於該灌腸醫囑病歷上蓋用被告乙職章，均有過失。

病患因灌腸處置導致腹膜炎加劇而死亡，被告甲、乙之過失行為，與病患之死亡結果間，顯具有相當因果關係。雖醫審會鑑定病患有延遲就醫之情事，而病患接受手術後又發生吻合處滲漏，才使腹膜炎、敗血症無法控制，仍無法解免被告甲、乙之過失責任。

(二) 第三審判決

　　駁回上訴人等二人在第二審之上訴，維持第一審判決，已詳細說明其採證認事之理由。所為論斷，俱有卷證資料可資覆按。上訴人等之上訴均違背法律上之程式，應予駁回。

(三) 上訴審之爭議

　　上訴之主要爭議在於醫審會鑑定書之證據能力、急診室主治醫師之督導責任範圍、以及灌腸處置與病患死亡之因果關係。

1.第二審判決

　　被告甲與乙因業務過失致死案件，不服臺灣嘉義地方法院第一審判決，提起上訴，臺灣高等法院駁回上訴。第二審判決重點，整理如下：

　　被告甲對病患為灌腸處置，有違醫療常規，被告乙未督導被告甲為灌腸之侵入性醫療，亦未親自診察病患，僅由護士於該灌腸醫囑病歷上蓋用被告乙職章，均有過失，且灌腸處置為病患死亡原因之一，業經醫審會第一次鑑定認病人之死因可能係多重因素造成。大腸鏡檢後直腸破裂，雖為大腸鏡檢之併發症，且病人超過 24 小時才到另一家醫院就診，業經醫審會鑑定病患有延遲就醫之情事，且灌腸導致腹膜炎加劇、休克，手術後又發生吻合處滲漏，才使腹膜炎、敗血症無法控制。因此，灌腸處置為病患死亡原因之一，有醫審會第一次鑑定書在卷可參，是病患因灌腸處置導致腹膜炎加劇而死亡，被告甲、乙之過失行為，與病患之死亡結果間，顯具有相當因果關係。

A.有關急診科主治醫師責任

　　依 T 醫院急診科主治醫師工作規定「主治醫師應督導值班住院醫師執行醫務並執行第一線醫療工作」、急診科住院醫師工作規定「住院醫師在主治醫師指導下，負責急診治療之第一線醫療工作」。上開急診科工作規定並非形式上之規定，病歷上蓋用被告乙職章，亦非僅形式上之慣例，而係落實該工作規定有關「主治醫師應督導值班住院醫師執行醫務並執行

第一線醫療工作」，及被告甲尚不得獨立為侵入性之醫療行為，始有病患當日急診掛號顯示主要負責看診之醫師為主治醫師乙，及在病歷處方醫師項下蓋用被告乙之職章之情事，被告乙所辯「病歷上該灌腸醫囑旁蓋用其職章，係因 T 醫院規定所有住院醫師醫囑均須蓋用主治醫師職章；另被告甲為本件醫療行為時，已領有合法醫師執照之醫師，可獨立執行灌腸之醫療行為」，自無足採。又查，灌腸是屬將外來物置入人體來從事診斷或治療之行為，屬於侵入性醫療，行政院衛生署上開書函函覆原審明確；依上開說明，被告乙對被告甲開立灌腸醫囑，對病患為灌腸處置行為，仍有監督職責。

B.有關醫審會鑑定書證據力

鑑定人就其鑑定之經過及結果予以記載所作成之書面，苟符合刑事訴訟法第 206 條第 1 項、第 208 條之規定，即屬同法第 159 條第 1 項之「除法律有規定者外」之情形，自仍具證據能力，不受傳聞法則之規範；且囑託機關鑑定，並無必須命實施鑑定之人為具結之規定，此觀刑事訴訟法第 208 條第 1 項，已將該法第 202 條關於鑑定人之具結義務之規定排除，未在準用之列即明。查，行政院衛生署之鑑定意見或補充說明，均係法院或檢察官委託行政院衛生署醫審會鑑定後製作之書面報告，及就鑑定結果所為之補充說明，揆之上開意旨，均認有證據能力；被告甲辯護人所辯上開書面陳述無證據能力，並無可取。

2.第三審判決

被告甲與乙因業務過失致人於死案件，不服臺灣高等法院第二審判決，提起上訴。最高法院駁回上訴，其表示：

被告甲上訴意旨略以原判決引述醫審會鑑定書所載「灌腸雖可誘發排便，但非造成大腸破裂之主因或唯一原因」，復又認定「並非於接受灌腸處置後因排便等其他原因致腸道發生破裂」，自屬判決理由矛盾。另依卷內事證皆不能排除病患因灌腸後用力排便致使已有缺氧受損病變之大腸破裂，及「小腸段切除吻合」之滲漏導致「腹膜炎合併敗血症」致死等情，再若病患無延遲就醫，不必然會有死亡結果，且縱病患於大腸鏡檢查後因

直腸破裂而接受灌腸，亦不必然死亡，尚與死亡結果間無相當因果關係。

　　最高法院認為一般之二次灌腸雖不會導致大腸破裂，但本件病患之大腸破裂既早已發生，灌腸可能會加重其腹腔污染及症狀，該灌腸處理實非必要，有違醫療常規，另依 T 醫院急診室之工作規定，被告乙既對甲負有督導之責，尚難以甲為領有醫師執照之醫事人員，即認得就該院急診室之醫療業務均可獨立執行，而可免除主治醫師乙之責任之理由；暨甲辯稱病患死亡結果與灌腸處置並無因果關係，甲辯稱病患死亡係因血液循環不佳致小腸壞死，非因灌腸所致，且甲為領有合法醫師執照之醫師可獨立執行灌腸，原審對於究如何之均不足採信，亦詳加說明指駁。此係事實審法院採證認事之職權行使，難謂有違反證據法則、判決不備理由，或應於審判期日調查之證據而未予調查之可言。

　　至於刑事訴訟法所稱依法應於審判期日調查之證據，係指與待證事實有重要關係，在客觀上顯有調查必要性之證據而言，故其範圍並非漫無限制，必其證據與判斷待證事實之有無，具有關聯性，得據以推翻原判決所確認之事實，而為不同之認定，若僅枝節性問題，或所證明之事項已臻明確，當事人聲請調查之證據，均欠缺其調查之必要性，原審未依職權或聲請為無益之調查，皆無違法之可言。

　　本件醫審會係由具醫事專業知識之人員組成之委員會，乃依檢察官或法院之囑託，檢視相關病患之病歷資料而為鑑定，且其前後就本件之鑑定多達四次，並已一再指明甲採行之灌腸處置，有違醫療常規之依憑，該委員會之鑑定結果確具客觀、專業及權威性，而可採信。本件依憑上開證據，上訴人等二人應負之罪責，已臻明確，尚無再函其他機構為無益調查必要之理由，並無違誤。

三、延伸思考

　　問題一：因 T 醫院規定所有住院醫師（被告甲）醫囑均須蓋用主治醫師（被告乙）職章，被告甲於本案行為時，已屬領有合法醫師執照之醫師，即可獨立

執行一般醫療行為，請問在專業分工的注意義務與信賴原則下，對於監督的義務及獨立執行一般醫療行為間的判斷依據應為何？

問題二：被告甲於下午 5 時 30 分許，開立灌腸醫囑前不知病患 H 之白血球指數已高達 24000/cumm，然病患抽血檢驗報告記載確認時間為下午 5 時 57 分許，至晚間 7 點半才照胸部 X 光及後續的電腦斷層，請問在注意義務上是否影響被告過失責任的判定？

問題三：醫審會鑑定書稱「灌腸雖可誘發排便，但非造成大腸破裂之主因或唯一原因」、「並非於接受灌腸處置後因排便等其他原因致腸道發生破裂」，且病人超過 24 小時到另一家醫院就診，顯已延遲就醫，惟法院仍認定灌腸處置與病患死亡具因果關係。請問本件灌腸處置是否能以介入原因[19]（superseding cause）加以解釋？

四、判決來源

---

[19] 或譯為替代原因或介入因素。

第三十三案　心肌梗塞併左心室破裂案

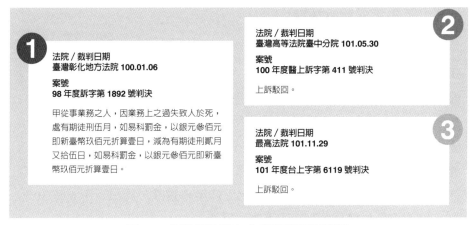

①
法院／裁判日期
臺灣彰化地方法院 100.01.06
案號
98 年度訴字第 1892 號判決

甲從事業務之人，因業務上之過失致人於死，處有期徒刑伍月，如易科罰金，以銀元參佰元即新臺幣玖佰元折算壹日，減為有期徒刑貳月又拾伍日，如易科罰金，以銀元參佰元即新臺幣玖佰元折算壹日。

②
法院／裁判日期
臺灣高等法院臺中分院 101.05.30
案號
100 年度醫上訴字第 411 號判決

上訴駁回。

③
法院／裁判日期
最高法院 101.11.29
案號
101 年度台上字第 6119 號判決

上訴駁回。

圖 33　心肌梗塞併左心室破裂案歷審圖
資料來源：作者繪製。

一、第一審判決

(一) 公訴事實與起訴意旨

　　醫師甲係行政院衛生署 Z 醫院（下稱 Z 醫院）急診處之合格醫師。病患 C 於民國 95 年 5 月 21 日下午 5 時，因胸痛症狀，由其子陪同到 Z 醫院，接受甲之診斷，當時病患 C 意識清醒，呼吸正常，血壓為 117/61 毫米汞柱，心跳每分鐘 84 次，呼吸每分鐘 20 次，經甲問診及身體理學檢查後，診斷為肌肉筋膜發炎，給予一劑消炎止痛藥，並安排其進行胸部 X 光攝影及心電圖檢查，之後同意病患 C 於同日下午 5 時 35 分許出院，病患 C 返家後，於同月 23 日下午外出工作後未返家，同日下午 6 時 30 分許，為其子媳 H 發現倒臥在田邊溝渠猝死。

　　案經檢察官提起公訴，主張成立過失致死罪之理由如下：

　　醫師甲（下稱被告甲）明知心電圖圖形顯示為「ST 波段上升、T 波高尖，以及 R 波未隨導極逐漸變大（poor R wave progression）等變化」，且出現警示文字「Abnormal ECG（不正常的心電圖）、734：Lateral infarction（側面梗塞）、701：Poor R Pro-gression（R 波未隨導極逐漸變大）、150：HigH T（T 波高尖）、841：Ventricular premature contraction（心室比預期早緊縮）、Check subjective symptoms such as pain consultation with cardiologist is recommended（建議與心臟專科醫生就胸部疼痛等主要症狀會診）」，被告甲原應注意病患 C 係因胸痛而急診入院，且當時年齡已高達 78 歲，引發急性心肌梗塞的風險相對增加，而前開心電圖檢查結果，亦認為有與心臟病專科醫生就胸部疼痛等症狀會診之必要，依其本身係急診及內科專科醫師，受有相關之專業訓練，理應具備判斷之專業知識，且 Z 醫院乃區域型醫院，配有所需之醫療檢查設備，又該醫院之心臟科醫師係採隨傳隨到方式，30 分鐘內即能到達急診室協助會診，是被告甲理應無不能注意之情事，其卻疏未注意，僅以前述方式治療，未再為病患 C 進一步安排抽血檢測心肌酵素等血清指標，或留院觀察 6 小

時以求確認病況，而逕自排除病患 C 當時症狀為急性心肌梗塞之可能性，更未能及時照會心臟內外科專科醫師會診或將病患 C 轉診至相關專科，致病患 C 返家後，於同月 23 日下午某時許外出工作後未返家，而於同日下午 6 時 30 分許，為其子媳 H 發現倒臥在田邊溝渠猝死，判定病患 C 死因為急性心肌梗塞導致心臟破裂死亡。

(二) 被告等回應

被告甲否認有何過失致死之犯行，辯稱：

伊依照病患 C 主訴胸痛之症狀進行相關身體檢查，然而當天病患 C 的症狀不是臨床上心肌梗塞的症狀，也沒有心肌梗塞的證據，因此伊並未讓病患留院觀察，且依據法醫的解剖報告，病患 C 係於 2 天後死亡，然心肌梗塞是死亡前24小時內發生，表示急診時並無急性心肌梗塞的情形。

被告甲之辯護人則稱：

1.針對並未有「急性心肌梗塞」之情形說明

病患 C 於 95 年 5 月 21 日 17 時許入院接受被告診治時，並未有胸痛劇烈、呼吸困難等症狀，而心肌梗塞之診斷，除心電圖之電腦判讀外，亦須配合病患臨床病史及病患症狀始可判斷，本案病患就診當時被告甲醫師已經對病患安排心電圖、胸部 X 光以及相關理學檢查，加上病患並無存在高血壓、心臟病、高血脂等高危險因子，也無胸悶、胸痛、呼吸困難、移轉痛、冒冷汗等臨床症狀。因此病患在急診室接受被告診治期間，並未存在「急性心肌梗塞」之情形，況病患就診之時，主訴係因背負農藥桶造成胸骨處疼痛，乃是胸骨處壓痛，屬於肌筋膜炎症候群，被告在醫療上並無誤診之情事。縱心電圖之電腦判讀認為「心肌梗塞」屬合理，最多僅係陳舊性心肌梗塞而非急性心肌梗塞，並無急診必須立即處理之情形。是以本案病患就診期間被告均係按照急診醫療程序為其診治處理，且病患接受被告治療後，其入院當時主訴之胸骨處疼痛確實有得到緩解，並於被告囑附門診追蹤後始離院，故被告絕無任何消極不作為之情事。

2.針對病患急性心肌梗塞發作之時間點說明

依法醫解剖報告推知，病患急性心肌梗塞發作之時間係在死亡前 24 小時之內，亦即已經在病患離院 24 小時之後，故在被告於 5 月 21 日為病患作心電圖檢查時，其尚未發生急性心肌梗塞之情況，是倘以病患離院 2 天之後始發生之急性心肌梗塞導致心臟破裂死亡的結果，即責令被告有診斷當時根本無急性心肌梗塞症狀之病患有急性心肌梗塞疾病之可能，未免過苛，且更遑論以病患急性心肌梗塞發作之時間點觀之，縱使留院觀察 6 小時亦無診斷急性心肌梗塞之可能。被告甲是否根據心電圖診斷出急性心肌梗塞，與病患 C 其後病程心臟是否破裂並無直接因果關係。

(三) 鑑定意見

1.醫審會鑑定結果

本案有行政院衛生署醫事審議委員會（下稱醫審會）製作鑑定書共三份，鑑定意見大致歸納如下：

(1)第一次鑑定

A.針對甲之醫療判斷有無違反醫療常規說明

醫療判斷方面，根據病人病史（當天下午背負重物），輔以理學檢查時發現之胸骨處壓痛（肌肉或筋膜發炎可能出現之理學檢查特徵，心肌缺血或梗塞鮮少以局部壓痛表現），以及施予止痛消炎針劑（Keto）後病人症狀獲得改善（若屬肌肉或筋膜發炎，其對消炎止痛藥物反應較佳，若為心肌梗塞則症狀通常難以完全緩解），判斷病人屬於筋膜發炎症候群而作後續之口服藥物開處及門診追蹤等安排，依此邏輯下此診斷，尚屬合理。

B.針對病患 C 心電圖之數據及顯示之文字所代表之意義說明

根據所提供病歷中的心電圖顯示，病人左側胸前 V2 至 V5 導極出現 ST 波段上升、T 波高尖，以及 R 波未隨導極逐漸變大（poor R wave progression）等變化，電腦判讀為疑似心肌梗塞係屬合理。

此病人心電圖之 ST 波段上升呈現圓滑、緩慢上升之特徵，與心電圖另

一種 ST 波段變化：過早再極化（early repolarization）類似，在判讀上亦須作鑑別。而 R 波末隨導極逐漸變大（poor R wave progression）之心電圖圖像，通常為陳舊性心肌梗塞之變化，若發生在急性心肌梗塞，通常亦須數小時至數天後方可進展至此變化，另外在心臟心軸偏轉的情況下亦可能出現。至於高尖 T 波有可能為正常之變異、高血鉀、或心肌缺血等各種考量，亦須加上臨床資訊方能判斷。

關於心電圖報告顯示之文字僅供參考，在臨床實務上的確如此。心電圖之變化有許多可能性，往往須加上臨床資訊之輔助方能作出正確之判讀，因此心電圖電腦判讀之報告雖可供參考，仍須醫師作最後判斷。

C. 依據心電圖是否診斷出急性心肌梗塞，與其後病程心臟是否會破裂之因果關係說明

心肌梗塞導致左心室破裂而猝死為臨床上可能之病程發展，二者確有因果關係存在。然心電圖之變化為急性心肌梗塞諸多臨床表現的其中一項而已，而且心電圖本身的判讀往往須配合其他臨床資訊作綜合判斷，因此心電圖之變化本身，與心臟破裂死亡應無直接之因果關係。再者，病人是否根據心電圖診斷出急性心肌梗塞，與其後病程中心臟是否會破裂並無直接之因果關係，蓋心肌梗塞導致心室破裂臨床上之可預期性低，即使正確診斷且住院治療，並無法確保心臟不會破裂，因此此因果關係之判定實屬困難。

(2)第二次鑑定

A. 針對病患主訴症狀及對照心電圖數據之意見說明

參照病歷中之心電圖，其變化包括胸前導極 V2 至 V5 出現 ST 波段上升、T 波高尖，以及 R 波末隨導極逐漸變大等，在四肢導極 II、III、aVF 則有 ST 波段下降等現象。心電圖上產生之 ST 段變化，原因除心肌梗塞外，也包括如心包膜發炎、心肌炎等異常及早期去極化等正常變異現象。故心電圖上產生之 ST 段變化可能是正常變異或是異常現象，無法完全排除疑似急性心肌梗塞之可能性。

依據病歷紀錄，病人當時就診時，於醫師及護理紀錄上，皆描述病人

並無主訴呼吸困難之現象。針對胸痛之症狀而言，病人當時所表現雖為非典型之胸痛，並有局部觸痛肌膜發炎之現象，惟依據症狀，應將心血管疾病考慮在內。

B. 針對醫師處置是否有違反醫療常規之理由說明

依醫療常規，若病人有疑似心肌缺氧或梗塞之胸痛，並有心電圖之變化，則應留院觀察，並檢查心肌酶等血清指標，並至少留院觀察 4 至 6 小時。心肌梗塞之判斷，急診醫師均接受過此訓練，並不需例行照會心臟科醫師，若初步對診斷有疑義或是進行進一步治療之時，則可照會心臟科醫師會診。在本案中，甲醫師依其病史及症狀，判斷其胸痛為負重後所產生之肌膜炎現象，並非心肌缺氧或胸痛所產生之胸痛。因此，甲醫師並未將病人留觀並抽血檢驗心肌酶。心電圖 ST 段之變化，雖無法完全排除心肌梗塞之可能，診斷心肌梗塞須臨床症狀、心電圖及心臟血清標記，三者中兩者有變化，才能確診為心肌梗塞，也無法就單一心電圖之變化，即確診為急性心肌梗塞發作。若以非一般常態狀況來考慮急性心肌梗塞之非典型表現，應將病人留院觀察 6 小時，且抽血檢測心肌酶。甲醫師未為此等處置，似與醫療常規稍有未符之處。

(3) 第三次鑑定

A. 針對病理解剖資料推斷病患心肌梗塞之發生時間說明

若以現有之病理解剖資料顯示，病人心臟呈現有冠狀動脈硬化現象，左心室有 1 公分破裂痕，病理切片顯微鏡檢查發現心肌壞死及嗜中性白血球浸潤，推斷病人有一急性心肌梗塞存在，至於此心肌梗塞之發生時間，於 95 年 5 月 23 日死亡前之 1 至 2 日均有可能。

B. 針對醫師判讀心電圖結果後之醫療行為說明

當時心電圖上之電腦判讀，已疑似心肌梗塞之情形下，急診醫師更宜謹慎，應留觀或抽血檢測心肌酶來印證或排除急性心肌梗塞。

若臨床上懷疑病人為心因性胸痛，尤其是疑似心臟缺血性疼痛（心絞痛）之病人，而無心肌梗塞之立即證據者，則通常會讓病人於急診觀察

6 至 8 小時，並追蹤心電圖及心肌酵素檢查。

C. 病人離院後 2 日發生心肌梗塞猝死和甲醫師之醫療行為間之關係說明

病人離院後 2 日發生猝死，經解剖鑑定後判定係心肌梗塞，導致心臟破裂致死，此死亡之結果與甲醫師之醫療行為並無因果關係。心肌梗塞併發心臟破裂死亡，在心肌梗塞病人中占一定之比例，在心肌梗塞早期施行特殊之介入性治療，固然可能減少死亡率，但亦無法絕對避免心臟破裂之危險，意即即使病人當日表現出心肌梗塞之典型症狀及徵候，而甲醫師亦將之診斷為心肌梗塞並令病人住院治療，亦無法預測乃至完全預防病人後來發生心臟破裂之結果。再者，病人是否可能於 95 年 5 月 21 日離院後，至 95 年 5 月 23 日之間發生心肌梗塞，導致 95 年 5 月 23 日當天心臟破裂致死，此一可能性亦無法完全排除。因此，病人發生心臟破裂突發性死亡，與甲醫師之醫療行為並無因果關係。

D. 針對急性心肌梗塞、陳舊性心肌梗塞之治療說明

若為急性心肌梗塞，因其主要致病機轉為冠狀動脈之粥狀動脈硬塊破裂剝落，造成急性血栓形成，導致冠狀動脈阻塞而引起心肌缺血及壞死，其治療主要為抗血栓治療，包括血栓溶解藥物、抗血小板凝集藥物及抗凝血藥物等，或以心導管介入性治療方式，將阻塞之冠狀動脈打通以重建循環。其他之藥物治療，則包括冠狀動脈擴張藥物及止痛藥物等。至於陳舊性心肌梗塞治療，則主要為處理心肌梗塞後之後遺症，如心臟衰竭、心律不整等。

2. 法醫意見

「認定其頭部傷為表面傷不足以致死、呼吸道無明顯吸入水分，且肺部無明顯水腫，非落水窒息的變化，左心室有 1 公分破裂痕，顯微鏡下觀察心臟破裂處存在大量嗜中性白血球浸潤，為心肌梗塞之處，若是外力造成的心臟破裂，來不及出現白血球即死亡，是以病患 C 應係發生心肌梗塞導致心臟破裂致死，發作後倒入水溝，產生身體表面傷勢」。「由病患 95 年 5 月 21 日之心電圖表現應懷疑有陳舊性心肌梗塞存在」。

(四) 判決結果

臺灣彰化地方法院於民國 100 年 01 月 06 日作出判決，被告為從事業務之人，其因業務上之過失致病患 C 死亡，核其所為係犯刑法第 276 條第 2 項之業務過失致死罪，處有期徒刑伍月，如易科罰金，以銀元參佰元即新臺幣玖佰元折算壹日，減為有期徒刑貳月又拾伍日，如易科罰金，以銀元參佰元即新臺幣玖佰元折算壹日。

(五) 判決理由

法院認定被告甲成立業務過失致死罪之理由，摘要如下：

1.被告甲違反注意義務之理由

(1) 病患 C 於 95 年 5 月 21 日下午 5 時 4 分許，因胸痛前往 Z 醫院急診，其主訴係因背負農藥桶造成胸骨處疼痛，由被告甲於同日下午 5 時 20 分許對病患 C 做完身體檢查、心電圖、X 光攝影等檢查，當時病患 C 意識清醒，血壓為 117/61 毫米汞柱，心跳每分鐘 84 次，呼吸每分鐘 20 次，判斷病患 C 胸痛之原因可能為肌肉筋膜發炎，屬於肌筋膜炎症候群，給予一劑消炎止痛藥物（Keto），於同日下午 5 時 35 分許同意病患 C 出院。惟查，病患 C 於就診當時接受心電圖檢查，其心電圖圖形顯示為「ST 波段上升、T 波高尖，以及 R 波末隨導極逐漸變大等變化」，且出現警示文字（建議與心臟專科醫生就胸部疼痛等主要症狀會診）而經電腦判讀為疑似心肌梗塞，與被告前開之診斷結果不符，參考醫審會第一、二次鑑定意見的結論後，認為病患 C 之心電圖經電腦判定有疑似心肌梗塞之情況，並非有誤。

(2) 被告雖以心電圖的電腦判讀往往會過度敏感，因此在醫療過程中不需太依賴心電圖資料，而應以心電圖波形輔以醫師臨床經驗判斷等情詞置辯，歷次醫審會之鑑定意見亦同認：「關於心電圖報告顯示之文字雖可供參考，但仍須醫師作最後判斷」，被告所辯心電圖之警示文字僅供參考之情固非全無可採。

2.被告甲違反醫療常規之理由

關於病患 C 於接受被告急診診療時是否存在有心肌梗塞症狀，證人乙即 Z 醫院心臟內科專科醫師於偵查中證稱：本件心電圖報告由伊判讀，患者有竇性心律不整，心跳較慢，其上註記 PRWP 即患者之 R 波變化比較慢，NSSTTC 指非特異性 STT 段改變，STT 指心電圖上 S 波與 T 波之節段非特異性變化，無法確認有無心肌梗塞等語，再參醫審會第二、三次鑑定意見的結論，足見前開心電圖無法排除病患 C 於診療時即已有心肌梗塞存在之可能性，則被告供稱其於病患 C 就診時，僅依問診時病患 C 陳述曾背負農藥桶、臨床症狀並未出現呼吸困難，及按壓病患 C 胸骨檢查之結果，即率爾排除病患 C 當時存在有心肌梗塞症狀之可能性，是否已善盡醫療上之注意義務，即非無疑，承前，被告自應將病患 C 留院觀察並加以抽血檢驗心肌酵素濃度，被告竟捨此不為，又依當時急診室之就醫情形，並無不能注意之情事，被告之醫療處置即難謂與一般急診室醫師之醫療常規無違。

3.被告甲醫療過失行為和病人死亡間有相當因果關係之理由

(1) Z 醫院之心臟科醫師自 94 年 11 月起採取 on call 即隨傳隨到方式協助急診，若急診室醫師認為病患有心臟方面問題需要會診，會以電話通知心臟科醫師並開立會診單，心臟專科醫師於 30 分鐘內到達急診室協助會診，Z 醫院為區域型醫院，依其醫療資源設備及配置醫師等客觀情況，被告並無不能注意之情事，其應注意、能注意卻疏未注意，僅在上開問診及檢查後，率爾排除病患 C 當時可能已存在有心肌梗塞之可能，而未再為病患 C 安排抽血檢測心肌酵素等血清指標，或留院觀察以確定病況，更未安排心臟科專科醫師會診，或囑咐病患 C 應往心臟科門診追蹤檢查，致使病患 C 終因心肌梗塞導致心臟破裂死亡，被告就病患 C 之死亡結果難謂無過責。

(2) 辯護人以病患 C 急診出院後 2 日始死亡，則被告之急診治療與病患 C 之死亡結果間無因果關係為辯，然查病患在急診室之病況僅為病程之一部分，實難僅因病患 C 在急診時接受消炎止痛劑注射後，疼痛已有

緩解即判斷病患病況是否為穩定。被告甲若於病患 C 急診時即將之留院觀察，或進一步抽血檢測心肌酵素等血清指標，增加診斷之正確性，並非不能及時發現病患 C 恐有引發心肌梗塞之可能性，而適時施以必要之救護措施，因此降低死亡結果發生之可能。又依前揭鑑定意見，均認前開急診心電圖無法排除病患 C 疑似心肌梗塞之可能性，且認被告應加做抽血檢驗心肌酵素濃度或將病患 C 留院觀察，已如前述。據此，其上開疏失自與病患 C 之死亡間有相當因果關係甚明。

綜上所述，被告所為辯解，均無可採。本案事證明確，被告業務過失致死犯行洵堪認定，應予依法論科。

二、上訴審判決概述

(一) 第二審判決

被告在明知單純肌肉筋膜發炎，心電圖上不會出現任何症狀，病患 C 的心電圖上 V2-V5ST 節段上升之波段變化，必與肌肉筋膜發炎無關，不排除為急性心肌梗塞，需再進一步施以檢查，卻單以個人對病患 C 判斷之臨床症狀，忽略病患 C 並非醫療專業人員，無法正確描述疼痛的位置、程度，及個人對疼痛的忍受程度不同，亦無正確描述被告施以單一劑量的 keto 止痛劑後，其疼痛是否確實獲得緩解，或病患 C 有無隱匿個人疼痛狀況之情事，且疏於注意心電圖顯現 V2-V5ST 節段上升，已有急性心肌梗塞之可能性，率爾排除病患 C 係急性心肌梗塞之可能，而未再為病患 C 安排抽血檢測心肌酵素等血清指標，或留院觀察以確定病況，更未安排心臟科專科醫師會診，或囑咐病患 C 應往心臟科門診追蹤檢查等，致使病患 C 不知自己已有急性心肌梗塞，終因急性心肌梗塞導致心臟破裂死亡，被告就病患 C 之死亡結果，確有業務過失存在。

病患 C 係在離開 Z 醫院急診室後，經過 2 日的時間，始因該當時已有之急性心肌梗塞，導致心臟破裂而死亡，若被告當時確有依循醫療常

規，正確診斷出病患 C 急性心肌梗塞的症狀，病患 C 於該 2 日自係在醫療院所得到適當的醫療照護，經由抗血栓治療，包括血栓溶解藥物、抗血小板凝集藥物及抗凝血藥物等，或以心導管介入性治療方式，將阻塞之冠狀動脈打通以重建循環等手術，挽救其生命，而非在不知情的情況下，任由病情惡化，終究在毫無醫療支援下，導致心臟破裂的嚴重結果。從而被告違反醫療常規的業務過失行為，與病患 C 之死亡結果間，確實存有相當因果關係無訛。

(二) 第三審判決

原判決維持第一審所量處有期徒刑伍月之刑（減為有期徒刑貳月又拾伍日），已說明其理由，並無濫用裁量權之情事，亦無檢察官上訴意旨所指判決理由不備、量刑不合比例原則及公平原則之違法。檢察官及被告上訴意旨，仍執前詞，或再為事實上之爭執，或徒憑己見，就原審調查、取捨證據及判斷其證明力之適法行使，及判決內已明白論斷或屬於量刑裁量之事項，任意指摘為違法，核均非適法之上訴第三審理由。應認本件檢察官及被告之上訴，均為違背法律上之程式，予以駁回。

(三) 上訴審之爭議

上訴之主要爭議，在於心電圖機器所為之判讀是否僅為供醫師判讀之參考資料、病患離院時是否不適、以及病患 C 心肌梗塞究於何時發生。

1.第二審判決

被告與檢察官因被告業務過失致死案件，不服臺灣彰化地方法院第一審判決，提起上訴。臺灣高等法院認為病患於 95 年 5 月 21 日下午 5 時許，因胸痛症狀，前往 Z 醫院急診處掛號就醫時，已有急性心肌梗塞之病症，而該急性心肌梗塞，於該次急診就醫時之心電圖檢查即已顯現波段變化，因此駁回上訴。第二審判決重點，整理如下：

(1)關於心電圖與心臟破裂位置是否符合

綜合法醫的解剖報告、於本院審理時之鑑定說明，及中華民國心臟學

會鑑定意見，可確認病患左心室破裂，與其急性心肌梗塞有關，而導致該左心室破裂的急性心肌梗塞位置，係位於左前降支冠狀動脈的位置，因左前降支冠狀動脈一般支配之灌流區域為左心室之前壁至心尖之區域。而左前降支之急性心肌梗塞造成之心電圖 ST 波段上升，多集中在 V1-V4，若梗塞面積較大則 V2-V5 亦有可能。

故左前降支之心肌梗塞可能因其血管阻塞造成左心室前壁至心尖區之心肌壞死，而後併發心室破裂，但破裂的一般不是左前降支本身，而是左前降支本身支配的左心室壁，此與病患於 95 年 5 月 21 日下午 5 時許，因胸痛前往 Z 醫院就診時之心電圖所顯現的波段變化，即 V2-V5ST 節段上升，及其於 95 年 5 月 23 日下午 6 時 30 分許，為其子媳發現倒臥在田邊溝渠猝死，經檢察官相驗，再經中山醫學大學附設醫院法醫師解剖後，判定病患死因為急性心肌梗塞，導致心臟破裂致死的相關位置，係相互吻合。

(2)關於病患實際死亡時間

95 年 5 月 23 日下午 6 時 30 分，係病患被發現陳屍在灌溉用排水溝的時間，並非其真正的死亡時間。而依證人即病患子媳於本院審理時之證詞可知，95 年 5 月 23 日其最後一次看到病患的時間，是同日大約中午 12 時或下午 1 時左右等語。換言之，病患的死亡時間，在證人最後一次看到病患的時間，到同日下午 6 時 30 分證人發現病患陳屍在灌溉用排水溝的時間，都有可能。

(3)關於心肌梗塞何時發生

鑑定人法醫師於本院審理時陳稱：「（剛剛你提到發生嗜中性白血球的時間，大概是在死亡回溯 20 到 24 小時之內是普遍教科書文獻上的記載內容，有沒有其他教科書的寫法跟這個不同，內容如何？）還有比這個時間更長的也有。」；「（寫幾天到幾天？）譬如說 1 到 3 天的也有。」；「（第三次醫事鑑定推斷病患有一急性心肌梗塞存在，此心肌梗塞之發生時間，於 95 年 5 月 23 日的前 1 至 2 日均有可能，此推斷是否合理？）可能都是合理的，因為醫學上變化太大了。」

依病患心肌梗塞處有嗜中性白血球浸潤的現象，從醫學的角度觀察，其心肌梗塞發生的時間，自其死亡時間往前推算 1 至 3 日，均在合理的範圍內。從而，自病患於 95 年 1 月 21 日下午 5 時許離開 Z 醫院，至 95 年 1 月 23 日下午 6 時 30 分，被發現陳屍在灌溉用排水溝，期間亦僅有 2 日 1 時 30 分，並未逾越上開合理範圍。因此，辯護意旨以病患心肌梗塞處嗜中性白血球浸潤的現象，主張病患心肌梗塞發生時間，最早在 95 年 5 月 22 日下午，最遲於發生猝死前 2 小時，並非在 95 年 5 月 21 日下午 5 時許，在 Z 醫院急診室之時間，顯然不足採信。

(4)關於病患離院後是否不適

辯護意旨雖猶稱：病患於 95 年 5 月 21 日離院後到發生猝死間，並未有因心臟不適之症狀而再度就醫，若病患於急診就醫時，已因急性心肌梗塞發生心因性疼痛，照醫理根本無法僅以單一劑量的 Keto 止痛劑抑制，且縱使病患是心因性疼痛，而被告仍令其出院，其應該也會回診，絕無持續忍受，而仍於 95 年 5 月 23 日下田耕作之可能等語。惟查：

雖病患係被發現陳屍在灌溉用排水溝，然依證人之證詞可知，病患於 95 年 5 月 23 日大約中午 12 時或下午 1 時許，係向證人表示天氣熱要到田裡去乘涼，亦非表示要下田從事農務。

若 95 年 5 月 21 日有發生心肌梗塞，則同年月 22 日、23 日，大多數的人應該多少還會有心臟胸部不適之症狀，而影響日常生活作息工作，除少數例外等情，有中華民國心臟學會 101 年 3 月 20 日函覆鑑定意見可稽。因此，心肌梗塞患者的症狀，乃至其病發的狀況，仍屬因人而異，亦無從以能否下田耕作，作為有無心肌梗塞現象之唯一判斷標準。

至於僅以單一劑量的 Keto 止痛劑，依理固然無法抑制心肌梗塞造成之「心因性疼痛」，然每個人忍耐疼痛的程度，本即有所不同，面對醫師詢問病情，亦不知如何正確表達個人感受，加上患者為求自我逃避，不願正式住院就醫，或擔心家人煩憂，而刻意隱匿身體病痛者，所在多有。凡此，均有賴醫師透過其專業及醫療器材的輔助，正確洞悉病患的病情嚴重程度，被告對病患施打 Keto 止痛劑後，是否已確實緩解病患的胸痛，並

非無疑，若僅因病患表示已不疼痛，即認定該 Keto 止痛劑已發揮緩解病患胸痛的狀況，進而認定病患的胸痛，並非心肌梗塞造成之「心因性疼痛」，顯然缺乏被告就本件個案提出其醫療上的數據或證明，以實其說。

2.第三審判決

檢察官與被告因業務過失致人於死案件，不服臺灣高等法院第二審判決，提起上訴。最高法院駁回上訴，表示原判決所為論敘說明，並非事理所無，難認有檢察官上訴意旨所指與卷內證據不合、判決不適用法則或判決理由矛盾之違法。

以本件心電圖所顯示情形，及出現警示文字，被告既自承看過本件心電圖，依其醫療專業，應知不能等閒視之，不可逕自排除罹患「急性心肌梗塞」之可能性，應依一般醫療常規，安排其他檢查或留院觀察一段時間，甚至照會心臟專科醫師等進一步處置，以確認病症。否則何必進行心電圖檢查，徒然耗費心力及醫療資源。

三、延伸思考

問題一：如依「罪證有疑，利於被告」之證據法則，請問你認為本件於下列何者證據較可能有疑而利於被告？(1) 病患就診時是否已有心肌梗塞；(2) 病患離院後是否強忍不適或仍可下田；(3) 病患如獲留院觀察可提高多少存活機會。

問題二：你認為醫師在何情況下可強制病患留院觀察？如病患屬自願離院，醫師對其離院後的結果所應負之責任如何劃分？

問題三：假設病患未如實告知不適，而誤導醫師診斷，則你認為醫師在何情況下負刑責方屬合理？病患是否應承擔相對應之疏失責任？

問題四：就刑法之目的而言，鑑定意見如認為「無法確定」，是否宜視同「無法排除其可能性」？

四、判決來源

第三十四案　腸癌手術併發症案

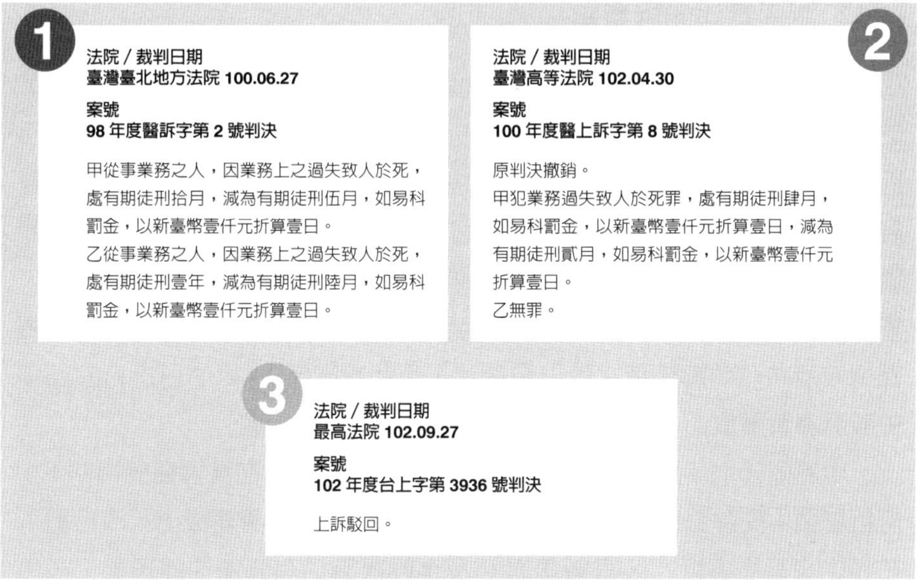

①
法院／裁判日期
臺灣臺北地方法院 100.06.27

案號
98 年度醫訴字第 2 號判決

甲從事業務之人，因業務上之過失致人於死，
處有期徒刑拾月，減為有期徒刑伍月，如易科
罰金，以新臺幣壹仟元折算壹日。
乙從事業務之人，因業務上之過失致人於死，
處有期徒刑壹年，減為有期徒刑陸月，如易科
罰金，以新臺幣壹仟元折算壹日。

②
法院／裁判日期
臺灣高等法院 102.04.30

案號
100 年度醫上訴字第 8 號判決

原判決撤銷。
甲犯業務過失致人於死罪，處有期徒刑肆月，
如易科罰金，以新臺幣壹仟元折算壹日，減為
有期徒刑貳月，如易科罰金，以新臺幣壹仟元
折算壹日。
乙無罪。

③
法院／裁判日期
最高法院 102.09.27

案號
102 年度台上字第 3936 號判決

上訴駁回。

圖 34　腸癌手術併發症案歷審圖

資料來源：作者繪製。

一、第一審判決

(一) 公訴事實與起訴意旨

　　醫師甲自民國 95 年 8 月 1 日起為財團法人 G 綜合醫院（下稱 G 醫院）之住院醫師。醫師乙係 G 醫院外科主治醫師。病患 C 於 95 年 10 月 18 日因食慾不振及黃疸症狀前往 G 醫院住院治療，經檢查診斷為十二指腸壺腹性腺癌，醫師乙乃同年 10 月 26 日為病患 C 施行「根治性法特爾氏壺腹切除術」。術後病患 C 仍持續有腹部引流管膽汁滲漏、白血球上升、總膽紅素上升、體溫上升、呼吸急促及細菌感染、右側橫隔膜下及胰臟周圍積液及右側肋膜腔積水等併發症狀，因此於同年 11 月 7 日施行右頸中央靜脈導管置放術（CVP），以便給予全靜脈營養治療。

　　甲為同年 11 月 19 日之值班醫師，當日 17 時許，在實習醫師協助下，施行左頸中央靜脈導管置放術（亦即將右頸中央靜脈導管拔出，改行置入左頸中央靜脈導管），其後病患 C 反應呼吸時仍有胸痛抽痛現象，病患 C 之配偶丁多次前往護理站向甲反應，甲為病患 C 拔除上開左頸中央靜脈導管。

　　當日 20 時 40 分許，護士發現病患 C 血壓下降、呼吸急促、心跳過速，有左側肋膜腔積液之現象後，始立即進行急救，至 11 月 22 日 21 時 12 分許死亡。

　　案經檢察官提起公訴，主張成立過失致死罪之理由如下：

　　醫師乙（下稱被告乙）為病患 C 之主治醫師，本應注意積極避免及排除病患 C 因中央靜脈導管置放術等醫療行為所引發之併發症，而醫師甲（下稱被告甲）為同年 11 月 19 日之值班醫師，亦應注意為病患 C 更換中央靜脈導管時，穿刺中應牢記並確認動、靜脈之位置及深度，並小心進行，以免誤刺，且依當時情形並無不能注意之情事，被告甲於同年 11 月 19 日 17 時許，在實習醫師甲協助下，施行左頸中央靜脈導管置放術時，竟疏未注意上情即多次插拔，以致插破血管強行置入，其後於病患 C

反應呼吸時仍有胸痛抽痛現象，病患 C 之配偶丁多次前往護理站向被告甲反應上情，猶未及時發現刺破血管並為積極之處置。

被告乙於同日 18 時 30 分前往診察病患 C 後，明知病患 C 表示有胸痛之情況，且依當時情形並無不能注意之情事，卻疏未注意，未積極囑附被告甲注意觀察病患 C 中央靜脈導管插拔後之病情及生命徵象變化。至同日 20 時 40 分許，護士發現病患 C 血壓下降、呼吸急促、心跳過速，有左側肋膜腔積液之現象後，始立即進行急救，延至 11 月 22 日 21 時 12 分許，終因 12 指腸壺腹性腺癌手術後併發肝臟被膜下及胰臟周圍膿瘍感染合併敗血症，及左頸中央靜脈導管置放時發生左側肋膜血胸之併發症，導致休克及多發性器官衰竭而死亡。

(二) 被告回應

被告 2 人均矢口否認有何過失致死之犯行。

被告乙辯稱：於 95 年 11 月 19 日 18 時 30 分許前往察看病患 C 時，伊有檢視插針位置，當時中央靜脈導管已拔除，局部無血腫，到護理站看 X 光片，亦未見到有血胸或氣胸之情形，就口頭囑附被告甲繼續小心觀察，注意生命徵狀，看病患的呼吸、作聽診、視診及傷口之情形有無進一步之變化，同時給病患 C 氧氣跟止痛藥，隨即去查看其他病患，病患 C 之死亡與伊之行為無因果關係。

被告甲辯稱：其並無多次拔插導管之行為，亦無插破病患 C 之血管，其多次進出病患 C 病房，已為積極之處置，並無過失，且證人醫師甲載於病患 C 病歷上「after trying a few tries……」等文字，並非指多次嘗試之意。

(三) 鑑定意見

1.醫審會鑑定結果

本案有行政院衛生署醫事審議委員會（下稱醫審會）製作鑑定書共三份，鑑定意見大致歸納如下：

(1) 針對病患 C 之死因說明

病患 C 之死因為十二指腸壺腹性腺癌手術後併發肝臟被膜下及胰臟周圍膿瘍感染合併敗血症，及左頸中央靜脈導管置放時發生左側肋膜血胸之併發症，導致休克及多發性器官衰竭而死亡。

(2) 針對被告甲施行多次左頸中央靜脈導管置放術之說明

被告甲施行左頸中央靜脈導管置放術嘗試多次（病歷並無記載為甲醫師單獨施行或曾由醫師甲醫師接手處理），致造成血胸併發症，未及早尋求資深醫師之協助指導，避免此不幸後果發生，難謂無疏失之處。

(3) 被告乙知病患 C 表示有胸痛之情況，卻未積極囑咐被告甲注意觀察其中央靜脈導管插拔後之病情及生命徵象變化之意見說明

「醫師在第一次症狀發生診視病人後到發現病人血壓下降間，有 2 小時左右，主治醫師若能囑咐住院醫師積極追蹤病人，觀察是否持續胸痛、呼吸困難及生命徵象等有否改變，以便及早發現加以處理，始符醫療常規之要求。」

「……一節，係假設如果主治醫師有上開之囑咐，則符合醫療常規。」

(4) 針對醫師對病人休克後之急救治療過程說明

住院醫師被告甲、主治醫師被告乙在病人施行換插中央靜脈導管後，病人第一次主訴胸痛時均有至現場，診視病人及安排檢查（已盡到診療上之注意事項），直到發現病人血壓下降，心跳加快現象後，被告甲醫師馬上至現場處理，安排 X 光檢查，並呼叫醫師丁及住院總醫師幫忙，在病人意識不清，嚴重休克後立即給予心肺復甦術（CPR），胸管插入引流，並給予大量生理食鹽水及輸血。依所附卷證資料，醫師對病人休克後之急救治療過程，尚未發現有疏失之處。

(5) 針對病患 C 接受手術後之病程發展及醫師處置是否違反醫療常規說明

病人於 95 年 10 月 26 日接受「根治性法特爾氏壺腹切除術」手術後，依據病歷記載「10 月 30 日……予第一線抗生素……收集血液及引流液……11 月 6 日安排腹部電腦斷層……11 月 7 日會診胸腔科醫師施行肋膜穿刺……中央靜脈導管置放……全靜脈營養（TPN）……置入

第三根引流管……抗生素改為第二線用藥（Ucefaxin）……11 月 9 日由胸腔科醫師在超音波導引下施行肋膜腔導管置入……11 月 13 日更改抗生素為 Tazocin……11 月 19 日……施行左頸中央靜脈導管置放術……拔除導管後……17 時 50 分照完 X 光檢查……21 時到場診視後……安排胸部 X 光檢查發現左側肋膜腔積液……21 時 58 分……給予心肺復甦術（CPR），同時進行左側胸管置入……意識無法恢復（神經科醫師診斷為缺血性腦病變）且血壓必需靠升壓劑（Levophed 及 Dopamine）維持，感染科醫師診斷為敗血性休克合併瀰漫性血管內凝血不全症……」，上述處置尚符合醫療常規。

(6) 針對施行「根治性法特爾氏壺腹切除術」後，併發「肝臟被膜下與胰臟周圍膿瘍感染及敗血症」之發生率及手術危險性的告知義務說明[20]。

(7) 針對病人於 11 月 14 日後之病情說明

「依病歷記載，病人於 11 月 14 日後體溫逐漸恢復正常、呼吸舒緩、血壓趨於穩定，表示病人術後發生『肝臟被膜下與胰臟周圍膿瘍感染及敗血症』之併發症，在治療後病情已獲得控制，並逐漸改善中」。

2.法醫意見

臺灣臺北地方法院檢察署檢察官於 95 年 12 月 25 日督同法醫師相驗，並製作勘（相）驗筆錄、驗斷書、相驗屍體證明書後，因無法確定病患 C 死因，遂對病患 C 加以解剖確定死因，經解剖後認定病患 C 之死因為在十二指腸壺腹腺癌手術後併發肝臟被膜下膿瘍感染致敗血性休克、急性腎衰竭及左側肋腹血胸致多發性器官衰竭休克死亡等情。

---

[20] 按外科學教科書（Maingot's abdominal operationll版第1047頁），施行「根治性法特爾氏壺腹切除術」後，併發「肝臟被膜下與胰臟周圍膿瘍感染及敗血症」發生率約為 5%，其症狀為發燒畏寒、腹痛、心跳加快、血壓不穩定及呼吸急促。本案病人於11月 2日，即手術後第7天出現該併發症症狀，病人併發「肝臟被膜下與胰臟周圍膿瘍感染及敗血症」之病症，根據病歷，病人及其配偶和醫師均在手術同意書上簽名，應已知悉手術後可能發生之併發症及危險和可能處理方式，故難謂有疏失之處。

(四) 判決結果

臺灣臺北地方法院於民國 100 年 06 月 27 日作出判決，被告乙從事業務之人，因業務上之過失致人於死，處有期徒刑拾月，減為有期徒刑伍月，如易科罰金，以新臺幣壹仟元折算壹日。

被告甲從事業務之人，因業務上之過失致人於死，處有期徒刑壹年，減為有期徒刑陸月，如易科罰金，以新臺幣壹仟元折算壹日。

(五) 判決理由

按病患 C 至 G 醫院治療之情形[21]，法院認定兩位被告均成立業務過失致死罪之理由，摘要如下：

1.被告甲醫師成立業務過失致死罪之理由

(1)病患C兩次進行中央靜脈導管置放術之情況差別說明

證人即病患 C 之妻丁證稱：病患 C 到 G 醫院接受檢查後，即安排在同年月 26 日進行手術，由被告乙開刀，術後情形良好，同年 11 月 7 日，

---

[21] 病患C因食慾不振及黃疸於95年10月18日至G醫院住院，經檢查診斷為十二指腸壺腹性腺癌，於10月26日由被告乙施行「根治性法特爾氏壺腹切除術」，術中腹腔內置放兩根引流管，術後第4天發現腹部引流管有膽汁滲漏，白血球上升至21120/cumm，總膽紅素亦上升至14.4mg/dl。血壓穩定，無發燒現象，繼續給予第一線抗生素及觀察病情。

病患11月2日體溫上升至38℃，有呼吸急促現象，戊醫師除收集血液及引流液作細菌培養（培養出Klebsiella pneumonia及Enterococcus）外，並給予氧氣及冰枕使用，但病患C仍持續發燒且膽汁滲漏增加至一天690c.c。醫師在11月6日安排腹部電腦斷層檢查，發現右側橫隔膜下及胰臟周圍有積液現象，並且發現右側肋膜腔積水，於11月7日會診胸腔科醫師施行肋膜穿刺，抽出300c.c黃褐色液體（細菌培養為陰性），並於當日施行右頸中央靜脈導管置放術（CVP），以便給予全靜脈營養（TPN）治療，同一天也發現腹部傷口有黃綠色液體滲漏，醫師於傷口處置入第三根引流管引流出610c.c黃綠色液體，將抗生素改為第二線用藥（Ucefaxin），但病患C仍持續發38℃～39℃，且因呼吸困難，於11月9日由胸腔科醫師在超音波導引下施行肋膜腔導管置入術。11月11日開始使用Sandostatin，11月13日更改抗生素為Tazocin。11月14日後體溫逐漸恢復正常，呼吸亦有進步，血壓也穩定。

院內醫師並為病患 C 進行右頸中央靜脈導管置放術，該次插管情形非常好，病患 C 並沒有反應有傷口疼痛的問題，亦未反應有何不適等情，堪認病患 C 於 95 年 11 月 7 日第一次插管時，情況良好，與本案被告甲為病患 C 進行左頸中央靜脈導管置放術後，病患 C 旋即喊痛之情況及結果顯然有異，則被告甲所進行之左頸中央靜脈導管置放術是否施作得當，顯有可疑。

(2)針對第二次中央靜脈導管置放術之施作是否有嘗試「多次」拔插導管之行為說明

　　證人醫師甲於 95 年 11 月 19 日協助被告甲為病患 C 施行左頸中央靜脈導管置放術後，曾於病患 C 之病歷上記載「after trying a few tries……」等情，堪認被告甲經證人丁協助而為本案病患 C 施行左頸中央靜脈導管置放術時，確有嘗試「多次」之情無訛。

　　被告甲雖辯稱病患 C 病歷上所載之「after trying a few tries」，並非指多次嘗試之意，證人醫師甲亦證稱此所謂之 tries 係指步驟，而非指嘗試。經查證人醫師甲既為當日協助被告乙為病患 C 施作前開左頸中央靜脈導管置放術之人，於本案中自不失仍為利害關係人，且若將前開 tries 硬指為 steps 步驟之意，就該病歷上前後文加以對照，並非合理通順，況本案經送醫審會鑑定，均認被告甲有多次嘗試之情，是本院綜以此情，認被告甲此節所辯及證人醫師甲此節所為維護被告甲之證詞，均與事實不符，顯不足採。

(3)針對被告甲違反注意義務之理由說明

　　被告甲所辯其多次進出病患 C 病房，已為積極之處置，並無過失一節。依證人丁（病患 C 之配偶）於本院審理中所證，已難認定 11 月 19 日被告甲、乙在病患 C 施行左頸中央靜脈導管置放術後，有為任何為病患 C 排除前開胸痛、抽痛等不適情形之積極處置，且經家屬多次請託拜求，仍未為積極審慎之處置。

　　被告甲固依卷內 G 醫院 96 年 1 月 15 日所檢附之監視錄影帶光碟製成之進出病房時間表，主張期間進出病房多達 15 次，已為積極之處理，

然其是否為積極妥適之處理方為重點，觀諸該進出病房時間表可知，被告甲雖多次進出病房，然其前開 10 次進出，其中 3 次僅數秒鐘，顯然無法實質為病患 C 作出適當追蹤或確認，其餘 7 次僅數分鐘，衡情亦無法為病患 C 為適當之處置以確認或排除病患 C 血胸之可能，是被告甲此節所辯，亦難執為有利之認定。

(4)針對被告甲醫療過失行為和病患死亡間有相當因果關係之理由說明

　　被告甲於為病患 C 施行前開左頸中央靜脈導管置放術時，資歷僅為約 3 月有餘之第一年住院醫師，縱如其所述前曾有對其他病患進行此置放術之經驗，經驗亦未可與資深之醫師同視，被告甲於此情形下，自應及早尋求資深醫師之協助或指導，此觀醫審會鑑定摘要 b 點亦認同被告甲對病患 C 所施作之左頸中央靜脈導管置放術，顯然有所疏失，被告甲所辯其並無多次拔插導管之行為一節，顯與事實不符，不足為採。

　　病患 C 換置導管發生左側肋膜腔血胸，乃換管手術所生併發症，且出 1200C.C 至肋膜腔中，若非插破血管，當無有如此大量之出血，此觀醫審會鑑定摘要 b 點亦認同此項併發症之發生原因係換管過程插破血管（無法判定為動脈或靜脈），出血 1200C.C 至肋膜腔中，為導致病人休克死亡之主因。

2.針對被告乙違反注意義務之理由

(1)指示被告甲持續觀察病患C之生命徵狀

　　被告乙固以前開情事置辯，供稱其有指示被告甲持續觀察病患 C 之生命徵狀，即避免因中央靜脈導管置放術而發生之併發症，也就是要對病患 C 胸部作聽診、視診，觀察傷口有無出血、滲血之情形，傷口若有疼痛，並可給予適當之止痛等語，然此非惟與證人丁於本院審理中所證情節不符，且觀諸卷內病患 C 之病歷，被告乙除指示給予止痛劑及氧氣使用外，並無其他有囑附被告甲繼續小心觀察之任何文字記載，徵諸被告甲於偵查中亦供稱當天下午 18 時 30 分被告乙過去看病人後，有指示若病人疼痛的話，可以給予止痛，就這樣等語，是本院綜以此情，認當日被告乙並

未積極囑咐被告甲注意觀察病患 C 左頸中央靜脈導管插拔後之病情變化甚明，此觀鑑定摘要第 C 點亦為相同之認定。

本案被告乙既無積極之囑咐，顯已有過失，被告乙所辯有口頭囑咐被告甲繼續小心觀察，注意生命徵狀，看病患的呼吸、作聽診、視診及傷口之情形有無進一步之變化，隨即去查看其他病患，病患 C 之死亡與伊之行為無因果關係，顯與非事實，亦不足採。

(2)針對被告乙為術後併發症情況之處理說明

起訴書內固認被告乙應注意病患 C 之術後情況，積極避免及排除可能因前開手術引發之積液、積水、細菌感染等併發症，被告甲竟未注意一節，經查病患 C 之死因固為十二指腸壺腹性腺癌手術後併發肝臟被膜下及胰臟周圍膿瘍感染合併敗血症，及左頸中央靜脈導管置放時發生左側肋膜血胸之併發症，導致休克及多發性器官衰竭而死亡，堪認被告乙施行根治性法特爾氏壺腹切除術後併發肝臟被膜下及胰臟周圍膿瘍感染及敗血症，為造成休克及加速病程之因素之一，亦為死亡原因之一，惟依全案所有卷證，並無被告乙因未注意此等情事致病患 C 死亡之證據，此觀醫審會鑑定摘要第 e-g 點亦為相同之認定，是被告乙此部分顯已為妥適之處理，難認被告乙就此有何疏失之情，公訴意旨就此顯有誤認，於此一併說明。

(3)針對被告甲、乙二人違反注意義務和病患死亡間有相當因果關係之說明

被告乙既有注意積極避免及排除病患 C 因中央靜脈導管置放術之醫療行為所引發之併發症之注意義務，而被告甲亦有注意為病患 C 更換中央靜脈導管時，穿刺中應牢記並確認動、靜脈之位置及深度，並小心進行，以免誤刺之注意義務，且依本案當時情形並無不能注意之情事，竟均疏未注意，而致病患 C 因十二指腸壺腹性腺癌手術後併發肝臟被膜下及胰臟周圍膿瘍感染合併敗血症，及左頸中央靜脈導管置放時發生左側肋膜血胸之併發症，導致休克及多發性器官衰竭而死亡，病患 C 死亡結果之發生與被告 2 人之上開過失行為之間，客觀上顯具有相當因果關係，被告

2 人所犯業務過失致人於死犯行均堪認定，惟被告 2 人之過失輕重情狀有別，應予依法論科。

二、上訴審判決概述

(一) 第二審判決

被告甲上訴，否認犯罪，雖無理由，然原判決就此部分既有上開違誤之處，自應由本院予以撤銷改判。

1.認定甲成立過失致死罪之理由

被告甲於為病患 C 施行上開左頸中央靜脈導管置放術之過程中，縱難認其有何業務之過失行為，然以其斯時擔任住院醫師資歷僅 3 月有餘，其對病患因中央靜脈導管置放過程所造成血胸併發症處置（可能會有何徵兆等）之經驗畢竟無法與資深之醫師等同視之，被告甲於施作手術後，雖有多次進入病房了解病患 C 喊胸痛等身體不適之反應，惟因經驗不足，未能判定或聯想到可能造成病患 C 胸痛等係因其先前手術過程中插破病患 C 的血管而造成血胸之併發症，其亦疏未注意應及早向院內尋求資深醫師之協助指導，以致延誤病患 C 之病情，被告甲此部分之處置，自有過失。

認定原審不當撤銷部分原判決之理由為：原審判決遽認被告甲之過失行為，係因未注意在插管手術有過失、積極避免及排除病患 C 因中央靜脈導管置放術等醫療行為所引發之併發症，發現後亦未及時並為積極之處置等情，容有未洽。

2.被告乙無罪

按醫療行為固以科學為基礎，惟本身具不可預測性、專業性、錯綜性等特點。醫師對求治之病情，須依其專業，為正確、迅速之判斷其原因及治療方式。然人體生、心理現象，錯綜複雜，又因每人之個別差異，於當今之醫學知識、技術、仍受侷限，此猶如冰山，其潛藏未知部分，恆較顯

露已知者為多，是有其不可預測性。對此，近代醫學專業分工極細，舉例而言，其為內科，細分為心臟、胸腔、消化、新陳代謝、神經等諸科，同為消化內科又因肝、膽、腸、胃、胰、脾諸部分，各異其專業性，故同一內科醫師，專長腸、胃者，對同為消化系統之肝、膽部分，較有此專長者可能不如，若再涉及心臟、胸腔等專科又更次之。從而面對不知詳由之複雜病情，往往需多科會診綜合判斷。因此，除違反醫療常規（如未作盤尼西林測試、開刀紗布遺留體內、應開左腳誤開右腳等）外，於醫療過失致死、傷案件，認定醫師之注意義務及注意能力時，上述特點允宜做為重要之判斷依據，而為公平、客觀、正確之判決（最高法院 102 年度台上字第 89 號判決意旨參照）。

經查，依據醫審會鑑定書意見，固知病患 C 之死亡與被告乙對其施以手術後所產生之併發症有關。惟是否發生併發症，以及縱有併發症發生之情況，是否即會導致死亡結果，尚不得僅依病患 C 係因手術後併發肝臟被膜下膿瘍感染及敗血症，加上左頸中央靜脈導管置放時發生左側肋膜血胸之併發症，導致休克及多發性器官衰竭而死亡之結果，遽認被告乙所為上開實施手術與病患 C 之死亡結果間有相當因果關係，而為被告乙此部分之醫療行為確有過失之認定。且依據醫審會鑑定意見所示「依病歷記載，病人於 11 月 14 日後體溫逐漸恢復正常、呼吸舒緩、血壓趨於穩定，表示病人術後發生『肝臟被膜下與胰臟周圍膿瘍感染及敗血症』之併發症，在治療後病情已獲得控制，並逐漸改善中」，亦可認定被告乙先前為病患 C 所施以之根治性法特爾氏壺腹切除術雖在術後有併發症之情形，但其併發症在隨後已獲得控制並逐漸改善，此部分被告乙應無何過失可言。

(二) 第三審判決

原判決認定上訴人，因業務上之過失，致病患 C 於死等情，已詳載所憑之證據及認定之理由。並就上訴人否認犯罪，辯稱沒有過失，依憑調查所得之證據資料，詳予指駁。

(三) 上訴審之爭議

上訴之主要爭議在於第一審未考量病患本身疾病具有高死亡率且實施根治性法特爾氏壺腹切除術具有高風險，此影響其對於被告之過失認定。

1.第二審判決

被告甲與被告乙因業務過失致死案件，不服臺灣臺北地方法院第一審判決，提起上訴。臺灣高等法院認為第一審對於兩名被告之認定容有未洽。因此撤銷原判決，改判乙無罪，甲犯業務過失致人於死罪，處有期徒刑肆月，如易科罰金，以新臺幣壹仟元折算壹日，減為有期徒刑貳月，如易科罰金，以新臺幣壹仟元折算壹日。第二審判決重點，整理如下：

(1)關於住院醫師（被告甲）有過失

病患之死亡固與被告甲實施中央靜脈導管換置程序及同案被告乙手術後所產生之併發症均有關連。然參諸病患所罹患的疾病乃十二指腸壺腹性腺癌，且癌細胞已侵犯至胰臟，並合併局部淋巴轉移（見原審病理報告）。而依目前醫界大致上之見解，均認胰臟癌病患如未接受手術或其他治療，五年存活率極低（有謂不到 5%）。且就十二指腸及胰臟部位癌症所實施之手術乃十二指腸切除手術（亦稱根治性法特爾氏壺腹切除術），此乃最大、最危險也是最耗時的腹部手術，手術本身所致之死亡率及術後併發症所致死亡率偏高（有謂約有 40 至 60% 的手術併發症及約有 10 至 20% 的手術死亡率。雖最近幾年來，由於醫學的進步及經驗的累積，大部分有經驗的醫師把手術死亡率降低到小於 5%，但手術併發症則始終維持在 40% 左右）。

因此，尚不得僅依病患係因手術後併發肝臟被膜下膿瘍感染及敗血症，加上左頸中央靜脈導管置放時發生左側肋膜血胸之併發症，導致休克及多發性器官衰竭而死亡之結果，遽認被告甲上開實施中央靜脈導管換置程序與病患之死亡結果間有相當因果關係，而為被告甲此部分之醫療行為確有過失之認定。

又法院依聲請函請醫審會再為鑑定，其於本次鑑定意見已表示，依

被告甲98年4月29日筆錄所陳述之中心靜脈導管置放方式，符合醫療常規[22]。準此，被告甲於為病患施行上開左頸中央靜脈導管置放術之過程中，縱難認其有何業務之過失行為，然以其斯時擔任住院醫師資歷僅3月有餘，其對病患因中央靜脈導管置放過程所造成血胸併發症處置（可能會有何徵兆等）之經驗畢竟無法與資深之醫師等同視之，被告甲於施作手術後，雖有多次進入病房了解病患喊胸痛等身體不適之反應，惟因經驗不足，未能判定或聯想到可能造成病患胸痛等係因其先前手術過程中插破病患的血管而造成血胸之併發症，其亦疏未注意應及早向院內尋求資深醫師之協助指導，以致延誤病患之病情，被告甲此部分之處置，自有過失。

則原審判決遽認被告甲之過失行為，係因未注意在插管手術有過失、積極避免及排除病患因中央靜脈導管置放術等醫療行為所引發之併發症，發現後亦未及時並為積極之處置等情，容有未洽。

(2)關於主治醫師（被告乙）無過失

依據醫審會鑑定書之意見，固可知病患之死亡與被告乙對其施以手術後所產生之併發症有關。惟是否發生併發症，以及縱有併發症發生之情況，是否即會導致死亡結果，已如前述，尚不得僅依病患係因手術後併發肝臟被膜下膿瘍感染及敗血症，加上左頸中央靜脈導管置放時發生左側肋膜血胸之併發症，導致休克及多發性器官衰竭而死亡之結果，遽認被告乙所為上開實施手術與病患之死亡結果間有相當因果關係，而為被告乙此部分之醫療行為確有過失之認定。

至於本件主治醫師即被告乙於其在第一次症狀發生診視病人後到發現病人血壓下降間，有2小時左右，其有無囑咐住院醫師應積極追蹤病人，觀察是否持續胸痛、呼吸困難及生命徵象等有否改變等情？厥為被告乙是否成立業務過失致死罪構成要件認定之關鍵。

醫審會認定被告乙當時確有囑咐指示護理人員應持續觀察病人生命

---

[22] 醫審會就此部分之鑑定意見為：「中央靜脈導管置放術中，醫師若有『嘗試多次』之情形，並未違反醫療常規。」

徵象等情況。而對中央靜脈導管置放術後發生血胸之症狀，依目前醫師教育訓練及國家考試等，係住院醫師應知悉之醫學知識，非須經由資深醫師告知始能得知乙情，亦據醫審會鑑定本次鑑定時明確闡釋，則被告乙所述其於當日了解病患病況後有囑咐當日值班醫師即同案被告甲持續追蹤病患的病狀發展、注意其生命徵象等情，應非子虛，且其上開囑咐被告甲之處理，並無不當。若檢察官認此部分被告乙有何違反醫療常規之情狀，自應負舉證之責，不得以臆測推論之方式，逕為被告乙不利之認定。

2.第三審判決

被告甲因業務過失致人於死案件，不服台灣高等法院第二審判決，提起上訴。最高法院認為上訴人之上訴違背法律上之程式，因此予以駁回。其表示：

被告甲上訴意旨略以病患之血胸，無法排除是因為病患本身罹患 12 指腸壺腹性腺癌而發生之併發症。然原判決就此對上訴人有利之證據不予採納，亦未說明不予採納之理由，有判決不備理由之違誤等語。最高法院認為單純事實上之爭執，難認已符合首揭法定第三審上訴之要件。應認上訴人之上訴違背法律上之程式，因此予以駁回。

三、延伸思考

問題一：本件有關主治醫師之督導責任範圍認定，與第二十八案【大腸鏡檢查致腸道破裂併發症案】比較，何以有不同的結果？

問題二：你認為本件住院醫師的最主要過失應在於下列何者？(1) 多次嘗試中央靜脈導管置放；(2) 未發現病患血胸；(3) 不知如何處理血胸；(4) 未及時尋求資深醫師協助。

四、判決來源

第三十五案　心肌梗塞治療不合醫療常規案

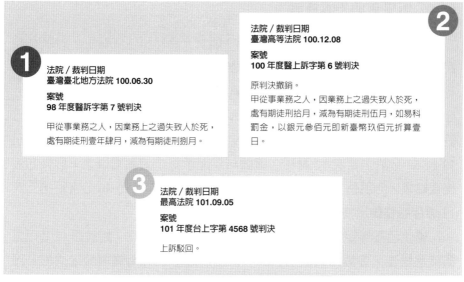

2 法院 / 裁判日期
臺灣高等法院 100.12.08
案號
100 年度醫上訴字第 6 號判決

原判決撤銷。
甲從事業務之人，因業務上之過失致人於死，
處有期徒刑拾月，減為有期徒刑伍月，如易科
罰金，以銀元參佰元即新臺幣玖佰元折算壹
日。

1 法院 / 裁判日期
臺灣臺北地方法院 100.06.30
案號
98 年度醫訴字第 7 號判決

甲從事業務之人，因業務上之過失致人於死，
處有期徒刑壹年肆月，減為有期徒刑捌月。

3 法院 / 裁判日期
最高法院 101.09.05
案號
101 年度台上字第 4568 號判決

上訴駁回。

圖 35　心肌梗塞治療不合醫療常規案歷審圖
資料來源：作者繪製。

一、第一審判決

(一) 公訴事實與起訴意旨

　　醫師甲係臺北市立 J 醫院（下稱 J 醫院）急診科住院醫生。病患 C 於民國 95 年 5 月 5 日 13 時 15 分，因發生胸痛、冒冷汗、肩部酸痛及暈眩等症狀，前往 J 醫院急診，由甲負責診治及檢查，醫囑進行抽血及接上心電圖監視器，並做 12 導程心電圖及胸部 X 光檢查，於當日 13 時 35 分許，病患 C 仍主訴有胸痛，甲囑以 NTG（硝化甘油舌下片）1 顆。於同日 13 時 52 分許，初次 12 導程心電圖結果顯示有 T 波異常現象，但其血液檢查結果，心肌酶呈現正常值，醫囑於 6 小時後之 19 時 30 分進行第二次 12 導程心電圖及抽血測心肌酶之追蹤檢查。

　　護士乙接手照護病患 C 後，於當日 16 時 20 分許，對病患 C 進行生命徵象檢查，並詢問其目前狀況，得知病患 C 已有胸痛復發之情形，護士乙並將之記載於急診護理紀錄內，再將病患 C 移至留觀室觀察，於同日 19 時 40 分許病患 C 依醫囑完成第二次 12 導程心電圖及抽血檢查返回留觀室後，立即發生抽搐、意識昏迷，甲於 19 時 45 分通知心臟內科值班醫師前來會診，發現病患 C 的心肌酶檢查結果 CPK 已達 1296、C-MB 值達 184、C-MB 為 14%、Troponin-I 值為 28.1NG/ML，經急救後，於同日 23 時 26 分死亡。

　　案經檢察官提起公訴，主張成立過失致死罪之理由如下：

　　醫師甲（下稱被告甲）依醫療常規本應注意對於因胸痛入院而於急診檢傷分類為第一級之病患，應經常迴診以密切注意觀察病患之病情變化，並隨時給予處置，且使用 NTG 觀察期間如有胸痛復發情形，須立即重作 12 導程心電圖，以鑑別是否為容易致死之急性心肌梗塞病症，而依當時情形並無不能注意之情事，護士乙於當日 16 時 20 分許，得知 C 已有胸痛復發之情形並將之記載於急診護理紀錄內，再將 C 移至留觀室觀察，但於 19 時 40 分許前，被告甲均未主動迴診 C，亦未查看護理紀錄，致其

未能在 C 胸痛復發當時即刻進行第二次 12 導程心電圖等檢查，以及會診心臟內科醫師，早期發現 C 之病情。於同日 19 時 40 分許 C 依醫囑完成第二次 12 導程心電圖及抽血檢查返回留觀室後，立即發生抽搐、意識昏迷，被告甲始通知心臟內科值班醫師前來會診，已延誤病情，經急救後，因心肌梗塞死亡。

(二) 被告等回應

1.被告甲矢口否認有何業務過失致死之犯行並辯稱

病患 C 在第一時間並不明顯是急性心肌梗塞，伊當時無法從胸痛診斷他是急性心肌梗塞，且認為他沒有立即的生命危險，伊照胸痛的診療程序給予抽血、點滴、氧氣、照 X 光，並囑以留觀是按照急診流程，胸痛要在 5 到 6 小時作第二次 12 導程心電圖追蹤檢查，不是因為知道他是心肌梗塞而留觀。

2.被告甲之辯護人為其辯護稱

當時心電圖只有 T 波異常，並沒有一般典型急性心肌梗塞會顯示 ST 波上升，醫師給予硝化甘油舌下片 1 片治療後，在 2 點 05 分時病患表示胸痛改善，2 點 44 分抽血檢查結果心肌酶 Troponini 是 0，C-MB 也是正常範圍之內，無法判斷為心肌梗塞，醫師甲將病患留院觀察，之後每 30 分鐘護理人員都有到病床迴診，病患也表示胸痛有改善，到下午 4 點 20 分護理人員聽到病患表示仍然有一點胸痛感覺，醫師甲立即安排病患依照醫療常規在 6 個小時之內作第二次 12 導程心電圖檢查，在 7 點 30 分的時候，護理人員迴診，病人並沒有表示有胸痛，護理人員安排他進行預定的第二次 12 導程心電圖檢查，檢查完回到留觀室時，病人忽然表示身體不舒服，醫師甲立即予以診治，看第二次的心電圖、抽血檢查時，發現心肌酶突然大幅上升，當時判斷為急性心肌梗塞，立即會診心臟內科醫師，在心臟內科醫師來到前，醫師甲先給予治療心肌梗塞的相關藥物。且於當晚 8 時許，醫師甲已到場並向病患 C 之妻解釋病情，建議作心導管手術，且已將病患緊急推至心導管室準備進行手術，但病患 C 之妻表示要等兒

子到場，而未簽署手術同意書，直至當日 8 時 45 分許，其子到場始行簽署，但病患已喪失意識，醫師甲的處置符合醫療常規並沒有過失。

(三) 鑑定意見

本案有行政院衛生署醫事審議委員會（下稱醫審會）製作鑑定書一份，針對心絞痛引起之胸痛肇因及醫療處置說明，摘要歸納如下：

胸痛原因很多，區分疼痛之特性、位置、持續時間、伴隨症狀、相關病史、引發疼痛之因子及使疼痛緩解之方法，可以初步知道胸痛之病源。心絞痛引起之胸痛，其肇因可能是心肌缺氧或是心肌梗塞。如果心肌缺氧造成之心絞痛，一般在休息 2-10 分鐘或口含硝化甘油舌下含片後，胸痛會漸漸緩解。發作頻率如果增加或時間延長，就有可能是不穩定心絞痛。如果是心肌梗塞造成的胸痛，不會因休息或口含硝化甘油之舌下含片而緩解。又 12 導程心電圖在最初評估時，若無法確定診斷，至少應在 4-6 小時後重複追蹤 12 導程心電圖之變化，觀察期間若發生胸痛復發，則須立刻重作 12 導程心電圖。

(四) 判決結果

臺灣臺北地方法院於民國 100 年 06 月 30 日作出判決，被告甲為從事醫療業務之人，核其所為係犯刑法第 276 條第 2 項之業務過失致死罪，處有期徒刑壹年肆月，減為有期徒刑捌月。

(五) 判決理由

法院認定被告甲成立業務過失致死罪之理由，摘要如下：

1.被告甲違反注意義務之理由

(1) 本件病患 C 於 95 年 5 月 5 日下午 13 時 15 分至 J 醫院時，主訴有胸痛、冒冷汗、肩部酸痛及暈眩等症狀，被告甲先對其進行 12 導程心電圖、抽血及胸部 X 光檢查，並囑以服用 NTG（硝化甘油舌下片）1 顆。當日 13 時 21 分許，血液生化檢查結果顯示心肌酶呈現正常值，但於 13

時 52 分許之心電圖檢查結果，呈現病患 C 有 T 波異常情形，雖尚不能確診為心肌梗塞，但該病患主訴上開症狀，仍屬於危險之不穩定型心絞痛。而按照顧第一級（疑似）急性心肌梗塞之病人，醫師或護理人員應經常迴診，以注意病情之變化，並給予持續之心電圖監測。

(2) 證人病患 C 之妻於審理時證稱在留觀室只有伊一人陪病患 C，從 3 點半到晚上 7 點半檢查之間，醫生或護士都沒有來。被告甲於 5 點時曾走過去，病患 C 表示伊很不舒服，於 5 點半到 6 點之間，病患 C 之妻有去急診室找被告甲，但被告甲不在，護士轉告被告甲說 7 點半要再檢查，也有跟護士說病患 C 痛。病患 C 要去檢查時，伊又跟護士說他還痛，護士表示檢查後再找醫生等語。

(3) 經查病患 C 於 13 時 15 分至該院急診後，先後共有三名護士接手照顧，分別為證人丁、乙、戊。其三人之交接時間約為當日 16 時許及 16 時 20 分至 17 時許。依據其三人接續所作之急診護理紀錄，證人丁照護病患 C 期間，先後曾於 13 時 15 分、13 時 35 分、14 時 5 分、14 時 50 分、15 時 30 分為病患 C 進行生命徵象各相關項目之檢查及口頭詢問其病況，且每次均有詳細記載其檢查所得之血壓、心跳、呼吸、體溫等與生命徵象判斷相關數據，其中於 15 時 30 分許，並載有被告甲到場向病患解釋病情等之紀錄。至於護士乙照護時間甚短，其僅於初交接時之 16 時 20 分許曾記錄一筆，其上所為之紀錄亦有完整之血壓、心跳、呼吸、體溫等與生命徵象判斷相關數據及病人口述病情之內容，但無被告甲到場迴診之記載。護士戊接手照護後，除於 19 時 30 分記載病患 C 送檢查 EKG 等外，期間並無其他任何前揭關於該病患生命徵象之血壓、心跳、呼吸、體溫等項目之檢查及觀察紀錄，亦無病人口述病情之內容，更無被告甲迴診病患之記載。足認證人病患 C 之妻前開所證：從留觀室到晚上 7 點半檢查之間，醫生或護士都沒有來等語，並非子虛，而可採信。是被告甲於當日 15 時 30 分許至 16 時許間，將病患 C 列為第一級留觀病人後，至 19 時 40 分許前，未曾迴診病患 C 之事實，已可堪認定。

2.被告甲違反醫療常規之理由

(1) 證人丁證稱：當天病患 C 在下午 1 時 15 分左右進入 J 醫院急診室時，1 時 30 分病患 C 有陳述不適，醫師診視後，依醫囑給予藥物 NTG 即硝化甘油舌下片。用藥後有去檢查，個案有改善，讓病人先作胸部 X 光，被告甲發現有異常，才做電腦斷層。15 時 30 分做完檢查回來，有改善，被告甲有向家屬解釋等語。惟依當日 16 時許接手照護病患 C 之護士即證人乙於急診護理紀錄中，確實有證人乙於 16 時 20 分許記載病患 C 之呼吸、心跳、血壓、體溫等各項紀錄，及病患 C 當時曾向其表示仍有胸痛的感覺之記載，是病患 C 於服用 NTG（硝化甘油舌下片）1 顆後，至遲於 16 時 20 分許，已有胸痛復發之病徵，亦已至為顯然，自不能執在此之前護士丁之觀察紀錄，作為解免被告甲消極不為適當醫療作為之理由。

(2) 病程會隨時間而變化，對於有生命危險的病人，應觀察其變化，隨時採取因應的醫療措施，且按醫審會鑑定之摘要認為如 12 導程心電圖在最初評估時，若無法確定診斷，至少應在 4-6 小時後重複追蹤 12 導程心電圖之變化，觀察期間若發生胸痛復發，則須立刻重作 12 導程心電圖。其消極不為適當的醫療行為，不合於前揭醫療常規已至明。

(3) 留觀室護士戊雖於 19 時 30 分送病患 C 作第二次 12 導程心電圖檢查時，在急診護理紀錄上記載「目前無不適」，但查該項紀錄係記載在「治療處置」欄，而非護士記錄觀察病患狀況之「護理記錄／簽名」欄下，戊之護理紀錄與護理紀錄表所設定之欄位明顯不符，且與其他護士即丁、乙之記載方式不同，更與其個人在當日 19 時 40 分至 20 時 50 分許間所作的護理紀錄方式不一致。證人即護士丁及乙二人在任何一個時間進行護理紀錄時，均在急診護理紀錄表中詳細記載其等測量病人生命徵象包括血壓、心跳、呼吸、體溫等各項數據於「TPR」、「BP」等欄內，口頭詢問病人、家屬身體狀況之事項，亦詳載於「護理記錄／簽名」欄下。但護士戊在病患 C 移至留觀室至 19 時 30 分許，進行第二次的 12 導程心電圖前，均無任何生命徵象檢查或觀察紀錄，

其於 19 時 30 分送病患 C 去檢查當時所為之紀錄，不僅完全沒有這些數據，且其「護理紀錄／簽名」欄內之紀錄，亦僅有「予 F/UEKG 及 Cardica enzyme」等內容，完全沒有其口頭詢問之紀錄，亦未載明「目前無不適」是基於病人或其家屬之口述，顯亦與其於本院審理時結證：讓病人作檢查，都會寫過程等語之情形不合。

證人戊於本院審理雖另結證稱：因為忘記把無不適主訴寫上去，而護理紀錄在簽名之後，不可以再寫其他紀錄，所以就往前寫。但依其於同日之證詞：是因為當時 7 點半要去做抽血及心電圖，伊當時要推去檢驗室，當時「病人沒有表示其他不舒服」等語。若證人戊於本院所為之前開證詞屬實，顯見其在急診護理紀錄上為上開「目前無不適」之記載，並非經由其直接對病人做任何檢查，或經由口頭詢問後，得自病人或其家屬所為之口頭陳述而後據以記載，此一記載純屬其基於「病人未告知」之情形下所為之記載，不足以據此認病人當時並無不適。

(4) 依前揭急診護理紀錄所載，被告甲在病患 C 作完第二次的 12 導程心電圖檢查後，於 19 時 40 分許返回留觀室前，均未曾迴診病人或查看護理紀錄，其係在護士戊發現病患 C 出現抽搐等狀況後，經由護士戊之通知，始再度迴診病患 C，依此推之，在其接獲通知迴診病患 C 前，理應未看過護士戊所為之紀錄，否則其為何未看到記載在前一欄之由護士乙所為之紀錄。是被告甲尚難執護士戊前揭基於「病人未告知不舒服」下所為之「目前無不適」之護理紀錄，作為解免其消極不為適當醫療作為之正當理由。

綜上，被告甲及其辯護人辯稱：病患 C 並沒有表示有胸痛，被告甲安排病患 C 於 19 時 30 分許進行預定的第二次 12 導程心電圖檢查，符合醫療常規並沒有過失，亦無可取。

3.被告甲醫療過失行為和病人死亡間有相當因果關係之理由

(1) 被告甲辯稱於當晚 8 時許，醫師甲醫師已到場並向病患 C 之妻解釋病情，建議作心導管手術，但病患 C 之妻表示要等兒子到場，而未簽署

手術同意書，直至當日 8 時 45 分許，其子到場始行簽署，但病患已喪失意識，病患之死亡係因簽署同意書之等待遲延。

依急診護理紀錄所載，病患 C 在 20 時 5 分許，已開始出現血壓不穩定之情況，並已有量測不到血壓的情形，且已出現血酸情況，經查證人醫師甲於偵查中結證稱：病人送到心導管室時就沒有呼吸，而且出現心律不整的情況，做急救電擊和心臟按摩，過程中一直量不到血壓，心導管的手術就中斷，手術前提是要有一定的心跳，因病患 C 經急救後仍一直無法維持心跳，以致無法進行後續的心導管手術，顯見病患 C 後續無法進行心導管手術，與病患 C 家屬遲未簽署手術同意書並無相當因果關係。從而，被告甲及其辯護人此部分之所辯，亦無從資為被告甲有利認定之理由。

(2) 綜合上開各項事證，本件被告甲對於因胸痛、肩痠、冒冷汗、暈眩而前來急診之病患 C，經檢查後發現其心電圖復有 T 波異常狀況，且有高血壓之病史，雖因血液生化檢查結果，其心肌酶數值均呈現正常值，尚不能確診為心肌梗塞，但仍屬危險之不穩定型心絞痛病人。被告甲身為急診醫師，如無能力處理此類病人，應即會診心臟內科醫師，但被告甲竟在作完第一次檢查及給予硝化甘油舌下片 1 片後，僅於 15 時 30 分許解釋病情，在病人移至留觀室後，完全未依醫療常規予以迴診，亦未檢視護理人員所為之紀錄，以致於未能即時發現病患 C 至遲在 16 時 20 分許，已有胸痛復發的情形，並即時進行第二次的 12 導程心電圖、血液生化檢查，以提早發現病患 C 的心肌梗塞病情已經發生，迨於 19 時 40 分許病患 C 出現抽搐等症狀時，始知事態嚴重，通知心臟內科醫師會診，但為時已晚。其消極不為必要之會診、迴診等醫療作為，致錯失即時發現病患 C 心肌梗塞之病況，致其無法獲得適當之治療，最後因心肌梗塞而死亡，其本件醫療作為確有過失，且與病患 C 之死亡具有相當因果關係存在。從而，本件事證明確，被告犯行堪以認定。

二、上訴審判決概述

(一) 第二審判決

　　被告不服第一審判決，向臺灣高等法院提起上訴，法院認為被告否認過失，僅係畏罪卸責之詞，無足採信。從而，本件事證明確，被告犯行堪以認定，應依法論科。被告上訴執陳詞否認過失，固無理由，惟原判決既有上揭可議，自應由本院予以撤銷改判。判決被告對於因胸痛、肩痠、冒冷汗、暈眩而前來急診之病患 C，經檢查後發現其心電圖復有 T 波異常狀況，且有高血壓之病史，雖因血液生化檢查結果，其心肌酶數值均呈現正常值，尚不能確診為心肌梗塞，但仍屬危險之不穩定型心絞痛病人。被告身為急診醫師，如無能力處理此類病人，應即會診心臟內科醫師，但被告竟在作完第一次檢查及給予硝化甘油舌下片 1 片後，僅於 15 時 30 分許解釋病情，在病人移至留觀室後，完全未依醫療常規予以迴診，亦未檢視護理人員所為之紀錄，以致於未能即時發現病患 C 至遲在 16 時 20 分許，已有胸痛復發的情形，並即時進行第二次的 12 導程心電圖、血液生化檢查，以提早發現病患 C 的心肌梗塞病情已經發生，迨於 19 時 40 分許病患 C 出現抽搐等症狀時，始知事態嚴重，通知心臟內科醫師會診，但為時已晚。其消極不為必要之會診、迴診等醫療作為，致錯失即時發現病患 C 心肌梗塞之病況，致其無法獲得適當之治療，最後因心肌梗塞而死亡，其本件醫療作為確有過失，且與病患 C 之死亡具有相當因果關係存在。

(二) 第三審判決

　　認檢察官及被告上訴皆不合法律上之程序，併予駁回。

(三) 上訴審之爭議

　　上訴之主要爭議在於醫審會兩次鑑定結果對被告為有利認定，第一審對此有利被告之證據，未採信卻未敘明理由。

1.第二審判決

　　被告因過失致死案件，不服臺灣臺北地方法院第一審判決，提起上訴。臺灣高等法院認為醫審會兩次鑑定結果對被告為有利認定，第一審對此有利被告之證據，未採信卻未敘明理由，因此撤銷原判決，改處被告有期徒刑拾月，減為有期徒刑伍月，如易科罰金，以銀元參佰元即新臺幣玖佰元折算壹日。第二審之重點，關於醫審會有利被告之鑑定整理如下：

　　被告及辯護人均主張行政院衛生署於 97 年 2 月 13 日函送之醫審會鑑定書、行政院衛生署 100 年 2 月 1 日函附之醫審鑑定書均認定被告無過失，顯然被告確無過失。

　　本院細繹該兩份鑑定書之結論均認：是否可歸責於該被告，似仍有商榷之餘地，惟該兩份鑑定意見皆認為：「12 導程心電圖在最初評估時，痠痛及暈眩，雖起初各項檢測結果不能確診為急性心肌梗塞，但病人仍屬危險之不穩定型心絞痛，急診醫師之標準處置應為：儘快請其主治醫師診斷，並會診心臟內科醫師進行再評估。本件病人之病情診斷上，因初步心電圖及心肌酶尚無明顯變化，致使急診住院醫師無法評估，而僅採取被動保守之觀察措施，而延誤了處置上應早期使用相關藥物治療之時機。」、「本件被告擔任急診住院醫師，因其資淺而經驗不足，未請主治醫師處理。惟被告係為住院醫師，醫療經驗尚嫌不足，且如前所述，因初步心電圖及心肌酶尚無明顯變化，未能評估其危險性，是否可歸責於該醫師，似仍有商榷之餘地。」

　　該兩份鑑定均認病人於觀察期間若發生胸痛復發，須「立刻」重作 12 導程心電圖，惟就被告是否有對病人密切注意其病情變化而為迴診之部分，未予分析判斷，已有疏漏，且病人身上縱有安裝心電圖監視器，惟依卷附告訴人所呈之急診安全作業指引所載：「於診察病人後決定留觀級數，醫師應依疾病嚴重程度（留觀級數）定時迴診」，被告亦自承：檢傷一級留觀，30 分鐘看一次是醫院內規等語，並衡諸常情，一般病人捨門診而至急診，大都是在病情緊急且不穩定、不明確之情狀，實有待醫師定時迴診觀察，故尚不得因病人身上有裝監視器，就驟認被告無迴診之必

要，而免除被告迴診之義務。

又該兩份鑑定均先認為被告應儘快請其主治醫師診斷，並會診心臟內科醫師，而被告僅採取「被動保守」之觀察措施，而「延誤」處置上應早期使用相關藥物治療之時間，意謂被告有處置上之疏失，然何謂「被動保守」？如何「延誤」？鑑定書均未具體載明。而鑑定書最後又認被告資淺經驗不足，是否可歸責，仍有商榷，顯就被告是否究責之認定，前後論述已有所矛盾。故上揭鑑定意見以被告之經驗不足，判斷被告無須歸責，顯與法律上過失之評價不符，故本院就該兩份鑑定書均不採用，均無足憑此為被告有利之認定。

2.第三審判決

被告與檢察官因過失致死案件，不服臺灣高等法院第二審判決，提起上訴。最高法院駁回上訴，其表示：

刑事訴訟法第 310 條第 2 款規定，對於被告有利之證據不採納者，應於判決書中記載其理由。所謂對於被告有利之證據不予採納者，應說明其理由，係指該項證據倘予採納，即能推翻原判決所確認之事實，而得據以為有利於被告之認定者而言。如非此項有利於被告之證據，因本不屬於上開範圍，縱未於判決內說明其不採納之理由，依刑事訴訟法第 380 條規定之旨意，顯然於判決無影響者，仍不得據為第三審上訴之適法理由。

三、延伸思考

問題一：依本案之急診護理紀錄，於 16 時 20 分許記載病患 C 曾向護士表示有「ㄕㄜ、ㄕㄜ」（台語），並用手摸胸口。請問此台語的相對應醫學名詞應為何？試思考「胸痛復發」之病徵、程度為何，以及應如何引導病患精確表達？

問題二：承上題，並依據 J 醫院之急診檢傷分類原則：「第一級，需立刻處理的病患，此類病患隨時有生命危險，例如：昏迷、抽痙、呼吸停止、心絞痛、心肌梗塞、無法控制的出血、休克、重度外傷等」，被告供稱係在 15 時

至16時許間，將病患改列爲第一級留觀，試針對本案分析應重作第二次12導程心電圖檢查之時機？

問題三：本件病人身上裝有心電圖監視器，且在相關期間未發出警示，則你認爲(1)是否可取代醫師頻繁迴診？(2)是否可推定病患無胸痛？(3)是否可據以推定無立即實施12導程心電圖之需要？

問題四：以本件與第二十九案【心肌梗塞延誤治療案】爲例，試探討心電圖就心肌梗塞之診斷而言，應如何運用方屬合理。

四、判決來源

第三十六案　主動脈剝離鑑別診斷案

1

法院／裁判日期
臺灣桃園地方法院 101.10.25

案號
100 年度醫訴字第 1 號判決

甲、乙、丙、丁均犯業務過失致人於死罪，各
處有期徒刑伍月，如易科罰金，均以新臺幣壹
仟元折算壹日。

2

法院／裁判日期
臺灣高等法院 102.06.26

案號
101 年度醫上訴字第 5 號判決

上訴駁回。

3

法院／裁判日期
最高法院 103.02.19

案號
103 年度台上字第 493 號判決

原判決撤銷，發回臺灣高等法院。

4

法院／裁判日期
臺灣高等法院 103.11.18

案號
103 年度醫上更 (一) 字第 1 號判決

原判決撤銷。
甲、乙、丙、丁均無罪。

圖 36　主動脈剝離鑑別診斷案歷審圖

資料來源：作者繪製。

一、第一審判決

(一) 公訴事實與起訴意旨

醫師甲為財團法人林口 C 紀念醫院（下稱 C 醫院）急診醫學科醫師，醫師乙、醫師丙、醫師丁係 L 醫院急診醫學科醫師。

98 年 6 月 5 日晚間 7 時 30 分時許，病患 H 因左腳麻痛無力及腹部不適，至 L 醫院急診，由醫師 A、B（均另為不起訴處分）負責診治後，於同日晚間 9 時 32 分離院返家；復於翌日即 98 年 6 月 6 日凌晨 0 時 3 分許，因腹痛前往 C 醫院急診，由甲負責診治，並安排抽血檢驗、心電圖及胸部 X 光攝影檢查，抽血檢查結果均於正常值內，心電圖檢查結果為竇式心搏過緩，甲開立胃藥後，於當日凌晨 1 時 15 分許，同意病患 H 離院返家；病患 H 再於 98 年 6 月 6 日上午 6 時 15 分許，因自前一晚持續之腹痛輻射至背部，至 L 醫院急診，先由乙、丙負責，後再由丁接手診治，乙、丙施以抽血檢查及開立 Buscopan 20mg、消炎止痛藥 Voren 75mg 靜脈注射，接手之丁施以腹部 X 光，顯示為輕度腸阻塞，建議安排內視鏡、開立口服藥物、及建議腸胃科門診追蹤，於當日上午 8 時 40 分許，同意病患 H 離院返家。

病患 H 於 98 年 6 月 6 日上午 10 時 42 分許，陷入昏迷，經送往 L 醫院急診後死亡。

案經檢察官提起公訴，主張甲、乙、丙、丁成立業務過失致死罪之理由如下：

病患 H 於 98 年 6 月 6 日凌晨 0 時 3 分許，因腹痛前往 C 醫院急診，由甲（下稱被告甲）負責診治時，被告甲本應注意病患 H 胸部 X 光檢查報告顯示：(1) 右下肺葉有 1 處 3.2 公分病灶，(2) 明顯之胸主動脈擴張，應考慮胸主動脈瘤等情，雖不能立即據以判斷為主動脈瘤，亦應合併病患 H 之腹痛情況，向病患 H 說明並進一步詳細詢問病史及身體情況，判斷是否須安排緊急電腦斷層檢查或會診相關專科醫師，且依當時情形並無不

能注意之情事，竟疏未為詢問、判斷及檢查。

　　病患 H 再於 98 年 6 月 6 日上午 6 時 15 分許，至 L 醫院急診時，乙（下稱被告乙）、丙（下稱被告丙）、丁（下稱被告丁）本應注意病患 H 已因同樣急性症狀，自前一日即 98 年 6 月 5 日起至返診當時，約 10 小時內已重複至 L 醫院就診兩次，症狀卻無法改善，應提高警覺，將病患 H 留院觀察其他引起腹痛之原因，並安排胸部 X 光、腹部超音波，及電腦斷層攝影檢查，以查明急性腹部痛及背部輻射痛之原因，且依當時之情形，並無不能注意之情事，被告乙、被告丙竟疏未注意。接手之被告丁亦疏未注意，於當日上午 8 時 40 分許，同意病患 H 離院返家，而未能發現病患 H 之病因為主動脈剝離。

　　嗣病患 H 於 98 年 6 月 6 日上午 10 時 42 分許，病情急速惡化，因主動脈剝離破裂、心囊血塞、心臟性休克死亡。

(二) 被告回應

　　被告甲矢口否認有何業務過失致死犯行，辯稱：

　　依檢驗報告，當時已排除心肌梗塞、急性胰臟炎及潰瘍穿孔可能，但無法排除消化性潰瘍可能，有建議病患 H 留院做上消化道內視鏡檢查，但病患 H 拒絕並要求開立藥物返家觀察，且病患 H 當時血壓、心跳都正常，並無主動脈剝離之徵象，至於 X 光報告顯示之主動脈擴張、主動脈瘤與病患 H 當時主訴腹痛症狀並無關聯。

　　被告乙、被告甲、被告丁矢口否認有何業務過失致死犯行，辯稱：

　　病患 H 於 98 年 6 月 6 日早上 6 時 15 分因腹痛輻射至背部至 L 醫院急診，先由被告乙、被告甲看診後，診斷為腹痛，給予止痛藥物並安排抽血檢驗，待被告乙於同日早上 7 點交班予被告丁，被告丁、被告丙復給予止痛針劑，並安排腹部 X 光，且建議安排內視鏡檢查，但病患 H 拒絕，於同日早上 8 時 40 分被告丁同意病患 H 離院，開立口服藥物並建議腸胃科門診追蹤。

　　被告乙辯稱：上腹痛原因很多，常見原因排除後，再看下一步要做什

麼，當天病患 H 剛來伊就下班了，胰臟酵素的報告伊並未看到。

　　被告丙辯稱：伊當天值班到早上 8 時，下班前伊有跟被告丁交接。

　　被告丁辯稱：伊當時有建議病患 H 留院做內視鏡檢查，但病患 H 表示症狀緩解想回家，伊有給告訴人 G 一張腹痛注意事項，告知如果狀況未改善要盡快回診。

(三) 鑑定意見

醫審會鑑定結果

　　行政院衛生署醫事審議委員會（下稱醫審會）製作鑑定書共兩份，鑑定意見大致歸納如下：

(1)針對甲醫師依據病患H之檢查報告後之診斷有無違反醫療常規說明：

　　「依據病患 H 之檢查報告，被告甲固然可據以排除急性胰臟炎、心肌梗塞或胃穿孔之可能，但顯然尚無法確定造成病患 H 腹痛之確切原因。然由病患 H 之胸部 X 光檢查結果，既發現高度懷疑主動脈瘤可能性，又明顯變大的主動脈瘤，可能產生腹痛或胸痛，故依照醫療常規，醫師甲應進一步詳細對病患 H 做病史詢問及身體檢查，重新判斷病人是否需緊急進行電腦斷層掃描檢查或會診相關專科醫師」。

　　「就消化道之病灶，胃鏡檢查確為最準確可靠之診斷方式，然病患 H 當時主訴為上腹痛，而醫師甲既未能確定腹痛原因，竟輕忽胸部 X 光檢查報告中顯示之胸主動脈異常，不符醫療常規，已如上述，且主動脈瘤是否需立即安排進一步檢查及追蹤，需視詳細之病史詢問及身體檢查而定，若有如上肢兩側或上下肢脈搏或血壓強度不同等異常發現，代表已有主動脈瘤之緊急狀況，需立即處置，如進行電腦斷層攝影檢查或會診胸腔外科（或心臟血管專科）醫師，若經詳細病史詢問及身體檢查均無發現，醫師仍應提高警覺並向病人說明 X 光影像，並建議或安排相關專科醫師進行追蹤」。

(2)針對乙、丙、丁三位醫師之醫療處斷有無違反醫療常規說明：

　　被告乙、被告丙既知悉病患 H 於 98 年 6 月 6 日上午 6 時 15 分因腹痛到 L 醫院急診係再度返診，病患 H 主訴亦稱從前一晚持續腹痛、輻射痛至背部，被告乙、被告丙本應提高警覺，仔細詢問病史，併同觀察病患 H 於 98 年 6 月 5 日晚間 7 時 30 分至 L 醫院急診之就診病歷資料，對於病患 H 於短時間內先後 2 次因未改善之腹痛症狀到 L 醫院急診之狀況謹慎處置，被告乙、被告丙僅為止痛消炎之暫時症狀治療、安排血液檢查後等待結果，而未考慮其他進一步之診斷方式，顯有疏忽，又病患 H 既持續腹痛，除內視鏡檢查外，實應考慮其他病因之可能性，並安排胸部 X 光、腹部超音波或電腦斷層掃描、或會診相關專科醫生，以探討腹部痛及背部輻射痛之原因，被告丁僅以病患 H 拒絕內視鏡檢查為由，即開立口服藥任其離院，未為內視鏡檢查外之其他處置，亦與醫療常規有違。

(3)針對急性主動脈剝離之症狀及併發症說明：

　　「……而急性主動脈剝離典型症狀為劇烈胸部疼痛，如併發血管阻塞，則發病症狀視阻塞血管部位而定，可能之併發症例如：〈1〉引起腦血管阻塞，病人會以中風症狀來表現、〈2〉如血管阻塞到腹部血管，則病人可能用腸胃缺血，產生腹痛表現、〈3〉如血管阻塞下肢，則以下肢缺血症狀，如單邊腳疼痛或無力來表現，且此一危險之大血管疾病，可從病史、身體檢查及影像檢查發現……」。

(四) 判決結果

　　臺灣桃園地方法院於民國 101 年 10 月 25 日作出判決，被告甲、被告乙、被告丙、被告丁為從事醫療業務之人，均犯業務過失致人於死罪，各處有期徒刑伍月，如易科罰金，均以新臺幣壹仟元折算壹日。

(五) 判決理由

1.法院認定被告甲成立業務過失致死罪之理由，摘要如下：

　　針對被告甲違反醫療常規之說明：

　　被告甲係 C 醫院急診醫學科醫師，病患 H 於 98 年 6 月 6 日凌晨 0 時 3 分許至 C 醫院急診，主訴腹痛，經被告甲診斷為腹痛及急性胰臟炎，然胸部 X 光報告內容顯示：明顯之胸部主動脈擴張，應考慮胸主動脈瘤，被告甲嗣於同日凌晨 1 時 15 分開立胃藥，同意病患 H 離院，依據病患 H 之檢查報告，被告甲固然可據以排除急性胰臟炎、心肌梗塞或胃穿孔之可能，但顯然尚無法確定造成病患 H 腹痛之確切原因。參酌被告開立胃藥後同意病患 H 出院之病歷記載，被告甲對於病患 H 胸部 X 光顯示有明顯變大的主動脈瘤報告，卻未為任何病史詢問及身體檢查，即驟然排除與病患 H 腹痛之關連性，顯有違醫療常規，縱病患 H 拒絕胃鏡檢查，亦無從作為被告甲前開疏失之卸責之詞。

2.法院認定被告乙、被告丙、被告丁醫師成立業務過失致死罪之理由，摘要如下：

(1)針對被告乙、丙、丁違反其注意義務之說明

　　病患 H 於 98 年 6 月 5 日晚間 7 時 30 分因腹部不適及左腳發麻無力至 L 醫院急診，抽血檢驗結果顯示血紅素、肝功能轉氨酶及心肌指數均在正常值內，經醫生 A 及醫生 B 臆斷為無力及疲勞，同意病患 H 於同日 9 時 35 分離院；再於 98 年 6 月 6 日上午 6 時 15 分許至 L 醫院急診，護理紀錄為返診、腹痛，主訴為自前一晚開始腹痛、輻射至背部，由被告乙、被告丙診視，並有被告丙之印文，是被告丙猶辯稱不知病患 H 係二度至 L 醫院就診，實難採信。

(2)被告乙、丙、丁違反醫療常規之說明

　　被告乙、被告丙既知悉病患 H 於 98 年 6 月 6 日上午 6 時 15 分因腹痛到 L 醫院急診係再度返診，被告乙、丙本應提高警覺，仔細詢問病史，併同觀察病患 H 於 98 年 6 月 5 日晚間 7 時 30 分至 L 醫院急診之就診病歷資料，對於病患 H 於短時間內先後 2 次因未改善之腹痛症狀到 L 醫院急診之狀況謹慎處置。又被告丁僅以病患 H 拒絕內視鏡檢查為由，即開立口服藥任其離院，未為內視鏡檢查外之其他處置，亦未考慮其他病因可能性，而未採取腹部斷層掃描或會診相關專科醫師，錯失經由詳細病史詢

問、身體檢查、會診專科醫師或胸部 X 光、腹部超音波及電腦斷層掃描等儀器檢查而正確診斷及治療之機會。

3.被告四人之醫療過失和病患死亡間有相當因果關係之理由：

　　主動脈剝離併發破裂，需緊急實行修補手術，若緊急為病患 H 實施主動脈修補手術，仍有相當之存活可能，被告甲、被告乙、被告丙、被告丁上開消極不為必要之詢問、檢查、會診醫療作為而延誤治療之時機，致病患 H 無法獲得適當之治療，終因主動脈剝離破裂、心囊血塞、心臟性休克死亡，渠等就本件醫療作為確有過失，且與病患 H 之死亡具有相當因果關係存在。

　　綜上所述，本件事證明確，被告甲、被告乙、被告丙、被告丁業務過失致死犯行，堪以認定，應依法論科。

二、上訴審判決概述

(一) 第二審判決

　　病患 H 於 98 年 6 月 6 日凌晨 0 時 3 分再因腹痛至 C 急診，然被告甲輕忽病患 H 之胸部 X 光顯示胸部主動脈擴張、應考慮胸主動脈瘤之可能性，併同無法解釋之上腹痛等病兆，而未為進一步病史詢問、相關身體檢查、緊急進行電腦斷層掃描或會診專科醫師等，有違醫療常規，自有過失，被告甲上訴意旨仍執前詞，否認有業務過失，並無可採。

　　病患 H 自 98 年 6 月 5 日晚間因腹痛至 L 醫院急診，復於隔日上午 6 時 15 分因腹痛返診 L 醫院，病程中雖未呈現胸部主動脈剝離之典型症狀，而係以腹痛方式呈現，但被告乙、被告丙明知病患 H 已因持續腹痛並輻射痛至背部，於短時間內先後 2 次至 L 醫院急診，卻僅被動等待血液檢查結果，而未考慮其他確診方式；被告丁亦明知病患 H 在短時間 2 度返診下，在病患 H 拒絕內視鏡檢查後，未考慮其他病因可能性，而未採取腹部斷層掃描或會診相關專科醫師，錯失經由病史詢問、身體檢查

（例如可能發現雙側血壓、脈搏不同）、會診專科醫師或胸部 X 光、腹部超音波及電腦斷層掃描等儀器檢查而正確診斷及治療之機會，均有違醫療常規，自難辭過失之責，被告乙、丙、丁上訴意旨仍執前詞否認過失，並無可採。

被告等人擔任急診科醫師，本應盡其職責、依其醫療專業救治病患，雖急診病患狀況各異，復需在短時間內做出醫療選擇及判斷，屬高度困難專業，然被告等人消極未為必要醫療作為，致錯失適時給予病患正確妥適治療之機會，終致病患 H 死亡，實難卸責。

據上，第二審法院認定本件被告四人於診治病患 H 之過程均見明顯之怠忽草率，有違醫療常規而具過失，因而維持第一審論以業務過失致人於死罪，各處有期徒刑陸月，及均諭知易科罰金之折算標準，而駁回上訴。

(二) 第三審判決

上訴意旨指摘原判決不當，尚非全無理由，應認為有撤銷發回更審之原因。

依據 C 醫院急診大樓檢查會診及報告單等證據，顯示上訴人甲應係於當日凌晨 0 時 21 分至 1 時 14 分之間完成病患 H 胸部 X 光片之檢視，時值深夜，大型醫院固有急診醫師看診，惟 X 光片之主治醫師一般而言並不會於深夜輪值，前揭 X 光片之檢查報告似由主治醫師 A 所製作，故其製作完成之時間應為白天上班時間，上訴人甲為病患 H 深夜看診時是否即已完成容非無疑？此部分實情未明，攸關甲是否能注意及應注意病患 H 胸部 X 光「檢查報告」顯示：明顯之胸主動脈擴張，應考慮胸主動脈瘤，及甲辯稱為病患 H 看診時其僅看到 X 光片，並未看到 X 光片之檢查報告等語之有利於己辯解是否可採之判斷，原審（第二審）僅以上訴人甲於偵、審中曾坦承其於胸部 X 光檢查報告出來後，有向病患 H 及其家屬提及，即遽予認定甲於深夜為病患 H 看診時即已看到 X 光檢查報告，尚嫌調查未盡及理由不備。

　　原判決（第二審判決）雖認定上訴人甲本應注意病患 H 胸部 X 光檢查報告顯示：「右下肺葉有 1 處 3.2 公分病灶，以及明顯之胸主動脈擴張，應考慮胸主動脈瘤等情，雖不能立即據以判斷為主動脈瘤，亦應合併病患 H 之腹痛情況，向病患 H 說明並進一步詳細詢問病史及身體情況，判斷是否須安排緊急電腦斷層檢查或會診相關專科醫師，且依當時情形並無不能注意之情事，竟疏未為詢問、判斷及檢查，僅開立胃藥後，於當日凌晨 1 時 15 分許，同意病患 H 離院返家」等情，惟病患 H 之死亡原因與原判決所認定上訴人甲之過失行為間，有何相當因果關係，關係甲是否必須對病患 H 之死亡結果負擔刑責，原判決疏未審究，即認定上訴人甲之過失必須就病患 H 之死亡負業務過失致死之責，顯有判決未備理由之違法。

　　再者，最高法院表示：依鑑定意見所載，本案病人之主動脈剝離症狀並不典型，非以典型之胸痛表現，就診期間之生命徵象穩定，依病歷紀錄觀之，難以判斷病人於何時已有胸主動脈剝離，病患 H 既無法判定係何時已有胸主動脈剝離，上訴人乙、丙、丁三人於 99 年 6 月 6 日 6 時 15 分至同日 8 時 40 分為病患 H 診治時，尚無從認定病患 H 主動脈業已剝離，乙等人於診治時，縱使未及時發覺，而採取其他之腹部超音波、電腦斷層攝影檢查，是否與病患 H 主動脈剝離致死亡之結果，有相當因果關係，即非無探究之餘地？原審僅以乙、丙、丁三人未及時救治，已然加深病患 H 生命法益之風險，遽認其間有相當因果關係，尚嫌速斷，有判決未備理由及適用法則違誤之失。

　　又，最高法院指出，依據病患 H 經解剖結果，血液中含有 Amphetamine（安非他命），可造成高血壓，並增加胸主動脈剝離之風險等情，亦為鑑定意見所採認，一般而言，血液中如檢驗出有安非他命之成分，即可懷疑於被採樣前五日內有施用甲基安非他之行為，本件病患 H 既於血液中被檢驗出含有安非他命，客觀上可懷疑有於被採樣前五日內施用甲基安非他命，原審認為病患 H 從 98 年 6 月 5 日晚間 7 時 30 分開始就醫，至同年月 6 日上午 11 時許於 L 醫院死亡，不到 24 小時內，已向二家醫

院求診三次，身體狀況不佳顯明，整晚都在就醫，常情下豈會在此種狀況下施用毒品等語，其依據為何？或僅為主觀臆測？亦有判決違背證據法則之違誤。前揭事項尚非不能調查，原判決未予釐清論明，尚嫌調查未盡，兼有理由不備及違反證據法則之違失。

(三) 更一審判決

1. 關於本件病患 H 經被告甲於 98 年 6 月 6 日凌晨 0 時 3 分至 1 時 14 分 1 秒許，在林口長庚醫院為其診治：

被告甲於深夜為病患 H 看診時，X 光片之檢查報告應尚未由放射科主治醫師製作完成，而被告甲於深夜看診時，既尚未看到經由放射科主治醫師出具之 X 光詳細檢查報告，自僅能先行檢視 X 光片，當場判讀，並做處置，是其是否能注意及應注意病患 H 之胸部 X 光「檢查報告」顯示：明顯之胸主動脈擴張，應考慮胸主動脈瘤等情，實屬有疑，公訴意旨僅以被告甲於偵查中曾坦承其於胸部 X 光檢查報告出來後，有向病患 H 及其家屬提及，即遽予認定被告甲於深夜為病患 H 看診時即已看到上開 X 光檢查報告，尚嫌速斷。

當時造成病患 H 腹痛之確切原因，因病患 H 拒絕進一步之胃鏡檢查，始經被告甲開立藥物後，同意病患 H 出院返家。被告甲雖未對病患 H 為進一步病史詢問及身體檢查，以重新判斷是否須緊急進行電腦斷層掃描或會診相關專科醫師，惟斯時既難以判斷病患 H 於何時已有胸主動脈剝離，且就消化道之病灶，胃鏡檢查確為最準確可靠之診斷方式，病患 H 當時既主訴為上腹痛，而非胸痛，依據專業醫師判斷，甚至一般人之經驗，應分屬不同部位，在病患 H 拒絕進行胃鏡檢查之情形下，徵諸被告甲於本院上訴審審理時所辯：在急診醫學，醫生是依據病患之表現症狀、主訴、檢驗結果來考量各種疾病之可能性，再依據可能性之高低，進而逐一排除各種可能，以求得最後確定之診斷，而病患 H 當時血壓、心跳都正常，並無主動脈剝離之徵象，X 光報告顯示之主動脈擴張、主動脈瘤，當時合理判斷與病患 H 主訴腹痛症狀

並無關聯等情,堪認被告甲於本院更一審所為其已盡注意義務而為鑑別診斷、病患 H 發生胸主動脈剝離時間不明,無從認定其行為與病患 H 之死亡有何因果關係等辯解,應屬實在而可採信,是被告甲縱未進一步確認病患 H 上腹痛原因,亦難認與病患 H 嗣後之死亡結果有何相當因果關係。

2. 被告乙、丙、丁 3 人於 L 醫院之診治

在被告乙、丙、丁 3 人 98 年 6 月 6 日上午 6 時 15 分許至同日上午 8 時 40 分許之診治期間,病患 H 之生命徵象既屬穩定,病程中均未呈現胸主動脈剝離之典型症狀即劇烈胸部疼痛,被告乙、丙、丁 3 人復係依據病患 H 之主訴,做逐步的鑑別診斷,在給予相關治療後,病患 H 症狀已然緩解,另法醫解剖時,病患 H 最終死因雖為胸主動脈剝離導致心囊血塞,惟依卷附證據,病患 H 於上開診療過程中,最後係自行離院返家,並未見心囊血塞症狀(即胸主動脈剝離之後,血液從主動脈夾層破裂進入心囊,壓迫心臟,無法博動,休克昏迷),且依據上開醫事審議委員會鑑定報告,亦無法判定病患 H 何時已有胸主動脈剝離現象,則被告丁上開辯解,應屬實在,其雖為最後負責診治病患 H 之急診主治醫師,然已盡力實施依序的鑑別診斷及各項相關之醫療作為,並非消極未為處理,難認有應注意、能注意而未注意之業務上過失,其所為與病患 H 之後因主動脈剝離破裂、心囊血塞、心臟性休克死亡結果,自無相當因果關係。另病患 H 係於 98 年 6 月 6 日早上 6 時 15 分許至 L 醫院急診,被告甲雖為急診主治醫師,然其旋於同日早上 7 點下班,將病患 H 交班予被告丁繼續治療,接觸病患 H 之時間不到 1 小時,而被告乙為 L 醫院第 1 年住院醫師,在醫院制度下,應係受急診主治醫師甲、丁之指導而為相關醫療行為,且其嗣於早上 8 點下班,斯時病患 H 血液檢查報告尚未出爐,之後乃由被告丁於同日早上 8 時 40 分許,告知病患 H 及家屬血液檢查正常及輕微腸阻塞現象,並為如上所述相關醫療行為,據此,被告乙、丙前開辯詞皆屬有據,尚難遽認其等有何過失可言。

三、延伸思考

　　問題一：試比較本件案例事實與上冊無罪判決第二案【急性主動脈剝離案】之案例事實。

　　問題二：假如醫師認為應該做進一步檢查，但病患卻拒絕時（如本件病患H拒絕胃鏡、內視鏡檢查），醫師應該如何做，才不會被認為是消極未為處理？

四、判決來源

第三十七案　診所氣喘個案Inderal使用案

1

法院／裁判日期
臺灣新北地方法院 102.05.09

案號
100 年度易字第 1895 號判決

甲犯業務過失傷害致人重傷罪，處有期徒刑陸月，如易科罰金，以新臺幣壹仟元折算壹日；又犯行使業務登載不實文書罪，處有期徒刑肆月，如易科罰金，以新臺幣壹仟元折算壹日。應執行有期徒刑捌月，如易科罰金，以新臺幣壹仟元折算壹日。

2

法院／裁判日期
臺灣高等法院 103.04.30

案號
102 年度醫上訴字第 6 號判決

原判決關於業務過失傷害致人重傷罪及定執行刑部分，均撤銷。
甲犯業務過失傷害致人重傷罪，處有期徒刑壹年。
其他上訴駁回。

圖 37　診所氣喘個案 Inderal 使用案歷審圖
資料來源：作者繪製。

一、第一審判決

(一) 公訴事實與起訴意旨

醫師甲係址設臺北縣蘆洲市 M 診所（下稱 M 診所）之合法執業醫師。病患 T 長年為氣喘所苦，其於民國 98 年 10、11 月間因時序入冬而有氣喘發作之情形。病患 T 之配偶 P（下稱 P）因結識醫師甲，知悉其可治療氣喘，乃於同年 11 月 3 日晚間 8 時 47 分許攜同病患 T 前往 M 診所接受診治。當日病患 T 主訴為咳嗽、痰、喘鳴音，經醫師甲理學檢查，病患 T 有呼吸急促之情形，過去病史為氣喘、高血壓，診斷病患 T 為氣喘。

病患 T 於同年月 4 日服用醫師甲販賣之膠囊及藥錠後，氣喘症狀未見減緩反而加劇，並有心悸情形，其夫遂於同年月 5 日下午 3 時 22 分許載送病患 T 前往醫師甲之診所看診。病患 T 於就診時主訴有喘鳴、心跳過快及咳嗽等症狀，經醫師甲理學檢查其意識清楚、呼吸急促、冒冷汗，過去有多年氣喘病史，診斷為心律不整及氣喘，醫師甲開立藥品名稱為 Inderal (10mg) 及 Bcomplex tab 各 7 錠之處方箋與病患 T。

病患 T 與 P 於同日下午 3 時 44 分許，持醫師甲開立之處方箋前往址設臺北縣蘆洲市路號之 D 藥局領取藥物，由藥師 C 核對處方箋後交付 Inderal (10mg)7 錠及 Bcomplex tab 7 錠與病患 T。藥師 C 之父親見醫師甲開立 Inderal 藥物，特別建議 P 及病患 T 返回診所詢問醫師甲。病患 T 聞言偕同 P 返回 M 診所，與醫師甲確認後攜帶上開藥物離去。

病患 T 因心律不整難耐，乃於離開 M 診所後，於同日下午 3 時 54 分許前往新北市政府警察局蘆洲分局蘆洲派出所借水服用該 Inderal 藥物 1 錠。嗣 P 於同日下午 4 時 40 分許駕車載送病患 T 返回其娘家後自行離去。病患 T 返家後，向其父親表示其身體不適須休息片刻，病患 T 旋於同日下午 5 時 46 分前某時昏迷。其父於同日下午 5 時 46 分許電聯 119 呼叫救護車，救護人員於同日下午 5 時 47 分許出勤，同日下午 5 時 51 分許抵達上開住處，同日下午 6 時 1 分許將病患 T 送往臺北市立 W 醫院（下稱 W

醫院），該時病患 T 已無心跳、呼吸及血壓等生命現象，經心肺復甦術急救後雖恢復呼吸、心跳及血壓，然昏迷指數為 2E 分（$E_1V_EM_1$），呼吸器使用中，病患 T 於 100 年 5 月 19 日上午 10 時 35 分許，在行政院衛生署 G 醫院（下稱 G 醫院）逝世。

案經病患 T 之配偶 P 訴請臺灣板橋地方法院檢察署（現已更名為臺灣新北地方法院檢察署）檢察官偵查起訴，及自動檢舉簽分追加起訴指出：

醫師甲（下稱被告甲）本其專業醫師之知識、經驗，原應依其執業醫師之注意義務，依據病患之病情予以診斷，為適當之治療，並應注意氣喘病患之診斷需同時鑑定其嚴重性，依據嚴重度依階段性原則為治療，或以病人現階段氣喘控制之好壞評估氣喘控制情況，積極治療以達到氣喘控制，倘若氣喘控制程度控制不佳，應升階治療直到氣喘控制良好，若已惡化則以治療氣喘急性惡化之方法治療，即應注意氣喘病患於發作變重症化以前，必須及早做適當的重症度評鑑與治療，從症狀、理學檢查，測量病人尖峰呼氣流速（PEF），進行嚴重程度的評鑑，若有氣喘急性惡化之情形，應給予支氣管擴張劑、口服類固醇、氧氣、合併乙二型交感神經興奮劑／副交感神經拮抗劑，或應轉診至有急性照護能力的院所就醫；且 Inderal 藥物，臨床用途係治療狹心症、不整律（上心室性不整律、心室性心搏過速）、原發性及腎性高血壓、偏頭痛、控制原發性震顫、控制焦慮性心搏過速、甲狀腺毒症的輔助劑、親鉻細胞瘤，若有支氣管氣喘者切勿使用，且醫師甲依當時情況並無不能注意之情事，竟未就病患 T 進行適當的重症度評鑑與給予藥物治療，僅販賣含有 alpha-tocopherolacetate 成分之咖啡色膠囊、未檢出西藥成分之米黃色膠囊及土黃色藥錠供病患 T 服用。

病患 T 於同年月 4 日服用被告甲販賣之膠囊及藥錠後，氣喘症狀未見減緩反而加劇，並有心悸之情形。被告甲竟疏未注意 Propranolol（Inderal）之副作用，貿然開立藥品名稱為 Inderal (10mg) 及 Bcomplex tab 各 7 錠之處方箋與病患 T。嗣病患 T 與 P 於同日下午持被告甲開立之處方箋

前往 D 藥局領取藥物，由藥師 C 核對處方箋後交付 Inderal (10mg)7 錠及 Bcomplex tab 7 錠與病患 T。病患 T 因心律不整難耐，服用該 Inderal 藥物 1 錠，竟旋於同日下午 5 時 46 分前某時昏迷。病患 T 送往 W 醫院時已無心跳、呼吸及血壓等生命現象，經心肺復甦術急救後雖恢復呼吸、心跳及血壓，然昏迷指數為 2E 分（$E_1V_EM_1$），呼吸器使用中，呈現缺氧性腦病變合併重度昏迷，造成身體或健康有重大不治或難治之重傷害，於 100 年 5 月 19 日上午 10 時 35 分許，在 G 醫院逝世。

被告甲明知病歷紀錄依醫師法第 12 條第 1 項之規定，對於病人之診斷過程應忠實紀錄，除使其執行業務有所遵憑外，第三人調取該病歷時，亦能瞭解醫療診斷之內容及過程，亦明知其於 98 年 11 月 5 日下午 3 時 22 分許為病患 T 看診時，並未開立載有 Prednisolone (5mg)（類固醇）、Aminophylline (100mg)（支氣管擴張劑）、Cephalexin (250mg)（抗生素）及 Medicon (30mg)（鎮咳劑）等 4 種藥物之處方箋與病患 T，竟基於行使業務登載不實文書之犯意，於病患 T 及 P 離開 M 診所後至同日下午 6 時許前某時，在 M 診所內以電腦不實登載其於同日下午 3 時 22 分許為病患 T 看診時，開立藥品名稱為 Bcomplex tab、Inderal (10mg)、Prednisolone (5mg)、Aminophylline (100mg)、Cephalexin (250mg) 及 Medicon (30mg) 之不實紀錄，列印後製成處方箋總計 3 聯，再由該診所不知情之護士 L 將原處方箋撕掉後，將其中 1 聯處方箋黏貼於被告甲職務上所記載之診療記錄單中，而將此不實之事項，登載於其業務上作成之診療記錄單，再於同日下午 6、7 時許，自行持 1 聯處方箋前往上開 D 藥局，向藥師 C 領取上開 4 種藥物，致生損害主管機關對於醫療管理之正確性、病患 T、D 藥局及 C 等人。三、案經病患 T 之配偶 P 訴請臺灣板橋地方法院檢察署（現已更名為臺灣新北地方法院檢察署，以下同）檢察官偵查起訴，及自動檢舉簽分追加起訴。

(二) 被告等回應

訊據被告於本院審理時，固坦承其為 M 診所醫師，其於 98 年 11 月

3 日及 5 日為病患 T 看診，於 98 年 11 月 3 日販賣咖啡色、米黃色膠囊及土黃色藥錠供 T 服用，同年月 5 日 T 回診，表示有心跳加快之情形，其開立 Inderal 藥物與 T 服用，另其於同日下午為 T 看診時，並未開立藥品名稱為 Prednisolone (5mg)、Aminophylline (100mg)、Cephalexin (250mg) 及 Medicon (30mg) 等藥物之處方箋與 T，其於 T 與 P 離去後，自行以電腦輸入其於同日下午 3 時 22 分許為 T 看診時，開立上開 4 種藥物與 T 之紀錄，列印後製成處方箋總計 3 聯，再由該診所護士將原處方箋撕掉後，將其中 1 聯處方箋黏貼於診療紀錄單中，並於同日下午 6 時許持 1 聯處方箋前往 D 藥局，向藥師 C 領取上開 4 種藥物等事實不諱，惟矢口否認有何業務過失傷害致人重傷、行使業務登載不實文書之犯行，辯稱：

伊為 T 看診後，認 T 並非因氣喘發作而有所不適，乃於 98 年 11 月 3 日販賣食品與 T，供其服用後調解體質，嗣 T 於同年月 5 日回診，經伊診斷後，因 T 有心悸之情形，遂開立 Inderal 藥物供 T 服用，伊事後在電腦上輸入有開立上開 4 種藥物與 T，並無業務登載不實之情形，因伊均是照事實寫，醫師有權利改，健保局有規定在要補藥時可以改處方箋，伊因為跟告訴人很熟，所以才開上開 4 種藥物供 T 備用，事後因未與 T 取得聯繫，伊不小心將上開藥物丟了。選任辯護人則以：被告雖開立 Inderal 藥物與 T，惟本案並無證據證明 T 有服用上開藥物，且 T 本身罹患氣喘痼疾，本案案發時 T 復氣喘發作，本案亦無法排除 T 係因本身氣喘嚴重發作導致昏迷之結果，又被告於 98 年 11 月 5 日針對 T 主訴心悸開立處方箋，T 當時之臨床症狀並無呈現氣喘發作之情形，被告經診療發現 T 應非因氣喘所引起之不適，始開立 Inderal 藥物與 T 服用，被告係經診療後評估病患病情始開立處方，尚符合一般診療常規，難謂醫療上有過失；況 T 本身為護理人員，P 為執業牙醫師，均應知悉氣喘病患應禁止服用 Inderal 藥物，且其等領取藥物時，藥袋上亦註明氣喘禁用，詎 T 與 P 竟疏於注意，其等就本案亦與有過失為被告辯護。

(三) 鑑定意見

　　本案經醫事審議委員會（下稱醫審會）就該診療記錄單之記載鑑定結果，認病患於 98 年 11 月 3 日、5 日就診時，已有氣喘合併急性發作之情形，若氣喘病人主訴有心悸情形，可考慮開立其他抗心悸藥物，以避免 Inderal 藥物對氣管收縮之副作用，臨床上，欲緩解氣喘及心律不整症狀可開立長、短效乙 -2 型類腎上腺藥物合併類固醇吸入劑，目前市面上有吸入劑 Seretite，Symbicort 及 Combivent 等長、短效之劑型、一般診所均可具備。若氣喘病人合併心律不整時，應調整其類固醇劑量，並修改長、短性乙 -2 型類腎上腺素劑量，而非單方面增加抗心律不整藥物，若確有必要，亦應考慮使用非乙型腎上腺阻斷劑，如 Amiodarone 等其他藥物。

　　醫審會鑑定結果，亦認：Inderal 是 β 腎上腺素接受器之阻斷劑，使用時，會使支氣管氣喘之病人，其氣管平滑肌產生收縮作用，進而加速氣喘發作病人之氣管收縮，造成氣道更為狹窄；故無論上開藥物使用之適應症為何，該藥已被列為有罹患氣喘病病人用藥之禁忌。病人服用該藥後，送達萬芳醫院時，已呈現到院前心跳停止、瞳孔放大及深度昏迷，應與氣喘嚴重加速有關，該藥之開立有疏失之處。Inderal 確實會造成氣道狹窄、加重支氣管氣喘，已如前述，並致病人發生缺氧性心臟及腦病變。本案病人於 M 診所之病歷已載明有氣喘病史，該 Inderal 無論劑量多少，均應列為絕對不可開立之藥物，故被告確實違反用藥規範。氣喘急性發作而服用 Inderal，對氣喘病程惡化可能會有不利之影響。Inderal 藥物作用，有可能降低病人肺功能指數，加速氣道收縮造成缺氧，影響心臟功能，甚至導致昏迷，Inderal 10mg 可降低心跳及血壓，其為非選擇性乙型腎上腺阻斷劑，氣喘病人服用 Inderal 可能會加重氣道收縮，降低支氣管擴張劑之療效，嚴重時會進而造成缺氧性腦及心臟病變，最後導致昏迷，若本案病人確有服用 Inderal，亦可能導致其昏迷；服用 Inderal 藥物後，經過 30 分鐘後開始作用，1 小時至 1 小時半達尖峰濃度，即會加重氣喘病人氣道收縮造成缺氧，影響到心臟功能，嚴重時可能導致心跳停止，亦降低支氣管擴

張劑之療效，嚴重時會進而造成缺氧性腦及心臟病變，最後導致昏迷，依M診所病歷紀錄記載，98年11月3日病人已呈現氣喘急性發作，11月5日開立B-Complex、Inderal 10mg，依偵訊筆錄，病人家屬稱病患於11月5日下午3時54分服用藥物，該藥物Inderal口服後一般在0.5小時開始作用，1-1.5小時達到高峰，119救護人員於下午17時51分到達現場時，病人已無呼吸及脈搏，病程時間上相符。

醫學上可依血壓、心跳下降及檢測血中Inderal藥物代謝濃度，以證明病人服用與否，由於病人到院時，無呼吸、血壓，為急性呼吸衰竭後缺氧昏迷造成之結果，單依卷附病歷資料，無法證實病人是否確實已服用Inderal。

對於98年11月5日病人呈休克狀態，因急救而施行氣管切開術，其術後於長期照護上之最常見風險為感染、敗血症，甚至導致死亡，因11月5日之昏迷是否由Inderal引起或氣喘急性發作本身病程惡化所導致者，並無法確定，故100年5月19日病人死亡，無法認定係服用Inderal藥物所導致。

(四) 判決結果

被告因業務過失傷害等案件，經檢察官提起公訴及追加起訴。臺灣新北地方法院於民國102年05月09日作成判決：被告甲犯業務過失傷害致人重傷罪，處有期徒刑陸月，如易科罰金，以新臺幣壹仟元折算壹日；又犯行使業務登載不實文書罪，處有期徒刑肆月，如易科罰金，以新臺幣壹仟元折算壹日。應執行有期徒刑捌月，如易科罰金，以新臺幣壹仟元折算壹日。

(五) 判決理由

1.被告業務過失傷害致重傷

病患T於98年11月3日就診時，已向被告主訴有咳嗽、痰、喘鳴等症狀，經被告理學檢查為呼吸急促，過去病史為氣喘、高血壓，診斷為氣喘，並登載於診療紀錄單，嗣病患再於同年月5日前往M診所就診，

當日主訴有哮鳴、心跳過快及咳嗽等症狀，經被告理學檢查其神智清醒、呼吸急促、冒冷汗，過去有多年氣喘病史，診斷為心律不整及氣喘，並將上情登載於診療紀錄單，已如前述。足見被告於 98 年 11 月 3 日、5 日為病患看診時，已知悉病患處於氣喘發作之階段。且本案經醫事審議委員會就該診療記錄單之記載鑑定結果，認病患於 98 年 11 月 3 日、5 日就診時，已有氣喘合併急性發作之情形。被告即應依上開準則從症狀、理學檢查，測量病患尖峰呼氣流速（PEF），進行嚴重程度的評鑑，並依病患氣喘嚴重程度及控制氣喘好壞之情形進行評估，給予藥物、氧氣治療，或將病患轉診至有急性照護能力的院所就醫。然被告於 98 年 11 月 3 日為病患看診時，並未測量病患之尖峰呼氣流速（PEF），評估病患氣喘之嚴重程度，積極給與藥物治療以達到氣喘控制，僅提供含有 alpha-tocopherolacetate 成分之咖啡色膠囊、不明成分之米黃色膠囊及土黃色藥錠供病患服用。被告於本院審理時亦稱：伊於 98 年 11 月 3 日販賣給 T 之物為食品，其成分為海底之藍藻，那不是治療氣喘的藥，病人氣喘發作時不可能有作用。則被告於 11 月 3 日為病患看診時，未就病患為適當之診斷並開給藥物，顯已違背上開醫學準則。

　　病患於 98 年 11 月 5 日就診時，主訴有喘鳴、心跳過快及咳嗽等症狀，經被告診斷其呼吸急促等情，已如前述。被告於本院審理時亦稱：98 年 11 月 5 日測得病患心跳每分鐘約 120 次。可見病患於 98 年 11 月 5 日已為氣喘發作中度或重度之程度，以被告之專業程度亦應注意及此，竟未給與支氣管擴張劑、口服類固醇、氧氣、合併乙二型交感神經興奮劑／副交感神經拮抗劑，或將病患轉診至有急性照護能力的院所就醫，亦有違上開注意義務。從而，被告依其專業能力就病患氣喘發作情形可能惡化有預見可能，對危險之可能發生當負有排除或注意之義務，若竟疏未履行此等義務，致此項危險發生實害者，被告之不作為，亦該當過失行為。

2.Inderal 已被列為有罹患氣喘病病人用藥之禁忌

　　被告於本院準備程序時亦坦承：學理上伊知道氣喘病患不可食用 Inderal 藥物。又本案經送請行政院衛生署醫事審議委員會鑑定結果，亦認：

Inderal 是 β 腎上腺素接受器之阻斷劑，使用時，會使支氣管氣喘之病人，其氣管平滑肌產生收縮作用，進而加速氣喘發作病人之氣管收縮，造成氣道更為狹窄；故無論上開藥物使用之適應症為何，該藥已被列為有罹患氣喘病病人用藥之禁忌。病人服用該藥後，送達萬芳醫院時，已呈現到院前心跳停止、瞳孔放大及深度昏迷，應與氣喘嚴重加速有關，該藥之開立有疏失之處。Inderal 確實會造成氣道狹窄、加重支氣管氣喘，已如前述，並致病人發生缺氧性心臟及腦病變。本案病人於 M 診所之病歷已載明有氣喘病史，該 Inderal 無論劑量多少，均應列為絕對不可開立之藥物，故被告確實違反用藥規範。

職故，被告知悉 Inderal 藥物為氣喘病患之禁忌用藥，仍於 98 年 11 月 5 日知悉病患為氣喘病患之情形下，開立 Inderal 藥物供被害人服用，導致病患服用後，加速氣管收縮，氣喘嚴重加速，發生缺氧性心臟及腦病變，被告此項醫療處置，自有疏失甚明。

綜上，被告於 98 年 11 月 3 日、5 日為病患看診時，本應詳加診斷病患當時之身體狀況是否處於氣喘發作期，由當時情形，依被告自身之專業智識能力，又無不能注意之情形，竟疏未依據病患主訴之病症及其診療結果加以評估，提供適當之治療或將病患轉診至有急性照護能力的院所就醫，反而提供無氣喘療效之膠囊及藥錠，並開立 Inderal 藥物供病患服用，致使病患氣喘嚴重加速，其有應注意、能注意而未注意之過失，洵屬明確。

本案固無從確認病患氣喘病情惡化，氣道收縮造成缺氧，影響心臟功能導致昏迷之結果係因病程發展惡化或 Inderal 藥物引起，然被告上開過失行為，均足以對病患氣喘病程惡化有不利之影響，被告之過失行為與被病患昏迷之結果間，有相當因果關係，洵無疑義。

本案因被告違反注意義務之過失行為，使病患錯失以藥物控制氣喘或前往有急性照護能力的院所就醫之機會，呈現缺氧性腦病變合併重度昏迷，被告過失行為與病患重度昏迷之結果間，有相當因果關係甚明，上開鑑定書之意見不足為被告有利之認定。

二、上訴審判決概述

　　二審法院亦認為被告甲犯行均堪認定，引據醫審會鑑定書指出，被告甲開立的藥會加速氣管平滑肌產生收縮作用，造成氣道狹窄，氣喘症狀加劇，且會導致病人發生缺氧性心臟及腦病變，已被列為氣喘病人禁忌用藥。服用該藥物後 30 分鐘會開始作用，1 小時至 1 個半小時會達到尖峰濃度，影響心臟功能，嚴重可能導致心跳停止，不得給氣喘病患服用 Propronolol 藥物，開立 Inderal 藥物供病患服用，導致病患服用後，加速氣管收縮，氣喘嚴重加速，發生缺氧性心臟及腦病變，被告甲此項醫療處置，自有疏失甚明。竟疏未依據病患主訴之病症及其診療結果加以評估，提供適當之治療或將病患轉診至有急性照護能力的院所就醫，反而提供無氣喘療效之膠囊及藥錠，並開立 Propronolol 藥物供病患 T 服用，致使病患 T 氣喘嚴重加速，其有應注意、能注意而未注意之過失。

　　本件值得注意的問題尚有，病患 T 已於 100 年 5 月 18 日上午 10 時 35 分病逝，但一、二審均論業務重傷罪，理由在於病患 T 於 98 年 11 月 5 日昏迷，至病患 T 死亡時，已相隔約 1、2 年之久，無法判斷是否因被告甲本案醫療過失行為造成死亡結果。且病患 T 曾併發多次肺炎、泌尿道感染及敗血症休克，亦無從排除病患 T 係因加害者以外之他人行為而致死亡。且於 98 年 11 月 5 日呈休克狀態，因急救而施行之氣管切開術，其術後於長期照護上之最常見風險為感染、敗血症，甚至導致死亡，無法認定係服用 Inderal 藥物所導致。從而，尚難認本案被告甲之醫療過失行為，與病患 T 死亡間有所謂相當因果關係存在。

三、延伸思考

　　問題一：本件涉有偽造文書爭議，請參見判決原文後，討論業務登載不實文書罪與行使業務登載不實文書罪之認定理由是否充分？

　　問題二：一、二審法院均判處被告甲成立業務致重傷罪，其醫療行為與死

亡無相當因果關係，你贊同此項結論嗎？

　　問題三：本案經板橋地檢署依修正前刑法第 284 條第 2 項後段之業務過失致重傷害罪起訴，求刑貳年陸月，一審法院判決業務過失傷害致人重傷罪，處有期徒刑陸月，如易科罰金，以新臺幣壹仟元折算壹日。被告甲上訴後，二審法院仍判成立過失重傷罪，但加重爲一年有期徒刑，且未宣告緩刑。二審法院基於何種理由，量處被告甲重於一審法院所爲之科刑？

四、判決來源

第三十八案　肺腫瘤延誤治療案

1 法院／裁判日期
臺灣高雄地方法院 102.10.08

案號
101 年度醫訴字第 1 號判決

甲犯業務過失致人於死罪，處有期徒刑陸月，如易科罰金，以新臺幣壹仟元折算壹日。

2 法院／裁判日期
臺灣高等法院高雄分院 103.01.20

案號
102 年度醫上訴字第 4 號判決

上訴駁回，
甲緩刑貳年。

圖 38　肺腫瘤延誤治療案歷審圖

資料來源：作者繪製。

一、第一審判決

(一) 公訴事實與起訴意旨

醫師甲係高雄市區高雄市立 M 醫院（下稱 M 醫院）之內科部主治醫師。病患 G 於民國 97 年 1 月 14 日因頭痛問題，至 M 醫院就醫並住院，由醫師甲負責診治，於 97 年 1 月 15 日出院後，改在醫師甲之門診追蹤治療。

病患 G 於 97 年 3 月 1 日接受醫師甲門診診視時，主訴咳嗽有痰已 1 個月、喉痛及頭痛，胸部 X 光片檢查結果，顯示左下肺有白色陰影，放射科醫師 L（下稱醫師 L）並於檢查報告記載「recommend further evaluation」（即「建議進一步評估」）；97 年 4 月 11 日，因胸痛及頭痛、咳嗽，至 M 醫院急診室就診，胸部 X 光片檢查結果，其左下肺之白色陰影較 97 年 3 月 1 日之白色陰影變大；97 年 5 月 10 日接受醫師甲門診診視，胸部 X 光片檢查結果，其左下肺之白色陰影較 97 年 4 月 11 日之白色陰影增加，且更白更大。98 年 3 月 5 日至 9 月 3 日間，病患 G 每 3 月回診接受醫師甲診視。

98 年 10 月 7 日病患 G 轉院至高雄 V 醫院（下稱 V 醫院）治療，確診為肺腺癌末期，於 98 年 12 月 28 日死亡。

案經病患 G 之女訴由臺灣高雄地方法院檢察署偵查、起訴指出：

醫師甲（下稱被告甲）依其醫療業務上之專業知識，知悉病患 G 有久咳不癒之症狀，經藥物治療未改善，左下肺之白色陰影亦隨時間逐漸增加，且更白更大，而放射科醫師 L 亦建議進一步評估，本應注意醫學常規上應要考慮是否因肺腫瘤導致阻塞性肺炎之可能性，因胸部 X 光檢查無法直接顯示出是肺癌，需要電腦斷層進一步檢查是否有肺腫塊，再依病理診斷，確診是否為肺癌，而應提高警覺，做進一步檢查或轉診專科醫師診治。

97 年 12 月 15 日門診時，被告甲於病歷記載病患 G 有咳嗽、呼吸困

難及下肢水腫等症狀。於 98 年 3 月 5 日至 9 月 3 日間，病患 G 每 3 月回診接受被告甲診視，被告甲於門診病歷記載病患 G 咳嗽時好時壞，有輕微呼吸困難及下肢水腫，於 98 年 8 月 27 日門診病歷記載病患 G 有下肺部呼吸聲減少之症狀，病患 G 於 98 年 3 月 5 日、6 月 11 日、7 月 4 日、7 月 7 日、7 月 21 日、8 月 13 日、8 月 18 日、9 月 3 日均接受胸部 X 光檢查，檢驗結果顯示其兩側肺門變大，兩側下肺葉出現增加間質性浸潤，原左下肺之白色陰影變大，且該陰影邊緣與間質性浸潤連在一起，且放射科醫師 L 於 98 年 6 月 11 日之檢查報告記載「recommend further evaluation to exclude possibility of tumor formation」（即「建議進一步評估以排除腫瘤之可能性」），被告甲至此仍疏未考慮病患 G 是否因肺腫瘤導致阻塞性肺炎，而有久咳不癒症狀之可能性，亦未依放射科醫師 L 建議做進一步之檢查，以排除腫瘤之可能性，且依當時之情形，並無任何不能注意之情事，未做進一步之電腦斷層檢查或轉診專科醫師診治，僅就病患 G 之咳嗽及高血壓症狀為治療，致病患 G 之肺癌病情因未能及時發現治療而惡化。

98 年 10 月 2 日，病患 G 因呼吸困難，至 M 醫院急診室就診，並入住加護病房，經平躺之胸部 X 光檢查結果，其左下肺有 1 個大且白之陰影，與心臟及肺浸潤重疊在一起，再經胸部電腦斷層檢查結果，發現左肺門有 1 個腫塊，其他兩側肺部及肋膜腔有轉移，並疑似有肝臟轉移。於 98 年 10 月 7 日轉院至 V 醫院治療，經電腦斷層導引組織切片及病理檢查後，確診為肺腺癌末期，因肺腺癌造成阻塞性肺炎，且有多處器官轉移，98 年 10 月 29 日出院後，於 98 年 12 月 28 日因肺腺癌導致呼吸衰竭死亡。

(二) 被告回應

被告甲對於其擔任 M 醫院內科部主治醫師於上開時、地為病患 G 進行診視，並安排胸部 X 光檢查，就病患 G 之咳嗽及高血壓症狀為治療，未做進一步之電腦斷層檢查或轉診專科醫師診治等事實固然坦承不諱，然矢口否認有何業務過失致人於死之犯行，辯稱：

　　按行政院衛生署醫事審議委員會（下稱醫審會）兩次鑑定意見，醫師甲於 97 年 4 月 14 日診治時，依醫師 L 於 97 年 4 月 11 日之 X 光檢查報告所載：「1. 浸潤增加」、「2. 左下肺陰影未改變」、「3. 其餘無變化」，並無記載如鑑定意見所稱：「與 97 年 4 月 11 日之胸部 X 光檢查相比較有擴大的現象」之情形，尚難區別病患 G 是心臟疾病引起之肺水腫或其他肺部疾病，其診治並無任何過失。

　　且縱認 97 年 4 月 11 日影像中之白色陰影，確實有較 3 月 1 日影像中之白色陰影變大，然依醫審會鑑定書意見所載，醫師甲亦僅須於看到 97 年 4 月 11 日 X 光影像 3 個月後，再做胸部 X 光檢查即可，而醫師甲於 97 年 5 月 10 日即再為病患 G 做 X 光檢查，亦符合鑑定意見之要求，並無違反醫療義務。

　　醫審會 100 年 5 月 26 日鑑定書鑑定意見 (一) 記載，與醫師 L 所做之 X 光報告，自 98 年 7 月 7 日至 98 年 8 月 18 日均記載「Ditto」（即指與上次報告相同），且其於 101 年 9 月 12 日審判期日亦證稱：「98 年 7 月 7 日、98 年 7 月 21 日、98 年 8 月 13 日、98 年 8 月 18 日內容都一樣」，並無鑑定意見所稱「98 年 3 月 5 日至 9 月 3 日之間，8 張胸部 X 光檢查皆顯示肺門變大及兩側下肺葉出現間質性浸潤，同時左下肺野白色陰影變大」之記載。

　　另病患 G 於 97 年 3 月 1 日起至 98 年 5 月間，並無久咳不癒之情形，期間雖有幾次就診中併主訴有咳嗽症狀，經被告甲開藥治療後，咳嗽症狀均改善消失，等到下次病患又主訴咳嗽，離上一次咳嗽症狀痊癒又已經過數月，甚至半年以上，可見病患 G 經醫師甲給予止咳藥物後，咳嗽症狀均有改善，實難認當時其即應認病患 G 有肺腫瘤導致阻塞肺炎之可能性，上開鑑定意見，顯然與事實不符。

　　病患 G 於 98 年 7 月 4 日就診時，醫師甲診斷為心臟病引起肺水腫，給予藥物治療後，98 年 7 月 4 日及 7 月 7 日之 X 光片，98 年 7 月 7 日左下肺白色陰影由肉眼辨識即可發現明顯變小，足證甲給予病患 G 利尿劑治療後，其臨床症狀確實有改善，難認甲診斷為心臟病引起肺水腫有何違

反常規之處。

　　病患 G 於 98 年 10 月 2 日因呼吸困難至 M 醫院急診室就診時，急診室醫師當時診斷結果為急性肺水腫及心臟衰竭、自發性高血壓，與被告甲之診斷相同，可知病患 G 直到 98 年 10 月 2 日，亦無可診斷為肺腺癌之明顯症狀，是被告甲診治病患 G 期間，認其係肺水腫，而未發現罹患肺癌，以整體病程發展來看，實無任何違反醫療常規之處。被告甲既已依當時一般正常治療作業程序診治病患，為病患 G 安排 X 光檢查、並參考放射科之判讀報告，依病患 G 臨床症狀給予藥物治療，病患 G 症狀亦有改善，實不得事後發現病患 G 係罹患肺腺癌，即謂被告甲之前之診治係誤診，而有疏失。

　　本案並無證據足以證明病患 G 究竟在何時即已罹患肺癌，亦無證據顯示病患於 97 年間已有肺癌，當時期別即預後為何，亦無法認定即使提早為病患 G 施作電腦斷層，是否即可避免其死亡。病患 G 於 98 年 5 月 10 日曾至 M 醫院急診，經急診醫師為其施以骨頭部分 X 光檢查，該次急診檢查報告於起訴前，甲並不知情亦未看過，而當時之 X 光報告上記載「腰椎細胞骨頭被吃掉」，足見病患 G 於 98 年 5 月 10 日時已有癌細胞轉移現象，當時已是肺癌第 4 期，存活率小於 1%，是縱認甲於 98 年 3 月或 6 月即應為病患 G 進行電腦斷層檢查，依前述說明，仍難以避免病患 G 死亡之結果，因此病患 G 之死亡與甲未為病患安排電腦斷層之不作為，實無相當因果關係。

(三) 鑑定意見

1.醫審會鑑定結果
(1)第一次鑑定

　　第一次鑑定書鑑定意見 (一)：「依卷附病患之 16 張胸部 X 光照片中發現，97 年 3 月 1 日開始顯示左下肺野浸潤增加，此與病患罹患高血壓性心臟病所引起肺水腫不易分辨。惟自 97 年 5 月 10 日胸部 X 光檢查左下肺野發現一白色陰影，與 97 年 4 月 11 日之胸部 X 光檢查相比較有擴

大現象，……病患亦自 97 年 3 月 1 日起有久咳不癒、偶有白痰及呼吸困難等症狀，醫師甲應提高警覺，做進一步檢查或轉診專科醫師診治，難謂無疏失之嫌」；

　　鑑定意見 (二) 表示：「當病患有經藥物治療咳嗽未改善，同時胸部 X 光顯示有隨時間而逐漸變大之白影，常理上即應考慮是否有肺腫瘤導致阻塞肺炎之可能性，胸部 X 光檢查並無法直接顯示出是肺癌，則需要電腦斷層進一步檢查是否有肺腫塊，如果有的話，還要有病理診斷才能確診肺癌。如前 (一) 所述，醫師甲應提高警覺，做進一步檢查或轉診專科醫師診治，難謂無疏失之嫌」；

　　鑑定意見 (三) 則表示：「提早做電腦斷層掃描檢查，有可能提早發現肺腫瘤，超音波檢查對肺部腫瘤診斷幫助不大，肺癌是需要痰液、支氣管內視鏡或電腦斷層引導經皮穿刺肺組織切片術（CT-guided Biopsy）取得檢體，再經病理科醫師看病理檢驗結果判斷」；

　　鑑定意見 (四) 則表示：「(1)97 年 3 月 1 日胸部 X 光檢查顯示左下肺有白色陰影，嗣 97 年 4 月 11 日之胸部 X 光檢查，已較 3 月 1 日之白色陰影變大，此時，醫師甲應警覺，應於三個月後，再做胸部 X 光檢查，如有浸潤增加，即應轉診至胸腔內科，做進一步檢查，以提早發現。」

　　鑑定意見 (四) 所引用臺灣肺癌學會─肺癌一百問，2009 年初版，Respiratory Medecine 3rded，關於罹肺癌所採取之檢查方式及採行之時機，應有如下列步驟：「第一步先詢問確定病史：病患是否屬於高危險群，包括吸菸病史、家族病史等，臨床症狀如有久咳、體重減輕、或咳血者，皆可能為肺癌高風險者」、「第二步安排非侵入性檢查：(1) 胸部 X 光：目前多拿此項影像檢查做初步篩檢，可由腫瘤（或結節之型態）、腫瘤大小（腫瘤大於 2 公分）或因腫瘤長在氣管內造成局部肺部塌陷、骨骼侵蝕造成骨折，可高度懷疑肺部癌症。(2) 血液 CEA（上皮癌胚胎抗原）檢查：肺癌等上皮性癌症均會升高，如胸部 X 光檢查異常併 CEA 上升，可懷疑為肺部癌症，另可作為癌症治療成效指標。(3) 痰液檢查：當胸部 X 光檢查顯示腫瘤，41% 之病患可由痰液檢測是否存在癌細胞，如果癌

症所在位置位於中心氣管，診斷率較高，且此項檢查必須病患咳得出痰始能檢查。(4) 胸部電腦斷層掃描檢查（CT）：低劑量電腦斷層掃描（low dose spiral CT），主要作為肺癌之篩檢，平均可檢測 17mm 之肺部結節（Am J Respir Crit Care Med Vol.165. pp508-513，2002），敏感度較以上二者高，但亦容易檢測出良性結節，健檢時可用來胸部 X 光檢查不足之處。傳統施打顯影劑之電腦斷層檢查，使用時機在於胸部 X 光檢查發現明顯結節或懷疑之影像時，用來定位並確定腫瘤大小及移轉之淋巴節、器官，可作為臨床分期之依據，亦可根據電腦斷層掃描之影像作切片指引。傳統胸部電腦斷層掃描橫斷面成像，完全消除結構組織及周圍結構重疊之干擾，分辨率高，能檢出胸部 X 光檢查不易發現之隱蔽部位，如肺尖、心臟後區、臟肋隔角及脊柱旁邊之病灶，亦能有效顯示密度低之小病灶，如胸膜下小結節」、「第三步侵入性檢查：(1) 氣管鏡檢查；(2) 切片檢查；(3) 手術」。

(2)第二次鑑定

醫審會鑑定書之鑑定意見 (四) 亦記載：「有長期糖尿病、高血壓、心臟病史之病患，較一般人更高風險得到冠狀動脈疾病或感染性疾病，故易有咳嗽、喘、或胸悶之情形，而且此二種疾病皆會造成心臟功能更惡化，導致呼吸急促或甚至呼吸衰竭，與肺部疾病引發之咳嗽、呼吸急促、喘等症狀在臨床情形很難分辨，容易混淆。有時胸部 X 光檢查結果顯示心臟衰竭造成肺水腫，與是否潛藏肺炎亦有其困難之處，需要加上臨床症狀作輔助才能做出正確判斷」。

2.法醫意見

本案無法醫意見。

(四) 判決結果

臺灣高雄地方法院於民國 102 年 10 月 08 日做出判決，被告甲犯業務過失致人於死罪，處有期徒刑陸月，如易科罰金，以新臺幣壹仟元折算壹日。

(五) 判決理由

　　被告甲是否涉有公訴人所指業務過失致人於死犯行，即應審究其是否有違反上開醫學常規，疏未為病患 G 進一步實施電腦斷層檢查，以確認病患 G 是否罹患肺癌，因而延誤其即時就診之時機。

1.病患G確有久咳不癒之病癥

　　按 M 醫院就診（含門診、急診）之病歷資料，病患 G 於 97 年 3 月 1 日至 98 年 9 月 19 日之期間內，前後共 23 次因咳嗽症狀就醫，時間密集，顯見病患 G 確有久咳不癒之症狀，再與證人（即告訴人）證稱相互比對，亦可確認病患 G 確有久咳不癒之病癥。此部分亦據醫審會第 1 次鑑定書鑑定意見 (一) 亦審認：「病人亦自 97 年 3 月 1 日起有久咳不癒、偶有白痰及呼吸困難等症狀」。

　　被告甲係病患 G 之主治醫師，於門診診視時直接與之接觸，其係醫療專業人士，本應詳閱病患 G 之病歷，以為正確之診斷，自可透過閱覽病歷，察知被病患 G 於急診時（非被告問診）之病歷及主訴症狀，是被告對於病患 G 有上開久咳不癒之病癥，亦應知之甚詳。

　　被告甲雖以病患 G 於 97 年 3 月 1 日起至 98 年 5 月間，並無久咳不癒情形，期間雖有幾次就診併主訴有咳嗽症狀，經其開藥治療後，咳嗽症狀均改善消失，等到下次病人又主訴咳嗽，離上次症狀痊癒又已經過數月，甚至半年以上；然依上述，病患 G 於 97 年 3 月 1 日至 98 年 9 月 19 日之期間內，前後共 23 次因咳嗽症狀就醫，時間密集，足認被告甲上開所辯，要與事實不符，而非可採。病患 G 確有久咳不癒之病癥，應可確認。

2.未能安排檢查或轉診，難謂其醫療行為符合醫療常理

　　病患 G 確有久咳不癒之臨床病癥，且以胸部 X 光檢查做初步篩檢後，發現明顯結節或懷疑之白色陰影，且隨時間而逐漸變大，是依前揭所述肺癌檢驗之醫學常規，被告甲即應考慮病患 G 是否有肺腫瘤導致阻塞性肺炎之可能性，而安排電腦斷層檢查，進一步檢查是否有肺腫塊，或轉診胸

腔內科醫師診治，被告甲疏未注意及此，而未能為病患 G 安排電腦斷層檢查或轉診胸腔內科醫師診治，實難謂其醫療行為符合醫療常理，其醫療行為確有過失無疑。

上開法院認定被告甲醫療行為涉及過失部分，亦據醫審會第一次鑑定書鑑定意見 (一)、(二)、(三) 審認。被告甲未能提高警覺，做進一步檢查或轉診專科醫師診治，遲至病患 G 於 10 月 2 日至急診室就診時才做電腦斷層檢查，難謂無疏失之嫌；被告甲上開醫療行為確有違反醫療常理之過失。

二、上訴審判決概述

(一) 第二審判決

被告不服第一審判決上訴臺灣高等法院高雄分院，法院就檢察官起訴事實加以審理，認為被告是否有違反醫療常規之過失，應先探討病患之病症徵兆，及相關檢查診治情形，再審視被告有無依專業之醫療常規而為診斷、處置。法院依序檢討病患 G 之症狀，確認被告為病患 G 看診期間，病患 G 的咳嗽狀況沒有好轉等語，可見病患 G 確有久咳不癒之病癥。再就胸部 X 光檢查，確認病患 G97 年 3 月 1 日、4 月 11 日、5 月 10 日之胸部 X 光片檢查結果，確有白色陰影變大，且左下肺野浸潤增加之現象。

接著法院調查本件應有之常規處置，認為：醫學報告內容可知，倘醫師遇病患臨床症狀有久咳現象，且以胸部 X 光檢查做初步篩檢後，發現明顯結節或懷疑之影像時，即應進一步為病患實施胸部電腦斷層掃描檢查，作為肺癌之篩檢，並用來定位及確定腫瘤大小、移轉之淋巴節、器官，作為臨床分期之依據。亦可根據電腦斷層掃描之影像作切片指引，斷層掃描橫斷面成像，完全消除結構組織及周圍結構重疊之干擾，分辨率高，能檢出胸部 X 光檢查不易發現之隱蔽部位，又能有效顯示密度低之小病灶，以期早期確診是否罹患肺癌，而能實施適當治療。

再論醫療處置：被告係病患 G 之主治醫師，於門診診視時直接與病患 G 接觸，本應詳閱病患 G 之相關病歷，以為正確之診斷，自可透過閱覽病歷，察知病患 G 於急診時之病歷及主訴症狀，是被告對於病患 G 有上開久咳不癒之病癥，應知之甚詳。且病患 G 經胸部 X 光檢查做初步篩檢後，已發現明顯結節或懷疑之白色陰影，且隨時間而逐漸變大，並經放射科醫師建議進一步評估，依前揭所述肺癌檢驗之醫學常規，被告即應考慮病患 G 是否有肺腫瘤導致阻塞性肺炎之可能性，而為病患 G 安排電腦斷層檢查，進一步檢查是否有肺腫塊，或轉診胸腔內科醫師診治，亦經第一次鑑定書說明甚詳。被告為內科醫學之專業人士，卻疏未注意及此，因而延誤病患 G 即時就診之時機，其醫療行為確有過失無疑。

最後之結論：被告係病患 G 之主治醫師，長期診治已察知病患 G 有久咳不癒之病癥，且病患 G 經胸部 X 光檢查做初步篩檢後，已發現白色陰影，復隨時間而逐漸變大，並經放射科醫師建議進一步評估，被告雖給予藥物治療病患 G 咳嗽，然病患 G 仍有久咳不癒之病癥，臨床症狀迄未改善，胸部 X 光檢查亦有前述白色陰影逐漸變大之異常，已符合施作電腦斷層掃描檢查之醫療常規，被告自可藉由此對病患 G 為鑑別診斷，進而確認病患 G 之病況。被告違反上開醫療常規，而未為此鑑別診斷，亦未轉診胸腔內科醫師診治，其醫療行為自屬有過失。更因此延誤病患 G 即時就診之時機，致使病患 G 未能及時發現其本身罹患肺癌，而喪失早期治療之機會，難謂其死亡與被告疏失無相當因果關係。本案事證明確，被告犯行堪以認定，應依法論科。

(二) 上訴審之爭議

被告雖給予藥物治療病患之咳嗽，但未為病患做進一步電腦斷層檢查，或轉診胸腔內科醫師診治，致使病患未能及時發現其本身罹患肺癌，而喪失早期治療之機會，是否損害病患關於存活機會之生命法益。

本案被告經臺灣高雄地方法院判決業務過失致人死亡罪處有期徒刑陸月，後不服而提起上訴。臺灣高等法院認為被告之醫療處置違反醫療常

規，有應注意、能注意，而未注意之業務過失作為。被告違反醫療常規之業務過失，與病患之死亡結果間，有相當因果關係。因此，駁回上訴，維持第一審法院有罪判決，並科處有期徒刑陸月，宣告貳年緩刑。第二審判決重點，整理如下：

存活機會為病人對未繼續生命之期待，存活機會受侵害，最終導致死亡時，即為剝奪生存之機會，亦應認為生命法益受侵害。對照 X 光照片所示，可知病患原發肺癌係於 97 年 3 月 1 日即已存在，距病患於 98 年 10 月 2 日診斷疑似肺癌之時點，期間已近二年，被告之醫療疏失行為，已使病患延誤醫治達一年八月之久，喪失醫療之黃金時間，大大降低病患存活之機率及時間，嚴重損害病患關於存活機會之生命法益，被告之過失行為與告訴人之死亡結果間，具有相當因果關係，至為灼然。

三、延伸思考

問題一：承上鑑定意見指出，肺癌的鑑別診斷有哪些？本案中已為者有哪些？欠缺部分之安排，按病程發展，建議為何？

問題二：假設本案中因病患信賴醫療專業，對久未改善的徵狀未提出治療方案疑義，後續倘因此衍伸不治之症，應歸責於病患或醫師？

問題三：試比較本案與臺灣高雄地方法院 100 年度醫訴字第 2 號刑事判決差異。

四、判決來源

第三十九案　子宮外孕未爲必要處置案

❶
法院／裁判日期
臺灣新竹地方法院 103.07.31
案號
101 年度訴字第 69 號判決

甲犯業務過失致人於死罪，處有期徒刑貳年。

❸
法院／裁判日期
最高法院 106.09.07
案號
106 年度台上字第 946 號判決

原判決撤銷，發回臺灣高等法院。

❺
法院／裁判日期
最高法院 107.10.31
案號
107 年度台上字第 3375 號判決

原判決撤銷，發回臺灣高等法院。

❼
法院／裁判日期
最高法院 108.07.03
案號
108 年度台上字第 1768 號刑事判決

原判決關於罪刑部分撤銷。
甲犯過失致人於死罪，處有期徒刑壹年肆月。

❷
法院／裁判日期
臺灣高等法院 106.01.12
案號
103 年度醫上訴字第 10 號判決

上訴駁回。
甲緩刑伍年。並向被害人之繼承人 E 支付新臺幣參佰萬元，支付方式如附表所示。

❹
法院／裁判日期
臺灣高等法院 107.06.06
案號
106 年度醫上更 (一) 字第 34 號判決

上訴駁回。
甲緩刑伍年，並依附表所示方式分別給付 D、E、F、G 各新臺幣壹佰陸拾萬、壹佰陸拾萬元、捌拾萬元、捌拾萬元。

❻
法院／裁判日期
臺灣高等法院 108.04.11
案號
107 年度重醫上更二字第 41 號判決

原判決撤銷。
甲犯業務過失致人於死罪，處有期徒刑壹年陸月。

圖 39　子宮外孕未為必要處置案歷審圖

資料來源：作者繪製。

一、第一審判決

(一) 公訴事實與起訴意旨

　　醫師甲係設於新竹市 S 婦產科診所診所（下稱 S 診所）負責人。孕婦 C 因自行驗孕檢查呈現陽性反應，乃於民國 99 年 11 月 5 日至新竹 G 醫院（下稱 G 醫院）就診確認，經由該醫院婦產科醫師乙以陰道超音波檢查，看到子宮內有一個胚囊，惟尚未測得心跳，診斷為早期懷孕，囑咐孕婦 C 於 3 週後回診追蹤。

　　孕婦 C 因有暈眩及下腹部劇烈疼痛之症狀，於 99 年 11 月 9 日上午 9 時 30 分許，由其婆婆 A 陪同至 S 診所由醫師甲看診，孕婦 C 進入醫師甲診間時因腹部劇烈疼痛以抱著肚子方式進入，並主訴暈眩、下腹疼痛，已懷孕，醫師甲以腹部超音波為孕婦 C 檢查，未發現子宮內有胚囊。診斷為孕婦 C 骨盆腔發炎感染，開立口服抗生素（Erymycin）、Balon（促進腸胃蠕動止吐）、Utrogestan（黃體素，安胎用）等處方予孕婦 C 服用，並囑咐孕婦 C 返家休息並多喝水補充水分即可。當日上午 11 時 13 分許，孕婦 C 在家服用鮮奶及 S 診所開立藥物後，開始發生嘔吐的症狀，A 即以電話告知醫師甲有關孕婦 C 上述嘔吐情形，並詢問服用之藥物是否有問題，醫師甲則答稱藥物繼續服用，多補充蛋白質及水分，若嘔吐未改善再帶病患 C 回診打止吐針，及至當日下午病患 C 仍持續嘔吐不止，A 再次於下午 2 時 59 分許以電話連絡醫師甲，其則答稱可帶孕婦 C 回診施打止吐針。

　　當日晚上 7 時許，婆婆 A、孕婦 C 之小叔等人驅車陪同孕婦 C 至 S 診所回診時，孕婦 C 已因腹部疼痛以致全身乏力而無法行走，故由 A 進入診所告知醫師甲：孕婦 C 已痛到無法下車，請被其至車上進行診療。醫師甲上車為孕婦 C 施打止吐針，且於 A 主動詢問是否有至大醫院吊點滴補充輸液之必要時，答稱孕婦 C 只須返家休息及補充水分即可，於是將孕婦 C 載返家中臥床休息。

　　翌日凌晨 1 時 45 分許，孕婦 C 因腹部劇烈疼痛而出現尿失禁及昏厥症狀，經送往行政院衛生署 H 醫院（下稱 H 醫院）急診，經緊急剖腹探查止血及輸血急救手術後轉至加護病房治療，至同年月 24 日中午 12 時 30 分死亡。

　　案經檢察官偵查起訴指出：

　　醫師甲（下稱被告甲）依其臨床經驗原應注意孕婦 C 上開腹痛情形及超音波檢查結果，已出現子宮外孕病症之徵兆，依其本身婦產科醫師，具有相當之醫學知識及受有相關之專業訓練，子宮外孕若未立即處理，對患者生命將產生重大危險，且可以抽血檢測絨毛膜指數等適當之醫療措施確認孕婦 C 是否有子宮外孕之情形，依當時客觀條件係屬能注意，而被告甲並無不能注意之情事，在孕婦 C 告知其於同年月 5 日至 G 醫院以陰道超音波檢查結果，有發現子宮內胚囊後，竟疏未注意孕婦 C 上開子宮外孕之徵兆，對孕婦 C 進行內診，並診斷為孕婦 C 骨盆腔發炎感染，僅開立口服藥物、囑附孕婦 C 返家休息並多喝水補充水分即可。

　　當日晚上 7 時，被告甲此時已知悉孕婦 C 當日持續服用其所開立之處方藥物後，病情未見改善，且出現腹部劇痛而無法行走、頭部暈眩、臉色蒼白、冒冷汗、心悸等子宮外孕造成之內出血臨床表徵，其身為專業婦產科醫師，本應注意症狀變化是否係因原診斷或所開立之處方有誤，且先前以腹部超音波檢查未照到胚囊等情，對於孕婦 C 可能係子宮外孕已有所懷疑，亦知道子宮外孕不立即處理對患者生命會產生極大的危險性，理應進一步安排必要之檢查以鑑別診斷孕婦 C 之病情，或將孕婦 C 轉診至其他醫院接受治療，又依被告甲之專業知識及當時狀況，並無不能注意之情事，竟疏未注意，對於孕婦 C 劇烈腹痛幾近休克、盜冷汗、心悸等現象，均未採取必要之檢查與評估以確認病因。

　　及至翌日凌晨 1 時 45 分許，孕婦 C 因腹部劇烈疼痛而出現尿失禁及昏厥症狀，經送往行政院衛生署 H 醫院（下稱 H 醫院）急診，始知孕婦 C 係因子宮外孕，胎兒撐破右側輸卵管，導致腹內長時間大量出血及休克，延至同年月 24 日中午 12 時 30 分許，因腦部缺氧合併多重器官衰竭

不治死亡。

(二) 被告回應

　　被告甲固坦承其為 S 婦產科之負責人，其於 99 年 11 月 9 日上午 9 時 30 分為孕婦 C 看診後，開立處方予孕婦 C 服用，孕婦 C 返家後，A 於早上 11 時許及下午 3 時許有打電話告知孕婦 C 出現嘔吐之現象，A 並於當日晚上 7 時許進入其診間告知孕婦 C 在診所外之車上，因腹部疼痛，四肢無力，無法下車，其告知 A 不需掛號，並至車上為孕婦 C 施打止吐針等事實，惟矢口否認有何業務過失致死之行為。辯稱：

　　孕婦 C 當天因腹痛到診所看診時，跟我講他懷孕了，我以腹部超音波為孕婦 C 檢查，沒看到子宮內有胚囊，我已有診斷出孕婦 C 是子宮外孕，但孕婦 C 說他於 99 年 11 月 5 日在外院用陰道超音波檢查，確定是子宮內正常懷孕，所以我才會在病歷記載「IUGS？」，我跟孕婦 C 說，一定要回去外院排除子宮外孕、卵巢破裂、盲腸炎、腹膜炎等需手術情況後才可服用抗生素、止吐藥、黃體素等藥，這些我都有寫在我的電子病歷，我的診所沒有手術、住院之業務，只能治療骨盆腔炎、尿道炎，服用我所開立的這些藥物並不會造成病人死亡，後來 A 打電話來只說孕婦 C 有嘔吐的現象，我以為孕婦 C 已經去外院確認沒事才打電話給我，孕婦 C 晚上回診時，我到車上為孕婦 C 打止吐針時，我問孕婦 C 有沒有回外院檢查，孕婦 C 都沒有講話，我握孕婦 C 的手要其注意，不可不當一回事，孕婦 C 回答「嗯」，我也有跟 A 說還是要趕快回去開刀，但孕婦 C 及其家屬延至隔日（即 11 月 10 日）凌晨才將孕婦 C 送至 T 醫院 S 分院（下稱 T 醫院），送抵醫院時，值班醫生不在院內，延誤開刀先機，且手術不當，只作子宮外孕手術，卻未縫合卵巢破裂，因為失血 1000C 一般是不會引起失血性休克，孕婦 C 事後有急救起來，但因為卵巢破裂未處置，才導致病人慢性出血，在 15 天後瀰漫性血管內凝血至腦出血、肺微血栓，肺炎而引發多重器官衰竭死亡，這才是死亡真正主因等語。

(三) 鑑定意見

1.行政院衛生福利部醫事審議委員會（下稱醫審會）

「認定孕婦 C 處於大量出血，且有無法測得血壓及脈搏等休克症狀，此狀態會使全身組織器官血液灌流不足，導致組織器官缺氧損壞，於腦部造成缺氧性腦病變，隨即可能導致多重器官衰竭死亡，孕婦 C 於 99 年 11 月 10 日 02:05 由救護車送達 T 醫院時，已呈現昏迷狀態，意識不清，呼吸 8 次／分，給予氧氣前之血氧飽和度為 58%，給予氧氣後血氧飽和度為 88%，呈現嚴重缺氧狀態，雙眼瞳孔放大，對光無反應，無法測得血壓及脈搏，當時即已出現出血性休克及缺氧性腦病變。」

「且早期子宮外孕，可能會於超音波影像上出現類似正常懷孕妊娠囊之假性妊娠囊，因而會誤為子宮內懷孕，兩者於臨床上有時不容易區分。」

「早期子宮外孕，可能會於超音波影像上出現類似正常懷孕妊娠囊之假性妊娠囊，因而會誤為子宮內懷孕，兩者於臨床上有時不容易區分，是證人醫師乙依據陰道超音波檢查結果，及孕婦 C 當時並無其他身體不適之狀況，而判斷孕婦 C 係早期懷孕，但因照不到胚囊之心跳，故囑附孕婦 C 於三週後回診之處置並無違反醫療常規之情。」

「肺炎之發生，常見於氣管插管之病人，而醫師甲有為孕婦 C 施打抗生素治療，符合醫療常規。」

2.法醫意見

法務部法醫研究所鑑定報告：「經由解剖結果發現出血性休克係因子宮外孕破裂引起，是病患 G 之死因應係右輸卵管子宮外孕破裂併發腹腔出血導致出血性休克及缺氧性腦病變，最後造成多重器官衰竭死亡。」

法務部法醫研究所函復法院詢問表示：

「解剖時發現孕婦 C 右卵巢出血性囊腫，是指右卵巢內因出血形成囊腫。孕婦 C 右卵巢出血性囊腫為巧克力囊腫，解剖結果未見該卵巢有破裂情形，因此不會造成腹腔出血或子宮內出血。孕婦 C 子宮內出血，

是因為輸卵管懷孕（子宮外孕）導致子宮內膜增厚，最後因血清中黃體素不足導致子宮內膜壞死剝落造成出血，子宮內膜出血與右卵巢出血性囊腫（巧克力囊腫）無關，與輸卵管懷孕（子宮外孕）有關。顯微鏡觀察病患肺臟可見微血栓應與肺炎有關。而一般而言長期臥床及使用呼吸器之病人較容易發生院內感染肺炎情形，因孕婦C手術前無證據顯示已有咳嗽或發燒等肺炎之症狀，研判孕婦C因昏迷期間需依賴呼吸維生導致肺炎，因此，孕婦C住院期間發生肺炎應與使用呼吸器有關。」

「解剖時發現孕婦C右卵巢出血性彙腫，是指右卵巢內因出血形成囊腫。孕婦C右卵巢出血性囊腫為巧克力囊腫，解剖結果未見該卵巢有破裂情形，因此不會造成腹腔出血或子宮內出血。孕婦C子宮內出血，是因為輸卵管懷孕（子宮外孕）導致子宮內膜增厚，最後因血清中黃體素不足導致子宮內膜壞死剝落造成出血，子宮內膜出血與右卵巢出血性囊腫（巧克力囊腫）無關，與輸卵管懷孕（子宮外孕）有關。」

(四) 判決結果

臺灣新竹地方法院於民國103年07月31日作出判決，被告甲成立業務過失致死罪，處有期徒刑貳年。

(五) 判決理由

1.違反醫療常規

孕婦C於99年11月9日當天早上至被告甲診所看診時，主訴腹部疼痛，且已懷孕，然被告甲以腹部超音波照不到孕婦C子宮有胚囊，而孕婦C腹部劇烈疼痛的情形又符子宮外孕的徵兆，所以被告甲在孕婦C的病歷上記載「IUGS？」，並與孕婦C討論有子宮外孕的可能性，惟被告甲在孕婦C告知先前在外院以陰道超音波檢查時，有照到胚囊，被告甲即率予排除孕婦C有子宮外之可能，而對孕婦C施以內診，另行查明孕婦C腹痛之原因為何。被告甲並於本院審理時供稱：「因為孕婦C說外院有作陰道超音波確定是子宮內孕，我想大醫院的陰道超音波比較

正確；本案就是孕婦 C 一直強調有在外院用陰道超音波檢查，所以外院的診斷我們要尊重一下；我們診所只能作腹部超音波，不能作陰道超音波……。」

被告甲又於本院審理時供稱：「孕婦 C 進來的時候是抱著肚子，在醫學上是屬於緊急要處理的腹痛狀態，需要手術治療，如果不馬上到大醫院處理，孕婦 C 的輸卵管會破裂，會出血不治療會死」，顯見被告甲依其專業婦產科的判斷，孕婦 C 於早上求診時的症狀及被告施予超音波檢查結果，孕婦 C 子宮外孕的機率甚高，而被告對於子宮外孕若不立即處置對患者的生命健康的危險亦知之甚明，被告甲僅因孕婦 C 告知其於外院作陰道超音波檢查結果，即未對孕婦 C 作進一步的檢查，如抽血作妊娠絨毛膜指數檢測，以排除子宮外孕的情況，卻於內診後判定孕婦 C 腹痛係為骨盆腔發炎引起，而開立抗生素及黃體素與孕婦 C 服用之醫療措施已違反醫療常規之情甚明。

2.被告違反醫療常規之業務過失，與孕婦C之死亡結果間，有相當因果關係

按證述表子宮外孕的三個典型症狀是疼痛、無月經以及陰道出血，這些症狀大約會出現在 50% 的病人身上，並且發生在子宮外孕已破裂之情況下為主，腹痛是裡面最普遍的表現，但腹痛的嚴重程度以及疼痛的狀況則是非常多變的。

孕婦 C 於返家後服用被告所開立之處方後，病情並未改善，至晚上 7 時 30 分由小叔開車載孕婦 C 至 S 診所時，孕婦 C 腹部劇痛、無力行走、臉色蒼白及冒冷汗等子宮外孕徵兆已十分明顯，被告甲早上所開立之處方既未改善孕婦 C 之症狀，子宮外孕之徵兆反更為顯著之情況下，被告甲斯時當可預見孕婦 C 應係罹患子宮外孕，且對孕婦 C 之生命身體有急迫之危險，有防止並避免孕婦 C 生命身體發生重大危害之義務，惟被告甲仍未深究其原先之診斷結果是否有誤，亦未依據應為之執行醫療業務程序，再次對孕婦 C 問診或以醫療儀器進行檢查，以排除子宮外孕之可能性及確認孕婦 C 正確之病因，且當時並無不能為此醫療處置之客觀情狀，

然被告甲卻在未問診及以醫療儀器檢查的情況下，以孕婦 C 身體不適係妊娠嘔吐引起，為孕婦 C 施打一支 primperan 止吐針處理後，令其返家。被告甲上述之醫療處置及措施已悖於醫療常規甚明，被告甲斯時若能依據醫療常規為孕婦 C 問診及實施必要之醫療檢查診斷出子宮外孕，而於孕婦 C 未發生休克之前加以治療或處置，應不致發生孕婦 C 無生命徵象之情況。據此，被告甲於預見孕婦 C 有子宮外孕之情況下，在無不能注意的情況下，竟疏未注意，未能對孕婦 C 實施符合醫療常規之醫療處置，以確認孕婦 C 子宮外孕並在孕婦 C 因子宮外孕輸卵管導破裂出血休克之前，採取適當之醫療措施，致孕婦 C 因右輸卵管子宮外孕破裂併發腹腔出血導致出血性休克，被告對此死亡結果自需負過失責任。

再參酌被告甲於法院審理時供稱：孕婦被診斷出子宮外孕時的處理方式，是看患者要去哪家醫院，就趕快送過去，會幫孕婦作轉診，即詢問孕婦要去哪家醫院，叫他趕快去，然被告甲開立口服抗生素及黃體素，為孕婦 C 施打止吐針等醫療行為，均與子宮外孕患者應為之醫療處置互為矛盾，是無從認定被告甲已正確診斷出孕婦 C 為子宮外孕，並為適當之醫療處置，堪認被告甲上述過失之醫療行為導致孕婦 C 死亡之結果甚明。

3.被告辯稱後續的醫療行為導致孕婦死亡

另被告甲辯稱孕婦 C 真正的死因，係外院於 99 年 11 月 5 日誤診孕婦 C 為子宮懷孕，及 T 醫院於 99 年 11 月 10 日為孕婦 C 進行急救手術時，未處理孕婦 C 右側卵巢出血性囊腫，而此卵巢破裂慢性出血為病人拖延15 日，引發肺臟微血栓及院內感染肺炎而死亡；惟孕婦 C 至外院就診時，並無主訴腹痛之情形，且證稱早期子宮外孕，可能會於超音波影像上出現類似正常懷孕妊娠囊之假性妊娠囊，因而會誤為子宮內懷孕，兩者於臨床上有時不容易區分，及病患 C 當時並無其他身體不適之狀況，而判斷孕婦 C 係早期懷孕，但因照不到胚囊之心跳，故囑附孕婦 C 於三週後回診之處置並無違反醫療常規，醫審會鑑定書認同此意見。

孕婦 C 於 99 年 11 月 10 日凌晨 2 時 5 分由救護車送達 T 醫院急診室就診，其醫療行為符合醫療常規，醫審會鑑定書亦同此意見。

　　再者，法務部法醫研究所函覆法院詢問亦表示：

　　解剖時發現孕婦 C 右卵巢出血性囊腫，是指右卵巢內因出血形成囊腫。孕婦 C 右卵巢出血性囊腫為巧克力囊腫，解剖結果未見該卵巢有破裂情形，因此不會造成腹腔出血或子宮內出血。孕婦 C 子宮內出血，是因為輸卵管懷孕（子宮外孕）導致子宮內膜增厚，最後因血清中黃體素不足導致子宮內膜壞死剝落造成出血，子宮內膜出血與右卵巢出血性囊腫（巧克力囊腫）無關，與輸卵管懷孕（子宮外孕）有關。顯微鏡觀察病患肺臟可見微血栓應與肺炎有關。而一般而言長期臥床及使用呼吸器之病人較容易發生院內感染肺炎情形，因孕婦 C 手術前無證據顯示已有咳嗽或發燒等肺炎之症狀，研判孕婦 C 因昏迷期間需依賴呼吸維生導致肺炎，因此，孕婦 C 住院期間發生肺炎應與使用呼吸器有關。依據 T 醫院病歷，孕婦 C 手術後醫師即給予抗生素治療，於 11 月 12 日因發燒有懷疑病患有肺炎情形。

　　鑑定人即法務部法醫研究所醫師 L 於法院審理時具結證稱：「孕婦 C 的手術是在 99 年 11 月 10 日凌晨，手術方式是右側輸卵管切除，當時手術發現腹腔裡面有血塊跟血液，但是手術就已經清除了，出血的原因是輸卵管子宮外孕破裂，所以出血的來源當時因為已經切除了，所以已經清除了，所以術後死亡之後解剖，腹部就沒有發現有出血了，在在均顯示孕婦 C 之致死原因並非外院之誤診或 T 醫院之手術處置不當所引起的」，被告上述所辯，亦屬無據。

二、上訴審判決概述

(一) 第二審判決

　　本件被告甲經新竹地方法院法院判決業務過失致人於死罪處有期徒刑貳年，後不服而提起上訴。臺灣高等法院（下稱第二審法院）就法務部法醫研究所鑑定孕婦 C 死因結果囑託臺北 V 醫院再鑑定，實施鑑定之 W 醫

師亦到庭具結後經被告甲、辯護人及檢察官詰問。分析本件相關事證後，第二審法院認為檢察官依循告訴人請求而提起上訴，以此指摘原審量刑過輕，為無理由，應予駁回。亦認為被告甲辯解，均係卸責之詞，皆不足信，上訴無理由，應予駁回。然被告甲業務過失致人於死犯行明確，應依法論科處貳年有期徒刑、伍年緩刑，以及命向病患之繼承人 E 支付新臺幣參佰萬元。第二審判決理由如下：

1. 孕婦 C 於 99 年 11 月 5 日上午 9 時 30 分及晚上 7 時許就診時已呈現子宮外孕之症狀，被告甲之醫療處置違反醫療常規，有應注意、能注意，而未注意之業務過失作為。被告甲違反醫療常規之業務過失，與孕婦 C 之死亡結果間，有相當因果關係。

2. 被告甲依其專業婦產科的判斷，孕婦 C 於早上求診時的症狀及被告甲施予超音波檢查結果，孕婦 C 子宮外孕的機率甚高，而被告甲對於子宮外孕若不立即處置對患者的生命健康的危險亦知之甚明，如此人命關天之情況下，被告甲僅因孕婦 C 告知其於外院作陰道超音波檢查結果，即未對孕婦 C 作進一步檢查，如抽血作妊娠絨毛膜指數檢測，以排除子宮外孕的情況，卻於內診後判定孕婦 C 腹痛係為骨盆腔發炎引起，而開立抗生素及黃體素與孕婦 C 服用之醫療措施，已違反醫療常規之情甚明。

3. 被告甲於預見孕婦 C 有子宮外孕之情況下，在無不能注意的情況下，竟疏未注意，未能對孕婦 C 實施符合醫療常規之醫療處置，以確認孕婦 C 子宮外孕，並在孕婦 C 因子宮外孕輸卵管導破裂出血休克之前，採取適當之醫療措施，致孕婦 C 因右輸卵管子宮外孕破裂併發腹腔出血導致出血性休克，終至死亡結果之發生，被告甲對此死亡結果自需負過失責任。

(二) 第三審判決

　　被告甲不服前述第二審判決提起上訴，最高法院撤銷第二審判決，將此案發回臺灣高等法院更審。

　　最高法院指出，被告甲辯稱已在電子病歷記載「IUGS？」，然而，第二審法院對電子病歷記載卻未調查。被告甲究竟能否以及有無於事後修改孕婦 C 之電子病歷資料內容，影響於被告甲所提出孕婦 C 電子病歷資料之憑信性暨其所辯是否可信之判斷，對被告甲之利益有重大關係，猶有深入調查釐清，並於理由內加以剖析論述說明之必要。第二審法院對上開疑點並未一併加以調查釐清，僅以臆測之詞謂無法排除被告甲有進入孕婦 C 電子病歷檔案修改其病歷資料內容之高度可能性，遽認被告甲所提出之孕婦 C 電子病歷資料不足採信，而為不利於上訴人之認定，難謂無應於審判期日調查之證據而未予調查之違法，自難昭折服。被告甲上訴意旨執此指摘原判決不當，為有理由，應認原判決有撤銷發回更審之原因。

(三) 更一審判決

　　臺灣高等法院（更一審法院）於第二審更審程序中，駁回被告甲對第一審判決之上訴，維持被告甲有罪認定，緩刑伍年，並命分別給付病患配偶 D、子 E、父 F、母 G 等 4 人上開金額後，自得於依民事訴訟侵權行為損害賠償宣告各給付金額予以扣除。

　　更一審法院審酌雙方之事實上主張與爭執，相關證據後，作出以下判決：

1. 按子宮外孕的三個典型症狀是疼痛、無月經以及陰道出血，這些症狀大約會出現在 50% 的病人身上，並且發生在子宮外孕已破裂之情況下為主，腹痛是裡面最普遍的表現，但腹痛的嚴重程度以及疼痛的狀況則是非常多變的等情。觀諸孕婦 C 於返家後服用被告甲所開立之處方後，病情並未改善，至晚上 7 時 30 分由小叔開車載孕婦 C 至被告甲診所時，孕婦 C 腹部劇痛、無力行走、臉色蒼白及冒冷汗等子宮外孕徵兆已十分明顯，被告甲早上所開立之處方既未改善孕婦 C 之症狀，子宮外孕之徵兆反更為顯著之情況下，被告甲斯時當可預見孕婦 C 應係罹患子宮外孕，且對孕婦 C 之生命身體有急迫之危險，有防止並避免孕婦 C 生命身體發生重大危害之義務，惟被告甲仍未深究其原先之診

斷結果是否有誤，亦未依據應為之執行醫療業務程序，再次對孕婦 C 問診或以醫療儀器進行檢查，以排除子宮外孕之可能性及確認孕婦 C 正確之病因，且當時並無不能為此醫療處置之客觀情狀，然被告甲自承在未問診及以醫療儀器檢查的情況下，即為孕婦 C 施打一支 primperan 止吐針處理，並告知家屬孕婦 C 只須返家休息及補充水分，未為孕婦 C 轉診大型醫院緊急開刀之醫療處置，已違反醫療常規，有應注意、能注意，而未注意之業務過失行為。

2. 被告甲上述之醫療處置及措施已悖於醫療常規甚明，蓋被告甲斯時若能依據醫療常規為孕婦 C 問診及實施必要之醫療檢查診斷出子宮外孕，而於孕婦 C 未發生休克之前加以治療或處置，應不致發生孕婦 C 無生命徵象之情況。從而，被告甲於預見孕婦 C 有子宮外孕之情況下，在無不能注意的情況下，竟疏未注意，未能對孕婦 C 實施符合醫療常規之醫療處置，以確認孕婦 C 子宮外孕，並在孕婦 C 因子宮外孕輸卵管導破裂出血休克之前，採取適當之醫療措施，有應注意、能注意，而未注意之業務過失，導致孕婦 C 因右輸卵管子宮外孕破裂併發腹腔出血導致出血性休克，被告甲對此死亡結果自需負過失責任。

(四) 更一審後第三審判決

對前述更一審判決有罪判決，被告甲不服上訴至最高法院。最高法院認為上訴意旨所指摘，經核洵有理由，應認原判決仍具有撤銷發回更審之原因。撤銷更一審判決，第二次發回臺灣高等法院更為審判。

(五) 更二審判決

本案經最高法院第二次發回至臺灣高等法院（下稱更二審法院）撤銷原新竹地方法院第一審判決，判定被告甲犯修正前刑法第 276 條第 2 項業務過失致人於死罪。其判決理由摘錄如下：

1. 孕婦 C 於 99 年 11 月 9 日晚上 7 時許，再度前往被告甲診所就診時，已呈現子宮外孕之症狀，甲未盡必要之注意義務，進行必要之檢查，

亦未安排轉診大醫院治療，僅上車為孕婦 C 施打止吐針，並囑附孕婦 C 返家休息多喝水補充水分即可，已逾越合理臨床專業裁量，有應注意、能注意，而未注意之業務過失行為。被告甲未盡必要之注意義務，且逾越合理臨床專業裁量之業務過失，與孕婦 C 之死亡結果間，有相當因果關係。

2. 按「子宮外孕胎兒沒有良好的生長環境，成長至某一程度之後即會死亡或將著胎部分撐破而產生大量腹內出血，甚至於休克死亡，因此一般來說，子宮外孕是非常危險的」、「大多數的『子宮外孕』病人在早期都沒有明顯的症狀，頂多只感覺有時候單側腹部隱隱作痛。典型的症狀是月經不來潮，偶而有陰道出血，後來突發單側性腹部劇痛，接著感到虛弱昏暈，裏急後重，甚至臉色蒼白、心悸。檢查時腹部有壓痛，內診會有子宮頸及後穹隆觸摸痛，或骨盆腔子宮旁有一腫塊，此時，懷孕試驗若為陽性，則臨床上就必須儘快排除子宮外孕的可能，可輔以超音波，甚至腹腔鏡手術予以鑑定診斷及治療」（參閱蔡宗冀、徐振傑醫師著〈子宮外孕〉文章），而被告甲於原審審理時供稱，孕婦 C 進來的時候是抱著肚子（指 9 日上午診療時），在醫學上是屬於緊急要處理的腹痛狀態，需要手術治療，如果不馬上到大醫院處理，孕婦 C 的輸卵管會破裂，會出血，不治療會死，足認被告甲對於子宮外孕之危險性知之甚稔。

3. 孕婦 C 於 99 年 11 月 9 日當天早上至被告甲診所看完診後，返家吃藥，不僅未見好轉，尚且有嘔吐之情形，晚上 7 時許，證人 H 駕車載送孕婦 C 前往被告甲診所時，孕婦 C 非常不舒服，冒冷汗，腹部劇痛無法走下車，顯有腹痛、冒冷汗、心悸等子宮外孕造成之內出血臨床表徵，被告甲身為專業婦產科醫師，熟知子宮外孕之危險性，竟未以腹部超音波為孕婦 C 進一步確認，或立即安排轉診至大醫院治療，顯有未盡醫療上必要之注意義務，且依當時之狀況，並無不能注意之情形，竟冒然上車為已無法走下車之孕婦 C 打止吐針後，囑附孕婦 C 返家休息並多喝水補充水分即可，顯已逾越合理之臨床專業裁量甚明。

(六) 更二審後第三審判決（自為判決）

　　被告甲不服前開更二審判決，而向最高法院提起上訴。第三審法院以更二審判決「未及為新舊法比較適用，尚有未合」[23]，因而將更二審判決關於罪刑部分撤銷，自為判決，並參酌犯罪之情狀暨違反注意義務之情節，及因適用較輕修正後法律，判被告甲犯過失致人於死罪，處有期徒刑壹年肆月。

(七) 再審程序

　　前述本件更二審上訴之第三審判決，即最高法院 108 年度台上字第 1768 號判決，於民國 108 年 7 月 3 日確定。被告甲多次開始再審聲請，均遭駁回。

三、延伸思考

　　問題一：依現行醫通科技股份有限公司「電子病歷」之實務運作為何？資料遭修改的可能性為何？

　　問題二：更二審判處被告有期徒刑壹年陸月，最後確定之最高法院改判為壹年肆月，均較一般醫師業務過失致死罪所獲判為重。試討論法院量刑上之考量。

四、判決來源

---

23 訴訟期間涉及新舊法比較修正前刑法第276條第2項及修正後刑法第276條之規定，最重主刑與次重主刑均相同，而修正前刑法第276條第2項之規定，無選科罰金刑，且得併科罰金，自以修正後之規定對上訴人較為有利，應適用修正後規定。

第四十案　抽脂術後併發症休克案

圖 40　抽脂術後併發症休克案歷審圖

資料來源：作者繪製。

一、第一審判決

(一) 公訴事實與起訴意旨

醫師甲為高雄市區 G 整形雷射美容診所（下稱 G 診所）之負責醫師。101 年 4 月 9 日 9 時 30 分許，病患 L 為求局部瘦身至 G 診所求醫，醫師甲問診後，決定於同日為病患 L 實施超音波溶脂手術，並計畫在其兩側腋下及兩側後腰部位，分別抽取右腋下 150C.C、左腋下 250C.C、右腰側 450C.C、左腰側 400C.C 之脂肪。

醫師甲於同日 10 時許將診所內制式手術同意書交予病患 L 閱覽而告以手術風險後，即於 10 時 15 分許開始進行上開手術，於過程中則對病患 L 施以異丙酚（Propofol）靜脈注射麻醉，並於 11 時 45 分許完成上開手術。

醫師甲囑病患 L 稍事休息，並詢問有無不適後，於 12 時 10 分許即由病患 L 自行搭乘計程車返家。病患 L 返家後，出現呼吸急促、心跳加速之情況而漸感身體不適，15 時 35 分許，因喘不過氣、全身冰冷而自行撥打 119 求救，救護人員於 15 時 49 分許到達現場後，將病患 L 送往高雄 V 醫院（下稱 V 醫院）急救，待其到院時，因血氧濃度過低而呈昏迷休克狀態，呼吸、心跳停止，經持續施以心肺復甦術，於 19 時 28 分許死亡。

案經檢察官起訴指出：

醫師甲（下稱被告甲）明知一般抽脂手術所面臨者除一般手術之風險外，亦存在發生肺栓塞或心肌梗塞等併發症之風險，故病患 L 於接受抽脂手術後，並應就病患之意識狀態及生命徵象持續為監測及記錄，待病患之意識清醒及生命徵象（諸如血壓、脈搏、呼吸、體溫、血氧濃度等）回復至穩定狀態後，始可令病患離開醫院，猶應針對病患個別之表現及條件，提醒為必要之注意及因應。

被告甲於同日 10 時許將診所內制式手術同意書交予病患 L 閱覽而告以手術風險後，即於 10 時 15 分許開始進行上開手術，於過程中則對病患

L 施以異丙酚（Propofol）靜脈注射麻醉，並於 11 時 45 分許完成上開手術，詎被告甲本應注意抽脂手術因存在上述風險，故於術後應親自或指示護理人員進行術後觀察，定時監測、記錄病患 L 之生命徵象，並觀察其意識狀態，於確定其意識清醒及各項生命徵象已回復至與術前相當之程度而屬穩定後，方可令其離開診所，惟依當時情形，客觀上並無不能注意之情事，被告甲竟因先前已有一次為病患 L 順利完成抽脂手術之經驗即疏於注意，於術後未確實執行定時監測、記錄病患 L 之生命徵象變化等觀察程序，僅使其稍事休息，並詢問有無不適後，即在未確認其各項生命徵象均已回穩至術前狀態，於 12 時 10 分許即任由病患 L 自行搭乘計程車返家，以致未能發現其因上開抽脂手術產生之出血而導致稍後發生血氧濃度過低情形之生理變化進程已經啟動，而未及時給予必要之處置，或針對其監測所得之生理狀況提醒其為必要之注意。

病患 L 返家休息後，旋因上開缺血狀況持續發展惡化，連帶出現呼吸急促、心跳加速之情況而漸感身體不適，至 15 時 35 分許，因喘不過氣、全身冰冷而自行撥打 119 求救，而救護人員於 15 時 49 分許到達現場後，將病患 L 送往 V 醫院急救，待其到院時，已因血氧濃度過低而呈昏迷休克狀態，呼吸、心跳亦隨而停止，經持續施以心肺復甦術後，仍於 19 時 28 分許因術後併發心臟血管疾病急性發作，導致心因性休克而死亡。

(二) 被告等回應

被告甲辯稱：病患 L 是第二次來做抽脂手術，第一次抽的量比這次多，病患 L 在 2 樓開刀房接受抽脂手術過程中，有以機器觀測生命徵象，整個過程都無異常，手術結束後，護理師 W 叫醒他，問他是否有不舒服，才讓他下手術檯換衣服，再自己走到樓下，到樓下我會跟他談，看有沒有地方不舒服等等，當時病患 L 的意識都是清醒的，生命徵象也正常，我才幫他叫計程車。

被告之辯護人則略以：病患 L 離開診所當時意識清楚，且沒有頭暈不舒服的現象，雖病歷上無術後時間、生命徵象、清醒狀態之記載，但無

從以此推論病患 L 當時之生命徵象即係不穩定或意識不清楚，且本件並無證據證明病患 L 是何時開始感到不適，僅可認病患 L 有不適之情形是在打電話叫救護車時，而此距手術結束已有 3 個多小時，自不得認被告在執行術後照護有何不慎之處，又被告確有對病患 L 做有關生命徵象的詢問及診察，確認其沒有問題，縱認被告確有執行術後照護不徹底之情形，然病患 L 之死因既為肺栓塞或心肌梗塞，而此無法事先預防或避免，故無論被告有無確實執行術後照護，均無法避免病患 L 死亡結果之發生，故二者間不具相當因果關係。

(三) 鑑定意見

1.醫審會、醫學會等鑑定結果

醫審會、中華民國美容醫學醫學會、台灣整型外科醫學會各於醫審會鑑定書或相關函文中闡述「依醫療常規，手術結束後應於恢復室觀察其生命徵象及甦醒程度，一般觀察時間不定，需確定病人清醒及生命徵象穩定再行離院。」、「麻醉完畢在恢復室之麻醉後照護常規：先給予病人氧氣，並持續監測病人之生命徵象是否正常，包括血壓、血氧濃度、心電圖，觀察病人術後恢復情況，直到意識完全清醒，生命徵象穩定，病人能夠自己下床走路，才能離開醫院或診所。」、「若病患有接受全身氣體或靜脈麻醉，則術後應於恢復室觀察其生命徵象及甦醒程度，須確定病患清醒與生命跡象穩定。」、「抽脂術後至離院前之觀察目的及時間，係為使抽脂術後的病人能自抽脂手術麻醉後狀態恢復，且生命徵象穩定。……本案病人於術中接受 Propofol（異丙酚）麻醉，術後應在醫師監督下，由合格護理人員觀察及監控病人狀況，因為此次手術並非大量抽脂（抽出液未大於 5000mL），不需觀察過夜，然病人仍須達到清醒且意識清楚，生命徵象（一般而言包括體溫、呼吸、心跳、血壓）穩定，始可出院。若未能確實執行或省略此步驟，即無法因應治療病人可能發生之低體溫、低血壓、意識不佳發生意外、呼吸換氣功能不足而導致低血氧、呼吸停止等情形。」

2.法醫意見

法醫研究所，並檢附病患於診所之病歷、高雄榮總之急診病歷資料暨醫學影像光碟，以及前揭中山醫學大學法醫學科 103 年 12 月 8 日委託鑑定結果報告供該所參考，該所係以：病患抵達高雄榮總之狀況為休克狀態，於急診曾懷疑有肺栓塞之變化。病患於 101 年 4 月 12 日 12 時進行解剖複驗，結果出現有心臟傳導系統疾病，切片及外觀未有肺栓塞之變化。抽脂手術所產生併發症雖然機率很低，但有下列之可能性 1.麻醉藥物過敏；2.血栓及脂肪栓子的形成並造成下肢及肺栓塞；3.失血；4.點滴過量；5. 感染、失溫；6. 吸入性肺炎；7. 心律不整及心跳停止等併發症。

病患解剖時有明顯肺水腫，其重量表現為最終之結果，也是導致呼吸困難之原因。就解剖結果分析，肺水腫之原因雖多，解剖結果出現有心臟傳導系統血管狹窄及纖維化，研判水腫之來源為心律不整加上點滴輸液的補充所造成。抽脂手術會形成肺栓塞，外表常可見暗紅色之梗塞變化，鏡檢下可見血栓或脂肪栓子的形成，本案外觀無梗塞之變化，鏡檢下亦未見血栓形成，於新鮮檢體做脂肪染色也未發現有脂肪栓子。雖然有近四分之一的案例未必能檢出栓子的形成；基於解剖結果無法支持肺栓塞致死，但有心臟傳導系統病變，故採後者作為死因。

3.中山醫學大學法醫學科

民事庭於審理本件事故所生民事損害賠償事件時，曾依原告即本件之告訴人聲請，委託中山醫學大學鑑定病患之死因，而該校受託鑑定後，則以：(1) 依高雄榮總病歷所示，病患到院前，有呼吸短促、重度呼吸窘迫現象，隨後即為休克；(2) 從病患胸部 X 光照片顯示，其肺部比較黑，所以代表肺部的血管有減少或少許阻塞的傾向，而其心臟並沒肥大或異常所見，通常在醫學診斷，可代表心臟因素造成問題引發死亡的機率極低；(3) 依高雄榮總所提供的急診病患彙總報告之血液檢驗報告所示，由【HEMATOLOGYIII-Hematology Coagulation test】的 D-DIMER 數值為 302,300 ng/ml（正常值 500ng/ml），【Blood Chemistry IV】的 CK-MB 數值為 29U/L，雖大於標準值 16U/L，但 Tro.I 數值卻正常，可排除心肌

梗塞症狀，再加上病患有呼吸短促、重度呼吸窘迫、休克，及早上做過超音波溶脂手術，病患應為肺栓塞機率較高；(4) 依高雄榮總所提供的急診 SOAP 診斷單所示，當時急診醫師評估病情時有推斷病患是肺栓塞（pulmonary embolism）；(5) 依照法醫解剖報告關於心臟部分之解剖觀察結果，加上病患血液檢驗的 CK-MB、Tro.I 數值，所以可推測病患的心臟機能受損導致死亡的機率是不太可能，且病患的兩肺（左 800 gm、右 940 gm）共達 1,740 gm，已有明顯的兩肺嚴重水腫，此為造成病患死亡的真正原因，而此是因為肺循環衰竭發生瀰漫性水腫，導致呼吸困難，甚至死亡，另依病患的 D-DIMER 報告顯示，若為深部靜脈栓塞，四肢會有腫脹現象，但於法醫解剖報告書中，四肢及軀幹是無著變，所以可排除是深部靜脈栓塞；(6) 依文獻所示，溶脂手術造成的肺血栓塞在十萬份裡面就會有 2.6% 的死亡率，且患者普通都在術後 72 小時內發生，在 24 小時內發生的有 60%，肺栓塞在手術後越早發生表示栓塞的量越大，栓塞的量越大則死亡率就越高，只要有做溶脂手術，不論抽多或少，就有機會造成死亡；(7) 病患溶脂手術結束時間為上午 11 點多，中午 12 許回家休息，於下午 15 點 37 分報 119，發生呼吸困難嚴重且送急診，這表示超音波溶脂手術造成的脂肪栓塞的量不算小等原因，而認病患以肺栓塞的可能性較高，且發生肺栓塞的原因與超音波溶脂手術有關，復又函覆說明：

剛開始發生肺栓塞的病人是不易察覺的，因為一般人兩肺有 800 gm，一開始發生導致脂肪流入肺部並無多大感覺，直到栓塞會合併水腫累積到 1,200 gm 就會發生呼吸困難，栓塞超過 1,500 gm 就會導致死亡，而肺部栓塞在醫學上是不容易以「時間」來計算，因栓塞量占據肺部空間不在於時間的問題，在於量的問題，且每個人的個體狀況不同，所以受到的感覺也是不同，肺栓塞完全是取決於進入血管循環導致栓塞「量」的大小，量越大則死亡率越高；溶脂手術後的抽脂，若發生脂肪栓塞之情形，是依脂肪流入血管的多寡而定，脂肪栓塞從一天內發生至三天內發生都有，脂肪栓塞出在 24 時內發生的有 60%，48 小時發生的有 80%，死亡率則在 10 萬人中有 2.6% 的發生率，栓塞的發作的時間越快，等於脂肪流

入血管的量越大，也越容易造成死亡，尤其一天內發病的病人，死亡率最高。

(四) 判決結果

臺灣高雄地方法院於民國 106 年 08 月 21 日做出判決，被告甲因業務過失致死案件，經本院以 103 年度聲判字第 13 號裁定交付審判確定，視為已提起公訴，處有期徒刑貳年。

(五) 判決理由

1. 病患因超音波溶脂手術術後併發心臟血管疾病死亡

依前揭兩位鑑定人之鑑定意見，及法醫研究所解剖報告書、鑑定報告書、函文、中山醫學大學法醫學科委託鑑定結果報告等事證，就病患之死因已有肺栓塞、心肌梗塞等急性心血管疾病兩種不同說法，且均有相關之資料可資支持而有所本。本院將全部相關資料送請衛生福利部醫事審議委員會（下稱醫審會）就病患之死因再為鑑定，復據醫審會於鑑定後，仍表示無法明確判斷病患之死因究為肺栓塞或心肌梗塞等心因性疾病，是本件依鑑定人就病患死因所為鑑定之判斷，尚有歧異。

本院審酌本件病患之死因經前揭鑑定人等鑑定之結果，固有因肺栓塞及心肌梗塞等心因性疾病所致等兩種歧異見解，而兩種說法並各有其據以推斷之理論基礎及相關事證或數據可資支持，且兩位鑑定人及所屬鑑定單位之專業能力、權威性或公信性亦難分軒輊，惟法醫研究所既為本件刑事案件於偵查程序中，受承辦之臺灣高雄地方法院檢察署檢察官委託鑑定之單位，並據此實際進行解剖，而經由直接接觸、觀察鑑驗標的，進而隨觀察、檢測所得之發展進程，依印證或確認之實際需要，主導、支配鑑驗採證之操作方向，並以此所得內容作為其鑑定判斷之依據，相較於其他鑑定單位，因受限於事實上無從取得並接觸、觀察鑑驗標的，僅能單純憑藉間接取得之資料為其判斷依據而得者，就做成正確判斷所需資源及條件之取得及支配上，顯然居於優勢之地位。質言之，前揭就本件病患死因進行鑑

定之法醫研究所與中山醫學大學法醫學科等二處鑑定單位，於專業能力、經驗及技術條件等客觀因素，既均相當且無從軒輊，鑑於法醫研究所為本件鑑定時，除對鑑驗標的及鑑驗內容係本於直接之接觸、觀察所為外，並得按鑑驗本旨及作成判斷之需求，實際主導並進行操作及印證，就獲得形成判斷依據、確認採證方向所需掌握之客觀條件相對充裕，亦即，其判斷作成之依據係在具備較豐富之鑑驗及參考素材，並可資作成更為精確之判斷此客觀條件下所形成，兩相權衡，自應以其本於有較大可能獲致精確判斷之鑑驗條件及環境所得者較為可取。

再參以醫審會第二次鑑定書另載有依病患於高雄榮總之抽血生化檢驗數值，或可支持法醫研究所前揭鑑定結果，而病患急救後之抽血檢驗資料中 D-DIMER 之數值，亦或可據以推論中山醫學大學法醫學科前揭鑑定結果之可能性，惟該檢驗資料係於急救中所獲得，可能造成誤差等，則中山醫學大學法醫學科前揭鑑定所憑，既不能排除因急救醫療措施，而使病患血液檢出較高之 D-DIMER 數值，致判斷時受此影響之可能，且高雄榮總之急診病歷上雖載有肺栓塞一詞，但是否確診尚未可知，況該病歷同時亦記載病患有低血容性休克之情形。是依上開事證，應認本件病患之死亡，係如法醫研究所之鑑定結果，即因超音波溶脂手術術後併發心臟血管疾病死亡，堪予認定。

2.病患死亡之結果與接受超音波溶脂手術間因果關係之認定

(1) 心肌梗塞等急性心血管疾病係抽脂手術可能產生之併發症之一，此為被告所不爭執，且由診所之手術同意書上載有「因心臟承受壓力，可能造成心臟病發作，也可能造成中風」，及醫審會第二次鑑定書之鑑定意見亦明確肯認心肌梗塞為一般抽脂手術之可能併發症即可明瞭，上開事實於本案自殆無疑義。

(2) 本件病患係因超音波溶脂手術術後併發心臟血管疾病死亡業如前述。其具體之因果關聯，則據鑑定人 L 於本院審理時，到庭證稱：「（本件）在解剖時，沒有看到任何檢驗報告、血色素的檢驗值，唯一能夠看到的是腦膜比較蒼白，腦膜是很薄的膜，但是裡面微血管很多，照

理講，在末期死亡的時候，應該是比較紅一點，但是我們看起來很蒼白，一般來講，如果腦膜比較蒼白，是表示打到腦部的血液可能有減少的情形，即產生低容積性休克的情形，假如又失血更多，可能連屍斑都不出現」、「（本件）死者死後就躺著，背部的屍斑也是稍微有淡一點，但不到完全不見的情形，所以應該不是大量失血，可能血液裡面的量有比正常的量來得少，這就是為什麼我們會想用併發心血管疾病去解釋這個東西，因為我們有看到心肌層可能因為後面（後期）比較激烈（心跳）運動造成某些肌肉細胞死亡，造成梗塞的現象出來」、「我們無法判斷到底失血多少，但是我們可以知道末期血管內的水分或血液的量有降低，心臟為了應付全身養分的供應，會加速，加上本身的心臟傳導系統有一點病變，但是那個病變可能平常沒有出現任何症狀，這二個（因素）在這時候同時併發出來」；而證人即病患之前兄嫂於本院審理時證稱：本件病患是我的前小叔，我知道他在 101 年 4 月 9 日死亡，我跟小孩在前一天晚上還有跟他一起吃晚餐，當天我因為接到電話，說他在醫院急救，他往生的當晚我有過去他的住處陪他父親，小孩子有跟我說叔叔大便在廁所，我就去清理糞便，我在廁所清理時，看到他的糞便在馬桶的旁邊，有點暗紅色，馬桶內沒有其他東西，在廁所外面靠近陽台的走廊上有看到他穿過的紙褲，紙褲上面有一點點血跡，我從上面開始清下來，有清他房間的垃圾桶，垃圾桶裡面是空的，但有黃色、泡沫狀的嘔吐物在裡面，房間裡沒有血跡或嘔吐物，但地上及門階處有他自己踩到的糞便，有沾到糞便，足徵病患於前揭時地因身體不適，經送醫急救前，其生理作用上亦確有潛在出血之表現，則鑑定人 L 前開關於病患係因失血致體內血量減少，甚至腦部因獲得供應之血量減少而呈現嗣後所見之腦膜蒼白情形，其心臟亦因不堪激烈運作負荷而發生心肌梗塞結果之判斷，確屬有據。辯護人就此雖以證人所述上開屋內混亂情形，究係發生於病患做完抽脂手術返家後，抑或在手術前已然存在，尚無法證明。然證人上開證述，不僅對病患住處及房間狀態之描述均具體而明確，主

觀上亦無就此周邊事項故為虛偽證述之必要，證詞自堪採信，又衡諸常情，以其前述目睹病患住家內之混亂狀態，已非一般住家凌亂或個人衛生習慣不佳可形容，亦甚難想像僅為求美觀即不惜風險而願接受抽脂手術之病患可容忍住家之廁所、地板沾有糞便卻毫不在意或不予理會，而仍可逕自前往診所接受抽脂手術，故辯護人所述實已違反常理，自不足採。

(3) 依前所述，本件除據鑑定人 L 鑑定指明病患發生前開心臟病變之歷程，係因血液減少致心肌發生梗塞所致者外，依證人於病患死亡後，在病患住處所見暗紅色糞便落在馬桶旁邊、脫於走廊上之紙褲沾有血跡、病患曾有嘔吐、踩踏自己之糞便，致糞便沾染於地上、門階等混亂情形，足見病患於該日 15 時 49 分許經救護人員送醫急救前，其身體狀況已經處於極度痛苦，以致無法控制、維持基本之生理機能及自理能力，而依其情節，亦與一般所見因偶然之不明原因，或在無可預見下，突發心臟病變進而猝死之情況顯有不同，自可排除病患所遇，係全無徵兆之偶然突發心臟病變之情形。今考量病患係於同日上午方才接受對身體具有高度侵入性之抽脂手術，嗣其手術完畢至前揭身體不適並送醫急救之間，除依被告所辯，係在被告診所內進行術後的靜臥恢復外，病患嗣後亦隨即返家休息、睡覺，此有卷附病患於同日 12 時 39 分許，以手機通訊軟體 Line 與友人所傳遞之簡單對話擷取畫面可稽，是本件除顯示病患於手術完畢返家至送醫急救之間，均處於休息、睡覺之狀態外，尚無其他跡證顯示其於該段時間有發生任何事故，或另行從事諸如劇烈運動等其他可能對身體機能造成過大負荷及影響之活動，客觀上自可排除病患在接受本件抽脂手術之後，至其身體機能、生命現象發生前述重大變化之時點間，期間另有其他足以造成上開結果發生之因果歷程介入之情形，對照抽脂手術對於人體正常生理構造、機能所造成之侵害強度及深度，客觀上自可認病患死亡之結果與抽脂手術間具有自然科學上之因果關係，故前開法醫研究所鑑定結果，認定病患死亡之結果係因接受被告所為超音波溶脂手術術後

併發之心臟血管病變，堪信非虛。

3.上述因果歷程啟動時點之認定

　　承前所述，上開抽脂手術既可認與病患於術後之身體機能、生命現象發生重大變化，進而引發死亡之結果間具有因果關係，而參以本件救護人員於當日 15 時 49 分許到達病患住處時，病患已有全身冰冷、喘不過氣，需給予氧氣面罩協助呼吸、脈搏跳動次數已高達每分鐘 154 次，已逾一般成人脈搏速率正常值甚多等在一般人體休克時常見之臨床表徵，另其血氧濃度於斯時更已低至百分之 77，表示有嚴重缺氧、缺血情況，且依前引鑑定人 L 法醫師於本院審理時證述，上開證據內容均已顯示病患於送醫急救至稍後死亡時，係呈現血氧濃度嚴重不足、腦部血管缺血之狀態。另依證人許證述在病患住處發現之糞便呈暗紅色，紙褲上亦沾有血跡等情，亦可認定病患在送醫之前，其身體內部尚有潛在出血之表現，均如前述。又參與製作中山醫學大學前揭鑑定結果報告之鑑定人醫師 G 亦以鑑定人身分到庭具稱：通常一般抽脂的併發症，譬如可能抽很多脂肪出來，連帶血液、水分也會流失，造成心跳比較快、呼吸比較急促之類的，例如抽 1,000 CC 的脂肪，我們稱一個 bottle，裡面有 1,000 CC，我們可以預估可能從身體上抽了 300 CC 的血液，依這個情況下去評估要給病人多少水分或是否要輸血，有些病人並不一定要輸血，只要生命現象穩定就可以了，我們從身體上流失 1,000 CC 的水分，最好能夠補充 1,000 CC 或以上的水分給病人，因為病人可能會再流失一些水分，否則造成水腫，血液還會再流失，所以一般要比抽脂的量還要多給病人，這樣才會比較穩定，堪認抽脂手術本身即是導致病患失血之因素之一。

　　本件亦無明顯證據或跡象可認病患在上開抽脂手術完成後，於如此短暫之時間內，另曾發生可造成該等嚴重血氧濃度不足之傷口或其他病變存在，客觀上原可認為引發病患嗣後因失血而導致血氧濃度過低，進而造成其心臟不堪負荷並發生心肌梗塞致死之因果進程，至遲應於抽脂手術完成時即已開始，並隨時間之經過而逐漸發展、惡化，終至引發心因性疾病而導致死亡結果發生，亦堪認定。

4.病患死亡結果之發生與被告怠於盡術後觀察、監測義務間因果關係之認定

　　本件被告對病患實行超音波溶脂手術過程中，係以靜脈注射異丙酚方式為麻醉之事實，業經認定如上。而關於病人在靜脈注射異丙酚麻醉下接受超音波溶脂手術，依據醫療常規，手術結束後之術後照護具體內容暨目的為何，迭據醫審會、各醫學會等鑑定意見可知如前述。申言之，依一般醫療常規，以靜脈注射異丙酚方式為麻醉而執行之抽脂手術，於術後應將病人留置在恢復室，以監測其體溫、呼吸、心跳、血壓、血氧濃度等生命徵象及甦醒程度，藉以觀察病人術後恢復情況，且須確認病人之意識完全清醒、生命徵象穩定後，方可令其離去，否則即無從因應病人之後可能發生之低血氧、呼吸停止等情形。而被告身為診所之負責醫師，並以從事整型美容、抽脂等醫療手術為業，對於上開術後照護內容自知之甚明，並負有此等術後觀察照護義務亦無可置疑。

　　再者，由上鑑定人證稱可知，於靜脈注射異丙酚方式為麻醉而執行抽脂手術之情形，甚至在一般手術之情形，在觀察、監測病人術後之生命徵象及意識狀況，藉以判斷病人是否已恢復穩定之過程，其觀察、監測時間之長短雖非屬絕對標準，惟重點在於病人於術後之生命徵象及意識清醒程度是否與其術前相仿，而達於穩定之狀態，至於如何確認是否已達穩定狀態，自須透過術前、術後經監測所得之數值持續進行比對、觀察始足以判斷，加以抽脂手術本身即為高度侵入性之醫療行為，執行之結果對病人之生命、身體安全存在較高之風險，則在術後對病人生命徵象或身體狀況之觀察義務理當隨之升高，而應以較嚴格之方式予以檢視，如僅憑醫護人員隨機之目視觀察、與病人談話、甚至病人以自述身體無不適等方式為之，本已無從得知病人當下之體溫、呼吸、心跳、血壓，甚至血氧濃度等實際數據為何，遑論此等方式能否達到即時察覺病人之生命徵象與先前相較是否穩定，並判斷應否給予適當之處置以維病人生命、身體安全之目的，自難認業已盡到術後觀察之義務。

　　以本案而言，被害人於抽脂手術結束後，停留在診所之時間僅約莫

25 分鐘，而在病患返家約 3 個多小時後，其生命徵象之變化進程即已惡化至前述如此嚴重，其因抽脂手術產生之出血，引發導致爾後血氧濃度過低之缺血程度，進而誘發心肌梗塞並肇致死亡結果發生之因果進程，既於本件手術完成時即已開始，已如前述，縱令當時變化之程度尚不明顯，病患仍可與醫護人員對談、自行穿衣、行走，甚至未明顯感到身體不適，然其關於上開必須監測之生命徵象，即包括心跳、血壓、呼吸及血氧濃度等項目之數值，不僅於手術完畢時，客觀上即已不可能與病患到院時之程度相當，其隨同術後留院觀察之時間經過，既未經以補充血漿或水分等方式處理，猶無逆轉其進程表現而自行回轉之可能，苟被告於本件有確實執行上開對於病患生命徵象之監測程序，並定時加以記錄、比對，則對於病患上開業已開始並持續惡化之生理狀態，顯無全未表現於上開各項生命徵象之理，即便其當時變化之情形尚未達到危及生命之程度，或因病患體內代償作用之啟動而未有明顯異狀之外觀表現，然被告既為醫師，自具有相當之醫療專業能力予以察覺、注意，進而針對該項與術前尚非相當之數值所代表之意涵及所須預防可能發生之變化，給予病患必要且具體之說明，並囑附為相應之自行觀察及應變處置方式，以免發生危及病患生命、身體安全之不幸結果。

5.被告確有未盡術後觀察義務之疏失

被告雖辯稱其對病患已盡到術後觀察義務。然依證人 W 於本院審理時證稱均在在顯示被告於術後並未親自或指示護理人員切實記錄並據以依照前述動態比對方式，對被害人進行生命徵象之監測，而僅係以病患於術後一時於外觀上可見之可自行穿衣、步行下樓、可對談等表象，即遽為被害人生命徵象穩定及意識清醒之判斷，而令其自行離去了事。然此「目視」之觀察方式，除無法查得病患術後當下之體溫、呼吸、心跳、血壓、血氧濃度等數值，猶無從按其時間發展以檢視病患上開各檢測項目數據之變化，遑論能與其術前狀況相較，判斷有無趨於相當或已屬穩定之效果，是被告辯稱已盡觀察義務，然以其上開所稱之觀察方式，實際上既未能察

覺病患之血氧濃度於斯時已存在變化徵兆於先，且觀諸病患於診所之病歷，有關病患於術前、術中及術後之生命徵象相關數據之記載亦均付之闕如，於此情形下，遑論被告有定時執行監測、記錄、比對相關數據，以觀察病患之生命徵象是否穩定之作為，則被告空言已盡術後觀察義務，洵非可採。又被告為病患執行抽脂手術後，既未盡到術後必要之觀察義務，而依前述，以本件被害人因抽脂手術產生之出血，而引發導致爾後因血氧濃度過低，進而誘發心肌梗塞並死亡之生理變化進程、變化，亦無不能藉儀器為確實之觀察、記錄，以比對、覺察其情形，客觀上亦無事證可認縱使被告已確實執行如前述應有之觀察、監測方式，而已盡必要之觀察義務，仍無從防免病患死亡結果之發生，自堪認為被告因未盡術後必要之觀察義務，以致未能及時發現病患之生命徵象實際上仍未回復至穩定之狀態，進而針對各該監測項目給予相應之處置，或囑咐病患須就特定之病情、徵狀加以留意，並告知處理方式，從而，被告確有上開未盡術後觀察義務之疏失至明。

綜上，病患接受超音波溶脂手術後，係因心臟血管疾病急性發作，進而發生心因性休克而死亡之事實業經本院認定如上。而依鑑定人 G 於本院審判中亦敘及因抽脂手術而產生之心因性疾病此種併發症雖無法事先預防，但於發生當下應儘速急救、治療，且有此併發症發生並不一定會導致死亡之結果，已足徵病患因上開併發症發生，導致其因血氧濃度過低，使心臟承受嚴重負荷，進而引發心肌梗塞等心血管疾病發作，終因心因性休克而死亡之情形，於客觀上並非不能經由及早發現、注意，而適時施以相應之處置，以防免或阻止因該併發症而衍生之血氧濃度異常情形繼續惡化而生死亡之結果。準此，自堪認被告前揭違反術後觀察義務之行為，與病患最終因心因性休克而死亡之結果間，具有相當之因果關係，則被告對病患死亡之結果，應負業務過失之責亦屬灼然。是辯護人辯稱病患之死因為肺栓塞或心肌梗塞，係無法預防或避免，無論被告有無盡到術後觀察義務，均無法避免病患死亡，故彼此間不具相當因果關係，即非可採。

二、上訴審判決概述

(一) 第二審判決

本件第二審法院亦為被告甲有罪判決，整理判決理由如下：

1. 與第一審法院持相同立場

病患 L 死因為肺栓塞或心肌梗塞等心因性疾病所致等兩種歧異見解，採用法醫研究所見解，認定病患 L 因超音波溶脂手術術後併發心臟血管疾病死亡。

關於採用法醫研究所建議意見，第二審法院為以下說明：「本院審酌本件病患之死因經前揭鑑定人等鑑定之結果，固有因肺栓塞及心肌梗塞等心因性疾病所致等兩種歧異見解，而兩種說法並各有其據以推斷之理論基礎及相關事證或數據可資支持，且兩位鑑定人及所屬鑑定單位之專業能力、權威性或公信性亦難分軒輊，惟法醫研究所既為本件刑事案件於偵查程序中，受承辦之臺灣高雄地方法院檢察署檢察官委託鑑定之單位，並據此實際進行解剖，而經由直接接觸、觀察鑑驗標的，進而隨觀察、檢測所得之發展進程，依印證或確認之實際需要，主導、支配鑑驗採證之操作方向，並以此所得內容作為其鑑定判斷之依據，相較於其他鑑定單位，因受限於事實上無從取得並接觸、觀察鑑驗標的，僅能單純憑藉間接取得之資料為其判斷依據而得者，就做成正確判斷所需資源及條件之取得及支配上，顯然居於優勢之地位。」

2. 被告甲認確係以靜脈注射異丙酚方式為麻醉、病患 L 於本件案發時確有血氧濃度過低等事實。

3. 依現時臺灣就類此超音波溶脂手術之醫療常規、醫療水準與 M 診所之醫療設施等客觀情況，以靜脈注射異丙酚方式為麻醉而執行之抽（溶）脂手術，於術後應將病患 L 留置在恢復室，以監測其體溫、呼吸、心跳、血壓、血氧濃度等生命徵象及甦醒程度，藉以觀察病患 L 術後恢

復情況，且須確認病患 L 之意識完全清醒、生命徵象穩定後，方可令其離去，否則即無從因應病患 L 之後可能發生之低血氧、呼吸停止等情形。而被告甲身為 M 診所之負責醫師，並以從事整型美容、抽脂等醫療手術為業，對於上開術後照護內容自知之甚明，並負有此等術後觀察照護義務亦無可置疑。被告甲竟因先前已有一次為病患 L 順利完成抽脂手術之經驗，即疏於對病患 L 盡上開醫療上之必要注意義務，同時，違反術後觀察、監測義務之行為，與病患 L 最終因心因性休克而死亡之結果間，具有相當之因果關係，故而，被告甲對病患 L 死亡之結果，應負過失之責，自屬明灼。進而，被告甲辯稱病患 L 之死因為肺栓塞或心肌梗塞，皆係無法預防或避免，無論其有無盡到術後觀察義務，均無法避免該死亡結果之發生，彼此間不具相當因果關係，即非可採。

(二) 第三審判決

第三審法院審理後，最終以上訴無理由，駁回上訴。值得注意是上訴理由指摘二審法院認法務部法醫研究所有較大可能獲致精確判斷之鑑驗條件及環境，居於鑑定之優勢，與論理法則及經驗法則有違，有誤用民事訴訟法上證據法則判斷事實真偽之違法。對此指摘，第三審法院表示，第二審法院認定病患 L 之死亡，應係如法醫研究所之鑑定結果，即因超音波溶脂手術術後併發心臟血管疾病死亡，較為可採等旨，已敘明如何判斷。復就被告甲所辯如何不足採信，及有利於被告甲之證據，如何不能採納，亦於理由內予以說明、指駁甚詳。所為推理論斷，合乎推理之邏輯規則，尚非其主觀推測，衡諸經驗及論理等證據法則皆無違背。

三、延伸思考

問題一：本件關於病患死因，鑑定意見有肺栓塞及心肌梗塞等心因性疾病所致等兩種歧異見解，第一審法院採信法醫研究所超音波溶脂手術術後併發心

臟血管疾病死亡之鑑定意見，其採信之關鍵理由爲何？

問題二：本件原經檢察官不起訴處分確定，後經法院裁定交付審判，視爲已經提起公訴。此項制度已經修正刪除。試討論此項制度之優劣。

問題三：本件醫師被處以兩年有期徒刑，上訴二、三審均遭上訴駁回而確定。此件案例與本書第三案【診所抽脂手術栓塞案】、上冊有罪判決第十八案【診所抽脂手術風險案】、第二十案【診所抽脂手術全身麻醉案】、第二十六案【診所拉皮手術麻醉急救案】、第二十九案【診所抽指等多手術無呼吸案】、第三十一案【待營診所拉皮手術心律不整案】之案情有何相似與相異之點？

四、判決來源

第四十一案　肝臟切除術後出血案

1 法院／裁判日期
臺灣臺北地方法院 106.12.27

案號
104 年度醫訴字第 2 號判決

甲從事業務之人，因業務上之過失致人於死，處有期徒刑拾月。

2 法院／裁判日期
臺灣高等法院 108.07.25

案號
107 年度醫上訴字第 4 號判決

原判決撤銷。
甲無罪。

圖 41　肝臟切除術後出血案歷審圖

資料來源：作者繪製。

一、第一審判決

(一)公訴事實與起訴意旨

　　醫師甲為臺北市立醫院 Z 院區（下稱 Z 醫院）消化外科主治醫師。病患 G 因疑似原發性肝惡性腫瘤復發，經他院轉介於民國 101 年 7 月 6 日至 Z 醫院醫師甲門診。醫師甲診斷病患 G 係復發性肝臟惡性腫瘤、肝硬化及 B 型肝炎帶原者，安排其於同年 7 月 9 日住院、同年月 7 月 13 日上午 11 時 30 分進行膽囊摘除及三節肝葉切除術（Trisegmentectomy，下稱本案手術）。病患 G 於 101 年 7 月 16 日上午 3 時 15 分，因出血性休克與休克後導致凝血功能不良、腹膜腔內持續出血而死亡。

　　案經病患 G 之子訴由臺灣臺北地方法院檢察署檢察官偵查起訴指出：

　　醫師甲（下稱被告甲）明知進行性質上屬重大手術（Major Surgery）之本案手術後，可能有術後嚴重出血之高度可能性（下稱本案風險），因自認病患 G 術前評估與本案手術過程無不良狀況，便忽略縱使術前評估與手術過程良好，亦不代表不會發生術後併發症。且本案風險一旦發生，在未能早期察覺之情形下，將無法及時進行治療搶救，病患極可能因失血過多死亡；相反的，若能即刻發現、進行治療，病患存活之機率將大幅提高。

　　被告甲應注意妥適監控本案風險，俾便於一旦發生時即刻治療，且依當時之臺灣醫療水準、Z 醫院規模、該院器材設備、人力配置充足、並無大量傷患湧入或有其他緊急狀況及其他一切情狀（例如提高監護照護密度所需付出之經濟成本，相較不提高防範所可能產生之風險，係屬甚微等），無不能注意情事，竟不注意使病患 G 於本案術後能接受較高密度之監護照護（例如將病患 G 送入加護病房【Intentsive Care Unit 縮寫為 ICU，本意為高度密集醫療照護病房】；或雖因其他因素、考量將病患 G 送至一般病房，但促請相關醫事人員給予其較高密度之監護照護【例如以 On Special Care Routine 等相類意旨之文字為醫囑，或以其他任何方法

促請醫事人員加強觀察照護，或為病患 G 裝設生命徵象監測儀器】），率將病患 G 送回一般病房，且於醫囑單載明「On Ward Routine」（按一般病房常規），也就是請護理人員僅按照一般住院病患之照護常規處理即可。使當班護理人員 L（經檢察官為不起處分確定）不知要提高對於術後有高風險致死併發症可能的病患 G 之監護照護密度，也未幫病患 G 裝設生命徵象監測儀器，以致無法於本案風險一旦發生時，及早發現並通知醫師即時治療（以上被告甲種種應注意、能注意而不注意的接續性之醫療錯誤，下稱本案過失）。

　　病患 G 於該日（101 年 7 月 13 日，下稱本案手術日）下午 7 時前某時許發生術後出血，而出現呼吸困難及疼痛，護理人員 L 到場，測得其血氧飽和度 92%（最高 100%）、給予氧氣每分鐘 3 至 4 升（3-4 l/min），病患 G 血氧飽和度回升至 95～96%，下午 8 點半，病患 G 失去意識、家屬無法喚醒，通知護理人員後，護理人員前往察看，發現病患 G 手腳冰冷、Glasgow Coma Scale 3（格拉斯哥昏迷指數 3，亦即，睜眼、運動、說話分數均僅剩最小值 1：$E_1M_1V_1$）、護理人員測量心跳每分鐘 64 次，但機器無法測得，且降到無脈搏（即出血性休克現象，下稱本案休克）。護理人員通知醫師緊急前往急救，病患 G 血壓血氧飽和度仍下降至收縮壓 85 毫米汞柱、舒張壓 46 毫米汞柱（85/46 mmHg）、血氧飽和度 88%，心跳增至每分鐘 124 次。血紅素低至 8.1 g/dl（參考值 12.3～18.3，病患 G 術前值為 14.4）、血小板降至 107000/μL（參考值 120000～400000，病患 G 術前值為 176000）。

　　被告甲等醫療團隊雖不斷為病患 G 輸入紅血球濃縮液（PRBC）、冷凍血漿（FFP），因已延誤治療時機，出血情形未見好轉，同日下午 11 時 1 分，病患 G 之血紅素低至 5.4g/dl、血小板降至 89000/μL，期間血紅素等數值屢有升降，但均未能回復正常，內出血情況仍持續，延至 101 年 7 月 16 日上午 3 時 15 分，因出血性休克與休克後導致凝血功能不良、腹膜腔內持續出血而不治死亡。

(二) 被告等回應

1.被告辯稱

(1) 病患 G 的死因是心因性休克，而非出血性休克：

  A. 鑑定報告引用病患 G 於本案手術日下午 9 時 32 分許測得第一次血紅素數值為 8.1g/dl、血小板為 107000/μL，以及同日下午 11 時一分許測得第二次血紅素數值為 5.4g/dl、血小板為 89000/μL 等數值，認定：「病人術後之血紅素確實呈現持續偏低。造成血紅素偏低之原因為術後出血……其中可能性包括術後凝血不良及手術中止血不完全等因素」，係顯不可採。病患 G 乃於本案手術日下午 8 時 30 分發生休克，並由醫師施行心肺復甦術等急救措施，鑑定報告引用之本案手術後下午 9 時 32 分許血紅素數值（下稱術後第一次血紅素檢驗值），係於醫護人員完成初步休克急救後所抽取檢測之資料，可見是「急救後」之檢測資料，而第二次鑑定意見也認定施予胸外按摩等急救措施後，將會促進傷口出血，進而影響血紅素數值。醫審會竟引用「急救後」之檢測資料，作為認定病患 G 於「手術後」血紅素數值持續偏低之依據，顯未慮及施予胸外按摩對血紅素數值之影響，毫無可採。

  B. 病患 G 術後傷口滲液多，乃因病患 G 為肝硬化患者

    因肝硬化患者之腹水量多，其術後傷口滲液量均較一般腸胃道手術患者為多，故病患 G 傷口滲液量多寡，尚不足作為出血與否之證據。家屬 A 雖證稱：「（下午 6 點）我看到的是病患在睡覺，……，護士換藥，發現床單上有滲血，所以請清潔人員進來換床單，之後病患 G 就是一直昏迷……」、「（問：你在病房有看到打開紗布，看到在滲血，也看到床單有滲血，你確定是滲血還是組織液？）答：是血。」。但家屬 A 自承不具醫學常識，且護士於偵查中證稱病患 G 是滲組織液而非出血，當時也只請清潔人員換床單，另請家屬買紙尿褲，並未通知被告甲病患 G 有大量出血，家屬 A 對於護士的處

理也認為合理。如當時真有大量出血，護士豈會只作上開處理，家屬 A 也認為合理？故家屬 A 證述不實。

C. 所謂心肌酵素酶，係診斷急性心肌梗塞之常用檢測方式，依美國心臟協會出版之期刊「Circulation」所發表之「How to interpret elevated cardiac troponin levels」（本院按，如何解讀升高的心肌酵素酶指數），其圖表一清楚指出急性心肌梗塞病患自發病時起 4 小時後，其心肌酵素酶才會高於急性心肌梗塞參考值，本案手術日下午 11 時 10 分測得病患 G 之血清心肌酵素酶為 0.09ng/ml，其心肌酵素酶數值雖在急性心肌梗塞參考值範圍內，病患 G 於下午 8 時 30 分發作休克，至下午 11 時 10 分抽血檢測時止，約經過 2.5 小時，揆諸前揭文獻，急性心肌梗塞患者於發病後 2.5 小時，其心肌酵素酶亦尚在急性心肌梗塞參考值範圍內，準此，縱算病患 G 於下午 11 時 10 分之心肌酵素酶數值落在急性心肌梗塞參考值範圍內，亦不足以排除病患 G 係發生心因性休克之可能性，第二次鑑定意見僅以單一時點之心肌酵素酶數值，遽而排除病患 G 係發生心因性休克之可能性，未免草率。實則，病患 G 於下午 9 時 42 分、11 時 10 分抽血之檢查結果由超過標準值 0.01ng/ml 的 0.02ng/ml，快速上升至 0.09ng/ml，確實吻合前揭文獻之圖表一所示急性心肌梗塞曲線；再者，除心肌酵素酶外，Creatine Kinase（CK）及 Creatine Kinase-MB（CK-MB）亦為臨床上經常用以診斷急性心肌梗塞之檢測項目。前揭文獻更提及，近年來 CK-MB 乃為急性心肌梗塞最重要之檢測項目，若與心肌酵素酶相較，自急性心肌梗塞發病時起，患者之 CK 及 CK-MB 攀升速度較快、周期較短，而病患 G 於下午 8 時 30 分休克後約 1 小時之下午 9 時 42 分 CK 高達 122IU/L（心肌梗塞參考值為 16IU/L）、CK-MB 已達 5%（心肌梗塞參考值為 < 4%），顯見病患 G 係因急性心肌梗塞導致休克之可能性極高。此外，第二次鑑定報告參考資料已敘明：「For this and practical reasons, the haemoglobin level in the drain fluid was not incorporated as a mandatary component of the diagnosis of PHH.（譯：血色素之下降，並非一致地被認定為係診斷手術後肝臟出血【PHH】之依據）」，可見血色素數值高低，於判斷是否為術後肝臟出血上，並非準確且可靠之依據。

D. 病患 G 於下午 11 時 10 分抽血之檢查結果，其 AST 為 1461U/L、ALT 為 1795U/L，可見病患 G 於下午 8 時 30 分急救後，肝臟功能指數急劇上升，致肝臟組織缺氧、凝血功能障礙，因而發生肝臟衰竭，故病患 G 急救後血色素、血小板數值持續下降，當與上開肝臟衰竭情形有關。

(2) 被告於病患 G 術後將其送一般病房並無錯誤，且已為充足之監護照護

A. 第三次鑑定意見認為：「肝臟腫瘤切除術後，醫師可視病人之當時生理狀況是否穩定，手術切除肝臟範圍之大小及術後可能發生併發症之可能性，以決定是否將病人後送至加護中心密集照護或至普通病房接受一般術後護理。」、「病人術後之動向問題，應考量病人原先術前之預期客觀風險加上麻醉術中生理現象是否穩定，再綜合外科醫師之臨床判斷等諸項因子，以決定病人應送一般病房、或加護病房進行後續醫療照顧。」。而病患 G 於本案手術前，經評估為 ASA 第二級，醫療風險低，第二次鑑定意見亦敘明「在判斷病患於術後是否需入住加護病房上，ASA 確實為一具有客觀參考價值之指標」。且依「全民健康保險醫療費用支付標準」所載，使用加護病床患者，應以手術後仍需輔助性治療或生命徵象不穩定，或其他危篤重症危及生命者為限，則本案病患 G 術後狀況穩定，無需輔助治療或生命徵象不穩定之情形，不符合全民健康保險醫療費用支付標準所載入住加護病房之條件，客觀上並無入住加護病房之必要。

B. 固然第二次鑑定意見稱：「其中須考量術後可能發生之常見併發症，如早期肝衰竭及出血或低血糖、低蛋白血症，感染導致敗血病等。觀此，雖本案病人當時生理狀況穩定，惟仍存在入住加護病房之客觀條件。醫師甲於術後因考慮加護中心之感染問題，而將病人送至普通病房，此舉與醫療常規不完全相符」，但第二次鑑定意見

所附參考資料 1 所載，肝切除手術之可能併發症，除鑑定報告提及之術後感染、出血、肝衰竭及膽汁滲漏外，尚有中央靜脈感染（Venous catheter-related infection）、肋膜腔積水（Pleural effusion）、肺部感染（Pulmonary atelectasis or infection）、尿道感染（Urinary tract infection）、腸胃道出血（Gastrointeatina tract bleeding）、凝血功能障礙（Coagulation disorders）等，則醫審會究竟如何認定術後感染、出血、肝衰竭及膽汁滲漏乃最為常見之併發症？又係依據何等事實及病歷資料，而認定病患 G 有發生肝衰竭、出血之併發症之可能？第一、二次鑑定書均乏所據，自無可採。

C. 有關術後肝衰竭及術後出血之發生率及死亡率，第二次鑑定意見記載：「另前次鑑定書提及低血糖、低蛋白血症應屬術後肝衰竭之症狀，其發生率為 33.83%～60.70%，死亡率約為 13%。肝臟切除後出血之發生率，則為 4.2%～10%，死亡率約為 20%」，但遍查第二次鑑定意見所附參考資料 2、3，並無相應之記載，而醫審會於第三次鑑定意見雖澄清：「按前次鑑定書分別記載諸文獻提及有關術後肝衰竭或肝臟切除後出血之結果數據，因眾說紛紜，經綜整不同文獻及多家醫院之數據後，因無適當明確代表數值，故結以前次之鑑定意見文字。」但既然醫審會亦自承「無適當明確代表數值」，則醫審會如何可作出前揭結論？此恐怕為恣意猜測。

D. 有關肝切除手術後併發出血乙節，醫審會摒棄第二次鑑定意見所附參考資料 3，於第三次鑑定書鑑定意見第 (一) 點改稱：「委託鑑定事由所詢之前次鑑定所附『參考資料 6』，則因分析病人樣本數較多，但因資料來自多家醫院，故所報告之肝切除手術後出血發生率 1～8% 與術後死亡率達 17%～83%。」並據此認為：「另參酌兩者參考資料，以前次鑑定所附之『參考資料 6』較為切合本案。」實無所憑，蓋遍查第二次鑑定書所附參考資料 6，均無「肝切除手術後死亡率達 17%～83%」之相關記載，醫審會引用上開文獻，顯屬有誤。至於，醫審會所稱「肝切除手術後出血發生率 1%～8%」，

固係節自上開文獻之「The reported incidence of PHH varies considerably among published studies from 1~8%.」乙段。然經分析該段內容，所引述之文獻資料，不足援引於本案情形，且根本無從得出上開文獻之結論，醫審會乃未遑詳究，遽稱「肝切除手術後出血發生率 1%~8%」，洵無可採。

E. 鑑定報告稱：「一般而言，加護病房確實較一般病房容易發生感染，其相對感染機率約有 5 至 10 倍。」業已證實加護病房較一般病房容易發生感染，且醫師於施行醫療處置時，應考量加護病房感染風險較高之問題，故被告考量病患 G 為肝硬化患者，自身抵抗力較低，易受感染，且加護病房本屬高感染風險之醫療空間，因而認定病患 G 不宜送入加護病房，符合上開第二次鑑定意見之意旨。

被告在病患 G 術後，醫囑一天輸液 2200mL（Taita 5【本院按，臺大五號，電解質輸液】計 800ml、N/S【本院按，生理食鹽水】計 1000ml、Aminoparen【本院按，不明藥物，疑為 Amiparen，安命保寧注射液之誤寫】計 400ml），及投予預防性抗生素 Metacin（8 小時給藥一次）與 Exacin（8 小時給藥一次）、維他命 K1（具凝血功能，8 小時給藥一次）、止痛藥 Demerol（6 小時給藥一次）、止血劑 Transamine（8 小時給藥一次）、新鮮血漿 FFP（一天 6U）等（下稱本案術後醫囑），且除上開投藥醫囑外，護理人員亦遵循照護密度較高之術後病房常規，依 101 年 7 月 13 日術後護理紀錄單所載，自病患 G 於下午 3 時 40 分返回一般病房至下午 6 時前，計有 3 次病房護理紀錄，自下午 6 時起至 7 時止，計有 3 次病房護理紀錄，被告甲亦約於下午 6 時 30 分至病房訪視病患 G，自下午 7 時起至 8 時止，計有 3 次病房護理紀錄，由此可知，病患 G 之照顧頻率與加護病房相較，並無不足。

F. 病患 G 為肝硬化患者，自身抵抗力較低，加上加護病房本屬高感染風險之醫療空間，若病患 G 轉入加護病房，將面臨高度之感染風險，因此，經被告向病患 G 及其家屬說明上情後，家屬同意不轉至

加護病房，被告始將病患 G 送回普通病房。此係經告知後家屬充分
瞭解之同意。

(3) 被告之死亡與本案手術後有無將病患 G 送加護病房無因果關係，且醫
審會認為肝臟切除術後出血若早期發現，可大幅降低死亡率，並非事
實：

A. Z 醫院之全院急救流程，係全院一致之標準作業程序，凡發生病人
呼吸、心跳停止之情形，均應依市立醫院「心肺復甦術護理技術」
之作業標準書進行急救，此急救流程不因加護病房或一般病房而有
差異，且 Z 院區每層病房之護理單位均備有急救車，存放一般用
物、急救藥品及急救器材等，故 Z 醫院之一般病房遇有突發事件
時，得馬上備妥急救器材，並無第二次鑑定意見所稱須向其他單位
商借急救器材之情。況於病患 G 發生休克時，一位值班醫師正位在
該樓層之護理單位，護理人員一發現異狀，該名值班醫師隨即與護
理人員進入病房進行急救，並同時啟動急救通知流程，另一位值班
醫師亦於 2、3 分鐘內加入急救，被告、麻醉科醫師、護理人員也
在最短時間趕到病房，足徵病患 G 之休克急救處理，要無因病患 G
位在一般病房而有遲延或不足。

B. 病患 G 手術生命徵象穩定，後突然發生休克，並隨即由醫師進行心
肺復甦術，病患 G 並於手術當日下午 10 時轉入加護病房前即已失
血 500C.C.。換言之，本案縱然提高監護密度或送入加護病房，並
無法提早知悉，甚或防免病患 G 休克之情形，且休克之發生亦與術
後傷口出血之觀察無涉，照護密度與死亡結果間顯無因果關係。故
縱使病患 G 於術後即入住加護病房，仍無法解免其休克之發生。顯
見病患 G 於術後未轉至加護病房，與其死亡之結果間，應不具因果
關係。

C. 第二次鑑定意見雖謂：「肝切除術後發生出血時，若經輸血復甦仍
無法穩定休克時，建議早期 6 小時以血管攝影確診及栓塞止血，或
再度剖腹探查合併止血，可降低病人之死亡率（≦ 6 小時，死亡

率 8.6%；＞6 小時，死亡率 25%）」。然而，本案實無法判定病患 G 休克之原因確為出血性休克，亦無從排除為心因性休克之可能性等節已如前述，法院問醫審會：「……又本案若能如原鑑定書所載『早期確診及止血治療』，是否本案病患不致因失血休克所導致之後續症狀而死亡……」，早已預設本案為出血性休克之前提，且已認定病患 G 係因出血性休克所導致之併發症而死亡，該項提問有失中立、客觀，並有誤導、暗示醫審會之嫌，故第二次鑑定報告就本案提出病患 G 為出血性休克之相關意見，其證明力誠屬疑義。再者，雖第二次鑑定意見有上開記載，但所引用之文獻 Word J Surg. 2013 Oct；37(10)：0000－0000，更直接敘明，病患於接受再剖腹手術後，可能發生急性肝衰竭，並因此有致死之風險，其死亡率高達 80%，此有上開文獻第六頁所載：「In present study, acute liver failure occurred in 45 of 258 patients after relaparotomy, and 36(80%) died.（依目前之研究，於 258 位接受再剖腹手術之病患中，共有 45 位病患發生急性肝衰竭，其中有 36 位病患死亡【死亡率 80%】）」，足徵再剖腹手術具有相當之風險性及死亡可能性，當時病患 G 確實不適合接受再次剖腹手術、栓塞治療或血管攝影等侵入性治療。

2.被告辯護人辯稱

衛生福利部醫事審議委員會（下稱醫審會）所為 103 年 8 月 27 日所編之鑑定書（下稱第一次鑑定意見）、105 年 6 月 15 日所編之鑑定書（下稱第二次鑑定意見）、106 年 7 月 19 日所編（下稱第三次鑑定意見）之鑑定書欠缺依據，內容有誤，無證據能力。

(三) 鑑定意見

本案有醫審會鑑定意見共 3 份，摘要如下：

第一、二、三次鑑定意見所稱：「1. 本案於術前（101 年 7 月 9 日）所檢驗之血紅素為 14.4g/dl（參考值 12.3～18.3g/dl），屬正常範圍。病人

術後於普通病房發生休克，7月13日下午9時32分所測得血紅素為8.1g/dl、血小板為10700/μL，至下午11時1分所測得之血紅素值為5.4g/dl；血小板為89000/μL；至7月14日上午0時5分血小板值則降至50000/μL，依此，病人術後之血紅素確實呈現持續偏低。2. 造成血紅素偏低之原因為術後出血，肝硬化病人接受肝臟部分切除術後，即有可能發生出血併發症，其中諸可能性包括術後凝血功能不良及手術中止血不完全等因素。3. 至於病人之死亡原因，與出血性休克及凝血功能不良應有關聯。」（前揭偵查卷第一八頁參照）、「(2) 休克之主要原因有出血性（低血容性）休克、心因性休克、神經性休克、敗血性休克、過敏性休克等。依本案病人適才接受肝臟三區域切除術，術中曾失血1500C.C.，病人術後傷口滲液多，血清心肌酵素酶（troponin-I）0.09ng/mL為正常範圍內，血紅素呈現持續下降，臨床表徵為血壓下降且皮膚冰冷等，此時休克之主要原因以出血性（低血容性）休克最為可能。」、「1. 依病歷紀錄，自101年7月13日下午9時32分測得病人血紅素8.1g/dl、血小板107000/μL，至下午11時1分測得病人血紅素5.4g/dl，血小板89000/μL。該兩次測血之間，已給予病人輸紅血球濃縮液（PRBC）6U及新鮮冷凍血漿（FFP）6U，本案病人血紅素於下午9時32分急救後仍呈現偏低的現象，其原因以腹膜腔內持續出血之可能性最高。2.(1) 依病歷紀錄，病人經輸血後，其血紅素、血小板數值持續下降，可能原因有二：一、出血速度大於輸血速度。二、出血並未停止或被控制。……(3) 雖施予胸外按摩的機械物理因素，可能影響或促進傷口出血，但依病歷紀錄，病人發生出血性休克的時間點早於胸外按摩。因此，本案病人血紅素偏低、傷口出血，若歸因於施予胸外按摩或其他急救行為所致，此時間邏輯與事實相互矛盾，可能性低。」

「本案於術前（101年7月9日）所檢驗之血紅素為14.4g/dl……，屬正常範圍。病人術後於普通病房發生休克，7月13日下午9時32分所測得血紅素為8.1g/dl。病人發生休克後，7月13日下午10時30分至7月16日上午3時之護理紀錄及加護病房輸入／輸出紀錄，顯示雖經大量

輸血，仍無法維持病人術後血紅素到達原有的正常範圍。且上開期間護理
紀錄多次記載有『引流管出血量多』之情事，此種手術後血紅素無法維持恆
定情形，推估最可能之原因為腹腔內仍持續出血。肝臟切除手術應為直接出
血原因，而休克後導致凝血功能不良及病史中之肝硬化，則為加重因子。」

　　於各次鑑定報告之「案情概要」中重申「上午 1 時 34 分心臟內科醫
師 L 於加護病房內施行心臟超音波檢查，結果未發現病人有心因性休克
之病灶。」

(1)第一次鑑定意見

　　「肝臟腫瘤切除術後，醫師可視病人之當時生理狀況是否穩定，手術
切除肝臟範圍之大小及術後可能發生併發症之可能性，以決定是否將病人
後送至加護中心密集照護或至普通病房接受一般術後護理。」

(2)第二次鑑定意見

　　用第二次鑑定意見所稱：「施予胸外按摩的機械物理因素，可能影響
或促進傷口出血」、「但依病歷紀錄，病人發生出血性休克的時間點早於
胸外按摩。因此，本案病人血紅素偏低、傷口出血，若歸因於施予胸外按
摩或其他急救行為所致，此時間邏輯與事實相互矛盾，可能性低。」

　　「肝臟切除手術後之可能發生併發症於醫療文獻報告已有諸多記載。
World J Gastronen terol 2013 November 28：19(44) 中詳細論述肝臟切除手
術後之可能併發症，其中以術後感染、出血、肝衰竭及膽汁滲漏為最常
見之原因。因此依文獻認定上開併發症 有發生之可能，誠屬有據。另前
次鑑定書提及低血糖、低蛋白血症應屬術後肝衰竭之症狀，其發生率為
33.83%～60.70%，死亡率約為 13%。肝切除手術後出血之發生率，則為
4.2%～10%，死亡率約為 20%」。

　　第二次鑑定意見說明續稱：「病人術後之動向問題，應考量病人原先
術前之預期客觀風險加上麻醉術中生理現象是否穩定，再綜合外科醫師之
臨床判斷等諸項因子，以決定病人應送一般病房、或加護病房進行後續醫
療照顧。」、「ASA Physical Status Classification System 以病人原先之身
體健康及器官功能作為麻醉術前之風險預期評估依據，具有客觀的參考價

值，但並非唯一之考量指標。醫師仍需參照手術中病人對手術壓力的身體反應，及麻醉、手術內容範圍對器官造成生理及病理之可能不良影響，以作為該病人是否於術後適合入住加護病房之考量因素。」

(3)第三次鑑定意見

　　第三次鑑定報告參考資料係大陸地區學者於 102 年發表（Published online：29 June 2013），其研究背景與發表期間，均與本案病患 G 與本案手術時間相近，並無落伍過時情事，益證前述鑑定意見之正確可採。

(四) 判決結果

　　被告因業務過失致死案件，經檢察官提起公訴，法院判決被告甲因業務上之過失致人於死，處有期徒刑拾月。

(五) 判決理由

1. 綜合病患 G 發生本案休克時之徵象；以及本案休克後當日下午 11 時 10 分驗得之心肌酵素酶數值未超過急性心肌梗塞的參考值；雖經持續大量輸入 PRBC、FFP，但血紅素等數值仍未見回復正常；本案休克後翌日凌晨心臟超音波檢查呈現未有心因性休克病灶結果；本案手術常見併發症並無心因性休克一項，病患 G 也無心臟病史。本案休克之導因是肝切除手術後出血所致的出血性休克，而非心因性休克，相關鑑定意見並無錯誤，可資為本院判斷之依據。

2. 本案手術具有高致命危險性術後併發症之相當程度發生風險。毋論病患 G 術前評估是否宜於接受本案手術、手術過程是否順利、術後第一時間生命徵象是否穩定，被告均應注意使病患 G 於本案手術後能接受較高密度之監護照護，例如將病患 G 送加護病房，或雖將病患 G 送至一般病房，但促請相關醫事人員給予其較高密度之監護照護，且依案發當時之臺灣醫療水準、Z 醫院規模、該院器材設備、人力配置充足、並無大量傷患湧入或有其他緊急狀況及其他一切情狀，無不能注意情事，竟不注意，率爾的將病患 G 送回一般病房，且於醫囑單載明請

當班護理人員僅按照一般住院病患之照護常規處理便可。使護士不知要提高病患 G 之監護照護密度，俾便本案風險一旦發生時，及早發現並通知醫師即時治療。被告之處置嚴重偏離醫療常規與合理之臨床裁量，違反注意義務情節嚴重，其本案過失彰顯甚明：

(1) 查「本案依病歷紀錄，肝硬化病人接受大範圍肝臟切除，且術中失血量達 1500C.C.，術中輸血紅血球濃縮液（PRBC）4U 及新鮮冷凍血漿（FFP）4U。其中須考慮術後可能發生之常見併發症，如早期之肝衰竭及出血或低血糖、低蛋白血症，感染導致敗血症等。觀此，雖本案病人當時生理狀況穩定，惟仍存在入住加護病房之客觀條件。被告甲於術後因考慮加護中心之感染問題，而將病人送至普通病房，此舉與醫療常規不完全相符。」、「肝硬化病人接受肝臟部分切除術後，即有可能發生出血併發症」，此分別有第一次、第二次、第三次鑑定意見可參。

前揭鑑定意見，旁徵博引，反覆說明本案手術後，確有包含本案風險之高致命性併發症發生之高度可能，顯然具有無合理懷疑存在之參考價值，足為本院判斷之引憑。而本案歷次鑑定意見，都是有文獻上之依據，僅鑑定意見所採各文獻之內容，有些又是引用其他參考資料之研究成果。故第二次鑑定意見之部分論述與數據的來龍去脈無法直接由第二次鑑定意見所附參考資料中看出，必需再去翻閱第二次鑑定意見所附參考資料之「References」欄內之參考資料原文並解讀，被告無端指摘鑑定意見內容出處不知為何，無非被告自己未經全盤研讀所致，而非醫審會主筆無中生有。又固然各文獻對於本案手術後風險之統計數據容有差異，但其共通點，便是一致指出：「不管研究對象來源與狀況為何、不論採哪一種研究方法，結論皆為：肝切除術後出血是本案手術常見併發症之一，若發生此併發症，致死率甚高」。縱使採取最低之發生率與死亡率數據，也是有 1% 的發生可能性，以及一旦發生的 17% 死亡率。此種數據，在醫學臨床上當然具有重大之意義，被告豈能只因其以前做過千例

以上類似手術，術後多將病患送入一般病房，也沒發生事情就草率忽略、不加防範？此不當判斷明顯偏離醫療常規、明顯逾越合理臨床裁量。被告徒以各文獻因前提、研究方法、對象不同而產生之統計數據差異，便交錯參雜敘述挑剔，欲混淆前述重要核心問題（亦即不管從那個角度、面向、方法來觀察，不論病人術前評估良好與否，手術過程是否順利，本案手術都是很危險，術後嚴重併發症發生可能性不低，一旦發生，致死率也很高的，不可輕忽草率本案手術後的監護照護），其所辯毫無可採。況且，細繹第二次、第三次鑑定報告所引用之文獻，除有記載該等鑑定意見所為結論外，尚分別敘明：「隨著時間的進展，肝切除術有了顯著的增加。它被廣泛用於治療變種肝臟疾病，如惡性腫瘤，良性腫瘤……。肝切除的處置具有挑戰性。儘管技術進步和肝切除專業中心的豐富經驗，它仍有相對較高的術後發病率和死亡率。」

(2) 再者，被告又稱：「第三次鑑定書所附參考資料 2 固曾敘及，術後肝臟衰竭（PHLF）之發生率最高可達所有肝臟切除手術之 10%，但該文獻後段乃接續記載：『Several studies report a lower rate of PHLF in east Asian countries (1-2%)，…… 』，自此可知，該文獻認定，在東亞國家發生術後肝臟衰竭（PHLF）之比例相當低，僅 1～2%，而我國屬東亞國家，自應採認 1～2% 之比例，而非採認 10% 之比例，始符合該文獻意旨，豈知，醫審會竟故意不採認 1～2% 之比例，且亦未於鑑定意見書載明不採認之理由，其鑑定意見顯失客觀、中立，毫無可取。」

法院細繹前揭第三次鑑定意見所附參考資料 2，該等文句前後全意旨乃：「介紹肝切除是其中一些最複雜的手術干預，而且充滿了風險和併發症的可能性。據報告指出，大範圍肝切除手術後死亡率高達 30%，肝切除後肝功能衰竭（PHLF）是發病率和死亡率的主要來源。僅管因為手術技術和重症監護方面的進展，在重大肝切除後的結果有很大的改進，PHLF 仍然是大範圍肝臟切除最嚴重的併發

症之一，發生率高達 10%。在東亞國家一些研究報告指出較低的 PHLF 率（1～2%），但是如果有的話，PHLF 是一個重要的發病率和死亡率的來源」足見，該文獻乃認為大範圍肝臟切除術後，發生肝切除後肝功能衰竭機率高達 10%，一旦發生死亡率高達 30%，只是曾有 1～2% 的較低發生率統計資料。

被告一方面指摘醫審會鑑定報告「故意不採認 1%～2% 之比例」、「顯失客觀、中立」，自己卻曲解該文獻意旨，擇取片段充作辯詞，更污衊為本案辛勞付出、多次尋找資料，研究而鑑定之主筆，其行止甚不足訓。

(3) 雖然病患 G 術前經評估屬 ASA 第二級，也就是「除外科疾病外，有輕度並存病，功能代償健全。手術期死亡率為 0.27%～0.40%。」之病人，此經第二次鑑定意見說明（本院 (一) 第二一二頁參照）。但，該次鑑定意見續稱：「病人術後之動向問題，應考量病人原先術前之預期客觀風險加上麻醉術中生理現象是否穩定，再綜合外科醫師之臨床判斷等諸項因子，以決定病人應送一般病房、或加護病房進行後續醫療照顧。」、「ASA Physical Status Classification System 以病人原先之身體健康及器官功能作為麻醉術前之風險預期評估依據，具有客觀的參考價值，但並非唯一之考量指標。醫師仍需參照手術中病人對手術壓力的身體反應，及麻醉、手術內容範圍對器官造成生理及病理之可能不良影響，以作為該病人是否於術後適合入住加護病房之考量因素。」第一次鑑定意見也謂：「肝臟腫瘤切除術後，醫師可視病人之當時生理狀況是否穩定，手術切除肝臟範圍之大小及術後可能發生併發症之可能性，以決定是否將病人後送至加護中心密集照護或至普通病房接受一般術後護理。」（前揭偵查卷第一七頁背面參照）。亦即不可單以 ASA 分級作為判斷術後應為如何監護照護之依據，且本案手術確有包含本案風險之高致命性併發症發生之高度可能已如前述。當然也不能徒憑手術過程順利、術後第一時間生命徵象穩定，便鬆懈不注意本案手術具

有之客觀風險。而為可在本案風險一旦發生時，能及早發現，臨床裁量之最佳選擇，就是於本案手術後將病患 G 送往加護病房密集照護觀察一段時間。此經第一次、第二次鑑定意見先後闡述：「本案依病歷紀錄，肝硬化病人接受大範圍肝臟切除，且術中失血量達 1500C.C.，術中輸血紅血球濃縮液（Packed RBC）4U 及新鮮冷凍血漿（FFP）4U。其中須考慮術後可能發生之常見併發症，如早期之肝衰竭及出血或低血糖、低蛋白血症，感染導致敗血症等。觀此，雖本案病人當時生理狀況穩定，惟仍存在入住加護病房之客觀條件。被告甲於術後因考慮加護中心之感染問題，而將病人送至普通病房，此舉與醫療常規不完全相符。」、「一般而言，各級醫院的加護病房在照顧醫護人力配置、生理監測設備及各項量表觀測頻度，其質與量皆優於一般病房之照顧作業。」、「Z 醫院屬區域級醫院，原設有加護病房與普通病房，兩者之常規照顧內容及頻度有明顯差異。」、「依現有卷證資料，尚無證據證明 Z 醫院當時加護病房已滿床，或各科別加護病房均有收治高度危險之傳染性疾病病人，以致不宜將本案病人送入加護病房觀察照護或無加護病房可送。」自明。由上開鑑定意見可知，被告於病患 G 本案手術後未將之送加護病房，已不符前述鑑定意見所稱之應有處置。

(4) 固然，「一般而言，加護病房確實較一般病房容易發生感染，其相對感染機率約有五至十倍。」，此為第二次鑑定意見所提及。家屬 A 也證稱，在本案手術後，其伯父提議將病患 G 送加護病房時，被告確實曾說加護病房比較容易感染。但縱考量此因素而於本案手術後將病患 G 送一般病房，亦非毫無可在一般病房提高病患 G 術後監護照護密度之途徑。例如：以 ON Special Care routine 等相類意旨之文字為醫囑，或以其他方法促請醫事人員加強觀察照護，或為病患 G 裝設生命徵象監測儀器，使病患 G 接受較高密度之監護照護。而肝臟切除後出血之情形，可在量測血氧飽和度、血壓、心跳、呼吸次數等基本生命徵象的變化中早期觀察出來（術後出血會使血氧

飽和度、血壓會降低，脈搏變弱而快，呼吸加快）。但被告竟然於術後醫囑（post OP order）記載「ON Ward routine」（按一般病房常規），也就是請護理人員僅按照一般住院病患之照護常規處理即可。使護士不知要提高病患 G 之監護照護密度，俾便本案風險一旦發生時，及早發現並通知醫師即時治療。而被告應注意上情，且依當時之臺灣醫療水準、Z 醫院規模、該院器材設備、人力配置充足、並無大量傷患湧入或有其他緊急狀況及其他一切情狀（例如，為病患 G 安裝一台生命徵象監視器所需成本無非電費與機器折舊，相較不提高防範所可能產生之風險即高致死率的併發症，係屬甚微等），無不能注意情事，竟不注意使病患 G 於本案術後能接受較高密度之監護照護，其有本案過失乙節，至為灼然。

(5) 雖然被告辯稱其醫囑病患 G 術後一天輸液 2200mL、投予預防性抗生素、維他命 K1、止痛藥 Demerol、止血劑、新鮮血漿 FFP（一天 6U）等，護理人員亦遵循照護密度較高之術後病房常規，「（ON Ward routine）手術後病房照顧病人的常規，也可以這麼寫，但在醫院裡面對手術後的病人照顧有一定的常規，並不需要特別去註明該多久去探視一次，或該多久去換藥，因為在執行過程中護理人員會按照做治療的程序去探視。」但查，被告本案手術後醫囑之該等輸液給藥措施，均與提高監護照護密度無關。

(6) 至於被告雖於本案術後醫囑後之不詳時間（日期記載為「7 月 13 日 10 時 30 分」，但恐係「7 月 13 日下午 10 時 30 分」之誤寫，因為病患 G 於 7 月 13 日下午 10 時 20 分轉入加護病房），為醫囑更新（order renew）。將原先的本案術後醫囑中「ON Ward routine」變更為「ON ICU routine」（按加護病房常規），此觀本案病歷第一二一頁自明。此固然符合病患 G 被送入加護病房後應有之高度照護密度醫囑，然此調整已遲，無法解免被告未於本案手術後妥適提升病患 G 監護照護密度，以及因此所造成之不幸結果所應負之責。

(7) 又本案手術，屬重大手術（major surgery），是否不符合「全民健

康保險醫療費用支付標準」所列入住加護病房之要件已值懷疑。況該標準之制定目的並非用以拘束醫師之臨床判斷。換言之，醫師也不可以持該標準充作醫療上作為與不作為之依據。再者，術後縱將病患 G 送一般病房，被告也有其他提高病患 G 監護照護密度之方式等節，本院已論述明確。是毋論被告所辯「依『全民健康保險醫療費用支付標準』所載，使用加護病床患者，應以手術後仍需輔助性治療或生命徵象不穩定，或其他危篤重症危及生命者為限」是否屬實，均不足以為被告有利之判斷。

3. 被告若能妥適提高病患 G 本案手術後監護照護密度，可及早發現病患 G 發生肝切除術後出血而即時進行治療，並大幅提升病患 G 之存活機率。病患 G 因被告之本案過失，以致直到病患 G 發生本案休克之嚴重狀況後才察覺病患 G 出現肝切除術後出血，並因本案休克後導致凝血功能不良、腹膜腔內持續出血而不治死亡，病患 G 之死亡結果與被告之本案過失間有相當因果關係。

4. 醫師醫療行為錯誤之業務過失責任與醫師未盡告知同意責任分屬醫師的不同注意義務體系，不可混為一談。因被告未妥適提高病患 G 本案手術後之監護照護密度，致無法及早發現病患 G 產生肝切除術後出血並即時治療，使病患 G 最終因此死亡，其有業務過失致死之行為。故縱使被告係經病患 G 家屬同意後方將病患 G 送往一般病房，亦不解免被告醫療行為錯誤之業務過失責任，何況被告僅為部分片面之告知，仍屬未盡告知說明之義務。病患 G 家屬於資訊不完全之情況下所為之同意，依然不符合告知同意法則。

5. 綜上所述，本案休克之導因是肝切除術後出血所致的出血性休克，而非心因性休克。而本案手術具有高致命危險性術後併發症之相當程度發生風險，毋論病患 G 術前評估是否宜於接受本案手術、手術過程是否順利、術後第一時間生命徵象是否穩定，被告均應注意使病患 G 於本案術後能接受較高密度之監護照護，例如將病患 G 送加護病房，或雖將病患 G 送至一般病房，但促請相關醫事人員給予其較高密度之監

護照護，或安裝生命徵象監視儀器。且依案發當時之臺灣醫療水準、仁愛醫院規模、該院器材設備、人力配置充足、並無大量傷患湧入或有其他緊急狀況及其他一切情狀，無不能注意情事，竟不注意，率爾的將病患 G 送回一般病房，且於醫囑單載明請當班護理人員僅按照一般住院病患之照護常規處理便可。使護士不知要提高病患 G 之監護照護密度，俾便本案風險一旦發生時，及早發現並通知醫師即時治療。被告之處置嚴重偏離醫療常規與合理之臨床裁量，違反注意義務情節嚴重，其本案過失彰彰甚明。又被告若能妥適提高病患 G 本案手術後監護照護密度，可及早發現病患 G 發生肝切除術後出血而即時進行治療，並大幅提升病患 G 之存活機率。

病患 G 因被告之本案過失，以致直到病患 G 發生本案休克之嚴重狀況後才察覺病患 G 出現肝切除術後出血，並因本案休克後導致凝血功能不良、腹膜腔內持續出血而不治死亡，病患 G 之死亡結果與被告之本案過失間有相當因果關係。且醫師醫療行為錯誤之業務過失責任與醫師未盡告知同意責任分屬醫師的不同注意義務體系，不可混為一談。因被告未妥適提高病患 G 本案手術後之監護照護密度，致無法及早發現病患 G 產生肝切除術後出血並即時治療，使病患 G 最終因此死亡，其有業務過失致死之行為。故縱使被告係經病患 G 家屬同意後方將病患 G 送往一般病房，亦不解免被告醫療行為錯誤之業務過失責任，何況被告僅為部分片面之告知，仍屬未盡告知說明之義務。病患 G 家屬於資訊不完全之情況下所為之同意，依然不符合告知同意法則。

又本案被告只要稍加注意，醫囑提升術後照護義務（請醫事人員較密集觀察或連結生命徵象監測儀器），便可有效即時發現本案風險之發生，並立刻治療，大幅減少死亡率、提升治癒率。此與醫療不確定性、個體差異無涉，被告明顯應為而不為，未於適當時機採取耗費成本少、對病患 G 幾無侵害卻極度有利之處置，顯著不合醫療常規，逾越臨床裁量、違反注意義務情節嚴重。本案事證明確，被告所辯不足採信，其犯行洵堪認定。

二、上訴審判決概述

　　如前述，一審法院認為，醫師若能妥適提高病患 G 本案手術後監護照護密度，可及早發現病患 G 發生肝切除術後出血而即時進行治療，並大幅提升存活機率。被告甲只要稍加注意，醫囑提升術後照護義務（請醫事人員較密集觀察或連結生命徵象監測儀器），便可有效即時發現本案風險之發生，並立刻治療，大幅減少死亡率、提升治癒率。此與醫療不確定性、個體差異無涉，被告甲明顯應為而不為，未於適當時機採取耗費成本少、對病患幾無侵害卻極度有利之處置（指提升監護照護密度），顯著不合醫療常規，逾越臨床裁量、違反注意義務情節嚴重，成立業務過失致人於死罪。被告甲對此不服，上訴至臺灣高等法院高等法院（下稱二審法院）。

　　二審法院參考醫審會三次鑑定意見，審理重心在於如何採認醫審會鑑定意見。二審法院質疑醫審會究竟如何認定術後感染、出血、肝衰竭及膽汁滲漏乃最為常見之併發症？又係依據何等事實及病歷資料，而認定病患 G 有發生肝衰竭、出血之併發症之可能？醫審會第一、二次鑑定意見書均乏所據，自無可採。二審法院亦認為，病患 G 之死亡與本案手術後有無將病患送加護病房無因果關係，且醫審會認為肝臟切除術後出血若早期發現，可大幅降低死亡率等，並非事實。

　　二審法院強調，被告甲一再辯稱病患 G 於手術後當日晚間 8 時許休克，係屬心因性休克，非鑑定意旨所指之出血性休克，並提出相關數據及文獻資料佐證。然判斷被告甲有無醫療過失之重點，不完全在於認定病患 G 當時之休克，「實際上」是心因性休克或出血性休克；應審究之重點毋寧在於被告甲以其當時具備之醫療專業，依其在現實合理之照護義務、時間分配下，與其所屬醫療團隊分工合作，依其所應盡之職責，就其當時所能獲知掌握之相關護理紀錄、檢驗數據資料予以研判，依此所為之醫療判斷與診治，有無顯然違誤或遲延救護時間之情形。

　　最後之結論：病患 G 於術前之體質評估良好，醫療風險低，術後生

理徵象穩定，得由主治醫師依其臨床經驗評估是否需送加護病房照護；而加護病房之感染機會較高，術後感染亦為肝臟切除手術常見之併發症，此為醫審會鑑定意見所指明；又依 Z 醫院 98-100 年間切除肝葉大於 3 節之手術病例，有 60% 以上之比例術後未入住加護病房，被告甲術後未將病患 G 送至加護病房，尚難認有違反醫療常規之情；再被告甲於術後醫囑上已載明「Post OP Order」，且為相關用藥醫囑，再依本案護理紀錄記載被告甲與護理人員探視及照護之頻率，如何認定其實際照護內容與頻度有何缺失，尚未見醫審會鑑定報告具體指明；而卷內亦乏證據足認被告甲未將病患 G 送至加護病房之醫療決策，有違合理之醫療專業裁量，且為病患 G 發生死亡結果之關鍵原因，而有相當因果關係存在。

　　次就被告甲是否疏未「及早確診病患 G 為手術出血及為止血治療」部分，鑑定報告亦認關於肝衰竭或肝切除手術後出血之結果數據，因眾說紛紜，無適當明確代表數值，則得否以鑑定報告所引之上開出血發生率及死亡率數值，作為判斷被告甲有無醫療疏失之依據，已屬有疑。又被告甲於手術當日晚間 6 時許探視病患 G 時，護理紀錄尚無「出血」之記載，病患 G 亦尚未出現休克徵狀，發生休克後內外科值班醫師即進行急救；而卷內並無證據足認被告甲在合理之照護分工義務下，有遲誤時間未迅予診治病患 G 之情形；且無證據足認被告甲得知病患 G 及獲悉相關血液檢查數據時，依當時 Z 醫院之軟硬體醫療資源與人力配置，能於 6 小時內完成前揭以血管攝影確診及栓塞止血，或再度剖腹探查合併止血之醫療行為；復無足夠證據得證，直接再度剖腹探查合併止血，能降低病患 G 之死亡率；況依被告甲所提出之文獻資料比對病患 G 之心肌酵素酶數值，被告甲當時懷疑病患 G 係心因性休克，亦非全然無據。起訴書所舉及卷內所存之事證，尚不足使本院形成確切心證，認定被告甲確有違反醫療上必要之注意義務，且逾越合理臨床專業裁量之情，並因此致生病患 G 死亡之結果，而有過失或業務過失致死之犯行。此外，復查無其他積極證據足證被告甲有起訴書所指之上開犯行，被告甲犯罪尚屬不能證明，自應為其無罪之諭知。因而撤銷第一審判決，改判無罪。

三、延伸思考

問題一：醫師決定將病患於術後進入普通病房而非加護病房之決定，是否為醫師合理臨床專業裁量？如果病患家屬堅持要進加護病房，能否適用醫療倫理中之公平正義原則（justice）來論證醫師醫療決定之合理性？

問題二：本件二審判決醫師無罪理由之一為「加護病房之感染機會較高」，法院是否援引實證醫學資料作為採信這項證據之依據？

四、判決來源

第三部分

上訴證據取捨評析

　　證據之證明力，由法院本於確信自由判斷，但不得違背經驗法則及論理法則，刑事訴訟法第155條第1項定有明文。醫療糾紛之舉證，主要依賴之證據來源為專家鑑定報告、關係人之證詞、醫院紀錄與法院外之文書，比如病患之病歷、醫學教科書、醫學期刊論文或臨床醫療指引等。然而不同證據類型於醫療糾紛訴訟衍生的證明力問題不同，有分別討論之需要。

　　因此第三部分以中冊選錄之上訴案為例，檢視我國司法實務就醫療糾紛相關證據之取捨原則，以高等法院與最高法院之見解為主，並佐以相對應之美國證據法與判例供讀者做比較探討之參考。

　　美國證據法之傳聞（Hearsay）是指用於證實主張為真的法院外之陳述。傳聞一般而言不得採納為法庭證據，除非該陳述屬於幾種例外之情況，比如該陳述屬於業務紀錄（business record）、為病患生前之口頭陳述（deadman's statute）或供認（admission）等，後者專指對己不利之陳述（declaration against interest）。如不屬於任何例外情形，則傳聞之陳述者或記載者須出庭接受交互詰問（cross examination），否則該陳述不得被採納為證據。

一、專家鑑定報告

　　證據依其內容性質之不同，可分為體驗供述與意見供述。證人就其親身體驗事實所為之陳述具有不可替代性，依法自有證據能力。意見證據因非以個人經歷體驗之事實為基礎，為避免流於個人主觀偏見與錯誤臆測之危險，無證據能力。惟若證人以其直接體驗之事實為基礎，所為之意見或推測，而具備客觀性、不可替代性者，因並非單純之意見或推測，自可容許為判斷依據[1]。

　　鑑定人就其鑑定之經過及結果予以記載所作成之書面，如符合我國刑事訴訟法第206條第1項、第208條之規定，即屬同法第159條第1項之「除法律有規定者外」之情形，自仍具證據能力，而不受傳聞法則之規範（參照最高

---

[1]　最高法院102年度台上字第3161號判決。

法院 98 年度台上字第 2037 號判決）；囑託機關鑑定，並無必須命實施鑑定之人爲具結之規定，刑事訴訟法第 208 條第 1 項，已將該法第 202 條關於鑑定人之具結義務之規定排除，未在準用之列即明（參照最高法院 98 年度台上字第 6580 號判決）。因而行政院衛生署（現衛生福利部）之鑑定意見或補充說明，均係法院或檢察官委託行政院衛生署醫事審查委員會鑑定後製作之書面報告，以及就鑑定結果所爲之補充說明，均認有證據能力。

然而，鑑定意見是否可採，乃屬證據取捨及其證明力判斷之問題，此爲事實審法院之職權，並非案件一經鑑定，審理事實之法院必受鑑定意見之拘束。

當鑑定意見書有多份時，則「應就全部意見，參酌卷內其他證據資料爲綜合歸納之觀察，依經驗及論理法則衡情度理，本於確信客觀判斷，方符眞實發見主義之精神。如僅擷取其中之片言隻語，予以割裂分別評價，自欠缺合理性而與事理不侔，即與論理法則有所違背。[2]」

我國最高法院雖曾引用「傳聞法則」，而認定鑑定人所出具之書面報告具證據能力[3]，但反觀美國證據法，專家鑑定意見書並不能單獨被採納爲法庭證據，因鑑定意見並非屬於傳聞法則下之任何例外情況，唯有當鑑定人能夠出庭接受交互詰問，則其就特定訴訟案件所出具的書面鑑定報告方可採納爲證據[4]。

（一）專家證人之資格限制

我國醫事審議委員出具之鑑定意見書爲匿名制，因而對鑑定人之專家資格質疑僅能見於第二十案【診所難產引產案】等少數案件，該案第二審法院認爲辯護人以證人法醫係牙醫系畢業及解剖經驗不足，而忽視證人其後法醫學及病理學之專業知識之進修及訓練與豐富之經驗，及本件事證之明確，而質疑其本件之病理解剖鑑定報告之認定，自屬漫行指摘之詞，亦無足取。高等法院認爲

---

[2] 同前註。

[3] 最高法院98年度台上字第2037號判決。

[4] Wilson v. Bodian, 130 A.D.2d, 221 229-30 (N.Y. App. Div. 1987); Komar v. Showers, 227 A.D.2d 135, 136 (N.Y. App. Div. 1996).

證人法醫現爲中山醫學大學病理學的教授，教授病理學及法醫學，且擔任地方法院檢察署義務法醫多年，其自有良好之法醫學及病理學專業知識及訓練與相當豐富之經驗。

　　一般而言，美國證據法規定，除非醫學專家之實務經驗或教學與被告醫師隸屬相同醫學領域，否則不得就何爲該領域之醫療常規作證。在 *Dubois v. Brantley* 案中，專家證人爲一般科醫師，其在過去五年間雖不曾以腹腔鏡手術修復臍疝氣，但曾實施其他腹腔鏡手術，故喬治亞州最高法院認爲其不曾執行相同手術，並不影響該證人對於腹腔鏡手術所造成之穿刺的知識與熟悉度。[5]

（二）當不採信單一鑑定時

　　當僅有單一鑑定意見，而法院不願採納時，法院應尋求原鑑定機構就有疑問之處加以釐清、或尋求其他具有相關專業之機構提供鑑定意見加以佐證，而不應未經調查遽下結論。比如在第一案【幼童持續腹痛治療案】中，醫審會之鑑定意見認爲「病人致死之原因較可能是由於病情變化太快所致之猝死，並非延誤診療所致」。然高等法院卻認爲，雖鑑定意見認診治過程難認有疏失，本件被告醫師僅依病患超音波檢查、血清 SGOT 數值 180 及腹痛、嘔吐症狀，即診斷病患係患急性肝炎及胃炎，其誤診在先，嗣病患辦理急診住院後，亦僅給予急性肝炎之支持性療法，任令病患嘔吐、腹痛不已，未再給予進一步檢查，追蹤病情探究病因，致病患因急性心肌炎，併發上消化道出血死亡，被告醫師對於病患之死亡，顯有過失，且其過失行爲與病患之死亡間，存有相當因果關係。被告醫師不服，上訴至最高法院。最高法院認爲此攸關認定被告有無原判決所認定不作爲及因而導致病患不治死亡之情事，高等法院未調查其他證據資料以爲上揭認定之依據，自難謂無調查職責未盡之違誤。

（三）當鑑定措辭不明確

　　專家鑑定意見如使用「不建議」、「應考慮」等不確定用語，或是其意見

---

[5] *Dubois v. Brantley*, 297 Ga. 575 (Ga. 2015).

無從爲結論性的判定，並足以影響判決結果，則法院應請其詳予補正敘明，於必要時並得命鑑定之人以言詞說明。

在第十五案【戒毒併發症耽誤急救時機案】中，第二審法院敘明數項鑑定意見是否採選之理由，其中關於醫審會鑑定意見之判決爲「既無從爲『結論性的判定』，即不足爲被告之不利事證」；其關於彰化 C 醫院鑑定報告之判決爲「僅能說明被告之醫療品質或有不周，但是無法確認被告此項不周與病患之死亡有相當因果關係，並不足爲被告不利之認定」；另關於 C 醫院鑑定報告之判決則爲「似未詳閱卷證亦未能依據本院函請得訊問被告之函處理，是鑑定過程簡略不實不盡，不足爲被告不利之參考」。然而最高法院指出，原判決（第二審判決）所謂各該鑑定書就被告前開疏失「無法確認」、「並未敘明」與病患死亡間有無因果關係，如係指前開鑑定報告書記載欠明，自應請其詳予補正敘明，於必要時並得命鑑定之人以言詞說明，因此原判決有調查職責未盡及判決理由欠備之違法。惟高等法院於更一審改稱醫審會之「鑑定程序已力求客觀，又係多數專家之共同意見，極具參考價值，且該委員會鑑定報告內容詳實，對導致肺水腫、吸入性肺炎之成因及本件醫療處置不當之處，分析細緻，相較本件其他醫院之鑑定報告，自較可探。」

另在第三十一案【車禍呼吸道阻塞窒息案】中，關於 Haloperidol 藥物，醫審會鑑定書有認其副作用同爲嗜睡、姿勢性低血壓、外椎體震顫，原則上在頭部創傷病人「不建議」使用，因更易導致呼吸抑制。然 Haloperidol 雖可能有包含呼吸抑制在內之副作用產生，並非一定會有該副作用發生，且僅對於頭部外傷引發焦躁之病患一般「不建議」使用而已，惟亦非可謂絕對不可加以使用；以及如果單就快速插管法（RSI），使用動脈血氧飽和偵測即可，並非一定要使用動脈血氧分析。但如果爲急救過程呼吸插管，動脈血氧分析仍「應考慮」使用。最高法院認爲鑑定意見或屬不確定之意見，或爲建議或應考慮事項，或與卷內證據資料不符，自當摒棄，雖原審未再說明此等部分不予採信之理由，惟不影響於判決結果，因此不能據爲合法上訴第三審之理由。

（四）當鑑定意見相互矛盾

當有多份鑑定意見，且鑑定意見之間相互矛盾時，法院不得僅選擇性的挑揀相左鑑定意見中有利於單方論證的部分，而無視鑑定意見相互矛盾之部分。當鑑定意見相互矛盾，且無其他積極事證時，就刑法之目的而言，當以無罪判決為宜。

在第二案【膽結石腹腔鏡手術併發症案】中，醫審會第三次鑑定意見認為從臨床觀點而言，病患死因應與其本身身體狀況（如年紀大及心肺功能差）及休克時間長，以致急救效果不佳有關。惟第二審判決僅引據「被告為病患作腹腔鏡手術及術後內出血急救手術醫療過程與病患之死亡結果間有因果關係，係有疏失」之鑑定意見。最高法院因而認為第二審未深入究明，遽採法醫中心解剖鑑定結果作為判處醫師罪刑之證據，而與本件第三次鑑定結果不同，最高法院認為第二審有證據上理由矛盾之違法。況且，本件被告否認有醫療過失行為，事涉醫事專業，被告於原審聲請本件送請中華民國內視鏡外科醫學會及中華民國胸腔及重症加護醫學會鑑定，就案情確有調查之必要，原判決卻於理由欄內謂「即無必要」，尚嫌率斷。經發回更審再上訴，最高法院仍認為高等法院對同一醫審會，前後三次之鑑定意見內容竟不一致且有多處互相矛盾，未詳加勾稽，斟酌取捨，仍綜合予以引用為論罪科刑之依據，顯有判決所載理由矛盾之違背法令。

在第三案【診所抽指手術栓塞案】中，最高法院認為，法務部法醫研究所鑑定書與醫審會之鑑定書等二份鑑定書就病患之死因認定不同，究以何者可採，原判決自應於理由內詳細說明其取捨之心證理由，原判決竟僅以法醫研究所之鑑定係根據解剖，而醫審會係就醫護人員有無過失審議，即認為法醫研究所之鑑定結果可採，而未詳敘其取捨之心證理由，自嫌理由欠備。況且原審未予究明，即採用法醫研究所關於病患死亡原因及醫審會關於診所疏於術後照顧病患之鑑定意見為判決基礎，亦難謂與採證法則無違。

在第三十五案【心肌梗塞治療不合醫療常規案】中，第二審認為兩份鑑定均先認為被告應儘快請其主治醫師診斷，並會診心臟內科醫師，而被告僅採取

「被動保守」之觀察措施，而「延誤」處置上應早期使用相關藥物治療之時間，意謂被告有處置上之疏失，然何謂「被動保守」？如何「延誤」？鑑定書均未具體載明。鑑定書最後又認被告資淺經驗不足，其是否可歸責，仍有商榷，顯見鑑定意見就被告是否究責之認定，前後論述已有所矛盾。故第二審就該兩份鑑定書均不採用。

　　在第十案【白內障術後眼內感染案】中，第二審法院依被告等之聲請送請中華民國眼科醫學會鑑定結果，其關於被告疏失之認定，與第一審醫審會鑑定之見解不一致，因此被告改判無罪。

二、關係人之證詞

　　一般而言，醫療糾紛訴訟關係人僅能就其親自知悉（personal knowledge）之事實作證，但在我國司法實務不乏採納告訴人或被告之同事的意見為證據的案例，是否適當有待商榷。本節並討論測謊結果之證據能力、由被告醫師作證病患（原告）先前所為有利被告之關於診斷或治療的陳述，以及病患生前陳述（deadman's statute）作為可採納證據之適當性與其限制。

　　在第三十一案【車禍呼吸道阻塞窒息案】中，證人於高等法院審理中證稱：被告醫療行為適當、無過失。惟第二審認為證人於案發時為該醫院之住院醫師，僅協助被告為本件醫療行為，尚須聽從被告之指示為之，如何判斷被告所為醫療行為是否適當，且渠並非鑑定證人，是渠僅能就有關本案之親身見聞經過為證言，就被告所為醫療行為是否適當之證言，縱檢察官與被告均不爭執其證據能力，依刑事訴訟法第160條之規定，亦無證據能力，自不能以之為被告有利之認定。但最高法院認為，證人係住院醫師，於被告為病患急救時在場，其關於急救當日被告為病患治療過程之陳述，雖包含其親自見聞與意見供述，惟其意見陳述乃本於實際醫療經驗為基礎，且為第一線人員，具備不可替代性，並已依法具結，採信其證言，於法並無不合。

　　在第二十三案【腹腔廣泛性膿瘍引流案】中，三位醫師證人供述，在病患

轉診至該醫院時，其生命狀況已不穩定，且已有敗血症的徵兆，爲謀求病患生命最大的利益，而採取經皮引流的方式爲病患治療。證人醫師亦供述，病患轉至外科時病症還算穩定，雖病患有發燒的情形，但造成病患發燒的因素尚包括營養不良、長期使用抗生素、身體發炎等因素，是難以認定係由被告治療所造成。最高法院認爲三位與被告同醫院之醫師證人均爲病患之臨床醫師，對病患之症狀最爲瞭解，所爲證詞自堪採信。

在第三十三案【心肌梗塞併左心室破裂案】中，第二審未採信與被告同醫院之醫師證人證詞，因病患之死因鑑定爲心肌梗塞導致心臟破裂，該證人認爲理論上這是非常嚴重的心肌梗塞，如病患出院時有嚴重心肌梗塞，不可能出院後還有辦法「下田工作」。惟高等法院認爲該案並無證據證明病患離開急診室後，有下田耕作之事實，而認定證人係受到被告方面資訊所誤導，且證人雖與被告同醫院，但其並非實際對病患診治之醫師，因此證人所爲之意見，難爲被告有利之認定。

在第二十三案【腹腔廣泛性膿瘍引流案】中，告訴人就被告是否有醫療過失，稱「我認爲甲醫師責任輕微，以我觀察甲醫師確實不錯，他的醫德我認爲可圈可點，沒有任何抱怨」。告訴人爲病患之兄，檢察官上訴質疑其陳述乃個人意見，原判決以之作爲被告無罪判決之依據，其採證自有違誤。惟最高法院認爲告訴人（病患之兄，職業爲藥師）之證詞，係就其醫藥背景及自病患生病住院至死亡期間，長期陪伴並照護病患，對醫療過程所見所聞之證述，並非單純之個人意見或傳聞之詞，又別無證據足資證明告訴人之證述有虛僞不實之客觀情形，原判決採爲證據，並無不合。

如前一節所述，美國證據法對於擔任醫療糾紛訴訟之意見證人資格有嚴格限制，以佛羅里達州爲例，出具意見的證人如爲專科醫師（specialist），則其在系爭醫療行爲發生前至少應有連續三年以上在該專科之實務或教學經驗；如其爲一般科醫師（general practitioner），其在系爭醫療行爲發生前至少應有連續五年以上實務或教學經驗。治療病患之醫師，只有當其爲病患受有系爭醫療行爲之傷害後，方爲該病患進行治療者，才可出具意見證據。更甚者，該州甚

至禁止傳喚被告醫師之同事擔任意見證人[6]。換言之，醫療訴訟關係人原則上僅能就其所親自知悉的事實做證。

有關測謊結果證據能力之討論，可參考第二十案【診所難產引產案】，該案檢察官經被告同意，而囑託內政部警政署刑事警察局對被告測謊，其鑑定結果，認定被告於受測前會談所稱，其於醫院接生時，未使用真空吸引器，經測試結果卻呈不實反應乙情。第二審核閱上開測謊之鑑定報告，其在形式上已符合測謊基本程式要件，包括經受測人同意配合等之要件，認即應賦予證據能力，又測謊之結果固不足為認定犯罪之唯一證據，惟非不能以之為佐證。惟更一審認為本案既無從證明被告有以真空吸引器助產之行為，自無從進而推論病患死亡時右頭側血腫係因被告使用真空吸引器助產所致，復查無其他證據可資證明上情，是以此部分測謊鑑定之內容，自不得採為認定被告有罪判決之唯一證據。

醫師在相當程度上須依賴病患的陳述，以決定應採取何種診斷方式，以及何等治療為適當，畢竟並非所有病情之可能性皆可藉由儀器加以準確偵測或預測。在第三十三案【心肌梗塞併左心室破裂案】中，高等法院認為被告對病患施打止痛劑後，是否已確實緩解病患的胸痛，並非無疑，若僅因病患表示已不疼痛，即認定該止痛劑已發揮緩解病患胸痛的狀況，進而認定病患的胸痛並非心肌梗塞造成之「心因性疼痛」，顯然缺乏被告就本件個案提出其醫療上的數據或證明，以實其說。反之，相較在第三十三案【心肌梗塞併左心室破裂案】中，最高法院認為以本件心電圖所顯示情形，及儀器出現警示文字，被告既自承看過本件心電圖，依其醫療專業，應知不能等閒視之，不可逕自排除罹患「急性心肌梗塞」之可能性，應依一般醫療常規，安排其他檢查或留院觀察一段時間，甚至照會心臟專科醫師等進一步處置，以確認病症。否則何必進行心電圖檢查，徒然耗費心力及醫療資源。

6　F.S. § 766.102(6); F.S. § 766.202(6); Domnick, Cunningham & Yaffa, Expert Witnesses in Florida Medical Malpractice Cases, available at https://www.pbglaw.com/medical-malpractice-litigation/expert-witnesses/ (last accessed Dec. 10, 2023).

　　基於病患應據實向醫師陳述其症狀，以確保醫師能做出適當診斷與治療處置的假設[7]，美國聯邦證據規則803(4)允許被告醫師就病患求醫時所爲關於其個人病史、過去或現在的症狀或感覺、以及其起始或一般成因之陳述，加以作證並採納爲法庭證據[8]，而不因其爲法庭外之陳述而受傳聞法則之限制。然而病患亦有可能因其他理由而向醫師揭露病情，因此在 *United States v. Iron SHells* 案中，美國聯邦第八巡迴上訴法院限縮該規則之適用性，認爲惟有當病患做該陳述之動機與促進治療之動機一致、且醫師有合理的基礎可相信病患對症狀的陳述得用於診斷或治療時，病患先前之陳述方可經由被告醫師之證詞而被採納爲證據[9]。

　　關於病患生前之陳述是否可採納爲證據，在第二十三案【腹腔廣泛性膿瘍引流案】中，第二審認爲，被告雖辯稱其當時已告知病患及家屬敗血症患者手術之風險，病患及家屬知悉風險後，即表示拒絕手術治療，因醫院並無「病患拒絕手術同意書」之設置，故未留下該項告知紀錄。但依住院病歷既載有「病患要求手術」之積極性求救文字，苟被告當時確有告知手術風險，致病患及家屬拒絕手術或接受不爲手術之建議，被告理當記載於病歷，以明其回應病患之要求事項，但被告並未爲此項記載，其事後改稱有爲此項告知，尚無足採。

　　基於已逝者無法出庭爲己做證，美國證據法之例外情況允許病患生前之陳述（deadman's statute）被採納爲證據。惟紐約州針對病患生前簽署之不遵醫囑同意書是否可採納爲證據做出限制。在 *Grechko v. Maimonides Med. Ctr.* 案中，爲病患生前之陳述做證的證人僅有兩名被告醫師，因被告爲病患不遵醫囑同意書之關係人（interested parties），且該不遵醫囑同意書亦不屬於傳聞法則下之業務紀錄或供認等例外情況，因而不得被採納爲證據[10]。

---

[7]　Marc D. Ginsberg, The Reliability of Statements Made for Medical Diagnosis or Treatment: a Medical-Legal Analysis of a Hearsay Exception, 54 UIC L. REV. 679, 681 (2021).

[8]　Fed. R. Evid. 803(4).

[9]　*United States v. Iron Shell*, 633 F.2d 77, 84 (8th Cir. 1980), *cert. denied*, 450 U.S. 1001 (1981).

[10]　*Grechko v. Maimonides Med. Ctr.*, 188 A.D.3d 832 (N.Y. App. Div. 2020).

三、醫院紀錄與法院外之文書

　　醫院紀錄就其本質與內容而言，可大致區分為病患入院時由護理師或醫師所作之紀錄、病患之病史、用藥或治療紀錄、護理師所作的註解、病患出院或死亡紀錄，以及醫院或診所依法出具的其他證明等。這些紀錄或包含登載者所親自知悉的資訊、護理師或診斷者依據直接觀察而推論所得的意見、或是登載者依據病患或病患之代理人之陳述所作的紀錄不等[11]。

　　我國規定醫師於執行業務時，應製作病歷，記載病人姓名、出生年、月、日、性別、職業、病名、診斷及治療情形等，醫師法第 12 條定有明文。但在特殊情形下施行急救，無法製作病歷者，則不在此限。

　　除病歷等醫院紀錄以外，經常用於醫療糾紛訴訟舉證的法院外之文書尚包括臨床醫療指引（Clinical medical practice guidelines）、醫學教科書以及期刊論文等。一般而言，法院外之陳述除非符合傳聞法則下的任一例外情形、或作此陳述者能夠出庭接受交互詰問，否則美國證據法禁止採納為證據。

（一）病歷登載者須對事實親自知悉

　　關於病歷登載者對於其所登載事項是否親自知悉，在第三十五案【心肌梗塞治療不合醫療常規案】中，第一審認為證人護理師所為之證詞如屬實，顯見其在急診護理紀錄上為「目前無不適」之記載，並非經由其直接對病人做任何檢查，或經由口頭詢問後，得自病人或其家屬所為之口頭陳述而後據以記載，此一記載純屬其基於「病人未告知」之情形下所為之記載，不足以據此認病人當時並無不適。是被告尚難執證人前揭基於「病人未告知不舒服」下所為之「目前無不適」之護理紀錄，作為解免其消極不為適當醫療作為之正當理由。

　　美國聯邦證據規則 803(6)，亦即傳聞法則下之業務紀錄例外，規定登載規

11　Robert E. Powell, Admissibility of Hospital Records into Evidence, 21 MD. L. REV. 22, 23 (1961).

律尋常事項之紀錄，如是由對該登載事實親自知悉之人所登載或傳達，且未顯示其登載之資訊來源或準備方式或情況欠缺可信度，則無論該登載內容是關於事件、狀況、意見或診斷，均可採納爲證據 [12]。

（二）病歷未登載是否表示未發生

　　病歷未記載之事項是否可證明該事項未發生，在第四案【車禍未做神經學檢查案】中，鑑定意見質疑被告既已作過昏迷指數、兩側瞳孔大小及對光反應等神經學檢查，又爲何沒有把每一項的檢查結果記載於病歷上？故不能以神智清楚來涵蓋上述之每一項檢查的結果。被告辯稱已作過昏迷指數、兩側瞳孔大小及對光反應等神經學檢查，但歷審皆以當時急診室內並無其他病患，時間甚爲寬裕，被告何以未依醫師法規定將神經學檢查結果記載於病歷上，因而爲有罪之判決。惟最高法院認爲高等法院對於被告醫師有利之辯解，未說明不採之理由，因而其判決涉嫌理由不備。

　　在第八案【車禍腹傷治療案】中，最高法院認爲原判決對有利上訴人之證詞，如何不足採，未爲說明，遽以病歷上無會診之記載，即否定三名醫師證詞之可信性，即存有合理之可疑而悉予摒棄，自有理由不備之違誤。惟經發回更審再上訴，最高法院改而質疑三名作證醫師之一，以及非前述三名醫師之骨科醫師，此二人先前爲本件病患會診時皆有會診紀錄，如本件被告確曾至急診室會診，並以腹部超音波檢查病患腹部，何以未製作任何病歷紀錄及留存施作超音波之照片或圖像以供核稽？

　　在第十五案【戒毒併發症耽誤急救時機案】中，被告於警詢中自承「病患於住院期間，身體有出現躁動不安、胃腸不適、神智不清、血壓不穩及呼吸困難等『戒斷症狀』」，其於檢察官偵查中亦供稱「因爲病患已有『戒斷症候群』，所以施以支持療法」，第一審法院認爲足見被告對於病患於住院期間身體所出現之上開現象，均認爲係屬毒癮之戒斷症狀而已，此從被告在病患之病歷資料上，從未記載針對「肺水腫」、「吸入性肺炎」之診斷或病名及治療、

---

[12] Fed. R. Evid. 803(6).

處置、用藥之情形，亦可得證，亦即被告從未對病患是否因施用海洛因毒品致有肺水腫、吸入性肺炎等併發症進行積極之評估、治療或因而及時轉診他院接受治療或急救之事實，應堪認定。然第二審法院認為本件醫師之醫療品質或有不周，並無證據證明其醫療行為與病患之死亡有相當因果關係。

在第二十二案【支氣管內視鏡活體切片出血案】中，被告辯稱本件病患於發生出血時，適值施行支氣管鏡檢查，姿勢即屬「頭部後仰、輕壓下巴，以打開氣道」，被告根本無須改變病患之頭部姿勢，即可保持呼吸道暢通，其後緊急處理過程亦當然採取此一姿勢，且無庸於病歷另行記載係採取何種姿勢，經高等法院再次送請醫審會鑑定結果，亦認定「所謂『頭部後仰、輕壓下巴』，乃急救時為打開氣道，施行插管所採行之姿勢。施行支氣管鏡檢查，為使導管順利進入氣道，原本即採用此種姿勢」，足見被告所辯非無可採，自難認定被告有未盡維持呼吸道暢通救護之義務。

美國聯邦證據規則 803(7) 針對理應登載於業務紀錄而未見登載之情形，如其資訊之可能來源或其他情況未顯示其欠缺可信度，則可採納為該事項並不存在或未曾發生的證據[13]。

（三）事後竄改病歷之疑慮

關於病歷疑似遭竄改而影響可信度，在第十一案【子宮頸癌延誤診斷案】中，被告辯稱延誤是因病患拒絕內診。第一審法院依據調得醫院之病歷正本，病歷上關於拒絕內診（PT Refused To Do P.V）之位置，均係選擇在截章下方殘餘侷促之空白處填寫，且拒絕內診之字跡亦蓋過電腦列印紙，而被告復供稱「係寫完病歷後，打完電腦才由電腦列印出來，最後由護士（將電腦列印紙）貼上去的」。歷審法院因而認定「拒絕內診」之字跡，應係被告事後為卸責而加載。

在第三十九案【子宮外孕未為必要處置案】中，最高法院認為，被告究竟能否以及有無於事後修改孕婦之電子病歷資料內容，影響被告所提出孕婦電子

---

[13] Fed. R. Evid. 803(7).

病歷資料之憑信性暨其所辯是否可信之判斷，對被告之利益有重大關係，猶有深入調查釐清，並於理由內加以剖析論述說明之必要。第二審法院對上開疑點並未一併加以調查釐清，僅以臆測之詞謂無法排除被告有進入孕婦電子病歷檔案修改其病歷資料內容之高度可能性，遽認被告所提出之孕婦電子病歷資料不足採信，而為不利於上訴人之認定，難謂無應於審判期日調查之證據而未予調查之違法。

在第十三案【腎膿瘍尿量記錄案】中，病患之女於被告等二人說明治療過程時所記錄之手稿內容字跡潦草，多為片段字句，足見當時記錄之匆忙，病患之女作上開紀錄時是否有誤聽、誤記之情形，已有疑問，又上開手稿雖經被告等二人蓋章於上，惟被告等二人於當時經病患家屬要求立即說明病情，其解說過程中並有病患家屬打斷詢問、發言，則被告等二人當時心情之緊張可想而知，且被告等二人於手稿蓋章係於說明、記錄完畢之後，若該手稿內容記載有誤，被告等二人是否能僅憑記憶即時更正亦非無疑，第一審法院認為尚難僅以手稿內容與病歷記載不符即遽認被告等二人竄改病歷內容。上訴後，第二審法院就此部分維持原判。

（四）臨床醫療指引、教科書與期刊

關於臨床醫療指引（Clinical medical practice guidelines）是否可採納為證明醫療常規之證據，在第十七案【車禍空腸破裂案】中，被告舉證其對病患處置符合歐洲腹部創傷病人之早期處理原則，是伊處理並無延宕疏失，並提出醫學文獻原文影本 9 紙為證。第一審質疑倘如被告所稱，其所為之措施業已符合歐洲腹部創傷病人之早期處理原則，足見被告對病患腹部受有嚴重創傷之情事，確有相當之認識，又何以始終未能更進一步詳查病患是否因此生有空腸破裂之情事？

美國證據法限制臨床醫療指引不得單獨採納為證明該領域醫療常規之證據，因其欠缺對特定個案病患之考量，暗示醫師不須為個別病患行使專業判

斷。[14] 但如專家證人係依賴臨床醫療指引而形成其意見，且該專家資格符合相關證據法之標準，則其意見可被採納為證據。醫學教科書與期刊論文等文獻同樣受限於傳聞法則，不得單獨採納為證據，但可經由專家證人引用形成其意見[15]。

在第五案【膝關節手術併發腦脂肪栓塞案】中，病患於 1998 年高齡 87 歲時接受手術，該案鑑定意見質疑被告所提出之 18 篇相關研究報告中，其中 3 篇重複，2 篇為相同的作者，2 篇僅是摘要，而贊成兩側可同時開刀的，其論文發表年分分別為 1978 年、1985 年（2 篇）、1987 年、1994 年（2 篇）、1996 年（3 篇），且上揭贊成兩側可同時開刀的論文中所包括之病患平均年齡均未超過 70 歲。另外 2 篇則不贊成兩側同時開刀（發表年分為 1997 年、1999 年），認為人工膝關節置換手術，兩側同時施作，併發症比單側高，尤其是 80 歲以上的病患。最高法院認為第二審對於攸關被告是否違反客觀上必要注意義務之事項，未詳予調查，致此部分客觀重要之事實尚非明確，遽行判決，而有採證及職權調查未盡之違法。

另在第二十七案【骨折手術後骨髓炎加劇案】中，第二審認為告訴人所提長庚大學骨科系教授翁文能著文中提及，骨髓炎如未妥善治療，可能造成附近關節、肌肉攣縮等情；然該文並未證實其間之必然關聯，況本件告訴人於診斷為骨髓炎前，即已有關節僵硬之狀態。

現今網路及社群媒體充斥各種未經同僚審查之個人醫療意見或建議，一般人難以區辨其是否具有一定之客觀性或權威性，且看似專業客觀的意見是否出自非為治療或診斷之動機或目的，比如置入特定技術或醫藥之行銷等，經常難以區別。如放任涉訟人恣意引用於醫療糾紛訴訟，恐徒增司法困擾與負荷。再者鑑定文書往返動輒逾數月，若對於原鑑定有疑問甚且須多次函詢或再為鑑

---

[14] *Halls v. Kiyici*, 104 A.D.3d 502, 503-04 (N.Y. App. Div. 2013).

[15] *Spensieri v. Lasky*, 94 N.Y.2d 231, 237 (N.Y. Ct. App. 1999); *David v. Decter*, 2018 N.Y. Slip Op. 32366(U), 5-6 (Sup. Ct. N.Y. County 2018); *Lenzini v. Kessler*, 48 A.D.3d 220, 220 (N.Y. App. Div. 2008).

定，曠日廢時。參諸美國證據法透過對鑑定專家資格之嚴格限制、並要求出具意見書的專家須出庭接受交互詰問，藉此及時釐清對於其鑑定意見的疑問，並令說明鑑定意見中所引用之臨床醫療指引、教科書或期刊論文等文獻，爲何適用於特定病患之個案，以確保法庭外之文書採納爲證據之可信度與客觀性。

參考文獻與延伸閱讀（續上冊）

【中文文獻】

一、專書

王慰慈、崔德華譯，臨床診斷手冊（Maurice Kraytman, The Complete Patient History），出版年份不詳，台北：和記。

財團法人醫院評鑑暨醫療品質策進會（王拔群主編），常用品質中英文名詞對照表，初版，2018年，台北：財團法人醫院評鑑暨醫療品質策進會。

張雅億譯、姜冠宇審定，醫生我到底怎麼了？解謎54則匪夷所思的怪症病例，揭開病理邏輯與醫學盲點（Lisa Sanders DIAGNOSIS: Solving The Most Baffling Medical Mysteries），2020年，台北：城邦。

黃冠棠總編輯，台大內科住院醫師醫療手冊，4版，2012年，台北：國立臺灣大學醫學院。

黃鈺閔、王心薇、涂瑋瑛、李偉誠譯，EriC Topol著，AI醫療DEEP MEDICINE（Deep Medicine: How Artificial Intelligence can Make Health Care Human Again），2020年，台北：旗標。

鄭昌錡、連昭明、黃建達、歐良修、張寓智、謝明儒、傅仁輝、徐鵬偉、張玉喆、趙從賢、劉濟弘、潘恆之、林俊仁、曾美齡、江旻瑩、洪萁延譯，李石增校閱，學習臨床推理（Jerome Kassirer, Ohn Wong, RiZard Kopelman Learning Clinical Reasoning, 2/e），初版，2017年，台北：金名。

謝博生等主編，臨床內科學：疾病篇上冊，2版，1993年。

二、期刊論文

Gilbert Gornig原著，陳汶津、吳淑如、鄭文中譯，德國醫師責任法，高大法學論叢，10卷1期，2014年9月，頁213-25。

王皇玉，論醫療行為與業務上之正當行為，國立臺灣大學法學論叢，36卷
　　2期，2007年，頁41-91。

王皇玉，醫療過失中的因果關係：從邱小妹人球案談起，國立臺灣大學法
　　學論叢，41卷2期，2012年，頁725-793。

甘添貴、翁松釡，醫療常規與臨床專業裁量的法院實務觀察——以最高法
　　院98年度台上字第6890號刑事判決為評析核心，月旦醫事法報告，
　　49期，2020年11月，頁153-173。

吳志正，對病人安全通報法制之檢討與展望，月旦醫事法報告，1期，
　　2016年7月，頁68-82。

林東茂，刑事醫療過失探微——從一個案例說起，月旦法學雜誌，176
　　期，2009年1月，頁265-273。

林東茂，信賴原則的適用範疇與界限，東海大學法學研究，11期，1996年
　　12月，頁129-136。

洪兆承，論過失不作為犯的「注意義務」與「作為義務」之關係——從
　　「結果迴避義務」的理論發展談起，中原財經法學，40期，2018年6
　　月，頁129-183。

張家維、楊智傑，美國醫療錯誤揭露制度之研究——以美國醫療錯誤揭露
　　與賠償法案為中心，治未指錄，健康政策與法律論叢，3期，2015年
　　9月，頁135-164。

張凱鑫，日本法下應用AI影像診斷輔助系統之民事責任分配，月旦醫事
　　法報告，58期，2021年8月，頁41-57。

張麗卿，人工智慧醫療刑事責任風險之探討，輔仁法學，62期，2021年12
　　月，頁149-212。

張麗卿，刑事醫療判決關於告知義務變遷之研究，東海大學法學研究，39
　　期，2013年4月，頁99-179。

張麗卿，刑事醫療訴訟審判之實務與改革——兼評最高法院916年度台上
　　字第四七九三號判決，月旦法學雜誌，196期，2011年8月，頁160-
　　182。

張麗卿，醫療刑事責任認定與相關醫療法修正之探討，月旦法學雜誌，
　　223期，2013年12月，頁54-78。

張麗卿，醫療糾紛鑑定與刑事責任認定——以戒毒致死案為例，月旦法學

雜誌，157期，2008年6月，頁71-101

許辰舟，醫療過失刑事審判實務動向與理論之對照觀察，法官協會雜誌，9卷1期，2007年6月，頁77-93。

許澤天，過失不作為犯之結果歸責 —— 切除腫瘤成植物人案之評釋，月旦法學雜誌，183期，2010年7月，頁21-35。

陳怡安，醫師執業上的犯罪概況，臺灣醫界，44卷7期，2001年7月，頁24-26。

陳怡婷、黃宗揚、朱俊嘉、黃志芳、張明永、張清雲、莊維周、陳偉熹，臺灣家庭醫學科醫院服務醫師之司法醫學事件判決 —— 回顧與分析，台灣家庭醫學雜誌，22卷4期，2012年12月，頁211-225。

陳景祥、林頎芳、周志宏、徐金雲、楊義明，臨床診斷真的需要初步假設嗎？台灣醫學，20卷3期，2016年5月，頁273-280。

陳聰富，台灣醫療糾紛處理機制之現況與檢討，月旦民商法雜誌，34期，2011年12月，頁5-22。

陳聰富，德國醫療契約法與我國法之比較，醫事法學，25卷1、2期，2020年6月，頁47-64。

傅國峻，從醫院治理理論談我國財團法人醫院治理之現況與挑戰 —— 兼論醫療法106年修正草案，法律與生命科學，7卷1期，2018年6月，頁59-76。

曾淑瑜，醫師之說明義務與病人之同意，法官協會雜誌，9卷1期，2007年6月，頁71-76。

楊義明，臨床推理教學的理論與實務，台灣醫學，20卷3期，2016年5月，頁259-272。

葛謹，勿以結果論斷過程 —— 臺灣臺北地方法院98年度醫訴字第6號刑事判決讀後心得，台北市醫師公會會刊，56卷1期，2012年1月，頁17-22。

葛謹，認罪協商 —— 臺灣桃園地方法院96年度醫訴字第1號刑事判決評釋，臺灣醫界，55卷5期，2012年5月，頁57-59。

劉邦揚，法學研究的實證視角 —— 以醫療糾紛中的刑事判決書為例，法律與生命科學，7卷1期，2018年6月，頁17-32。

蔡蕙芳，美容醫學淨膚雷射案：避免可能性理論與風險升高理論於刑事

醫療過失案件之適用，月旦醫事法報告，37期，2019年11月，頁79-97。

鄭逸哲，「告知義務」和術前評估義務並非注意義務——台灣高等法院高雄分院九十八年醫上訴字第一號刑事判決，月旦裁判時報，2012年12月，頁94-99。

鄭逸哲，剖析「不純正不作為業務過失犯構成要件」評台中地院八十九年度易字第二八三一號判決和台中高分院九十年度上易字第五四八號判決，月旦法學雜誌，158期，2008年7月，頁281-294。

盧映潔、梁興禮，由醫療分工下的誤診探討醫師刑事過失責任——評台灣桃園地方法院94年度醫訴字第2號刑事判決，台灣法學雜誌，212期，2012年11月，頁65-81。

盧映潔、梁興禮，醫師誤診之原因分析與刑事過失責任成立之探討——評台灣彰化地方法院98年度訴字第1892號刑事判決，台灣法學雜誌，211期，2012年11月，頁65-90。

魏伶娟，論非治療性微整形美容與消費者保護法之適用，高大法學論叢，12卷2期，2017年3月，頁245-298。

蘇嘉瑞，信賴原則在醫糾適用之類型化與法學實證研究，科技法學評論，7卷1期，2010年6月，頁257-304。

蘇嘉瑞，醫療糾紛刑事訴訟之實證與趨勢，法官協會雜誌，9卷1期，2007年6月，頁54-70。

【外文文獻】

一、專書

Balogh, Erin P., Bryan T. Miller, and John R. Ball. EDs. 2015. *Improving Diagnosis in Health Care*. Washington, DC: National Academies Press.

Institute of Medicine Committee on Quality of Health Care in America. 2001. *Crossing the Quality Zasm: A New Health System for the 21st Century*. Washington, DC: National Academies Press.

Institute of Medicine. 2000. *To err is Human: building a safer Health system*. Washington, DC: National Academies Press.

Reason, James. 1990. Human error. Cambridge, UK: Cambridge University Press.

Runciman, Bill, Alan Merry, and Merrilyn Walton. 2007. Safety and Ethics in Healthcare: A Guide to Getting it Right. Boca Raton, Florida: CRC Press.

二、期刊論文

Baxt, William G. 1995. Application of artificial neural networks to clinical medicine. *Lance* 346(8983): 1135-1138.

Ferner, Robin E. 2000. Medication errors that have led to manslaughter zarges. *British medical Journal* 321(7270): 1212-1216.

Ferner, Robin E. and Sarah E. Mcdowell. 2006. Doctors zarged with manslaughter in the course of medical practice, 1795-2005: a literature review. *Journal of the Royal Society of Medicine* 99: 309-314.

Graber, Mark, Ruthanna Gordon, and Nancy Franklin. 2005. Diagnostic error in internal medicine. *Arzives of Internal Medicine* 165 (13): 1494-1497.

Leape, Lucia L., Ann G. Lawthers, Troyen A. Brennan, and William G. Johnson. 1993. Preventing medical injury. *Quality Review Bulletin* 19 (5): 144-149.

Leape, Lucian. 1994. Error in Medicine. *Journal of the American Medical Association* 272(23): 1851-1857.

Mark Graber, Ruthanna Gordon, and Nancy Franklin. 2002. Reducing diagnostic errors in medicine: what's the goal? *Academic Medicine* 77(10): 981-990.

Newman-Toker, David E. and Peter J. Pronovost. 2009. Diagnostic Errors-The Next Frontier for Patient Safety. *Journal of the American Medical Association* 301(10): 1060-1062.

Reason, James. 1995. Understanding adverse events: Human factors. *Quality in Health Care* 4(2): 80-89.

Reason, James. 2000. Human Error: Models and Management. *British Medical Journal* 320(7237): 768-770.

Reed T. Sutton, David Pincoc, Daniel C. Baumgart, Daniel C. Sadowski,

Rizard N. Fedorak, and Karen I. Kroeker. 2020. An overview of clinical decision support systems: Benefits, risks, and strategies for sucess. *NPJ Digital Medicine* 6(3):17.

Singh, Hardeep. 2014. Editorial: Helping Health Care Organizations to Define Diagnostic Errors as Missed Opportunities in Diagnosis. *Joint Commission Journal on Quality and Patient Safety* 40 (3): 99.

William Runciman, Peter Hibbert, Rizard Thomson, Tjerk Van Der Szaaf, Heather Sherman, and Pierre Lewalle. 2009. Towards an international classification for patient safety: Key concepts and terms. *International Journal for Quality in Health Care* 21(1): 18-26.

索引

謝辭

【蔡蕙芳】
感謝中興大學法律專業學院李惠宗教授於本書編輯上給予之指導、建議與協助。

【蘇宜成】
個人以為，使人畏懼的司法，在於其對結果的高度不確定性，而不盡然在於其結果。直言之，觀察過去國內在參考西方制度時，經常都是彷彿瞎子摸象，摸到某個環節似乎不錯，便將該環節摘取來用，而無視其背後應有隱而未現且龐大繁複的支持與制衡機制，此一環節才能在原系統維持平衡穩定運作。吉光片羽式的移植，則往往只是從舊有的不穩定，轉換至新的不穩定。中冊的編撰過程，相較於上冊，多了許多焦慮，但也迫使參與者必須近距離觀察一個非常努力維持平衡，但實際運作上卻驚險搖晃的體系。

【陳惠芬】
感謝興大法律學系師長們堅實研究力灌注，悉心栽培的成果終將收穫。

【丁才育】
因為碩士班好友陳惠芬護理師的推薦，進入了蔡蕙芳老師此本著作的團隊，很感謝有這個機會可以與老師、同學們再一起做研究。在這個過程中需要經由閱讀大量的判決來選案，選案後也必須再對案件作進一步的整理、分析，蔡老師常說這一次的研究是需要腳踏實地做苦工的，我也看到了老師在研究上的仔細、謹慎及鑽研，最後得到的結果是將這近二十年來的醫療判決，做了有著相當里程碑的解析及討論。對於老師願意這樣一磚一瓦地堆積出這樣的鉅作，筆者由衷地感到敬佩，也認為這樣的著作必能對醫療法律這個議題，更為系統且完整地給出論述，未來在醫療法律研究上，本書一定能提供一個肩膀，讓大家

有著更為遼闊的視野。最後，筆者認為能在這個團隊裡盡到微薄之力真是太好了，因為這個機會讓我能近距離地看到優秀學者的孜孜矻矻，在此同時也學習到了判決的研析、整理，再次感謝蔡老師及同學的提攜，讓筆者得以有幸參與到本書的誕生。

【鄭重淇】

感謝我的碩士論文指導教授蔡蕙芳老師的邀請，讓我能參與本書的編寫工作，有幸跟如此優秀的老師及研究團隊共同完成這部專書，是件非常幸福的事，每次的討論都充滿智慧的言語和機智的反應，讓我有機會能在巨人的肩膀上學習，用更寬廣的視野看待事物，這些畫面都將成為收藏在心中的美好回憶。參與本書的編寫工作時正值我卸下父親的照顧重任，說起來我應該算是「長照實務工作者」，跑醫院陪看病、拿藥已成為日常的一部分，因著這些經驗我可以從不同的眼光來看這些判決，它們每一則都是個難以言喻的過往，值得好好的被時間輕撫及療癒，期待這本書可以讓所有開卷的讀者獲得相關知識外，也能咀嚼文字內欲陳述的所有經驗，願心慟的歷史不再重蹈覆轍。

國家圖書館出版品預行編目(CIP)資料

醫療過失刑事判決選集／蔡蕙芳，蘇宜成，
陳惠芬，丁才育，鄭重淇著. -- 初版.
-- 臺北市：五南圖書出版股份有限公司，
2024.11
冊；　公分
ISBN 978-626-393-084-1(中冊：平裝)

1.CST: 醫療過失　2.CST: 醫療糾紛
3.CST: 刑事法　4.CST: 醫事法規

585.79　　　　　　　　　113001847

1T94

醫療過失刑事判決選集（中）

作　　者 ― 蔡蕙芳（376.5）、蘇宜成、陳惠芬、

丁才育、鄭重淇

企劃主編 ― 劉靜芬

責任編輯 ― 林佳瑩

封面設計 ― 姚孝慈

出 版 者 ― 五南圖書出版股份有限公司

發 行 人 ― 楊榮川

總 經 理 ― 楊士清

總 編 輯 ― 楊秀麗

地　　址：106台北市大安區和平東路二段339號4樓

電　　話：(02)2705-5066

網　　址：https://www.wunan.com.tw

電子郵件：wunan@wunan.com.tw

劃撥帳號：01068953

戶　　名：五南圖書出版股份有限公司

法律顧問　林勝安律師

出版日期　2024年11月初版一刷

定　　價　新臺幣680元

經典永恆・名著常在
五十週年的獻禮——經典名著文庫

五南，五十年了，半個世紀，人生旅程的一大半，走過來了。
思索著，邁向百年的未來歷程，能為知識界、文化學術界作些什麼？
在速食文化的生態下，有什麼值得讓人雋永品味的？

歷代經典・當今名著，經過時間的洗禮，千錘百鍊，流傳至今，光芒耀人；
不僅使我們能領悟前人的智慧，同時也增深加廣我們思考的深度與視野。
我們決心投入巨資，有計畫的系統梳選，成立「經典名著文庫」，
希望收入古今中外思想性的、充滿睿智與獨見的經典、名著。
這是一項理想性的、永續性的巨大出版工程。
不在意讀者的眾寡，只考慮它的學術價值，力求完整展現先哲思想的軌跡；
為知識界開啟一片智慧之窗，營造一座百花綻放的世界文明公園，
任君遨遊、取菁吸蜜、嘉惠學子！